GUO XUE

國學

第八集

四川師範大學中華傳統文化學院
四川省人民政府文史研究館　主辦

巴蜀書社

圖書在版編目（CIP）數據

國學．第八集/四川師範大學中華傳統文化學院，四川省人民政府文史研究館主辦．—成都：巴蜀書社，2020.6
ISBN 978-7-5531-1308-1

Ⅰ.①國… Ⅱ.①四…②四… Ⅲ.①社會科學－中國－叢刊
Ⅳ.①C55

中國版本圖書館 CIP 數據核字（2020）第 083223 號

GUOXUE
國　學（第八集）

四川師範大學中華傳統文化學院
四川省人民政府文史研究館
主辦

責任編輯	王　雷
封面設計	張迪茗
出　　版	巴蜀書社 成都市槐樹街 2 號　郵編 610031 總編室電話：（028）86259397
網　　址	www. bsbook. com
發　　行	巴蜀書社 發行科電話：（028）86259422　86259423
經　　銷	新華書店
印　　刷	成都蜀通印務有限責任公司 （電話：028－64715762）
版　　次	2020 年 7 月第 1 版
印　　次	2020 年 7 月第 1 次印刷
成品尺寸	260mm × 185mm
插　　頁	2
印　　張	28
字　　數	600 千字
印　　數	1400 册
書　　號	ISBN 978-7-5531-1308-1
定　　價	76.00 圓

本書如有印裝質量問題，請與發行科調換

胡昭曦先生爲四川大學歷史系教授，乃我刊學術委員，對我刊工作嘗大力支持。先生治宋史與蜀學，成果豐碩，影響深廣，爲推動蜀學之發展作出傑出貢獻。先生於二〇一九年忽歸道山，享年八十有六，我刊同仁深表悼念。先生爲我刊第七集之題辭及發表自述爲學之長文，誰知竟成絶筆。今讀先生之文，可見一位樸實的學者孜孜不倦之執着精神與求真務實之謹嚴態度，令我們感佩不已。

國學編輯部　二〇一九年十一月五日

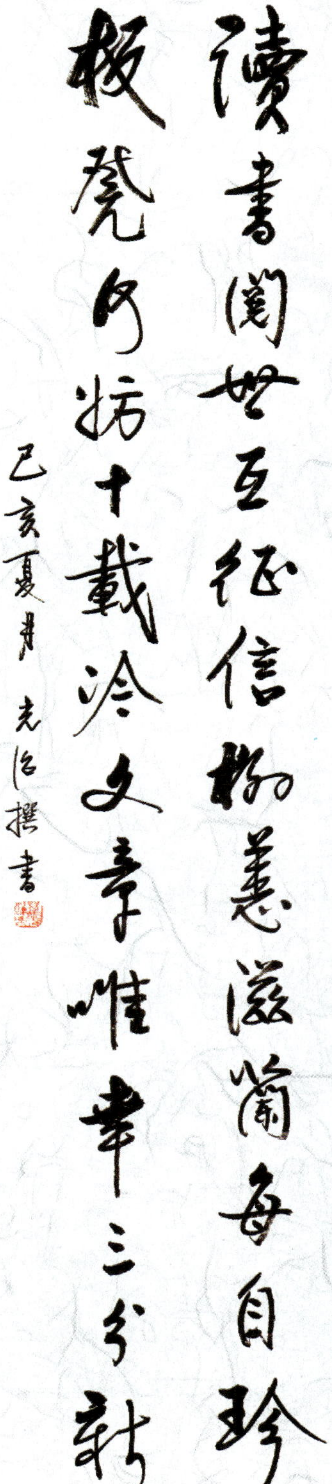

四川師範大學萬光治教授題詞

四川省文史研究館館員程峰先生畫作《岷江春水》(69cm×69cm)

目録

CONTENTS

讀書・閲世・治學

——我的讀書經歷與治學體會*

萬光治

1978 年 5 月，我到北京師大參加研究生復試。面試時先生們對每個同學問了同一個問題：讀過些什麼書。這個問題在當時非常必要，因為學校教育廢止長達十年之後，學齡人學歷殘缺，經歷各異，每個人能找到的書、能讀到的書不可能完全一樣。

我的回答是，在那個十年裏，能找到什麼書，就讀什麼書；我讀的書雜而亂，布不成陣；雜而亂，不僅是我的閲讀特點，也是與我同時代人的閲讀特點。

事後回味先生的問題與我的回答，我突然想到，先生的問題，不僅僅關乎學歷與讀書，

* 編者按：萬光治先生，1943 年生，成都市人，四川師範大學教授，博士生導師，著名賦學家。1963 年 9 月考入四川師範學院外語系，1978 年入北京師範大學中文系，師從郭預衡、啓功等先生；1981 年獲文學碩士學位，返四川師範大學任教。1986 年做啓功先生訪問學者一年。曾任四川師範大學文學院院長、四川省李白學會會長、四川省政府參事。現任四川省文史研究館館員、中國辭賦學會名譽會長、四川師範大學民歌研究所所長。先生主要從事先秦兩漢魏晋南北朝文學史、賦體文學及巴蜀文化的教學與研究。發表學術論文五十餘篇，出版专著《漢賦通論》《賦學研究論文集》(與馬積高共同主編)《蜀中漢賦三大家》《啓功講學録》《詩詞精品名家編注・先秦兩漢詩》；撰寫“教育部‘七五’規劃教材”《中國古代文學史》《中國古代文學史長編》《中國古代文學作品選・秦漢魏晋南北朝卷》；與趙敏俐、鐘振振等共同主持《中國古代文學史電子史料庫》項目；《中國儒學辭典》《辭賦大辭典》編委；“國務院‘中國古籍整理出版十年規劃’和‘八五’計劃重點項目”《歷代辭賦總彙》編委、唐宋卷主編；主編《羌山采風録》(四川省社科研究資助項目)；主持完成國家社科基金重大項目子項目“《全東漢文》編撰整理與研究”。自 2004 年始，歷時十三年，搶救、整理四川 181 個區縣 3080 首原生態民歌，主編并出版我國第一部以省為單位、集聲像文譜於一體的民歌總集《四川民歌采風録》。該書以歌詞注釋、歌名索引、采風日志等再現民歌的傳播路綫、生存背景。其《緒論》以民歌為“活態文獻”，結合傳世文獻，探索其與古代相關文化現象的歷史聯繫，考察四川自然地理、民族文化、移民文化與民歌地域性、多樣性的關係，在文學、音樂學、歷史學、民族學、民俗學、宗教學、文化人類學等方面具有重要的價值，2018 年被列為國家出版基金資助項目。

先生為我刊學術委員，大力支持我刊工作，本刊同仁謹於此深表謝忱。先生自述為學之文，對治學者極有啓發意義，特此推薦。

更涉及一個人的閱讀歷史。所謂學歷，是指一個人接受學校教育的歷史，它固然是個人閱讀史的重要組成部分，但又并非全部。學歷殘缺乃至根本没有學歷的人，其實都有自己的閱讀歷史。

人生的閱讀，又并不僅限於書本。古人的“讀萬卷書，行萬里路”，説的是書本閱讀與人生閱歷的相輔相成；“讀書閱世互徵信”，必然造就人的個性化閱讀史。個人的知識結構、認知能力乃至人格形成，與自己的閱讀歷史密切相關。就此而言，一個人的閱讀史遠比其學歷更為重要。

一

我前半生的閱讀經歷，實有幸與不幸。

1948 年秋冬之交，五歲的我在南京甫入小學，便與姐弟隨母親顛簸入蜀。在此後的三年半時間裏，我轉學兩次，因病休學一次，而且一休就是兩年半。休學讓我有了不早起、不上學的特權，這在尚處於蒙昧狀態的孩子，不啻莫大的快樂。然而不上學并不意味着不讀書。短暫的學校生活讓我識得幾個字，令我可以半曚半猜地在讀書中獲得樂趣。讀書不但幫助我消解了疾病的威脅、死亡的恐懼，更為我展示了一個超越現實的斑斕世界，并就此開啓了我自己的閱讀歷史。

父親的藏書連同家俱全都扔在了南京，家裏僅有幾册開明書店的《中學生》《少年中國》和豐子愷的漫畫早已被我翻得爛熟。另有兩本書給我留下了很深的印象，一本是精裝的譯著《世界偉人傳》，作者、譯者，我全然不知，但它記載的那些政治、科學、文化方面傑出人物的奮鬥史，以及他們對人類社會進步的卓越貢獻，為我打開了一扇窗户。從窗口望出去，我知道了世界之廣大，人類歷史之悠久，更知道了人在其間，可以活得非常精彩。如果説偉人們距離我還非常遥遠，另一本書《我》記載的則是普普通通的人和事。《我》是《中學生》編輯部一次特約徵稿的結集，由若干短篇組成，作者大多是《中學生》的讀者。他們以質樸的文字，真實地記録了自己的理想、奮鬥和命運。我印象最深的是其中一篇記敘了農村的兩個知識青年，他們是好友，都有不凡的抱負。但因家境不同，其中一位進城讀書，事業有成，另一位貧窮輟學，在家務農。數年後，進城者與女友回鄉省親，順帶到朋友家拜訪。二人見面，滋味萬千，相對難言。留鄉者突稱有事暫別，自此没有回來。大家慌忙去尋，尋到村外河邊，衣物尚在，人已杳然。故事的結尾很是令人傷感，引我深思。

家裏的書很快就看完了，所幸鄰街的開明書店和市立圖書館少兒部成了我的讀書樂園。

在那裏有兩次與讀書相關的經歷，令我終生不忘。

我家住在永興街，走出小巷便是祠堂街。祠堂街是成都有名的文化街，據説50年代以前有書店81家。後來公私合營，書店大大減少，却新開了一家新華書店。這家書店店面堂皇，裏面有的書上架了，書架却在櫃檯背後；有的書放在玻璃櫃裏，你衹能看見封面；高掛的招貼畫五彩繽紛，你必須仰頭瞻望。總之，我自覺寒酸，不敢進去，因為進去既不能看書，又無錢買書。有一天陪母親買菜回來，母親不忍我在書店外逡巡張望，從菜金裏摳出錢來，讓我進去買一本書。突如其來的幸福，竟然令我不知選什麽書纔好。

然而新華書店的對面，開明書店依然存在。它臨街有兩個開間的寬敞門面，裏面靠壁皆是書架，滿架的書可以任意抽取和翻閲。書店中間有木板搭起的平臺，上面整齊地擺滿書，顧客繞臺而行，取書很是方便。顧客讀書站得累了，可以蹲下或坐在地上；衹要你安静地閲讀，絶不會有人來打攪。衹可惜店裏兒童讀物不多。我往往先瀏覽書名，就書名猜想内容。如果發現一部能引起自己興趣的書，那心情决不亞於今天人們“淘寶”成功的快樂。有一次，我在東面靠裏的書架上發現一本四川兒歌集。在此之前，我學到的兒歌都來自口耳相傳。在書本上讀到鉛字印的兒歌，這還是第一次。我因此背誦下來了平生第一首、至今也是最長的一首兒歌：“月亮走，我也走，我給月亮打燒酒。燒酒辣，買黄蠟。黄蠟苦，買豆腐。豆腐薄，買豆角。豆角尖，尖上天。天又高，好打刀。刀又快，好切菜。菜油青，好點燈。燈又亮，好算賬。一算算到大天亮，桌子底下有個大和尚！”兒歌以極有趣的語言，給兒童以博物的知識；還用了轉韵、頂針的手法，讀起來音韵流轉，一氣呵成；歌尾一句突如其來的轉折，更引人粲然一笑。這對年幼的我，無疑是一次詩歌的啓蒙。讀書令人忘掉一切，常常到了吃飯的時候，母親或姐姐總能在開明書店找到我。

一天下午，我和同街的幾位小伙伴從公園東門回來，途經開明書店，習慣性地停下來翻翻書。伙伴們待了一會兒就走了，我放下書想趕上去，一位店員却來到我的身旁。這位店員和我父親一般大的年紀，常年穿着藍色的中山服，戴着長長的袖套。他細聲細語地對我説：“小朋友，這些書籤是送給買書人的，不能隨便拿走。”我吃了一驚，血液衝上腦門。説實在的，我常在這裏看書，從來就没有留意過裏面的書籤。“我没有拿。”我囁嚅着，心裏很委屈，也很害怕。路人來來往往，没有人知道這裏發生了什麽，但我覺得天下的人都指着我的後背説：“看哪，小偷！”也許是我的表現讓他以為我不過是一時犯了糊塗，或者他根本就認為自己是錯怪了我，總之他很歉疚，摸着我的頭頂説：“哦，對不起，是我錯了。”説着從書裏抽出幾張書籤，送到我的手上：“這個，送你。拿着吧。”我不要，他把書籤塞進我的口袋，和善地説：“歡迎你常來看書。”

我匆匆追趕上同伴，却看到他們手裏的確拿着書籤。我再也没有踏進那家書店，但此後的幾十年間，却不時想起開明書店的這一幕。我從來没有責怪過那位店員，因為我們當中確實有人拿走了書籤。我甚至非常感激這位店員，因為當他以為我拿了書籤時，并没有大聲喝問，而是很禮貌地讓你明白你做了不該做的事。當他發現自己錯怪了人，更知道該怎樣去道歉，怎樣去彌補給他人可能造成的傷害。他懂得人的自尊尤其是一個孩子的自尊和生命一樣重要，一個被無端傷害了尊嚴的人，很可能就此把尊嚴踩在自己的脚下，從而完全扭曲自己的心態，改變自己的生活。我相信那位店員當時并没有想到很多，他的做法衹是出自本能。而這本能來自他的教養，來自他生活環境的賜予。我由此更相信當時的開明書店在數十年的歷史中，已經造就了自己的文化。書店，并不僅僅是賣書的商店。在開明書店，年幼的我并没有讀到多少書，但這個偶然的事件却讓我學會了怎樣尊重別人，怎樣尊重自己。我相信後來無論是做父親，還是做教師，這個經歷都給了我潛移默化的影響。

後來病況稍好，母親答應我可以到人民公園去，那裏有成都市圖書館，館裏有少兒閱覽室。我幾乎每天像上學一樣地準時，一早到少兒閱覽室的門口去領取牌子。有時候來得早了，幾個孩子自覺排好隊，彼此雖不相識，却能很熱鬧地聊自己讀過的書。開館了，孩子們領牌，進去，眼光越過櫃檯，看那滿架的書，生怕自己看中的書被別人搶先借走。現在想來，當時給孩子們看的書不多，大約有三類：一是連環圖；二是文配畫；三是以文字為主的故事書。在不長的時間裏，我們依次遞進，嚮第三類進軍。我小時候讀書速度很快。故事的情節在心裏流動，眼裏看着第一行，下面幾行的内容同時被掃描進去，與故事的情節融為一片。所以，我的閱讀彷彿是以板塊，而不是以行、以字為單位進行。很多年以後，讀到聞一多先生給他弟弟聞家駟的信，説讀社會科學的著作，可以一目數行，得其要領即可，不必一字一字地死摳，而讀自然科學的著作則反之。以我的經驗，聞先生所説極是。讀社科著作如是，讀故事亦如是。原因在讀者衹要與文章中的事理邏輯同步，閱讀的速度自然加快。因為如此，往往同樣一本書別人還没有讀到一半，我的已經讀完。大姐曾經懷疑我衹看書中的插畫，有意讓我陳述書中大意。不料我幾乎是把書的内容復述了一遍，甚至可以説出某個詞、某句話在書頁的大致位置，令她十分驚訝。這樣的故事在圖書館也有發生。一位年輕的女管理員見我頻繁地換書，用同樣的方式考我，結果自然讓她對我另眼相看。有時候來了新書，她還着意嚮我推薦。不久，少兒閱覽室遷到圖書館的本部，即公園的那幢青灰色小樓。從小樓進入門廳，左側彷彿是辦公室，右邊則是少兒閱覽室。室内有紅漆的地板，發亮的桌椅，每天大約有十來個小讀者各自埋頭讀書，安静得可以聽到書頁翻動的聲音。一個夏天的中午，突然下起大雨。圖書館中午是要關門的，管理員讓我們在門廳避雨。不一會兒雨小了，我走下臺階，看到遠處一個人撑着雨傘，步履匆匆，不一會兒來到我面前，竟然是氣喘吁吁的母親。她拎着小竹篼，上面搭着一塊布，布的下面是飯盒。母親和我并坐在最靠裏邊的臺階上，看着我吃飯，一邊用毛巾擦乾我頭上的雨水。如今我已經記不得母親説了些什麽，衹記得那飯菜還是熱呼呼的，非常可口。雨後的公園，空氣清新，四周十分安静。這是我一生抹不去的畫面，一想起它，我的心就變得温潤而柔軟。

然而好日子終於結束。一天早上，圖書館的門口立着一塊醒目的牌子，上面赫然寫道，少兒閱覽室遷到東大街。用失魂落魄形容我當時的心情，一點也不誇張。對我而言，東大街遥不可及，母親不會放心我去。這時門開了，曾經考過我的那位管理員走出來，把我拉進館裏，邊走邊説："少兒部遷走了，這裏衹供成人閱覽，但你以後可以在這裏看書。"説着她把我帶進樓梯側的小屋，麻利地從靠窗的寫字檯下抽出木椅，抱我跪坐在上面，説："你等等，我去拿書！"我還没有弄明白這一切，她又回來了，將一摞書攤在桌上讓我選，同時給我倒了一杯水，打開一個糖盒，囑咐我道："别出去。我去上班，下班了你再走。"她離開了，輕輕地關上門。這一切來得很突然。環視四周，我終於看清了，這是她個人的房間，除了寫字檯，有矮櫃、單人床和洗臉架。一切都簡簡單單，整潔明亮。自小没有大人的帶領，我們是不能進别人家門的，更不會和陌生人説話，所以特别怯於與人交往。大約兩個小時以後，我終於躡手躡脚地溜了出去，此後再也没有見到過她，但她的短髮，圓臉，笑眯眯的眼睛，還有時髦的藍色衣裝，却成為我永遠的人生記憶。她使我懂得了，好學的孩子，不但母親喜歡，所有的人都會喜歡。她更使我懂得了，兒時獲取的人生贈予，是自己的終生財富。衹是至今我仍遺憾着，遺憾於當時没能對她鞠躬，説一聲謝謝！

我在開明書店與市立圖書館的經歷，深深地銘刻進我的閱讀歷史裏，影響到我此後的讀書與做人。

二

稍後，大姐進入中學。我躺在床上大聲背誦的第一首長詩，來自她語文書上的《兵車行》。兒童的記性好，不到一會兒，便朗朗上口。家裏還有一部范文瀾的《中國近代史》，太平軍大戰江南大營、江北大營以及湘軍、淮軍，被我當作演義，看得津津有味。1953 年病愈復學，因為有此前偏科閱讀的經歷，我學習文史，輕鬆愉快。1956 年我進入初中，恰逢中學語文課本拆分為《文學》與《漢語》，前者厚厚的，選録了不少優秀的中外文學名著，附有簡單的文學與文學史的知識。每學期開學不久，我已經把自己和兩個姐姐的文學課本讀完。但不知出於何種考慮，三年後的中學語文教材又恢復原貌。就我自己的體會而言，《文學》與《漢語》拆分，有利於增大學生的閱讀量，激發學生的閱讀興趣。課本分而復合，弊大於利。

現在回想起來，因為時代的原因，當時所謂的"文學少年""文學青年"都有幾乎相同的閱讀經歷。20世紀50年代，蘇聯的文學、音樂、美術、電影風行中國，深刻影響着社會的文化時尚。我閱讀大姐從學校借回的書，大都是當時流行的蘇聯小說，如《走嚮新岸》《被開墾的處女地》《卓婭和舒拉的故事》《鋼鐵是怎樣煉成的》，等等。由初中而高中，因有同學間的輾轉相借，我纔開始接觸更多的外國文學名著。當時，為了揭露資本主義的罪惡，歐洲批判現實主義的作品在中國被大量譯介和出版，并被鼓勵閱讀。馬克·吐溫、巴爾扎克、狄更斯、莫泊桑，等等，凡能找到的翻譯作品，我們都如饑似渴地閱讀。到了高中，我開始接觸19世紀的俄羅斯文學，普希金、萊蒙托夫、屠格涅夫、托爾斯泰、契訶夫等人的作品。這些作品立足於現實社會，既批判人性之惡，也歌頌人性之美，更鼓勵個人的奮鬥與成功，很容易把一個心智單純的年輕人培養成充滿人道精神、嚮往個人奮鬥的理想主義者。尤其是羅曼·羅蘭筆下的約翰·克利斯托夫，曾一度是我心中的偶像。

讀自己愛好的書當然衹能在課外，但我也有過一次"全日制"的讀課外書的機會。進入高中後不久，因為和班主任鬧彆扭，我逃學兩個月，每天瞞着父母，在街道"人民公社"食堂將早餐午餐一并吃掉，然後去東大街的四川省圖書館，從開館待到下午五點纔回家。雖然一過中午，我就餓得頭昏眼花，依然不減在書海遨遊的樂趣。有時為了獵奇，甚至連埃及兩河流域的《蘇美爾法典》、哥倫布的《航海日記》等，也都借來瀏覽①。後來語文教師兼教務主任張立言老師見我久未上學，過問此事，我纔重新返校。

1961年，大姐從北京師大中文系畢業，把她從親戚那裏獲贈的一套精裝的《魯迅全集》轉送給我。在此之前，我讀過家裏一些魯迅著作的單行本，現在有了全集，自然要拼命補課。自此，我毫無保留地成為魯迅的崇拜者。魯迅無論其小說或散文，或沉鬱蘊藉，或冷峻峭拔，皆源於對歷史和世情入骨三分的洞察。以此而論，魯迅堪稱智者。但魯迅又以其對國家民族飽滿的熱情，使其貫注於雜文的愛至深、恨至切，宛如地下涌動的熔岩。以此而論，魯迅又是仁者。智者而兼仁者，賦予魯迅以新文化運動旗手無可撼動的地位。與此同時，我又成為印度詩人泰戈爾的忠實讀者。我閱讀凡能找到的譯本如《園丁集》《飛鳥集》《新月集》《吉檀迦利》，為其融哲理和詩性於一體的詩歌而衷心感動。詩中人與宇宙、人與社會的和諧同構，洋溢着大慈悲、大智慧，令我陶醉。可以說，從高中到大學，魯迅與泰戈爾是我的精神導師，前者直面人生，鞭韃罪惡；後者呵護人性，贊美仁慈。

1963年，我參加高考，被原四川師範學院外語系而非中文系録取，心生鬱悶，很多時間都泡在中文系的專業閱覽室。每天晚自習結束，教室燈滅，我便躲進學生食堂，在昏暗的日光燈下閱讀到深夜。我除了跟讀中文系的專業教材與指定參考書，還讀了凡能找到的意大利文藝復興、德國狂飆突進運動、歐洲浪漫主義時期的作品，并逐漸接觸一些西方文

① 我當年所見哥倫布《航海日記》與《蘇美爾法典》書名已記不確切，版本也查詢不到，但兩書20世紀80年代有新譯本出版。

學與美學理論的著作，如拉辛的《拉奧孔》、丹納的《藝術哲學》、勃蘭兑斯的《歐洲十九世紀文學主潮》以及《羅曼・羅蘭文鈔》等等。

閱讀者必有書友。我有一位特別的書友，也是我的人生導師。因為我喜歡音樂，我的初中同學將16歲的我帶到寬巷子33號，介紹給他年齡長我一倍的表哥，從此認識了我的忘年之交周仍吾。他出身中醫世家，父親賜名潤屋，成人後自己諧其音而更其名。他曾就讀於四川省藝專美術專業，1950年畢業時因嚴重肺結核而咳血，從此病休在家，杜絶交往，潛心讀書。我跟隨同學叫他三哥，幾乎每周去他家一兩次，一坐就是半天。三哥對我影響最大的是人品。他氣度儒雅，學風醇正，待人寬容大度，言行與人為善。每逢出門，他的上衣口袋總是裝着一隻塑料牙刷盒，裏面襯以錫箔紙接納痰液。僅此細節，可見其居心至善。我每去他家，凝神端坐，聽他講藝術，講古希臘哲人，講文藝復興和歐洲浪漫主義。印象最深的是，在很長一段時間裏，不到二十歲的我聽他講蘇格拉底、柏拉圖、亞里士多德、畢達哥拉斯，雲裏霧裏，思維與知識完全跟不上。但我依然勉力聽取、理解、記憶，像一個正在學步的孩子被拽着小跑。有時候我聽得昏昏欲睡，猛然驚醒，他仍然繼續宣講，仿佛自言自語。就這樣，在他的訓練下，我終於逐漸跟上他的思路，邏輯思維能力也得到相應鍛煉。我没有進過他的書房，但他每進去一次，總要拿出一兩本書借給我。至今有兩部書我印象深刻。其一是與《諸神之死》《彼得與阿列克西》并為俄國作家梅勒支可夫斯基三部曲的《諸神復活》。我反復閱讀這部書，仿佛跟隨達芬奇的弟子卓凡尼略窺了歐洲文藝復興的全景畫卷。其中《白色女鬼》一章，從古希臘維納斯雕像的出土，到達芬奇驚嘆其美輪美奐，并嘗試測量其人體比例，到教士煽動信衆圍攻畫家，試圖砸碎“白色女鬼”，使我聯想到中國歷史上的焚書與坑儒，更由此想到人類文明的每一次重大進步，都伴隨着智者而兼勇者的奉獻與抗争。另一本是歌德的《浮士德》，郭沫若譯。為創造的欲望所驅使，浮士德簽約魔鬼靡菲斯特，自己如在對方的幫助下獲得滿足，靈魂便輸給對方。之後歷經沉浮，浮士德終於驚嘆和感動於移山填海的成功。靡菲斯特正要履約攫取其靈魂，浮士德曾經的戀人甘淚卿突然出現，將其拯救入天堂。歌德似乎是想告訴人們，無論權力還是物質，皆有其善惡的二重性，人類衹能高揚不斷自新的人文精神，去惡揚善，纔能得到救贖，庶免墮入深淵。詩劇最後以“永恒之女性，領導我們走”作結，曾經使我苦苦思索，不得確解。直到十幾年後，我做了教師，在講解中國古代愛情與婚姻悲劇作品時，纔自以為找到了答案：在男權社會，物質與權力對男性的道德腐蝕，遠甚於女性。《紅樓夢》中賈寶玉説男兒是泥做的，女兒是水做的，與《浮士德》結尾的“永恒之女性，引導我們走”，其理一也。正是因為有了上述感悟，我纔在2002年撰寫了論文《古代女性的價值實現及其文學的悲劇意義》。

三哥有深厚的古典詩詞修養。他身體羸弱，却偏好豪壯的辛詞。他曾經為其《永遇樂》

《青玉案》譜曲，韵味十足，我至今猶能憶唱，且希望有一天被改編為合唱，搬上舞臺。因受他的影響，我千方百計找到《稼軒長短句》和鄧廣銘先生的《辛稼軒年譜》《辛棄疾傳》《稼軒詞編年箋注》，既瞭解其生平，也背誦其詞，涵咏其妙。1978 年我在北京師範大學參加研究生復試，最後一題 30 分，竟然是“辛棄疾簡論”。我相信我的最終被録取，此題的得分至關重要。

1978 年我赴京求學三年，回蓉後供職城東，忙於教學科研、家庭生計，與三哥相見日少。1986 年，三哥於花甲之年舊疾復發，溘然長逝。近三十年的兄弟師友，一旦生死相隔，痛何如之！於今與三哥長別又三十餘年，其學問人品，依然是我的楷模！

從高中到大學，因為缺乏明確的專業導嚮與老師的專業指引，更因為自己與書籍相遇的隨機性，我的閱讀雜亂無章，毫無系統。但反觀我自發閱讀的内容，却在相當程度上影響到自己人格理想、認知能力與創造能力的形成。透過自己的閱讀歷史，我看到了一個事實：每個時代都有自己的文化價值取嚮，且不管是有意還是無意，通過對社會出版物的規範，導嚮讀者閱讀，從而更為内在地參與了閱讀者的思想與人格塑造。依我的理解，在一個正常的社會，文化價值觀的多元性與多層次性，以及與之相適應的書籍的多樣性與豐富性，能充分滿足閱讀者對書籍的自由選擇、自由組合與自主閱讀。這種對書籍的選擇、組合與閱讀的結果，必然會超越時代文化價值的期許，造就出更加豐富的思想類型與人格類型，從而為社會的創新與發展帶來無盡的活力。

三

我一生中最徹底的自學，是從 1964 年 9 月開始的。

正是因為閱讀惹的禍，我為自己的日記與讀書筆記付出了代價，離開了剛好學習生活一年的大學校園。記得當時作為“思想反動”證據之一的，便是“該生一貫崇拜魯迅”。

然而誠如老子所言，人生禍福相倚。從回家的第二天起，我便在已遷到祠堂街四川電影院對面的市立圖書館準時“上下班”。在這裏，我獲得了自由閱讀的機會，歷時近三年。

1966 年，我在圖書館待不下去了，乃主動嚮街道辦要求參加體力勞動，“改造落後反動的思想”。我從修鐵路做起，挖地基、打夯、鋪道砟、抬水泥枕和 12 米、25 米長的鋼軌，直到鋪軌、打道釘，等等。與我同勞動的人中，有不少屬當時的“政治賤民”，誰也不歧視誰。白天出够汗，下班洗好澡，步行一小時回家，途中還能以“逍遥派”的心態，觀賞千奇百怪的派性遊行和派性大字報。回家之後，蜷縮在 6 平方米的小屋裏，熬夜讀書，繼續塗鴉。後來又拜師學藝，在街道修繕隊做一個很不稱職的木匠臨時工。在當時人的眼裏，臨時工成分複雜，没人敢動員、接納你參加“運動”。自始至終，我白天做工，晚上看書，與“運動”保持距離，觀察反倒冷静，心態尤為樂觀。支撑我堅持下去的信念是，當時中國的非正常狀態絶不可能持久。

於是一個獨特的歷史現象形成：書籍在當時幾乎成為另類的地下流通物，自由閲讀在當時是不容於現實的異類行為。儘管如此，没有人能够把書籍與閲讀徹底禁絶，反倒更强烈地激發出人的閲讀飢渴與閲讀欲望。更重要的是，臨時工的生涯使我接觸的人較過去為多，其中不乏與我相類的喜好讀書的邊緣人。我們不僅悄悄交换書籍，甚至可以悄悄地交流讀書心得。當然，這種現象的弊病是讀者與書籍相邂逅的被動，又無可避免地造成知識的浮薄與雜亂。但也就在這樣的背景下，我居然幸運地獲得兩次“專業性”很强的、合法的脱産學習機會。

1969 年，我在一個服裝廠做臨時木工，因為從小喜歡繪畫，給工廠畫過大批判專欄的刊頭。三年後，廠裏派人到武漢服裝廠學習生産綉花襯衫，順帶讓我去學圖案設計。整整三個月，我泡在設計室，除了認真學習圖案設計，也扎扎實實地讀了幾本有關繪畫與圖案的理論書籍。至今，我還保存着當時的圖案臨摹與讀書筆記。

1974 年，我從服裝廠借調到成都市服裝工業管理公司資料室。不久“批林批孔”開始，我從各行各業猛搞“評法批儒”中看到了合法讀書的機會，乃嚮公司經理鼓吹，中國古代服飾史上的“儒法鬥争”也很值得研究。經理立即認同，命我帶兩名青年同事不用上班，去研究古代服飾史上的“路綫鬥争”。從省圖書館，到川大、川師圖書館，再到省博物館，我們受到很好的接待，因為當時的兩館門可羅雀，難得有人進去學習。

省圖書館的古籍部坐落在和平街一個古色古香的中式庭院裏，室内窗明几净，窗外枝影扶疏。每天，除了管理員沙銘璞先生，偶爾也有一兩位上了年紀的讀者坐在那裏。聰明的沙先生一眼看穿我不過是想借機讀書，對古籍的目録、版本却是一竅不通。他告訴我中國歷史博物館的沈從文先生一直在研究中國服飾史，其著作也許早已完稿。雖然如此，他仍然給以我非常認真的指導。每天，我們準時來到這裏，不待我提供借書單，他已早早地抱出一摞書放在我的案頭上，告訴我應該從哪一本讀起。我一開始讀的是“三禮”和與之有關的傳疏和筆記，如聶崇義《三禮圖》、王圻《三才圖會》、黄宗羲《深衣考》等等，此後又讓我讀正史的禮書和歷代會要。最後，他給我推薦了漢代至明清的一些筆記，從應劭《風俗通義》、崔豹《古今注》、蔡邕《獨斷》、到明方以智《物理小識》、清代方中德《古事比》、汪汲《事物原會》、高承《事物紀原》等等，計有三十餘種。當然，最使我受益的，是沙先生教會了我如何使用政書和類書。《通典》《通志》《文獻通考》《藝文類聚》《册府元龜》《太平御覽》《子史精華》《淵鑑類函》《古今圖書集成》，凡服飾及其相關禮制，我都按部類一一查看。沙銘璞先生可能没有想到，他是我古典文獻學的第一個啓蒙老師。省博物館的一位先生也令我非常感動。他極有耐心地為我介紹館藏壁畫、石刻、雕塑中的人物衣飾，讓我或拍照，或臨摹。工作臨近結束，他親自拓了一大卷漢代石刻的拓片送我。拜之前讀書所賜，我的文言閱讀能力居然還能應付綫裝書。我把需要摘鈔的文字用紙條夾好，兩位同去的青年人衹管鈔寫，晚上我纔在家裏標點文字。時間長了，對古代的服飾與相關名物、各代的禮制與服飾制度有了大致的瞭解，便不知天高地厚地編纂《中國服飾歷史資料彙編》，還撰寫了萬餘字的緒論，為的是嚮公司交卷。這些東西雜亂無章、見識膚淺，但這一段讀書的經歷，却讓我獲益匪淺。

1976 年 10 月，“批林批孔”不講了，我讀書的好日子也結束了。兩年後我考上研究生，在去服裝公司經理辦公室辦離職手續時，經理頗有意味地説，你能考上，那兩年的讀書肯定是起了作用的啊！是的，我回答説，嚮他深深地鞠了一躬，但同時也想，我更應當感謝的，還有沙銘璞先生。

數十年過去，廢稿深藏舊篋，無顏示人；沙先生的幫助却藏在我心中，未敢忘懷。

四

我一生中讀書最集中、最系統的時光，自然是在北京師範大學中文系的讀研期間。

當時，師大講壇，群賢薈萃。過去衹能讀其書、想望其風采的導師，現在居然面對面地為我們授課，令我時常處於激動之中。郭預衡先生的魯迅的治學方嚮與方法、先秦諸子散文、宋代文學、論文評講，聶石樵先生的《詩經》《楚辭》、元代文學，韓兆琦先生的《史記》《漢書》，啓功先生的唐代文學、明清詩文、八股文、《書目答問》和古詩詞做法，以及他們開列的書目，伴隨我們度過了一生中最美好的時光。此外，我們的導師還請來校内外的先生開講座：校内如陸宗達先生講訓詁學，肖璋先生講文字學，劉乃和先生講《中外曆法及年號》，趙進修先生講古籍版本、目録及有關工具書，王汝弼先生講魏晋南北朝文學，李修生先生講明代小説，張俊先生講《紅樓夢》，黄藥眠先生還以《賣油郎獨占花魁》為例，剖析宋代市民興起對文學的影響；校外如任繼愈先生講佛教，朱星先生講天文星象、樂律、度量衡、曆法知識，傅璇琮先生講兩種唐詩選本及唐文學文獻資料。由於中國社會科學院研究生院當時寄住在北京師大，兩個單位的研究生常常交叉聽課，不分彼此。印象最深的是社科院的趙復三講哲學專題，陳荒煤講文藝理論，張白山先生講宋詩，許覺民先生介紹《文藝報》理論座談會，鄧紹基先生講元人雜劇的出現與中國民族戲曲風格的形成。我們甚至乘車到建國門外的中國社科院，聽孫毓棠先生講兩漢及六朝歐亞大陸民族大遷徙。上述先生的講課，我至今存有詳細的筆記。2002 年，我將聽啓功先生講課的筆録整理出版，署名《啓功講學録》。後來雜務纏身，整理其他先生的筆記已是有心無力，至今深以為憾。

除了學位點開設的專業課與基礎課，我對理論問題尤其有興趣。學校圖書館為文科研究生專設開架閲覽室，聽課而外，我的時間大都耗在那裏，因而能自由地選讀一些文論與美學方面的著作。1980 年，全國正值美學熱，教育部在北京師大舉辦了全國高校美學青年教師培訓班，我幾乎旁聽了全部的講座。培訓班傳達了周揚在全國美學會議籌備會上的講話，其後有朱狄先生“當代西方流行的審美態度理論”、蔡儀先生“有關馬克思《手稿》的問題”、王朝聞先生“藝術欣賞中的理論活動”、軍藝周永昌先生“音樂形象的美學特徵”、中央美院錢紹武先生“論雕塑的美”、楊辛先生“關於美的本質的教學”、侯敏澤先生“關於研究中國古代美學的幾個問題”、北大高克第先生“論美感”、葛路先生“關於中國畫藝術美的幾個問題”等講座。其時，國門漸開，中日之間有了學術交流活動。1979 年 4 月，日本學者來北京師大交流，桑源教授介紹日本西洋文學研究情況，清水茂教授講在日《柳宗元集》的版本，小男一郎教授講他對中國古代文學研究的看法。國際間的學術交流，對於拓展我們的專業知識，啓迪我們的研究思路，大有裨益。

回憶自己的青年時代，應該享受的讀書權利雖然一度被無情剥奪，但自進入北京師大，我們却得到意想不到的補償。我在《啓功講學録》的《後記》裏説：“當時給我們上課的諸位先生，都是學術界的名流。經受過‘文革’等系列磨難，先生們被壓抑已久的熱情一旦釋放出來，恨不能將其畢生所學，全部傾注給自己的學生。”而我們這批大齡學生“更恨不能將先生所講的一切，如海綿般地全數吸收。正是這樣一個特殊的年代，造就出一個特殊的師生群體，更造就了不同尋常的師生關係”。可以這麼説，能如此集中地聆聽充滿教學激情的先生們的講課，是我們的幸運，此後的研究生大約很難再有這樣的福分了。

1986 年，已經工作五年的我，擬報考啓功先生的博士研究生，但未獲供職單位批准。5 月 25 日，先生擔心我“為此而毅然拂袖，傷左右之和氣”，乃賜函“以鄙見計之，静勝於動，較屬長策。學術成就，不關學位”“故鄙意謬謂學位頭銜，有不如學術著作者”。恰逢當年教育部啓動國内訪學制度，我因此重返母校，做啓功先生的訪問學者。整整一年，我有幸重獲啓功、郭預衡等先生的親炙，在與先生們的閑聊、討論中求教，往往有甚於課堂所學者。我更因此贏得時間，將碩士論文擴展為专著《漢賦通論》。

五

從事古代文學的教學與研究四十年，我最大的收穫，是懂得了掌握本學科的基本知識和基本技能為第一要務。除此之外，讀書作文，也有一些個人的體會。

其一，讀書與選題。學術研究，是先有題目，再讀書，還是先讀書，再定論題，顯然應以後者為是。但在具體的實踐中，却往往不然。據我所知，現在導師出題、學生作文的現象，不在少數。

1964 年某日，我在成都古舊書店買到楊明照先生的《文心雕龍校注》。書是飢餓年代出版的。紙張像發霉的醃菜，却不掩劉勰的文辭之美。尤其當我讀到《明詩》叙“建安之初，五言騰涌”一段，音節鏗鏘，意象翩然，大為陶醉，因為有此印象，後來碩士論文定題，我毫不猶豫地選定了《文心雕龍》。不料郭預衡先生不置可否，衹是說，先讀讀再看。結果我在讀的過程中，對“嵇志清峻，阮旨遥深”産生興趣，題目又轉嚮嵇阮。郭先生依然不動聲色，還是說讀讀再看。為了判斷嵇阮詩賦的文學史地位，必須全面瞭解魏晋詩賦，更必須上溯漢代詩賦。也許是因為此前讀了《文心雕龍》和魏晋詩文，在比較中對漢賦的特徵有了較為具體的想法，於是我又迫不及待地嚮先生彙報，決定以漢賦為研究方嚮。這次先生表態説行，讓我按這個想法去做。我想，郭先生讓學生自己在讀書中發現問題，思考問題，最後確定解決問題的方嚮與方法，是一個自然而然、水到渠成的過程。這樣的指導方法，一是符合科學研究的規律，二是具有學術民主的精神。後來我自己指導研究生，總是要想到這一段學習經歷，所以我從不給學生定題，而總是讓他們先讀書，讀到一定程度，有了自己的想法，然後再一起討論選題。

其二，情感的移入。這個問題是小男一郎在其學術報告中提出的。他認為古代文學研究中的“情感移入”，是一種浪漫主義的態度。這種態度的表現是：“讀者以現代的感情代替作者的思想”，原因在於“一是没有充分地考慮到語言含義隨時代而變化……單個詞的概念可能古今相似并通用，但作為詞彙，在整個漢語體系中與之有關聯的詞彙，古今便大不一樣……讀者無法理解原作者，反而容易産生誤解”“另一個原因是研究者表現出來的東西和原作者想表現的不一定一致，如‘我悲傷’雖然表現出來了，但不一定是原作者的悲傷。這不僅在於讀者的理解，更在於也包含作者自己未曾理解的部分”。故而他主張在文學研究中應該“更正過去過多的‘情感移入’的問題”（録自當年的課堂筆記）。對於小男一郎從語言學的角度論證文學研究要秉持客觀理性的態度我很贊成，但也許是我的特殊經歷或性格使然，歷史滄桑與人物命運却常常使我不由自主地産生情感移入。

因為“政審”的原因，我比同届研究生晚録取兩個月，而那一年的春節又來得特别地早。我報到一個月後，同學們便準備回家過年，郭預衡先生很關切地對學生們説：“‘不暇暖席’，估計萬光治是不會回去的。”我果然一個人留在學校。寒假裏，整幢宿舍樓衹有不到十個同學，彼此不相識，自然無交往。在空曠的宿舍中、慘白的日光燈下，我按先生的要求，以中華書局標點本《史記》為底本，參閲瀧川資言的《史記會注考證》。身處如此環境，細味歷史滄桑、人物命運以及司馬遷的個人遭遇，悲涼心境，油然而生。後來的學期閱讀重點，我選擇嵇康、阮籍、李白、“公安三袁”、李贄、徐渭，其中都有個人的“情感動因”并“主觀介入”。現在回頭看當時的學年作業《李白從政簡論》《明中葉文學思潮長編》，其中無不有自我的影子在。我想，作為文學的科學研究，理論上應該追求客觀理性，但文學作品的閱讀、作家身世的考證，是文學研究的前提，在此過程中完全拒絕情感移入，很難做到。没有主觀觀照，没有情感移入，談何文學，更談何文學的研究！記得我在研究生復試的筆試中，做最後一題“辛棄疾簡論”，“文革”中有幸得到鄧廣銘先生的著作并反復閱讀，故回答此題，自以為得心應手。答卷寫到稼軒北顧愴然、壯志難酬一段，引“江南遊子，把吴鈎看了，欄杆拍遍，無人會，登臨意”“可惜流年，憂愁風雨，樹猶如此”時，潛意識地和自己的青春蹉跎發生共鳴，竟完全忘了身在考場，郭預衡先生還在身後監考，頗動了一番感情。我在後來的學術研究中，雖然牢記立場客觀，態度理性，但寫起文章來也總有情难自已的時候。我在碩士論文中針對漢賦描繪的程式化與圖案化，曾以“製作而非創作”名之，反觀自己的某些理論推演，也大抵不離“製作”。但當論文深入到大一統專制之下漢代賦家的地位與命運時，便無可抗拒地有了情感的介入。我以為，從某種意義上講，一切文學史都是當代史，是文學史家對文學歷史的主觀介入；研究者對古代文學現象的價值評判，是無論如何也避免不了情感移入的。

其三，學術精神。回母校做訪問學者的那一年，我最大的收穫是，在北京切身感受到了學術界思想解放、勇於探索的活躍氣氛，同時也發現了束縛學術民主的外部桎梏一旦打破，學術討論的内部環境日益寬鬆，知識分子自身的非民主因素就開始有所暴露。分析其原因，首先是中國古代文化專制主義對人的思想方法、行為方式的長期規範，已積澱入知識分子的文化心理，從而使有些人在自己獲得話語權的時候，往往忘記了尊重或保障他人的話語權。其次，主體在認識、創造過程中，難免陷入認識障礙和心理障礙，最終導致主觀精神不能適應中國社會的現代轉化。諸如强化了的體系意識，方法、觀念、學派的中心意識，以及在實踐中表現出來的學派宗派化，等等，無不產生出强大的内耗力，限制了主體自身民主素質的提高，更妨礙了學術環境的健康發展。我認為，學術研究是一種創造性的勞動，研究者追求邏輯的圓滿自足，追求對研究對象的體系性認識，無可厚非。但如果因此看不到體系構建成功後的封閉性，并屈從於自己心理方面的惰性，而拒絕任何新東西的挑戰，便如同從内部建築城堡而又忘記開設門窗的建築師，城堡建造成功，自己却被終生監禁。故而强化了的體系意識有可能壓抑甚或扼殺主體的自由精神，并外在為妨礙學術民主的因素。此外，對象内部結構的多層次性，以及主體與對象的多視角關係，是客觀的存在。衹要主體采用的研究方法與其研究的角度、層次相適應，推理過程無邏輯的悖謬，其結論理應在對象研究中占有一席之地。所以，僅就學術研究的科學性而言，在研究的角度、層次、方法的探索與實踐上，我們應當秉持寬容的學術精神。寬容作為人的心理品質，以對他人選擇的角度、層次、方法的理解和尊重為前提，是真正的科學精神、民主精神的外在實現，它有助於推動包括學術研究在内的社會生活的現代轉化。因為有了以上體會，我在學術研究態度與方法的自覺反思、認真總結的基礎上，於1988年撰寫了《論主體精神自由與學術民主》。

其四，去粗取精，寧缺毋濫。進校伊始，先生們就叮囑我們，寫文章要慎之又慎，不要急於發表文章，不要老來悔其少作。畢業以後回川教書，四川師大的老先生們也秉承蜀學“五十以前不言著述”的傳統，一再教育研究生和青年教師發表文章切勿貪多求快。以我自己治學的體會，學術研究是一件深耕細作、水到渠成的事情，千萬不可急功近利。“板凳何妨十載冷，文章唯幸三分新”；文章倘無新意，最好視為習作。在讀研的第二學期，為完成學年論文，我通讀了王琦注的《李太白全集》。通過李白一生的從政經歷，我深刻感受到中國古代知識分子對現實政權的依附性，與其强烈的憂患意識和從政意識，彼此互為因果。我以為，對中國古代文學創作主體的研究，是進入研究中國古代文學殿堂的鑰匙；古代知識分子的精神世界與從政實踐的關係，對其文學創作有不可估量的影響。我幾乎花了整整一個學期，寫成兩萬餘字的《李白從政簡論》。然而畢業以後，我衹取其中七千餘字題名《李白從璘辨析》作為我平生發表的第一篇論文，因為我認為其餘所論，沒有超越裴斐的《李白十論》。我在第二學年，以明中後期公安三袁為中心，系統地閱讀了明前後七子、公安三袁與李贄、徐渭、湯顯祖的著作，做了很多卡片，寫了不少筆記，撰成明代中葉文學思潮研究的資料長編。我希望以後以此為基礎，對中國封建社會發展到明代，社會與文化内部發生的深刻變遷做進一步的研究。啓功先生為了鼓勵我，還提前為我擬議中的《明代中葉文學思潮》題寫書籤。然而我後來因為專注於辭賦，未能完成這一計劃，辜負了先生的厚望。很多年以後，雲南師大教授馮小禄撰成《流派論争——明代文學的生存根基與演化場域》出版，我在為該書作的序言中說：“或許是緣分使然，小禄從我讀碩士，從啓功先生攻讀博士，我們雖然從未嚮他提起過這一課題，他却選擇了這一研究方嚮，并堅持不懈，做得非常精彩。”無論是李白還是袁宏道的研究，我雖半途而廢，成果全無，但畢竟對古代作家的文化人格與社會變遷的關係，有了較為深入的認識。

人生有限，在中國出版業轉制的過程中，學術著作出版的困難一度使我耗去不少時間。我讀研時參撰魏晋南北朝部分作家的小傳，該書後來未曾出版；畢業後曾先後主編《中國儒學小辭典》《中國古代小品文選》，前者因出版社撤銷，書稿失踪，後者因出版社不景氣，胎死腹中。雖然吃了大虧，但我後來參加郭預衡先生主編的教育部規劃教材《中國古代文學史》《中國古代文學作品選》《中國古代文學史長編・秦漢魏晋南北朝卷》的撰寫，曾經的“無用功”却也起了很好的基礎作用。可見莫問收穫，但問耕耘；凡有耕耘，皆有收穫。

1997 年我撰寫《尹灣漢簡〈神烏賦〉研究》，自以為此文無論是方法、見識還是寫作，標志着我已進入自己的學術成熟階段。不料此後擔任行政工作六年多，因稟性不會一心二用，更無敷衍成文或與人合作的習慣，故而學術工作幾乎完全中斷。反觀此前發表的文章，數量雖然不多，但也都有自己的見解；真正有分量的專著就一部《漢賦通論》，有質量的教材就是自己參編的教育部規劃項目"中國古代文學史系列教材"。直至 2004 年 6 月，我纔重啓學術，走上田野考察之路。

六

先賢有云："由博返約"（《論語 · 雍也》）；"博觀而約取"（蘇軾《稼説送張琥》）。不記得在哪裏讀到的，托爾斯泰也曾經説過："趣味越是抽象，精神便越自由。"現象世界，千差萬别，看似毫無聯繫，故博者必雜，雜而不專。但若認識主體不為物累，觸類旁通，善於抽象，舉一反三，乃能從"形而下"躍升到"形而上"。如此由博返約，事物間的聯繫便能豁然顯現，從而使人擺脱現象的羈絆，獲得精神的自由。中外哲人所云，實有異曲同工之妙。

衹是過去我所理解的"博"與"約"的關係，僅限於書本的互證。隨着年齡與閱歷的增長，我逐漸發現，書本之外的很多人生閱歷，也有與書本相同的認識價值。它們在我的心中漸次升華，且以既有的知識為圓心，逐漸顯現出活躍的嚮心力，不斷充實、深化甚至糾正着我過往的認知，深化了我對閱讀對象、閱讀内容與閱讀方法的認識。

1948 年秋冬之際，我隨母親乘坐從重慶開往成都的汽車，在車上聽到一位旅客的歌聲："尖尖山，二斗平，包穀饃饃脹死人，茅草棚棚笆笆門。你要吃乾飯啥，萬不能，萬不能！"歌聲充滿人生的悲哀與無奈，自此嵌入我的音樂記憶。歌詞的後面幾句好理解，但首句的"尖尖山，二斗平"，我却似懂非懂。後來讀小學，老師講到過去的地主嚮農民放貸糧食，小斗出，大斗進，以此盤剥農民，我突然聯想到"二斗平"不正是地主放貸糧食把斗刮得平平的，"尖尖山"不正是農民還米時斗上堆得冒尖麽？20 世紀 60 年代，以階級鬥争為綱，歌劇《江姐》、四川省歌舞團的《川陝革命根據地大合唱》皆采用了《尖尖山》的音樂素材，更强化了我對這句歌詞的理解。我的自以為是的"很懂"，一直延續到六十一歲纔被糾正。2004 年 7 月，我去廣元市青川縣采風，看到川東北的山高而陡，在樹林與土石中稀疏分布的小塊田地，當地人把它們稱作"坪"，頓時恍然大悟。高山平地謂之坪，這樣的坪面積狹小，産糧有限，人們大致依據産量，把它們稱作"二斗坪""五斗坪"，等等。對當地人來説，這個詞語簡單明瞭，我却誤讀了半個世紀，以至於影響了我對這首民歌的理解。《尖尖山》這首民歌慨嘆的，主要還是生存環境的艱難。這是“閱世”糾正了我誤讀的例證之一。

兒時讀過一篇《少年中國》連載的外國兒童探險的故事：幾個小孩在海島發現海盜踪迹，與海盜周旋，直至最後戰勝海盜。平生第一次讀探險故事，讓我緊張而興奮。恰逢我家後院相鄰的老太太是華西協和大學的退休教師，她的樂趣是彈鋼琴，教學生，所以幾乎每天都從鄰院定時傳來鋼琴聲。我在閱讀探險故事的那段時間，學生們正好在學習某支樂曲。這支樂曲是2/4拍的節奏，行板速度，開頭幾個小節的首拍因附點而得以加强，故每小節的前後拍强弱分明，很像一個人正惴惴不安，東張西望，試探着前行。在我的感覺中，它簡直就是為小説中孩子們海灘遇險配的音樂。自此以後好多年，我一聽到這首樂曲，就會想起這個故事以及它帶給我的緊張與興奮。直到上了初中，我在一位朋友家聽到這首熟悉的樂曲，纔知道它叫《牧童短笛》，賀緑汀作曲，僅憑曲名，便可知它的田園牧歌風格與探險毫不沾邊。這個發現令我驚訝，由此想到音樂的神奇。又過了很多年，我接觸到魏晋玄學論争的一個重要辯題：聲音有無哀樂？向秀、嵇康等參與辯論，雙方還寫了文章申明己見，嵇康《聲無哀樂論》以為“聲之與心，明為二物”。從接受美學的角度來講，《牧童短笛》的作者想表現的是田園牧歌的風光與情趣，而孩子的海灘遇險，却是我誤解這首曲子的閱讀背景與情感背景。我對《牧童短笛》的理解錯位，正説明嵇康所言不誣。“聲之與心，明為二物”；聲之哀樂，在乎人心。兒童時代的體驗與文本閱讀相契合，頓時把我的認識提升到一個新的境界。

我喜好音樂，尤其喜歡民歌，來自黄土地的民歌尤其令我感動，原因在於它們很早就深植於我的音樂啓蒙記憶當中。在從南京到重慶的客輪甲板上，我聽一群大學生唱“山那邊呀好地方，一片稻田黄又黄……”，他們對中國即將到來的改變充滿憧憬，而令我神往的却是浸透金色夕陽的、來自陌生土地的音樂。很多年以後，我纔知道“山那邊”在當時是不可言説之地的代稱。50年代，來自黄土高原的音樂迅速風行全國，我家附近人民公園的高音喇叭，每日播送的幾乎都是陝甘寧、晋察冀風格的歌曲。進入中學，學校廣播站每日三餐反復播放的，大都是《藍花花》《三十里鋪》《兄妹開荒》《婦女解放歌》、歌劇《白毛女》、賀緑汀的合唱組曲《秋收》。1963年我進入四川師範學院，學生業餘文工團排練、演出歌劇《血泪仇》，來自延安魯藝的學院宣傳部長介紹説，歌劇的音樂取材於陝西的郿户調、碗碗腔。我在樂隊以板胡擔任領奏，時而凄婉、時而蒼凉、時而悲憤、時而歡快的旋律令我如痴如醉。因為有以上經歷，我每當聽到來自黄土地的音樂，一種感動就會從靈魂裏不可遏制地升起。我曾經思索過，以中國之大、地方音樂之豐富，為什麽黄土地的音樂能在短時間裏風靡全國？1980年，我作碩士論文，注意到漢初騷體賦上承楚辭餘緒，迅速地成長、繁榮，成為那個時代賦體文學的主流，與漢代帝王及其功臣起於楚地，對楚服、楚聲、楚歌、楚舞有特别的好尚有關。這一現象，使我對20世紀50年代黄土地文化現象産生了聯想。1949年，從黄土地走出來一批優秀的文化人，他們帶着蒐集、改編、創作的文學、音樂、戲劇走嚮全國，不僅出於文化情感與文化認同，更有以文化宣傳促進政權穩定與國家統一的需要。正因有以上聯想與比較，我在《漢賦通論》中對漢初楚文化的勃興有了如下認識："如果説劉邦徙六國貴族後裔及豪强、名家、大族入關，是為了在政治上消除分裂的隱患，那麽，他的大力提倡楚文化，就不再僅僅是對鄉土文化的依戀和偏愛，也不僅僅是因為楚文化長期受到北方人士的歧視而實行的心理報復，更不僅僅是因為楚文化早在戰國時期便已具有許多優秀於北方文化的地方，而確確實實是維護統一局面的一種政治需要了。所以，西漢前期統治階層對楚文化的提倡，以及隨之而來的楚文化的繁榮，有着政治、文化、地域心理等方面的原因。"可以這樣説，正是我青少年時代的音樂經驗，啓發了我對漢初楚文化勃興原因的認識。

辭賦是我的重要研究方嚮。"賦"義來源，是賦學研究不可迴避的問題。賦字從貝，與財物相關；賦字從武，又謂軍賦。周王室以貢賦充實軍力，保境安民，故《廣雅》曰："賦，税也。"① 但賦又與鋪、布、敷、陳同義。賦税之賦與鋪陳之賦，孰先孰後？語義間有何關係？四十年前我撰寫《漢賦通論》，對此并無清晰認識。前些年為《四川民歌采風録》撰寫《緒論》，突然想到20世紀60年代，我曾聽下放偏遠山區的知青講，當地人在集市交易時，有陳列實物於地、買賣雙方以手指計數者。原因在於他們對抽象的數的概念的運算能力還很低下，衹能以直觀的方式，用手指與實物相配合計數。由是我想到《繹史》："閭師掌國中及四郊之人民、六畜之數，以任其力，以待其政令，以時徵其賦。凡任民任農，以耕事貢九穀；任圃，以樹事貢草木；任工，以飭材事貢器物；任商，以市事貢貨賄；任牧，以畜事貢鳥獸；任嬪，以女事貢布帛；任衡，以山事貢其物；任虞，以澤事貢其物。"② 鄭玄注《周禮・天官・大宰》曰："金玉曰貨，布帛曰賄。"③ 是知在上古自然經濟條件下，唯商人可用貨幣或其他貴重之物充任賦貢，而農、圃、工、嬪、衡、虞等則衹能賦貢以實物。以實物貢賦，勢必面臨計數的問題。可以想象，當時無論是諸侯嚮王室還是農奴嚮領主貢賦，大概都采用布陳實物、清點數量的方法。《説文解字》："賦者，斂也。"④ 斂有徵收、聚集之義，與賦貢之鋪陳實物恰好是一個事物的兩個方面：一是鋪陳以貢賦，一是聚斂以納貢。即使後來的人們抽象計數能力有所提高，但因鋪陳貢賦，實物驗收，在民間浸已成俗，且這樣的方式能滿足領主和王室的占有心理，尤其王室還能通過諸侯獻貢，

① 徐復主編：《廣雅詁林》，江蘇古籍出版社，1992年，第154頁。
② 鄭玄注、賈公彦疏：《周禮注疏》，中華書局，1980年，第727頁。
③ 同上，第674頁。
④《説文解字》，中華書局，1963年，第131頁。

强化尊王意識，故而上述納貢方式已經具有儀式的意義，後世因之，相沿不改。由是，賦在税之本義而外，因其鋪陳實物的交納方式，又纔引申出敷、布、鋪、陳等義。我的上述推論，未見於典籍，而啓發我思考與解决這一問題的，純粹來自口耳相傳的田野故實。

我作碩士論文時，為追溯漢代騷體賦的文體之源，曾反復吟咏《詩經》與《楚辭》，因自己粗通樂理，深感兩者語言節律的差異，實根源於樂歌旋律有異。而造成這一差異的原因，乃在南北方地理條件不同，影響到人們生活與勞動的方式，在此基礎上產生的樂歌，節奏與旋律自然有了差别。《詩經》的四言，是行人的徒歌節奏；楚辭的騷體，是舟行於水的船歌節奏。為了更形象地説明這一看法，我在論文中還不揣冒昧，將騷體的幾種語言節律形諸譜例。與此同時，我在閱讀漢大賦的過程中，深為其物象描繪極盡鋪叙與鋪陳而感到驚訝，却苦於找不到一個恰當的詞語概括。某日，陪成都來的朋友遊覽天壇公園，當我們走進祈年殿，仰望屋頂的雕梁藻井，發現其圖案的布局與漢大賦的物象描繪頗有相似之處，竟如電光石火一般，想到"漢賦的圖案化傾嚮"。自圖畫文字演化為抽象符號，人類試圖以文學描繪對其具象的解構作出補償，文字與圖畫自此分途，各自得到發展。先秦兩漢繪畫的特點是將事物在時間與空間兩個方面連綿展開，有類追求時空完整的圖案。而文學描繪在先秦文學的普遍運用中漸次成熟，漢代賦家利用時間鋪叙、空間鋪陳的方法，構建起與圖案相類似的"編織藝術"，從而創造出描繪性的文體——賦。故圖案化是漢代繪畫與漢代描繪性文體共有的審美與藝術的特徵。劉勰説"賦者鋪也""鋪采摛文"；又説賦"寫物圖貌，蔚似雕畫"，應該是感覺到了賦的描繪藝術與圖案之間的相似性。後來我為碩士論文撰寫《論漢賦的圖案化傾嚮》一章，進一步通過漢晋詩歌與漢晋繪畫的比較，論證了漢賦圖案化與漢人美學精神同構，論證了人們對事物透視關係的把握與運用，是影響文學與繪畫的藝術審美、藝術表現的重要因素。由漢賦的描繪特徵聯想到圖案，正得益於我"文革"中在服裝廠速成的一點有關圖案時空構成的理論知識，以及我在博物館考察服飾時於楚帛漢磚獲得的粗淺印象。而圖案構圖特徵與賦文學描繪特徵之間關係的構建，又得益於對兩者的遺其形而取其神，從而在形而上的層面發現兩者間的内在關聯。

如果説上述所舉"閲世"與"讀書"的互證，尚屬偶然得之，我六十一歲以後對民歌的田野考察，更令我從廣義的閲讀中真正受益。2004 年 6 月，我因遺憾於今傳古代樂歌的有詞無聲，更為當代民歌的生存危機擔憂，走上歷時十三年的采風之路。未料口耳相傳的民歌，深化乃至糾正了我很多關於古代文學、古代文化的認識；一些充滿鄉土味的現象存在，看似與我的專業無關，但天長日久，我從與民歌的親切交流中看到了它們潛在的文獻價值。我從藏羌鎧甲舞、征戰歌共有的儀式特徵與儀式性質，看到了周人伐商的"前歌後舞"與屈原《國殤》所據祭祀的原始形態；我從《月兒落西下》與《逍遥記》關係的發現，看到了古代曾經有過的删詩、摘唱現象以及長篇叙事民歌的歷史存在；我從民歌歌唱與口誦的互動，看到了古代賦體文學口頭傳播方式與其語言特徵的形成；我從鄉村民歌在傳播中普遍存在的倚聲填詞，看到了民歌嚮曲牌與詞牌轉化的生動過程；我從與勞動共生的號子、背二歌、薅草鑼鼓，看到了地理環境、生存方式與民歌類型的關係；我從川東北與川西北時斷時續、時隱時現的羌韵，看到了古老羌族的遷徙路綫；我從上古以來漢藏羌彝等民族的遷徙與融合，看到了各民族民歌顯性或隱性的血脈交融；我更從明清以來商業移民、軍屯移民乃至官方規模移民帶來的文化交流，看到了四川民歌地域性與多樣性、開放性與流動性相統一的特點。誠所謂有意插柳、無心成林，本來以單純記録詞譜聲像為目的的搶救性采風，最後竟然激發出自己前所未有的學術熱情，在《四川民歌采風録》出版時寫下近十萬字的《緒論》，并留下若干尚待思考、有待成文的問題。

由是想到，包括民歌總集《詩經》《楚辭》《樂府詩集》等在内的一切傳世文獻，皆可視為固態的文獻。而至今仍流傳於民間的民歌以及所有非物質文化遺産，因其承載有活態的歷史，則可稱作“活態的文獻”。這些活態文獻既是歷史的文化遺存，又是當下的文化存在；它們産生於何時，難以確證。它們在流傳過程中尚在不斷生成，如果環境許可，它們還將繼續生存與發展下去。因為它們積澱了深刻的族群文化記憶，荷載着豐厚的歷史文化信息。我在《緒論》中嘗試運用活態文獻與傳世文獻相結合的方法，考察相關問題，其點滴收穫，皆可證明書本之外的活態文獻，同樣具有閲讀與研究的珍貴價值。

檢點平生，專學少而雜學多。數十年的閲讀與閲世，因一些偶然觸發聯想，將過往的人生記憶轉化為認知經驗，從而使自己的人生乃至學術有了意想不到的收穫。近十多年來的采風問俗，更加拓展了我的閲讀範圍與人生體驗，深化了我的學術思考。我由是驚嘆於書本之外的閲讀天地、思考空間是何等的深閎博大。誠所謂人生閲讀，不限書本；人生閲讀，無處不在。前賢所云博觀而約取，舉一而反三，豈此之謂歟？

作者單位：四川師範大學文學院
四川省人民政府文史研究館

國粹與國故

謝桃坊

自晚清以來西學東漸加劇，西方近代的哲學社會科學著作譯介入中國，培根、笛卡爾、康德、尼采、達爾文、孟德斯鳩等的學説在中國傳播。學制改良和新學校制度的設置，新的自然科學與社會科學學科的建立，傳統的科舉考試制度的廢除：這一切均衝擊着中國傳統文化，使許多文化保守主義者甚感惶恐。他們深感西方的政治、法制、技藝和學術將會使中國的學術、種族和國家趨嚮滅亡。黄節感嘆説："國日蹙而民日艱，種族日殺而倫理日喪亂。一睨乎泰西諸國之政之法之藝之學，則以為非先王之道，而辭之辟之，辟之而不足以勝之也；則一讋乎泰西諸國之政之法之藝之學，則以為非中國所有，而貌之襲之，襲之而仍不足以敵之也；則還而質諸吾國何以無學，吾學何以不國，而吾之國學何以遜於泰西之國之學，則懵然而皆莫能言。"① 晚清許多固守中國傳統文化的學者們普遍意識到西方新學對中國學術的挑戰、威脅和破壞，於是出於愛國思想而奮起自發地掀起保存國學的運動。它最初雖由少數學者發起，但很快得到學術界的響應，并在社會上産生了廣泛的影響，形成頗為强大的學術思潮。創造社的新文學家成仿吾於 1923 年發表了《國學運動的我見》，表明保存國學的思潮已經成為具有社會性的運動。次年郭沫若説："大凡一種提倡，成為了群衆意識之後，每每有玉石雜糅、珠目殽混的傾嚮。整理國故的流風，近來也幾乎成為一個時代的共同色彩了。"② 在國學運動過程中有三個基本概念——國學、國粹、國故，它們相互關聯而又各有特定的内涵，尤其是國學家們對它們的理解甚為歧異，因而我們在回顧國學運動歷史時，很有必要對它們進行考察和辨析。

---

① 黄節：《國粹學報叙》，《國粹學報》第 1 期，1905 年 2 月。

② 郭沫若：《整理國故的評價》，《郭沫若古典文學論集》，上海古籍出版社，1985 年，第 25 頁。

一

我們見到的最初的“國學”與“國粹”的概念是1902年梁啓超在日本提出來的，當時他準備創辦《國學報》，他與友人黃遵憲相商此計劃時說：“養成國民，當以保國粹為主義，取舊學磨洗而光大之。”[①] 章太炎的《國故論衡》於1910年由日本秀光會舍出版，由在日本的中國學者與留學生組織的國學講習會發行。此年四月《國粹學報》第4號刊登出版廣告云：“此書為餘杭章先生，近與同人討論舊文而作，分小學、史學、諸子學等二十六篇，敘書契之源流，啓音聲之秘奧，闡周秦諸子之微言，述魏晉以來文體之蕃變，凡七萬餘言。”[②] 關於什麼是“國故”，章太炎并未解釋，其所論述者為中國傳統學術。此概念為他所創，但很快便被學術界接受了。這三個概念關係到對國學的性質和對象的認識問題，并由此形成國學運動的各種流派。

國學是什麼？我們從對國學運動歷史的考察入手，大致存在六種意見：

（一）國學即中國的國魂。許之衡說：“國魂者，立國之本也……國魂必不能與人苟同，亦必不能外吾國歷史，若是則可為國魂者其黃帝乎！……愚謂黃帝而外，宜并揭孔子而國魂者始全。蓋黃帝為政治之紀元，孔子為宗教之紀元。種族不始於黃帝，而黃帝實可為種族之代表；宗教不始於孔子，而孔子為宗教之代表。彼二聖者皆處吾國自古迄今至尊無上之位，為吾全歷史之關鍵，又人人心中所同有者，以之為國魂不亦宜乎！”[③] 所謂“國魂”意為一個國家之靈魂，即國家所崇尚之精神，它實為一種文化信仰。在許之衡看來，黃帝代表中華民族悠久而古老的歷史，孔子則代表中華民族的文化精神，這古老的歷史與文化精神乃是中華民族的國魂，它為立國之本。1905年11月，即在許之衡之說發表數月之後，由華人在日本組成的國學講習會宣稱：“夫國學者，國家所以成立之源泉也。吾聞處競爭之世，徒恃國學固不足以立國矣，而吾未聞國學不興而國能自立者也。吾聞有國亡而國學不亡者也，而吾未聞國學先亡而國仍立者也。”[④] 可見國學為立國之本，它關係着國家的存亡，因此它確為國魂。黃帝作為中華民族的始祖，僅是神話傳說的附會，而非歷史的真實，儘管如此而中華民族的歷史仍是悠久的。國魂説者所理解的國學不是學術，而是一種宗教信仰，所以將孔子認作中華宗教的代表人物而加以尊崇，以至於在1912年即民國元

---

① 丁文江、趙豐田：《梁啓超年譜長編》，上海民人出版社，1983年，第292頁。

② 《國粹學報》第4號，1910年4月。

③ 許之衡：《讀國粹學報感言》，《國粹學報》第6號，1905年6月。

④ 《國學講習會序》，《民報》第7號，1905年11月。

年，康有為及其弟子等籌建了“孔教會”，以孔子為宗教聖人。國民政府重建共和之後，教育部於1926年宣布了各學校廢止讀經的訓令，使孔教會自行消散。然而國魂説在國學運動中的影響仍然存在，而且成為國粹派的理論依據。

（二）國學是研究傳統的儒家學説。自唐代韓愈以提倡儒家之道自任，構建了一個從古代帝王至孔子的道統以發起古文運動，在宋代更加强了道統觀念，成為中國封建社會後期統治思想的核心觀念。黃節説：“夫國學者，明吾國界，以定吾國學界者也。痛吾國之不國，痛吾學之不學，凡欲舉東西諸國之學以為客觀，而吾主觀以研究之，期光復乎吾巴克之族，黃帝堯舜禹湯文武周公孔子之學而已。”① 此學即是傳統的儒學。儒者將古代包括傳説中的賢明帝王與孔子之道聯結在一起，以表明儒家的政治理想，虛擬了一個聖賢相承傳的道統。黃節代表的國粹派將國學作為承傳儒家道統之工具，這樣國學成了儒家政治倫理學説。因此這裏的國學不具有學術性質，而是負有社會政治倫理使命的統治思想。從儒家道統裏自然易於發現中華傳統文化的精華，它就是國粹。

（三）國學是研究中國的學術。上海國學保存會的發起者鄧實説：“國學者何，一國所有之學也。有地而人生其上，因此成國焉。有其國者，有其學。學者也，學其一國之學以為國用，而自治其一國者也。”② 他所理解的中華一國之學，其内容為經學、史學、子學、理學、掌故學、文學，亦即中國傳統的學術。將國學等同於中國傳統學術，這是章太炎早期以及王國維、劉師培、錢穆和現在大多數學者的共識。他們以國學為一種學問，它是純學術性質的，而且以傳統的經、史、子、集等古籍為對象；也有學者將傳統的哲學社會科學各學科，以及農學、醫學等視為一個整體的中國學術。這樣的國學研究很容易被各學科所分解，而成為專門學科的學術研究。因而從國學的綜合性而言，劉咸炘説：“蓋國學本與科學不同。科學程式、性質，均固定分明，亦以來自西洋，國人能讀其書者稀，不能廣覽深究，維憑轉販，故依次講授，本畢功完。吾國則四部相連，多不可劃疆而治，且陳編俱在，待我窮研，即云淺嘗，四部常識，已非一端，數大經史，亦不可一窺其略。”③ 這裏第一次指出了國學的綜合性質。他理解的國學是以中國的經、史、子、集四部書為對象的傳統學術研究，因而治國學應從博覽入門。鄧實是國粹主義者，他雖然將國學理解為中國的傳統學術，但强調其經世致用的意義，以為讀書在於明理，明理以便治事；因而學一國之學，以為國用，用以治國。故而最終鄧實回到了國粹主義，偏離了國學的學術性質。

（四）國學研究的是學術思想。孫叔謙説：“國學者，必萃一國之思想學術也。若以一

---

① 黃節：《國粹學報叙》，《國粹學報》第1期，1905年2月。
② 鄧實：《國學講習記》，《國粹學報》第7號，1906年6月。
③ 劉咸炘：《幼教論崗》，《推十書》，成都古籍書店，1996年影印，第2365頁。

家之思想學術為教，衹得曰一家之學，而不可曰國學。”① 他所謂的“思想學術”即是學術思想，也即中國傳統文化思想。中國傳統文化是一個非常寬泛的概念，蔡尚思認為：“中國傳統文化，即是中國固有文化，其重點指中國古代的學術思想。其內容包括中國古代學術思想的幾個大系統，即先秦的儒、墨、道、法四大家，以及漢以後的佛教，反佛教的范縝，反儒家的李贄，反君權的黄宗羲，反儒學、佛學理想的袁枚等具有代表性的思想。”② 孫叔謙是見到中國古代學術思想的豐富性，因此他極為反對“以儒術為國學”，以為是名不副實的。現代學科的哲學研究對象是學術思想，中國古代學術思想則是中國哲學的特定研究對象，如果以之為國學的對象便意味着國學被哲學所取代而導致自身的喪失。國學的對象是很廣闊的，其中也應包括中國古代學術思想，然而是使用國學研究方法，考辨其存在的學術問題。故以國學為中國古代學術思想，必然將國學等同於哲學，而且必然以哲學的方法去研究，其結果便不是國學研究了。

（五）國學就是研究中國一切過去的歷史文化。胡適説：“國學的使命是要大家懂得中國過去的文化史，國學的方法是要用歷史的眼光來整理一切過去文化的歷史，國學的目的是要做成中國文化史。”③ 中國文化的概念的外延與內涵均比中國學術、中國學術思想、儒學等廣大得多，顯然它包括了中國的物質、制度、意識形態，也包括四部書之外的民間與政府的契約文書，新發現的甲骨文字、簡册帛書、敦煌文獻、西夏文獻以及市民文學的話本、唱本、戲曲、小説等等，也涵蓋中國傳統的一切學問。胡適在 1923 年作《國學季刊發刊宣言》時其國學觀念尚不成熟，但其將中國一切過去的歷史文化的學問作為國學的對象無疑是正確的。他也將國學理解為純學術的性質，但他的目的絶不限於要大家懂得中國過去的文化史，也不是做成中國文化史。我們從他此後對國學性質與對象的認識，以及他對中國古代長篇白話小説的一系列具體考證來看，實際上他否定了國學研究的普及性，也未再主張去做成各種文化專史。然而他確定的國學研究對象和國學性質，逐漸在國學運動中成為主流的方嚮。

（六）國學就是研究中國的史料。顧頡剛説：“國學是什麽？是中國歷史，是歷史科學中的中國的一部分。研究國學，就是研究中國歷史科學中的中國的一部分，也就是用了科學的方法去研究中國歷史的材料。所以國學是科學中的一部分。”④ 當顧頡剛於 1926 年作《北京大學國學門周刊發刊詞》時，發展了胡適的國學觀念，將國學理解為對中國史料的研究，而且强調用科學的方法。這裏“中國歷史的材料”實為中國歷史文獻，而歷史文獻的

---

① 孫叔謙：《國學——致〈甲寅雜誌〉記者》，《甲寅》第 1 卷第 4 期，1914 年 11 月
② 蔡尚思：《蔡尚思自傳》，巴蜀書社，1993 年，第 117—118 頁。
③ 胡適：《國學季刊發刊宣言》，《胡適文集》（3），北京大學出版社，1998 年，第 14 頁。
④ 顧頡剛：《北京大學國學門周刊發刊詞》，《中國新聞學大系・史料索引》，上海良友圖書公司，1936 年，第 169 頁。

研究必須用文獻學的方法。這應是國學研究的基本對象與方法。他還特別反對國學的普及，因其是專門的高級的學術研究，没有普及的必要；同時反對國學的社會功用，因其是純學術的求知，并不負擔政治倫理的社會使命。但顧頡剛當時的國學觀念亦尚不成熟，故將國學作為從屬於歷史科學的一部分，而未認識到國學是一門獨立的學問；而國學研究的對象絶不限於中國的歷史文獻，它還包括歷史文獻以外的中國文化，以及域外關於中國文化的記載與研究。因此他此時的國學觀念與史學糾纏不清，以至於其關於中華古史的考辨被視為一種新史學。

在上述國學觀念而外，民國時期尚有國民、國文、國語、國樂、國技、國醫、國術等衆多的概念與國學相牽連或混淆。1928 年錢穆感嘆説："學術本無國界。'國學'一名，前既無承，將來亦恐不立，特為一時代之名詞。其範圍所及，何者應列國學，何者則否，實無判別。"① 國學運動中的情形確實如此。在學術史上，凡是一種思潮當其在學術界及社會産生重大影響時，學者們對這種思潮的基本觀念、性質、對象、方法等的認識都可能存在分歧，這是很正常的學術現象。我們從國學史來考察，顯而易見由於國學家們的國學觀念的分歧而産生過不少的流派，也可發現對國學研究的對象尚無切實的認識。在國學運動展開之後，國學研究的對象逐漸明顯，這與"國粹"和"國故"概念的出現存在密切的關係。

二

粹，具有純粹、精粹、精華、薈萃之義。國粹是國學家們認為的中華傳統文化的精粹與精華的部分。在國粹主義者看來，國粹即國魂之所在。許守微説："國粹者，一國精神所寄也。其為學本之歷史，因乎政俗，齊乎人心之所同，而實為立國之根本源泉也。故其國粹存則國存，國粹亡則其國亡。"② 由此可見國粹在中華民族之重要性。1905 年上海國學保存會的宗旨即是"研究國學，保存國粹"③，他們研究國學的目的在於保存與弘揚國粹。國粹具體所指的是什麽呢？國粹派學者大致存在四種意見。

（一）儒學。鄧實説："大抵以儒家為質幹，以《六經》為範圍，捨儒以外無所謂學問，捨《六經》以外，無所謂《詩》《書》。人人手注疏而口性理，家家冠章甫而衣縫掖，

---

① 錢穆：《國學概論》卷首，商務印書館，1956 年，第 1 頁。
② 許守微：《論國粹不阻于歐化》，《國粹學報》第 7 期，1905 年 8 月。
③ 《國學保存會簡章》，《國粹學報》第 1 號，1905 年。

天下百慮而一旨，殊途而同歸。”①

（二）以儒術為主。章太炎的國粹觀念是不斷變化的，他早年以漢族的歷史——包括語言文學、典章制度、人物事迹為國粹，晚年提出“國粹統宗”，以為“今欲改良社會，不宜單講理學，坐而言，要在起而行。周孔之道不外修己治人，其要歸於《六經》。《六經》散漫，必以約持之道，為之統宗”。這個統宗即是學習《孝經》《大學》《中庸》和《儒行》②，并在實踐中予以貫徹。

（三）儒家禮教。陳啓彤說：“中國之學術，固度越歐西矣。信哉，其能造成我泱泱中國乎？造成此泱泱之大國，其道又果在乎？則所謂禮教，所謂宗法也。”③ 孫德謙說：“尊孔聖，闡經義，崇禮教。此三者能認定為宗旨，於國學而實力研究，斯乃純粹之國學也。”④

（四）儒家經世致用之學。何健說：“我們今日研究國學，要抱‘致用而讀經’的目的，處處都把經書應用到應事接物上，纔能算得通經，也纔能算確實提倡國學。”⑤ 陸懋德說：“吾國舊有的國學，本是有體有用之學，昔人所謂‘窮經致用’，所謂‘經義治事’，皆指此而言，此實為正統的國學。”⑥

以上的意見是大同小異的，或者說它們在本質上是相同的，即它們皆為儒家的政治倫理思想。儒家學說體現在《六經》之中，而禮教和宗法是其核心價值，包括“三綱”“六紀”在內；儒者窮經的目的是達到修身、齊家、治國、平天下的政治理想，因而其學重在社會作用，故為經世致用之學。漢王朝建立後，統治階級在建立統治思想的過程中，曾經考慮過先秦的儒家、道家、法家、墨家、縱横家等學説，在諸家學説之中衹有儒家的政治倫理學説纔最適宜於作為治國的理論和社會的道德規範，因而自此成為中國兩千年的封建統治思想，它亦是中國傳統文化的核心。這在文化保守論者看來，儒家的政治倫理學説當然是國粹了，而他們研究國學的目的便是保存和弘揚國粹，用以抵制西學和新學，用以改良社會，用以改變世道民風，用以與新文化抗争。國粹派學者在承傳舊學時進行了認真的學術研究，在整理和保存古籍等方面做了許多工作，而且促使了現代學術論文的産生。他們是有學術成就的，在中國現代學術發展過程中起到了先驅的作用，尤其是他們的愛國精神更令人欽敬。然而他們治國學的目的不是真正學術意義上的求知，而是在於社會政治倫理的現實功用。國粹主義作為國學思潮的一個流派興起於20世紀初年，它代表着舊的思想意識，作為革命思潮和新文化思潮的對立面而出現。國粹派學者堅持的儒家政治倫理思想，

---

① 鄧實：《國學通論》，《國粹學報》第3期，1905年4月。
② 章太炎：《國學統宗》，《章太炎學術史論集》，中國社會科學出版社，1997年，第13頁。
③ 陳啓彤：《中國國學博大優美，有益於人類説》，《國學雜誌》第3期，1915年7月。
④ 孫德謙：《國學研究法》，《大夏學報》第4卷，第29期。
⑤ 何健：《要用最新的科學方法來研究國學》，《國光雜誌》第17期，1936年5月。
⑥ 陸懋德：《論國學的正統》，《責善半月刊》第2卷，第22期，1942年2月。

因社會的變革和封建社會的崩潰而喪失其合理性，它已不適用於現代社會，所以在新文化思潮興起與强大時，它成了被否定與批判的對象。早在 1902 年，當梁啓超擬辦《國學報》并提出保存國粹的主張時，黄遵憲即表示："若中國舊習，病在尊大，病在固蔽，非病不能保守也。今且大開國户，容納新學，俟新學盛行，以中國固有之學，互相比較，互相競争，而舊學之真精神乃愈出，真道理乃益明，屆時而發揮之。"① 我們今天看來此見解仍是恰當而合理的。顯然國粹主義是不合時宜的。"粹"的本義為無雜質的米，故當時反對國粹主義者稱國粹為"國糠""國渣"和"甘蔗渣"，以嘲諷揭示國粹派學者并未根據新的社會現實的需要而從傳統文化中吸收真正適應現代社會的合理因素，而是拾取了舊學中的殘渣。許地山於 1940 年回顧國粹派時説："'國粹'這個名詞原是不見於經傳底。它是戊戌變法後，當'中學為體，西學為用'底呼聲嚷到聲嘶力竭底時候所呼出來底一個怪口號，又因為《國粹學報》底刊行，這名詞便廣泛地流行起來。"他是非常反對國粹的，以為"評定一個地方底文化高低不在看那裏底社會能保存多少樣國粹，衹有看他們保留了多少外國與本國的國渣便可以知道"②。因此他主張清除外國的和本國的渣滓，建立新的文化。

1911 年辛亥革命後《國粹學報》停刊了，標志着國粹思潮的衰微，而此時國學新傾嚮已經出現并逐漸成為國學運動的主流，但國粹思想却又頑固地存在，并以新變的形態發展着。我們可以看到國學家們將國粹作為國學研究的對象，并以保存和弘揚國粹為目的而形成了國學運動中的國粹派，可惜他們未曾發現真正的國粹，也未去由學術研究而尋求真知，偏離學術的軌道而愈去愈遠了。

三

中國新文化運動的學者們雖然以激烈的態度否定和批判中國傳統文化，却又在思考應怎樣以科學的客觀的態度重新衡量傳統文化，尤其當國粹主義思潮對學術界發生重大影響時，他們之中的一些學者投入國學運動，反對國粹派而發出整理國故的號召。新文化運動的學者們的國學研究對象是國故，而不是國粹，并將整理國故作為新文化運動的一個部分。胡適是將新文化運動視為中國的文藝復興運動的，他在晚年時説："我曾經説過，'整理國故'——有系統和帶批判性的'整理國故'——是'中國文藝復興運動'中的一部門。"③ 然而在《國粹學報》停刊之後，國粹派學者劉師培、黄侃和陳漢章等於 1919 年 1 月成立了

---

① 黄遵憲：《與梁啓超書》，《中國哲學》第八輯，三聯書店，1982 年。
② 許地山：《國粹與國學》，《北京大學百年國學文粹》（哲學卷）》，北京大學出版社，1998 年，第 161—168 頁。
③ 胡適：《從舊小説到新紅學》（1957），《胡適紅學研究資料全編》，北京圖書館出版社，2005 年，第 352 頁。

國故社，創辦了《國故》月刊，打出“倡明中國固有之學術”的旗幟，掛起“保存國粹”的招牌[①]。他們理解的“國故”仍是“國粹”，這與新文化運動學者的理解具有本質的區別。新文化運動的學者對國故的理解有以下幾種意見。

（一）舊有的學術思想。胡適説：“我們對於舊有的學術思想，積極的衹有一個主張——就是‘整理國故’……為什麽要整理呢？因為古代的學術思想嚮來没有條理，没有頭緒，没有系統，故第一步是條理系統的整理。”[②] 他在1919年2月理解的國故是中國舊有的學術思想，這比稍後將國學理解為研究中國一切過去的文化的觀念要狹隘一些。

（二）中國古代的學術思想和中華民族過去的歷史。毛子水説：“章太炎先生的《國故論衡》，在近來討論國故的書籍裏面，縱未必是最精審的，亦必是最精審的一種了。這部書分為三卷：上卷論語言文字，中卷論文學，下卷論學術思想。語言文字和文學，都是發表學術思想的工具，所以《國故論衡》這部書可以説就是中國古代的——或固有的——學術思想的論衡，我們倘若根據章太炎先生的意思，我們就可以説‘國故就是中國古代的學術思想’。但是照我的意思，中華民族過去的歷史，章太炎先生的書裏雖然没有論到，亦正當的可以叫作國故。因此我們得出國故的定義如下：國故就是中國古代的學術思想和中華民族過去的歷史。”[③] 此觀念比單純將國故理解為中國古代的學術思想寬泛得多，但對《國故論衡》内容的概括是片面而不確切的。

（三）中國學術上的事。傅斯年以為對待國故的態度有兩種：一是把中國以往的學術、政治、社會等做材料，研究出些有系統的事物來，這是整理國故；一是缺乏理性，盲目地追摹國故的國粹派。他認為追摹國故者是“其愚不可及”的，而認為“所謂國故的研究是學術上的事，不是文學上的事；國故是材料不是主義”[④]。我們從後來傅斯年關於歷史語言研究所工作之旨趣的論述，可以將其“學術上的事”理解為中國歷史與文獻方面存在的學術問題，是將歷史文獻作為國故的，研究國故即是研究其中的事實問題。

（四）漢字書籍。錢玄同説：“國故固然寄於漢字書籍中，但漢字書籍之中底國故，衹是一大堆雜亂無章的國故底材料。但這種材料，衹能供給‘國故學者’（如現在的胡適之、梁任公、顧頡剛先生等）拿去做‘整理國故’的取資，決不是要想得到國故底知識的一般人適用的工具。”[⑤] 他所理解的國故便是漢字書籍的文獻資料，整理國故即是研究這些資料。

以上的見解雖然互不相同，但將中國的學術、歷史、學術事實、歷史文獻作為國故，并以之為國學研究的具體對象，是純學術性質的，重在求真知，由此逐漸形成國學運動主

① 李妙根：《胡適與整理國故》，《胡適研究》第一輯，東方出版社，1996年，第168頁。
② 胡適：《新思潮的意義》（1919年2月），《胡適文集》（2）第557頁。
③ 毛子水：《國故和科學的精神》，《新潮》第1卷第5號，1919年5月。
④ 傅斯年：《毛子水〈國故和科學的精神〉識語》，《新潮》第1卷第5號，1919年5月。
⑤ 錢玄同：《漢字革命與國故》，《晨報五周年紀念增刊》1923年12月。

流的基本傾嚮。新文化運動的學者們研究國學即是從整理國故開始的。胡適倡導的整理國故以及提出的整理範圍和方法在國學運動中有着重大而深廣的影響，推動了國學運動的發展。

胡適於1919年1月發表的《新思潮的意義》主張“用評判的態度，科學的精神，去做一番整理國故的工夫”。他於1923年發表《國學季刊發刊宣言》時，又對“國學”“國粹”和“國故”這三個概念的含義及相互之間的關係予以闡明：

> “國學”在我們心眼中，衹是“國故學”的縮寫。中國的一切過去的文化史，都是我們的“國故”，研究這一切過去的歷史文化的學問就是“國故學”，省稱為“國學”。“國故”這個名詞，最為妥當，因為它是一個中立的名詞，不含褒貶的意義。“國故”包含“國粹”，但它又包含“國渣”。我們若不瞭解“國渣”，如何懂得“國粹”？所以現在我們要擴充國學的領域，包括上下三四千年的過去文化，打破一切門户的成見；拿歷史的眼光來整統一切；認清“國故學”的使命是整理中國一切文化歷史，便可以把一切狹陋的門户之見都掃空了①。

這樣，國故是中國過去的一切文化，其中包含國粹和國渣，研究國故的學問是為國故學，省稱為國學。他是以批判的態度對待國粹的，而將國粹派所提出的東西視為國渣。關於整理國故，他提出三種方式：1. 索引式的整理，即對重要的卷帙浩繁的典籍編製索引，以便檢索；2. 結賬式的整理，即對典籍的集注集釋；3. 專史式的整理，即著成各學科的、斷代的、學派的、個人的專門學術史。他認為理想的國學研究是重新建構系統的中國文化史，包括民族、語言文字、經濟、政治、國際交通、思想學術，宗教、文藝、風俗、制度等專史。這是一個很全面的整理國故的計劃。此年12月顧實的《國立東南大學國學院整理國學計劃書》中關於“整理國學”——確切地説應是整理國故的計劃，其範圍皆大致沿用胡適的意見。

整理國故意味着對中國的歷史文獻進行編製索引、校勘、注釋、彙編、訂正等，這方面清代學者已做了大量細緻的工作，取得了巨大的成就。然而這種整理僅是國學研究的基礎的準備工作，尚未進入到真正的系統的學術研究層面。至於著成中國各種學術的專史，勢必會將國學分解為許多新學科，例如中國經濟史，這是屬於經濟學的研究範圍；中國學術思想史，它是屬於哲學的研究範圍：它們并非國學應該負擔的任務。因此，胡適的整理國故的計劃既具有空泛的性質，而又非真正的國學研究，故而難以切實施行。郭沫若於

---

① 胡適：《國學季刊發刊宣言》《胡適文集》(3)，第10頁。

1929年批評云：

> 我們對於他（胡適）所"整理"過的一些過程，全部都有重新批判的必要，我們的"批判"有異於他們的"整理"。
>
> "整理"的究極目標是在"實事求是"，我們的"批判"精神是要在"實事之中求其所以是"。
>
> "整理"自是"批判"過程所必經的一步，然而它不能成為我們所應該局限的一步①。

他指出整理國故的口號所具有的局限，即尚未對實事做進一步的深入研究，僅停留於淺表的層次。郭沫若還指出清代考據學大師們以及王國維、羅振玉等人整理國故曾有很大的成就，但仍不能成為新學術研究的出發點。我們於此可見，國學運動初期以整理國故為號召是切合當時情況的，可以在國粹勢力之外開闢一條新的學術途徑。

四

在胡適發出整理國故的號召之後，毛子水即提倡研究國故，他說："用科學的精神去研究國故，第一件事就是用科學的精神去采取材料。凡考古的學問，和他種的學問相同，最要的事情就是有精確的材料。論斷的價值，和材料有密切的關係，材料不精確，依據這個材料而立的論斷，就没有價值了。"② 胡適同意毛子水的意見，特別補充說："我以為我們做學問不當先存這個狹義的功利觀點。做學問的人當看自己性之所近，揀選所要做的學問，揀定之後，當存一個'為真理而求真理'的態度。研究學術史的人更當用'為真理而求真理'的標準去批評各家的學術。"③ 這表明研究國故是重證求真的純學術性質。從研究國故纔可以進入到真正的國學研究，而不是停留於整理國故的初級學術階段。然而當時學者們對於整理國故與國學研究的界域尚不十分明確，所以胡適在繼續談整理國故時漸漸進入國學研究了。他真正研究國學是從白話古典小說考證開始的，此項研究是被納入了新文學運動的，即他稱為中國文藝復興運動。自1920年胡適發表《紅樓夢考證》之後，迄於1925年陸續對《水滸傳》《西遊記》《鏡花緣》《老殘遊記》《兒女英雄傳》等進行了一系列考

① 郭沫若：《中國古代社會研究·自序》，《郭沫若全集·歷史編》第一卷，人民出版社，1982年，第7頁。
② 毛子水：《國故和科學的精神》，《新潮》第1卷第5號，1919年5月。
③ 胡適：《論國故學——答毛子水》，《胡適文集》（2），第327頁。

證。《紅樓夢考證》是國學運動中新傾嚮的第一篇論文，具有劃時代的意義。胡適説：

> 我覺得我們做《紅樓夢》的考證，衹能在這兩個問題上着手（著者和本子），衹能運用我們力所能蒐集的材料，參考互證，然後抽出一些比較的最近情理的結論。這是考證學的方法。我在這篇文章裏，處處想撇開一切先入的成見，處處存一個蒐求證據的目的，處處尊重證據，讓證據做嚮導，引我到相當的結論上去①。

以科學的考證方法研究《紅樓夢》的作者和版本，第一次解決《紅樓夢》存在的學術疑難問題，這不是文學的研究領域，而是屬於國學研究。顧頡剛參與了材料的蒐集工作，他説："紅學研究了近一百年，没有什麼成績……我們處處把實際的材料做前導，雖是知道事實很不完備，但這些事實總是極確實的，别人打不掉的。我希望大家看着舊紅學的打倒，新紅學的成立，從此悟得一個研究學問的方法。"② 曹聚仁於 1925 年論述國故學之新傾嚮時，以為胡適的《紅樓夢考證》乃是"現代學術之曙光"，標志着國學運動新傾嚮的發端，對現代學術影響非常巨大。曹聚仁分析國學運動以來的發展情形説："國故學之在未來學術進化史上，將為合理的演進，蓋在吾人意料之中。演進之過程有二：1. 由雜糅之國故學進而為有組織之國故學；2. 由統攝諸科之國故學，進而為純粹國故學。近頃之治國故學者，雖取捨不同，凖的匪一，使非極端守舊，局守宋儒之陋見者，其用力之所在，必不離於考訂名物訓詁諸端，群力所注，則國故之各各資料，必由一一考證為日漸正確。"③ 這種純粹的國故學是以科學考證方法研究國故的，其最顯著的成績是：1. 胡適和俞平伯的小説考證；2. 梁啓超和顧頡剛的歷史考證；3. 陸侃如和吴立模的詩歌考證。他們與清代學者的考證的區别是：清代學者的考證東鱗西爪，不可捉摸；新的考證具體、系統而更為嚴密，方法更為科學。因此在 1925 年時，曹聚仁認為這是國故學的新傾嚮，必昭示國故學中心之所在，即此新傾嚮已成為國學運動的主流了。此後 1926 年《古史辨》第一册問世，標志着古史辨學派的興起。顧頡剛發起的關於中國上古史、先秦諸子及秦漢學術史存在的學術問題的考辨，以疑古的精神對中國傳統文化研究的諸多迷惘的謬誤重新認識，用堅實的資料和科學的論斷予以掃除和廓清，震動着中國學術界。在顧頡剛的周圍團結了一大批新的國學家，推進了國學運動新傾嚮的發展④。1928 年傅斯年任國立中央研究院歷史語言研究所所長，出版了《歷史語言研究所集刊》。在他的領導下聚集了著名的學者和培養了新一代學者，形

---

① 胡適：《紅樓夢考證》，《胡適文集》（2），第 465 頁。
② 顧頡剛：《紅樓夢辯·序》，《胡適文集》（10），第 93 頁附録。
③ 曹聚仁：《春雷初動中之國故學》，《國故學討論集》，群學社，1927 年。
④ 謝桃坊：《古史辨派在國學運動中的意義》，《文史哲》2009 年第 6 期。

成了歷史語言學派。他們研究中國歷史與文獻存在的學術問題，并用科學的實證方法，提倡使用新材料，力求置中國歷史語言之學於自然科學的境界之中①。《古史辨》迄於1949年共出版七册，《歷史語言研究所集刊》迄於1949年共出版二十本。古史辨派和歷史語言學派是國學運動新傾嚮的兩大流派，他們的學術陣容龐大，學術影響廣泛而深遠，因之構成國學運動的主流，使國學運動從最初的整理國故而進入到真正的國學研究，切實發展了胡適開拓的國學研究的新傾嚮。我們縱觀北京大學主辦的《國學季刊》、顧頡剛主編的《古史辨》和傅斯年創辦的《歷史語言研究所集刊》，他們發表的主要論文皆是以科學考證方法研究中國歷史與文獻的若干狹小的學術問題的。我們現在回顧國學運動的歷史，可以看到文化保守主義者以國粹為研究對象，提倡儒家政治倫理學説，趨於復古而背離時代的進步潮流，必然衰微；新文化學者則以國故為研究的對象，從提倡以科學方法整理國故而發展到真正的純學術的國學研究，由此形成新傾嚮，并逐漸成為國學運動的主流。在此過程中，國學家們對“國粹”和“國故”的理解和態度，成為國學運動中國粹派和新傾嚮派的分野所在。這兩個基本概念關係到對國學性質與對象的認識，因此當國學熱潮近年在我國再度興起時，我們很有必要重新以歷史的眼光辨析“國學”與“國粹”“國故”在國學運動中的意義。

作者單位：四川省社會科學院文學研究所
四川省人民政府文史研究館

---

① 謝桃坊：《置中國歷史語言之學於自然科學之境界中——論傅斯年與歷史語言學派在國學運動中的意義》，《社會科學戰線》2014年第9期。

俄羅斯科學院東方文獻研究所西夏文獻庫研究的過去和未來

（俄）巴格達諾夫撰　張芷萱譯

100 多年前，科兹洛夫探險隊在内蒙古黑水城附近發現了世界上最大的西夏文獻遺址，奠定了西夏學這門具有獨特學術風格和傳統的國際性顯學的基礎。19 世紀末以來，各位學者為辨認一些偶然發現的未知文獻殘片付出的努力至此可告終結。在這樣的歷史文化背景下，黑水城“書庫”或許是 20 世紀中亞考古探險中最重要的發現。

考古學和文化學的研究在持續進展，并且在語言學、宗教學、歷史學和民族學等不同的研究領域取得了成果，這一大批文獻資料使人們得以鑒定其所屬的語言和文化——它們來自党項人建立的西夏國。

歷史的回顧

1909 年黑水城出土的所有文獻和文物都轉移到了聖彼得堡，學界即就這些藏品展開了文獻文本方面的研究。這一階段對藏品檔案的建立堪稱是未來所有研究工作的基礎。

研究者們按照文獻的款式和大小對所有藏品進行計數并分為 A、B、C、D 四類。大約 9000 件的藏品數量是在這一時期首次記録并確定下來的。這衹是編目工作的準備階段。而第一部文獻目録是許多年後纔出版的。與此同時，對藏品進行科學描述的工作也於此時開始進行。

聖彼得堡大學教授、漢學家伊鳳閣（A. I. Ivanov）在編目工作中發現并鑒定了一部西夏語文讀本——雙語、附有注音的珍貴詞典①。這為西夏文字的破譯、語音的重建和寫本的翻譯帶來了新動力。伊鳳閣教授是這一時期對科兹洛夫藏品進行深入探索的首位傑出研究者。其間，他還着手編纂了第一部現代夏歐雙語辭典。遺憾的是，這部辭典在他逝世後一并消失。此時期另一位傑出的研究者是印度學家鄂登堡（S. Oldenburg），他首次科學地闡釋了黑水城繪畫。

20 世紀 20 至 30 年代，俄藏黑水城文獻的歷史與聶歷山（N. A. Nevsky）這個名字緊密相連。聶歷山本是研究日本文化的專家。因他的大學老師伊鳳閣慷慨地與他分享了自己在西夏研究中得到的所有資料，使得聶歷山對西夏學産生了興趣。伊鳳閣在西夏學領域的研究工作也確實鼓舞了聶歷山。聶歷山在日本工作期間開始研究西夏語，同時致函俄羅斯傑出學者阿列克謝耶夫（V. Alekseev）院士和鄂登堡院士，利用他們在回覆中附寄的從亞洲博物館複製的資料，對西夏文進行破譯。當 1929 年聶歷山從日本回到聖彼得堡時，他已經積纍了大量的西夏學知識，并且已經勾勒出描述這些文獻的想法。由於他的研究成果，他被分配到亞洲博物館及其後續機構東方學研究所的西夏文獻庫工作。在十年工作中，聶歷山孜孜不倦地檢視和閱讀了幾乎所有的西夏文書和殘片，并為大約 1000 件藏品編目。在聶歷山的早期作品《西夏文字及其典藏》中，他以自己積纍的知識概括了這個西夏文獻庫的整體特徵。這批在黑水城發現的西夏寫本和文物首次得到了鑒定。對未來的研究而言，其成果極具意義和價值。

在伊鳳閣發現了西夏字典之後，聶歷山鑒定并翻譯了《夏聖根贊歌》——這是一部關於西夏古代歷史和本地神話的名著，以及占星術和一些佛教文書。他還發現了党項頌詩、原始民諺以及諸如"天盛律令"這類對日後歷史和社會研究至為關鍵的資料。他從已對照的西夏佛經（如《妙法蓮華經》）中提取語料學習西夏語。他還編譯了歐洲首部西夏語與俄語對照的雙語字典，這部字典仍為當代學者所廣泛使用。從新的文本研究立場來看，聶歷山是第一位不僅指出了西夏文字的系統特徵，同時也闡明了西夏社會、宗教系統特徵的歐洲學者。

我們可以這麼認為，聶歷山勾勒出了學術界在未來半個世紀裏對西夏學研究的所有框架。

對西夏文獻庫展開研究探索的第二階段始於 20 世紀 50 年代。這段時期與這一領域的第三位偉大學者克恰諾夫（E. Kychanov）的活動密切相關。

克恰諾夫的研究以黑水城出土的文獻為主，并且延續了半個多世紀——從 1953 年開始在東方學研究所工作，直到 2013 年他去世的那一刻。

① 譯注：即《番漢合時掌中珠》。

克恰諾夫的學術成就不僅在俄羅斯的西夏學方面非常突出，而且在國際上也享有盛譽。他繼續了伊鳳閣、聶歷山、龍果夫和戈巴卓娃的工作，完成了對黑水城所有西夏寫本的清點。他的首個成果是發表於1963年的西夏文寫本和刻本目録。

克恰諾夫教授基於對中國歷代史志的嚴謹研究，在現代歐洲史學史上留下了第一部《西夏通史》(1986)。他翻譯了聶歷山提到的許多關鍵文獻，同時還發現了許多新的重要寫本，例如《新集錦合辭》、西夏頌詩、《聖立義海》，而這些衹是他文本研究和翻譯工作中所涉及的少部分文獻。克恰諾夫最重要的成就是出版了注釋本《天盛律令》(1987—2013)。《天盛律令》傾注了他畢生的精力。他的另外兩本著作是《俄藏西夏佛教文獻目録索引》(1999) 和《夏俄英漢字典》(2006)。

在個人研究之餘，克恰諾夫還啓發、激勵了其他學者展開西夏學研究。在西夏學研究者中，索夫諾夫 (M. Sofronov) 出版的《西夏語法》(1968) 首次構擬了西夏語音系；克平 (K. Kepping) 撰寫了關於西夏語構詞法的重要文章 (1985)；捷連吉耶夫—卡坦斯基 (A. Terentiev - Katansky) 根據黑水城文獻撰寫了有關西夏民族志以及西夏人日常生活習慣的難得研究成果 (1993)。克恰諾夫是這些西夏學研究者的中心人物。

雖然我在這裏衹提到了俄羅斯學者的名字，但是需要注意的是，還有一個國際性的西夏研究團隊也是在克恰諾夫教授的影響和推動下建立的。

克恰諾夫最後的作品，同時也是不幸未能出版的作品是一部專著——《西夏研究導論》(2011—2012)。他是這部專著的主要作者和編輯。這本書展望了黑水城文獻研究的未來。

未來的展望

國際學界經過一個多世紀的對科兹洛夫西夏文獻庫的深入研究，取得的研究成果是周知且重要的。但是我們不禁會有這樣的疑問：接下來的研究是否衹能得出相似的結果呢？

目前西夏文獻庫依然擁有世界上最多的西夏文獻藏品，其中包括了寫本和刻本。

西夏文獻庫：目前工作任務概覽

讓我來描述一下目前西夏文獻庫的工作現狀，并確定研究西夏藏品的可能性。

2005年，西夏文獻庫開始對所有藏品進行重新盤點，其主要目的是對藏品進行標記，核對藏品的庫存編號，并辨正其内容。通過盤點我們知道我們檔案中已登記的西夏文獻有8500件。這項工作由克恰諾夫教授負責，他查閱了所有藏品，并於2012年完成了盤點工作。通過這次盤點，在已知和已登記的檔案中發現了新的殘片，這些殘片被分類以便未來研究。克恰諾夫教授對每一個單獨的殘片都做了簡短的筆記，因為他計劃在這些準備工作完成後，製作新的完整的西夏文獻庫。他還研究了這個文獻庫的結構。

2013 年，克恰諾夫教授去世後，整理藏品的工作繼續進行至今。

如今，8000 件新標記的藏品已經被登記在册。未來幾年，可能會有 1000 件殘片從已知的西夏文獻中分離出來并被登記。由此可見，與之前的盤點工作結果相比，此次整理的西夏藏品更為豐富。

不得不指出的是，從書籍封面分離出來的數百件硬草書寫殘片，就是所謂的表示各種法律、軍事和經濟文獻的“文件”。它們有自己的收藏標記（Tang 600），且數量在不斷增加。這次審核工作完成之後，我們纔可以説新的西夏文獻庫的準備工作已經完成。

無論如何，這些文獻已在西夏文獻庫和上海出版，幾乎所有文本都可用於研究。新出版的文獻與舊庫存和標記方法保持一致，這樣便於訂購。遺憾的是，由於一些文獻仍處於分離殘片的過程中，這些殘片需要按照規定進行記録和登記，因此目前有些文獻無法被標記。雖然這是一項相當困難的工作，并且殘片數量足够多，但是我非常希望這項工作能够在幾年内完成。

因此，我們可以預計俄羅斯科學院東方文獻研究所的西夏藏品最終可以包含大約 10000 件，包括所有的殘片。這些文獻中九成以上都是佛教文獻。餘下的一成由不同種類的文獻組成——經濟、金融、行政、軍事等，以及其他少量的非宗教文獻。如果考慮文獻庫中的佛經部分，我們可以估計其中三分之二的内容都是佛經正典（大部分是《大般若》經文），衹有三分之一的内容包括了僞經、儀軌和密教文獻。它們幾乎都是缺失首尾、大小不同的殘片。佛經部分總體上已經是可以完全確定的。目前除了已經有多篇不同語言寫成的文章和專著介紹，還有兩部已經出版的目録和上海古籍出版社的影印本，基本完整地展示了黑水城文獻全貌。

近年來，學界對已經被研究過的黑水城文獻仍然有新發現。這些新發現來源於對之前的研究中未被注意到的細節和特徵的研究，因而非常有趣。

語言學、文本學的新方法，還有新的民俗歷史資料，使得西夏文獻的“舊”資料煥發出新的生命。西夏語（尤其是其音系）是整個藏緬語族比較分析研究中的重點方嚮。西夏宗教傳統，尤其是它的密教，在藏傳佛教的相關研究中正在發揮影響力。透過文本比較，也能獲得關於西夏宗教生活的新材料。

現在是對已知文獻進行嚴謹的文本研究的時候，以發現新的資訊或認知。因此我為這項研究提出了口號：“舊材料・新研究”。我自己對一些“未知的”小殘片的研究表明，我們可以發現不偉大但有趣的細節，這可以促進這類研究的開展。我猜想，這項研究肯定會成功。

在整個中亞和東亞書籍流通的研究背景下，對西夏文書的進一步研究也是必然的結果。

西夏草书不像别的艺术品有一定的流派，因此品鑒西夏草書是非常有難度的。收集和闡釋西夏文書中的圖案和書法，鉴定并比較不同類型的活字印刷品，以及西夏的書籍版本等，都是可能的研究方嚮。這是發展西夏研究傳統的合理途徑。

但是想要對新的"重點範疇"展開調查，我們必然需要新的文獻資料，舊有的語料儲備即將枯竭。目前來看，似乎不會再發現類似黑水城這樣的文獻寶庫。在這樣的境遇下，如何利用這些難以辨别的西夏殘片？殘片的數量相對於總量來説并不大，大概有1000件或更多一些。這些殘片没有題記且字迹非常潦草，我們要如何對它們進行研究？

首先，應進行精確的文本識别。漢文《大藏經》語料庫（CBETA）在辨析佛經經題方面的應用十分成功，但其在辨析"困難的"殘片方面却有不確定性。其次，密教經典中大部分由藏語翻譯而來，也有屬於西夏自有的。還有早於佛教誕生的儀式或神話相關文獻，它們大多是對本土的記載，對它們的研究需要非常嚴謹的文本分析，這將耗費大量的時間，但是這些工作可能并不會帶來顯著的研究成果。這是為什麽呢？

首先是因為它們最早是存在於口頭傳統中，衹是在更晚些的時候纔以書面的形式確定下來。其次是因為对西夏書面語的翻譯和解釋十分困難。這種語言有着獨特的語法和詞彙特徵。它有可能是"皮欽語"、儀式秘語或以西夏字為載體的當地民族的語言。

我們可以肯定的是，僅有一組文書對於潛在的研究是非常具有前瞻性和結果指嚮性的，這就是數百件由軍事、政治、經濟、外交、法律文書組成的所謂的"公文"。它們中的大多數是從寫卷的封面分離而來，現存於大小不同的殘片中。我們認為，這些文獻都保存了西夏日常生活中有趣且重要的歷史材料，但是由於晦澀的文字使得它們幾乎無法辨認。

因此，未來對這些包括"已知文本"① 和"新發現的殘片"的藏品的研究應該運用非常嚴謹的研究方法。雖然研究結果或許并不可靠，但是這是瞭解西夏文明新細節的唯一途徑。在未來，這些結果應該與以往的研究成果進行比較，加以總結，從而為中亞在這一時期的史實提供新的佐證。

作者單位：俄羅斯科學院東方文獻研究所
譯者單位：四川師範大學文學院

① I mean under this term texts that were registered in IOM RAS inventory and were published in Shanghai edition. 這裏"已知文本"是指在俄羅斯科學院東方文獻研究所登記的由上海出版的文獻。

美國東亞圖書館的歷史沿革*

吴文津

美國東亞圖書館是自第二次世界大戰之後纔開始發展的。雖然二戰前有些大學已經提供東亞（那時稱遠東）課程，但是提供全方面包括人文和社會科學方面的課程還是二戰後的事。經過太平洋戰爭、日本的民主化、中國共産革命，以及朝鮮戰爭，美國人意識到東亞在這個不斷變化的世界中的重要性，因此需要對其歷史和文化有更深入的認識。各大學得到基金會和政府提供的大量經費，擴大其東亞教學和研究。50 年後的今天，美國的東亞研究可以説是西方世界裏發展得最壯大和最全面的了。

随着學術研究發展而來的就是建立圖書館收藏文獻。雖然有些大學在二戰前就開始收藏東亞語種書刊（如耶魯大學開始於 1878 年，哈佛大學開始於 1879 年，加州大學伯克利分校開始於 1896 年，康奈爾大學 1918 年，哥倫比亞大學 1920 年，普林斯頓大學 1926 年，芝加哥大學 1936 年），但是收藏量迅速增長却是 1945 年以後的事。如今被認為東亞資料主要收藏地的密歇根大學、胡佛研究院、加州大學洛杉磯分校都是 1940 年代纔開始東亞文獻收藏的。而伊利諾大學、印第安那大學、威斯康辛大學等等則遲至 1960 年代纔成立。如今總共已經有 80 幾個東亞圖書館，其中最大的就是國會圖書館。國會圖書館於 1869 年開始收藏中文資料。到 1995 年 6 月為止，共收藏中日韓文圖書 1200 萬册，期刊 156000 份，報

* 本文為 1996 年 8 月 28 日在北京國際圖聯大會中國組委員會和北美亞洲學會東亞圖書館協會合辦的“演進中的學術圖書館與東亞研究專題研討會”發表的報告。原載《演進中的學術圖書館與東亞研究專題研討會論文集》（北京：萬國學術出版社，1996），第 14—27 頁；并載《東亞圖書館學報》（Journal of East Asian Libraries），第 110 期（1996 年 10 月），第 1—14 頁。

紙3350種，縮微膠卷562000卷①。據有關資料，其1994年度采購經費超過1000萬元②。

雖然認識到圖書館的館藏建設以及技術開發和公共服務的工作應該是各圖書館個自的責任，但是為了促進美國東亞圖書館能往正確的方嚮發展，有關人士一直都認為需要有全國性的籌劃和合作（後來加拿大也納入在内）。這篇報告就是要詳述學者為了實現全國籌劃和合作的目的所做的努力，以及1967年成立亞洲學會東亞圖書館委員會（Committee on East Asian Libraries〔簡稱CEA〕）of the Association for Asian Studies〔簡稱AAS〕）的經過。

早在1948年，有一群東亞學者和圖書館館員組織了一個非正式組織——美國及國外東方圖書館全國委員會（National Committee on Oriental Collections in the U. S. A. and Abroad）來討論圖書館共同關心的事項③，會上所討論的采購、編目、館員培訓的問題也是繼其以後各個不同委員會所關注的問題。這個委員會祇持續了一年，於1949年就被遠東學會（Far Eastern Association亞洲學會的前身）和美國圖書館協會（American Library Association簡稱ALA）聯合贊助的東方圖書館聯合委員會（Joint Committee on Oriental Collections）取代④。因此，一個正式的組織就成立了，以解決美國東亞圖書館發展的問題。這個聯合委員會最大的成就就是得到國會圖書館的同意建立國會圖書館東方編目卡複製計劃（LC's Oriental Card Reproduction Project），可以將參加合作編目的圖書館送到國會圖書館的編目卡不經編輯審查印刷出售。但是這個聯合委員會，因為出席者少，兩個贊助組織又鮮有其他的共同興趣，所以祇維持了三年，於1952年解散⑤。美國圖書館協會有鑒於圖書館要是没有做好其最基本功能之一的編目工作，就很難開展其他合作項目，遂於1954年在其編目和分類部設立了東方資料編目特別委員會（Special Committee on Cataloging Oriental Materials，Cataloging and Classification Division，ALA）。在1950年代初，這是一個頗具遠見的決定。雖然當時國會圖書館已經在進行複製中日韓文編目卡出售，但是全國還没有統一的編目規則。每個圖書館都按照他們各自的格式和規則編目，基至在主要款目（main entry）這個基本問題上都有不同的看法。這個特別委員會有系統地進行其工作。由於大部分的時間都花在中日

---

① 《美國東亞圖書館館藏現況》（Current Status of East Asian Collections in American Libraries），《東亞圖書館學報》（Journal of East Asian Libraries），第110期（1996年10月），第38—47頁。

② 同上，A45，缺國會圖書館經費數字。

③ 伊莉莎白·赫夫（Elizabeth Huff），《東方圖書館全國委員會，1948—1952》（The National Committee on Oriental Collection，1948—1952）載《東亞圖書館資料：美國圖書館遠東資料委員會第10屆年會上的工作報告》（Library Resources on East Asia：Reports and Working Papers for the Tenth Annual Meeting of the Committee on American Library Resources on the Far East，Association for Asian Studies，Inc.，at the Palmer House，Chicago，March 21，1967）（瑞士［zug，Switzerland］）：國際文獻公司［Inter Documentation Company AG］，1968），第16—17頁；埃德文·比爾（Edwin G. Beal）《東亞圖書館委員會：簡史》（The Committee on East Asian Libraries：A Brief History），載《東亞圖書館通訊》（Committee on East Asian Libraries Newsletter），第41期（1973年9月），附録Ⅰ，第42—43頁。

④ Hutf，前引書，第42頁。

⑤ 同上。

韓文資料的編目問題上，因此於 1957 年便卸除其對其他東方語文資料的責任而改名為遠東資料特別委員會（Special Committee on Far Eastern Materials）。由於其重要性，ALA 於 1958 年將此委員會作為其常務委員會而改稱為遠東資料委員會（Far Eastern Materials Committee, ALA）①。該委員會成員多為主要東亞圖書館有編目經驗的館長。該委員會與國會圖書館於 1953 年成立的同樣性質的東方資料處理委員會（Oriental Processing Committee）緊密合作，從 1954 年到 1958 年四年間仔細修改當時作為全國編目標準的《美國圖書館協會著者和題名款目編目條例》(*ALA Cataloging Rules for Author and Title Entries*）和《國會圖書館編目著録條例》(*Rules for Descriptive Cataloging in the Library of Congress*）中有關東亞資料的所有條目②。這兩個委員會經過四年的討論，包括大量的通信和無數的協調，獲得折中的辦法，終於完成此項工作。經美國圖書館協會和國會圖書館批准後，經過修正後的規則遂被全國采用為中日韓文資料編目標準，一直沿用至今，後來又做了些修正納入《英美編目條例第二版》(*Anglo-American Cataloging Rules II*)。不久這兩個委員會又出版了《中日韓文資料編目羅馬拼音、大寫、標點、欄位手册》（*Manual of Romanization, Capitalization, Punctuation, and Word Division for ChineseJapanese, and Korean*)。這在北美東亞圖書館發展史上是個里程碑。因為使用統一的編目標準，便利了相互間編目卡的交換，從此消除了東亞圖書館合作上一個最基本的障礙。

這項重大的工作完成後，東亞圖書館將其注意力轉往資源開發和目録管理方面迫切要解決的問題上，於是促成遠東學會於 1958 年成立美國圖書館遠東資料委員會（Committee on American Library Resources on Far East 稱 CALRFE）之舉③。該委員會提出一份需要開展的工作方案，包括編全國東亞語文期刊聯合目録、全國東亞語文叢刊目録、全國東亞語文圖書目録，以及按先後次序將中西文報紙、中韓文檔案資料拍攝成縮微膠卷嚮基金會和美國教育部申請經費。但是因為預算超過 20 萬，金額太大而没有成功④，但是從其他地方申請到一些少數的金額來完成了一些别的方案。美國學術團體協會和社會科學研究理事會合

① 雷蒙德·納恩（G. Raymond Nunn)，《東亞圖書館合作編目之發展，1954—1963》（Development of Cooperative Cataloging for East Asian Libraries, 1954—1963）載《東亞圖書館資料：美國圖書館遠東資料委員會的 10 届年會上的工作報告》(Library Resources on East Asia: Reports and Working Papers for the Tenth Annual Meeting of the Committee on American Library Resources on the Far East)，第 18 頁，納恩博士（時任密西根大學東亞圖書館館長）被任命為核委員會的主席。他的繼任為加州大學柏克蒙分校東亞圖書館的查理·漢密爾頓。

② 愛德温·比爾（Edwin G. BeaL, Jr.)，《試論錢存訓〈美洲東亞圖書館〉一文》（Discussion of Tsuen-Hsuin Tsien's paper. East Asian Collections in America）載錢存訓·霍華德·温格（Howard Winger）合編《區域研究與圖書館——芝加哥大學圖書館學院第 13 次年會，1985 年 5 月 20—22 日》(Area Studies and the Library. The Thirtieth Annual Conference of the Graduate Library School, May 20—22, 1965)（芝加哥、倫敦：芝加哥大學出版社，1965)，第 75—76 頁。

③ Nunn，前引書，第 19 頁；Beal，《東亞圖書館委員會：簡史》(The Committee on East Asian Libraries: A Brief History)，第 46 頁。

④ Nunn，前引書，第 19—20 頁。

組的中國研究聯合委員會（Joint Committee on China of the American Council of Learned Societies and the Social Science Research Council）提供了經費，合作采購了香港友聯研究所攝製的1000餘卷縮微膠卷，包括1949年後中國出版的100種全國及地方報紙，200種期刊，超過一萬件的剪報。這批縮微膠卷存放在芝加哥被稱作“圖書館的圖書館”的研究圖書館中心（Center for Research Libraries），免費提供給該中心的會員圖書館使用[①]。美國國家科學基金會（National Science Foundation）提供經費編輯和出版了《1949—1960出版的中文期刊國際聯合目録》（*Chinese Periodicals, nternational Holdings*, 1949—1960）和《中國的出版事業》（*Publishing in China*）[②]。該基金會同時還協助國會圖書館完成了《東方語文期刊聯合卡片目録)》的計劃（*Union Card File of Oriental Vernacular Serial Project*）。這個目録包括美國20個主要東亞圖書館收藏的中日韓文期刊的編目卡片，以影印或膠卷出售[③]。美國圖書館遠東資料委員會（*CALRFE*）於1963年嚮亞洲學會提議在臺北成立中文研究資料中心（*Chinese Materials and Research Aids Service Center*）來從事協調聯絡和復製美國東亞圖書館所要的已經絶版的書刊工作。該中心在亞洲學會資助下於1964年成立，後來還得到美國學術團體協會和圖書館資源理事會（*Council on Library Resources*）的聯合補助[④]。自此之後，該中心（現已獨立經管）成功地為海外圖書館提供了不少他們缺少的資料。

美國圖書館遠東資料委員會也關注館員的素質問題。芝加哥大學遠東圖書館館長兼該校圖書館學研究院的教授錢存訓於1964年做了一個調查。在他的報告《美國遠東圖書館館員現狀與需求》（Present Status and Personne Needs of Far Eastern Collections in America）中提出兩點建議：（1）選擇一些大學，由其圖書館學校和遠東語文系聯合設立關於遠東圖書館學的課程來訓練可在遠東圖書館工作的館員；（2）成立短期暑期培訓班，訓練在職的遠東圖書館館員，補充其在校長期進修學位所需的課程[⑤]。第二項建議實施起來比較容易。1969年暑期威斯康辛大學和芝加哥大學分別舉辦了暑期班。後者由 *CALRFE* 發動。1988年西雅圖華盛頓大學也舉辦了一次。三者都得到美國教育部的經費補助。第一項聯合學位的建議，雖然有亞洲學會推薦，但是很難推行。因為要改變和調動博士、碩士生的必修課程不是那麼容易的事，何况也難以聘請到合格的教授。芝加哥大學可以説是唯一的圖書館學校和遠東語文系聯合提供高等學位課程訓練遠東圖書館員的學校了。自1963年到1981年已經有

---

① 錢存訓，《美洲東亞圖書館》，第65—66頁。

② Nunn，前引書，第20頁。

③ Beal，《簡史》，第47頁。

④ 同上。又見《美國圖書館遠東資料委員會簡訊》（Committee on American Library Resources on the Far East Newsletter），第6期（1964年9月），第4頁。

⑤ Beal，《簡史》，第47頁。

40 多位學生得到這樣的碩士學位或者博士學位，也有些得到短期培訓證書的①。

錢教授於 1957 年開始對 1930 年以來美國和加拿大東亞圖書館的成長做了一份非常有用的調查分析。其中包括各東亞圖書館的館藏、采購現狀和經費來源。往後改為每五年做一次，直到 1974、1975 年。1979、1980 年後就由東亞圖書館協會園書館資源與利用專案小組（*CEAL Task Force on Library Resources and Access*）接任這份調查分析工作②。1987、1988 年後以簡單形式，僅包括不加分析的統計數字，在每年 2 月出版的東亞圖書館協會通訊（*CEAL Bulletin*1995 年 10 月第 107 期後改稱《東亞圖書館學報》（Journal of East Asian Libraries）上公布。

另外一項 *CALRFE* 關心的問題就是和外國圖書館的聯繫。1966 年在密歇根安娜堡舉辦的第 27 屆國際東方學大會（*The*27*th* *Congress of International Orientalists*，*CALRFE.*）在美國圖書館資源委員會的贊助下舉辦了一場題為“亞洲研究的圖書館資源”（*Library Resources in Asian Studies*）的研討會③。十幾個國家的代表出席并做了報告。這還是國際東方學會上第一次有這樣的研討會。國際東方學圖書館員協會（*International Association of Orientalist Libranans* 也是在那時成立的。往後每次大會都有舉辦這樣類似的研討會。

雖然十年來有以上的成就，*CALRFE* 并没有設立章程確定其功能、會員資格或投票程序。所有工作都由亞洲學會董事會指派的會長一手包辦，甚至還要負責發行通訊。隨着東亞圖書館的增長，特別在 1960 年代，大家達成共識需要一個更正式的組織。因此 1963 年

---

① 錢存訓：《遠東圖書館學的教育》（Education for Far Eastern Librarianship）載《東方圖書館學的國際合作》（International Co - operation in Oriental Librarianship）（坎培拉［Canberra］：澳洲國家圖書館［National Library of Australia］：1972），第 108—115 頁。

② 第一次調查報告發表在《圖書季刊》（Library Quarterly）第 32 卷，第 1 期（1959 年 1 月）；更新後發表在同季刊，第 35 卷，第 4 期（1965 年 10 月），後續者分別發表於《東亞圖書館委員會通訊》（Committee on East Asian Libraries Newsletter），第 16 期（1966 年 10 月）；22 期（1967 年 12 月）；29 期（1969 年 5 月）；33 期（1970 年 12 月）；41 期（1973 年 9 月）；及 48 期（1976 年 3 月）。最後一次，1974/1975 年，以《美國東亞圖書館現況 1974/1975》（Current Status of East Asian Collections in American Libraries1974/1975》為名，并加附録，包括《美國圖書館東亞資料特藏》（Rarities and Specialties of East Asian Materials in American Libraries）以及《美國東亞圖書館出版品及有關美國東亞圖書館著作一覽表〉（Publications by or About East Asian Collections in American Libraries），由華盛頓特區美國研究圖書館協會中國研究資料中心（Washington，D. C.：Center for Chinese Research Materials，Association of Research Libraries）於 1976 年出版。這本書的簡化版，包括東亞資料特藏的附録，以原書名發表於《亞洲學報》（Journal of Asian Studies），第 36 卷，第 3 期（1977 年 5 月），第 499—514 頁。

③ 關於東亞圖書館的介紹可參閱：新淑怡、郭成棠、弗蘭克・舒爾曼編《美國圖書館藏東亞資料》（Teresa S. Yang，Thomas C. Kuo，and Frank J. Shulman，East Asian Resources in American Libraries）（紐約：佳作書局［Paragon Book Gallery］，1977）；福田直美（Naomi Fukuda）編《美國日文藏書調查，1979—1980》（Survey of Japanese Collections in the United Stae，1970—1980）（安娜堡［Ann Arbor］：密西根大學日本研究中心［Center for Japanese Studies，the University of Michigan］，1980）；李學博編《北美東亞圖書館指南》（Thomas H. Lee，A Guide to East Asian Collections in North America，New York：Greenwood Press，1992）. Beal，《簡史》，第 48 頁。

由亞洲學會指派七個會員作為執行組，及除會長以外組成另一個没有指定成員的總務委員會①，但是像會員的性質（機關對個人）或投票程序仍舊没有定奪。

新成立的執行小組對這些問題做了詳盡的討論，并於1967年草擬了一份《章程》，在當年芝加哥 *CALRFE* 年會上通過②。也就是在那次年會上將 *CALRFE* 改稱為 *Committee on East Asian Libraries*（*CEAL*）。《章程》明確宣稱 *CEAL* 的宗旨如下：1. 作為學者和圖書館員的論壇，討論共同關心的問題，并建議如何改善圖書館的設施；2. 促進圖書館館藏建設和書目管理；3. 改善館際和國際間的合作。《章程》也規定開放 *CEAL* 會員籍給“美國擁有東亞語文資料的圖書館以及亞洲學會會員”。在這種團體和個人的雙重會員建構下，每一個圖書館僅能有一人對圖書館合作方面的提案投票。“個別會員可以参加該委員會的所有討論，也可以被推舉指派為執行小組成員。”除了需要圖書館方同意的提案外，個別會員可以在任何提案上投票。會長可以指派小組成員“負責長久計劃或者臨時任務，去調查特定的問題，并嚮執行小組提出建議作為執行小組的參考和采取行動的基礎”。會長、執行小組成員（三位學者、三位圖書館員）以及小組成員的任期不得超過三年。《章程》還規定執行小組每年必須有三分之一成員要更换。“會長和執行小組成員不得繼任，必得等三年後再參選。”卸任的會長“必須任執行小組當然成員一年”，但“小組成員，如有需要，可以連任”。執行組長則是所有小組的當然成員。小組成員由會長指派，而會長和執行小組成員則由亞洲學會董事會指派。

在這裏應該注意到的就是《章程》宣示的宗旨正是 *CALRFE* 早已邁嚮的目標，衹是現在將其明文宣布而已。《章程》還闡明會員資格，確定在職的任期，并將小組制度化③。由此，清楚地規定 *CEAL* 作為一個專業組織該如何開展其業務。當然當時大家都明白《章程》不應該是一成不變的，需要随着時間及随着 *CEAL* 的需要而修改。所以在1976、1980、1984、1991、1994年都做了修訂。其中以1980年的修訂最關鍵④，那就是改變選舉會長、執行小組成員以及小組組長的方法。這之前 *CEAL* 會長是由亞洲學會董事會指派的執行小組

---

① 錢存訓，《美國圖書館遠東資料委員會1966—1967活動報告》（Report of CALRFE Programs and Activities for 1966—1967）載《東亞圖書館資料：美國圖書館遠東資料委員會的10届年會上的工作報告》（Library Resources on East Asia：Reports and Working Papers for the Tenth Annual Meeting of the Committee on American Library Resources on the Far East），第28頁。

② 《章程》全文見《東亞圖書館通訊》（Committee on East Asian Libraries Newsletter），第40期（1973年6月），第35—37頁；復載第49期（1976年3月），第53—54頁。

③ CEAL自此成立了各小組和專案小組。當1995年東亞圖書館委員會改為東亞圖書館協會時，小組（subcommittee）改為委員會（committee）。目前有中文資料、日文資料、韓文資料、技術服務、圖書館科技應用、公共服務、出版七個常務委員會。

④ 1984年修改後的《章程》見《東亞圖書館通訊》（Committee on East Asian Libraries bulletin），第74期（1984年6月），第81—83頁。1980年在華盛頓全體會員大會討論修改《章程》的報告，見《東亞圖書館通訊〉（Committee on East Asian Libraries Bulletin），第62期（1980年6月），第3頁。

成員互選，小組組長則由 *CEAL* 會長指派。在 *CEAL* 會員越來越多的情況下，很多人不滿意這樣的方法。因此 1979 年成立了一個章程小組（*Subcommittee on Procedures*）來研究這個問題。經過一年研究了各種方案後，最後提議 *CEAL* 會長、小組組長，選有執行小組中的圖書館員均由全體會員投票選舉。執行小組中學者成員繼續由亞洲學會中國和中亞研究委員會（*China and Inner Asia Council*）和東北亞研究委員會（*Northeast Asia Council*）推薦，然後由亞洲學會董事會指派。過去會員中所設的團體會員則被取消了。凡是訂閱東亞圖書館通訊（*CEAL Bulletin*）的亞洲學會會員都可申請成為 *CEAL* 會員，享有選舉權。《章程》經過這樣的修訂遂將 *CEAL* 從一個任命的機構變成了一個選舉的機構，在 *CEAL* 的歷史上又豎立了一個里程碑。這個選舉制度至今仍被遵循，為北美東亞圖書館館員提供了更多參與 *CEAL* 事務的機會。

從此，*CEAL* 完成了一連串的成就，我不必在此一一陳述，在這裏僅提一些最重要的。其中有由 *CEAL* 主持的，或由 *CEAL* 支持、有其會員積極參與的活動。*CEAL* 技術服務小組（*CEAL Subcommittee on Technical Processing*）一直緊密地和國會圖書館合作解決東亞資料編目的問題。上面已提到 1958 年修改的美國圖書館協會和國會圖書館編目規則使其更能適用於東亞圖書的編目工作就是一個很好的例子。但是還有些小問題没有解決。等到采用機讀格式綫上編目時，新的問題又産生了。這個小組和國會圖書館共同花了好多時間來解決這些問題，以嘉惠東亞圖書館界。1983 年該小組將《英美編目條例第二版》（*AACR II*）中有關東亞資料編目的條例挑選出來，出版了《英美編目條例第二版——東亞出版品編目手册》（*AACR II Workbook for East Asian Publications*）；1987 年出版了《國會圖書館日文標題一覽表》（*List of Library of Congress Subject Headings Related to Japan*）；1989 年出版了《國會圖書館中文標題一覽表》（*List of Library of Congress Subject Headings Related to China*）以及《國會圖書館韓文及一般東亞標題一覽表》（*Library of Congress Subject Headings Related to Korea and East Asia in General*）。這些出版品都是非常方便的工具書，一直沿用至今。另一項 *CEAL* 的成就就是該會的通訊（*CEAL Bulletin*）。該通訊為北美東亞圖書館與館員間交流的媒介，也對北美東亞圖書館界有獨特的貢獻[①]。這份通訊是 1963 年由當時的 *CALRFE* 會長，也是時任國會圖書館東方部日文組主任（後任該部中韓文組主任）埃德文·比爾（*Edwin G. Beal*，*Jr.*）開始編輯的。他將 *CALRFE* 正在各東亞圖書館進行的項目，以及東亞圖書館界的活動發表在早年都是由現任會長編輯發行的通訊中（*Committee on American Library Resources on the Far East Newsletter*）。1967 年協會改名為 *Committee on East Asian Libraries*（簡稱

① 見馬庭理（Edward Martinique），《東亞圖書館通訊簡史》（A Short History of the Committee on East Asian Libraries Bulletin）載《東亞圖書館通記》（Committee on East Asian Libraries Bulletin），第 101 期（1993 年 12 月），vii – viii 頁。馬庭理先生為通訊 1987 至 1996 年之編輯。

CEAL），通訊也相應改為《東亞圖書館委員會通訊》（*Committee on East Asian Libraries Newsletter*）。由於篇幅的增加，每期除了關於活動的報導，又加上其他文章，因此 1976 年成立了一個出版小組（*Subcommittee on Publications*）專門負責編輯和發行這份通訊的工作。通訊也改名為 *Committee on East Asian Libraries Bulletin*，簡稱 *CEAL Bulletin*。1995 年當 *CEAL* 改稱為 *Council on East Asian Libraries* 時，通訊采用了一個全新名稱《東亞圖書館學報》（*Journal of East Asian Libraries*），但是還繼續其期數，為第 107 期。此通訊的歷史正代表了北美東亞圖書館的發展過程，其重要性無疑地將隨着東亞圖書館的發展與日俱增。

CEAL 作為東亞圖書館和館員的全國性組織，其他機構經常嚮其諮詢有關東亞圖書館的問題。1975 年 *CEAL* 負責人與福特基金會代表洽商對東亞圖書館補助經費的可能性後，提出了一份計劃書：《支援東亞研究之圖書館發展與資金提供的優先次序》（*Priorities for the Development and Funding of Library Programs in Support of East Asian Studies*）①。其後美國學術團體協會（*American Council of Learned Societies*，簡稱 *ACLS*）指派了一個指導委員會來探討東亞圖書館的問題（*Steering Committee for a Study of the Problems of East Asian Libraries*）②。*ACLS* 邀請 *CEAL* 會員常石道雄（*Warren Tsuneishi*，國會圖書館東方部主任）和我作為指導委員會兩個東亞圖書館的代表。指導委員會為了方便工作，委托不少人做了一系列報告。其中包括 *CEAL* 會員西雅圖華盛頓大學的盧國邦、芝加哥大學的錢存訓、加州大學柏克利分校的湯乃文、匹兹堡大學的郭成棠、威斯康辛大學的李學博、國會圖書館的理查・霍華德（*Richard Howard*），還有常石道雄。此委員會於 1977 年提交了一份題為《東亞圖書館：問題與展望》（*East Asian Libraries*：*Problems and Prospects*）的報告③。該報告在書目管理、館藏發展和使用、編目和人事三方面提出了建議，引起了圖書館和學術界的深切關注。次年美國學術團體協會（*ACLS*）、美國社會科學研究理事會（*Social Science Research Council*，簡稱 *SSRC*）和美國研究圖書館協會（*Association of Research Libraries*，簡稱 *ARL*）合組了東亞圖書館專案諮詢委員會（*Joint Advisory Committee to the East Asian Library Program*）來繼續指導委員會的工作，兩位 *CEAL* 會員：耶魯大學東亞圖書館館長金子英生（*Hideo Kaneko*）和我被邀請作為委員。就是這個委員會的工作促成了東亞圖書館往後的綫上編目。聯合諮詢委員會在其報告《自動化、合作與學術：1980 年代的東亞圖書館》（*Automation*，*Cooperation*，*and Scholarship*：*East Asian Libraries in the* 1980*'s*）中陳述道："十幾年來東亞圖書館跟隨着國外區域研究發展，而不是跟隨着研究圖書館發展的方嚮，經歷了空前的快速發展以

---

① 《東亞圖書館通訊》（Committee on East Asian Libraries Bulleti），第 48 期（1975 年 11 月），第 3 頁。

② 同上。

③ 《東亞圖書館：問題與展望》（Asian Libraries：Problems and Prospects. A Report and commendations）東亞圖書館問題指導委員會的報告和建議書（華盛頓：美國學術團體協會［The American Council of Learned Societies］，1977）。

後……現在正處於一個十字路口。"① 在基金會和政府提供的經費減少時，東亞圖書館應該"以自助化作為主要規劃和管理的工具" 另闢一條新路去分工合作，資源共享。其基石在於"就是要像一般研究圖書館處理西文圖書一樣將東亞文字輸入、處理、存儲、傳遞，并顯示在自動化系統中"②。此份報告所提出的對北美東亞圖書館發展重新定位的主張固然會改變東亞圖書館一貫的根本操作方式，但是却受到了所有關心東亞圖書館者的歡迎。

這項建議立刻被研究圖書館組織（*Research Libraries Group*，簡稱 *RLG*）采用。在基金會的贊助下 *RLG* 於 1983 年在其研究圖書館資訊網上（*Research Libraries Information Network*。簡稱 *RLN*）推出了中日韓文編目系統（*CJK system*）。於是，首創了任何一個圖書館的編目資料其他圖書館都可以套録，同時也可以在任何地方查詢的可能③。1986 年連綫電腦圖書館中心（*Online Computer Library Center*，簡稱 *OCLC*）也建立了其中日韓文編目系統。此後有 40 個東亞圖書館使用 *RLIN* 中日韓系統，47 個東亞圖書館使用 *OCLC* 中日韓系統。到 1996 年 3 月 *RLIN CJK* 資料庫已經有 1460574 個編目著録；同年 4 月 *OCLC CJK* 有 1042283 個編目著録④。兩個系統間有交換編目資料的協定。衹要有相應的 *RLIN CJK* 或者 *OCLC CJK* 軟件，就可以在網際網絡上查詢。

CEAL 還積極參與 1980 年研究圖書館中心國際研究委員會東亞研究小組（*East Asian Subcommittee of the International Studies Committee. Center for Research Libraries*，簡稱 *CRL*）建議在該中心成立的擴大東亞資料采購專案（*Expanded East Asian Acquisitions Program*）。*CEAL* 會員常石道雄和我是該小組成員。道個專案的目的就是要用福特基金會提供的一筆龐大經費采購東亞研究資料來補充美國主要的東亞圖書館的收藏。*CRL* 指派成立一個諮詢小組來執行這項工作。八位成員都是 *CEAL* 會員。

CEAL 也協助成立了研究圖書館協會主持的中國研究資料中心（*Center for Chinese Research Materials*，*Association of Research Libraries*）。該中心是我接受美國學術團體協會（*American Council of Learned Societies*）和社會科學研究理事會（*Social Science Research Council*）合組的當代中國研究委員會（*Joint committee on Contemporary China*）的委托，調查全世界所收

---

① 《自動化·合作與學術：1980 年代的東亞圖書館》（Automation，Cooperation and Scholarship：East Asian Libraries in the1980's），東亞圖書館專案諮詢委員會的終極報告（華盛頓：美國學術團體協會［The American council of Leamed Societies］，1981）。

② 同上。金子英生（Hideo Kaneko），《RLIN 中日韓文編目系統的歷史視角》（RLINCJK：A Historical Perspective），載《東亞圖書館通訊》（Committee on East Asian Libraries Bulletin），第 101 期（1993 年 12 月），第 37—42 頁有更詳細報導。

③ 參見金子英生（Hideo Kaneko），《RLIN 中日韓文編目系統與東亞圖書館界》（RLIN CJK and the East Asian Library Community），載《資訊技術與圖書館》（Information Technology and Libraries）第 12 卷，第 4 期（1993 年 12 月），第 423—426 頁。

④ 數目根據 RLIN 和 OCLC 的報告。這個數目預計在幾個大圖書館完成回溯轉換的工作後將有大幅增長。

藏的當代中國資料後於 1965 年提出來的建議，在得到福特基金會贊助後於 1968 年成立，由美國研究圖書館協會管理。其主要任務就是去確認、收集、分發研究 20 世紀中國的重要研究資料。這些資料或者美國没有收藏，或者衹有少數美國圖書館收藏。該中心過去 28 年來，在各私人基金會及美國國家人文基金（*National Endowment for the Humanities*，簡稱 *NEH*）的補助下一直以提供全世界大量稀有難得的出版物為責，為非營利機構。許多 *CEAL* 會員都曾經是該中心董事。目前董事會的成員都是 *CEAL* 會員（中心目前已改組為獨立機構）。

近來 *CEAL* 直接參與的專案是研究圖書館協會（*Association of Research Libraries*，簡稱 *ARL*）主持的外國采購專案（*Foreign Acquisitions Project*）。這個專案的目的主要是研究圖書館采購外國資料工作中的優點和缺點，決定優先次序，然後針對所發現的問題提出具體的行動計劃。1992 年 *ARL* 邀請 *CEAL* 參加這項專案，并就中文資料和日文資料采購問題提交報告。*CEAL* 為此成立了兩個專案小組，中文由芝加哥大學的馬泰來主持，日文由密歇根大學的松户保子（*Yasuko Matsudo*）主持。他們的報告和由當時 *CEAL* 行政小組（莫琳・多諾萬［*Maureen Donovan*］為主席）所作題為《東亞圖書館采購工作的一般趨勢》（*East Asian Collections*）的調查報告一并呈交 *ARL*，并陸續發表在 *CEAL* 通訊和 *ARL* 為此專案的總結報告中①。

以上扼要提到的一些事迹可以説明 *CEAL* 是個充滿活力的專業組織。從 1948 年幾個對東亞圖書館問題有興趣者非正式聚集在一起討論開始，近半個世紀以來，東亞圖書館的發展突飛猛進。在促使東亞圖書館參與全國性計劃和合作專案上，*CEAL* 扮演了舉足輕重的角色，成為關鍵性的催化劑。前面已經提到 *CEAL* 成功地建立了全國編目規則，鼓勵支援了全國或者區域合作計劃，舉辦培訓班和宣傳資源共享專案（下列東亞圖書館的書本目録：加州大學柏克利分校、芝加哥大學、康奈爾大學、哈佛燕京圖書館、胡佛研究院、密歇根大學、國會圖書館，以及今日各圖書館的網上目録都可用以代替全國聯合目録，因而可以達到資源共享的目的）。除此之外，*CEAL* 還在亞洲學會年會中舉辦研討會，讓學者、圖書館員、資訊專家共聚一堂討論有共同興趣的題目。*CEAL* 也是其他團體諮詢有關東亞圖書館問題的機構。簡而言之，作為北美東亞圖書館唯一的專業組織，*CEAL* 對北美東亞圖書館的發

---

① 有關日文資料的報告參見《東亞圖書館通訊》（Committee on East Asian Libraries Bulletin），第 99 期（1993 年 6 月），第 97—127 頁；有關中文資料的報告參見通訊第 104 期（1994 年 10 月），第 101—118 頁。執行小組的報告載《東亞圖書館通訊》，第 100 期（1993 年 10 月），第 88—100 頁。ARL 的報告見朱塔・裏德一斯科特（Jutta Reed – Scot）撰《學術・研究圖書館與環球出版》（Scholarship，Research Libraries and Global Publishing）（華盛頓：研究圖書館協會［Association of Research Libraries］，1996）。華盛頓大學東亞圖書館崔允姯個人分別撰寫了一篇《美國韓文文獻收藏概況》報告（The Condition of Korean Collections in U. S. Libraries）發表於《東亞圖書館通訊》（Committee on East Asian Libraries Bulletin），第 99 期（1993 年 6 月），第 32—54 頁。這篇報告也被收入 Red – Scott 的報告中。（胡嘉陽譯）

展已經扮演了一個非常重要的角色，將來也必然如此。東亞圖書館如今已不再處於邊緣，而在北美圖書館主流中發展，這不僅是各東亞圖書館及其館員不斷努力的結果，也是因為有 *CEAL* 這個組織來領導并自願參與全國性的計劃和館際合作的工作。

附録

東亞圖書館協會及其前身各委員會主席人名録

1948—1949 美國及國外東方圖書館全國委員會

(*National Committee on Oriental Collections in the U. S. A. and Abroad*) 查理斯·布朗(愛荷華大學)

(*Charles H. Brown*, *University of Iowa*)

1949—1952 遠東學會與美國圖書館協會東方圖書館聯合委員會

(*Joint Committee of the Far Eastern Association and the American Library Associationon Oriental Collections*

查理斯·布朗（愛荷華大學）

(*Charles H. Brown*, *University of lowa*)

1954—1956 美國圖書館協會東方資料編目特別委員會

Special Committee on Cataloging Oriental Materials, *American Library Association*)

莫德·莫斯利（華盛頓大學）

(*Maud L. Moseley*, *University of Washington*)

1957 美國圖書館協會遠東資料特別委員會

(*Special Committee on Far Eastern Materials*, *American Library Association*)

雷蒙德·納恩（密歇根大學）

(*G. Raymond Nunn*, *University of Michigan*)

1958—1970 美國圖書館協會遠東資料委員會

(*Commitee on Far Eastern Materials*, *American Library Association*)

查理斯·漢密爾頓（加州大學柏克利分校）

(*Charles E. Hamilton*, *University of California at Berkeley*

1958—1967 亞洲學會美國圖書館遠東資料委員會

(*Committee on American Library Resources on the Far East*, *Association for Asian Studies*)

雷蒙德·納恩（密歇根大學）1958—1963

愛德温·比爾（*Edwin G. Beal, Jr.*）（國會圖書館）1963—1966
錢存訓（芝加哥大學）1966—1967
1967—1995 亞洲學會東亞圖書館委員會
（*Committee on East Asian Libraries, Association for Asian Studies*）
錢存訓（芝加哥大學）1967—1968
鈴木幸九（密歇根大學）1968—1969
萬惟英（密歇根大學）1970—1971
湯迺文（加州大學柏克利分校）1971—1972
童世綱（普林斯頓大學）1973—1974
郭成業（匹兹堡大學）1974—1976
吴文津（哈佛大學）1976—1979
金子英生（耶魯大學）1979—1982
理查·霍華德（*Richard C. Howard*）（國會圖書館）1982—1985
李學博（印第安那大學）1988—1991
莫琳·多諾萬（*Maureen Donovan*）（俄亥俄州立大學）1991—1994
肯尼士·克莱因（*Kenneth Klein*）（南加州大學）1994—1995
1995 亞洲學會東亞圖書館協會
（*Council on East Asian Libraries, Association for Asian Studies*）
肯尼士·克莱因（南加州大學）1995—1997
馬泰來（芝加哥大學）1997—2000

作者單位：美國哈佛大學燕京圖書館

《四庫全書》四閣經部函册考異表

黄 漢

本表是《四庫全書》文津、文淵、文匯、文宗四閣經部庫書具體書名、函數、册數的對照表。表内首列文津閣書目、卷數、册數、函數，數據采自陳垣先生《四庫書目考異》①。次列文淵閣函數，數據采自《文淵閣〈四庫全書〉排架圖》（直式）②。該圖著録庫書次序與文津閣基本一致，書名與文匯閣基本一致。次列文匯閣書名、函數、册數，數據采自《文匯閣〈四庫全書〉目録》③。末列文宗閣函數，數據采自《文宗閣〈四庫全書〉裝函清册》。④ 該清册并未記載册數，而《文匯閣〈四庫全書〉目録》在文匯、文宗二閣庫書册數差異處皆加按語説明，可補文宗閣册數信息之不足，現據以録入。

體例方面：（一）文淵、文宗二閣目録書名異於文匯閣者，一般在文匯閣書名處標注，并出校記（避諱、異體等情況不出校記）；（二）凡書籍合函者，皆合并單元格，再録函數；（三）凡某書文宗閣著録而文匯閣未著録，皆於文匯閣書名處加入，并注明“文宗”字樣。

表中文匯、文宗二閣數據皆來自最新發現的庫書目録鈔本，學界尚未得見，故本表對於四庫學研究具有一定參考價值。

---

① 陳垣：《四庫書目考異》，陳智超主編：《陳垣全集》第3册，合肥：安徽大學出版社，2009年。

② 《文淵閣〈四庫全書〉排架圖》，上海古籍出版社編：《四庫書目索引》，上海：上海古籍出版社，2003年。

③ 《文匯閣〈四庫全書〉目録》，清鈔本，臺北“國家”圖書館藏。參見：唐宸、黄漢：《臺灣藏〈文匯閣四庫全書目録〉鈔本考》，《文獻》2019年第4期，第166—176頁。

④ 《文宗閣〈四庫全書〉裝函清册》，清鈔本，北京國家圖書館藏。參見：王菡：《〈文宗閣四庫全書裝函清册〉説略》，《文獻》2002年第3期，第160—163頁；琚小飛、王昱淇：《嘉慶朝〈文宗閣四庫全書裝函清册〉考》，《歷史檔案》2017年第3期，第100—107頁。

文津			文淵函數	文匯			文宗	
書名	册數	函數		書名	册數	函數	册數	函數
目録			3	總目	135	24		24①
經部・易類								
子夏易傳十一卷	4			子夏易傳	4			
周易鄭康成注一卷	1	1	1	周易鄭康成注②	1	1		1
鄭氏周易三卷	1			新本鄭氏周易	1			
陸氏易解一卷	1	1	1	周易注	4	1		1
周易注十卷	4			陸氏易解	1			
周易注疏十三卷附周易略例一卷	12	2	2	周易注疏	12	2		2
周易集解十七卷	10	2	2	周易集解	8	2		2
周易口訣義六卷	4			周易口訣義	4			
周易舉正三卷	1	1	1	周易舉正	1	1		1
易數鈎隱圖三卷附遺論九事一卷	1			易數鈎隱圖	1			
周易口義十二卷	12	2	2	周易口義	12	2		2
易説六卷	2	1	1	温公易説	2	1		1
横渠易説三卷	2			横渠易説	2			
東坡易傳九卷	6	1	1	東坡易傳	6	1		1
伊川易傳四卷	4	1	1	伊川易傳	4	1		1
易學辨惑一卷	1			易學辨惑	1			
了齋易説一卷	1			了齋易説	1			
吴園周易解九卷附録一卷	3	1	1	吴園易解	2	1		1
周易新講義六卷	4			周易新講義	5			
紫巖易傳十卷	6	1	1	紫巖易傳	6	1		1
讀易詳説十卷	6	1	1	讀易詳説	6	1		1
易小傳六卷	6	1	1	易小傳	6	1		1

① 《文宗閣〈四庫全書〉裝函清册》（以下簡稱文宗閣）作“總目録二十二函、簡明目録二函”。
② 《文淵閣〈四庫全書〉分架圖》（直式）（以下簡稱文淵閣）作“周易鄭注”。

漢上易傳十一卷卦圖三卷叢説一卷	10	2	2	漢上易傳	10	2		2
周易窺餘十五卷	6	1	1	周易窺餘	6	1		1
易璇璣三卷	1	1	1	易璇璣	1	1		1
易變體義十二卷	5			易變體義	5			
周易經傳集解三十六卷	14	2	2	周易經傳集解	14	2		2
易原八卷	4	1	1	易原	4	1		1
周易古占法一卷古周易章句外編一卷	1	1	1	周易古占法	1	1		1
原本周易本義十二卷卷末二卷	2			原本周易本義	2			
周易本義四卷卷首一卷	3			別本周易本義①	3			
郭氏傳家易説十一卷	6	1	1	郭氏傳家易説	6	1		1
周易義海撮要十二卷	10	2	2	周易義海撮要	10	2		2
南軒易説三卷	3	1	1	南軒易説	3	1		1
復齋易説六卷	2			復齋易説	2			
楊氏易傳二十卷	6	1	1	楊氏易傳	6	1		1
周易玩辭十六卷	6	1	1	周易玩辭	6	1		1
易説四卷	4	1	1	趙氏易説②	4	1		1
				易圖説③	1			
誠齋易傳二十卷	10	2	2	誠齋易傳	10	2		2
大易粹言七十三卷卷首一卷	18	3	3	大易粹言	18	3		3
易圖説三卷	1	1	1					
古周易一卷	1			古周易	1	1		1
易傳燈四卷	2			易傳燈	2			
易裨傳一卷外篇一卷	1			易稗傳	1			
厚齋易學五十卷附録二卷	24	4	4	厚齋易學	24	4		4

① 文淵閣作"周易本義"；文宗閣作"周易本義附周易章句外編"。
② 文宗閣作"易説"。
③ 文淵閣作"易圖説、古周易、易傳燈合册"。

童溪易傳三十卷	12	2	2	童溪易傳	12	2		2
周易總義二十卷	6	1	1	周易總義	6	1		1
西谿易説十二卷	4	1	1	西谿易説	4	1		1
丙子學易編一卷	1			丙子學易編	1			
易通六卷	6	1	1	易通	6	1		1
易象意言一卷	1	1	1	周易經傳訓解①	2	1		1
周易卦爻經傳訓解二卷	2			易象意言	1			
周易要義十卷	6	1	1	周易要義	6	1		1
易翼傳二卷	4	1	1	東谷易翼傳	4	1		1
文公易説二十三卷	12	2	2	易學啓蒙小傳	1			2
易學啓蒙小傳二卷	1			文公易説	12	2		1
周易輯聞六卷附易雅一卷筮宗一卷	8	2	2	周易輯聞	8	2		2②
周易詳解十六卷	6	1	1	易詳解③	6	1		1
淙山讀周易二十一卷	6	1	1	淙山讀周易	6	1		1
周易傳義附録十四卷卷首一卷圖説一卷	18	3	3	周易傳義附録	12	3		3
易學啓蒙通釋二卷	1	1	1	易學啓蒙通釋	2	1		1
三易備遺十卷	4			三易備遺	4			
周易集説四十卷	12	3	3	周易集説	12	3		3
讀易舉要四卷	4	1	1	讀易舉要	4	1		1
易象義十六卷	12	2	2	易圖通變	2			
易圖通變五卷易筮通變三卷	2			讀易私言	1			
讀易私言一卷	1	1	1	易象義	12	2		2
易附録纂注十五卷	5			易附録纂注	5	1		1
周易啓蒙翼傳四卷	4	1	1	周易啓蒙翼傳	4	1		1
易纂言十二卷卷首一卷	6	1	1	易纂言	6	1		1

① 文宗閣作“周易卦爻經傳訓解”。

② 文宗閣作“周易輯聞、易雅、筮宗合二函”。

③ 文淵閣、文宗閣俱作“周易詳解”。

易纂言外翼八卷	2	1	1	易纂言外翼	3	1		1
易源奧義一卷周易原旨八卷	5			易源奧義	5			
				周易原旨附				
周易程朱傳義折衷三十三卷	14	2	2	周易程朱傳義折衷	14	2		2
周易衍義十六卷	16	3	3	周易衍義	16	3		3
易學濫觴一卷	1	1	1	易學濫觴	1	1		1
大易象數鈎深圖三卷	3			大易象數鈎深圖	3			
大易輯説十卷	10	2	2	大易輯説	10	2		2
周易本義通釋十二卷	6	1	1	周易本義通釋	6	1		1
周易本義集成十二卷	6	1	1	周易本義集成	6	1		1
學易記九卷圖説一卷綱領一卷	10	2	2	學易記	10	2		2
周易集傳八卷	4	1	1	周易集傳	4	1		1
讀易考原一卷	1			讀易考源①	1			
易精蘊大義十二卷	12	2	2	易精蘊大義	12	2		2
周易會通十四卷綱領一卷圖一卷附録一卷	12	2	2	易學變通	3	1		1
易學變通六卷	3	1	1	周易圖説	1			
周易圖説二卷	1			周易會通	12	2		2
周易爻變易緼八卷	6	1	1	周易爻變易緼②	6	1		1
周易參義十二卷	6	1	1	周易參義	6	1		1
周易文詮四卷	3	1	1	周易文詮	3	1		1
周易大全二十四卷綱領一卷圖説一卷	24	4	4	周易大全③	24	4		4
易經蒙引十二卷	26	6	6	易經蒙引	26	6		6
讀易餘言五卷	2	1	1	讀易餘言	2	1		1
啓蒙意見四卷	4			易學啓蒙意見④	4			

① 文淵閣、文宗閣俱作“讀易考原”。
② 文宗閣作“周易爻變易藴”。
③ 文淵閣作“周易傳義大全”。
④ 文淵閣作“啓蒙意見”。

易經存疑十二卷	12	2	2	易經存疑	12	2		2
周易辯録四卷	4	1	1	周易辨録	4	1		1
易像鈔十八卷	7	1	1	易象鈔	7	1		1
周易象旨决録七卷	6	1	1	周易象旨决録	6	1		1
易象鉤解四卷	4	1	1	易象鉤解	4	1		1
				易用	4			
周易集注十六卷卷首二卷	12	2	2	周易集注	12	2		2
讀易紀聞六卷	6	1	1	讀易紀聞	6	1		1
葉八白易傳十六卷	12	2	2	葉八白易傳	12	2		2
讀易述十七卷	14	2	2	洗心齋讀易述①	12	2		2
像象管見九卷	6	1	1	周易像象管見②	6	1		1
周易劄記三卷	2	1	1	周易劄記	2	1		1
周易易簡説三卷	3			周易易簡説	3			
易義古象通八卷	6	1	1	易義古象通	6	1		1
周易像象述十卷	10	2	2	周易像象述	10	2		2
易用六卷	4							
易象正十二卷卷首二卷卷終二卷	8	2	2	易象正	8	2		2
兒易内儀以六卷兒易外儀十五卷	5	1	1	兒易内外儀③	5	1		1
卦變考略二卷	1			卦變考略	1			
古周易訂詁十六卷	10	2	2	古周易訂詁	10	2		2
周易玩辭困學記十五卷	12	2	2	周易玩辭困學記	12	2		2
易經通注九卷	6	1	1	易經通注	6	1		1
日講易經解義十八卷	12	2	2	日講易經解義	12	2		2
周易折中二十二卷卷首一卷	20	3	3	御纂周易折衷	20	3		3
周易述義十卷	6	1	1	御纂周易述義	6	1		1

① 文淵閣、文宗閣俱作“讀易述”。
② 文淵閣、文宗閣俱作“像象管見”。
③ 文淵閣作“兒易内儀以外儀”。

讀易大旨五卷	4	1	1	讀易大旨	4	1		1
周易稗疏四卷附考異一卷	2			周易稗疏附考異①	2			
易酌十四卷卷首一卷	12	2	2	易酌	12	2		2
田間易學十二卷卷首二卷	10	2	2	田間易學	10	2		2
易學象數論六卷	6	1	1	易學象數論	6	1		1
周易象辭二十二卷附尋門餘論二卷圖學辨惑一卷	12	2	2	周易象辭、尋門餘論、圖學辨惑附	12	2		2②
周易筮述八卷	6	1	1	周易筮述	6	1		1
仲氏易三十卷	14	2	2	仲氏易	14	2		2
推易始末四卷	2	1	1	推易始末	2	1		1
春秋占筮書三卷	1			春秋占筮書	1			
易小帖五卷	2			易小帖	2			
易俟十八卷	12	2	2	喬氏易俟	12	2		2
讀易日鈔八卷	8	1	1	讀易日鈔	8	1		1
周易通論四卷	4	1	1	周易通論	4	1		1
周易觀彖十二卷	6	1	1	周易觀彖	6	1		1
周易淺述八卷	8	1	1	周易淺述	8	1		1
易原就正十二卷卷首一卷	10	2	2	易原就正	10	2		2
大易通解十五卷卷首一卷附録一卷	12	2	2	大易通解	12	2		2
易經衷論二卷	2	1	1	易經衷論	2	1		1
易圖明辨十卷	5			易圖明辨	5			
合訂删補大易集義粹言八十卷	36	6	6	合訂删補大易集義粹言	36	6		6
周易傳注七卷附周易筮考一卷	6	1	1	周易傳注	6	1		1
周易玩辭集解十卷	6	1	1	周易傳義合訂	6	1		1
周易劄記二卷	1	1	1	周易玩辭集解	6	1		1
周易傳義合訂十二卷卷首一卷	6			周易劄記③	1	1		1
易説六卷	3	1	1	易説④	3			

① 文宗閣作“周易稗疏”。
② 文宗閣作“周易象辭二函”。
③ 文淵閣作“楊氏周易劄記”。
④ 文淵閣作“惠氏易説”。

周易函書約存十五卷卷首三卷約注十八卷別集十六卷	28	5	5	周易函書	28	5		5
易箋八卷卷首一卷	6	1	1	易箋	6	1		1
學易初津二卷易翼宗六卷易翼説八卷	10	2	2	學易初津	1	1		1
				易翼宗	4			
				易翼説	5	1		1
周易孔義集説二十卷	12	2	2	周易孔義集説	12	2		2
易翼述信十二卷	10	2	2	易翼述信	10	2		2
周易淺釋四卷	4	1	1	周易淺釋	4	1		1
周易洗心七卷卷首二卷	6	1	1	周易洗心	6	1		1
豐川易説十卷	6	1	1	豐川易説	6	1		1
周易述二十三卷	12	2	2	周易述	12	2		2
易漢學八卷	3	1	1	易漢學	3	1		1
易例二卷	2			易例	2			
易象大意存解一卷	1			易象大意存解	1			
大易擇言三十六卷	12	2	2	大易擇言	12	2		2
周易辨畫四十卷	16	3	3	周易辨畫	16	3		3
周易圖書質疑二十四卷	6	1	1	周易圖書質疑	6	1		1
周易章句證異十一卷	5	1	1	周易章句證異	5	1		1
易緯乾坤鑿度二卷	4	1	1	易緯八種	4	1		1
周易乾鑿度二卷								
易緯稽覽圖二卷								
易緯辨終備一卷								
易緯通卦驗二卷								
易緯乾元序制記一卷								
易緯是類謀一卷								
易緯坤靈圖一卷								
經部·書類								
尚書注疏十九卷尚書序一卷	12	2	2	尚書注疏	12	2		2

洪範口義二卷	1	1	1	洪範口義	1	1		1
東坡書傳二十卷	6			東坡書傳	6			
尚書全解四十卷	24	4	4	尚書全解	24	4		4
禹貢指南四卷	2	1	1	禹貢指南	2	1		1①
禹貢論二卷後論一卷山川地理圖二卷	4			禹貢論	4			
尚書講義二十卷	6	1	1	尚書講義	6	1		1
尚書詳解二十六卷	18	3	3	夏氏尚書詳解②	18	3		3
				尚書表注（文宗）				1
禹貢説斷四卷	4	1	1	禹貢説斷	4	1		1
增修書説三十五卷	12	2	2	增修東萊書説③	12	2		2
尚書説七卷	6	1	1	尚書説	6	1		1
五誥解四卷	1			五誥解	1			
絜齋家塾書鈔十二卷	12	2	2	絜齋家塾書鈔	12	2		2
書經集傳六卷	6	1	1	書集傳④	6	1		1
尚書精義五十卷	24	4	4	尚書精義	24	4		4
尚書詳解五十卷	16	3	3	陳氏尚書詳解⑤	16	3		3
融堂書解二十卷	5	1	1	融堂書解	5	1		1
洪範統一一卷	1			洪範統一	1			
尚書要義二十卷序説一卷	6	1	1	尚書要義序説附⑥	6	1		1
書集傳或問二卷	2	1	1	書集傳或問⑦	2	1		1
尚書詳解十三卷	4			胡氏尚書詳解⑧	4			
尚書表注二卷	1	1	1	書纂言	4	1		1
讀書叢説六卷	3			尚書表注	2			

① 文宗閣作“禹貢指南、禹貢論、山川地理圖合一函”。
② 文宗閣作“尚書詳解”。
③ 文宗閣作“增修書説”。
④ 文淵閣、文宗閣俱作“書經集傳”。
⑤ 文宗閣作“尚書詳解”。
⑥ 文淵閣、文宗閣俱作“尚書要義”。
⑦ 文宗閣作“尚書集傳或問”。
⑧ 文宗閣作“尚書詳解”。

書纂言四卷	4	1	1	書集傳纂疏	6	1		1
書集傳纂疏六卷	6	1	1	讀書叢説	3	1		1
書傳輯録纂注六卷卷首二卷	6	1	1	讀書管見	2			
尚書通考十卷	6	1	1	書傳輯録纂注	6	1		1
書傳旁通六卷	8	1	1	尚書通考	6	1		1
讀書管見二卷	2	1	1	書傳旁通	8	1		1
書義斷法六卷附作義要訣一卷	2			書義斷法	2	1		1
尚書纂傳四十六卷	12	2	2	尚書句解	4			
尚書句解十三卷	4			尚書纂傳	12	2		2
書傳會選六卷	6	1	1	書傳會選	6	1		1
書傳大全十卷序一卷圖一卷綱領一卷	11	2	2	書傳大全①	12	2		2
尚書考異五卷	2	1	1	尚書考異	2	1		1
尚書疑義六卷	3			尚書疑義	3			
尚書日記十六卷	12	2	2	尚書日記	12	2		2
尚書砭蔡編一卷	1	1	1	尚書砭蔡編	1	1		1
尚書疏衍四卷	2			尚書疏衍	2			
尚書注考一卷	1	1	1	尚書注考	1	1		1
洪範明義二卷卷首一卷卷終一卷	4			洪範明義	3			
日講書經解義十三卷	12	2	2	日講書經解義	12	2		2
書經傳説彙纂二十一卷卷首二卷書序一卷	20	3	3	欽定書經傳説彙纂	20	3		3
尚書稗疏四卷	3	1	1	書經稗疏②	3	1		1
尚書古文疏證八卷朱子古文書疑一卷	10	2	2	尚書古文疏證	10	2		2
古文尚書冤詞八卷	3	1	1	古文尚書冤詞	3	1		1
尚書廣聽録五卷	2			尚書廣聽録	2			

① 文淵閣作“書經大全”。

② 文渊阁、文宗阁俱作“尚書稗疏”。

尚書埤傳十五卷考異一卷卷末一卷	10	2	2	尚書稗傳①	10	2		2
禹貢長箋十二卷圖一卷	5	1	1	禹貢長箋	5	1		1
禹貢錐指二十卷圖一卷	20	4	4	禹貢錐指	20	4		4
洪範正論五卷	3	1	1	洪範正論	3	1		1
尚書七篇解義二卷	2			尚書七篇解義	2			
書經衷論四卷	2	1	1	尚書地理今釋	1			
尚書地理今釋一卷	1			書經衷論	2	1		1
禹貢會箋十二卷	4			禹貢會箋	4			
尚書大傳三卷補遺一卷	2	1	1	尚書大傳	2	1		1
書義矜式六卷	4			書義矜式	4			
經部·詩類								
詩序二卷	1	4	4	詩序	1	4		4
毛詩注疏三十卷詩譜序一卷詩譜一卷原目一卷	22			毛詩注疏	22			
毛詩草木鳥獸蟲魚疏二卷	1	1	1	毛詩草木鳥獸蟲魚疏	1	1		1
陸氏毛詩疏廣要四卷	4			陸氏詩疏廣要	4			
毛詩指説一卷	1	1	1	毛詩指説	1	1		1
詩本義十六卷	4			毛詩本義	4			
詩集傳十九卷	8	1	1	詩集傳②	8	1		1
毛詩名物解二十卷	2	1	1	毛詩名物解	2	1		1
毛詩集解四十二卷	34	6	6	毛詩集解	34	6		6
詩補傳三十卷	14	2	2	詩補傳③	14	2		2
詩總聞二十卷	12	2	2	詩總聞	12	2		2
詩經集傳八卷	4	1	1	詩集傳④	4	1		1
慈湖詩傳二十卷	12	2	2	慈湖詩傳	12	2		2

① 文宗閣作“尚書埤傳”。
② 文淵閣作“蘇氏詩集傳”。
③ 文淵閣作“詩補義”。
④ 文淵閣、文宗閣俱作“詩經集傳”。

吕氏家塾讀詩記三十二卷	12	2	2	吕氏家塾讀詩記	12	2		2
續吕氏家塾讀詩記三卷	3	1	1	續吕氏家塾讀詩記	3	1		1
絜齋毛詩經筵講義四卷	2			絜齋毛詩經筵講義	2			
毛詩講義十二卷	6	1	1	毛詩講義	6	1		1
童子問八卷卷首一卷卷末一卷	5	1	1	詩童子問①	5	1		1
毛詩集解二十五卷	12	1	2	毛詩集解②	12	2		2
詩緝三十六卷	12	2	2	詩緝	12	2		2
詩傳遺説六卷	3	1	1	詩傳遺説	3	1		1
詩考一卷	1	1	1	詩考	1			
詩地理考六卷	3			詩地理考	3	1		1
詩集傳名物鈔八卷	8	1	1	詩疑問	2			
詩傳通釋二十卷卷首一卷	12	2	2	詩集傳名物鈔	8	1		1
詩傳旁通十五卷	6	1	1	詩傳通釋③	12	2		2
詩經疏義會通二十卷卷首一卷	20	4	4④	詩傳旁通	6	1		1
詩經疑問七卷詩辨説附編一卷	2			詩經疏義會通	20	4		4
詩纘緒十八卷	6	1	1	詩纘緒	6	1		1
詩演義十五卷	6	1	1	詩演義	6	1		1
詩解頤四卷	4	1	1	詩解頤	4	1		1
詩傳大全二十卷詩序一卷	18	4	4	詩傳大全	14	4	18	4
詩説解頤四十卷	12	2	2	詩説解頤	12	2		2
讀詩私記五卷	2	1	1	讀詩私記	2	1		1
詩故十卷	3			詩故	3			
詩名物疏五十五卷	24	4	4	六家詩名物疏⑤	24	4		4
重訂詩經疑問十二卷	10	2	2	詩經疑問⑥	10	2		2

① 文淵閣、文宗閣俱作“童子問”。
② 文淵閣作“毛詩集解殷氏”。
③ 文宗閣作“詩集通釋”。
④ 文淵閣作“詩經疏義會通、詩經疑問合四函”。
⑤ 文宗閣作“詩名物疏”。
⑥ 文淵閣、文宗閣俱作“重訂詩經疑問”。

<table>
<tr><td>詩經世本古義二十八卷卷首二卷卷後一卷</td><td>18</td><td>3</td><td>3</td><td>詩經世本古義</td><td>18</td><td>3</td><td></td><td>3</td></tr>
<tr><td>待軒詩記八卷總論一卷</td><td>6</td><td>1</td><td>1</td><td>待軒詩記</td><td>6</td><td>1</td><td></td><td>1</td></tr>
<tr><td>讀詩略記六卷</td><td>6</td><td>1</td><td>1</td><td>讀詩略記</td><td>6</td><td>1</td><td></td><td>1</td></tr>
<tr><td>詩經傳説彙纂二十一卷卷首二卷</td><td>24</td><td>4</td><td>4</td><td>欽定詩經傳説彙纂</td><td>24</td><td>4</td><td></td><td>4</td></tr>
<tr><td>日講詩經解義（留空）</td><td>無</td><td>2</td><td>2</td><td></td><td></td><td></td><td></td><td></td></tr>
<tr><td>詩義折中二十卷</td><td>14</td><td>2</td><td>2</td><td>御纂詩義折中①</td><td>14</td><td>3</td><td></td><td>3</td></tr>
<tr><td>田間詩學十三卷總論一卷</td><td>10</td><td rowspan="2">2</td><td rowspan="2">2</td><td>田間詩學</td><td>10</td><td rowspan="2">2</td><td rowspan="2"></td><td rowspan="2">2</td></tr>
<tr><td>詩經稗疏四卷</td><td>2</td><td>詩經稗疏</td><td>2</td></tr>
<tr><td>詩經通義十二卷</td><td>6</td><td>1</td><td>1</td><td>詩經通義</td><td>6</td><td>1</td><td></td><td>1</td></tr>
<tr><td>毛詩稽古編三十卷</td><td>12</td><td>2</td><td>2</td><td>毛詩稽古編</td><td>12</td><td>2</td><td></td><td>2</td></tr>
<tr><td>詩所八卷</td><td>6</td><td>1</td><td>1</td><td>詩所</td><td>6</td><td>1</td><td></td><td>1</td></tr>
<tr><td>毛詩寫官記四卷</td><td>2</td><td rowspan="4">1</td><td rowspan="4">1</td><td>毛詩寫官記②</td><td>2</td><td rowspan="3">1</td><td></td><td rowspan="3">1</td></tr>
<tr><td>詩札二卷</td><td>1</td><td>詩札</td><td>1</td><td></td></tr>
<tr><td>詩傳詩説駁義五卷</td><td>2</td><td>詩傳詩説駁義</td><td>2</td><td rowspan="2"></td></tr>
<tr><td>續詩傳鳥名三卷</td><td>1</td><td>續詩傳鳥名③</td><td>1</td><td rowspan="3">1</td><td rowspan="3">1</td></tr>
<tr><td>詩識名解十五卷</td><td>6</td><td>1</td><td>1</td><td>詩説</td><td>1</td><td></td></tr>
<tr><td>詩傳名物集覽十二卷</td><td>10</td><td rowspan="3">2</td><td rowspan="2">2</td><td>詩經劄記</td><td>1</td><td></td></tr>
<tr><td>詩説三卷</td><td>1</td><td>詩識名解</td><td>6</td><td>1</td><td></td><td>1</td></tr>
<tr><td>詩經劄記一卷</td><td>1</td><td rowspan="2">3</td><td>詩傳名物集覽</td><td>10</td><td>2</td><td></td><td>2</td></tr>
<tr><td>讀詩質疑三十一卷卷首十五卷</td><td>18</td><td>3</td><td>讀詩質疑</td><td>18</td><td>3</td><td></td><td>3</td></tr>
<tr><td>毛詩類釋二十一卷續編三卷</td><td>6</td><td>1</td><td>1</td><td>毛詩類釋</td><td>6</td><td>1</td><td></td><td>1</td></tr>
<tr><td>詩疑辨證六卷</td><td>6</td><td>1</td><td>1</td><td>詩疑辨證</td><td>6</td><td>1</td><td></td><td>1</td></tr>
<tr><td>三家詩拾遺十卷</td><td>2</td><td rowspan="2">1</td><td rowspan="2">1</td><td>三家詩拾遺</td><td>2</td><td rowspan="2">1</td><td rowspan="2"></td><td rowspan="2">1</td></tr>
<tr><td>詩瀋二十卷</td><td>4</td><td>詩瀋</td><td>4</td></tr>
<tr><td>詩序補義二十四卷卷首一卷</td><td>14</td><td>2</td><td>2</td><td>詩序補義</td><td>14</td><td>2</td><td></td><td>2</td></tr>
</table>

① 文宗閣作"御纂詩義折衷"。

② 文淵閣作"毛詩寫官記、詩札合册"。

③ 文淵閣、文宗閣俱作"續詩傳鳥名卷"。

虞東學詩十二卷	10	2	2	虞東學詩	10	2		2
詩外傳十卷	4	1	1	韓詩外傳	4	1		1
經部・禮類								
周禮注疏四十二卷	24	4	4	周禮注疏	24	4		4
周官新義十六卷附考工記解二卷	6	1	1	周官新義	6	1		1
周禮詳解四十卷	12	2	2	周禮詳解	12	2		2
周禮復古編一卷	1	1	1	周禮復古編	1	1		1
太平經國之書十一卷	3			太平經國書	3			
禮經會元四卷	4	1	1	禮經會元	4	1		1
周官總義三十卷	12	2	2	周官總義	12	2		2
周禮訂義八十卷	36	6	6	周禮訂義	36	6		6
考工記解二卷	1	1	1	考工記解	2	1		1
周禮句解十二卷	4			周禮句解①	6			
周禮集説十卷卷首一卷綱領一卷	10	2	2	周禮集説	12	2		2
周官集傳十六卷	6	1	1	周官集傳	6	1		1
周禮傳五卷圖説二卷翼傳二卷	12	2	2	周禮傳	12	2		2②
周禮全經釋原十二卷卷首一卷周禮通論一卷通今續論一卷	12	2	2	周禮全經釋原	12	2		2
周禮注疏删翼三十卷	22	4	4	周禮注疏删翼	22	4		4
周官義疏四十八卷卷首一卷	34	6	6	欽定周官義疏	34	6		6
周禮述注二十四卷	12	2	2	周禮述注	12	2		2
周禮纂訓二十一卷	10	2	2	周禮纂訓	10	2		2
周官集注十二卷	10	2	2	周官集注	10	2		2
禮説十四卷	12	2	2	禮説	12	2		2
周官禄田考三卷	1	1	1	周官禄田考	1	1		1
周禮疑義舉要七卷	3			周禮疑義舉要	3			
儀禮注疏十七卷	14	3	3	儀禮注疏	14	3		3

① 文宗閣誤作“周易句解”。

② 文宗閣作“周禮傳、圖説、翼傳合二函”。

儀禮識誤三卷	2			儀禮識誤	2	1		1
儀禮集釋三十卷	16	3	3	儀禮釋宫	1			
儀禮釋宫一卷	1			儀禮集釋	16	2		2
儀禮圖十七卷儀禮旁通圖一卷	12	2	2	儀禮圖	12	2		2
儀禮要義五十卷	18	3	3	儀禮要義	18	3		3
儀禮逸經二卷	1			儀禮逸經	1	1		1
儀禮集説十七卷	16	4	4	經禮補逸	4			
經禮補逸九卷	4	1	1	儀禮集説	16	4		4
儀禮義疏四十八卷卷首二卷	50	8	8	欽定儀禮義疏	50	8		8
儀禮鄭注句讀十七卷附監本正誤一卷唐石經正誤一卷考注訂誤一卷	6	1	1	儀禮鄭注句讀	6	1		1
儀禮商二卷	1	2	2	儀禮述注	12	2		2
儀禮述注十七卷	12			儀禮商	1			
儀禮析疑十七卷	12	2	2	儀禮析疑	12	2		2
儀禮章句十七卷	5	1	1	儀禮章句	5	1		1
補饗禮一卷	1			補饗禮	1			
禮經本義十七卷	10	2	2	禮經本義	10	2		2
宫室考二卷	1			宫室考	1			
肆獻祼饋食禮三卷	2			肆獻祼饋食禮①	2			
儀禮釋宫增注一卷	1	1	1	儀禮釋宫增注	1	1		1
儀禮小疏七卷	3			儀禮小疏	3			
儀禮集編四十卷卷首二卷	36	6	6	儀禮集編	36	6		6
内外服制通釋七卷	1	10	10	内外服制通釋	1	10		10
讀禮通考一百二十卷	60			讀禮通考	60			
禮記注疏六十三卷	32	6	6	禮記注疏	32	6		6
月令解十二卷	3			月令解	3			

① 文淵閣作“天子肆獻祼饋食禮”。

禮記集説一百六十卷	84	14	14	禮記集説①	84	14	85	14
禮記纂言三十六卷	26	5	5	禮記纂言	26	5		5
禮記集説十卷	10	2	2	禮記集説②	10	2		2
禮記集説大全三十卷	18	3	3	禮記大全	18	3		3
月令明義四卷	2			月令明義	2			
表記集傳二卷附春秋表記問業一卷	2	1	1	表記集傳	2	1		1
坊記集傳二卷附録一卷	2			坊記集傳	2			
緇衣集傳四卷	4	1	1	緇衣集傳	4	1		1
儒行集傳二卷	2			儒行集傳	2			
日講禮記解義六十四卷	30	5	5	日講禮記解義	30	5		5
禮記義疏八十二卷卷首二卷	62	10	10	欽定禮記義疏	62	10		10
深衣考一卷	1	1	1	深衣考	1	1		1
陳氏禮記集説補正二十八卷	6			陳氏禮記集説補正	6			
禮記述注二十八卷	16	3	3	禮記述注	16	3		3
禮記析疑四十八卷	6	1	1	禮記析疑	6	1		1
檀弓疑問一卷	1			檀弓疑問	1			
禮記訓義擇言八卷	4	1	1	禮記訓義擇言	4	1		1
深衣考誤一卷	1			深衣考誤	1			
大戴禮記十三卷	6	1	1	大戴禮記	6	1		1③
夏小正戴氏傳四卷	1			夏小正戴氏傳	1			
三禮圖集注二十卷	6	1	1	三禮圖集注	6	1		1
三禮圖四卷	4	1	1	三禮圖	4	1		1
學禮質疑二卷	2			學禮質疑④	2			
讀禮志疑六卷	3			讀禮志疑	3			
郊社禘祫問一卷	1	1	1	郊社禘祫問	1	1		1
参讀禮志疑二卷	2			参讀禮志疑	2			

① 文淵閣作“衛氏禮記集説”。
② 文淵閣作“陳氏禮記集説”。
③ 文宗閣作“夏小正戴氏傳、大戴禮記合一函”。
④ 文宗閣作“學質疑”。

禮書一百五十卷	18	3	3	禮書	18	3		3
儀禮經傳通解三十七卷續二十九卷	50	7	3① 4	儀禮經傳通解	52	11		11
禮書綱目八十五卷卷首三卷附録三卷	38	6	6	禮書綱目	38	6		6
五禮通考二百六十二卷卷首四卷	228	34	34	五禮通考	228	34		34
書儀十卷	3	1	1	書儀	3	1		1
家禮五卷附録一卷	2			家禮	2			
泰泉鄉禮七卷	2	1	1	泰泉鄉禮	2	1		1
朱子禮纂五卷	3			朱子禮纂	3			
辨定祭禮通俗譜五卷	2			辨定祭禮通俗譜②	2			
經部・春秋類								
左傳注疏六十卷	36	6	6	春秋左傳注疏	36	6		6
公羊注疏二十八卷	18	3	3	春秋公羊注疏	18	3		3
穀梁注疏二十卷	10	2	2	春秋穀梁注疏	10	2		2
箴膏肓一卷起廢疾一卷發墨守一卷	1			箴膏肓、起廢疾、發墨守	1			
春秋釋例十五卷	10	2	2	春秋釋例	12	2		2
春秋集傳纂例十卷	4	1	1	春秋集傳纂例	4	1		1
春秋微旨三卷	3			春秋微旨③	3			
春秋集傳辨疑十卷	4	1	1	春秋集傳辨疑	4	1		1
春秋名號歸一圖二卷	1			春秋名號歸一圖	1			
春秋年表一卷	1			春秋年表	1			
春秋尊王發微十二卷	5	1	1	春秋尊王發微	5	1		1
春秋皇綱論五卷	1			春秋皇綱論	1			
春秋通義一卷	1			春秋通義	1			
春秋權衡十七卷	6	1	1	春秋權衡	6	1		1

① 文淵閣作"儀禮經傳通解三函、儀禮經傳通解續四函"。

② 文宗閣作"辨定祭禮通族譜"。

③ 文淵閣作"春秋集傳微旨"。

春秋傳十五卷	4	1	1	劉氏春秋傳	4	1		1
春秋意林二卷	2			春秋意林	2			
春秋傳説例一卷	1	1	1	春秋傳説例	1	1		1
春秋經解十三卷	7			孫氏春秋經解①	6			
春秋集解十二卷	4	1	1	春秋集解	4	1		1
春秋辨疑四卷	2			春秋辨疑	2			
春秋本例二十卷	4	1	1	春秋本例	6	1		1
春秋經解十二卷春秋例要一卷	5	1	1	崔氏春秋經解②	5	1		1
春秋五禮例宗十卷	3	1	1	春秋五禮例宗	3	1		1
春秋通訓六卷	3			春秋通訓	3			
葉氏春秋傳二十卷	8	1	1	葉氏春秋傳	8	1		1
春秋考十六卷	6	1	1	春秋考	6	1		1
春秋左傳讞十卷春秋公羊傳讞六卷春秋穀梁傳讞六卷	10	2	2	春秋三傳獻③	10	2		2
春秋集解三十卷	14	2	2	春秋集解④	14	2		2
胡氏春秋傳三十卷	6	1	1	胡氏春秋傳	6	1		1
春秋集注四十卷	14	2	2	春秋集注⑤	14	2		2
春秋後傳十二卷	6	1	1	春秋後傳⑥	6	1		1
左氏傳説二十卷	6	1	1	春秋左氏傳説⑦	6	1		1
左氏傳續説十二卷	6	1	1	春秋左氏傳續説⑧	6	1		1
左氏博議二十五卷	12	2	2	詳注東萊左氏博議⑨	12	2		2
春秋比事二十卷	6	1	1	春秋比事	6	1		1

① 文宗閣作“春秋經解”。
② 文宗閣作“春秋經解”。
③ 文宗閣作“春秋三傳讞”。
④ 文淵閣、文宗閣俱作“吕氏春秋集解”。
⑤ 文淵閣作“高氏春秋集注”。
⑥ 文淵閣作“陳氏春秋後傳”。
⑦ 文宗閣作“春秋左氏傳”。
⑧ 文淵閣作“左氏傳續説”；文宗閣作“春秋左氏傳説”。
⑨ 文淵閣作“左氏博議”。

春秋左傳要義三十一卷卷首一卷	7	1	1	春秋左傳要義	7	1		1
春秋分記九十卷	30	4	4	春秋分記	30	4		4
春秋講義四卷	6	1	1	春秋講義	6	1		1
春秋集義五十卷綱領三卷	18	3	3	春秋集義	18	3		3
春秋集注十一卷綱領一卷	4	1	1	春秋集注①	4	1		1
春秋王霸列國世紀編三卷	3	1	1	春秋王伯列國世紀編②	3	1		1
春秋通説十三卷	6	1	1	春秋通説	6	1		1
春秋説三十卷	10	2	2	春秋説③	10	2		2
春秋經筌十六卷	14	3	3	春秋經筌	14	3		3
吕氏春秋或問二十卷附春秋五論一卷	6	1	1	吕氏春秋或問	6	1		1
春秋集傳詳説三十卷	24	4	4	春秋集傳詳説	24	4		4
讀春秋編十二卷	6	1	1	讀春秋編	6	1		1
春秋集傳釋義大成十二卷	10	2	2	春秋集傳釋義大成	10	2		2
春秋纂言十二卷總例二卷	10	2	2	春秋纂言	10	2		2
春秋提綱十卷	4	1	1	春秋提綱	4	1		1
春秋諸國統紀六卷序目一卷	1			春秋諸國統紀	2			
春秋本義三十卷	12	2	2	春秋本義	12	2		2
春秋或問十卷	6	1	1	程氏春秋或問	6	1		1
三傳辨疑二十卷	12	2	2	春秋三傳辨疑	12	2		2
春秋讞義九卷	6	1	1	春秋讞義	6	1		1
春秋會通二十四卷	12	2	2	春秋會通④	12	2		2
春秋經傳闕疑四十五卷	24	5	5	春秋經傳闕疑⑤	24	5		5
春秋集傳十五卷	8	1	1	春秋集傳	8	1		1

① 文淵閣、文宗閣俱作“張氏春秋集注”。
② 文淵閣作“春秋列國世紀編”；文宗閣作“列國世紀編”。
③ 文淵閣作“洪氏春秋説”。
④ 文宗閣作“春秋諸傳會通”。
⑤ 文淵閣作“春秋闕疑”。

春秋師説三卷附録二卷	2			春秋師説	2			
春秋左氏傳補注十卷	2	1	1	春秋左氏傳補注	2	1		1
春秋金鎖匙一卷	1			春秋金鎖匙①	1			
春秋屬辭十五卷	8	2	2	春秋属辭	8	2		2
春秋胡傳附録纂疏三十卷卷首一卷	28	5	5	春秋胡傳附録纂疏	28	5		5
春秋春王正月考二卷	2	1	1	春秋大全	22	4		4
春秋書法鉤玄四卷	3			春王正月考②	2			
春秋大全三十七卷	22	4	4	春秋鉤玄③	3	1		1
春秋經傳辨疑一卷	1			春秋經傳辨疑	1			
春秋正傳三十七卷	18	3	3	春秋正傳	18	3		3
左氏附注六卷	3	1	1	左氏附注	3	1		1
春秋胡傳辨疑二卷	1			春秋胡氏傳辨疑	1			
春秋明志録十二卷	10	2	2	春秋明志録	10	2		2
春秋正旨一卷	1			春秋正旨	1	1		1
春秋輯傳十三卷春秋凡例二卷	14	3	3	春秋億	4			
春秋億六卷	4	1	1	春秋輯傳	14	3		3
春秋事義全考十六卷	14	3	3	春秋事義全考	14	3		3
春秋左傳屬事二十卷	18	3	3	春秋左傳属事	18	3		3
春秋胡傳考誤一卷	1			春秋胡傳考誤	1			
左氏釋二卷	1	1	1	左氏釋	1	1		1
春秋質疑十二卷	2			春秋質疑	2			
春秋孔義十二卷	6	1	1	春秋孔義	6	1		1
春秋辨義三十卷卷首九卷	30	4	4	春秋辨義	30	4		4
讀春秋略記十二卷	6	1	1	讀春秋略記	6	1		1
春秋四傳質二卷	2	1	1	春秋四傳質	2	1		1

① 文宗閣作“春秋全鎖匙”。
② 文淵閣作“春秋春王正月考”；文宗閣作“春秋春王正月考、春秋春王正月考辨疑”。
③ 文淵閣、文宗閣俱作“春秋書法鉤玄”。

左傳杜林合注五十卷	12	2	2	左傳杜林合注①	12	2		2
日講春秋解義六十四卷	24	4	4	日講春秋解義	24	4		4
春秋傳説彙纂三十八卷卷首二卷	24	4	4	欽定春秋傳説彙纂	24	4		4
春秋直解十二卷	10	2	2	御纂春秋直解	10	2		2
左傳杜解補正三卷	3			左傳杜解補正	3			
春秋稗疏二卷	2	1	1	春秋稗疏	2	1		1
春秋四傳糾正一卷	1			春秋四傳糾正	1			
春秋平義十二卷	7	1	1	春秋平義	7	1		1
讀左日鈔十二卷補二卷	6	1	1	讀左日鈔	6	1		1
左傳事緯十二卷前集八卷	18	3	3	左傳事緯	18	3		3
春秋毛氏傳三十六卷	18	3	3	春秋毛氏傳	18	3		3
春秋簡書刊誤二卷	1	1	1	春秋簡書刊誤	1	1		1
春秋屬辭比事記四卷	3			春秋屬辭比事記	3			
春秋地名考略十四卷	6	1	1	春秋地名考略	6	1		1
春秋管窺十二卷	6	1	1	春秋管窺	6	1		1
左傳折諸二十八卷卷首二卷公羊折諸六卷卷首一卷穀梁折諸六卷卷首一卷	18	3	3	三傳折諸	18	3		3
春秋闕如編八卷	6	1	1	春秋闕如編	6	1		1
春秋宗朱辨義十二卷	10	2	2	春秋宗朱辨義	10	2		2
春秋通論四卷	2	1	1	春秋通論	2	1		1
春秋世族譜一卷	1			春秋世族譜	1			
春秋長曆十卷	6	1	1	春秋長曆	6	1		1
春秋説十五卷	12	2	2	春秋説②	12	2		2
春秋大事表五十卷附録一卷輿圖一卷偶筆一卷	36	6	6	春秋大事表	34	6		6
春秋識小録九卷	3	1	1	春秋識小録	3	1		1
春秋左傳補注六卷	3			惠氏左傳補注③	2			

① 文宗閣作“左氏杜林合注”。

② 文淵閣作“惠氏春秋説”。

③ 文淵閣作“左傳補注”；文宗閣作“春秋左氏傳補注”。

春秋左傳小疏一卷	1	1	1	春秋左傳小疏①	1	1		1
春秋地理考實四卷	3			春秋地理考實	3			
三正考二卷	1			三正考	1			
春秋究遺十六卷	12	2	2	春秋究遺	12	2		2
春秋隨筆二卷	1	1	1	春秋隨筆	1	1		1
春秋繁露十七卷	6			春秋繁露	6			
經部·孝經類								
古文孝經孔氏傳一卷附宋本古文孝經一卷	1	1	1	古文孝經孔氏傳	1	1		1
孝經注疏九卷	2			孝經注疏②	2			
古文孝經指解一卷	1			古文孝經指解	1			
孝經刊誤一卷	1	1	1	孝經刊誤	1	1		1
孝經大義一卷	1			孝經大義	1			
孝經定本一卷	1			孝經定本	1			
孝經述注一卷	1	1	1	孝經述注	1	1		1
孝經集傳四卷	4			孝經集傳	4			
孝經注一卷	1	1	1	御定孝經注	1	1		1
孝經集注一卷	1			御定孝經集注	1			
孝經問一卷	1			孝經問	1			
經部·五經總義類								
駁五經異義一卷補遺一卷	2	1	1	駁五經異義	2	1		1
鄭志三卷	3			鄭志	1			
經典釋文三十卷	24	4	4	經典釋文	24	4		4
七經小傳三卷	1	1	1	七經小傳	1	1		1
程氏經説七卷	2			程氏經説	2			
六經圖十卷	8	2	2	六經圖	8	2		2
六經正誤六卷	4	1	1	六經正誤	4	1		1
九經三傳沿革例一卷	1			九經三傳沿革例	1			

① 文宗閣作“春秋左氏傳小疏”。

② 文宗閣作“孝經正義”。

融堂四書管見十三卷	5	1	1	融堂四書管見	5	1		1
四如講稿六卷	2			四如講稿	2			
六經奧論六卷	5	1	1	六經奧論	5	1		1
明本排字九經直音二卷	2	1	1	明本排字九經直音	2	1		1
經説七卷	4			經説	4			
十一經問對五卷	4	1	1	十一經問對	4	1		1
五經蠡測六卷	4			五經蠡測	4			
簡端録十二卷	6	1	1	簡端録	6	1		1
五經稽疑六卷	4	1	1	五經稽疑	4	1		1
經典稽疑二卷	2			經典稽疑	2			
繙譯五經一百十二卷四書十九卷	110	16	16	七經孟子考文補遺①	30	5		5
經問十八卷經問補三卷	10	2	2	欽定繙譯五經四書（文宗）				15
九經誤字一卷	1	1	1	經問	10	2		2
十三經義疑十二卷	4			九經誤字	1	1		1
七經孟子考文補遺二百卷卷首一卷	30	5	5	十三經義疑	4			
九經古義十六卷	6	1	1	九經古義	6	1		1
經稗十二卷	12	2	2	經稗	12	2		2
十三經注疏正字八十一卷	24	4	4	十三經注疏正字	24	4		4
朱子五經語類八十卷	20	4	4	朱子五經語類	20	4		4
羣經補義五卷	3	1	1	羣經補義	3	1		1
經咫一卷	1			經咫	1			
九經辨字瀆蒙十二卷	6	1	1	九經辨字瀆蒙	6	1		1
古經解鉤沈三十卷	12	2	2	古經解鉤沈	12	2		2
古微書三十六卷	12	2	2	古微書	12	2		2
經部·四書類								
孟子注疏十四卷	10	2	2	孟子注疏	10	2		2

① 文宗閣作“七經孟子考文補疑”。

論語集解義疏十卷	5	1	1	論語集解義疏	5	1		1
論語注疏二十卷	6	1	1	論語注疏	6	1		1
論語筆解二卷	2			論語筆解①	2			
孟子音義二卷	1	1	1	孟子音義	1	1		1
論語拾遺一卷	1			論語拾遺	1			
孟子解一卷	1	1	1	孟子解	1	1		1
論語全解十卷	6			論語全解	6			
孟子傳二十九卷	7	1	1	孟子傳	7	1		1
尊孟辨三卷續辨二卷别録一卷	1	1	1	尊孟辨	1	1		1
大學章句一卷中庸章句一卷論語集注十卷孟子集注七卷	6			四書章句②	6			
四書或問三十九卷	8	2	2	四書或問	8	2		2
論孟精義三十四卷	12	2	2	論孟精義	12	2		2
中庸輯略二卷	2			中庸輯略	2			
石鼓論語答問三卷	2	1	1			1		1
論語意原四卷	2			論語意原	2			
				石鼓論語答問（文宗）				1
南軒論語解十卷	5	1	1	論語解	5	1		1
孟子説七卷	7	1	1	孟子説	7	1		1
				石鼓論語答問	3	1		
蒙齋中庸講義四卷	4	1	1	蒙齋中庸講義	4	1		1
四書集編二十九卷	10	2	2	四書集編	10	2		2
孟子集疏十四卷	6	1	1	孟子集疏	6	1		1
論語集説十卷	5	1	1	論語集説	5	1		1③
中庸指歸一卷中庸分章一卷大學發微一卷大學本旨一卷	1			中庸指歸	1			
四書纂疏四十卷	18	3	3	四書纂疏	18	3	19	3

① 文宗閣作“論孟筆解”。

② 文淵閣作“四書章句集注”。

③ 文宗閣作“論語集説、中庸指歸、中庸分章、大學發微、大學本旨合一函”。

大學疏義一卷	1	1	1	大學疏義	1	1		1
論語集注考證十卷孟子集注考證七卷	4			論孟集注考證	5			
四書集義精要二十八卷	6	1	1	四書集義精要	6	1		1
四書辨疑十五卷	6	1	1	四書辨疑	6	1		1
讀四書叢説四卷	3	1	1	讀四書叢説	3	1		1
四書通二十六卷	18	3	3	四書經疑貫通	3			
四書通證六卷	3	1	1	四書通	18	3		3
四書疑節十二卷	6	1	1	四書通證	3	1		1
四書經疑貫通八卷	3			四書疑莭	6	1		1
四書纂箋三十一卷	12	2	2	四書纂箋	12	2		2
四書通旨六卷	6	1	1	四書通旨	6	1		1
四書管窺八卷	6	1	1	四書管窺	6	1		1
大學中庸集説啓蒙二卷	3	1	1	學庸集説啓蒙	3	1		1
四書大全四十卷卷首一卷	30	5	5	四書大全	30	5		5
四書蒙引十六卷	16	3	3	四書蒙引	16	3		3
四書因問六卷	4	1	1	四書因問	4	1		1
問辨録十卷	4	1	1	論語類考	6	1		1
論語類考二十卷	6	1	1	孟子雜記	2	1		1
孟子雜記四卷	2			問辨録	4			
大學正説一卷中庸正説二卷	3	1	1	學庸正説	3	1		1
論語商二卷	2			論語商	2			
論語學案十卷	8	1	1	論語學案	8	1		1
四書留書六卷	4	1	1	四書留書	4	1		1
日講四書解義二十六卷	24	3	3	日講四書解義	24	4		4
四書近指二十卷	6	1	1	四書近指	6	1		1
孟子師説二卷	2	1	1	孟子師説	2	1		1
大學翼真七卷	4			大學翼真	4			
四書講義困勉録三十七卷	18	3	3	四書講義困勉録	18	3		3

松陽講義十二卷	6	1	1	松陽講義	6	1		1
大學古本説一卷中庸章段一卷中庸餘論一卷論語劄記二卷讀孟子劄記二卷	4	1	1	榕村四書説	4	1		1
論語稽求篇七卷	2			論語稽求編	2			
四書賸言四卷補二卷	3	1	1	四書賸言	3	1		1①
大學證文四卷大學知本圖説一卷	2			大學證文	2			
四書釋地一卷續一卷又續二卷三續一卷	5	1	1	四書釋地	5	1		1
四書劄記四卷	1			四書劄記	1			
此木軒四書説九卷	4	1	1	此木軒四書説	4	1		1
四書逸箋六卷	2			鄉黨圖考	5	1		1
鄉黨圖考十卷	5	1	與下合1	四書逸箋	2			
經部·樂類								
皇祐新樂圖記三卷	1	4	與上合1	皇祐新樂圖記	1	1		1
樂書二百卷	24		4	律吕新書	2			
律吕新書二卷	2			樂書	24	4		4
瑟譜六卷	2	1	1	瑟譜	2	1		1
韶舞九成樂補一卷	1			韶舞九成樂譜	1			
律吕成書二卷	2			律吕成書	2			
苑洛志樂二十卷	12	2	2	苑洛志樂	12	2		2
鐘律通考六卷	4	1	1	鐘律通考	4	1		1
樂律全書四十四卷	32	5	5	樂律全書	32	5		5
律吕正義上編二卷下編二卷續編一卷	5	1	1	御製律吕正義	5	1		1
律吕正義後編一百二十八卷	62	10	10	御製律吕正義後編	84	9		10
詩經樂譜全書三十卷附樂律正俗一卷	24	4	4	欽定詩經樂譜全書②	22	4	21	4

① 文宗閣作“四書賸言、大學證文附四書賸言補合一函”。
② 文淵閣作“詩經樂譜全書”。

古樂經傳五卷	3	1	1	古樂經傳	3	1	1
古樂書二卷	2			古樂書	2		
聖諭樂本解説二卷	1	1	1	聖諭樂本解説	1	1	1
皇言定聲録八卷	3			皇言定聲録	3		
竟山樂録四卷	2	1	1	竟山樂録	2		
李氏學樂録二卷	1			李氏學樂録	1	1	1
樂律表微八卷	6	1	1	律吕新論	1		
律吕新論二卷	1			樂律表微	6	1	1
律吕闡微十卷卷首一卷	4	1	1	律吕闡微	4	1	1
琴旨二卷	2			琴旨	2		
經部・小學類							
爾雅注疏十一卷	6	1	1	爾雅注疏	6	1	1
爾雅三卷	2	1	1	爾雅注①	2	1	1
方言注十三卷	4			方言②	4		
釋名八卷	1	1	1	釋名	4	1	1
廣雅十卷	2			廣雅	2		
匡謬正俗八卷	2	1	1	匡謬正俗	2	1	1
羣經音辨七卷	2			群經音辨	2		
埤雅二十卷	6	1	1	埤雅	6	1	1
爾雅翼三十二卷	6	1	1	爾雅翼	6	1	1
駢雅七卷	1			駢雅	1		
字詁一卷	1	1	1	字詁	1	1	1
續方言二卷	1			續方言	1		
別雅五卷	5	1	1	別雅	5	1	1
急就篇四卷	4	1	1	急就篇	4	1	1
説文解字十五卷	8	2	2	説文解字	8	2	2
説文繫傳四十卷	10	2	2	説文繫傳	10	2	2

① 文淵閣作“爾雅鄭注”。

② 文淵閣作“方言注”。

説文繫傳考異四卷附録一卷	2	1	1	説文繫傳考異	2	1		1
説文解字篆韵譜五卷	5			説文解字篆韵譜	5			
玉篇三十卷	6	1	1	玉篇	6	1		1
干禄字書一卷	1	1	1	干禄字書	1	1		1
五經文字三卷	2			五經文字	1		2	
九經字樣一卷	1			九經字樣	1			
汗簡三卷目録叙略一卷	3	1	1	汗簡	3	1		1
佩觿三卷	1			佩觿	1			
古文四聲韵五卷	2	1	1	古文四聲韵	2	1		1
類篇四十五卷	12	3	3	類篇	12	3		3
歷代鐘鼎彝器款識法帖二十卷	6	1	1	歷代鐘鼎彝器款識法帖	6	1		1
復古編十一卷	3	1	1	復古編	3	1		1
班馬字類五卷	2			班馬字類	2			
漢隸字源五卷碑目一卷	6	1	1	漢隸字源	6	1		1
六書故三十三卷卷首一卷	12	2	2	六書故	12	2		2
字通一卷	1	1	1	字通	1	1		1
龍龕手鑑四卷	3			龍龕手鑑	3			
六書統二十卷	14	3	3	六書統	14	3		3
周秦刻石釋音一卷	1	1	1	周秦刻石釋音	1	1		1①
字鑑五卷	2			字鑑	2			
説文字原一卷六書正譌五卷	3			説文字源	4			
漢隸分韵七卷	3	1	1	漢隸分韵	2	1		1
六書本義十二卷	4			六書本義	4			
奇字韵五卷	1	1	1	奇字韵	1	1		1
古音駢字二卷續編五卷	6			古音駢字	6			
俗書刊誤十二卷	3	1	1	俗書刊誤	2	1		1
字學二卷	1			字學	2			

① 文淵閣、文宗閣俱作“周秦刻石釋音、字鑑、説文字源、六書正譌合一函”。

康熙字典四十二卷	40	7	7	御定康熙字典	40	7		7
增訂清文鑑三十二卷補編四卷總綱八卷補編總綱一卷	42	7	7	御製增訂清文鑑	48	7		7
滿珠蒙古漢字三合切音清文鑑三十一卷	33	6	6	御製三合清文鑑（文宗、未到）				6
西域同文志二十四卷	12	2	2	欽定西域同文志	24	2		2
隸辨八卷	8	2	2	隸辨	8	2		2
篆隸考異四卷	4			篆隸考異	4			
廣韵五卷	5	1	1	廣韵①	5	1		1
重修廣韵五卷	5	1	1	重修廣韵	5	1		1
集韵十卷	10	2	2	集韵	10	2		2
切韵指掌圖三卷	3	1	1	切韵指掌圖	3	1		1
韵補五卷	2			韵補	2			
附釋文互注禮部韵略五卷附貢舉條式一卷	6	1	1	附釋文互注禮部韵略②	6	1		1
增修互注禮部韵略五卷	5	1	1	增修互注禮部韵略	5	1		1
增修校正押韵釋疑五卷	5	1	1	增修校正押韵釋疑	5	1		1
九經補韵一卷	1			九經補韵	1			
五音集韵十五卷	12	2	2	四聲等子③	1			
古今韵會舉要三十卷	12	2	2	五音集韵	12	2		2
四聲等子一卷	1			古今韵會舉要	12	2		2
經史正音切韵指南一卷	1			經史正音切韵指南	1			
洪武正韵十六卷	6	1	1	洪武正韵	6	1		1
古音叢目五卷古音獵要五卷古音餘五卷附録一卷	3	1	1	古音叢目	3	1		1④
古音略例一卷	1			古音略例				
轉注古音略五卷	2			轉注古音略	2			

① 文淵閣作“原本廣韵”。
② 文宗閣作“附釋文互注禮部韵、貢舉條式合一函”。
③ 文淵閣作“四聲全形等子”。
④ 文宗閣作“古音叢目、古音略例、轉注古音略、古音臘要、古音餘、古音附録合一函”。

毛詩古音考四卷	4	1	1	毛詩古音考	4	1		1
屈宋古音義三卷	3	1	1	屈宋古音義	3	1		1
音韻闡微十八卷	12	2	2	御定音韻闡微	12	2		2
同文韵統六卷	4	1	1	欽定同文韵統①	4	1		1
叶韵彙輯五十八卷	10	2	2	欽定叶韵彙輯	10	2		2
音韵述微三十卷	12	3	3	欽定音韵述微	12	3		3
音論三卷	1	1	1	音論	1	1		1
詩本音十卷	4			詩本音	4			
易音三卷	1			易音	1			
唐韵正二十卷	10	2	2	唐韵正	10	2		2
古音表二卷	1			古音表	1			
韵補正一卷	1	1	1	韵補正	1	1		1
古今通韵十二卷	5			古今通韵	5			
易韵四卷	1	1	1	易韵	1	1		1
孫氏唐韵考五卷	5			孫氏唐韵考	5			
古韵標準四卷卷首一卷	2	1	1	古韵標準	2	1		1②
六藝綱目二卷附字原一卷六藝發原一卷	2			六藝綱目	2			

補記：

拙作完成後，筆者發現臺北"故宫"博物院收藏有一函《清查四庫全書架槅函卷考》，按經、史、子、集共分為4册，包背裝，四周雙欄，版心白口，單魚尾，中縫上記"架槅函卷考"。該書每半頁朱絲欄八行，行二十一至二十二字不等，高廣21.5厘米×15厘米，卷前有"宣統九年丁巳春"内務府識語。

"政治變更，時有軍士前往文淵閣瞻仰，因之所藏書籍恐有遺失。"宣統九年（1917），紹英、世續、耆齡等派遣堂主事漢章，堂掌稿筆帖式晋昌、錫泉、錫彬等人，按照原目、原函、原卷，對文淵閣《四庫全書》進行全面清查，編成此書。據書前序，殿本《圖書集成》并無缺少；《四庫全書》經部缺《四書大全》十卷，子部缺《天經或問前集》四卷、

① 文宗閣作"欽定同文統韵"。
② 文宗閣於部末載《考證》四函。

《天步真原》一卷、《天學會通》一卷、《鄧子》一卷、《公孫龍子》三卷、《鬼谷子》一卷、《關尹子》一卷，集部缺《李太白集注》一卷。後所缺書，依文津閣本補繕、歸架。

《清查四庫全書架槅函卷考》詳記文淵閣庫書的書目、册數、函次、架次等信息，具有重要的文獻價值，學界目前關注較少。將其與本表中文津閣記載比較，書次、函數等基本相同；書名因登録時所據不同，或有差異。今仍保留原表樣式，將文津、文淵二閣册數、裝函記載有異者，補録如下。

《簡明目録》二十卷，17册，3函。(《架圖》此書未載册數，於此載明。)

1.《周易集解》十七卷，8册。

2.《易數鈎隱圖》三卷附《遺論九事》一卷，2册。

3.《横渠易説》三卷，3册。

4.《易圖説》三卷、《古周易》一卷，合1册。

5.《周易傳義附録》十四卷，20册。

6.《易學啓蒙通釋》二卷，2册。

7.《易圖通變》五卷，1册；《易筮通變》三卷，1册。

8.《易源奧義》一卷，1册；《周易原旨》八卷，1册。

9.《易象正》十六卷，10册。

10.《學易初津》二卷，1册；《易翼宗》六卷，4册，合裝1函。

11.《易翼説》八卷，5册，1函。

12.《易緯乾坤鑿度》二卷，1册；《易緯稽覽圖》二卷，1册；《易緯辨終備》一卷、《易乾鑿度》一卷，1册；《易緯通卦驗》二卷、《乾元序制記》一卷、《是類謀》一卷、《坤靈圖》一卷，1册。

13.《尚書表注》二卷，2册。

14.《洪範明義》四卷，3册。

15.《毛詩寫官記》四卷、《詩札》二卷，合1册。

16.《禮經會元》四卷，6册。

17.《考工記解》二卷，2册。

18.《周禮集説》十卷，12册。

19.《儀禮集編》四十卷，34册。

20.《儀禮經傳通解》三十七卷，22册；《儀禮經傳通解續》二十九卷，30册。

21.《書儀》十卷，2册。

22.《葉氏春秋》二十卷，6册。

23.《胡氏春秋傳》三十卷，8册。

24.《春秋諸國統紀》六卷、《目録》一卷，2 册。

25.《春秋左傳屬事》二十七卷，23 册。

26.《春秋大事表》三十九卷、《輿圖》一卷，29 册，5 函；《春秋大事表》十一卷、《附録》一卷、《偶筆》一卷，5 册，1 函。

27.《春秋識小録》九卷，4 册。

28.《惠氏左傳補注》六卷，2 册。

29. 繙譯五經：《易經》四卷、《書經》六卷、《詩經》八卷、《禮記》三十卷、《春秋》四十五卷，95 册，11 函；繙譯五經：《春秋》十九卷、《孟子》七卷、《大學》一卷、《中庸》一卷、《論語》十卷，33 册，5 函。

30.《石鼓論語答問》三卷，3 册。

31.《論孟集注考證》十七卷，5 册。

32.《御製律吕正義後編》一百二十八卷，60 册。

33.《漢隸分韵》七卷，2 册。

34.《俗書刊誤》十二卷，2 册。

35.《御製增訂清文鑒》三十卷、《補編》四卷、《總綱》八卷、《補編總綱》一卷，41 册。

36.《欽定西域同文志》二十四卷，10 册。

37.《欽定同文韻統》六卷，2 册。

作者單位：中國社會科學院大學文學系

雲南省圖書館藏南詔大理國《寫經殘卷》的定名

楊勝祥

《大理叢書・大藏經篇》卷一所影印的第六種佛經未被定名，標為《寫經殘卷》。據影印説明，是經發現於雲南省大理市北湯天，今庋藏於雲南省圖書館。“首尾均殘，卷軸裝，高 30. 8 厘米，長 270 厘米。存文約 180 行。為南詔國或大理國早期寫經。”① 按，南詔大理國經卷，20 世紀 50 年代始發現於北湯天②，其後在崇聖寺千尋塔和佛圖寺蛇骨塔的維修過程中亦有發現。對這幾種經卷進行整理著録的，有周泳先的《大理國寫經目》。該目流通不廣，筆者未之見。雲南省圖書館參照微縮膠片，按照《大理國寫經目》順序，編製成《雲南省圖書館藏大理市鳳儀北湯天出土經卷目録》③，可知其著録情況。此外，有李孝友《南詔大理寫本佛經題録》④、侯冲《大理國寫經研究》⑤。上述目録，均未見對雲南省圖書館藏該《寫經殘卷》進行定名者。

該卷卷中文字有三種，經文則墨筆大字楷書，注疏則墨筆小字行草書，經文旁有朱筆批注。此朱筆批注，亦見於其他南詔大理國寫經，唯這些朱筆批注如何定性，有所争議，如何釋讀，懸而未决。周泳先認為“發現了大理國時期的‘白文’”⑥，侯冲則認為“大理寫經中無白文……衹不過是佛經傳抄的一種形式，反映了當時雲南佛經的傳抄方式，證明

① 郭惠青：《大理叢書・大藏經篇》卷一，民族出版社，2008 年，第 319 頁。

② 大略經過及内容，參見周泳先：《鳳儀縣北湯天南詔大理國以來古本經卷整理記》，李家瑞、李一夫等：《大理白族自治州歷史文物調查資料》，雲南人民出版社，1958 年，第 7—21 頁。

③ 國家民委全國少數民族古籍整理研究室編：《中國少數民族古籍總目提要・白族卷》，中國大百科全書出版社，2004 年，第 312—317 頁。

④ 肇予（李孝友）：《南詔大理寫本佛經題録》，《大理叢書・考古文物篇》卷六，第 2872—2877 頁。

⑤ 侯冲：《大理國寫經研究》，汪寧生主編：《民族學報》第 4 輯，民族出版社，2006 年，第 11—69 頁。

⑥ 《鳳儀縣北湯天南詔大理國以來古本經卷整理記》，《大理白族自治州歷史文物調查資料》，第 15 頁。

了佛教東傳後存在草書被廣泛用於注疏佛經和傳抄經疏這一風尚"[①]。職是之故，筆者不揣固陋，試對該殘卷進行定名，并就卷中朱筆批注的定性及釋讀思路做出討論。

以本卷之經文與《中華大藏經》影印之金藏大寶集寺本《金光明最勝王經》對校，發現本卷經文與《金光明最勝王經》第四品《夢見金鼓懺悔品》"至誠皆懺悔"至"當超惡趣六十劫"一段文字相同，衹有四個異文（異體字及脱落文字不計），即：（1）本卷"色如琉璃净无垢"之"琉"[②]，金本作"流"[③]；（2）本卷"於生死苦暴流内"之"暴"[④]，金本作"瀑"[⑤]；（3）本卷"不可稱量知分劑"之"劑"[⑥]，金本作"齊"[⑦]；（4）本卷"随彼衆生念妓樂"之"妓"[⑧]，金本作"伎"[⑨]。因此，可以確定本卷之經文為《金光明最勝王經》第四品《夢見金鼓懺悔品》之内容。

本經漢文凡五譯五本，分别為《金光明經》《金光明帝王經》《金光明更廣壽量大辯陀羅尼經》《合部金光明經》《金光明最勝王經》[⑩]。其中《金光明最勝王經》十卷三十一品，為唐武周長安三年義净奉制譯[⑪]。《金光明最勝王經》的注疏情況，歷代經録記録未備。據日本明一《金光明最勝王經注釋・序品》云："夫以贊釋此經諸家良多，唯有大薦福寺勝莊法師、西明寺慧沼法師、新羅國憬興法師者，并是人中龍象、城内英賢，遐迹稱揚，淄索知識，俱起弘法志，咸各製義疏。"[⑫] 此即唐慧沼《金光明最勝王經疏》，《大正新修大藏經》中收有六卷[⑬]。唐時新羅勝莊有《金光明最勝王經疏》一卷[⑭]。唐時新羅憬興有《金光明最勝王經略贊》五卷[⑮]。後二者俱見《韓國佛教史概説》，唯憬興疏標"現存"[⑯]，蓋勝莊之疏久佚。其他種類《大藏經》所收本經注疏，皆不逾《大正新修大藏經》。檢《大正

① 侯冲：《大理國寫經〈護國司南抄〉及其學術價值》，《雲南社會科學》1999 年第 4 期，第 109 頁。
② 《大理叢書・大藏經篇》卷一，第 332 頁。
③ 《中華大藏經》編輯局：《中華大藏經》（漢文部分）第 16 册，中華書局，2004 年，第 263 頁。
④ 《大理叢書・大藏經篇》卷一，第 332 頁。
⑤ 《中華大藏經》（漢文部分）第 16 册，第 263 頁。
⑥ 《大理叢書・大藏經篇》卷一，第 335 頁。
⑦ 《中華大藏經》（漢文部分）第 16 册，第 264 頁。
⑧ 《大理叢書・大藏經篇》卷一，第 341 頁。
⑨ 《中華大藏經》（漢文部分）第 16 册，第 264 頁。
⑩ 參見劉鹿鳴譯注：《前言》，《金光明經》，中華書局，2010 年，第 1 頁。
⑪ ［日］願曉：《金光明最勝王經玄樞》，［日］高楠順次郎等：《大正新修大藏經》第 56 册，臺灣新文豐出版公司 1983 年，第 483 頁。
⑫ ［日］明一：《金光明最勝王經注釋》，［日］高楠順次郎等：《大正新修大藏經》第 56 册，臺灣新文豐出版公司 1983 年，第 717 頁。
⑬ （唐）慧沼：《金光明最勝王經疏》，［日］高楠順次郎等：《大正新修大藏經》第 39 册，臺灣新文豐出版公司 1983 年，第 175—341 頁。
⑭ ［韓］金煐泰著，柳雪峰譯：《韩国佛教史概说》，社會科學文獻出版社，1993 年，第 60 頁。
⑮ 《韩国佛教史概说》，第 56 頁。
⑯ 同上。

藏》，知本經注疏尚有日本願曉《金光明最勝王經玄樞》十卷[①]、日本明一《金光明最勝王經注釋》十卷[②]。

將《大正新修大藏經》所收的慧沼《金光明最勝王經疏》、願曉《金光明最勝王經玄樞》、明一《金光明最勝王經注釋》與本卷之注疏對照，發現本卷之注疏不是此三種之一。勝莊《金光明最勝王經疏》、憬興《金光明最勝王經略贊》二疏未之見，以願曉《金光明最勝王經玄樞》所引勝莊、憬興相關注疏與本卷之注疏對照：(1) 經文"我今"下半第三合結，願曉疏引勝莊疏："莊云：'此即説罪發露異名，二難中應皆説罪。而恣繁故，唯初後説。'"[③] 本卷之注疏則云："以下諸頌有四十六，因贊仏德於中。"[④] 下述四十六頌綱要，與之不同。(2) 經文"福德"至"金軀"下，願曉疏引憬興疏："興云：'波梨，白紅色也。'"[⑤] 不見於本卷之注疏[⑥]。(3) 經文"我今"至"希有尊"下，願曉疏引憬興疏："興云：'稽首，至也。'"[⑦]本卷之注疏則云："此後結也。前是贊德，此復敬禮，以頭至地，故云稽首。"[⑧] (4) 經文"如大海"至"如是"下，願曉疏引勝莊疏："莊云：'水地山空，如次即顯净樂我常。'"[⑨] 本卷之注疏則無有[⑩]。(5) 經文"廣説"至"露味"下，願曉疏引憬興疏："興云：'無上正法輪者，如《智論》中……'"[⑪]本卷之注疏則無有關於"無上正法輪"之注釋[⑫]。(6) 經文"若於"至"提處"下，願曉疏引勝莊疏："莊云：'輪迴三有等者，如《雜阿含》第十五説。'"[⑬] 本卷之注疏中則無有[⑭]。由此可見，本卷之注疏不是此勝莊或憬興之疏。因此，本卷之注疏可定為藏外文獻，作者或為南詔大理國僧人。

至於朱筆批注，未能卒讀。而從可認識文字推斷，亦可得一二規律。(1) 如經文"今我皆隨喜"[⑮]，"皆""隨"之間右側標"示"，當連讀為"今我皆示隨喜"。經文"我以身語意"[⑯]，"身""語"之間右側朱筆標"口"，當連讀為"我以身口語意"。疏文中"出"

---

① 《金光明最勝王經玄樞》，《大正新修大藏經》第56册，第483—716頁。
② 《金光明最勝王經注釋》，《大正新修大藏經》第56册，第717—807頁。
③ 《金光明最勝王經玄樞》，《大正新修大藏經》第56册，第593頁。
④ 《大理叢書·大藏經篇》卷一，第323頁。
⑤ 《金光明最勝王經玄樞》，《大正新修大藏經》第56册，第594頁。
⑥ 參見《大理叢書·大藏經篇》卷一，第332頁。
⑦ 《金光明最勝王經玄樞》，《大正新修大藏經》第56册，第594頁。
⑧ 《大理叢書·大藏經篇》卷一，第333頁。
⑨ 《金光明最勝王經玄樞》，《大正新修大藏經》第56册，第594頁。
⑩ 參見《大理叢書·大藏經篇》卷一，第333、334頁。
⑪ 《金光明最勝王經玄樞》，《大正新修大藏經》第56册，第594頁。
⑫ 參見《大理叢書·大藏經篇》卷一，第336頁。
⑬ 《金光明最勝王經玄樞》，《大正新修大藏經》第56册，第595頁。
⑭ 參見《大理叢書·大藏經篇》卷一，第345—346頁。
⑮ 同上，第321頁。
⑯ 同上。

字右側朱筆標“生”[①]，當連讀為“出生”。經文“流轉難”[②]，“轉”“難”之間右側朱筆標“生死”，當連讀為“流轉生死難”。經文“八十隨好”[③]，“八十”之前右側朱筆標“身上”，“十”“隨”之間右側朱筆標“種”，當連讀為“身上八十種隨好”。類似問題不再一一列舉，可知此類朱筆批注，是同經文或疏文一起連讀的。（2）如“於此贍部洲，及他方世界”，“洲”字右下側朱筆標注“丘”，“界”字右下側朱筆標注“中”，據以上規律，當連讀為“於此贍部洲丘，及他方世界中”。按，此“丘”字為白語，意為時間或空間裏面的“裏”，在後世的漢字記白語碑里仍有使用[④]。由於白語語言的特殊性，和漢語親緣度較高，如此連讀解釋，符合漢字記白語的敘述習慣。因此可知，朱筆批注是用白語來疏釋經文疏文。朱筆中許多暫時不能釋讀的字，很大部分可能是用來記録白語的自造字。由於目前對“白文”定義存在爭議，是否存在“白文”需要成系統、成規模的材料來佐證，但朱筆批注所記録的語言是白語則是可以確定的，可以説朱筆批注是漢字記白語批注。是以，卷中朱筆批注，在現階段可定性為漢字記白語批注，釋讀時需同附近經文或疏文一起連讀。

附帶提及的是，侯冲認為“大理寫經中無白文”[⑤]，却衹是基於《護國司南抄》，該經卷中確實無朱筆標注類的文字，也確實没有漢字記白語，然而侯先生没有注意其他經卷的情況。周泳先做出“發現了大理國時期的‘白文’”[⑥] 的判斷，是基於“稱為‘《仁王護國般若波羅蜜多經》’的一長卷，和不知經名的另一個長卷”的朱筆旁注，通過將其中出現的文字與後期的漢字記白語碑刻以及明代“白文”注漢文寫經相比照，從而得出上述結論。可惜他對於怎麽釋讀、釋讀成什麽，没有做出具體説明。周先生敘述時，於“白文”上加引號，想來也是考慮到“白文”定義的爭議，因此我們現在不稱白文，而稱漢字記白語，較為恰當。用漢字記白語解釋佛經，可徵諸文獻記載，如《雄辯法師塔銘》：“（雄辯法師）□烏僰人説法，《□□□□嚴經》、《維摩詰經》□□□□□以僰人之言，於是其書盛傳，解者益衆。”[⑦]《滇釋紀》：“師解僰人之言，為書，其書盛傳，習者益衆。”[⑧] 雄辯為大理國末期、元代初期人，以白語為書解佛經。而其具體之形式，莫有人知，蓋即此類經卷。這些漢字記白語的佛經實物資料中的朱筆批注，如今尚未能够全面釋讀，通過本文發現的釋

---

① 參見《大理叢書·大藏經篇》卷一，第 321 頁。

② 同上，第 322 頁。

③ 同上，第 326 頁。

④ 參見楊勝祥：《白語山花碑注析（一）》，《國學茶座》第 8 期，山東人民出版社，2015 年，第 143 頁；及楊勝祥：《白語山花碑注析（三）》，《國學茶座》第 10 期，山東人民出版社，2016 年，第 142 頁。

⑤ 侯冲：《大理國寫經〈護國司南抄〉及其學術價值》，《雲南社會科學》1999 年第 4 期，第 109 頁。

⑥ 《鳳儀縣北湯天南詔大理國以來古本經卷整理記》，《大理白族自治州歷史文物調查資料》，第 15 頁。

⑦ （元）楊載：《雄辯法師塔銘》，《大理叢書·金石篇》卷十，中國社會科學出版社，1993 年，第 15 頁。

⑧ （清）釋圓鼎：《滇釋紀》，《中國少數民族古籍集成（漢文版）》第 87 冊，四川民族出版社，2003 年，第 473 頁。

讀時需同附近經文或疏文一起連讀的方式，再在同類文獻中相互比照，運用漢語小學知識和白語，也許將來能够有大面積釋讀的可能。這樣不僅可以明晰歷史上漢字記白語的現象，對於解答“𦥑文”存在與否的問題，蓋亦會有所幫助。

至此，這份南詔大理國寫經可定名為：附漢字記白語批注《金光明最勝王經》第四品《夢見金鼓懺悔品》及注疏殘卷。

作者單位：山東大學儒學高等研究院

《韓詩》佚文校議十四則

呂冠南

由西漢經師韓嬰創闢的《韓詩》學派是漢代官方《詩》學的重要代表，發軔於西漢，大興於東漢，産生了數量衆多的學術著作。但除了《韓詩外傳》，該學派其餘著作均已亡佚，成為《韓詩》佚著。宋季王應麟起而蒐輯《韓詩》佚著之佚文遺説，清儒接踵繼武，形成了蔚成風氣的《韓詩》輯佚學。兹以王應麟以降的《韓詩》輯佚為中心，結合相關文獻，對存在問題的條目進行校訂，間对前人漏輯的佚文進行補充，成校議十四條。不當之處，尚祈方家指正。

一、馬國翰對《韓詩》佚著之劃分不當

《周南·關雎》。馬國翰《玉函山房輯佚書·韓詩故》於題下輯《韓詩序》曰："刺時也。"自注："王應麟《詩考》卷六。"① 考《玉函山房輯佚書·薛君韓詩章句》卷上首條亦為："《關雎》，刺時也。"自注："王應麟《詩考》卷六引《韓詩序》。"② 很明顯，源自《詩考》的同一條遺説，被馬國翰分别輯入《韓詩故》和《薛君韓詩章句》中，這説明馬氏并不確定該遺説究屬《韓詩故》還是《韓詩章句》，遂造成一文兩用這類半間不界的

① （漢）佚名撰，（清）馬國翰輯：《韓詩故》卷上，光緒九年（1883）長沙嫏嬛館《玉函山房輯佚書》本，第1頁 a。

② （漢）薛漢撰，（清）馬國翰輯：《薛君韓詩章句》卷上，光緒九年（1883）長沙嫏嬛館《玉函山房輯佚書》本，第1頁 a。

情況。

要分析上述自亂體例的情況，須從《韓詩》佚著流傳的客觀情況與馬國翰輯佚的主觀思路入手。因《韓詩》諸佚著亡佚較早，古籍徵引其遺説時往往僅泛稱“《韓詩》”，故清儒多將此類佚文統輯為一書，不再將具體條目分屬於特定的《韓詩》佚著，以免因主觀判斷而導致張冠李戴。馬國翰則心裁别出，他以《漢書·藝文志》與《隋書·經籍志》所記《韓詩》文獻為據，將諸佚著分化為若干個單行輯本，含《韓詩故》二卷、《韓詩内傳》一卷、《韓詩説》一卷、《薛君韓詩章句》二卷及《韓詩翼要》一卷，看似眉目清晰，實則含溷不明，上引《關雎》之例即為一證，故清季民初之學者多致以微辭。如繆荃孫在《（光緒）順天府志·藝文志二》評馬氏之劃分曰：“終嫌武斷，不如諸家統曰‘《韓詩》遺説’之為當也。”① 劉咸炘《校讎述林·輯佚書糾謬》亦謂：“《韓詩》有故，有内傳，有説，諸書引《韓詩》多無從分别，馬氏所輯内傳猶限於明標傳者，故説則全為臆斷矣。”②“武斷”“臆斷”云云，皆切中肯綮之評。故重輯《韓詩》佚著時，若無强證指嚮其具體歸屬，泛稱“《韓詩》遺説”仍不失為審慎之舉。

二、范家相《三家詩拾遺》常誤《韓詩章句》為《韓詩内傳》

《周南·汝墳》：“魴魚赬尾，王室如燬。雖則如燬，父母孔邇。”范家相《三家詩拾遺》卷三：“《韓詩内傳》：赬，赤也。燬，烈火也。孔，甚也。邇，近也。言魴魚勞則尾赤，君子勞苦則顔色變。（《漢書》注）”③ 按，該材料非出於《漢書》注，而係《後漢書·章磐傳》章懷太子注文：“《韓詩》曰：‘《汝墳》，辭家也。’其卒章曰：‘魴魚赬尾，王室如燬。雖則如燬，父母孔邇。’薛君《章句》：‘赬，赤也。燬，烈火也。孔，甚也。邇，近也。言魴魚勞則尾赤，君子勞苦則顔色變，以王室政教如烈火矣。’”④ 可見范氏所輯遺説實為薛君《韓詩章句》之文，而非《韓詩内傳》。此類誤《章句》為《内傳》之例，在范書中時常可見。如《召南·羔羊》“羔羊之皮，素絲五紽”句下輯《韓詩内傳》曰：“小曰羔，大曰羊。素喻潔白，絲喻柔屈。紽，數也。”⑤ 按，此為《韓詩章句》文，見《後漢書·王渙傳》章懷注⑥。再如《魏風·葛屨》：“摻摻女手。”范家相引《韓詩内傳》：

① （清）繆荃孫總纂：《（光緒）順天府志》卷一百二十三，光緒十二年（1886）刻本，第2页b。
② 劉咸炘著，黃曙輝編：《劉咸炘學術論集·校讎學編》，廣西師範大學出版社，2010年，第183頁。
③ （清）范家相：《三家詩拾遺》卷三，《景印文淵閣四庫全書》，第88册，台灣商務印書館，1983年，第534頁。
④ （南朝宋）范曄撰，（唐）李賢等注：《後漢書》卷三十九，中華書局，1965年，第1311頁。
⑤ （清）范家相：《三家詩拾遺》卷三，第536頁。
⑥ （南朝宋）范曄撰，（唐）李賢等注：《後漢書》卷七十六，第2470頁。

“孅孅，女手之貌。”[①] 按，此亦為《韓詩章句》之文，見《文選·古詩十九首》李善注[②]，范氏所引“孅孅”為“纖纖”之訛。《四庫全書總目》論范書之失，如“開卷即名實相乖”“蒐采亦間有未周”云云[③]，但并未注意到該書常誤《韓詩章句》為《韓詩内傳》。這是日後利用此書進行《韓詩》研究時，應予以警惕的方面。

三、《韓詩》異文的安置須結合訓詁而定

《召南·殷其雷》。《廣韻·六脂》：“靁，雷也。出《韓詩》。”陳壽祺《韓詩遺説考》卷一之一據此而定《韓詩》“殷其雷”作“靁其雷”[④]。按：疑《韓詩》此篇當題為“殷其靁”，而非“靁其雷”。其因有三：第一，若作“靁其雷”，以《韓詩》“靁，雷也”之訓，則此題義為“雷其雷”，不成文。第二，《韓詩》訓“靁”為“雷”，可知“靁”與“雷”為對文，毛作“殷其雷”，韓作“殷其靁”，字異義同。猶《毛詩·漢廣》“漢之永矣”，《毛傳》：“永，長。”[⑤]《韓詩》作“漢之漾矣”，薛君《韓詩章句》曰：“漾，長也。”[⑥]“廣”“漾”用字雖異，而訓“長”則同。再如《毛詩·敝笱》“其魚唯唯”，《毛傳》：“唯唯，出入不制。”《釋文》：“《韓詩》作遺遺，言不能制也。”[⑦]“唯”“遺”用字雖異，而訓“不能制”則同。第三，《毛詩·邶風·終風》卒章：“曀曀其陰，虺虺其雷。”漢石經《魯詩》殘碑第一面第三十四行録此句作“曀曀其陰，虺虺其靁”[⑧]。是《魯詩》“雷”作“靁”，這一强證可輔助説明漢人不僅有以“雷”訓“靁”之例，且二字存在通用現象。换言之，與“靁”相應者為“雷”，而非“殷”，“殷其雷”當與“殷其靁”相應。此則校議顯示了訓詁在安置《韓詩》異文方面的參考作用。

---

① （清）范家相：《三家詩拾遺》卷六，第553頁。

② （梁）蕭統選，（唐）李善等注：《六臣注文選》卷二十九，影印涵芬樓所藏宋刊本，中華書局，1987年，第538頁。

③ （清）永瑢等：《四庫全書總目》卷十六，中華書局，2008年，第135頁。

④ （清）陳壽祺撰，（清）陳喬樅述：《三家詩遺説考·韓詩遺説考》卷一之一，影印《左海叢書》本，《續修四庫全書》，第76册，上海古籍出版社，2002年，第525頁。

⑤ （漢）毛亨傳，（漢）鄭玄箋，（唐）陸德明釋文：《宋本毛詩詁訓傳》卷一，影印國家圖書館藏南宋巾箱本，第1册，國家圖書館出版社，2017年，第22頁。

⑥ （梁）蕭統選，（唐）李善等注：《六臣注文選》卷十一，第208頁。

⑦ （漢）毛亨傳，（漢）鄭玄箋，（唐）陸德明釋文：《宋本毛詩詁訓傳》卷五，第1册，第168頁。

⑧ 馬衡：《漢石經集存·釋文》，科學出版社，1957年，第3頁。

四、敦煌《文選注》寫本殘卷頗有益於《韓詩》遺説之校勘

《召南・江有汜》："江有渚。" 陳壽祺據《釋文》輯《韓詩》遺説曰："水一溢一否曰渚。" 又據《文選・西京賦》李善注引《薛君韓詩章句》輯遺説曰："水一溢而為渚。"①二者之别，在於後者無"一否"二字。故王先謙《詩三家義集疏》解《釋文》"一溢一否"為"水甫溢入，繼無來源，暫時渟聚，故謂之渚"，又解《韓詩章句》"一溢而為渚"曰"水流溢於旁地，而渟聚者為渚"②，視二者為意義有别的遺説。今考法藏 P2528 敦煌鈔本《文選注》殘卷所録李善注引《薛君韓詩章句》正作"水一溢一否為渚"③，與《釋文》全同，可知今本《文選注》皆脱去"一否"二字，王先謙之説不免有强作解人之嫌。

用敦煌《文選注》殘卷校勘《韓詩》遺説，不僅可補足今本脱文，還可確定《韓詩》遺説之歸屬。如《文選》卷二《西京賦》："從嫵婉。" 李善注："《韓詩》曰：'嫵婉之求。' 嫵婉，好貌。"④ 丁晏《詩考補注》卷一據此録《韓詩・新臺》經文及注文⑤，因李善以注文徑接《韓詩》經文，故難於確定該注文的具體歸屬，丁晏僅鈔出此遺説，并未臆斷其來源，可見丁氏治學之謹嚴。今考法藏 P2528《文選注》殘卷，善注原貌為："《韓詩》曰：'嫵婉之求。' 薛臣善曰：嫵婉，好貌。"⑥ 較今本多出"薛臣善曰"四字，高步瀛《文選李注義疏》考此四字應為"薛君曰"："'臣' 為 '君' 字之誤，又衍 '善' 字也。治《韓詩》者不見此本，故不敢輯入薛君《章句》中。然則此本雖誤，有益於古書亦大矣。"⑦羅國威《敦煌石室〈文選〉李善注本殘卷考》論"薛臣善曰"亦謂："按，此四字當是 '薛君曰' 或 '《薛君章句》曰' 之誤。"⑧ 據此，可知"嫵婉，好貌"實為薛君《韓詩章句》之文。這一案例再次彰顯了敦煌《文選注》殘卷在校勘《韓詩》遺説方面的價值。

---

① （清）陳壽祺撰，（清）陳喬樅述：《三家詩遺説考・韓詩遺説考》卷一之一，第 526 頁。

② （清）王先謙撰，王承略等校點：《詩三家義集疏》卷二，《儒藏精華編》本，北京大學出版社，2014 年，第 100 頁。

③ 饒宗頤：《敦煌吐魯番本文選》，中華書局，2000 年，第 4 頁。

④ （梁）蕭統選，（唐）李善等注：《六臣注文選》卷二，第 60 頁。

⑤ （清）丁晏：《詩考補注》卷一，光緒十一年（1885）蛟川張氏花雨樓刻本，第 11 頁 a。

⑥ 饒宗頤：《敦煌吐魯番本文選》，第 18 頁。

⑦ （清）高步瀛著，曹道衡、沈玉成點校：《文選李注義疏》，中華書局，1985 年，第 469 頁。

⑧ 羅國威：《六朝文學與六朝文獻》，巴蜀書社，2010 年，第 76 頁。

五、古籍引詩有别於今本《毛詩》者，非必《韓詩》之異文

《鄘風·定之方中》："作于楚宫。"王先谦《詩三家義集疏》注："三家'于'作'為'。"① 疏曰："三家'于'作'為'者，《文選·魏都賦》、《魯靈光殿賦》、謝朓《和伏武昌登孫權故城詩》、江淹《雜體詩》、王簡棲《頭陀寺碑文》，注引此及下兩'于'字皆作'為'。《白帖》三十八、《御覽》百七十三引同。蔡邕《月令》作'于'，是魯與毛同。作'為'者，蓋齊、韓文。"循此説，則《韓詩》作"作為楚宫"。袁梅《詩經異文彙考辨證》亦本王先謙説，謂："三家詩'于'作'為'。"② 今考敦煌唐寫本《毛詩·定之方中》作"作為楚宫"③，則作"為"者係《毛詩》之文，而非《韓詩》。由此可見，古籍引詩異於今本《毛詩》者，未可遽斷為《韓詩》之異文。

六、國圖藏宋元遞修本《經典釋文》所録《韓詩》遺説原貌頗完備

《鄘風·定之方中》："星言夙駕。"范家相《三家詩拾遺》卷四據《釋文》録《韓詩》遺説："星，精也。"④ 以"精"訓"星"，未免突兀。陳喬樅《韓詩遺説考》卷一之三引姚鼐曰："古'晴'字本作'啰'，'啰'亦作'星'。……《韓詩》：'星，精也。'精，明晴之謂也。"⑤ 解"精"為"明晴"，注義始顯豁。今考國家圖書館藏宋元遞修本《經典釋文》卷五《毛詩音義上·定之方中》"星言"條，徑謂："《韓詩》云：星，晴也。"⑥ 與姚鼐之説若合符節，然可免去姚氏之輾轉考證，宋元本《釋文》之價值在此處亦得到較好的呈現。

宋元本係今傳《釋文》最古最佳之本，其真實性可獲其他古籍之印證。如《唐風·有杕之杜》："生于道周。"孔穎達《毛詩正義》所附《釋文》云："'周'，《韓詩》作

---

① （清）王先謙撰，王承略等校點：《詩三家義集疏》卷三中，第218頁。
② 袁梅：《詩經異文彙考辨證》，齊魯書社，2013年，第75頁。
③ 張涌泉主編審訂：《敦煌經部文獻合集》第二册，中華書局，2008年，第440頁。
④ （清）范家相：《三家詩拾遺》卷四，第544頁。
⑤ （清）陳壽祺撰，（清）陳喬樅述：《三家詩遺説考·韓詩遺説考》卷一之三，第546頁。
⑥ （唐）陸德明撰，張一弓點校：《經典釋文》卷五，國圖藏宋元遞修本，上海古籍出版社，2012年，第94頁。

‘右’。”[①] 依此説，則《韓詩》此句經文作“生于道右”。宋元本《釋文》“道周”條則作：“《韓詩》：周，右也。”[②] 依此説，則《韓詩》經文與《毛詩》同作“生于道周”，“右”為《韓詩》之注文，而非其異文。考宋人王應麟《詩考·韓詩》引《釋文》亦作：“周，右也。”[③] 與宋元本吻合無間，可知宋傳《釋文》所載《韓詩》確與《毛詩》同文，唯其訓“周，右也”與《毛傳》“周，曲也”不同，馮登府《三家詩遺説》卷三謂《韓詩》此訓“與‘道左’相對，説《詩》之精，勝毛多矣”[④] 可備一説。另，國家圖書館藏南宋巾箱本《毛詩詁訓傳》所載《釋文》作：“周，《韓詩》作‘右’也。”[⑤]“作”當為“云”之訛，據此可知《釋文》所載該遺説在部分宋刻《毛詩》中已有錯訛。

七、今本《文選注》引《韓詩》有脱文

《衛風·考槃》：“考槃在澗。”《韓詩》“澗”作“干”，見《文選·吴都賦》劉淵林注：“《韓詩》曰：‘考槃在干。’地下而黄曰干。”[⑥] 按，考日本藏古抄本《文選集注》引劉注為：“《韓詩》曰：‘考槃在干。’《傳》曰：地下而廣曰干。”[⑦] 對斠可知今本脱去“《傳》曰”二字，與本文第四條校議以敦煌殘卷證今本《文選注》脱去“薛君曰”之例頗為相類，再次印證了今本《文選注》徵引《韓詩》佚文時，有一部分存在脱漏情況。更有意思的是，第四則與本則校議使用的兩條材料分别來自出土文獻與域外漢籍，這相當直觀地反映了這兩類文獻在校讀《韓詩》遺説方面的價值。

八、王先謙輯録《韓詩》佚文所用之古籍，有未明何本者

《王風·黍離》：“悠悠蒼天。”王先謙《詩三家義集疏》注謂《韓詩》“蒼天”作“倉

---

① （漢）毛亨傳，（漢）鄭玄箋，（唐）孔穎達疏，龔抗雲等整理：《毛詩正義》，《十三經注疏》本，北京大學出版社，2000 年，第 468 頁。

② （唐）陸德明撰，張一弓點校：《經典釋文》卷五，第 107 頁。

③ （宋）王應麟著，王京州，江合友點校：《詩考；詩地理考》，《王應麟著作集成》本，中華書局，2011 年，第 31 頁。

④ （清）馮登府撰，房瑞麗校注：《三家詩遺説》卷三，華東師範大學出版社，2010 年，第 46 頁。

⑤ （漢）毛亨傳，（漢）鄭玄箋，（唐）陸德明釋文：《宋本毛詩詁訓傳》卷六，第 1 册，第 195 頁。

⑥ （梁）蕭統選，（唐）李善等注：《六臣注文選》卷五，第 108 頁。

⑦ 周勛初纂輯：《唐鈔文選集注彙存》卷九，上海古籍出版社，2001 年，第 186 頁。

天”，其依據為“《外傳》八引《詩》‘悠悠倉天’”[①]。今考《韓詩外傳》卷八第九章引《黍離》作“悠悠蒼天”，蒐羅《外傳》異文最完備的許維遹《韓詩外傳集釋》[②]及屈守元《韓詩外傳箋疏》於此句均未出異文[③]，王應麟《詩考·韓詩·黍離》亦未標《外傳》作“倉天”，可證《韓詩外傳》無作“倉天”之本，則王先謙之説不知所據何本《外傳》。另如《大雅·桑柔》：“大風有隧。”王先謙注：“韓‘隧’作‘隊’”，疏謂出自《韓詩外傳》卷五[④]。考今本《外傳》卷五“福生於無為”章引《桑柔》作“大風有隧”，與《毛詩》同文，無論《詩考·韓詩》還是許氏集釋與屈氏箋疏，均未見有作“隧”者，則此異文亦不知出自何本《外傳》。

無獨有偶，王先謙所用《文選》亦有不知何本者。如《秦風·蒹葭》：“宛在水中沚。”王注謂《韓詩》作“宛在水中持”，依據為《文選·河陽縣詩》李注引《韓詩》[⑤]。按《六臣注文選》所録李善注[⑥]、胡克家刻本《文選》李善注[⑦]所引《韓詩》均作“宛在水中沚”，與《毛詩》同文，王先謙所謂作“持”者未明出自何本《文選》。

九、王先謙誤置《韓詩》遺説之例

《王風·君子陽陽》：“君子陶陶。”王先謙《詩三家義集疏》據《文選·七發》李善注輯《韓詩》遺説曰：“陶，暢也。”[⑧] 考李注原文為：“薛君《韓詩章句》曰：‘陶，暢也。’”[⑨] 并未明言該遺説為釋“君子陶陶”之文。今考《原本玉篇殘卷》“陶”字條曰：“《韓詩》：‘君子陶陶。’君子之貌也。……又曰：‘鼓鐘伐磬，淮有三州，憂心且陶。’陶，暢。”[⑩] 據此可知“陶，暢”為《韓詩》訓釋《小雅·鼓鍾》“憂心且陶”之文，王先謙置於《君子陽陽》中，屬誤置之例。又如《小雅·車舝》：“德音來括。”王先謙據《文選·答盧諶詩》李善注輯《韓詩》遺説曰：“括，約束也。”[⑪] 考李注原文為：“薛君《韓詩章

① （清）王先謙撰，王承略等校點：《詩三家義集疏》卷四，第295頁。
② 許維遹：《韓詩外傳集釋》卷八，中華書局，1980年，第281頁。
③ 屈守元：《韓詩外傳箋疏》卷八，巴蜀書社，1996年，第351頁。
④ （清）王先謙撰，王承略等校點：《詩三家義集疏》卷二十三，第882頁。
⑤ （清）王先謙撰，王承略等校點：《詩三家義集疏》卷九，第423頁。
⑥ （梁）蕭統選，（唐）李善等注：《六臣注文選》卷二十六，第490頁。
⑦ （梁）蕭統選，（唐）李善注：《文選》卷二十六，影印胡克家重刻宋咸淳本，中華書局，1977年，第373頁。
⑧ （清）王先謙撰，王承略等校點：《詩三家義集疏》卷四，第298頁。
⑨ （梁）蕭統選，（唐）李善等注：《六臣注文選》卷三十四，第639頁。
⑩ （梁）顧野王編撰，羅振玉、黎庶昌摹鈔：《原本玉篇殘卷》，中華書局，1985年，第501頁。
⑪ （清）王先謙撰，王承略等校點：《詩三家義集疏》卷十九，第724頁。

句》曰：‘括，約束也。’”① 未明言該遺説為釋“德音來括”之文。今考陸德明《毛詩釋文·擊鼓》“契闊”條引《韓詩》曰：“約束也。”② 可知此文實為《擊鼓》“死生契闊”之遺説。王先謙置於《車舝》中，亦屬誤置之例。

十、王先謙漏校《原本玉篇》所載《韓詩》異文之例

《王風·大車》：“毳衣如菼。”王先謙《詩三家義集疏》於此句未出《韓詩》異文。按《原本玉篇殘卷》“緂”字條：“《詩》曰‘毳衣如緂’是也。《韓詩》為‘緂’字，在帛部。今并為‘菼’字，在草部。”③ 可知《韓詩》此句經文作“毳衣如緂”。又如《豳風·九罭》：“我覯之子，衮衣繡裳。”王先謙據《玉篇》定韓“衮”作“緄”④。按《原本玉篇殘卷》“緄”字條引《韓詩》曰：“我遘之子，緄衣繡裳。”⑤ 王先謙僅校出“緄”字而漏校“遘”。通觀《詩三家義集疏》，可知王先謙對於《原本玉篇》的利用較為充分，幾乎將其所載《韓詩》佚文都采入書中，但上引二例可證其仍未做到竭澤而漁。此外，王先謙對於《韓詩外傳》所載《韓詩》異文也未盡數校出，參本文第十三則校議。

十一、《玉燭寶典》保存《韓詩章句》之體例頗完善

《鄭風·溱洧》。杜臺卿《玉燭寶典》卷三《三月季春》：“《韓詩章句》曰：‘溱與洧，方洹洹兮。’謂三月桃華水下之時，鄭國之俗，三月上巳之日，此兩水上，招魂續魄，拂除不祥。”⑥《初學記》卷三“桃花水”條引《韓詩章句》⑦，除個別字詞以外，與此幾乎全同。《太平御覽》卷三十亦引此條，而較《寶典》《初學記》為詳：“《韓詩》曰：‘溱與洧，方洹洹兮。’（注）洹洹，盛皃也，謂三月桃花水下之時至盛也。‘惟士與女，方秉蕑兮。’（注）秉，執也。蕑，蘭也。當此盛流之時，衆士與衆女方執蘭拂除邪惡。鄭國之

① （梁）蕭統選，（唐）李善等注：《六臣注文選》卷二十五，第465頁。
② （唐）陸德明撰，張一弓點校：《經典釋文》卷五，第90頁。
③ （梁）顧野王編撰，羅振玉、黎庶昌摹鈔：《原本玉篇殘卷》，第145—146頁。
④ （清）王先謙撰，王承略等校點：《詩三家義集疏》卷十三，第511頁。
⑤ （梁）顧野王編撰，羅振玉、黎庶昌摹鈔：《原本玉篇殘卷》，第182頁。
⑥ （隋）杜臺卿：《玉燭寶典》卷三，黎庶昌輯《古逸叢書》本，第7頁b。
⑦ （唐）徐堅等：《初學記》卷三，中華書局，1962年，第46頁。

俗，三月上巳之辰，此兩水之上，招魂續魄，拂除不祥。故詩人願與所悦者俱往觀之。”[①]此處雖僅標《韓詩》二字，但包含了《玉燭寶典》所録《韓詩章句》的片段，知此係同一條遺説，均為《韓詩章句》之文。馬國翰將其輯入《韓詩故》中[②]，誤。

但《玉燭寶典》之意義并不僅限於對《御覽》遺説來源的定位和對馬國翰誤輯的辨正，其更重要的意義在於保留了《韓詩章句》的體例特點，即先引《韓詩》經文，其後緊接解讀經文的章句，換言之，即章句是直接闡釋《韓詩》經文的文字，這對於深入研究《韓詩章句》文本原貌有着較重要的參考意義，同時亦可用於確定部分由其他古籍徵引的《韓詩》遺説之歸屬問題。如《白氏六帖》卷三十“東門”條：“《韓詩》：‘東門之栗，有静家室。’注云：東門樹外有善人，可為家室也。”[③]《太平御覽》卷九六四亦引此條，而較《六帖》更詳盡：“《韓詩》曰：‘東門之栗，有靖家室。’栗，木名；靖，善也。言東門之外栗樹之下，有善人可與成為室家者。”[④] 從文本構成來看，均屬《韓詩》經文後徑接以注文，衡以《韓詩章句》先經後注之體例特點，則此條當為《章句》之遺説。臧庸《韓詩遺説》因不諳《章句》體例，遂有將《韓詩》經文後的訓詁材料視為《韓詩内傳》之例。如《文選·西京賦》李善注：“《韓詩》曰：‘緑蓍如簀。’簀，積也。薛君曰：簀，緑蓍盛如積也。”臧庸謂：“李善首引經文，次引此三字，次引薛君曰云云，則此是韓嬰《内傳》。”[⑤]胡克家則以此條注文有錯簡，并乙正為：“《韓詩》曰：‘緑蓍如簀。’薛君曰：簀，積也，緑蓍盛如積也。”[⑥] 此説符合薛君《韓詩章句》以注文徑接經文的體例，故當為正確的判斷。筆者曾撰有《李善注〈文選〉引〈韓詩〉“緑蓍如簀”條校正》一文加以辨正[⑦]，此不贅述。

十二、輯《韓詩》遺説須追溯材料之源頭

《鄭風·溱洧》：“贈之以芍藥。”馬國翰《薛君韓詩章句》卷上輯遺説曰：“勺藥，離草。”[⑧] 後附材料來源為“范處義《（詩）補傳》卷七、史能之《（咸淳）毗陵志》卷十

---

① （宋）李昉等：《太平御覽》卷三十，重印上海涵芬樓影印宋本，中華書局，1960年，第143頁。

② （漢）佚名撰，（清）馬國翰輯：《韓詩故》卷上，第12頁b。

③ （唐）白居易：《白氏六帖事類集》卷三十，影印傅增湘舊藏南宋紹興間刻本，文物出版社，1987年，第76頁a。

④ （宋）李昉等：《太平御覽》卷九六四，第4278頁。

⑤ （清）臧庸：《韓詩遺説》卷上，《叢書集成初編》本，上海商務印書館，1939年，第12頁。

⑥ （梁）蕭統選，（唐）李善注：《文選》卷二，第844頁。

⑦ 吕冠南：《李善注〈文選〉引〈韓詩〉“緑蓍如簀”條校正》，《河北師範大學學報》（哲學社會科學版）2017年4期，第62—65頁。

⑧ （漢）薛漢撰，（清）馬國翰輯：《薛君韓詩章句》卷上，第7頁a。

三”。今按，此條材料首見於陸德明《毛詩釋文·溱洧》“勺藥”條：“《韓詩》云：離草也，言將離别贈此草也。”[①] 范、史二書，當係自《釋文》轉録而得，但删去“言將離别贈此草也”之文，遂僅存《韓詩》之字義，而略其句解，殊未允當。馬國翰未辨該遺説之源頭，遂出現捨前取後這一本末倒置的做法。陳垣先生論史源學時嘗有妙喻曰：“老太太仍在，少奶奶不可當家也。”[②]“老太太”為材料之源頭，“少奶奶”則為材料之支流，輯佚古書，尤應尋根溯源，以原始材料為準。

輯佚未能追溯材料源頭，在清人《韓詩》輯本中普遍存在。例如宋綿初《韓詩内傳徵》卷一《汝墳》據江休復《醴泉筆録》引《韓詩》曰：“紂作炮烙之刑。”[③] 按，該材料之源頭為《韓詩外傳》卷四首章：“紂作炮烙之刑。”[④] 這樣一來，宋氏便將傳世文獻《韓詩外傳》中的材料作為《韓詩》遺説加以輯録，其有效性便大為降低。再如馮登府《三家詩遺説》卷六《賓之初筵》據《後漢書·孔融傳》注輯《韓詩》曰：“不知其為惡也。”[⑤] 按，該材料之源頭亦為《韓詩外傳》，原文見《外傳》卷五第五章：“其衣冠言行，為已同於世俗，而不知其惡也。”[⑥] 亦將《韓詩外傳》之文視為《韓詩》遺説，其誤與宋綿初同。此外，王先謙亦有誤《韓詩外傳》之文為《韓詩》遺説之例，本文下條校議將有涉及。

十三、王先謙對《韓詩外傳》之利用猶有不足

《豳風·鴟鴞》：“鴟鴞鴟鴞，既取我子，無毁我室。”王先謙據《文選·洞簫賦》及《檄吴將校部曲》李善注輯《韓詩》遺説兩條，一曰：“夫為人父者，必懷慈仁之養，以畜養其子也。”二曰：“‘鴟鴞鴟鴞，既取我子，無毁我室。’鴟鴞，鸋鴂，鳥名也。鴟鴞所以愛養其子者，適以病之。愛養其子者，謂堅固其窠巢。病之者，謂不知托於大樹茂枝，反敷之葦蕳。風至，蕳折巢覆，有子則死，有卵則破，是其病也。”[⑦] 隨後下一斷語，謂第一條遺説與第二條“蓋連類之文”，即將二者視為同一條遺説的兩個片段。今按，第二條確係《韓詩》遺説，而第一條則出自傳世文獻《韓詩外傳》，原文見《外傳》卷七第二十七章：

---

① （唐）陸德明撰，張一弓點校：《經典釋文》卷五，第103頁。

② 陳垣著，陳志超編：《史源學實習及清代史學考證法》，商務印書館，2014年，第16頁。

③ （清）宋綿初：《韓詩内傳徵》卷一，影印乾隆六十年志學堂刻本，《續修四庫全書》，第75册，上海古籍出版社，2002年，第90頁。

④ 屈守元：《韓詩外傳箋疏》卷四，第351頁。

⑤ （清）馮登府撰，房瑞麗校注：《三家詩遺説》卷六，第95頁。

⑥ 屈守元：《韓詩外傳箋疏》卷五，第447頁。

⑦ （清）王先謙撰，王承略等校點：《詩三家義集疏》卷十三，第496頁。

“夫為人父者，必懷慈仁之愛，以畜養其子。撫循飲食，以全其身。”① 可見王先謙對於《韓詩外傳》并未有充足的運用，遂誤將并無關係的《外傳》之文與《韓詩》遺説視為“連類之文”。同時，這一失誤再次證明，輯録《韓詩》遺説須追溯至材料的源頭。

王先謙對於《韓詩外傳》的利用不足，不僅體現在對《韓詩》遺説的辨别失誤方面，還表現在對《外傳》所載《韓詩》異文的漏校方面。如《毛詩・商頌・長發》：“不競不絿，不剛不柔。”王先謙未出《韓詩》異文。考《韓詩外傳》卷三“君子行不貴苟難”章引此句：“不競不求，不剛不柔。”② 可知《韓詩》“絿”作“求”。此為王先謙忽視《韓詩外傳》所載《韓詩》異文之例，與上舉《鴟鴞》之例，均為王氏對於《外傳》利用不足之證。

十四、王應麟《詩考》為校勘《韓詩》異文之重要參考

《大雅・大明》：“天難忱斯。”王應麟《詩考》引《韓詩外傳》作“天難訦斯”③，“訦”之異文價值頗大，因今本《外傳》作“忱”，與《毛詩》相同，幸有《詩考》載此異文，千載之下的讀者仍知《韓詩》之“忱”作“訦”。屈守元先生《韓詩外傳箋疏》以元本為底本，并廣校數本，為今見《外傳》之最佳校勘本，然此條異文亦失校④，可見目前學界對於《詩考》的運用尚有繼續開展的餘地。

王應麟身當宋元之際，其所見古籍較今人為多，其引《韓詩外傳》之文，多有别於今本，此皆宋本《外傳》之文，頗能揭示古本所記《韓詩》經文之遺貌，有益於校勘亦大矣。所以對於重輯《韓詩》經文而言，《詩考》仍是不可迴避的重要參考書。

結　語

上述十四條校議，僅為筆者校讀《韓詩》佚文的部分筆札，但已能呈現出前賢在輯録《韓詩》時出現的各類問題，這説明《韓詩》佚文的輯録工作尚未完成。王先謙的《詩三家義集疏》是總結此前三家《詩》輯佚成果的集大成之作，號稱“迄今最完備之《三家

① 屈守元：《韓詩外傳箋疏》卷七，第661頁。
② 屈守元：《韓詩外傳箋疏》卷三，第329頁。
③ （宋）王應麟著，王京州，江合友點校：《詩考；詩地理考》，第49頁。
④ 屈守元：《韓詩外傳箋疏》卷十，第826頁。

詩》讀本”[①]，但通過本文圍繞該書所寫成的數條校議，已可證實其在《韓詩》輯録方面存在諸多問題，這些問題均降低了該書在三家《詩》學史中的權威。在目前的學術語境下，重輯《韓詩》之佚文，不可唯此書是從，它所總結的舊三家《詩》研究的成果并不能作為《韓詩》研究的終極依據。

管見所及，目前研究三家《詩》的學者，多在《詩三家義集疏》所輯遺説的基礎上探討，其文本依據并不可靠；亦有將目光集中於清人輯佚思路方面的探討，且已取得相當可觀的成果；佢稍顯遺憾的是，目前學界尚無對具體的《韓詩》佚文進行校讀的論著。實際上，若基礎文本的真實性得不到保障，將會直接威脅以此文本為基礎所展開的深度研究的可靠性。就《韓詩》佚著的研究而言，鄙見以為至少應從以下兩個方嚮努力：1. 應結合傳世文獻，對清輯本的輯佚成果逐一加以校讀，斠其異文，訂其譌文，剔其僞文，補其闕文。2. 放眼於出土文獻與域外文獻，增輯傳世文獻所未載者。如敦煌出土的李嶠《百咏·鳳》：“五色成文章。”唐人張庭芳注：“《韓詩》：鳳，靈鳥，五色成文章。”[②] 此文不見於《韓詩外傳》與前賢《韓詩》輯本，此為藉出土文獻補輯《韓詩》遺説之例。再如《豳風·鴟鴞》：“予尾翛翛。”前賢輯本均未出校《韓詩》異文。今按，日本平安時代字書《香字抄》引《玉篇》曰：“《韓詩》為‘翢’字。”[③] 可知《韓詩》此文作“予尾翢翢”，此為藉域外文獻補録《韓詩》異文之例。衹有整合前賢輯本的全部有效成果，同時統籌傳世文獻、出土文獻與域外文獻提供的相關信息，纔能對《韓詩》佚文進行最真實完整的輯録，纔能為此後的《韓詩》佚著研究提供更加紮實可靠的文本基礎。昔方東樹《漢學商兑》嘗論“學者辯論經義，必須樹義明確，證佐不疑，屹如堅壘，使不可敗”[④]，就蒐輯考證《韓詩》佚文而言，亦應以此為懸鵠。

作者單位：山東大學儒學高等研究院國際漢學研究中心

---

① 洪湛侯：《詩經學史》第九章，中華書局，2002 年，第 606 頁。
② 徐俊纂輯：《敦煌詩集殘卷輯考》，中華書局，2000 年，第 360 頁。
③ ［日］新美寬編，［日］鈴木隆一補：《本邦殘存典籍による輯佚資料集成》，京都大學人文科學研究所，1968 年，第 15 頁。
④ （清）方東樹纂，漆永祥點校：《漢學商兑》卷中之下，《子海精華編》本，鳳凰出版社，2016 年，第 163 頁。

中庸之道的傳承和發展

朱建亮

孔子提出“中庸”的命題，確是一大發明。因此，研究中庸的文章甚多。然而，“中庸”的本義和本質到底是什麽？其文獻來源是什麽？至今，似未徹底“講清楚”，就是子思、朱熹的理解亦未必全對。至於如何使“中庸”時代化，特别是如何結合馬克思主義而時代化，更無人涉足。在繼承和發展中華優秀傳統文化的當代，我們應當本着百花齊放、百家争鳴的態度以馬克思主義為指導把一些學術問題“講清楚”。本文以一管之見供學界參考：“中庸”思想的文獻來源是《尚書・大禹謨》，其本來目標是達到社會“中和”，其本義是民主辯證控制理念，屬管理哲學，其結合質量互變的辯證法便上升成了一種馬克思主義哲學方法論——辯證的系統控制論。

一、“中庸”思想的文獻來源是《尚書・大禹謨》

“中庸”思想來自何處？子思以為來自孔子。在其《中庸》篇裏，引孔子言論甚多。第一句就是：“仲尼曰：‘君子中庸，小人反中庸。君子之中庸也，君子而時中；小人之中庸也，小人而無忌憚也。’”① 接下來所引全部用以論述中庸之道及其做法的引語都是孔子的。其實，孔子的中庸思想自有所自。

史德新認為：“對於中庸之道，學界過去多認為是儒家的思想理論。但也有人認為中庸

① 陳戍國：《周禮儀禮禮記》，嶽麓書社，1989 年，第 494 頁。

之道脱胎於老子的守中思想，二者是吸收和藉鑒的關係。事實上，老子與孔子誕生於同一個文化淵源，是同一文化的繼承者，儒道兩個思想體系之間有着同源性和相關性。我們認為儒道在“守中”方面有其相通之處，儒家的中庸之道受到老子守中思想的影響，是老子守中思想及前代中和觀念在道德、政治等人事領域的運用和發展。”他并引《老子》第五章“多言數窮，不如守中”説明老子倡導守中即教人凡事持守中道，“保此道不欲盈”；提倡“聖人去甚，去奢，去泰”；主張“高者抑之，下者舉之，有餘者損之，不足者補之”；主張效法天之道“損有餘而補不足”，反對“損不足以奉有餘”；主張“持而盈之，不如其已”①。

黎紅雷則認為，據《論語》記載：“堯曰：‘咨！爾舜！天之曆數在爾躬，允執其中！四海困窮，天禄永終。’舜亦以命禹。”（《論語·堯曰》）似乎中庸思想來自《尚書·堯典》或其他堯帝文獻②。

其實，《尚書·堯典》没有《論語》所引上述一段話，其是否來自其他堯帝文獻則不得而知。因為《尚書》本有3200多篇，其他堯帝文獻也許失傳祇剩《堯典》一篇了。但是就其引文細看，并非如此。這段話是由三個句子組成的：“天之曆數在爾躬”“允執其中”“四海困窮，天禄永終”。由於《論語·堯曰》為孔子的學生所編，他們和很多其他學者一樣引文往往無本在手而憑記憶，故弄錯的可能性很大。這三句話原本是在《尚書·大禹謨》中的同一段話裏。其原文如下：

> 帝曰：“來，禹！洚水儆予，成允成功，惟汝賢；克勤於邦，克儉於家。不自滿假，惟汝賢。汝惟不矜，天下莫與汝争能；汝惟不伐，天下莫與汝争功。予懋乃德，嘉乃丕績。天之曆數在汝躬，汝終陟元后。人心惟危，道心惟微，惟精惟一，允執厥中。無稽之言勿聽，弗詢之謀勿庸。可愛非君，可畏非民。衆非元后何戴，后非衆罔與守邦。欽哉！慎乃有位，敬修其可願。四海困窮，天禄永終。惟口出好興戎，朕言不再。”③

這是舜帝對即將接班的大禹的最後一席治國告誡和叮囑。此中就有“中”“庸”。“庸”即用④，意思是要用“中”，不要用“無稽之言”和“弗詢之謀”。其中庸思想顯而易見：中庸即用中而不要用各類偏頗之見。老子的“守中”思想亦來源於此，即要排除偏僻而守

---

① 史德新：《論老子守中思想與孔子中庸之道的異同》，《求索》2010年第5期。

② 黎紅雷：《“中庸”本義及其管理哲學價值》，《孔子研究》2013年第2期。

③ 周秉鈞譯注：《白話尚書》，嶽麓書社，1990年，第258頁。

④ 同上，第260頁注。

住“厥中”(那個中道)。而孔子則創新地提出了“中庸”這個了不起的命題和概念。

朱熹在其《中庸章句集注》中也以為《論語·堯曰》上述一段引語無錯，但同時也看到其來自《尚書·大禹謨》，故説：“中庸何為而作也？子思子憂道學之失其傳而作也。蓋自上古聖神繼天立極，而道統之傳有自來矣。其見於經，則‘允執厥中’者，堯之所以授舜也；‘人心惟危，道心惟微，惟精惟一，允執厥中’者，舜之所以授禹也。堯之一言，至矣，盡矣！而舜復益之以三言者，則所以明夫堯之一言，必如是而後可庶幾也。”可惜，他没有仔細看舜帝對大禹説的那段話裏就既有“中”字又有“庸”字。孔子準確地連用了“中”“庸”二字，創造了史無前例的“中庸”一詞，其餘學者都没有看出孔子這一了不起的繼承和發展。

二、“中庸”的本來目標是達到社會“中和”

孔子為什麼要根據《大禹謨》本有的中庸思想而從哲學上概括為中庸呢？中庸的目的和價值是什麼？自子思以來一直有人做着這方面的研究。

有學者撰文説：“孔子的中庸思想長期受到人們的誤解。通過追本溯源、正本清源，可以察知，‘中庸’具有中正、中和、時中、用中、平常、不變、恰到好處、不偏不倚、動態平衡等多重豐富内涵，同時蘊涵着‘正—反—中’的中庸辯證法。把中庸辯證法運用到管理活動中，正確處理‘為己與為人’‘正己與正人’‘修己與容人’‘行己與安人’的辯證關係，便形成‘立己立人’的中庸領導智慧；正確處理‘王霸雜之’‘恩威并施’‘明德慎罰’‘德主刑輔’的辯證關係，便是‘德法兼濟’的中庸管理智慧；正確處理‘見利思義’‘取之有義’‘先義後利’‘義利合一’的辯證關係，便是‘義以生利’的中庸經營智慧。這就説明，儒家的中庸思想對於人類社會的管理活動具有重要的價值。”① 這當然是很有價值的拓展發揮。因其為哲學方法論，中庸在領導、管理、經營方面當然很有價值。

子思則在人際關係、道德建設、社會治理、思想教育以及做人等很多方面已經做了發揮。整篇《中庸》就是講中庸太難以及如何努力的問題。他特別講到小人做不到：“小人之中庸也，小人而無忌憚也”；講老百姓越來越做不到：“中庸其至矣乎！民鮮能久矣！”同時還説這種中庸之道，往往“知者過之，愚者不及也”。子思之所以要寫《中庸》，就是為了繼承上古的傳統，傳承和發展這個中庸之道。故而他開宗明義地説：“道也者，不可須臾離也，可離非道也。是故君子戒慎乎其所不睹，恐懼乎其所不聞。”這個“道”就是指

① 黎紅雷：《“中庸”本義及其管理哲學價值》，《孔子研究》2013 年第 2 期。

中庸之道，他就是要使君子有睹有聞，并努力踐行之，并教育人們都崇德尚行。他覺得這是改變禮崩樂壞局面而使社會和諧安定即“中和”的需要。

中庸之所以難以做到，乃因孔子説得對：“天下國家可均也，爵禄可辭也，白刃可蹈也，中庸不可能也。”要絶對做到不偏不倚，確實是不可能的，何况一般百姓。故朱熹認為努力接近就可以了：“三者亦知仁勇之事，天下之至難也，然不必其合於中庸，則質之近似者皆能以力為之。若中庸，則雖不必皆如三者之難，然非義精仁熟，而無一毫人欲之私者，不能及也。三者難而易，中庸易而難，此民之所以鮮能也。”再難也要積極宣傳和努力踐行，因為中肩的本來或根本的目的是社會的民主“中和”。朱熹評論説：“中庸何為而作也？子思子憂道學之失其傳而作也。”子思在其引言裏説得更具體：“喜怒哀樂之未發，謂之中；發而皆中節，謂之和。中也者，天下之大本也；和也者，天下之達道也。致中和，天地位焉，萬物育焉。”即是為了社會的和諧即“中和”發展。

舜帝要求達到中和的目標，那是堯舜時代即原始共産主義時代的目標。舜帝自己就做出了榜樣。他在歷山當農民時，看到當地人相互争地，他就讓地，結果影響了他人，都相互讓起地來，使人們達到和諧地共同發展，即實現了中和。他在退位前告誡大禹“人心惟危，道心惟微，惟精惟一，允執厥中。無稽之言勿聽，弗詢之謀勿庸”。“無稽之言”是没有根據的議論，無疑也就不是百姓意見之集中；“弗詢之謀”是没經過多方徵詢的計謀，也就不是民主方案。舜帝認為這樣的東西都不要用，他認為要根據“人心”“道心”的平衡目標來做民主决策。

這種追求民主的社會中和的中庸思想或中庸之道一直有所傳承，儒、道、法、墨各家莫不重視而有所繼承發展。如前所述，道家的“守中”思想與之相類似，祇是比較抽象一些，但聯繫到老子的“聖人無常心，以百姓之心為心”，同樣可以看出他是追求民主中和的。法家也是如此。比孔子早200年的管子認為得人之中和至關重要：“人不可不務也，此天下之極也。”“然則得人之道，莫如利之；利之之道，莫如教之以政。……德不可不興也。”①人欲利而德可控，就是説要在“人心”和“道心”之間做文章。“昔者聖王之治人也，不貴其人之博學也，欲人之和同以聽令也。”②此“和同”與“中和”有相仿之處。特别是他在《法法》裏説的：“是故聖人精德立中以生正，明正以治國。故正者，所以止過而逮不及也。”③這個“精德”即對舜帝“惟精惟一”的理解，這個“立中”即對“允執厥中”的理解，就是中庸治國思想。他還指出：“畜之以道，則民和；養之以德，則民合。和

---

① 賈太宏：《管子》，西苑出版社，2016年，第78—80頁。

② 同上，第126頁。

③ 同上，第149頁。

合故能諧。”“和合”即“中和”，這是中庸的目的①。至於墨子的“兼愛”思想更是達到社會中和的最大通途。

所有各家的中和思想都是對上古聖王中和思想的傳承和發展。《大禹謨》傳後，“之中”“守正”的名言不少。如《洪範》：“無偏無黨，王道蕩蕩。”②《泰誓》强調“同心同德”“天視自我民視，天聽自我民聽”。《君牙》説：“爾身克正，罔敢弗正；民心罔中，惟爾之中。”《立政》《吕刑》發展到要用“中罰”，説“咸中有慶”。這些都説明中庸要達到的社會中和目的在各學派之前就已存在，是古代聖賢共同追求的目標。

三、“中庸”的本義是社會的民主施控理念

中庸的本義到底是什麽？本質是什麽？有人認為：“概括地説，‘中’的本義是‘中間’（這裏需要特別提醒的是，所謂‘中間’，不是指剛好正中的那一點，而是指兩個極端之間任何適中的點），進而可以推出三義：中正、中和、時中；‘庸’的本義是‘用’，進而也可以推出三義：用中、平常、不變；結合起來，‘中庸’的本義是‘合適’，進而則推出三義：恰到好處、不偏不倚、動態平衡。三三得九，這‘中庸九義’就是中庸之道的真諦。”③這是折中很多解説的結果，有一定的參考價值。不過，這個“九義”裏的“中和”是目的，并非本義；“不變”和“不偏不倚”也是目的，而且不可能實現。衹有“用中”最恰當，中庸上升到哲學確是按“中”而“用”，即“用中”。而其最初的原始的具體本義則是對社會的民主行政。所謂“中庸之道”，其本質是什麽一直無人研究，其實就是對社會的民主辯證控制理念或民主辯證控制思想。上古雖然没有“控制”一詞，但這種思想理念已經存在，而且是民主的、辯證的。這是中國人創立的了不起的非常古老的控制論思想和理念。

什麽叫控制？控制就是受控制對象按人們的預定要求運行。而控制論就是關於複雜的動力系統中控制的科學。它研究技術裝置、生物機體和人類社會組織等系統中的控制和通信的一般規律。1948 年美國數學家維納出版的《控制論》一書，奠定了這門新興學科的理論基礎。20 世紀 50 年代後，控制論嚮自然科學和社會科學的各個領域滲透，廣泛地應用於心理學、管理科學、領導科學等學科。

人類社會是個極其複雜的大系統，既有自然因素的影響，更有人為因素的影響。它從屬宇宙自然這一更大系統，受其規律的影響和制約，它又分很多子系統和子子系統并影響

① 賈太宏：《管子》，西苑出版社，2016 年，第 160 頁。
② 周秉鈞譯注：《白話尚書》，嶽麓書社，1990 年，第 99 頁。
③ 黎紅雷：《“中庸”本義及其管理哲學價值》，《孔子研究》2013 年第 2 期。

之和受之影響。社會大系統的穩定和發展極需控制，而控制需要發現并找準其中起支配作用的規律，這個規律最重要的核心就是辯證法。

馬克思在《資本論》第一卷第二版跋裏引用了某先生的評論：馬克思對社會機體的研究，“在馬克思看來……這種研究的科學價值在於闡明了支配着一定社會機體產生、生存、發展和死亡以及為另一更高機體所代替的特殊規律”。馬克思總結説：“這位作者先生把他稱為我的實際方法的東西描述得這樣恰當……那他描述的不正是辯證方法嗎？”這位先生既指出了馬克思的辯證法思想，也指出了其中的系統思想①。雖然完整的三論“系統論、信息論、控制論”是後來科學界的深入研究成果，但是在馬克思那裏已經有了系統思想。不僅如此，幾千年前我們的古人如舜帝也已經感到國家社會是一個龐大的有其複雜關係的機體或組織，要管理好這個社會機體不容易，於是有了舜帝對大禹的深思熟慮的告誡。

如前所述，中庸思想源於《大禹謨》。其中最核心的告誡是著名的“虞廷十六字訣”：“人心惟危，道心惟微，惟精惟一，允執厥中。”這就是舜帝提供的上古治國要訣或模式。可惜的是，長期以來，學者們基本衹看到這個要訣中的“允執厥中”，特别是一個“中”字，殊不知這其中已經充滿着辯證控制論的思想。就連朱熹也不免感嘆其高明：“‘人心惟危，道心惟微，惟精惟一，允執厥中’者，舜之所以授禹也。”“而其授受之際，丁寧告戒，不過如此。則天下之理，豈有以加於此哉？”即認為没有更高的“天理”了。不過，他并没有説出究竟具體高明在哪裏。倒是兩千多年前的孔子有所感悟。“子曰：舜其大知也與！舜好問而好察邇言，隱惡而揚善，執其兩端，用其中於民，其斯以為舜乎！”“好問而好察邇言，隱惡而揚善”即據舜帝“無稽之言勿聽，弗詢之謀勿庸”而來，“執其兩端，用其中於民”即據“人心惟危，道心惟微，惟精惟一，允執厥中”而來。這裏最關鍵的是“執其兩端”。

這裏的“兩端”指哪兩端？人心和道心。舜帝是站在帝王的高度來看社會問題的，所以把社會的最大矛盾或基本矛盾概括為人心和道心的矛盾。因此他覺得要按照這對矛盾的内在規律來管理或控制社會。他認為“人心惟危”即人的生理欲望是無窮的，是危殆的；“道心惟微”即思想文化以及道德、信仰、法制、禮儀、習慣等等意識形態的東西是精微的。前者需要後者的控制，否則就會造成無政府主義泛濫；但是，“道心”的控制又不能太過，否則就會引起社會不安而產生動亂。因此要用最深刻的理論和高尚的道德等來適當控制人心即人欲。這就是“惟精惟一，允執厥中”。用歷史唯物主義看問題，就是要把握和處理好生產力與生產關係之間的矛盾、經濟基礎與上層建築之間的矛盾。

在生產力與生產關係之間的矛盾、經濟基礎與上層建築之間的矛盾中，生產力通過中

① 魏宏森：《系統論——系統科學哲學》，清華大學出版社，2016年，第66—67頁。

間環節與上層建築發生矛盾。這個中間環節就是生產關係，就是經濟基礎。人心與道心的矛盾，可以説反映了生產力通過中間環節與上層建築發生的矛盾，因為人心人欲也是生產力，人就是生產力的重要因素；而道心則無疑屬於上層建築。“十六字訣”當然没有馬克思主義高明而科學，上述比擬也并非完全吻合。但從這種分析可以看出舜帝已經感到要辯證地處理社會的基本矛盾了。人心與道心必須取得大致的動態平衡：個人的人心與道心必須通過個人自身取得大致的動態平衡；社會的人心與道心必須通過權力機構取得大致的動態平衡。因此，個人、國家、社會要隨時關注這兩個側面的變化并“執其兩端”做出調整，這就要求實現中庸之道。對於社會來説，即開展民主的辯證的社會控制。

怎樣開展民主辯證的社會控制呢？舜帝“好問而好察邇言，隱惡而揚善”，并説“無稽之言勿聽，弗詢之謀勿庸”，這就是按“中和”的目的發揚民主，吸取多數人的好的方面而排除個别人的錯誤的方面，這就是“中庸”（用中）的辦法。舜帝希望大禹今後在發揚民主管理國家社會時要根據人心、道心兩端隨機決策，即隨時根據變化了的新情況而調整決策。在具體處理時又并非絶對折中，不偏不倚的絶對平衡是不可能的，歷史總是彎彎曲曲地嚮前發展的，管理者和人民不希望出現大的曲折和損失。由於人心是推動社會發展的動力，在處理這個矛盾時就應稍稍嚮人心人欲方面傾斜。所以舜帝在講“十六字訣”時，前面還有一句值得深思的話：“俾予從欲以治，四方風動，惟乃之休。”意思是：使我依從人民的願望包括欲望來治理，四方人民像風一樣鼓動，是你的美德。而且後面還加了一句：“慎乃有位，敬修其可願。四海困窮，天禄永終。”意思是：你要謹慎地執行你的權力，要尊重人民的願望。如果人民窮困了，天的福命也就永遠終止了。這些説明，舜帝没有平均看待人心與道心的關係，而是側重人心方面。不過，當人心包括官員的欲望不顧一切地過於膨脹，社會的發展就會偏離正確的方嚮和道路，甚至會造成無政府主義，這時就必須加强道心的反作用，無論社會控制還是個人自控，都是如此。

四、中庸之道的現代發展——系統控制論

對社會進行民主辯證施控，衹有在中國共産黨的領導下纔真正得以做到，纔能真正正確判斷和處理好社會的基本矛盾以及由此産生的在不同歷史階段的主要矛盾，并達到以人民為中心的社會和諧和社會發展，實現階段性目標并最終走嚮共産主義。因為黨在延安時期就指出：“中國共産黨人是我們民族一切文化、思想、道德的最優秀傳統的繼承者，把這

一切優秀傳統看成和自己血肉相連的東西，而且將繼續發揚光大。"①

毛澤東在年青時就愛好哲學，對古代各種哲學思想非常熟悉，對中庸之道早就有其馬克思主義的看法。1937 年，他批判性地肯定了孔子對"中庸"的概括，并運用馬克思主義哲學分析和發展了中庸之道，這就是將其發展為哲學方法論——唯物辯證的系統控制論。

如前所述，國家社會是一個龐大的系統，黨的組織也是龐大的系統。對這樣的系統該怎樣施控？這就要從"量"的關係上把握"質"以使系統相對穩定地運行。1937 年，毛澤東在陳伯達的一篇有關文章的批語中專門談到"中庸問題"。他深刻批示道："'一定的質含有一定的量'（不如說'一定的質被包含於一定的量之中'）是對的，但重要的是從事物的量上去找出并確定那一定的質，為之設立界限，使之區别於其他異質。"② 他說："'過猶不及'是兩條戰綫鬥争的方法，是重要的思想方法之一。""依照我們現在的觀點說來，過與不及乃是指一定的事物在時間與空間中運動，當其發展到一定狀態時，應從量的關係上找出確定一定的質，這就是'中'或'中庸'，或'時中'。"③ 從"量"的關係上把握"質"以施控系統的運動，這就是系統控制論思想，就是運用馬克思主義的質量互變辯證法發展中庸之道的創新了的一種哲學方法論，是對馬克思主義哲學的重要貢獻。

不僅如此，他還將這一創新了的哲學方法論即系統控制論思想應用於革命實踐，提出了要反對"過"與"不及"，即反對"左"傾和右傾，以保證革命路綫的正確性。在革命戰争年代，環境形勢是不斷變化的，黨内思想也是不斷變化的，"左"傾或右傾隨時可能交替抬頭，他認為要隨時關注着"過"與"不及"這"兩端"的變化，并加以"量"的控制。他說："'過'的即是'左'的東西，'不及'的即是右的東西。"④ 要控制和反對"過"與"不及"，反對"左"傾或右傾以保證正確路綫這個"質"的穩定運行，以沿着正確路綫不斷走嚮勝利。他寫道："孔子的中庸觀念没有這種發展的思想，乃是排斥異己樹立己說的意思居多，然而是從量上去找出與確定質而反對'左'右傾則是無疑的。這個思想的確如伯達所說是孔子的一大發現，一大功績，是哲學的重要範疇，值得很好地解釋一番。"⑤ 毛澤東用質量互變的哲學方法對中庸之道所做的解釋，就是對其批判性地繼承和發展，從而使之上升到了馬克思主義的哲學方法論的高度。

在舜帝之後的古代社會，這種系統控制的哲學方法論，這種對國家社會的民主辯證施控是做不到的。難怪孔子感嘆"道其不行矣夫"，也難怪中國幾千年的進步極其緩慢。在中國共産黨的領導下，這種方法纔真正得以實行，真正正確判斷和處理好了社會的基本矛盾。

---

① 張誠城：《中國共産黨"自我革命"的理論邏輯》，《光明日報》2017 年第 11 期。
② 黃麗鏞：《毛澤東讀古書實録》，人民出版社，2012 年，第 81 頁。
③ 同上，第 82 頁。
④ 同上。
⑤ 同上。

毛澤東的《論十大關係》《關於正確處理人民内部矛盾的問題》等著作，就是在這方面所做出的不朽貢獻。黨的十八大以來，以習近平同志為核心的黨中央不斷提醒：中國共産黨堅持執政為民。習總書記明確表示：人民對美好生活的嚮往就是我們的奮鬥目標。這就是以人民為中心來治國理政和謀求發展，就是在保證我們的國家社會這個大系統要穩定在社會主義的“質”上嚮前運行。特别是黨的十九大召開，習總書記更明確地科學地判斷了新時代社會主要矛盾的轉化：新時代我國社會的主要矛盾是人民日益增長的美好生活需要和不平衡不充分的發展之間的矛盾，必須堅持以人民為中心的發展思想，不斷促進人的全面發展、全體人民共同富裕。這不僅抓住了嚮共産主義方嚮發展的現階段的主要矛盾，而且抓住了矛盾的主要方面。他還提出了不忘初心，牢記使命，即堅持在黨的領導下，堅持中國特色社會主義道路，為實現中國夢和最終實現共産主義遠大理想而奮鬥。這就是運用馬克思主義的系統控制論思想在新時代對我國的治國理政和社會發展的施控實踐，也就是發展了的優秀傳統文化思想——中庸之道的當代實踐。

作者單位：廣東外語外貿大學南國商學院

略論春秋時期的邦交文書

孔許友

春秋諸侯國之間以及周王室與諸侯國之間的交往文書，可以稱為邦交文書，與後世的外交文書相類。不同之處在於春秋時期的各諸侯國還不是真正的獨立主權國家，名義上的東周國家共同體仍在發揮作用，所以，東周國家内部的文書交往用“邦交文書”稱之比較合適。春秋時期的邦交文書可分為兩類，一是國書，一是非正式邦交文書。國書是指以諸侯國國家名義發出的正式邦交文書①，當然，由於“國君一體”（《春秋公羊傳·莊公四年》），國君代表國家，以國家名義和以國君名義便基本没有分別。其他邦交文書則多以卿大夫名義發出。

邦交文書在春秋時期成為十分突出和興盛的文類，其直接原因是“聘繁”，所謂“春秋聘繁，書介彌盛”（《文心雕龍·書記》）。“聘繁”是由於春秋事多，而春秋事多從根源上講則是不穩定的半君主政體造成的。這種政體形態也決定了春秋邦交及邦交文書的基本樣態，一方面使春秋邦交文書總體上仍以西周以來的聘問赴告禮制為依托，另一方面也使邦交文書在文體功能、書寫策略以及書寫方式等方面都有所變化。

---

① 徐師曾《文體明辨序説》列有“國書”一體，文曰：“國書者，鄰國相遺之書也。”（吴訥、徐師曾：《文章辨體序説·文體明辨序説》，人民文學出版社，1962年，第119頁。）徐師曾所説的“國書”包括本文所説的國書和非正式邦交文書在内。

一、春秋國書與聘問赴告制度

顧炎武曾指出："春秋時猶有赴告策書，而七國則無有矣。"① 此話不當理解為戰國時期没有邦交文書，而是説戰國時已經少有西周和春秋時期的那種國書。西周和春秋的國書是聘問赴告禮制的直接産物，致送國書是聘問赴告禮制的一部分，因此，聘問赴告禮制與國書書寫關係極為密切，前者的變化必定會影響後者。戰國時期，聘問赴告禮制已經式微，幾近不存，赴告策書自然也就大大減少了。

與西周相比，春秋時期的聘問赴告制度已經産生了一定的變化，并直接影響到國書書寫活動中書寫者與接受者的關係變遷。這種變化與在東周國家政體條件下出現的會盟政治有關。我們知道，聘問赴告實際上是遠近親疏乃至敵友關係的體現。在西周時期，諸侯國之間的遠近親疏主要是看彼此在宗法系統中的位置。到春秋時期，一方面，各國之間的宗法關係仍存在，另一方面，"國際"間的戰略利益關係開始發揮越來越大的作用。換言之，春秋時各國的遠近親疏既看宗法關係，也看利益關係，這兩類因素相互紐結，使政治博弈日益複雜化。這種狀況是與春秋會盟政治相對應的，因為春秋會盟恰恰統合了這兩類因素。如此一來，會盟就成為諸侯間遠近親疏以及敵友叛從關係的主要表達方式，而聘問赴告自然就以同盟關係為依托。事實上，春秋時期的聘問赴告主要是在有同盟關係的諸侯國之間進行，這也是政由方伯的政治機制的重要組成部分。這一點在文獻所載春秋會盟的盟約中有明顯體現，如齊桓公葵丘之盟的盟約中明確説"無有封而不告"，又説"凡我同盟之人，既盟之後，言歸於好"（《孟子・告子下》），"言歸於好"是籠統地説恢復友好關係，言歸於好的表現首先就應是通聘問赴告。"無有封而不告"句趙岐注曰："無以私恩擅有封賞而不告盟主也"，可見，赴告是服從盟主的政治表示。《左傳・成公十二年》所記宋之盟的盟約寫道："交贄往來，道路無壅。"孔穎達《正義》曰："'交贄往來'，謂聘使來去也"。《左傳・襄公十二年》亳之盟盟約説："凡我同盟，毋藴年，毋壅利，毋奸保，毋留慝，救灾患，恤禍亂，同好惡，獎王室。"要實現這些同盟條款，無疑必須首先保證聘問赴告的通暢。又，《左傳・昭公四年》"宋之盟"規定"晋、楚之從，交相見也"，即要求晋楚兩個盟主國的從國互相朝見，此條尤可見會盟政治對春秋時期聘問赴告的決定性影響。

正因為春秋時期的聘問赴告總體上由會盟政治主導，而會盟政治本身不穩定，所以聘問赴告在當時被認為是能够表達政治意嚮和立場的重要政治舉動。該告而未告，輕則影響

① （清）顧炎武著，（清）黄汝成集釋，秦克誠點校：《日知録集釋》，嶽麓書社，1994 年，第 467 頁。

正常邦交關係，重則會引來戰禍①。《左傳·隱公九年》載："宋以入郛之役怨公，不告命。公怒，絶宋使。"事件的起因"入郛之役"是指隱公五年鄭、邾聯軍攻入宋都外城的戰役，當時魯宋是盟國（《左傳·隱公元年》載魯宋有宿之盟），所以"宋人使來告命"（《左傳·隱公五年》），也就是嚮魯國告急求援。魯隱公本打算出兵，但由於宋使者的應答失誤，隱公未出兵。隱公九年，宋殤公因"不王"，再遭鄭莊公討伐，宋國由於當年之事懷恨在心，就不派使者來魯國告命求援。這種不告命的行為在魯隱公看來無疑是對魯宋之盟的背棄，故而怒絶宋使。魯宋同盟關係一斷，鄭人便"以王命來告伐宋"（《左傳·隱公九年》）。鄭、魯雖然是姬姓兄弟之國，而且隱公六年時已有更成之舉，但當時還没有結盟，因此鄭國有大事政令不一定非要依周禮嚮魯國告命。鄭人之所以以"王命"來告，是有外交用意的，一者表達了嚮魯國示好并拉攏的意圖，二者表明己方是依周禮行事。魯隱公顯然接受了鄭國發來的這一政治信號，第二年便與齊、鄭在鄧地會盟并伐宋。在這個事件中，我們看到，有時赴告行為本身比赴告策書的内容更具有重要的政治意義，宋國不來告命衹是没有嚮魯國求援，却使隱公大怒，鄭國告命衹是來通報此前伐宋無功的情況，却使魯國與之結盟。還有因赴告不及時而引起的戰爭，如《左傳·莊公十六年》載"鄭伯自櫟入，緩告于楚。秋，楚伐鄭，及櫟，不為禮故也"。鄭厲公回國復位，依周禮當嚮各國通報，但他入國兩年還未告楚，故而引起楚國的討伐。楚鄭兩國此前并未結盟，楚還不是鄭的盟主，按理，鄭國緩告於楚，在當時并不算多大的過失。所謂"不為禮故"，不過是楚文王找的一個冠冕堂皇的藉口而已，其意圖就是想威嚇鄭國，讓鄭國聽命於楚，從而為將來當中原盟主做準備。

二、春秋國書的書寫規範和書寫策略

春秋國書可按内容分為告請、通報以及慶吊三大類，告請類有告急、請糴、求和、求婚、求報仇以及求釋放人員等，通報類包括告喪、告難、告亂、告敗等，慶吊類包括慶婚、吊喪、恤灾等②。從這些内容類型可知，有的國書是純禮節性的，有的則負有重要的實際政務功能，尤其是告請類國書。但不管是哪一種，由於都是源於西周聘問赴告禮制，因而具有泛儀禮性。即便到了春秋時期，國書也仍是有較高書寫規範要求的文類文體，所謂"凡聘問會盟所受於主國之命，其語皆有一定"③，所以，不同類别的國書常使用一些不同的程

① 參見董芬芬：《春秋辭令文體研究》，上海古籍出版社，2012 年，第 212 頁。
② 關於春秋國書的分類，詳參董芬芬：《春秋辭令文體研究》，前揭，第 205—217 頁。
③ （清）劉寶楠：《論語正義》，中華書局，1990 年，第 561 頁。

式化套語①。

春秋國書的程式化寫法應是從西周延續下來的，突顯了謙恭尚禮的特點。不過，由於春秋國書已經承擔了較多的實際政務功能，因此，在謙恭尚禮之外，為達到邦交目的，有時要講求書寫策略。比如春秋國書大多篇幅短小，點到即止，注重分寸，不對具體事務作過多的評價和解釋，這本身就是一種避免言多語失的策略，因為國書是國君之間（或者説國家之間）最為正式的邦交公文，每句話都可能代表國家的立場和態度，需要十分慎重，要做到既能表明基本意圖和態度，又能保證己方有充分的邦交餘地。至於具體事務方面的言辭斡旋則可以由使者去便宜行事，使者固然是受主之命，代表國家出使，但其邦交應答畢竟要由自己負責，這就使邦交運作更具靈活性，既保證了使者活動的有效性，又避免讓國君（國家）直接承擔過多的言辭責任。當然，春秋國書也偶有篇幅較長、言辭詳盡的例子，如《左傳·成公十三年》所載晋厲公寫給秦桓公的告絶書、《左傳·昭公三十二年》所載周敬王寫給晋定公請求城成周的告請書等。這兩個例子同樣有書寫策略的考慮。《絶秦書》實際上是一篇討戰檄文，所謂“奉辭先路”（《文心雕龍·檄移》），正是不想留有餘地。秦晋兩國關係的惡化，哪一方應承擔更大的道義責任，本來不是那麼清楚，要細究起來，至少是互有對錯。晋國為了尋找伐秦的口實，就把責任全部推到秦國方面，把自己説成一再忍讓，委曲求全。形諸簡策有一個基本的好處就是對方無法直接反駁。《左傳·成公十三年》説“晋侯使吕相絶秦”，意思當如楊伯峻先生所言：“或由吕相執筆，或由吕相傳遞”②，但肯定不是讓吕相去跟秦國方面辯論是非。此外，檄文之所以要詳細列舉對方的種種不義，也是為了起到宣傳效果。周敬王的告請書寫得詳細，則是為了能够打動晋國。當時王子朝作亂，餘黨多在王城，周敬王徙都成周，而成周狹小，所以敬王想求諸侯們築城，其文如下：

> 天降禍于周，俾我兄弟并有亂心，以為伯父憂。我一二親昵甥舅，不皇啓處，於今十年，勤戍五年。余一人無日忘之，閔閔焉如農夫之望歲，懼以待時。伯父若肆大惠，復二文之業，馳周室之憂，徼文、武之福，以固盟主，宣昭令名，則余一人有大願矣。昔成王合諸侯，城成周，以為東都，崇文德焉。今我欲徼福假靈于成王，修成

---

① 如告難、告亂的國書結尾常常用“敢告”“不敢不告”等語，《左傳·宣公十四年》記衛國通告各諸侯曰：“寡君有不令之臣達，構我敝邑於大國，既伏罪矣。敢告。”即為一例；吊喪、恤灾一類的國書則常用“若之何不吊？”、“其若之何？”等反問式套辭，表示同情、擔憂，回覆的國書則常用“以為君憂”“拜命之辱”等；求婚國書也有一定的套辭寫法，如《左傳·襄公十二年》載：“天子求后于諸侯，諸侯對曰：‘夫婦所生若而人，妾婦之子若而人。’無女而有姊妹及姑姊妹，則曰：‘先守某公之遺女若而人。’”這是諸侯回答天子求后的國書套辭。（詳參董芬芬：《春秋辭令文體研究》，前揭，第211—217頁）。

② 楊伯峻：《春秋左傳注》，中華書局，1990年，第861頁。

周之城，俾戍人無勤，諸侯用寧，蝥賊遠屏，晋之力也。其委諸伯父，使伯父實重圖之。俾我一人無征怨于百姓，而伯父有榮施，先王庸之！”（《左傳·昭公三十二年》）

該文措辭彬彬有禮，極盡謙恭之能事，先對諸侯們長期派兵戍守表示感謝，然後説定公如果能主持加築成周城墻，就能博得更好的名聲，從而有助於鞏固盟主之位，再指出成周城墻修築完成之後，就不用再讓諸侯們費心戍守之事了。如此，本來是求人幫忙，却説得好像於對方有利，可謂動之以情，誘之以利。春秋時期，王室衰微，調動不了諸侯，所以不得不費這一番苦心。

三、非正式邦交文書的性質、功能及寫法

除了國君之間相互致意的國書之外，春秋時期還有許多非正式的或者説一般性的邦交文書，這些邦交文書多是各國卿大夫之間關於國事的信函，也有卿大夫與他國國君之間關於國事的信函。《左傳》中多處記載晋鄭兩國卿大夫之間的國事書信，如《左傳·文公十七年》記鄭國執政子家使執訊致書晋國執政趙宣子，言説鄭對晋之功，表示鄭願與晋結盟；《左傳·襄公二十四年》記鄭國執政子産寄書於子西以告晋國執政范宣子，勸其减少嚮諸侯徵收財物；《左傳·昭公六年》晋國上大夫叔向致信鄭國子産，批評其鑄刑鼎。褚斌傑先生認為：春秋時期的書牘文，“多用於列國大夫之間的通問或交涉，實具有公牘文的性質”，“略等於列國之間交往的‘國書’”①。需要指出的是，各國卿大夫之間的書信有的屬於政務邦交文書，有的應該歸入個人（私人）書牘。《文心雕龍·書記》曰：“繞朝贈士會以策，子家與趙宣以書，巫臣之遺子反，子産之諫范宣，詳觀四書，辭若對面。”劉勰所舉的這四個例子都是卿大夫之間交往的書策，但仔細分辨，繞朝給士會的策書和巫臣譴責子反的書信主要是為了表達個人意願和態度，更具有個人性或私人性②；叔向批評子産鑄刑鼎的書信也是如此，雖然談論的是國家大事，但不能理解為晋國横加干涉鄭國内政，叔向并未擔任晋國執政，也不可能干預鄭國内政。如董芬芬所言，叔向寫信批評子産，“主要是出於對子産的關心。……擔心子産因施政不當引發鄭國之亂”③。所以，子産没有接受叔向的觀點，并没有引來晋國方面的任何行動。子家給趙宣子的書信和子産給范宣子的書信則主要是代表國君的意願和態度或者説是站在國家的立場上來談論國事，具有更明顯的政務性，嚴格

① 褚斌傑：《中國古代文體概論》，北京大學出版社，1990年，第390頁。

② 更具體一點説，前者接近個人書寫，後者則屬於私人書寫。

③ 董芬芬：《春秋辭令文體研究》，前揭，第193頁。

地説，衹有此類書牘纔算得上“略等於列國之間交往的‘國書’”。當然，非正式邦交文書與貴族個人書牘之間的界限也確實不是清晰分明的，例如子産給范宣子的信就比子家給趙宣子的信更接近個人書牘，後者是直接站在國君和國家的立場上説話，前者則“句句不言鄭國，却以朋友的身份處處為晋國和范氏着想”①。這種細微的差别可以理解為非正式邦交文書書寫策略的差别，子産給范宣子的信實際上是注重利用與范宣子的個人關係來為鄭國謀取政治利益。

事實上，在前戰國時代，政務性書寫與個人性書寫之間界限的不清晰應該是一種普遍現象。這種界限的不清晰從根本上説是前戰國時代君主政體下的貴族官僚制所决定的。按照這種官僚制度，貴族階層是政治生活（包括各種政務活動）的中堅和主導力量，但“貴族”本身就是一種“個人性”的而不是“公共性”的身份標識，或者説，貴族之為貴族是相對於君主而言的，而不是相對於國家而言的。從有限的意義上説②，貴族是作為個人對君主負責，衹是由於“國君一體”，所以為君主負責也相當於為國家負責。這樣一來，貴族官僚的公務活動自然就同時帶有個人性。從君主的層面説就更是如此，無論是在禮法（宗法）君主制下，還是在集權君主制下，君主的個人行為與其代表國家的行為都是無法分清的，所以，“國書”也可以視為國君的個人性文本。此外，春秋以後集權君主政體下科層職業官僚制對貴族官僚制的替代也是有限度的，因為衹要君主自己的“貴族”身份不取消，他就不可能徹底取消所有官僚的貴族身份。這就使得即便到戰國乃至戰國以後，政務性書寫與個人性書寫有時也仍存在不能截然區分的情况。

春秋時期以卿大夫名義發出的對外文書之所以可以略等於國書，與諸侯國内部輔政體制的變化直接相關。在春秋中期以前，諸侯國内部雖然也有輔政貴族大臣，但最高决策權一般掌握在國君手裏。由於輔政或執政大臣“幾乎都是由卿以及上大夫等級的大貴族擔任，……加之軍隊的管理和控制體制仍没有變革”，到春秋中後期，他們“依靠自己强大的宗族勢力和擁有的‘族甲’‘私屬’等”，往往獲得了該國實質上的最高决策權，國君的權力則逐漸被架空③。既然在很多諸侯國内部，國君和周天子一樣變成僅僅是國家的象徵，而實權落入以執政大臣為首的卿大夫手中，那麽許多與實際政務有關的邦交活動在卿大夫之間展開也就不足為奇了。其實，春秋時期的很多邦交文書表面上是寫給對方的國君，實際上却是寫給對方的執政大臣，或者是由對方的執政大臣來决策和處理相關事宜的，如上述周敬王請求城成周的告請書，雖然是寫給晋定公的，但同意周敬王告請的决策却是由范獻子和魏獻子商討後做出的，對周王告請書的答覆也是魏獻子派人完成的。

---

① 董芬芬：《春秋辭令文體研究》，前揭，第193頁。

② 之所以是在“有限”的意義上説，是因為貴族官僚制不可能完全没有行政職司上的層級區分。

③ 肖寧燦：《先秦政治體制史稿》，四川人民出版社，2007年，第226頁。

這一類非正式邦交文書與行人使者的口頭邦交辭令比較接近，如姚鼐所言："春秋之世，列國士大夫，或面相告語，或為書相遺，其義一也。"① 相對於正式的國書，這一類邦交文書和口頭邦交辭令運用言辭策略的空間更大一些，對後世論説文的影響也更為深遠。學界對春秋行人辭令之特徵和策略的分析比較充分，如陳彦輝先生指出，春秋辭令言説的内容和言説的方式都要以合禮為中心，必須遵守"正名""守信"的原則，還要能够體現"典章制度詩樂"，即所謂有"文"。行人辭令的語言藝術或修辭目標則是"揣摩心理、設意迎合""委婉其辭、隱晦其説""言近而旨遠，辭淺而義深""柔中帶剛、剛柔相濟"②。沈立岩先生則指出，春秋時期的行人專對體現了"唯力是視與禮以為歸"的交纏③。這些分析基本都適用於此處所説的一般性邦交文書。這裏要强調的是，無論是行人辭令還是邦交文書，都推動了春秋書寫的理性轉嚮。所謂理性轉嚮，既包括政教道義理性，也包括功利理性，前者"禮以為歸"，後者"唯力是視"，總的來説是以前者為主，但後者的分量逐漸增加，到戰國時期策士辭令和文獻轉為主導。在春秋邦交辭令和文書中，主流的傾嚮是藉助闡發道義理性而不是功利理性來占據有利的話語地位，從而争取政治利益。與戰國策士辭令相比，這更能代表我國優良的書寫和言説傳統。當然，春秋的道義理性是以禮法為依準的，因而與史官書寫傳統一脈相承。闡發道義理性能够有效贏得話語地位的根本原因在於，春秋時期主流的社會意識形態仍然是義神神權主導下的禮法觀念。晋國執政趙文子評價子産獻捷於晋的辭令時説："其辭順。犯順，不祥。"（《左傳・襄公二十五年》），叔向稱贊子産應對壞館垣的辭令時也説："子産有辭，諸侯賴之，若之何其釋辭也？"（《左傳・襄公三十一年》）。所謂"辭順""有辭"，就是指子産的辭令能够圓滿地解釋鄭國方面政治舉動的道義禮法根據，而"犯順，不祥"的説法正是義神神權觀念尚未消亡的明證。

四、春秋邦交文書的書寫者和書寫方式

《周禮・外史》曰："若以書使於四方，則書其令。"可見，西周時的國書應該是由史官根據國君的授意來擬寫的。到春秋時期，邦交文書具有更重要的政務功能，所以邦交文書的書寫自然更為慎重，書寫者也有所變化。文獻對鄭國邦交文書的製作過程有不少描述，可以之為例。春秋時期，鄭國處於晋、楚兩大國之間，戰略地位特殊，邦交關係直接關係鄭國的存亡，因此，製作恰當的邦交文書和辭令對鄭國來説特别重要。《論語・憲問》曰：

---

① （清）姚鼐編：《古文辭類纂》，嶽麓書社，1988 年，前言第 2 頁。
② 陳彦輝：《春秋辭令研究》，中華書局，2006 年，第 72—83 頁。
③ 沈立岩：《先秦語言活動之形態觀念及其文學意義》，人民出版社，2005 年，第 347 頁。

"子曰：'為命，裨諶草創之，世叔討論之，行人子羽修飾之，東里子產潤色之。'"劉寶楠注曰："《聘記》云'辭無常'，明命有常也。《左傳》言子產使子羽多為辭令，則於禮命之外，更多為辭以為之備，即《論語》所言為命者，得兼有之也。"①《左傳·襄公三十一年》也記載：

> 子產之從政也，擇能而使之。馮簡子能斷大事，子大叔美秀而文，公孫揮能知四國之為，而辨于其大夫之族姓、班位、貴賤、能否，而又善為辭令。裨諶能謀，謀于野則獲，謀于邑則否。鄭國將有諸侯之事，子產乃問四國之為于子羽，且使多為辭令；與裨諶乘以適野，使謀可否。而告馮簡子，使斷之。事成，乃授子大叔使行之，以應對賓客。是以鮮有敗事。(《左傳·襄公三十一年》)

可見，無論是國書，還是一般的邦交文書，抑或口頭的行人辭令，可能往往都是由貴族大夫們各自發揮所長集體撰寫或預先準備的，一份文書的製作要經過起草、討論以及修飾、潤色等步驟。這種書寫方式，不僅順應了邦交文書內容要求的提高，而且有力地推動了書面修辭的發展。"子羽修飾之""子產潤色之""子大叔美秀而文"等說法都强調了對邦交文書之言辭進行美化修飾的重要性。"子羽修飾之""子產潤色之"句邢昺疏曰："修飾潤色皆謂增修使華美也。""子大叔美秀而文"句杜預注曰："其貌美，其才秀。""才秀"與能"文"直接相關，《廣雅·釋詁二》曰："文，飾也。"劉師培說："詞之飾者乃得為文，不飾詞者不得謂之文。"② 錢基博也說過："孔子以前，有言有文。直言者謂之言，修辭者謂之文。"③ 可見，"才秀"就是說子大叔能修辭，有文采。事實證明，邦交文書的這種看似煩瑣的書寫方式是很有必要的。《左傳·襄公二十六年》記載鄭大夫印堇父為楚人所囚，又被獻給秦國，鄭國想從秦國那裏將其贖回，先由"令正"子大叔擬寫了文書，但子產看過之後認為按子大叔的寫法肯定換不回印堇父，於是提出修改意見說："若曰：'拜君之勤鄭國，微君之惠，楚師其猶在敝邑之城下。'其可。"子大叔起先不聽從子產的建議，交涉無果，之後按照子產的話再去交涉，果然奏效。子產修改意見的高明之處在於"祇對秦國表示感謝，不提贖人之事"④，實際上是通過暗示秦、楚的過節點出秦、鄭友好的重要性。所以徐師曾說："觀鄭人詞命，迭更四手，國賴以存，良有以也。"⑤ 這個記載也說明，

① (清) 劉寶楠：《論語正義》，前揭，第561頁。

② 劉師培：《文章原始》，見王鐘陵主編，彭黎明選編：《二十世紀中國文學史論文精粹·古代散文賦卷》，河北教育出版社，2001年，第6頁。

③ 錢基博：《中國文學史》，中華書局，1993年，第21頁。

④ 董芬芬：《春秋時代的國書文體》，《蘭州大學學報》(社會科學版) 2011年第4期。

⑤ (明) 吴訥、徐師曾：《文章辨體序説·文體明辨序説》，前揭，第119頁。

雖然邦交文書和辭令往往是集體討論的結果，但也有專門負責的職官，即“令正”。杜預注認為“令正”是“主作辭令之正”，也就是主管文件的官員。至少在處理一般的外交事務時，令正是有權決定外交文書的措辭的，而令正往往由修辭才能突出的大夫擔任。

此外，從上述文獻記載可知，鄭國的史官已不在邦交文書的書寫中充當重要角色。《國語·楚語下》王孫圉論國之寶曰：“楚之所寶者，曰觀射父，能作訓辭，以行事於諸侯，使無以寡君為口實。又有左史倚相，能道訓典，以叙百物，以朝夕獻善敗於寡君。”觀射父是楚國大夫，左史倚相是史官，可見，楚國的外交文書和辭令也主要由大夫製作。這很可能反映了從西周到春秋時期邦交文書書寫者的變遷。西周時期，邦交文書主要是禮節性國書，其寫法基本上是程式化的，因而需要由擁有儀式書寫技術的史官來執筆。春秋時期，邦交文書的政務功能大大增强，其内容要兼顧各方面現實因素，光有程式化的措辭已遠遠不能滿足需要，因此，熟悉實際外交政務的大夫們自然也就取代史官成為邦交文書的主要書寫者了。

作者單位：四川省社會科學院文學藝術研究所

相如故里在蓬安獻疑

楊偉立

司馬相如是漢代著名的賦家，一代辭宗，澤被後人，在中國文學發展史上占有重要地位。司馬遷作《史記》，為他立有專傳。《漢書》因之。

相如縣是南朝梁天監六年（507）建置的縣一級地方行政建制。相如縣的轄區屬於漢代安漢縣的地盤。之後，歷代沿襲，元代置蓬州，以相如縣故城為州治。明初，仍置蓬州，省相如縣，以相如縣故城為州治。民國二年（1913），改蓬州為蓬安縣，沿用至今。現在為四川省南充市的屬縣。

司馬相如與相如縣有什麼關係呢？這個問題根源於清代王培荀對相如籍貫提出的異議。他在《聽雨樓隨筆》中寫道：

> 人皆以相如為成都人，實本蓬州人，後遷成都，又居臨邛，三處皆有琴臺。蓬州，隋之相如縣，以相如所居之地而名。明初，乃省入蓬州。其故宅在州南，琴臺在宅右，傍嘉陵江。《周地圖記》：臺高六尺，周四十四步。後人建祠。明學使盧雍詩云："蜀中人物稱豪傑，漢時文章擅大家。此地卜居猶故迹，當時名縣豈虛誇。琴臺積雨蒼苔潤，祠屋濱江草樹嘉。莫問少年親滌器，高風千載重詞華。"江北有相如坪，傳長卿治別業於此。墓在灌縣東十二里①。

① 王培荀演繹樂史《太平寰宇記》的痕迹很明顯。《寰宇記》卷八十六《劍南道·果州》："相如縣，亦巴西縣地，梁天監六年，置相如縣兼立梓潼郡於此；至後周郡廢縣存，即漢司馬相如所居之地，因以名縣。其宅今為縣治。司馬相如故宅在縣南二十里。《周地圖記》：其地有相如坪，相傳相如故宅在此。宅右西濱漢水，藥薄鬱然。其臺相如琴臺，高六尺，周四十步。"這是記相如縣建置、相如遺迹最詳細集中的文字。

王培荀一口認定現在的蓬安縣是司馬相如的故鄉，便引出相如的出生地與籍貫問題的爭議。

近十幾年來，王培荀的意見引起方志、文物工作者的注意，圍繞相如故里問題進行了大量工作，研究不斷深入。2001 年，《相如故里在蓬安》一書出版。2004 年，鄧鬱章先生以此書見贈，并囑我寫關於司馬相如的文字，旋即寫下《司馬相如通西夷及其貢獻》一文，對相如籍貫問題没有涉及。近幾天，成都報紙報導了《相如長歌》上演的消息，又談到《史記·司馬相如列傳》所記相如籍貫是成都為錯誤，引起我對這個問題的再思考，順便把想法寫下來。

一、相如縣的相如遺迹是何代古物？

相如縣的相如遺迹，最早的一批：相如坪、琴臺、故宅、别業，是建立相如縣的依據。王培荀斷定相如是蓬州人，也主要是依據這些遺迹加上唐宋以後的有關詩文。不錯，相如坪等四項遺迹，肯定在建相如縣之前就存在，今人看起來自然是古物，是固化的歷史。但試問：這批相如遺迹是哪個朝代營建的？《周地圖記》、兩《唐書·地理志》《太平寰宇記》《元豐九域志》《輿地紀勝》等宋以前的古籍（有關部分）都没説，王培荀也没有回答這個問題。《相如故里在蓬安》做了回答：

> 司馬相如蓬安縣境内的故墅……據傳司馬相如生活在兩河塘，是他在出使“西南夷”回到京城、被人誣告丟官之後的事。司馬相如……偕妻子來到了古安漢縣所轄的兩河塘。……建茅舍、築琴臺，重操舊業……他們離去以後，安縣兩河塘的百姓十分懷念他們，長期保留了他們的住宅、琴臺。(《相如故里在蓬安》第 68 頁)
>
> 司馬相如祖上可能是秦滅巴蜀以後，全家由秦而入巴蜀的商户。……司馬家善於經營，也成了富翁。在司馬相如出生不幾年，司馬家為了發展生意，留下此處産業，又舉家西遷成都……結識王吉……後來因為生意失利，司馬家又留下成都的房屋，回到了安漢縣的老家。……司馬相如在京城長安受挫之後，纔回到他的出生地兩河塘。(同上書，第 63—64 頁)

這兩段文字的歧異是很明顯的，也是難以徵信的，因為猜想的因素多了點。關於相如遺迹，前者説：相如通西夷，有人誣告他受賄，丟了官，夫妻倆回到兩河塘，修建茅舍、琴臺，開起酒家。後者説：相如先輩在兩河塘經商致富，“留下如此産業”（當是指故居、別業)，所以“司馬相如在京城長安受挫之後，纔回到他的出生地兩河塘”。總之，相如遺迹在相如生前就存在了。後來，“安漢縣兩河塘的百姓十分懷念他們，長期保留了他們的住宅、琴臺”。照此説來，我們會遇到一些難以解釋的問題。

(一) 自漢至東晋，為什麽無人提到相如遺迹？

《漢書·地理志》“巴郡安漢縣”下云：“是魚池在南。”這個“是魚池”，注《漢書》的諸家都没有解釋。王先謙《補注》云：“池，無考。”我們可以理解為：安漢縣南有一個魚池，魚池比較大。安漢縣有個大魚池，都引起了史家注意，載入正史，難道一代詞宗司馬相如的遺迹——故宅、琴臺、別業還没有資格寫入《漢書·地理志》嗎？特別是相如別業——大地主莊園，表明相如家是大商人兼地主，富甲一方，豈可忽視。

相如遺迹如果出現在西漢初或更早，兩河塘老百姓又珍視維護，當是聲名遠播，一方勝概，地方志作者必然要蒐集入書，唯恐遺漏。常璩作《華陽國志》對巴西郡（由巴郡分出）的記録比《漢書》更為豐富：

巴西郡，屬縣七……土地山原多平，有牛、馬、桑蠶。其人自先漢以來，傀偉俶儻，冠冕三巴。及郡分後，叔布、榮始、周群父子、程公弘等，或學兼三才，或精秀奇逸；其次馬盛衡、承伯才藻清妙，龔德緒兄弟英氣曄然，黄公衡應權通變，馬德信、王子均、勾孝興、張伯岐建功立事，劉二主之世，稱美荆楚。乃先漢以來，馮車騎、范鎮南皆植斯鄉，故曰“巴有將，蜀有相”也。及晋，譙侯修文於前，陳君焕炳於後，并遷雙固，倬群穎世，甄在傳記，縉紳之徒，不勝次載焉。

閬中縣，郡治。有彭池大澤，名山靈臺……大姓有三狐、五馬、蒲、趙、任、黄、嚴也。

南充國縣，和帝時置。有鹽井。大姓：侯、譙氏。

安漢縣，號出人士。大姓：陳、范、閻、趙。

從上面冗長的引文中可以看出，在漢、晋的權威文獻中，安漢縣所在的巴郡不見關於“相如遺迹”的記載，安漢縣的大姓也没有司馬氏。而且巴西郡的人才為三巴之冠，所舉諸人中無司馬相如，連姓司馬的名人也一個没有。這恐怕不是常璩記載的疏忽，或蒐集的遺漏吧。

東漢末年的竹人劉寵，“以明《公羊春秋》上計闕下，見除成都令，政教明肅。時諸縣多難治，乃换寵為郫令，又换鄎、安漢，皆垂績”（常志卷十《先賢士女總贊（中）·劉寬》）。三國蜀漢時的成都人杜雄也做過安漢縣令。作為綿竹、成都人到巴郡安漢縣做縣令，對司馬相如的遺迹、籍貫、故里，一定非常敏感、關切，為什麽不見他們為文、作詩、憑吊，乃至立碑、建祠堂呢？

（二）相如故宅，到宋代還能做相如縣衙門嗎？

宋代相如縣治所在哪裏？《寰宇記》卷八十六《果州・相如縣》下云："即漢司馬相如所居之地，因以名縣。其宅今為縣治。"關於宋代把相如縣治所遷到兩河塘相如故宅，《宋史・地理志》《元豐九域志》都有記載。封建時代的地方政府（府、州、縣）本是政治中心，周圍築起高固的城墻，還有護城河，如同一個堡壘。為了保護官吏的安全和政府機構的正常運轉，其城池乃是必要的設施，所以，搬遷相如縣城不是一件容易的事。把相如縣治搬到相如故宅的嘉陵江畔，與封建城堡的用意不合。從漢景帝（相如曾做過景帝武騎常侍）初元元年（前156）算起，到宋太宗太平興國元年（976），也有1132年，相如故宅還在嗎？還能作為衙門嗎？宋代以兩河塘相如故宅為縣衙門，難以徵信。

（三）關於相如別業

相如別業、相如故宅都在相如坪上，即是説，都在兩河塘。相如故宅，可以做縣衙門，其規模之大，可想而知。有偌大的住宅，其別業所占的田地面積必然也很大，應該算得上一個大莊園，不但衆人矚目，相如本人也應非常重視。

"別業"一詞，出現在三國以後。西晋官僚石崇有"河陽別業"，這個河陽別業，就是豪華一時的金谷園。石崇描述説：金谷園"去城（指河南孟縣）十里，或高或下，有清泉茂林，衆果竹柏和藥草之屬。金田四十頃，羊二百口，鷄、犬、猪、鵝、鴨之類，莫不畢具。又有水碓、魚池、土窟。"（《世説新語》卷四《品藻》篇注引《金谷園詩序》）"其製宅也，却阻長堤，前臨清渠，百木幾於萬株，流水周於舍下。有觀閣、池沼，多養魚鳥。……"（《文選》卷四十五石季倫《思歸引序》）這就是我們常説的中世紀時期的中國大地主莊園。比石崇略早一點的三國時吴國丹陽太守、威遠將軍李衡，"每欲治家，妻輒不聽，後密遣客十餘人於武陵（郡）龍陽（縣）汎（氾）洲上作宅，種柑橘千株。臨死，敕兒曰：'吾州里有千頭木奴，不責汝衣食，歲上一匹絹，亦可足用耳。'衡亡後二十餘日，兒以白母，母曰：'此當是種柑橘也。故汝家失十户客來七八年，必汝父遣為宅。汝父恒稱太史公言，江陵千樹橘，當封君家……吴末，衡柑橘成，得絹千匹，家道殷足。晋咸康中，其宅址、枯樹猶在。"（《三國志》卷四十八《吴書・三嗣主傳》"孫休永安元年十月"條注引《襄陽記》）石崇的金谷園和李衡的氾洲柑橘園都是別業，都有住宅和田地，養生之具齊備（南朝、唐代這種莊園大量存在）。在司馬相如家的別業有住宅，有田地，有藍溪、清溪交匯的兩河塘，景色幽美，宜於農耕、家居，算得上一個大地主莊園，是居家的好去處。但是，相如離開梁國，回到成都，過着"家貧無以自業"的日子，為什麼不回安漢縣兩河塘？苦日子難熬啊。過了一段時間，文君對相如提出：回臨邛，嚮昆弟借貸過日子。如果安漢有別業，相如夫婦，大可住進故宅，依靠莊園，過富裕乃至豪華的生活，不是比靠嚮卓氏昆弟借貸過日子更好嗎？相如没有做這樣的選擇，居然返回臨邛，開一家酒店，文君（臨邛首富卓王孫的女兒）親自當壚，相如（景帝的武騎常侍）穿起犢鼻褌跑堂，與傭保雜作，是浪漫還是尷尬？一點也不顧卓王孫的面子。這説明什麼呢？我想是安漢不存在司馬家别業。文獻上説的是“相傳”，去哪裏核實呢？無從核實。

要肯定相如故里在蓬安，必須證明“相如遺址”為西漢遺物。做不到這一點，它就不能充當“相如生長在安漢”的證據。

很可惜，前面所引《相如故里在蓬安》的兩段文字没有舉一條歷史資料證實這個結論的科學性。講歷史，不能脱離歷史資料。“史料為史之組織細胞，史料不具或不明確，則無復史可言。”（梁啓超《中國歷史研究法》）“研究必須充分地占有材料。”（資本論》第一卷，第二版跋）“根據正確的和不容爭辯的事實來建立一個可靠的基礎”（《統計學與社會學》），從而得出的結論，纔算科學的結論。現在，我們能看到的幾種記載相如遺迹的古籍，没有一處説出它們創建的時代，正表明，作者們對相如遺迹不知其創建的時間，不知其所從來。何況，今人又在他們之後一千五百年，在没有關於相如遺迹的考古發現的情況下，誰能説清楚現在蓬安縣的相如遺迹（坪、臺、故宅、别業）是否是相如祖上或相如創建的呢？

我没有否認相如坪、琴臺、故宅、别業存在的意思，衹是説，它們出現在西漢初年或更早缺乏根據。但是，相如坪、琴臺、故宅、别業這批古迹出現於何時，確實是一個問題，有待於證實。

二、陳子良、李商隱的詩文及其他

王培荀倡導司馬相如是蓬州人之説，唐宋以後的一些詩文，也是他立論的重要依據。

首先，我們審視初唐文學家陳子良的《祭司馬相如文》。

陳子良，吴人，由隋入唐①。貞觀元年（627），做相如縣令。五月，致祭於司馬相如

① 陳子良何許人？《輿地紀勝》卷一五六《順慶府·古迹》“唐陳子良墓”條説：“射洪人，子昂從兄，正（貞）觀二年為相如令，有墓在縣之郭外。”查《陳拾遺集》，没有提到陳子昂這位從兄。陳子良，兩《唐書》無傳，他的行事，附見於賀德仁傳。《舊唐書》卷一九〇（上）《文苑·賀德仁傳》説：“（德仁）遷（建成）太子中書舍人，以衰老不習吏事，轉太子洗馬，陳子良為右衛率府長史，皆為東宫學士。”（標點本第4987頁）據陳子良的詩文，其係吴地人，由隋入唐。

之靈。他的這篇祭文①，着力在歌頌相如一生的行事上落墨。相如行事，又主要依據《史記·司馬相如列傳》（增加陳皇后以重金請相如作《長門賦》一事）“聲名籍甚，絶後光前”的記載，對相如的文學成就給予很高的評價。其次，説到祭祀的動機：“予宰斯邑，以覿遺塵。撫事懷賢，實勞寤寐。”表示對相如的景慕。第三，“厥迹猶存”，陳子良親見，能證明初唐時相如遺迹還在，但不能證明相如遺迹就是西漢時期（或更早）的遺物。第四，《祭文》没有涉及相如的籍貫問題，至少不能從這篇文章得出相如是安漢人的結論。

其次，李商隱的詩。《輿地紀勝》卷一五六“果州詩”條録有李商隱《至巴西懷譙秀》，當以《李義山詩集》標題為正。

詩的首句：“梓潼不見馬相如”，這裏的梓潼不是梁代梓潼郡，也不是初建的相如縣，而是唐代劍州的梓潼縣（治今四川梓潼）。根據是什麽？根據是梓潼縣有長卿山，在縣南五里。《寰宇記》云：“（長卿山）舊名神山。唐玄宗幸蜀，遥見山上有窟，近臣奏，漢司馬相如讀書之窟。因敕改今名。”詩題首句“梓潼望長卿山”，故此梓潼為唐代劍州梓潼縣。詩人先到梓潼縣，從遠處望見長卿山，與詩題吻合。詩人望見長卿山，聯想到司馬相如這位文學大師，可是，大師遠去，見不到了。又想起相如、文君的風流韵事，以及在臨邛開酒家的景象，寫出詩的第二句“更欲南行問酒壚”。文君酒家在臨邛。臨邛（治今四川邛崍）在梓潼縣的南面略偏西。從梓潼嚮南走，訪臨邛的文君酒家，方嚮對頭，與事實相符合。

詩的三、四句寫李商隱轉到巴西時的所想與所見，是對詩題“至巴西，復懷譙秀”的回答。“行到巴西覓譙秀”的巴西是哪裏？唐代割隋代巴西郡的南充、相如二縣立果州。雙頭郡名呼為果州南充郡，治南充。南充縣、相如縣都是漢代安漢的故地。李商隱來到巴西，即是來到果州。此時，他不想相如，而是“覓譙秀”。譙秀，巴西郡西充人，譙周的孫子。《晋陽秋》記他的事迹説：“秀性清静，不交於世，知將大亂，豫絶人事，從兄弟及諸親里不與相見。州郡辟命，及李雄盗蜀，安車徵秀，又雄叔父驤、驤子壽辟命，皆不聽。常冠鹿皮，躬耕山藪。”（《三國志》卷四十二《蜀書·譙周傳》注引）像這樣的風操，在封建社會算是標杆人物。李商隱來到果州，不想相如，而是尋找譙秀。然而生活在東晋的譙秀也遠去了，眼前所見，“巴西惟是有寒蕪”，是一片蕭條荒蕪的景象。李吉甫説：“自李雄亂後，巴境荒殘。”（《元和志》闕卷逸文）巴西“寒蕪”是李商隱眼前所見，即當時情景

---

① 為了便於查對，兹將陳子良《祭司馬相如文》鈔録於下：“惟大唐貞觀元年，歲次丁亥，五月壬子朔，十六日丁卯，相如縣令陳子良遣主簿譙悦桂蘭肴之奠，敬祭故文園令司馬公之靈。惟君夙敏，雅調雍容，含章挺生，幕藺斯在。題橋去蜀，杖策入關。終倦梁園之遊，還悦臨邛之客。楊意為之延譽，王孫以之開筵。彈琴而感文君，誦賦而驚漢主。金門待制，深嗟武騎之輕；長門賜金，方驗彤龍之重。及乎茂陵謝病，遊岱無歸，空留封禪之書，遂感宸衷之悼。是知聲名藉甚，絶後光前；厥迹猶存，餘芳無泯。予忝宰兹邑，似覿遺塵，撫事懷賢，實勞寤寐。夫遊九原者，慕隋會而增悲；望魏都者，竚侯嬴而顧步。抑惟往彦，差擬其倫，緬懷風猷，載深長想。至於蘋蘩可薦，黍稷非馨，庶降明靈，幸垂嘉祐。神其如在，希能饗之。”（《文苑英華》卷九九八）

的真實寫照。

李商隱既然來到果州，“相如遺迹”近在咫尺，為何不往兩河塘，以償“南行問酒壚”的宿願？其間自有原因。李商隱於大中二年（848）入蜀，目的是投奔新任西川節度使杜悰。失望之餘，寫下這首七絶。張采田《玉谿生年譜會箋》“大中二年”引馮譜說：李商隱“巴蜀之遊，當是希望杜悰……迨行至巴西而悔計之左矣。故《梓州望長卿山》詩言至梓州而望已虛，至巴西而意全變，彼其之子，固不能其必如桓温之薦譙秀也”。張采田《會箋》進一步解釋說：“杜悰由東川遷西川，玩詩意，當是義山先至梓州，往謁而悰已離鎮矣；故更欲往成都，及巴西而折回也。長卿為梁王上客，而己不能入蜀幕，故藉以喻意。”李商隱的這首七絶，從標題到內容，從表面文字或其喻意的角度看，與“相如故里”——相如縣有什麼關係，實在看不出來。

看來《輿地紀勝》選録陳子良文、李商隱詩，目的在證明相如是安漢人。達到這個目的没有？我看没有。唐代人的詩文都不能證明相如遺迹是西漢乃至更早所建，也不能證明相如是安漢人，宋以後的憑吊者的詩文還能證明“相如遺迹”是漢代遺迹、相如是安漢人嗎？

三、漢晋人説相如籍貫

相如遺迹是何朝何代的遺物，一時不能得出結論，唐代陳子良、李商隱的詩文，也不能證明司馬相如是安漢人，在無可奈何的情況下，還是從史籍中尋求答案吧，看看漢晋人是怎樣説的。

（一）蜀人楊得意稱相如為邑人

《史記·司馬相如列傳》載，相如在從梁孝王遊的時候，寫下《子虛賦》，後來，漢武帝讀到《子虛賦》，認為是篇好文章，不知作者是誰，感到遺憾，便自言自語地說：“朕獨不得與此人同時哉！”狗監蜀人楊得意正在旁邊，對武帝說：“臣邑人司馬相如自言為此賦。”邑人，同一個城市的人，同一個縣的人，同鄉。蜀人楊得意稱相如為“邑人”，就明白地説明相如是蜀人，而不是巴人（漢代，安漢縣屬巴郡）。要是相如是安漢人，楊得意在漢武帝面前介紹相如是蜀人，是同鄉，那是要犯欺君之罪的，這可不是一件小事。

這是當時人、當事人説的話，最具權威性。

（二）《史記》記相如籍貫在成都

《相如傳》：“司馬相如，字長卿，蜀郡成都人也。”《史記》稱相如為蜀人不衹這一處。

漢武帝派唐蒙通南夷，由於工作方法有些不當，引起朝野反對。武帝問相如，“蜀人司馬相如亦言西夷邛筰可置郡”（《西南夷傳》）。“天子以為然，乃拜相如為中郎將，建節往使……馳四乘之傳……至蜀，蜀太守以下郊迎，縣令負矢先驅，蜀人以為寵。”（《相如傳》）為什麼蜀人以為寵呢？因為相如是蜀人。

（二）班固也認相如為蜀郡成都人

《漢書・司馬相如傳》基本上采録《史記・司馬相如列傳》，仍録“司馬相如字長卿，蜀郡成都人也”之文，表示班固認為司馬遷的記録是正確的。班固在《地理志》中說：“景、武間，文翁為蜀守，教民讀書法令……及相如遊宦京師諸侯，以文辭顯於世，鄉黨慕循其迹。後有王褒、嚴遵、揚雄之徒，文章冠天下。繇（由）文翁倡其教，相如為之師，……”在此，班固也是把相如作為蜀人看待的。

（三）秦宓建議為相如立祠堂

東漢末年，益州刺史劉璋的治中從事王商要為蜀中先賢嚴君平、李弘建立紀念祠堂。蜀中名流秦宓致書王商，表示贊成，同時建議擴大範圍，增加司馬相如和揚雄。他在信中說：

> 揚子雲潛心著述，有補於世，泥蟠不滓，行參聖師，於今海內，談咏厥詞。不立祠堂。……漢家得士，盛於其世，仲舒之徒，不達封禪，相如制其禮。夫能制禮造樂，移風易俗，非禮所秩有益於世者乎！……僕亦善長卿之化，宜立祠堂，速定其銘。（《三國志》卷三十八《蜀書・秦宓傳》）

秦宓把相如同嚴君平（成都人）、李弘（成都人）、揚雄（成都人）都視為成都人，一體看待，認為應為他們立祠堂。

（四）《華陽國志》列相如在《蜀中士女》中

> 《華陽國志》卷十（上）《先賢士女總贊（上）・蜀中士女》贊：“司馬相如，字長卿，成都人也。……為漢辭宗。官至中郎將。世作辭賦者，自揚雄之徒咸則之。”

常璩寫司馬相如傳，是不是鈔襲《史記》，盲目地跟着司馬遷説相如是成都人呢？不是。他寫《華陽國志》，“州部區别”，按名人的籍貫分類叙述。所以，可以説，常璩對相如的籍貫是有所甄别的。劉知幾對常志的評論説：“郡書（地方志）者，矜其鄉賢，美其邦族，施於本國，頗見流行，置於地方，罕見愛異。其如常璩之詳審，劉昞之該博，而能傳諸不朽，見異來裔者，蓋無幾焉。”（《史通・雜述》）劉知幾稱道常璩的《華陽國志》，有根有據，洵非虛語。

順便説一句，《太平寰宇記》卷八十六“果州人物”條列了六人，却没有司馬相如。

這就是樂史對司馬相如籍貫的態度。

（五）《長門賦·序》稱“蜀郡成都司馬相如”

《文選》卷十六《長門賦·序》説：“孝武皇帝陳皇后，時得幸，頗妒，別在長門宮，愁悶悲思。聞蜀郡成都司馬相如天下工為文，奉黄金百斤，為相如、文君取酒，因於解悲愁之詞，而相如為文以悟上，陳皇后復得親幸。”《長門賦》的作者題為“司馬長卿”，唐《五臣注》吕延濟説：“諸史傳皆無此文，恐叙事之誤。”即懷疑《長門賦》是贋品。但有一點值得注意：賦和序在編集《文選》之前就已在文學界流通了，仍是認定相如是成都人。天監六年（507）置相如縣，是“司馬相如所居之地，因以名縣”，顯然，置縣的目的有紀念的意義，與《長門賦·序》的“蜀郡成都司馬相如”的提法不無抵牾，難道昭明太子等人都不知道？

四、相如一生活動軌迹

《史記·司馬相如列傳》是記録相如一生活動最早、最詳的傳記。司馬遷作《相如列傳》，除了根據有關檔案等資料外，還有在成都、臨邛蒐集到的資料。因為司馬遷曾經到過西南少數民族地區。《太史公自序》説：“為郎中，奉使巴、蜀以南，南略邛、筰、昆明，還報命。”司馬遷在西南少數民族地區蒐集到大量資料，後來寫成《西南夷列傳》，是中國第一篇西南少數民族傳記。司馬遷遊歷、奉使，一直注意蒐集各方面資料，包括近現代人物事迹。如他在《淮陰侯傳論》中説：“吾如淮陰，淮陰人為余言，韓信雖為布衣時，其志與衆異。其母死，貧無以葬，然乃行營高敞地，令其旁可置萬家。余觀視其母冢，良然。”所以，我們有理由推論，司馬遷奉使西南夷地區，道出成都、臨邛，隔相如使西夷纔十多年，當地人能説相如軼事者比淮陰人能説韓信軼事者更多，甚至他還可以看到相如遺物。《史記·司馬相如列傳》的可信性是毋庸置疑的。茲據《史記·司馬相如列傳》及有關記載，將相如一生活動臚列於下，或許有助於對相如籍貫的把握。

（一）青少年時代

相如，蜀郡成都人。“少時好讀書，學擊劍，故其親名之曰犬子。相如既學，慕藺相如之為人，更名相如。”（《史記·司馬相如列傳》。下引此傳，不再出注）

（二）為貨郎，出成都，題市橋

相如“以貲為郎”，赴長安，行到成都城北送客觀，題柱，寫下豪言壯語。《華陽國志》卷三《蜀志》説：

（成都）城北十里有升仙橋，有送客觀。司馬相如初入長安，題（市）［其］門曰：不乘赤車駟馬，不過汝下也。

這種豪言，是第一次出家鄉的人的誓言，到外地闖蕩，立志要大幹一場，做出一番事業（在封建社會，主要是當大官），否則就不回來。

相如從成都出發去長安，説明相如家在成都。如果認為相如是安漢人，家在安漢，他入長安應當取道閬中—南鄭—長安，怎麽會繞道成都呢？

（三）為景帝武騎常侍

相如到了長安，"事孝景帝，為景帝武騎常侍"。武騎常侍，據唐司馬貞解釋，其任務是"格猛獸"。即跟隨皇帝打獵，保衛皇帝。相如對武騎常侍這一職務不感興趣，念念不忘文學，辭賦創作纔是他的愛好。

（四）從梁孝王遊

梁孝王劉武，文帝的兒子。吴楚七國之亂，梁孝王站在朝廷一邊，抗禦亂軍，有功。亂平，景帝賞賜豐厚。於是孝王築東苑（即梁園），"招延四方豪傑，自山以東，遊説之士，莫不畢至"（《史記》卷五十八《梁孝王世家》）。其中有一些辭賦家，"相如見而説之，因病免，客遊梁。梁孝王令與諸生同舍"。相如在梁園數年，寫下《子虚賦》。

（五）相如離梁園，回到成都家中

相如離開梁園的原因是梁孝王死了。梁孝王卒於景帝中元六年（前144）夏四月。"相如歸，而家貧無以自業。"這次相如回家，是回到哪裏的家？自然是成都的家。《司馬相如列傳》開頭説了相如是蜀郡成都人，以為相如的籍貫在成都，家當然就在成都，這屬於當然的解釋。

（六）一曲《鳳求凰》，文君私奔相如

正是相如回到成都的家，近在臨邛的王古纔有請他去臨邛的可能。相如没有選擇餘地，來到臨邛，一曲《鳳求凰》，博得卓文君鍾愛，文君夜奔相如。《玉臺新詠》卷九載有《琴歌》二首。

（七）文君、相如馳歸成都

相如、文君馳歸的還是成都那個窮家。"家居徒四壁立"，把相如家的貧窮形容得淋漓盡致，不是親眼看到，恐怕難以寫出這樣的句子來。我認為司馬遷過成都時，去參觀過相如的家。何以見得？戰國時，魏國隱士侯嬴當大梁夷門抱關者，魏公子信陵君尊敬他，在信陵君有難的時候，侯嬴獻竊符救趙之策。司馬遷"過大梁之墟，求問其所謂夷門"（史記卷七《魏公子列傳》）。既然如此，司馬遷很可能也去過相如的家。

（八）相如夫婦返回臨邛開酒家

窮日子難熬啊！"文君久之不樂，曰：長卿，第俱如臨邛，從昆弟假貸，猶足為生，何自苦如此!”“相如與之俱之臨邛，盡賣其車騎，買一酒舍酤酒，而令文君當壚，相如自着犢鼻褌，與庸保雜作，滌器於市中。”

（九）相如、文君回到成都買田宅

相如、文君在臨邛開酒家，大掃卓王孫面子。“卓王孫不得已，分予文君僮百人，錢百萬，及其嫁時衣被財物。文君乃與相如歸成都，買田宅，為富人。”

（十）相如再入長安

相如的賦，在當時是第一流的佳文，武帝讀《子虛賦》，得知是蜀人司馬相如所作，賡即召相如到長安。相如又作《上林賦》。其後幾年間，相如盡情地進行辭賦創作。

（十一）通西夷

相如為郎數歲，會唐蒙通南夷，由於工作方法不當，巴地區反應强烈，朝廷也有大臣反對。武帝又打算通西夷，武帝問相如，對答愜意，“乃拜相如為中郎將，建節往使”。

（十二）“受賄”免官

“其後，人有上書言相如使時受金，失官，居歲餘，復召為郎。”作《長楊賦》《哀二世賦》。拜孝文園令。作《大人賦》。《史記》《漢書》的《相如傳》都没有言及相如失官後返回安漢的事，可以説一點踪迹也没有，故説他們夫婦回到兩河塘建茅舍、築琴臺、開酒家，難以徵信。

（十三）相如病死

相如病免，家居茂陵。相如病死，留有“遺札書，言封禪事”。

以上臚列相如一生行事，從時間安排上看，都没有時間回安漢，實在看不出他與安漢有什麽關係。

五、結論

（一）相如縣建置的依據是：安漢縣兩河塘有相如遺迹，但是没有充分的、不可置疑的資料證明相如遺迹是西漢以前的遺物，則這批遺迹，就不能證明安漢與司馬相如故里有關。

（二）相如是成都人，《史記》《漢書》所記没有錯誤。特别是與相如相識的蜀人楊得意在漢武帝面前説相如是邑人，怎麽會有疑問呢?

（三）相如是安漢人，安漢是相如出生地，可備一説，衹有等待考古發掘獲得有關文物出土，纔能作出最後的結論。

作者單位：四川省社會科學院歷史所

王粲著述考補

王金龍

王粲，字仲宣，東漢末“建安七子”之一。俞紹初輯校的《建安七子集》收有《王粲集》（以下簡稱“點校本”），附録有《建安七子佚文存目考》《建安七子雜著彙編》《建安七子著作考》《建安七子年譜》，這是目前學界公認的整理王粲著述最完善的版本。但筆者查考其中的《王粲集》和對王粲著作存目的考查，結合時下整理王粲著述的其他研究成果，既發現了俞紹初輯校的《王粲集》的精審之處，也發現了其中的不足之處。為了行文方便，現以點校本為中心，先比較點校本和時下的其他整理《王粲集》的成果，再補考點校本的不足之處。

一、點校本對學界相關成果的辨僞去取

俞紹初從1980年由中華書局出版其整理的《王粲集》、1989年出版其整理的《建安七子集》，到2005年、2016年《建安七子集》兩次修訂本的出版，是一個不斷完善的過程，其中就有對學界相關成果的辨僞去取。

林家驪在日本所存的弘仁本《文館詞林》三十卷中發現了王粲的《七釋》全文[1]。俞紹初1989年出版的點校本即予以吸收。

韓格平的《建安七子詩文集校注譯析》收的《王粲集》主要參考清人嚴可均輯的王粲

① 林家驪：《日本所存〈文館詞林〉中的王粲〈七釋〉》，《文獻》1988年第3期。

文、逯欽立輯的王粲詩，重新核查了原出處，并據《北堂書鈔》《文心雕龍》《文鏡秘府論》《文館詞林》《韵補》等書有所增輯①。其增輯的有四處：一是《九家集注杜詩》卷五《遣興五首·其五》注引王粲詩“長夜何冥冥”；二是《九家集注杜詩》卷十三《鄭典設自施州歸》師尹注引王粲詩“散策高堂上”；三是《分門集注杜工部詩》卷三《晝夢》趙次公注引王粲詩“盜賊如豺狼”（以上三處俱失題）；四是來自《韵補》卷四“司”字注引王粲《酒賦》：“酒正膳夫，冢宰是司。處濯器用，敬滌蘊饎。”對於第一、二、三條，俞紹初1989年出版的點校本即先行予以輯出。對於第四條，2005年出版的點校本即予以吸收。韓格平另從《文選》卷二十三阮籍《咏懷詩·步出上東門》李善注輯出一句“白露沾衣”②。“白露沾衣”，原出王粲《七哀》其二：“迅風拂裳袂，白露沾衣襟”，李善注阮籍詩句“凝露沾衣襟”曰：“王仲宣詩曰：白露沾衣。”③ 李善注分明誤闕一“襟”字，韓格平誤輯。

逯欽立《先秦漢魏晋南北朝詩》輯的王粲詩④，韓格平完全吸收。逯欽立從《韵補》卷一中輯出的“荆軻為燕使，送者盈水濱。縞素易水上，涕泣不可揮”本是失題詩，但1989年點校本把它作為王粲《咏史詩》的第二首，并在校記中曰：“阮瑀有《咏史詩二首》，其一咏三良，其二咏荆軻，恰與王粲此二首相符，蓋一時唱和之作。”⑤ 逯欽立從《文選》卷二十五《還舊園作見顔、范二中書》詩注中輯出的“探懷授所歡，願醉不顧身”，1989年點校本即予以吸收。逯欽立從《草堂詩箋》卷九蘇瑞詩注中輯出的“哀笑動梁塵，急觴蕩幽默”（逯案，笑應作嘯，哀嘯而歌，故音動梁塵也），1989年點校本則没有吸收。筆者按：“哀笑動梁塵，急觴蕩幽默”，為謝靈運擬陳琳詩，見《文選》卷三十謝靈運《擬魏太子鄴中集八首》，原句為“哀哇動梁埃，急觴蕩幽默”⑥，逯欽立、韓格平均誤輯。

《詩淵》第六册録有“魏王仲宣”詩兩首⑦，點校本未收。劉躍進在其《關於〈先秦漢魏晋南北朝詩〉編撰方面的一些問題》一文中曾誤認為是王粲佚詩⑧。筆者按：這兩首詩見《後漢書》卷一百一十《文苑列傳》之《酈炎傳》，乃酈炎所作，元人劉履編的《風雅翼》、明人馮惟訥編的《古詩紀》、明人劉節編的《廣文選》、逯欽立編的《先秦漢魏晋南

① 韓格平：《建安七子詩文集校注譯析》，吉林文史出版社，1991年，第569、570頁。
② 同上，第274頁。
③ ［梁］蕭統編，［唐］李善注：《文選》（三），上海古籍出版社，1986年，第1072頁。
④ 逯欽立：《先秦漢魏晋南北朝詩》，中華書局，1983年，第366頁。
⑤ 俞紹初輯校：《建安七子集》，中華書局，1989年，第86頁。
⑥ ［梁］蕭統編，［唐］李善注：《文選》（三），上海古籍出版社，1986年，第1435頁。
⑦ 佚名編：《詩淵》，書目文獻出版社（無出版年），第3872頁。
⑧ 先收入劉躍進著的《結網漫録》，學苑出版社1997年版，後改名《古典文學文獻學叢稿》，學苑出版社，1999年，在後書中作者已刪去這兩首詩。王鵬廷著的《建安七子研究》（北京大學出版社，2004年，第134頁）從前書引此兩首詩，誤歸入王粲名下。

北朝詩》俱有收，且都歸入酈炎名下。

中華書局1975年點校本《舊唐書·經籍志》子部五行類著録有王粲《新撰陰陽書》[①]，而點校本附録的《建安七子著作考》則未收。筆者按：中華書局1975年點校本《新唐書·藝文志·子部》"五行"類著録《新撰陰陽書》三十卷，撰者為王璨[②]。《宋史·藝文志》已不載。據文淵閣《四庫全書》本《舊唐書·經籍志》，此書撰者題作王璨[③]。宋人鄭樵撰《通志》卷六十八《藝文略》"五行"類"陰陽"，有"《陰陽書》三十卷"，題作"唐王璨撰"[④]。宋人王應麟撰《玉海》卷五"天文"類"唐六十家五行"載："陰陽書則王璨、吕才二家。"[⑤] 可以斷定，中華書局1975年點校本把《新撰陰陽書》的作者歸為"王粲"實誤，正確的應作"王璨"。劉汝霖的《漢晉學術編年》把"《新撰雜陰陽書》三十卷（《舊唐志》）"[⑥] 列入王粲著述，實誤，而且衍一"雜"字。今中華書局1973年點校本《隋志·子部》"兵類"有"《雜撰陰陽兵書》五卷，莫珍寶撰"[⑦]，《舊唐志》作《新撰陰陽書》，不見有《新撰雜陰陽書》。

唐人張彦遠《歷代名畫記》卷三《述古之秘畫珍圖》載有《遁甲開山圖》，題作"王粲"[⑧]，點校本附録《建安七子著作考》未收。筆者按：《隋志》録《遁甲開山圖》三卷，題注作"榮氏"；録《遁甲開山圖》一卷，題注作"梁《遁甲開山經圖》一卷"，不録撰者。《舊唐志》録《遁甲開山圖》一卷，題注作"王琛撰"；《新唐志》録"《遁甲開山圖》一卷"和"榮氏《遁甲開山圖》二卷"；《通志》卷六十八録"《遁甲開山圖》三卷"，題注作"榮氏撰"。《歷代名畫記》題作"王粲"，實誤，或應題作"王琛"。《述古之秘畫珍圖》本按時代為序排列，《遁甲開山圖》在《孝經雌雄圖》之後，《甘泉宫圖》（題作"漢武"）、《漢麟閣圖二》（題作"漢武一，宣帝一"）之前，知《遁甲開山圖》作者决非東漢末之王粲。王巍的《建安文學概論》認為王粲擅長繪畫，畫有《遁甲開山圖》，可見是沿襲此誤[⑨]。

綜上，點校本對於學界整理研究王粲著述的成果，都一一進行過辨僞去取的工作，應予以吸收者則在以後的修訂本中予以吸收，不應吸收者則不予吸收。

---

① ［後晋］劉昫等撰：《舊唐書》，中華書局，1975年，第2044頁。

② ［宋］歐陽修、宋祁撰：《新唐書》，中華書局，1975年，第1556頁。

③ ［後晋］劉昫等撰：《舊唐書》，文淵閣《四庫全書》第269册，臺灣商務印書館，1983年，第347頁。

④ ［宋］鄭樵撰：《通誌》，文淵閣《四庫全書》第374册，臺灣商務印書館，1983年，第422頁

⑤ ［宋］王應麟撰：《玉海》，文淵閣《四庫全書》第943册，臺灣商務印書館，1983年，第154頁。

⑥ 劉汝霖：《漢晋學術編年》（卷下），華東師範大學出版社，2010年，第461頁。此書約成書於1932年。

⑦ ［唐］魏徵等撰：《隋書》，中華書局，1973年，第1015頁。

⑧ ［唐］張彦遠撰：《歷代名畫記》，文淵閣《四庫全書》第812册，臺灣商務印書館，1983年，第312頁；浙江人民美術出版社，2011年出版《歷代名畫記》整理本，卷三《遁甲開山圖》，仍題注作"王粲"，見該書63頁。

⑨ 王巍：《建安文學概論》，遼寧教育出版社，2000年，第333頁。

當然，點校本也有一個自我完善的過程。最新的2016年的點校本相比於2005年的點校本，原先的題目《太廟頌》改成了《顯廟頌》。筆者按：《四部叢刊》本《古文苑》第十二卷王粲《太廟頌》章樵注曰："粲集作'顯廟'，魏公曹操之祖廟也，是時未敢僭稱太廟，故止曰顯廟。此編目以太廟，後人改之耳。建安十八年，漢天子以十郡封操為魏公，加九錫，始建魏社稷宗廟。蓋建廟之始，令粲作頌以獻，尋以粲為侍中。"① 韓格平的《建安七子詩文集校注譯析·王粲集·太廟頌》注引楊本注曰："建安十八年，操為魏公，加九錫，始立宗廟，令粲作此頌，以享其先。始曰《顯廟頌》，後人更其名。"② "楊本"即明人楊德周輯、清人陳朝輔增輯的《彙刻建安七子集》。明人張溥《漢魏六朝百三家集》卷二十九《王侍中集題辭》載："（王粲）遭時流離，依徙荆許，以《七哀》之悲，為《顯廟》之頌，擇木而窮，雅誹見志，世謂其詩出李陵，今觀書，命亦相近也。"③ 可見張溥亦認為王粲所作是《顯廟頌》。所以，《太廟頌》之題目應改為《顯廟頌》。

二、點校本應補充、辨僞、存疑者

（一）點校本應補充者

筆者重新查考文淵閣《四庫全書》，新輯出王粲作品兩條，為點校本所未收。一是王粲失題詩"終適荆與蠻"一句，從《九家集注杜詩》卷二十一《一室》"巴蜀來多病，荆蠻去幾年"注中輯出④。一是"越鱊涼拘，全筍葅菁"，宋人釋贊寧《笋譜》"四之事"載："魏侍中王粲作'釋雲越鱊涼，拘全筍葅菁'"⑤，據上條"漢樂安相李尤字伯仁作'七疑雲橙醯筍葅'"可推知，"釋"前闕"七"字，與李尤《七疑》同為七體，"越鱊涼拘，全筍葅菁"一句，應是王粲《七釋》的佚文。

（二）點校本應辨僞者

嚴可均輯《全後漢文》卷九十一《王粲集》載有《安身論》，是從《藝文類聚》卷二十三輯出，點校本亦據此輯出，且編入目録，正文以大字排出，僅在文後引《困學紀聞》中翁

① 《古文苑》，見張元濟等輯《四部叢刊》初編集本第407冊，上海商務印書館，1936年，第90頁。

② 韓格平：《建安七子詩文集校注譯析》，吉林文史出版社，1991年，第314頁。

③ ［明］張溥著，殷孟倫注：《漢魏六朝百三家集題辭注》，人民文學出版社，1963年，第78頁。筆者重新做了標點。

④ ［唐］杜甫撰，［宋］郭知達集注：《九家集注杜詩》，文淵閣《四庫全書》第1068冊，臺灣商務印書館，1983年，第385頁。

⑤ ［宋］釋贊寧撰：《笋譜》，文淵閣《四庫全書》第845冊，臺灣商務印書館，1983年，第199頁。另《説郛》卷一〇六上引《筍譜》同此，見文淵閣《四庫全書》第882冊，臺灣商務印書館，1983年，第166頁。

元圻注云："《晉書·潘尼傳》載尼著《安身論》，與此文同，《類聚》王粲著，未知孰是。"

筆者按：《安身論》本是有疑問之文，點校本把它編入目録，正文以大字號排出，應為不當。韓格平的《建安七子詩文集校注譯析·王粲集》不編入目録，正文以小字號附録在王粲集後，是謹慎的做法。汪紹楹校的《藝文類聚》（以南宋紹興刻本為底本，校以諸明刻本及明刻校宋本）① 和《宋本藝文類聚》卷二十三"人部七"《鑒誡》② 皆作"魏王粲《安身論》"，但文淵閣《四庫全書》本《藝文類聚》卷二十三中所引之《安身論》題名正作潘尼，不作王粲。且《藝文類聚》中《安身論》僅為《晉書·潘尼傳》中《安身論》開頭一段，且脱6字。《晉書》卷五十五《潘尼傳》載潘尼"性静退不競，唯以勤學著述為事"，其《安身論》主張"安身而不為私，故身正而私全；慎言而不適欲，故言濟而欲從；定交而不求益，故交立而益厚；謹行而不求名，故行成而名美""弱志虚心，曠神遠致，徙倚乎不拔之根，浮游乎無垠之外，不自貴於物而物宗焉，不自重於人而人敬焉"，老莊思想很明顯，正是正始以來的風氣。《晉書》卷五十五《潘尼傳》所載潘尼的《乘輿箴》曰："夫古之為君者，無欲而至公，故有茅茨土階之儉；而後之為君，有欲而自利，故有瑶臺瓊室之奓。無欲者，天下共推之；有欲者，天下共争之。"③ 正和《安身論》論"私慾"同一語調。王粲則受儒學影響很深，且為人"躁競"④。其《贈士孫文始詩》曰："和通篪塤，比德車輔。既度禮儀，卒獲笑語。庶兹永日，無諐厥緒。"⑤ 可見他遵禮守儀的儒者作風。今存之《七釋》雖是王粲奉命之作，但其中以儒學來勸説頗具道家之風的潛溪丈人出山，正可見王粲本人的精神趨嚮。所以，筆者認為《安身論》是潘尼所作，和王粲無關，是《藝文類聚》的編者把"潘尼"訛作了"王粲"。點校本把《安身論》闌入《王粲集》正文，曾誤人不少，常見的錯誤是直接拿此文來分析王粲思想。筆者所見，唯王輝斌曾對王粲《安身論》辨其僞，指出應為潘尼所作⑥。

（三）點校本應存疑者

宋人黄希、黄鶴的《補注杜詩》卷三十注《溪上》"西江使船至，時復問京華"二句曰："蘇曰：王粲曰：聞江西有使者船至，煩問洛陽消耗。"⑦ 筆者按：此條點校本未收，

---

① ［唐］歐陽詢撰，汪紹楹校：《藝文類聚》，上海古籍出版社，1965年，第425頁。

② ［唐］歐陽詢撰：《宋本藝文類聚》（上），上海古籍出版社，2013年，第656頁。即影印南宋紹興刻本。

③ ［唐］房玄齡撰：《晉書》，中華書局，1974年，第1507—1516頁。

④ 關於王粲躁競的個性，見《三國志》卷二十三《杜襲傳》：粲性躁競，起坐曰："不知公對杜襲道何等也？"洽笑答曰："天下事豈有盡邪？卿晝侍可矣，悒悒於此，欲兼之乎！"

⑤ 俞紹初輯校：《建安七子集》，中華書局，2016年，第91頁。

⑥ 王輝斌：《先唐詩人考論》，吉林文史出版社，2007年，第89頁。王輝斌在引嚴可均輯本所載《王粲集》誤把《全後漢文》誤作《全三國文》，特此指出。

⑦ ［唐］杜甫撰，［宋］黄希原注、黄鶴補注：《補注杜詩》，文淵閣《四庫全書》第1069册，臺灣商務印書館，1983年，第555頁。

由於僞蘇注的材料來源真僞難辨，應録入以存疑。

《宣和書譜》卷十八《草書六》載《王粲評詩》①，南宋人撰《南宋館閣續録》卷四下、明人張丑撰《清河書畫舫》卷四、清人輯《佩文齋書畫譜》卷九十二下卷九十三、清人卞永譽撰《式古堂書畫彙考》卷四亦載《王粲評詩》，唯清人倪濤撰《六藝之一録》卷一百二十八作《王粲評書》（筆者按：疑誤，應為《王粲評詩》）。筆者按：《王粲評詩》已佚失，内容如何不得而知。鄴下文人之間有互相評詩的風氣，曹丕《典論·論文》中對“七子”的評價，曹植《與楊德祖書》所説“世人著述，不能無病。僕常好人譏彈其文，有不善者，應時改定”② 云云，可参。王粲或有評詩之作，書家寫之，故應録入以存疑。

《三國志》卷一《武帝紀》載《册魏公九錫文》③，裴注曰：“後漢尚書左丞潘勖之辭也。勖字元茂，陳留中牟人。”但唐人段成式撰《酉陽雜俎》卷十二《語資》載：

> 庾信作詩用《西京雜記》事，旋自追改曰：“此吴均語，恐不足用也。”魏肇師曰：“古人托曲者多矣，然《鸚鵡賦》，禰衡、潘尼二集并載，《弈賦》，曹植、左思之言正同。古人用意，何至於此？君房曰：“詞人自是好相采取，一字不異，良是後人莫辨。”魏尉瑾曰：“《九錫》或稱王粲，《六代》亦言曹植。”信曰：“我江南才士，今日亦無。舉世所推如温子昇，獨擅鄴下，嘗見其詞筆，亦足稱是。近得魏收數卷碑，製作富逸，特是高才也。”④

筆者按：《九錫》即後世所謂《册魏公九錫文》，此處尉瑾言此篇或稱王粲所作，可見元魏時《九錫》的作者存在兩種不同的説法。雖然“小説家言”的可信度不及正史，但目前仍無確鑿材料以證僞，所以仍應録入以存疑。

綜上，點校本對前人及同輩研究王粲著述的成果進行了辨僞和選擇吸收，經過 1989、2005、2016 年三次修訂，纔形成了今天堪稱完善的《王粲集》。但筆者在此基礎上，仍可以在王粲作品集中補入兩條佚文，在王粲著作考中補入三條疑文。至於點校本中的《安身論》，筆者以為是潘尼的作品，理應删去，或附録在正文後作疑文對待。

作者單位：南陽師範學院文史學院

---

① ［宋］不著撰人：《宣和書譜》，文淵閣《四庫全書》第 813 册，臺灣商務印書館，1983 年，第 298 頁

② ［三國魏］曹植撰，趙幼文校注：《曹植集校注》，人民文學出版社，1998 年，第 153 頁。

③ 此題沿自嚴可均輯《全後漢文》卷八十七“潘勖”名下，見商務印書館，1999 年，第 880 頁。

④ ［唐］段成式撰，方南生點校：《酉陽雜俎》，中華書局，1981 年，第 112 頁。

讀陶淵明詩札記

顧 農

停雲·時運·榮木

五言詩興起之後，很快就取代四言詩成了詩壇上采用最多的形式。五言詩的一句之中可以包含更多的內容，念誦起來節奏可以有所變化而不至於像四言詩那樣比較單調，都是它明顯的優越性。到齊梁時代鍾嶸寫《詩品》的時候，就衹評説五言詩，而置四言詩於完全不顧了。四言詩的衰落經歷了一個很長的時段，在晋朝寫四言的人還比較多，有專心於此的，而許多以五言為主要形式的詩人，也會寫些四言詩，顯得兩手都很硬。例如在王羲之主持的蘭亭詩會上，群賢所賦之詩就是兩種樣式皆有，四言并未完全退出詩壇。直到很晚的時候仍有人寫四言詩，衹是名篇佳作甚少而已。

四言詩的優勢在於資格老。按照論資排輩的古老傳統，資格老的地位就高，就得排在前面。在詩文集裏，四言歷來排在五言之前。陶淵明寫詩以五言為主，兼顧四言，所以在通行本陶集中，卷一先列四言詩九首；到卷二、三、四纔來安排五言詩。

列於陶集卷一最前的三首，即《停雲》《時運》《榮木》，比較不受重視，其實非常重要。這三首可以視為一組，它們形式結構相同，小序的寫法相同，内容亦有内在聯繫，顯然作於同時。其中《榮木》之第四章有句云“四十無聞，斯不足畏”，可見這一組詩很可能作於詩人四十歲即所謂“不惑”之年前不久的春夏間，如果定於他三十九歲之時，則為東晋元興二年（403），當然也可能略早或略晚。

這三首一組之詩的主題，如明朝的陶詩專家黄文焕所説，是發抒“匡扶世道之熱腸”（《陶詩析義》卷一）。詩中有這樣一些意味深長的詩句：“静寄東軒，春醪獨撫。良朋悠邈，搔首延佇。”“豈無他人，念子實多。願言不獲，抱恨如何！”（《停雲》）“先師遺訓，余豈云墜。四十無聞，斯不足畏。脂我名車，策我名驥。千里雖遥，孰敢不至！”（《榮木》）

詩句表明：陶淵明在想念一位老友，希望登上名馬所拉之名車奔馳而去。聯繫當時的大背景來看，陶淵明寄予很大希望的人，應是他的老上司桓玄。

桓玄是東晋高官桓温的兒子，很有才幹，陶淵明曾在他手下任職，其《辛丑歲七月赴假還江陵，夜行塗口》就是那時的作品。辛丑歲為隆安五年（401），“赴假”是銷假的意思。當時陶淵明在江陵有職務在身，一度請假回故鄉尋陽，現在又連夜趕路回到江陵去忙他的公務。江陵是荆州的治所，而其時坐鎮荆州的正是荆江二州刺史、督八州八郡諸軍事的桓玄。

桓玄後來一度篡奪東晋政權，建立自己的“楚”政權，而為時甚短就垮了臺。按“敗則為寇”的傳統邏輯，其人乃是一大反面人物，所以後來許多學者為愛護陶淵明起見，不大肯談他與桓玄的關係，或曲為之説。鑒於隆安五年時在荆州主政的是桓玄，而陶淵明要到那裏去“赴假”，於是就解釋為桓玄要請陶淵明出來幫忙，而陶淵明不肯幹，就到江陵去請假。清朝學者惲敬解釋説：“先生本傳曰：州召主簿，不就。先生既抱羸疾，召主簿必以疾乞假，至滿則赴之，而終以疾辭。故本詩言投冠，言不縈好爵是也。先生江州人，州召主簿，應赴江州，而赴江陵者，是時桓玄領江州刺史駐南郡，是先生以辭主簿至江陵耳，亦瞭然者也。”（《大雲山房文稿》二集卷二《靖節集書後一》）這樣説實在很不“瞭然”，州召主簿不就，不就就是不就，無須請假，更不存在什麽銷假的問題。連夜開船去辭職，而理由是自己有病，像這樣能長途奔波哪裏是身體不好？“召主簿必以疾乞假，至滿則赴之”，這樣的解説太過離奇，完全不合邏輯。

當然也有敢於直面事實的人。宋朝人葉夢得説：“荆州刺史自隆安三年桓玄襲殺殷仲堪，即代其任，至於篡，未别授人。陶淵明之行在五年，豈嘗仕於玄耶？”（詳見吴仁傑《陶靖節先生年譜》“隆安五年”條下）朱自清先生研究陶淵明的生平，有一個結論説：“以《辛丑歲七月赴假還江陵，夜行塗口》全詩及所紀之年考之，淵明固嘗仕玄，蓋毋庸諱，惟所仕何官則不可知矣。”①

隆安五年（401）陶淵明曾回家一次，稍後返回江陵公幹；到當年冬天陶淵明遭遇母喪，依禮制退出官場，回尋陽老家守孝三年。而就在他居喪期間，政治舞臺上發生了一系列重大的事件：隆安五年桓玄本已積極準備東下攻取首都建康；到第二年元興元年（402），在朝廷裏掌實權的尚書令司馬元顯發兵討伐桓玄，桓玄迅即帶兵東下，攻入建康，殺司馬

① 朱自清：《陶淵明年譜中之問題》，《朱自清全集》第8卷，江蘇教育出版社，1993年，第183頁。

道子、元顯父子，自為都督中外諸軍事、丞相、録尚書事、揚州牧，領徐、荆、江三州刺史，兼統西府、北府兵，實際上取得了中央以至地方的軍政全權，稍後更合乎邏輯地“諷帝以禪位”；元興二年（403）冬，桓玄“接受”禪讓，稱帝，國號楚，改元永始。被廢掉的晋安帝則被打發到尋陽安置。

元興元年（402）桓玄領兵東下時，氣勢很盛，其時應是英雄用武之際；而到元興二年（403）冬，桓玄登基之後，要用之人當然更多，他甚至細緻到打算請幾個隱士出來為新政權做點綴，“乃徵皇甫謐六代孫希之為著作郎，并給其資用，皆令讓而不受，號曰‘高士’。時人名為‘充隱’”（《晋書·桓玄傳》）。此時應是陶淵明大顯身手的好時機，但居喪讓他完全失去了這些機會。

於是陶淵明不免就心潮起伏了，一段時間裏寫了不少詩。其《癸卯歲始春懷古田舍》有句云：“耕種有時歇，行者無問津。”癸卯即元興二年（403），本年春天桓玄攻入首都并準備上臺，而陶淵明就有這樣急於出山的表示。本年五月陶淵明又曾在《和胡西曹示顧賊曹》詩（此詩繫年據王瑶先生編注之《陶淵明集》）中寫道：“感物願及時，所恨靡所揮。悠悠待秋稼，寥落將賒遲。逸想不可掩，猖狂獨長悲。”由此不難體會到他此時想要出山的心情是何等迫切。

此後陶淵明在《癸卯歲十二月中作與從弟敬遠》一詩中有句云：“平津苟不由，棲遲豈為拙。寄意一言外，兹契誰能別。”癸卯歲夏天桓玄稱楚王，十二月三日稱帝，改元永始。陶淵明此時作詩大發感慨，對於自己走不上坦途（“平津”）而衹能隱没於草野之間作了聊以自慰的喟嘆。

這幾首詩的思想感情是前後照應的。從《癸卯始春懷古田舍》的希望有人來“問津”，到《和胡西曹示顧賊曹》的欲及時有為，并致憾於自己没有發揮能力的機會，再到《癸卯歲十二月中作與從弟敬遠》的哀嘆自己不得不隱居；陶淵明當年的心事，可謂歷歷如畫。

《停雲》《時運》《榮木》這一組三首詩的思想感情同上述三首五言詩所表達者也是互相照應的。這是陶淵明一生中心態最為積極的時候。

可是桓玄很快就垮臺了，打垮他并取代他主導政局的是劉裕。陶淵明也曾在劉裕手下幹過幾天，但很快就離去了，不久以後更乾脆歸隱了。陶淵明從此再也没有這樣積極進取過，衹是躲在故鄉過平静的田園生活。《停雲》等三首詩之被邊緣化，其深層原因正在於此。

諸人共遊周家墓柏下

現代人的旅遊，一般總是到没有去過或雖曾去過而意猶未盡的好看好玩的地方，例如風景名勝或者是有特色的鄉村、海濱；而陶淵明却喜歡到墓園裏去一遊。他有一首《諸人共遊周家墓柏下》，詩云：

今日天氣佳，清吹與鳴彈。感彼柏下人，安得不為歡。
清歌散新聲，緑酒開芳顔。未知明日事，余襟良已殫。

這裏最值得注意的是詩題中的那個“遊”字，不是去憑吊逝者，更非掃墓——以陶淵明為首的這一批遊客同這個周家似乎并没有什麼關係。無非是這裏柏樹長得好，地方開闊，便於陶淵明等人到此一遊，就地放聲歌唱，盤桓野餐。

在别人家的墓地裏唱流行歌曲（“清歌散新聲”），大喝其酒（“緑酒開芳顔”），須無人干涉纔行——大約這個周家曾經是大户人家，墓園相當講究，而現在衰落了，無人看守管理，變成一塊公共緑地，陶淵明一行看好這裏，遂帶着美酒和很高的興致結伴來遊。

此詩的寫作時間以及墓主周家是什麼人家，詩的題、序和正文皆未提到，但對這兩點都有可能做些推測。

時間，簡而言之，《諸人共遊周家墓柏下》似應作於陶淵明把家搬到南村（義熙七年，411）以後，有可能與《遊斜川》一詩的寫作時間比較接近。

義熙初（405），陶淵明開始歸隱時住在“園田居”，那裏遠離村莊，没有什麼鄰居，他過的是離群索居的幽静生活，出去散步，或獨自一人，或帶着自家的子侄。其《歸園田居》詩其四云：

久去山澤遊，浪莽林野娱。試攜子侄輩，披榛步荒墟。
徘徊丘壟間，依依昔人居。井竈有遺處，桑竹殘朽株。
借問采薪者，此人皆焉如？薪者嚮我言，死没無復餘。
一世異朝市，此語真不虚。人生似幻化，終當歸空無。

陶淵明“攜子侄輩”在較遠的一處廢墟漫步，對人生的興衰不定、變幻無常生出許多感慨。他總是喜歡找些奇怪的地方散步遊覽。搬到城郊的南村以後，他的鄰居、朋友大為增加，不僅聚在一起“奇文共欣賞，疑義相與析”（《移居》），有時還結伴出遊，著名的同遊斜川是查明有據的一次。據詩序，那是在辛酉（劉宋永初二年，421）正月五日那一天。似此，則諸人共遊周家墓柏下或亦在東晋之末或劉宋初年吧。

關於這一處周家，清代陶詩專家陶澍有過一個推測。其集注本《靖節先生集》卷二寫道：

> 《晋書·周訪傳》：陶侃微時，丁艱，將葬，家中忽失牛。遇一老父，謂曰：“前岡見一牛，眠山汙中，其地若葬，位極人臣矣。”又指一山云：“此亦其次，當出二千石。”言訖不見。侃尋牛得之，因葬其處，以所指别山與訪。訪父死，葬焉，果為刺史。自訪以下，三世為益州四十一年，如其所言云。周、陶世姻，此所遊，或即訪家墓也。

陶澍引用的材料不够準確，那一套墓葬風水的傳説不見於《晋書》卷五十八《周訪傳》。而據該傳我們知道，周訪（260—320）乃兩晋之交的重臣，生於尋陽，與淵明的曾祖陶侃（267—332）為同鄉、同僚，後結為兒女親家。《周訪傳》載：“周訪字士達，本汝南安城人也。漢末避地江南，至訪四世，因家廬江尋陽焉。……訪少沉毅，謙而能讓，果於斷割，周窮振乏，家無餘財。為縣功曹，時陶侃為散吏，訪薦為主簿，相與結友，以女妻侃子瞻。”後周訪以軍功封尋陽縣侯，其子孫四代人周撫、周楚、周瓊、周虓一直有相當高的地位，可惜最後周虓為了救母、妻之命不得已投降了前秦的苻堅，而他的心始終嚮着東晋，最後病死於太原，遺體由東晋方面迎回，得以還其舊隴——但尋陽周家從此也就没落了。所以陶淵明諸人遊於本地的周家墓柏下是大有可能的。人的命運、家族的命運都往往沉浮不定，“人生似幻化”啊。活着的時候就好好活着吧。末了的“未知明日事，余襟良已殫”這兩句格言式詩句的意思是説，未來完全無從預料，我的心裏話實在都説完了。他之所謂心裏話（“余襟”）就是前面的兩句詩：“感彼柏下人，安得不為歡。”死了也就完了，活着的人要高高興興地活着——讓我們彈琴唱歌，開懷暢飲吧。

死亡是必然要發生的事情，它倒逼我們樂觀通達地面對生活，千萬不要自尋什麽煩惱。

連雨獨飲

飲酒是陶淵明的最大嗜好。他出任彭澤令時，擬將作為他俸禄的全部“公田”都拿來種上作為釀酒原料的秫稻（黏高粱），夫人提出抗議，固請種秔（粳稻），他不得已，同意讓出六分之一的土地解决全家人的吃飯問題（詳見《宋書·隱逸傳·陶潛傳》）。可見在他心裏還是喝酒重要。前人説陶淵明詩篇篇有酒，略見誇張，但他喜歡喝酒并一嚮在詩裏大談其酒則確是事實。從酒説起，各種内容都可以掛靠上去。陶淵明專門談飲酒之心得，并且談得最集中、最透徹的大約就要數《連雨獨飲》一詩：

運生會歸盡，終古謂之然。世間有松喬，於今定何間？
故老贈余酒，乃言飲得仙。試酌百情遠，重觴忽忘天。
天豈去此哉，任真無所先。雲鶴有奇翼，八表須臾還。
自我抱兹獨，僶俛四十年。形骸久已化，心在復何言。

這首詩很有些玄言詩的氣息。

陶淵明曾經寫過一篇《晋故征西大將軍長史孟府君傳》，其中説起他本人的外祖父孟嘉同桓温的一番對話：

（桓）温嘗問君："酒有何好，而卿嗜之？"君笑而答曰："明公但不得酒中趣耳。"

孟嘉實際上是笑而未答。飲酒之趣這個問題，現在由《連雨獨飲》一詩來做一個晚到的具體回答。陶淵明説，有一種意見（以贈酒給自己的故老為代表）説飲酒可以成仙，這不可能，人總是要死的，從古到今没有例外（"運生會歸盡，終古謂之然"）。赤松子、王子喬一類仙人，不過説説而已。喝酒的妙處在於，喝醉以後可以暫時同平時的自我告别，拋棄舊有的感情（"試酌百情遠"），忘記身外的一切（"重觴忽忘天"）。儘管那一切仍然存在，客觀世界没有變化（"天豈去此哉"），但這種暫時的告别仍然是有意義的——這時可以神遊八極，無遠弗届（"雲鶴有奇翼，八表須臾還"），使自己得以擺脱肉體的束縛，而僅僅留下自由的心靈（"形骸久已化，心在復何言"）。這樣的自由多麽可喜可貴！在那些陰雨連綿下個不停的沉悶日子裏，陶淵明獨自飲酒，思考人之自由的問題，寫下了這首詩。陶淵明像他的外祖父孟嘉一樣，深得酒中之趣。他深刻地指出，雖然飲酒不能成仙，也不能改變客觀狀況，但可以藉此獲得陶醉，讓身心暫得休息，精神進入自由王國——這是何等美妙的享受！明朝人黄文焕引沃儀仲評論此詩的高見道："他作談生死，猶是彭殤齊化之達觀，獨此云忘天任真，形化心在，誠有不隨生存、不隨死亡者。一生本領，逗洩殆盡。"（《陶詩析義》卷二）這首詩不是運用莊子的相對主義去齊一生死，而是拿一種暫時自由的心靈去對抗以至化解實際生活中的人生無奈——這確實是陶淵明的一大本領，也是他的作品一嚮頗得人心之奥妙所在。

於王撫軍座送客

晉、宋之際的江州刺史王弘（字休元，379—432），是同陶淵明頗有關係的一位高官。其人乃是王導的曾孫，在當時的政治舞臺上要算一個比較重要的人物。《宋書》卷四十二《王弘傳》載，王弘同劉裕關係一嚮很好，他從東晉義熙十四年（418）起為撫軍將軍、江州刺史，到劉宋永初三年（422）入朝，進號衛將軍、開府儀同三司，後來頭銜還有進一步的高升，但繼續擔任江州刺史如故，直到元嘉三年（426）正式調出江州，改任司徒、録尚書事、揚州刺史。稍後江州刺史一職由檀道濟（？—436）接任。

王弘在江州任刺史八年，同陶淵明建立了相當不錯的關係，雖然不能算很親密，但一直比較融洽。一位高隱肯這樣接受一位本州最高父母官，應當説已經相當難得。

開始時陶淵明不肯見這位州刺史，王弘放低身段想方設法争取見到這位比他年長的隱士詩人。沈約《宋書·隱逸傳·陶潛傳》寫道：

> 江州刺史王弘欲識之，不能致也。潛嘗往廬山，弘令潛故人龐通之賫酒具，於半道栗里要之。潛有脚疾，使一門生二兒轝籃輿；既至，欣然便共飲酌。俄頃弘至，亦無忤也。

這大約是王弘到任未久之時的事情。陶淵明不想結識這位本地最高長官，但王弘做了一個巧妙的安排，在陶淵明出遊途中之栗里安排私人酒會，藉此機會見了一面，而陶淵明態度隨和，倒也并不拒人於千里之外。成功地有了這一回破冰之旅以後，事情就變得比較順利了，《晉書·隱逸傳·陶潛傳》叙述其前前後後的經過道：

> 刺史王弘以元熙中臨州，甚欽遲之。後自造焉，潛稱疾不見。既而語人云："我性不狎世，因疾守閑，幸非潔志慕聲，豈敢以王公紆軫為榮耶？夫謬以不賢，此劉公幹所以招謗君子，其罪不細也。"弘每令人候之，密知當往廬山，乃遣其故人龐通之等，賫酒先於半道要之。潛既遇酒，便引酌野亭，欣然忘進。弘乃出與相見，遂歡宴窮日。潛無履，弘顧左右為之造履，左右請履度，潛便於座申脚令度焉。弘要之還州，問其所乘，答云："素有脚疾，嚮乘籃輿，亦足自反。"乃令一門生二兒共轝之至州，而言笑賞適，不覺其有羨於華軒也。弘後欲見，輒於林澤間候之。至於酒米乏絶，亦時相贍。

元熙（419—420）是東晉最後一個年號，此後就晉、宋易代了。王弘水平很高，很會處理同隱逸高人之間的關係。這樣陶淵明就與王弘成了朋友，到他的衙門裏去過，後來還寫過一首《於王撫軍座送客》，更可見他已經成為撫軍將軍、江州刺史王弘的座上客，并作為陪客一道餞别王弘的其他客人。詩云：

冬（或作秋）日凄且厲，百卉具已腓。爰以履霜節，登高餞將歸。
寒氣冒山澤，遊雲倏無依。洲渚四緬邈，風水互乖違。
瞻夕欲良讌，離言聿云悲。晨鳥暮來還，懸車斂餘輝。
逝止判殊路，旋駕悵遲遲。目送回舟遠，情隨萬化遺。

一個冬日的傍晚，王弘在某一高處的臺閣上設宴送客，大家依依惜别。這首詩在陶淵明的作品裏衹算平平。凡帶有應酬性質的詩要想寫得好是很難的，應酬之作總有一番客套，有一大通非説不可的套話。但這首詩仍然很值得研究。首先當然是最好能弄清楚寫作的時間，以及送的是什麼客。可惜這兩點在陶詩裏毫無綫索。

巧合的是，在《文選》卷二十裏有一首同江州刺史王弘送客直接有關的詩，這就是謝瞻（字宣遠，383—421）的《王撫軍、庾西陽集别，時為豫章太守，庾被徵還東》：

祗召旋北京，守官反南服。方舟新（一作析）舊知，對筵曠明牧。
舉觴矜飲餞，指途念出宿。來晨無定端，别晷有成速。
頹陽照通津，夕陰曖平陸。榜人理行艫，輶軒命歸僕。
分手東城闉，發權西江隩。離會雖相親，逝川豈往復。
誰謂情可書？盡言非尺牘。

詩題下有小注云："時為豫章太守，庾被徵東還。"（這些字曾混入詩題）李善注又引了更多的材料，可知被召回首都擔任要職的是原來的西陽太守庾登之，王弘為他送行；其時謝瞻將仍回豫章去當他的太守，也參與此會。餞别的地點在湓口南樓。

早就有學者將謝瞻此詩同陶淵明的《於王撫軍座送客》聯繫起來，説陶淵明詩裏説起的於撫軍將軍、江州刺史王弘座上所送之客就是庾登之和謝瞻。首倡此説者為元人李公焕，他在《箋注陶淵明集》卷二中寫道：

按年譜，此詩宋武帝永初二年辛酉秋作也。《宋書》：王弘字休元，為撫軍將軍、江州刺史，庾登之為西陽（今黄州）太守，被徵還；謝瞻為豫章（今洪州）太守，將赴郡。王弘送之湓口（今潯陽之湓浦），三人於此賦詩敘别。是必休元要靖節預席餞行，故《文選》敘謝瞻即席集别詩，首章紀座間四人。

可是如今的各本《文選》都没有提到"座間四人"。此詩也許同陶淵明無關，謝詩中"衹召旋北京，守官反南服"分指庾登之和謝瞻本人，主人則是江州刺史王大人，這裏似乎没有涉及第四者的意思。所以陶、謝二詩所敘者是否為同一次餞别，恐怕是頗有問題的。但近年來著名學者王叔岷力挺李公焕，彌縫其説云：

謝詩"方舟新舊知"，李善注："舊知，庾也。"新知，蓋謂陶公。則謝詩所紀，實休元、登之、陶公及瞻自己四人。李（公焕）注不誤①。

可是"方舟"指兩船相并，所載者應當都是行將離開此地之人，這裏的"新知"似乎是指謝瞻本人，如用以指送客的陶公，似覺稍有勉强。如果詩句作"析舊知"，就更没有陶淵明什麽事兒了。但王説確有意味，所論亦并非絶無可能。袁行霈先生進一步彌縫其説并為此詩繫年説：

劉裕還彭城在義熙十四年正月，宋臺之建在此年六月。據《宋書》卷四四《謝晦傳》及《宋書》卷五六《謝瞻傳》，宋臺初建，謝晦為右將軍，時謝瞻尚在家。則謝瞻之任豫章太守必在義熙十四年之六月以後。王弘既在江州與謝瞻、庾登之集别，則謝瞻之赴任又在王弘赴江州之後，且在王弘結識淵明之後。謝瞻《王撫軍庾西陽集别時為豫章太守，庾被徵還東》詩曰："衹召旋北京，守官反南服。"既曰"反"，則非初次上任。或上任後曾入都又南反，途徑江州，適值庾登之由西陽太守入為太子庶子，亦經江州。王弘遂邀謝、庾及淵明集别。檢《宋書》卷五三《庾登之傳》，其入為太子庶子時間不確定。但據《宋書·武帝紀》，元熙元年十二月劉裕之世子劉義符為宋太子，元熙二年六月劉裕即位改元永初，八月義符被立為皇太子，庾登之入為太子庶子，必在義熙（按此處誤排，當作"元熙"——顧農）元年十二月之後。兹繫此詩於宋武帝永初元年庚申（420）②。

據此看來，將謝瞻那首詩繫於宋武帝永初元年庚申（420）是比較合適的。陶淵明的《於王撫軍座送客》很可能即為同一次集别，衹是尚難予以最後的確認。不過我們仍然可以

① 王叔岷：《陶淵明詩箋證稿》，中華書局，2007年，第182頁。按王書原於1975年由藝文印書館初版。
② 袁行霈：《陶淵明集箋注》，中華書局，1979年，第152—153頁。

姑且設定陶、謝二詩寫的是同一集別。如此則陶詩亦當作於永初元年（420）或稍晚。到永初三年（422）王弘"進號衛將軍，開府儀同三司"（《宋書·王弘傳》），這以後就不能再稱為"王撫軍"了。

根據上文所説的情況，可以做出下列四點推論：

第一，王弘在就任江州刺史以後不久的元熙（419—420）年間就設法會見了陶淵明，可見陶淵明已是一方名人，而更有一層關係是義熙末朝廷曾徵陶淵明入京為官（《宋書》本傳載："義熙末，徵著作佐郎，不就。"），雖然陶淵明没有去就職，但作為地方最高官員去拜會一下這位社會賢達，以示禮賢下士，是完全必要的。王弘當官很有一套，自會處理這些事務。

第二，晋、宋易代前後，王弘都在江州刺史任上，陶淵明對於改朝换代，也并不甚介意。這一次换代可算水到渠成，十分平静。此後王弘在送往迎來的公務宴會上繼續邀請陶淵明到會作陪，陶淵明亦欣然與會，還就此賦詩，都是情理中的事。

第三，這些宴會所迎送的客人大抵是朝廷命官，他們對詩人陶淵明也許要敷衍客氣幾句，但未必就看得起他，從根深蒂固的官本位立場來看，這一類草根名流其實不算什麽人物，很難要求那些官員都有王弘的見識、水平和雅量。陶淵明也不大買他們的賬，在詩裏説："逝止判殊路，旋駕悵遲遲"，他有自己的身份。

第四，如果這一次確實是王、庾、謝、陶的四人集别，則前三人不僅官階高（王是州級，庾、謝是郡級），而且門第高——瑯邪王氏、潁川庾氏、陳郡謝氏，都是那時海内最高的望族；尋陽陶氏，在本地也許算是一流的高門，但放到全國範圍裏去衡量，就算不上有多高了。謝瞻的詩裏基本上無視陶淵明的存在，道理正在於此。

王弘在江州刺史任上多年，舉行過的送别宴會一定很多，陶淵明這首詩寫的到底是哪一次，難以弄清，但總在永初三年（422）稍前的幾年之中。過去某些學者把陶淵明描寫成東晋的忠臣和遺民，對劉宋政權充滿憤恨，根據本來就非常不足①，而這首《於王撫軍座送客》詩更是所謂"忠憤"説的一大反證。

曾有學者否認《於王撫軍座送客》是陶淵明的作品，説充滿"忠憤"的陶淵明怎麽會同劉宋的高官混在一起。此説未見提出任何文獻上的依據，衹是一種并無可靠前提的推測，這裏就不去過多討論了。

---

① 參見顧農：《從陶淵明〈述酒〉詩説到他的政治態度》，《文學遺産》2017 年第 2 期。

止酒

陶淵明《止酒》詩云：

居止次城邑，逍遥自閑止。坐止高蔭下，步止蓽門裏。
好味止園葵，大歡止稚子。平生不止酒，止酒情無喜。
暮止不安寢，晨止不能起。日日欲止之，營衛止不理。
徒知止不樂，未知止利己。始覺止為善，今朝真止矣。
從此一止去，將止扶桑涘。清顏止宿容，奚止千萬祀？

飲酒是陶淵明最大的嗜好，從來没有想到要改變（“平生不止酒，止酒情無喜”），但喝得太多不免影響健康，大約在某次健康危機之後他忽然下決心戒酒（“始覺止為善，今朝真止矣”），而一旦實行之後，他就對此寄予極大的希望，似乎馬上就可以進入仙境、獲得長壽了。這樣的酒鬼心態未免可笑，但也還是可以理解的，老烟槍戒烟的心理與此十分相近。在這樣的精神狀態下，酒或烟恐怕是戒不成的——成仙既不可能，那麼還是來喝酒吧。

陶淵明後來改飲菊花酒。那時的人們相信菊花是有助長壽的特效滋補品，陶淵明有兩句詩道：“酒能祛百慮，菊解制頹齡。”（《九日閑居》）用菊花泡酒喝，既可以過酒癮，又達到了養生長壽的目的，一舉兩得，再也没有什麼問題了。“采菊東籬下，悠然見南山”是《飲酒》其五中有名的詩句，寫的大約就是他“止酒”以後的新舉措。

“從此一止去，將止扶桑涘”，這話後來完全落空，徒然成為一句玩笑。據説馬克·吐温説過戒煙是很容易的事情，他已經戒過 1000 次了。這些都不足為訓。從藝術形式上來説，“《止酒》詩每句藏一‘止’字，當係俳諧體”（朱自清《陶詩的深度》），恰恰與他并未真下决心進行戒酒相匹配。清人蔣薰評此詩曰：“想是偶然乏酒，作此遊戲言”（《陶淵明詩集》卷三）“遊戲言”三字很得要領。

我們從這裏可以感受到詩人理性與癖好之間的矛盾，不無認識價值，但這樣的詩篇在佳作如林的陶詩中不能不説是一份敗筆。曾有人稱之為陶淵明的“慚筆”（袁守定《占畢叢談》卷五），又有人指出此是“故作創體，不足法也”（陳祚明《采菽堂古詩選》卷十三），這樣的批評是恰當的。但前人對此詩亦有做極高之評價者，以為其中包含了許多深意。這恐怕是在神化陶淵明。以為大人物的任何作品裏都包含着了不起的微言大義，乃是文學評論中的多年痼疾。

有會而作

陶淵明平生有一個著名的故事，是他拒絕了本地新任州官檀道濟的慰問和饋贈：

……躬耕自資，遂抱羸疾。江州刺史檀道濟往候之。偃卧瘠餒有日矣。道濟謂曰："賢者處世，天下無道則隱，有道則至。今子生文明之世，奈何自苦如此?"對曰："潛也何敢望聖賢，志不及也。"道濟饋以粱肉，麾而去之。(蕭統《陶淵明傳》)

檀道濟（？—436）是東晋、劉宋間的著名將領，打過許多勝仗，他擔任江州刺史在劉宋元嘉三年（426）討平謝晦之後。《宋書》卷四十三本傳載："事平，遷都督江州、荆州之江夏、豫州之西陽、新蔡、晋熙四郡諸軍事、征南大將軍、開府儀同三司、江州刺史，持節、常侍如故。"在他之前擔任江州刺史的是王弘，他們的交接即在當年。《宋書・文帝紀》載：

(元嘉）三年春正月……遣中領軍到彦之、征北將軍檀道濟討荆州刺史謝晦，上親率六軍西征。大赦天下。丁卯，以車騎大將軍、江州刺史王弘為司徒、録尚書事、揚州刺史……

夏五月，以征北將軍、南兖州刺史檀道濟為征南大將軍、江州刺史……

王弘任江州刺史頗歷年所，同陶淵明來往比較多，關係比較好，時常有些饋贈。這種對本地著名社會賢達表示敬意的辦法檀道濟繼承下來了，但他没有王弘那樣的修養，不大會説話，一出馬就碰了一個軟釘子，陶淵明不肯領情，將送來的粱肉退了回去。

以這個小故事墊底，我們就可以讀懂陶淵明晚年的重要詩作《有會而作》了。該詩小序云："舊穀既没，新穀未登。頗為老農，而值年灾。日月尚悠，為患未已。登歲之功，既不可希。朝夕所資，烟火裁通。旬日已來，始念饑乏。歲云夕矣，慨然永懷。今我不述，後生何聞哉!"詩云：

弱年逢家乏，老至更長饑。菽麥實所羡，孰敢慕甘肥?
惄如亞九飯，當暑厭寒衣。歲月將欲暮，如何辛苦悲。
常善粥者心，深念蒙袂非。嗟來何足吝，徒没空自遺。

斯濫豈彼志？固窮夙所歸。餒也已矣夫，在昔余多師。

這首詩作於元嘉三年（426）歲末，正在陶淵明已經相當困苦而竟將太守檀道濟“麾而去之”之後。

《有會而作》一詩除了寫自己的飢寒困苦之外，最值得注意的是其中發揮了儒家經典的本來意義，講清了關於救濟與接受的人情物理。詩中“粥者”“蒙袂”“嗟來”諸句典出《禮記·檀弓下》：

齊大饑，黔敖為食於路，以待餓者而食之。有餓者蒙袂輯屨，貿貿然來。黔敖左奉食，右執飲，曰：“嗟，來食!”揚其目而視之曰：“予唯不食嗟來之食，以至於斯也。”從而謝焉，終不食而死。曾子聞之，曰：“微與，其嗟也，可去；其謝也，可食。”

陶淵明大體同意曾子的意見，認為在灾荒之年有人出來做慈善事業是值得感謝的，弱勢群體衹要能保住自己的人格尊嚴，接受救助是可以的，即使多少有一點屈辱之感也不必介意（“嗟來何足吝”），因為接受救助可以保住自己的性命；如果一味硬挺，白白餓死，或生活質量極差，那是不值得的。陶淵明先前在“酒米乏絶”時接受過前任刺史王弘的若干饋贈，“亦無所辭焉”。王弘對陶淵明非常尊重，每次他想要見陶淵明，“輒於林澤間候之”（《晋書·陶淵明傳》），不會冒冒失失地登門，更不會說一些政治正確的八股。檀道濟是一介武夫，對陶淵明尊重不足，説話又不會委婉其辭，他的那幾句話歌頌當今“文明之世”，并有批評陶淵明的意思，老詩人很不愛聽，不食嗟來之食，讓他走遠一點。《有會而作》一詩可以説正是他對於打發檀太守走人一事的解釋，强調自己“君子固窮”的節操。何焯説，此詩的後一半“言蒙袂揚目者誠過，然斯濫可戒，當以固窮為師也”（《義門讀書記》第五十卷《陶靖節詩》）。

陶淵明在對待貧困和接受饋贈的問題上既有他的靈活性，也有他的原則性。為了比較好地生存下去，他可以接受某種饋贈，甚至還可以主動“乞食”。在陶淵明看來，如果因為要保持高士的僵硬身段而絶對不接受任何饋贈，那是矯情做作，并不可取——這是陶淵明的家常隨和之處；但他又强調一定要有自己的尊嚴，贈與同接受的彼此之間是平等的關係；如果贈與者態度惡劣，那就衹能予以拒絶，即使自己已經餓得爬不起來的時候也是如此。

到第二年（元嘉四年，427），陶淵明就與世長辭了。

混入《陶淵明集》的三首詩

在《陶淵明集》中，有三首詩不是他寫的，這就是《歸園田居》其六、《四時》和《問來使》。

所謂《歸園田居》其六其實乃是南朝詩人江淹（字文通，444—505）的作品，是模擬陶淵明田園詩來寫的。江淹有《雜體詩三十首》，分别模擬先前著名詩人的風格，人各一首；模仿陶淵明的這一首題作《陶淵明田居》：

種苗在東皋，苗生滿阡陌。雖有荷鋤倦，濁酒聊自適。
日暮巾柴車，路暗光已夕。歸人望烟火，稚子候檐隙。
問君亦何為？百年會有役。但願桑麻成，蠶月得紡績。
素心正如此，開徑望三益。

這裏用了許多陶淵明詩中的常用詞，如“東皋”“荷鋤”“濁酒”“巾車”“稚子”“桑麻”“素心”等等，大的路數同陶淵明的《歸園田居》很相似，神態宛然是一位隱逸詩人。後來被誤編入陶集，直到很久以後纔被發現并剥離出來。

《四時》是一首五言四句的小詩：

春水滿四澤，夏雲多奇峰。秋月揚明輝，冬嶺秀孤（寒）松。

用四句詩分别寫四季的景色，頗簡明中肯，但這乃是晋人顧凱之（即顧愷之，字長康，349—410）的作品，《藝文類聚》卷三“歲時部上”有載録，題作《神情詩》并注明是“摘句”。這四句顧詩不知何時被誤認為陶詩，并編入了《陶淵明集》。

《問來使》的情形比較複雜，詩云：

爾從山中來，早晚發天目。我屋南窗下，今生幾叢菊？
薔薇葉已抽，秋蘭氣當馥。歸去來山中，山中酒應熟。

這裏提到菊花和酒，與陶淵明一嚮的愛好相合，詩也寫得頗有高逸的神韵；但前人對它的真僞早已提出懷疑，其原因約有三條：

其一，據宋朝人蔡絛説，此詩“獨南唐與晁文元二本有之”（《西清詩話》），其他版本的陶集裏没有；洪邁也説本篇“詩集中皆不載，惟晁文元家本有之”。這就是説，大多數陶集中并無此詩，該文本的來源很是可疑。

其二，詩中提到天目山，該山在今浙江省，與陶淵明好像没有什麽關係。陶淵明未必到過浙江。其内容可疑，或者更乾脆地説，此詩當出於他人之手。清人鄭文焯指出：“世士以陶公寄情菊酒，又是詩有‘歸去來’一語，率爾附入陶集，誠不知天目既非其故居，而淵明欲歸則歸，亦無用其問來使耳”（《陶集鄭批録》）。但是在人們的思維定勢中，陶淵明同菊花、同酒關係都很密切，而這裏恰恰有菊有酒，還有“歸去來”的字樣，於是就大膽確認為陶詩了。

其三，此詩“體制氣象與淵明不類”（《滄浪詩話》），“筆輕竟類唐人”（方熊評《陶靖節集》卷二）。從風格氣象上來考量詩的真僞相當困難，因為一個作家可能有幾副筆墨，同一時代也往往有多種風格并存，所以這第三條之然否很難説；但第一、二兩條則確為嚴重的問題。所以今人編注本陶集往往將此詩列入附録，亦即不承認它是陶淵明的作品。

但也有些學者認定此詩為真。持此説者的重點在於論證天目山與陶淵明其實是有關係的，而且反映了詩人的一段重要經歷。有學者指出此詩乃晋孝武帝太元九年（384）秋由陶淵明作於會稽，時任鎮軍王藴的參軍。當時可能有天目山的某一位修道者之使者到會稽，或者傳遞書信，或者邀請陶淵明入山；陶淵明因此想起了故鄉，遂藉“問”言情，寫詩表示希望歸隱南山，與芳菊為侣，與美酒為伴云云。可是關於太元九年（384）前後陶淵明曾任鎮軍王藴的參軍一事尚待證實。讓我們來瞭解一下王藴其人，并討論陶淵明是否曾經或可能在他手下但任過僚佐。

查王藴（330—384）是東晋的皇親國戚、高官，他擔任過鎮軍將軍、會稽内史。《晋書·外戚傳》本傳載：

> ……遷丹陽尹，即本軍號加散騎常侍。藴以姻戚，不欲在内，苦求外出，復以為都督浙江東五郡、鎮軍將軍、會稽内史，常侍如故。

陶淵明同王藴没有什麽交集，他不可能在很年輕的時候跑到會稽去充當鎮軍參軍，那時他還没有這樣的資格。陶淵明有《始作鎮軍參軍經曲阿》詩，但這裏的鎮軍將軍乃是劉裕，與王藴無關。

退一萬步説，即使承認有一位天目山的來使同陶淵明打過交道，陶淵明對其人也很難像這首詩似的發問——他本人故園南窗下近來情況如何，該使者何從得知呢？詩裏的提問可以不要求對方回答，但該問總得符合彼此的關係，不能亂問。

又有學者説，陶淵明有一個兒子陶佚與天目山有關，彭澤《定山陶氏宗譜》在“各支分遷”欄下載“四子佚公支下遷彭澤縣城、天目、武陵、陝西等處”，而萬曆《新昌縣志》則明確地説到“（陶）佚隱居杭天目及會稽”；到同治《新昌縣志》，更根據《問來使》詩認為在天目山也有陶淵明本人的“芳踪”。可是就算陶淵明確有後代遷居天目，那也遠在陶公的身後，他本人并没有“我屋”在此山中，然則“南窗下今生幾叢菊”這樣的問題何從問起？他仍然没有也不可能寫這樣的《問來使》；而説陶淵明本人到過天目山或者甚至一度住在這裏，則没有任何史料或他的其他作品可以證明。

晚出的家譜族譜以及地方志之類往往有若干記載不盡可靠，特别是其中提到的人物事件離成書之時已遠而中間毫無憑藉者，一般衹能作為傳説來看，未可照單全收，更不能作為考證的依據。攀附名人之風，雖然於今為烈，實乃古已有之，對此一定要有清醒的估計。為了一首來歷不明的小詩，弄出越來越多的虚構來，在舊時的地方志中時有所見。其實那衹是些傳説，可以談談玩玩，未便確認為真。

作者單位：揚州大學文學院

成都龍泉驛北周文王碑及宇文泰治蜀之道

王懷成

成都龍泉驛天落石北周文王碑銘文題刻及佛道造像石窟，為瞭解和研究西魏北周時期民間佛道信仰，提供了寶貴的實物資料。聯繫到比龍泉驛北周文王碑稍早或大致同一時期，北魏中後期、西魏北周時期長安地區的大量出土造像、碑銘與今存摩崖石刻等歷史遺存，可以判斷今龍泉驛北周文王碑題記所云的兩尊大型石刻造像，就是碑文所稱的佛道二尊像，這符合長安地區民間信仰的普遍情況。侯景之亂，南朝蕭梁政權中父兄之間加緊内鬥，為了爭奪帝位，武陵王蕭紀主動撤離成都，西魏趁機入蜀，在此背景下，為了紀念宇文泰之死，强獨樂等人造了北周文王碑及佛道石窟造像。從北周文王碑銘文及石窟造像的藝術特徵等方面分析，結合歷史文獻，西魏入蜀雖歷時四年有餘，但西魏對蜀地無心也無力經營，因此造像不具備四川本土宗教信仰和石刻藝術的特徵。今龍泉驛北周文王碑及其造像與以長安為中心的關隴地區宗教信仰具有直接的關聯，其佛道造像并列、融為一體，不能代表北周早期統治階級的宗教觀，而是中下層大衆功利實用的宗教信仰的具體表現。

一、龍泉驛北周文王碑佛道造像及銘文釋讀

今成都東麓龍泉山脈中，位於山泉鎮大佛村的天落石上，留存有系列摩崖石刻和碑銘。它們不是同一時期的作品，其中最早的也是最有價值的部分，是北周文王碑之銘文和匹配的佛道兩尊大型造像。

劉節先生最早對碑文進行整理和考釋，他未見到石刻，也未見到拓片，而是據咸豐所

刊《簡州志》、劉燕庭《金石苑》、陸增祥《八寶室金石補正》《簡陽縣志》等文獻，重加考訂[①]。丁先生也未見到造像碑實物，自云依據曹琦先生舊藏拓本[②]。隨後，《文物》雜誌於 1987 年第 8 期刊文説明强獨樂建周文王佛道造像碑未佚，“此碑原在四川省成都市龍泉驛區山泉鄉大佛村，現存成都市龍泉驛區文物保管所，1961 年由四川省人民政府公布為省級重點文物保護單位”[③]。後有趙純義、王家祐《北周文王碑考查報告》、薛登《北周文王碑及造像問題新探》、張勛燎《北朝道教造像再研究》、榮遠大《關於北周文王碑的幾個問題》等文章相繼問世，然而皆未注意到劉節先生抗戰期間的研究成果。

强獨樂，史籍無載，不知其身世出處，《晋書·苻堅載記》有“其特進强德，健妻之弟也，昏酒豪横，為百姓之患”[④]。碑銘位於石窟右側，為獨立碑刻，編號為 37—1。碑額 56 字，陽刻：“此周文王之碑。大周使持節、車騎大將軍、儀同三司、大都督、散騎常侍、軍都縣開國伯强獨樂，為文王建立佛道二尊像，樹其碑，元年歲次丁丑造。”[⑤] 碑文陰刻，共 1348 字，殘缺脱漏數十字，大體可辨，碑文下方左右兩側有高約 20 厘米的佛道畫像（如圖一、二）。造像石窟編號為 33—34，包括兩尊主坐像（頭部皆遭到破壞），六尊侍者立像。據服飾、鬚髮基本可以判斷為左佛右道。左像跏趺坐，為釋迦牟尼佛像；右像有鬍鬚，雙手合於胸前，手持麈尾，為太上老君像。佛之左後方為阿難尊者立像，右後方為迦葉尊者立像，佛之左前方為文殊師利菩薩立像，右前方為普賢菩薩立像。道像兩側靠前為男性脅侍立像，着道袍，戴道冠，雙手合於胸前，持笏；道像兩側靠後為兩女性脅侍立像，着長袍，無冠，雙手持物（所持之物待考）。整龕石窟左側當為文士站立像，右側為持斧武士站立像（如圖三）。

今據最早的劉節先生的文章，參以榮遠大所考（異體字據榮文），録文於下；并就碑文中的主要時間、事件和主要人物，於史籍可考者，釋以脚注，以為辨析：

> 夫功烈當時而顯揚千載者，非竹帛無以褒其訓，非金石無以銘其德。是以漢頌李氏於/蔭岑，前魏書鄧於綿竹，姬姜受齊魯之封，晋宋垂拱而取天位者，皆猶立身有滔天之功，/平暴理亂，存濟蒼生故耳。而我文王，處身成長，值國艱難，恒朔風起，連及魯越，鮮于、葛榮/各擁十州之衆，翻魂齊晋[⑥]。爾時王身，文武英邈，靡（榮文作

① 劉節：《北周强獨樂為文王造佛道二像碑記跋》，《金陵學報》1940 年第十卷第 1、2 期。

② 丁明夷：《從强獨樂建周文王佛道造像碑看北朝道教造像》，《文物》1986 年第 3 期。

③ 薛登：《强獨樂建周文王佛道造像碑未佚》，《文物》1987 年第 8 期。

④ 《晋書》卷一百十三《苻堅上》，第 2887 頁。

⑤ 榮遠大：《關於北周文王碑的幾個問題·附録》，《成都考古研究》，科學出版社，2009 年，第 508 頁。

⑥ 按，時為北魏孝昌二年（526）、北魏泰武元年（528），事在《魏書·肅宗紀》，中華書局，1987 年，第 243—249 頁。

“策”）量山海，坐算知天，謀無不决。平杜（杜洛周）、葛二/軍積年之寢（榮文作“寇”），掃蕩齊魏革化之民。京洛清晏，關東貼然，安置宰守，人民復業[1]。惟有醜奴、莫/折，屯聚蟻衆，擾亂三秦。賀拔與王俱時受命，龔行天罰，各領虎將百千，剛奮（據榮文）争先，擒醜奴/於涇州萇（榮文作“長”）坑之原，戮莫折餘燼在大秦之域[2]。河凉息寧，關隴倏同。平涇定秦，王有陣敵之/功，重勛難彰，除原州刺史。在任清儉，與民水菜不交，闇絶私覿，皎然冰鏡。恩同子産，後比/周邵。令名昭著，遠近欽穆。尋轉為夏州刺史[3]。爾時賀拔僕射為關西行臺，侯莫陳為隴右/行臺，各領所部擬伐凶逆。時有靈州刺史曹泥[4]，圮黄河之難，不祇（祗）國命。而賀拔僕射心欲/討惡，志公無二。而侯莫陳陰生妒嫉，密懷徒害。王時在西夏，聞僕射薨於原州，即領所部/星赴平□（榮文補“凉”）。爾時大軍，見府公薨背，人懷異望。王自至涇，誓約六軍，泣而言曰：“昔洪演納肝，/苞胥央秦；解陽執楚，至死不二；紀信代君，焚燒其身。伍員報父兄之仇，孫武令而言之：‘一/人欲死，百人不當；萬人欲死，横行天下。’遂能滅强楚於孃（榮文作“娘”）城之側，破越軍會稽之野。况我/等諸軍，將同韓白，衆如虎狼，今不為君雪耻，豈可立身於地上乎!”因即將士同心，揚威西/討，時不逾朔，蕩除凶虐[5]。斬侯莫陳元惡黨類[6]。虜掠衆軍，悉恕不咎，遂總攝百萬，志平國難。至永熙年中，高賊猖狂，拚（同“弄”）威并、相。主上嫌恨，遂遷京師，内外百官，歸還雍都。知王神機獨/决，視徹九霄，負武逕文，鎮越社稷。所領將帥者，皆進有曹劌之機，退懷孫臏之策，指日光/回，吹流山（榮文作“谷”）壑。其士卒也，手把長戈，雄毅跳山，蹴石成風，吸岳崩思。故武帝拜為都督中外/諸軍事、大丞相[7]。威振八極，六合來賓。北有茹茹，傾國歸降；南伐梁國，君刑民遷。交

---

① 按，葛榮殺王公、公卿以下二千餘人，為“河陰之難”，時在武泰元年（528）夏四月。葛榮謝罪，車駕還宫。（《魏書·孝莊紀》，第256頁。）十月，斬葛榮於都市。《魏書》，第260頁。

② 武泰三年（530）三月，醜奴斬於都市。《魏書》，第264頁。

③ 按，事在《周書·文帝上》，第4頁。

④ 按，魏永熙三年春正月，岳欲討曹泥。事在《周書·文帝紀》，中華書局，1987年，第4頁。

⑤ 按，魏永熙三年二月，“至於河曲，岳果為悦所害。其士衆散還平凉……竊覲宇文夏州……太祖將赴之，夏州吏民咸泣請曰……”《周書·文帝上》，第4—5頁。

⑥ 按，時在永熙三年四月，事在《魏書·孝莊紀》，第264頁；《周書·文帝上》，第9頁。

⑦ 按，永熙三年（534）七月丁未，“帝（魏出帝元修）為椿等迫脅，遂出於長安。……閏十二月癸巳，帝為宇文黑獺所害，時年二十五”（《魏書·出帝紀》，第291—292頁）；“七月丁未，帝遂從洛陽率輕騎入關……乃奉帝都長安。批草萊，立朝廷，軍國之政，咸取太祖决焉。仍加授大將軍、雍州刺史，兼尚書令，進封略陽郡公，别置二尚書，隨機處分，解尚書僕射，餘如故。……閏十二月，魏孝武帝崩。太祖與群公定策，尊立魏南陽王寶炬為嗣，我為文皇帝”（《周書·文帝上》，第13頁）；“魏大統元年（535）春正月己酉，進太祖督中外諸軍事、録尚書事、大行臺，改封安定郡公。”《周書·文帝下》，第21頁。

廣請命，/西定□①昌、鄧至、吐谷渾稱蕃，貢獻相尋，禮及中原。君臣和穆，父義、母慈、兄友、弟恭、子孝，盜/賊大匿，奸詐不行。故能除搀槍於九霄，掃塵遐於六莫。囹圄無阿枉之囚，幽澗無屈滯之/士。今日俗美，遵同慈父。昊天不吊，春秋五十，薨於長安②。百姓號慕，如遭先妣之喪。國王大/臣，咸推世子代其父位，心在哀迷，未治軍府。天鑒積善，必加餘慶，善惡報應，惟在上靈。是/以湯王自燒，甘澤降注；宋景思殃，熒惑一宿，為之三徙。天道無親，惟德是予，玄像垂曜，萬/國必仰。魏主知天命去已，祚歸於周。周畏天之命，即依恭受。而天王既臨萬國，尋思漢祖，/乃尊謚太上皇，魏文謚父為武帝。昔我周之紹隆，武王滅紂，謚先文王③。今既天歸周，恒應襲其故，遂依尊號文王④，班告天下。

樂等與大都督夫蒙俊帥、都督楊哲、都督吕璨、都督治/石嵓縣傅元緒、都督治陽安縣史寧德、武康郡丞劉延、治懷遠縣劉開、都督王祥、都督馬/延、都督鄭業等，出自布素，蒙王采拔，解褐入朝，位登三司，恢身殞命，無以上報，雖肝腸糜/爛，無過時之哀。竊唯上古，非臣子不樹碑銘，非其神而祭之者諂。樂等今從柱國大將軍、/大都督、甘州諸軍事、化政郡開國公宇文貴邊戍岷蜀，因防武康，不勝悲切。故於□東之/嶺，顯益之崗，天落石旁，為王敬造佛二尊寶堂。藥王在其左，普賢在其右；文殊師利，挾持兩厢；飛天化生，在上馳翔；獅子吒呰，在下侏張；百神莊嚴，内外黄黄；鑒察愚真，濟其道場。/前立靈碑，文字書揚；龜龍交般，岩巍昂藏；刊石隱文，萬代彌常；贊其功勛，永序延康。

赫赫文王，才高少昌。掃除四凶，建節秦陽。總押百萬，其鋒難當。儀同督將，智齊三剛。文學/儒士，態殊陳張。平彌燕趙，進師金方。克捷三秦，懸街邊疆。群奸斂平，衆逆消亡。南定庸蜀，/西及胡羌。北降茹茹，東南夷梁。六合清晏，濟濟康康。百官厘務，珮玉鏘鏘。各治其職，撫導/勝常。百民率舞，男女顯章。六畜滿原，

---

① 劉文所録此字闕，其跋云：“第二十一行首四字亦漶，《简志》缺三字，陸本第四字作昌，因是陸氏以意，補為‘西定宕昌’。”（劉節：《北周强獨樂為文王造佛道二像碑記跋》，《金陵學報》1940年第1、2期，第145頁）劉先生從陸增祥《八瓊寶金石補正》之補，認為應該是穩妥的。宕昌在今甘肅隴南、川西北一帶，南北朝時，當地羌族部落曾建割據政權名宕昌國。北魏時歸降於西魏，北周時常反叛朝廷。據《周書·宇文貴傳》：“宕昌王梁彌定為宗人獠甘所逐，來奔。又有羌酋傍乞鐵匆因梁仚定反後，據有渠株川，擁種類數千家，與渭州民鄭五醜扇惑諸羌同反，憑險置柵者十餘所。太祖令貴與豆盧寧、史寧討之。貴等擒斬鐵匆及五醜。史寧又别擊獠甘，破之，乃納彌定。并於渠株川置岷州。朝廷美其功，遂於粟坂立碑，以紀其績。”（《周書》，第313頁）宇文泰確有平定宕昌之功。

② 西魏恭帝三年（557）“冬十月己亥，崩於雲陽宫，還長安發喪。時年五十二。甲申，葬於成陵，謚曰文公。”（《周書·文帝下》，第37頁）《周書·孝閔紀》：“元年春正月辛丑，即天王位。……追尊皇考文公為文王。”（第46頁）本文按，宇文覺稱天王，行禪讓之禮，正式取代西魏。宇文覺自稱武王，尊宇文泰為文王，攀附周武王尊其父為文王故事。

③ “閏十二月，魏孝武帝崩。太祖與群公定策，尊立魏南陽王寶炬為嗣，是為文皇帝。”《周書·文帝上》，第13頁。

④ 按，遵循三國魏文帝曹丕謚其父曹操為文帝之先例，也因宇文氏建國名“周”，追溯到周文王、周武王，宇文覺也追謚其父宇文泰為文帝。宇文氏實則遵循了曹氏的禪讓奪權之法。

粟帛盈倉。漢稱文景，周咏成康。論此德績，上及三皇。/抑强綏貴，采擢賢良。覆載之下，贊言明王。故頌其德，刊文碑旁。

圖一

圖二

圖三

據上文所録37—1號碑文及所示34號石窟，知其開鑿於北周元年（557），是為紀念大周奠基者宇文泰之死而作。西魏、北周禪代之際，魏廢帝、魏恭帝、周孝閔帝、周明帝，自551年至559年，皆無年號，僅以元年、二年紀年。《周書·崔猷傳》載："世宗即位，徵拜御史大夫。時依《周禮》稱天王，又不建年號，猷以為世有澆淳，運有治亂，故帝王以之沿革，聖哲因時制宜。今天子稱王，不足以威天下，請遵秦、漢稱皇帝，建年號。朝議從之。"① 《北史·崔猷傳》所載大致相同。周明帝三年（559）秋八月，始改天王稱皇帝，大赦改元，曰武成元年。故碑文所稱元年，即為周孝閔帝宇文覺"元年春正月辛丑，即天王位……追尊皇考文公為文王"②。同年九月，宇文覺被晋國公宇文護弒崩。故造像及石碑刊刻的時間點，即指周孝閔帝宇文覺元年（557）無疑。

一般情況下，人們認為北周文王碑的碑文與佛道造像石窟相對應，碑文所述，也能與今《周書》《北史》等互參，大致無差。若以碑額題刻判斷，其内容是與石窟中的佛道造像相對應的；但若以碑文釋讀石窟造像，則出現了難以協調的矛盾。碑文所云"為王敬造佛二尊寶堂。藥王在其左，普賢在其右；文殊師利，挾持兩廂"諸語，似可認為是對石窟中左側佛像及脅侍者的闡釋。但是很明顯，這樣的記載與整個石窟的布局甚至僅就左側佛像而言，都是不能匹配的。故今之學者，懷疑石窟造像和碑文皆不是强獨樂當時所造。以榮遠大先生為代表，他從造像的風格、碑文的語句、碑文的布局等方面考證，認為現存碑文當為宋人所造；再從碑文的書法特徵、用字特徵、用語特徵、行文風格等推斷，此碑當為宋人依據唐人史料新刻。又據南宋王象之《輿地碑記目·簡州碑記》："後周宇文防紀功碑（碑在本州界首云防數遣都督入蜀，治石崗縣，治懷遠縣，見《簡池志》）郡守壁記名氏（始唐貞觀十三年，見劉左史《折柳亭記》）……周文王廟碑（在陽安縣西北上十五里，即後周高祖文帝之廟，舊碑題額云'大周植其碑，元年歲次丁丑造'，元年即後周閔帝之初元也，今石刻存焉）。"③ 認為原本有《周文王廟碑》和《後周宇文泰紀功碑》，今所見碑文，乃宋人據强獨樂所刻殘片續補重刻。榮先生的質疑不無道理，但"也就是説王象之不僅看到了現今北周文王碑，而且還對其原碑的情況做了進一步的説明"④ 則可能有失偏頗。王象之為南宋婺州金華人，以地理學著作《輿地紀勝》聞名。其地理學著作主要依據文獻資料彙集而成，《輿地碑記目》更是彙集了全國各地的碑刻遺迹，包括本文所涉碑刻。王象之并没有親身遊歷全國各地，也没有證據表明他曾到過四川，也就不可能親眼見到今龍泉驛天落石上的碑文。儘管如此，榮先生提出的質疑也有一定價值。如果碑文果為强獨樂原刻，則石窟必為後世所鑿，且二者之間無必然聯繫；若石窟為强獨樂所鑿，則碑文必定引

① 《周書》卷三十五《崔猷傳》，第617頁。
② 《周書》卷三《孝閔帝紀》，第46頁。
③ 王象之：《輿地碑記目》卷第四《劍南州碑記》。
④ 榮遠大：《關於北周文王碑的幾個問題》，《成都考古研究》，第503—510頁。

人懷疑。也即，今天所見龍泉驛天落石上所謂的北周文王碑和佛道二尊像，并不是配套的關係。本文推測，今北周文王碑之碑額，即陽刻部分，至少其文字內容，確為强獨樂等人所為。碑額和碑文的確風格上差異頗大，碑文的正文部分有可能是經過後人整合其他資料補刻的。石窟中的佛道二尊像，并不能確定不屬於西魏、北周時期的風格特徵，相反，這種佛道造像并列的現象，在西魏、北周占據的關隴地區是普遍存在的。

二、造像具有典型的關隴北朝風格

據上文所述，今龍泉驛天落石主石窟中的佛道造像，正是强獨樂等人為了紀念宇文泰之死所造，以感於宇文泰的厚恩。這既符合人之常情，又與當時關中地區出土文物的表現形式存在很大程度的類似度。

首先，在强獨樂入蜀期間，宇文泰控制下的西魏皇帝極其孱弱，西魏實際掌權人是宇文泰。但是，西魏同時與東魏高歡集團和南朝蕭梁政權相對峙，還要不斷與蠕蠕、宕昌羌人作戰，故這一時期，宇文泰無暇顧及宗教信仰。但北魏和東、西魏拓跋氏建立的政權，先後都有崇奉道教、滅佛再到大規模佞佛崇佛的歷程。雖然拓跋燾主張的奉道活動持續時間很短，但從佛道二教的衝突和消長，可知道教在北方大地上早已滋長蔓延。拓跋燾滅佛之後，北魏的佛教發展反而登峰造極，創造了輝煌的佛教藝術，如雲岡石窟、龍門石窟，以及遍布佛寺的洛陽城。後來北魏衰落了，洛陽城被焚毀了，苟延殘喘的拓跋氏後輩再也不能代表國家力量提倡和反對宗教信仰，亂世中的各路豪傑自然没有精力關心信仰的問題。正因如此，宗教信仰反而不受强力手段的干擾，能够達到自然生長的狀態，這也就是民間信仰的力量。

强獨樂等中上級軍官，跟隨宇文貴到蜀地戍邊，遠離政治中心長安。因為得到宇文泰的提拔任用，心存感念，有感而發。他們為宇文泰造佛道二教像，認為這樣能够增加祈福的力度，正好是北朝魏、周時期北方大部分地區民間信仰的普遍反映。佛道并立，以供奉逝者，是北魏、西魏、北周時期關隴地區民間造像的一大特色，李淞先生的著作《佛教美術全集·陝西佛教藝術》有較為集中的呈現和研究。温玉成、張雪芬、劉雨茂《成都龍泉驛北周强獨樂造像考察記》認為："結合北周文王碑碑文、造像組合特徵等，提出 34 號佛道合龕組合造像正是北周文王碑中所提到的强獨樂為文王所造像，是四川境内最早的北周造像。"① 其觀點正符合當時的歷史條件。由於强獨樂等人是軍事上的征服者，他們主持建

① 温玉成、張雪芬、劉雨茂：《成都龍泉驛北周强獨樂造像考察記》，《中原文物》2016 年第 2 期。

造的石窟造像衹代表了少數征服者的思想意志，不具備四川本土造像的藝術和思想特徵。西魏北周勢力入蜀前後，蜀地早已有了藝術造詣頗高的佛教造像，但目前為止，還没有發現南北朝時期佛道造像合一的任何遺迹。

單以佛教造像為例，與强獨樂造石像時間較接近、地點最為接近的，有成都商業街、西安路等地出土的佛教造像群，造像時間在520年至540年之間。其中年代最早，并有明確銘文的為成都萬佛寺出土的梁普通四年（523）的釋迦文石像，今存四川省博物院。圖中人物衆多，主像為釋迦摩尼佛，其餘為四菩薩、四弟子、二力士（圖四）。成都萬佛寺出土的梁中大通五年（533）釋迦文石像，刊刻人物更多，超出普通四年釋迦文石像，現存四川省博物院（圖五）。成都西安南路出土的梁中大通二年（530）釋迦文石像，為一佛二脅侍，今存四川省博物院（圖六）。此外還有梁太清二年（548）的觀世音菩薩像（圖七）等等，它們的風格極為接近，人物顯得纖細，與龍泉驛天落石石窟中的佛教造像和布局大不相類。日本學者八木春生也認為，在北周入蜀之前，"已雕刻出了與北朝任何地方形式都不同的群像，工匠們儘可能地在一塊石頭上雕造很多的像，具有北朝所未見的創作意圖。北魏分裂為東、西魏以後，成都地區的造像形式没有受到任何影響"①。

圖四

① 〔日〕八木春生著，顧虹譯，趙聲良審校：《關於中國成都地區的佛教造像——以520—540年間造像為中心》，《敦煌研究》2003年第3期，第79頁。

圖五

圖六

圖七

再以道教造像為例。四川雖然是道教的發源地，但在已發現的早期道教造像中，蜀地似乎没有能够趕上佛教造像的步伐。四川地區已發現單獨的道教造像，還未早於隋唐時期。李凇先生早已注意到這一現象："中國道教雕塑的遺存相對集中於三個主要區域：早期（北朝）主要在陝西關中一帶，中期（隋、唐、宋）主要在四川（及重慶），晚期（元、明、清）多在山西。……至魏晋南朝，雖然佛教及佛教藝術在四川已經相當普及，如成都萬佛寺等地出土了許多南朝石佛像，川北的廣元已有千佛崖的石窟，但道教造像似乎没有同時興起。川北是南朝和北朝争奪的地區，也是有可能最早受到北方道教造像影響的地區。隨着北方的軍事占領，源自關中的道教造像纔在這裏逐漸出現。似乎可以將四川的早期道教造像看作是關中道教勢力及其觀念隨着軍事占領而伴生的南擴現象。"[①] 這一判斷，正説明來自關中的强獨樂等人開鑿的佛道石窟造像，是典型的關中風格，未受四川本地宗教文化藝術的影響，反而從此影響了四川的石刻藝術。

再看同一時代背景之下的關中地區，其佛、道造像及二教混合造像遺存皆有不少。其一為北魏始光元年（424）魏文朗造像碑，現存於陝西耀縣藥王山博物館，是已知最早的佛道混合造像碑，而且也是造像與碑文的混合體。這塊碑為四面造像。碑陽開一拱形龕，龕内并坐兩尊造像（圖八），左佛右道。在二主尊的兩側，各侍立一名侍者。龕楣為二交龍，兩側各有一名飛仙。下半部分内容豐富，可大致分為三層。上層中間為香爐，兩側跪一供養僧和一供養人，供養僧邊上有題名"魏僧猛"。中間層為一駱駝、一騎、一侍女、一車組成的造像主家庭出行圖。騎馬人和車前分別有題名："弟子魏文朖乘馬一心"、"張□過乘□車"。最下層是一排供養人像及其題名，大致為：

> 始光元年北地郡/三原縣民/陽源川忠佛弟子魏//文朗，哀多不赴，皆有/建勸。為男女造//佛道像一軀。供養//平等，每過自然。子孫/昌榮，所願從心。眷屬/大小，一切衆□/如是因緣，使/人後楊□。

北魏始光元年，拓跋燾稱帝，都城遠在平城。耀縣藥王山造像碑位於關中平原北部銅川山脈邊緣。在經歷前後秦戰争破壞之後，長安不再是繁華都市，世家大族銷聲匿迹。從碑文可見，立碑者的身份為普通百姓，其造像碑是為其家族所立，雖然聲稱為佛弟子，却又言明造佛道之像。由此可以判斷，造像者并不排斥道教，而且認同了道教具有和佛教類似的神力和庇佑之功。由此可見，普通百姓對宗教信仰的理解，没有受到統治階級信仰偏好的影響。

---

① 李凇：《四川隋唐道教石刻造像——中國道教雕塑述略之五》，《雕塑》2009 年第 6 期。

圖八

其二為陝西宜君縣福地水庫石窟佛道造像，位於陝西耀縣魏文朗碑北部銅川山脈邊緣，是迄今為止發現的最早的佛道混合石窟造像。其形制為一洞窟内三壁造像，正面壁為一佛、二菩薩脅侍，一人手持寶珠，一人手持净瓶。正壁佛龕左側刊刻發願文，其中“大代大統元年（535）歲次乙卯七月九日”文字可識讀。正壁佛龕右側雕刻動物祥瑞、供養人造像及鐫刻“像主撫軍將軍石保合王洛生乘馬時”① 文字和騎馬像（圖九）。石窟左壁（圖十）主造像由於風化嚴重，身份不可辨别。石窟右壁為道教題材造像，龕中央刻老君像，左手置於腹前，右手持麈尾，絡腮鬍鬚。老君左右為二天尊像，侍立兩側，雙手持笏。龕楣雕刻多人半身像，上有飛天。大龕左側浮雕造像共四層，由下至上，第一層是三個捧笏供養人立像，旁鐫“道士吕貴里、道民功曹孟永興、妻白顔安”；第二層左為二挽手侍女，手執團扇；右側二人裸體角觸；第三、四層為兩龕雙人坐像。浮雕左側門壁鐫有“功曹孟永興、

① 這一段文字至關重要，提供了像主的官銜，為撫軍將軍，但容易理解為石保合與王洛生二人。據李凇先生考證，“合”當作“令”字，王洛生的身份是撫軍將軍、石保令，因今宜君縣福地水庫在北魏時曾在石保縣轄區内。見李凇：《一位縣令解決文化衝突的一個探索性方案 ——陝西福地水庫西魏佛道混合石窟的圖像與觀念》，《新美術》2002 年第 1 期。

主簿雷元知、録事孫元顯、西曹掾白萬年、户曹掾孟善（民）全、曹掾蓋天和、知曹掾似先道、録兵曹掾龍祖西、曹掾未平睹”① 字樣。

圖九

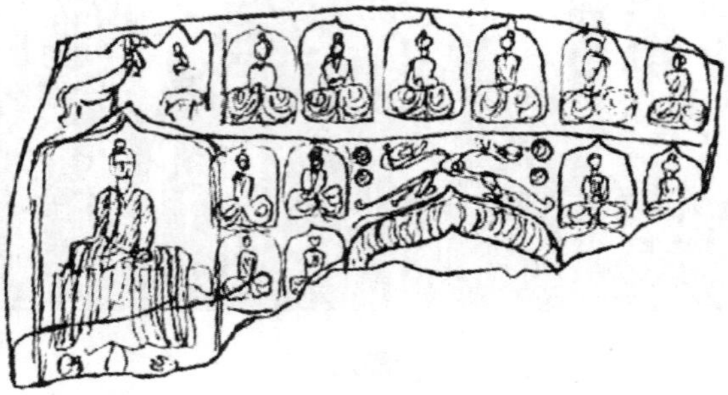

圖十

圖十一

① 材料及圖片皆引自李凇先生《陝西佛教藝術·陝西北朝佛教藝術》，第20—22頁。

由以上可見，宜君縣福地水庫石窟造像豐富，不僅涉及佛道二教題材，而且脅侍者多，動物祥瑞、供養人等俱全。透過殘存的文字，能够辨識其所刻人物。在這一佛道混合體石窟中，佛像壁的像主王洛生為撫軍將軍、石保縣令。道像壁的像主也為官宦之家，官職為户曹掾級别，其中有信仰道教者。

他如北魏延昌元年（512）造朱奇兄弟造像碑[①]，北魏熙平二年（517）邑子六十人造像碑[②]，北魏神龜二年（519）邑老田清等造像碑[③]，北魏正光四年（523）造師氏佛道造像碑[④]，西安碑林博物館藏武成二年（560）立佛像[⑤]，1934 年啊子鄉雷家崖出土北周保定二年（562）造李曇信佛道造像碑（現存於西安碑林博物館）[⑥]，皆可佐證龍泉驛天落石佛道造像與北朝關中造像風格屬於同類。

以龍泉驛北周文王碑石窟造像為中心，我們選取長安地區的較有代表性的佛道合一造像做縱嚮的對比。相距時間最長的佛道造像是始光元年（424）“魏文朗造像碑”（上文已有簡介），最近的是北周武成元年（559）絳阿魯造像碑，為佛道混合造像碑，與魏文朗造像碑同藏於陝西耀縣藥王山博物館。其碑為四面造像，碑陽面為佛道二龕并列，左為道龕，戴道冠、長鬚。右龕為佛龕。兩龕造像頭冠、鬍鬚、衣着上的差别明顯，顯示出二者的身份信息。其餘相同，即二者皆為坐像，龕楣上皆有屋檐相連接，屋檐上有八條龍，龍上有飛天四人。屋檐兩側各有一座三層佛塔，兩龕下方為供養人。總之，其布局呈對稱狀。碑陰主龕為佛像，龕左右及下方為供養人，包括比丘、比丘尼、維那、沙彌及世俗供養人。碑之兩側一為佛一為道。佛像面為方形龕，造型如碑陽；道像面為圓形龕，造型亦如前。李淞先生指出：“此碑與‘魏文朗造像碑’相比，其基本安排是一樣的，即碑陽為佛道合龕，碑陰為佛，兩側為一佛一道。然而相距 135 年的兩碑也有了一些變化，道教的因素似乎更强，碑的圖像也更加有規範，同時又更加自由地運用傳統圖像，佛道在圖像樣式上也更加不分彼此。”[⑦] 這一趨勢説明，以長安為中心的關隴地區，佛道合體的造像和石窟存在的數量較多，時間跨度較長，有明顯的地域性和傳承性。

北周孝閔帝元年（557）成都龍泉驛天落石佛道造像是二教合一像，這在巴蜀地區是首次出現，但在强獨樂生活的北方尤其是關隴地區，早已不新鮮。龍泉驛天落石佛道造像石窟，是關隴地區佛道二教合一造像的延續和升華，有不少新的特徵。

---

① 李淞：《陝西佛教藝術・陝西北朝佛教藝術》，第 48—49 頁。
② 同上，第 50 頁。
③ 同上，第 51 頁。
④ 同上，第 53 頁。
⑤ 同上，第 58 頁。
⑥ 同上，第 59 頁。
⑦ 同上，第 58 頁。

首先，龍泉驛天落石佛道造像的對象，是締造北周王朝的宇文泰，其規格之高，是此前所有造像都不可比擬的。像主强獨樂等人，位列三公，在北朝關隴地區所有石刻造像的像主中身份是最高的。因此，龍泉驛石窟造像的尺寸最大，造像的人物不算多，但人物體型最高大，人物形象最豐滿。

其次，龍泉驛天落石石窟造像首次出現了嚴格意義上的佛道均衡分布，佛像的脅侍者為兩羅漢、兩菩薩，道像的脅侍者為兩男兩女，二者高度一致，脅侍者數量相同，性別對等。龍泉驛天落石石窟中的主像，佛居左、道居右，與“魏文朗造像碑”的次序一致，而與“絳阿魯碑造像”不同。

再則，北朝關隴地區的佛道造像，像主或為供養逝去的親人，或為家族祈求福報而造。龍泉驛天落石石窟造像雖然是為新逝的帝王宇文泰而作，但在像主强獨樂等人看來，不是親人勝似親人。造像的目的，除了供養，主要還在於歌頌宇文泰的豐功偉績，宣揚其文治武功。這與其他同類題材的造像大為不同，極有可能是强獨樂等人通過造像和銘文宣傳宇文泰的威德，以達到震懾和降服蜀人的目的。

最後，强獨樂等人為紀念宇文泰而造佛道二教像，似未得到蜀地的最高統治者宇文貴的指令，而是這些文化程度不太高的武將們樸素的民間信仰的表達。這種帶有明顯關中風格的佛道造像石窟，不會是官方意志的表達，在北魏及分裂後的東、西魏政權的皇家造像中，尚未見到有類似的宗教信仰題材。强獨樂雖然在蜀地獲得了較高的頭銜，但他是以軍功進爵的，其思想意識中還保留着“布素”階層的認知。

在北朝的北魏、北齊、北周幾個政權裏，皆發生了最高統治者在佛道激烈的衝突之間選邊站的情況，這實際上加劇了衝突的程度，造成了對佛道二教的毀滅性破壞。北魏拓跋燾曾下令滅佛，北齊高氏佞佛，北周武帝宇文邕曾開展滅佛滅道的政治運動。因此，在强獨樂開鑿佛道造像石窟的時代背景下，最高統治者還未有過同尊二教的先例。最高統治者的宗教政策，有宗教信仰中求福報的功利心理因素，更多的則是政治上的考量。但在民間，情況則全然不同。正如顧頡剛先生所言：“吾國人祇有拜神的觀念，并無信教的觀念。”① 顧頡剛先生所言，是指民間百姓有祈求神靈庇佑的需求，而無尋求宗教信仰的需求。强獨樂等人敢於為宇文泰造二教合一的石像，而沒有擔憂是否觸犯皇上的禁忌，正是他們在特定的歷史條件下本性的表達。這也大致能够解釋部分學者認為宇文泰信仰佛教，强獨樂何以敢冒天下之大不韙，去造個佛道合一石窟的問題。

南北朝是佛教迅猛發展的階段，在南朝主要以佛教義理成就最突出，在北朝則以佛教造像和建築為主要特徵。湯用彤先生說：“南北風化，顯有殊異。”“南方偏尚義理，不脫

---

① 顧頡剛：《顧頡剛讀書筆記》卷一，臺北聯經出版事業公司，1990 年。

三玄之軌範。"[①] "南方偏尚玄學義理，上承魏晋以來之系統。北方重在宗教行為，下接隋唐以後之宗派。"[②] "南朝佛道之争，純用筆舌，以義理較長短。北朝則於其開始即用威力，作宗教之鬥争。且北魏僧人最早之領袖為習禪之玄高。南重義學，北重實行，於此已見之矣。"[③] 南北朝時期，北方關隴地區的宗教活動，以實行見長的風格，也突出體現在民間普遍熱衷於造像這一具體形式上。

三、不欲使宿將居之：宇文泰的治蜀之道

强獨樂在龍泉驛天落石開鑿佛道造像石窟之時，宇文泰的軍隊已經入蜀接近五年，但北周文王碑及石窟造像中竟絲毫没有成都本土藝術的痕迹，這在一定程度上可以管窺宇文貴的治蜀之策，至少表明在蜀地的軍官集團還處於相對封閉的狀態。

宇文泰獲得蜀地的大片領土，有其特殊的歷史背景。宇文泰派遣尉遲迥和宇文貴伐蜀。由於梁武陵王蕭紀為了争奪帝位，以討伐侯景為藉口，主動率軍撤離成都，蜀中群龍無首，防備空虚；加之蕭繹、蕭紀兄弟互相攻伐，導致民心涣散，蜀中軍民無心為腐朽的梁朝賣命，這就給了宇文泰可乘之機。

"侯景之亂" 改變了南北朝的政治版圖和政權格局。侯景在東魏、西魏、蕭梁三個鼎立政權之間遊走周旋，深刻地影響了三者之間的力量對比，最終造成了蕭梁政權的灾難，而東魏高歡、西魏宇文泰因之得利。蜀地正是在這樣的背景下被宇文泰取得。梁太清三年(549)，侯景攻陷臺城，執梁武帝，梁武帝後來餓死於静居殿。次子蕭綱被立為皇帝，為簡文帝，改元大寶，二年冬十月，酒酣，被王偉、彭儁殺害。大寶元年，梁湘東王蕭繹駐江陵，仍稱太清四年，實為不承認蕭綱的帝位。國難當頭，梁武帝諸子各懷異心。次年，即西魏廢帝元年（551）、蕭綱大寶二年、蕭繹稱太清五年，"侯景之逼江陵也，湘東王繹求援於魏，命梁、秦二州刺史宜豐侯循以南鄭與魏，詔循還江陵。循以無故輸城，非忠臣之節，報曰：'請待改命。'魏太師泰遣大將軍達奚武將兵三萬取漢中，又遣大將軍王雄出子午谷，攻上津。循遣記室參軍沛人劉璠求援於武陵王紀，紀遣潼州刺史楊乾運救之。"[④] 蕭紀不滿足於僅據有西蜀，不甘心看到王位落入蕭繹之手，乃揮師東下，以討伐侯景之名，奪取荆州，謀圖帝位。蕭繹見自己經營的江陵受到威脅，乃通款西魏，主動將漢中送與西魏，并

① 湯用彤：《漢魏兩晋南北朝佛教史》，第231頁。

② 同上，第272頁。

③ 同上，第2277頁。

④ 《資治通鑑》卷一百六十四，第5073—5074頁。

請宇文泰派兵入益州以牽制蕭紀。

以成都為中心的蜀地，因其獨特的地理位置，自漢末以來，常常成為分裂勢力的理想樂土。大同三年（537），梁武帝以第八子蕭紀為都督、益州刺史。臨行，武帝云："天下方亂，唯益州可免，故以處汝，汝其勉之。"① 梁武帝偏愛蕭紀，故將亂世之中的福地益州交由蕭紀鎮守。梁武帝愛子蕭紀，入蜀之後還是辜負了其父的信賴。梁武帝死後，湘東王蕭繹為了保全自己所據的江陵不受威脅，致信蕭紀："蜀中鬥絶，易動難安，弟可鎮之，吾自當滅賊。"② 蕭繹的用意顯然是不希望蕭紀以滅侯景為藉口率兵東下，但還是道出了部分實情，即蜀地很容易落入割據勢力之手。

西魏廢帝二年、梁元帝承聖元年（552）夏四月，"侯景亂，紀不赴援。高祖崩後，紀乃僭號於蜀。改年曰天正"③。蕭紀之記室參軍劉璠及蕭繹之宜豐侯蕭循皆不敵西魏大將軍達奚武，蕭循請降，劍閣以北皆屬西魏。八月，蕭紀率巴、蜀大衆連舟東下。冬十一月，蕭繹即皇帝位於江陵，改元承聖。梁承聖二年、西魏廢帝三年（553），西魏遣大將尉遲迥襲益州④。《資治通鑑》作"泰乃遣迥開府儀同三司原珍等六軍，甲士三萬二千，騎萬匹，自散關伐蜀"⑤。其時，蕭紀已率軍至巴郡，聞西魏軍入蜀，匆忙遣涼州刺史譙淹還軍救蜀。由於潼州刺史楊乾運已降於西魏，譙淹不敵原珍。七月，蕭繹麾下將軍樊猛斬蕭紀於峽口。八月，尉遲迥攻陷益州。

宇文泰能够順利取得蜀地，尉遲迥發揮了至關重要的作用。《周書·尉遲迥傳》載：

> 侯景之渡江，梁元帝時鎮江陵，既以内難方殷，請修鄰好。其弟武陵王紀，在蜀稱帝，率衆東下，將攻之。梁元帝大懼，乃移書請救，又請伐蜀。太祖曰："蜀可圖矣。取蜀制梁，在此一舉。"乃與群公會議，諸將多有異同。唯迥以為紀既盡鋭東下，蜀必空虚，王師臨之，必有征無戰。太祖深以為然，謂迥曰："伐蜀之事，一以委汝，計將安出？"迥曰："蜀與中國隔絶百有餘年，恃其山川險阻，不虞我師之至。宜以精甲鋭騎，星夜襲之。平路則倍道兼行，險途則緩兵漸進，出其不意，衝其腹心。蜀人既駭官軍之臨速，必望風不守矣。"於是乃令迥督開府元珍、乙弗亞、俟吕陵始、叱奴興、綦連雄、宇文昇等六軍，甲士一萬二千，騎萬匹，伐蜀⑥。

① 《南史》卷五十三《武陵王紀傳》，第1328頁。

② 同上。

③ 《梁書》卷五十五《武陵王紀傳》，第826頁。

④ 《梁書》卷五《元帝紀》，第132頁。《周書·文帝紀》作"（廢帝二年）三月，太祖遣大將軍、魏安公尉遲迥率衆伐梁武陵王蕭紀於蜀。"（《周書》卷二，第33頁。）

⑤ 《資治通鑑》卷一百六十五，第5098頁。

⑥ 《周書》卷二十一《尉遲迥傳》，第349頁。

伐蜀的計策出自尉遲迥，尉遲迥又是伐蜀的先頭部隊指揮官。尉遲迥取得蜀地後，對投降的文武官屬，以禮接之，對自己的軍隊嚴格要求，又能賞罰分明，恩威并施，對新得領土上的百姓，采取了較為寬厚的統治策略，得到了蜀地百姓的認可和擁戴。《周書·尉遲迥傳》載：

> 號令嚴肅，軍無私焉。詔迥為大都督、益潼等十八州諸軍事、益州刺史。以平蜀功，封一子為公。自劍閣以南，得承制封拜及黜陟。迥乃明賞罰，布恩威，綏緝新邦，經略未附，夷夏懷而歸之①。

尉遲迥在征討和穩定蜀地的過程中功勛卓著，却為何剛剛站穩脚跟就被宇文泰召回朝廷呢？宇文泰給出的理由是尉遲迥至孝，故召回以侍奉老母，實則為剥奪其軍權，以授予自己的親信。故尉遲迥離蜀之時，“蜀人思之，立碑頌德”②。

《周書·齊煬王憲傳》載：“初，平蜀之後，太祖以其形勝之地，不欲使宿將居之。”③説明宇文泰深知蜀地的重要，更由於擔心歷史的重演，因而此時派駐蜀地的武將，不會得到他的重用。尉遲迥為宇文泰取得蜀地立下了汗馬功勞，却在功成之後、脚跟未穩之際，以侍奉老母之由被召回，不能不讓人懷疑其背後的原因。蜀地自古為富庶繁榮之地，地勢險峻，易守難攻，這是尉遲迥獻計於宇文泰時的表述，也是蜀地的實情，説明尉遲迥非常瞭解局勢。尉遲迥既能征善戰，又善於治理一方、籠絡人心。宇文泰正是擔心尉遲迥一旦平定了蜀地，掌控了蜀地，有可能會脱離其節度，成為心腹之患，故防患於未然，將善於治理的尉遲迥召回朝廷，任用善征戰不善治理的心腹之人宇文貴。

宇文貴早年與宇文泰一起，平定葛榮之亂，後又一同挾魏孝武帝元修西遷長安，協助宇文泰建立了以長安為中心的西魏政權。“貴善騎射，有將帥才。太祖又以宗室，甚親委之。”④ 可見，宇文貴的身份是宗室近親。而尉遲迥雖然為宇文泰外甥，但其血統為魏之別種，魏之宗族正是宇文泰利用和討伐的對象。故宇文貴的身份自然要比尉遲迥高，也更能得到宇文泰的信賴和任用。而尉遲迥擅於經略，能得民心，這是宇文貴所不能及的。《周書·宇文貴傳》載，廢帝三年，“詔（宇文）貴代尉遲迥鎮蜀”。然而，這次人事調整之後，蜀地隆州人李光賜即聯合舊部爆發叛亂，宇文貴隨即派兵四處鎮壓。蜀地又多劫、盜者，宇文貴再任武勇强健者，組成遊軍二十四部，四處抓捕，蜀地纔稍得平息。宇文貴乃“除

---

① 《周書》卷二十一《尉遲迥傳》，第350頁。
② 同上，第351頁。
③ 《周書》卷十二《齊煬王憲傳》，第187頁。
④ 《周書》卷十九《宇文貴傳》，第312頁。

都督益、潼等八州諸軍事、益州刺史，就加小司徒”[1]。這説明，尉遲迥自西魏廢帝三年（553）取得蜀地，實際上并未來得及經營蜀地。雖然時間極為短暫，但因其舉措得當，深受蜀地百姓好評。尉遲迥被調離蜀地之後，宇文貴成了蜀地的最高行政長官，故碑文中有“樂等今從柱國大將軍、大都督、甘州諸軍事、化政郡開國公宇文貴邊戍岷蜀”之記載。北魏恭帝二年（555）十二月，“魏益州刺史宇文貴使譙淹從子子嗣誘説淹，以為大將軍，淹不從，斬子嗣。貴怒，攻之，淹自東遂寧徙屯墊江”[2]。次年冬十月，宇文泰卒於雲陽宫，謚曰“文公”。孝閔帝宇文覺元年（557），即天王位，同年九月被宇文護殺害。

尉遲迥深得蜀人擁戴，却不見載於今北周文王碑，正可説明天落石上石窟造像和碑文的刊刻者純粹服從和代表宇文氏的利益，是少數官吏奉承主上意識的表達，無從考察蜀地百姓對宇文泰及宇文貴等統治者的愛憎情感。從北周文王碑的記載，可知强獨樂等人在宇文貴麾下駐守蜀地，尊崇宇文泰的威德，感激宇文泰的統領，纔使得這一幫布素之人取得官職。宇文貴治理蜀地，主要功績還是平定各地叛亂。今所見文獻，并没有蜀地百姓稱頌宇文貴以及蜀地民生恢復的記載，這與尉遲迥的情況大為不同。西魏治理蜀地這塊新的領土，主要是依賴軍隊的高級官員，并没有派駐文臣。從龍泉驛天落石佛道二像石窟最外側的護法武士站立像，似乎也能側面印證這一現象。故本文認為，宇文泰執政下的西魏時期，對蜀地的管轄，主要依賴長期隨宇文泰征戰的北方軍官以武力為後盾進行高壓統治。

宇文泰取得蜀地的背景、經過和對蜀地治理的情況，説明西魏、北周宇文氏統治集團在蜀地的民生恢復、經濟和文化建設上無所作為。宇文泰派駐蜀地的官吏集團，主要是軍隊的武將，奉行武力征伐和高壓管理，近乎殖民統治。這一事實表明，宇文氏集團統治蜀地近五年之間，統治階級和當地民衆没有建立起應有的官民關係。强獨樂等人為紀念宇文泰之死而開鑿的佛道造像，可以窺見北方少數民族首領作為征服者的姿態。造像没有融入蜀地的文化基因，説明宇文貴、强獨樂等軍事首領與當地百姓之間的隔閡尤深。從碑文和石窟造像分析，宇文貴統治蜀地，采取的是以武力為手段的强力軍事管制，這也與《周書·宇文貴傳》對宇文貴在蜀事迹的記載是一致的。宇文貴在蜀期間，主要的功績是加强武裝，鎮壓各地起義和造反。他們長期駐守在蜀地，却没有能够建立起與蜀地人民的聯繫。

---

① 《周書》卷十九《宇文貴傳》，第313頁。

② 《資治通鑑》卷一百六十六，第5139頁。

小 結

綜上，北周文王碑的文字記載，部分內容與石窟造像有衝突，碑文部分有可能混入了後人補刻的痕迹，但碑額和文本的主體內容，還是能够指嚮宇文泰其人的功績及入蜀的史實。强獨樂等人為紀念宇文泰而開鑿的石刻造像石窟，是四川最早的佛道一體石窟造像。它屬於典型的北朝關隴地區造像風格，在同一時期、同一題材的石刻造像中，具有無可比擬的藝術水準，是已知的北朝民間佛道造像中的佼佼者。透過碑文及石窟的表面現象，也可以窺見宇文泰對蜀地的戰略定位、蜀地的最高統治者宇文貴治蜀的程度和成敗等諸多信息，有助於我們在史料極為缺乏的情況下，瞭解西魏、北周之際蜀地的經濟、社會、民生、藝術等大致狀況。

作者單位：四川省社會科學院歷史研究所

杜光庭《題仙居觀》所咏地理位置考

王 瑛

杜光庭是唐末五代著名道教大師，其所“著道家書，頗研極至理。至條列科教，自漢張道陵暨陸修靖撰集已來，始末備盡。於今羽流咸宗之”①。他不僅對道教學説的發展所做貢獻巨大，在詩歌領域也造詣頗深。據五代何光遠《鑒誡録》卷五“高尚士”條記載：杜光庭“學海千尋，詞林萬葉，凡所著述，與樂天齊肩”②。又據《唐才子傳》載：“初經板蕩，（沈彬）與韋莊、杜光庭、貫休俱避難在蜀中，多見酬酢。”③ 從把他的詩歌成就與白居易相提并論及與沈彬等人曾有大量酬酢之詩等諸多方面來看，杜光庭一生的詩歌創作應該是很豐富的，衹是其中很多已在流傳過程中佚失了，今天我們已見不到杜光庭與沈彬等人的酬酢之詩就是證明。

目前保存下來能够確證為杜光庭本人所寫詩歌并不多，《全唐詩》卷八五四中存有杜光庭詩作一卷，共録有三十一首和一些零散詩句，其中衹有二十首能確證為其所作，另外十一首詩，從五代何光遠所作《鑒誡録》卷五“高尚士”條中，可以明確斷定其并非出自杜光庭之手，而是由當時另一位著名道士鄭雲叟（鄭遨）所作。而從詩歌風格上看，兩者也有區别：“鄭徵君為詩，皆除淫靡，迥絶囂塵。……杜先生為詩，悉去浮游，迥為標準。區分理本，實契真筌。”④ 也就是説，兩相比較，杜光庭的詩歌説理成分更多一些。另外在各

---

① 《宣和書譜》卷五，見《宣和書畫譜》第 2 册，中國書店出版社，2014 年，第 312 頁。

② （後蜀）何光遠：《鑒誡録》卷五《高尚士》，《四庫全書・子部・小説家類》，臺灣商務印書館影印文淵閣本，1983 年，第 1035 册，第 893 頁。

③ （元）辛文房著，蘇竇璋校注：《唐才子傳・沈彬》卷十，中州古籍出版社，1987 年，第 451 頁。

④ （後蜀）何光遠：《鑒誡録》卷五《高尚士》，《四庫全書・子部・小説家類》，臺灣商務印書館影印文淵閣本，1983 年，第 1035 册，第 893 頁。

類《全唐詩》補遺中尚輯有杜光庭詩若干篇，特别是陳尚君先生的《全唐詩續拾》中，在杜光庭名下輯集了咒訣、贊詞、頌歌、步虚詞等一百五十餘首①，衹不過這些歌訣“未必皆為杜光庭之作，但皆可信為唐或唐以前人之作”②。本人曾寫有《杜光庭詩歌考析》③一文，對杜光庭所作二十首詩大都做了考析，此文專就杜光庭《題仙居觀》一詩所咏地理位置進行考證，不當之處，敬請方家指正。

《題仙居觀》詩云：

往歲真人朝玉皇，四真三代住繁陽。初開九鼎丹華熟，繼躡五雲天路長。烟鎖翠嵐迷舊隱，池凝寒鏡貯秋光。時從白鹿岩前往，應許潛通不死鄉④。

其詩所咏仙居觀到底在什麽地方，目前學術界有一種較為普遍的看法，認為其位於豐都仙都山（平都山）。李遠國在《豐都宗教文化與聖迹的調查報告》一文中説：“五代道教大師杜光庭，亦曾修真豐都，留有《石函記》及詩。詩云：‘往歲真人朝玉皇，四真三代住繁陽。……’”⑤孫亦平亦贊成這個觀點，認為：“杜光庭將豐都山稱之為‘不死鄉’，以示通過修道可以起死回生。”⑥羅争鳴也説：“杜光庭曾有《題仙居觀詩》，天復丙寅（906）還曾在仙居觀所在的平都山請經”⑦，也認為仙居觀在平都山（仙都山）。我個人認為，這三位先生的説法值得商榷，他們很可能是把仙都山與仙居山視作同一座山，從而把仙都觀與仙居觀視作同一道觀了。

杜光庭到過豐都并留有《石函記》是事實，但仙都觀是在豐都仙都山（也即平都山），而仙居觀却在漢州什邡仙居山，雖然兩者當時都在蜀地，但在地理方位上却是兩個完全不同的地方。

讓我們先來考察仙都觀的地理位置。據杜光庭本人所撰《道教靈驗記・仙都觀石函經驗》文載：

忠州平都山仙都觀，（有）陰真人鎮山《太平經》。武德中，刺史獨孤晟取經欲進。舟行半日，有二龍一青一白，横江鼓波，船不得進。舟人驚懼，復溯流還郡。晟

① 詳見陳尚君輯校：《全唐詩補編・全唐詩續拾》，中華書局，1992年，第1509—1536頁。
② 陳尚君：《全唐詩補編》，中華書局，1992年，第1535頁。
③ 見《蜀學》2010年第5輯，四川省文史館、西華大學蜀學研究中心主辦，第94頁。
④《全唐詩》卷八五四，《四庫全書・集部・總集類》，臺灣商務印書館影印文淵閣本，1983年，第1431册，第1383頁。詳見陳尚君輯校：《全唐詩補編・全唐詩續拾》，中華書局，1992年，第1509—1536頁。
⑤ 載傅飛嵐、林富士主編：《遺迹崇拜與聖者崇拜》，臺灣允晨叢刊，1999年，第365頁。
⑥ 孫亦平：《東瀛高士——杜光庭大傳》，宗教文化出版社，2015年，第214頁。
⑦ 羅争鳴：《杜光庭道教小説研究》，巴蜀書社，2005年，第262頁。

即命所由塹江路，陸行進經。時山川之中久無摯獸，至是蛇虎當道，經使恐懼，將經却回。晟即修黄籙道場，拜表上告，然後取經以進。在内道場供養，綿歷歲年。開元中，供養道士司馬秀凖詔祭醮名山，開函取經，但空函而已。訶詰道衆，疑是觀司隱藏。法侣驚懼，無詞披雪。遂焚香上告，具述武德中經已將去，今詔旨搜訪，無經上進，仰憂譴責。時景氣清朗，野絶塵埃；忽陰雪覆殿，迅雷震擊。俄而，檐宇澄濟，經在案上，異香盈空，祥烟紛靄，復得昔日所取之經以進。會昌中，賜紫道士郭重光、晏玄壽復齋，詔醮山取經石函之中，經復如舊。至今鎮觀者，猶是此經，不知何年歸還耳①。

此文開篇即説："忠州平都山仙都觀"，點明仙都觀所在位置是在忠州平都山。據范成大《吴船録》卷下云："百二十里，至忠州豐都縣。去縣三里，有平都山仙都道觀。本朝更名景德……碑牒所傳，前漢王方平，後漢陰長生，皆在此山得道仙去。有陰君丹爐及兩君祠堂皆存。"② 則仙都觀在忠州豐都縣的平都山。又據宋人祝穆《方輿勝覽》云："景德宫：在平都山，舊名仙都觀，即白鶴觀也。"③ 據此，豐都平都山的仙都觀在宋朝已更名為景德觀（宫）。

杜光庭《道教靈驗記·仙都觀石函經驗》一文所記《太平經》的靈驗故事雖為虚構，但杜光庭確曾寫過《石函記》一文，此文曾被碑刻立石於豐都平都山之仙都觀。據南宋王象之《輿地碑記目》卷四載："豐都景德觀唐碑十：段丞相《修觀記》、段少監《修齋記》、……杜光庭《石函記》。"并云："唐杜光庭碑，在平都山。"④ 也就是説，關於仙都觀石函中陰真人（陰長生）鎮山的《太平經》的靈驗故事，杜光庭寫過《石函記》一文，此文曾被碑刻立石於豐都平都山之景德觀（原仙都觀）。明人曹學佺《蜀中名勝記》卷十九《豐都縣》記載，上述碑刻，"今皆不存"⑤。因此，至遲在明末，杜光庭的《石函記》碑刻已湮滅無聞了。杜光庭不僅寫有《石函記》，還曾代當時還是蜀王的王建到仙都山舉行過齋醮活動，除寫有《蜀王醮仙都山醮詞》外，還寫有《自到仙都山醮詞》，此兩篇醮詞均收録在杜光庭《廣成集》卷九中，而醮詞中所稱仙都山即是忠州豐都的平都山。

杜光庭《蜀王仙都山醮詞》云：

---

① 《道藏》第10册，文物出版社、上海書店、天津古籍出版社，1988年，第837頁。

② （宋）范成大：《吴船録》，見《范成大筆記六種》，中華書局，2002年，第215頁。

③ （宋）祝穆撰，祝洙增訂，施和金點校：《方輿勝覽》卷六十一《咸淳府·寺觀》，中華書局，2003年，第1074頁。

④ （南宋）王象之：《輿地碑記目》卷四《忠州碑記》，《歷代碑志叢書》第2册，江蘇古籍出版社，1998年，第51頁。

⑤ （明）曹學佺著，劉知漸點校：《蜀中名勝記》卷十九《上川南道 ·豐都縣》，重慶出版社，1984年，第279頁。

今以三川觀化，纍遇干戈。鳳札龍書，靡存於魯壁；虎符龜籙，難訪於秦坑。大教凌夷，所宜弘拯。是用翹懃翠巘，稽首白雲。申醮酌之儀，冀神仙之鑒。輟鶴洞緘藏之本，為人天宗奉之經。佇畢殊功，却還舊所①。

《自到仙都山醮詞》云：

蜀王扶天茂績，命世雄姿。八國二江，早列封圻之內；黔城楚硤，皆歸陶冶之中。惟此仙山，光於境宇。仰靈踪而稽首，遥展誠祈；望閟境以馳心，虔修醮酌。將以求書禹穴，佇逢八會之篇；探簡洞庭，願值五符之訣。敷弘奥賾，演暢真宗。况屬大教凌遲，中原多難，俾其紹習，須俟流通。某躬泛長波，式遵成命，焚香昭告，願鑒丹誠。所希汜水橋邊，不獨傳於漢相；曲陽泉上，豈止授於干君。捧秩西歸，中興聖教。不任②。

從以上兩段醮詞中，我們看到王建醮仙都山、杜光庭自到仙都山的目的都是為了取經於仙都山。因為三川之地的道觀，纍遭干戈之亂，“鳳札龍書，靡存於魯壁；虎符龜籙，難訪於秦坑”，已沒有什麼所謂的道家經書保存了，而“大教凌夷，所宜弘拯”，須“輟鶴洞緘藏之本，為人天宗奉之經”，所以杜光庭親到仙都觀“求書禹穴”“探簡洞庭”。他不辭辛勞“躬泛長波”“捧秩西歸”的最終目的也就是為了“中興聖教”，讓仙都觀的經書能在其他道觀“俾其紹習，須俟流通”。杜光庭的這兩段醮詞，其寫作時間應在王建稱蜀王期間。據《蜀檮杌》卷上云：天復三年（903）“八月，封建司徒，徙蜀王”③。天復七年“九月僭即僞位，號大蜀，改元武成”④。王建稱蜀王的時間是在903年八月至907年九月之間，故可推測杜光庭代蜀王王建寫的這篇醮詞和他自到仙都山的時間也都應在這一時間段內。從以上史料我們確知，位於忠州豐都平都山（仙都山）的道觀名叫仙都觀，也即宋以後的景德觀，并不是杜光庭詩中所咏的仙居觀。

那仙居觀到底在什麼地方呢？這在史料中也有明確記載，因為前蜀時期，發生過一件影響很大的“仙居銅讖”祥瑞事件，從而留下了許多有關仙居觀的史料記載。而杜光庭本人就是“仙居銅讖”事件的親身參與者，他在“仙居銅讖”事件發生的第二年，也就是永平三年（913）六月，就被前蜀皇帝王建敕封為“金紫光禄大夫、左諫議大夫，封蔡國公，

---

①（唐）杜光庭撰、董恩林點校：《廣成集》卷九，中華書局，2012年，第125頁。

② 同上，第125—126頁。

③（宋）張唐英：《蜀檮杌》卷上，見《四庫全書·史部·載記類》，臺灣商務印書館影印文淵閣本，1983年，第464册，第224頁。

④ 同上。

進號廣成先生"[①]，或許這就是王建對杜光庭"祥瑞事主"的最高獎賞。衹不過從對這一事件的種種記載中，我們發現仙居觀并非位於忠州豐都境内的仙都山，而是位於漢州什邡境内的仙居山。

據杜光庭《皇帝修符瑞報恩齋詞》記載：

> 今年七月，漢州什邡縣百姓郭迴芝，於仙居觀采藥耕地，掘得銅牌，長七寸，廣四寸，上有六十字。《老子通天記》云：丁卯年甲戌乙亥人王生，享二百年天子，王從建、王元膺、王萬感、王岳、王則、王道宜。五字篆文，後云：北邙化張宏道，天寶留此，明聖代欽承元貺[②]。

前蜀永平二年（912）七月，漢州什邡縣百姓郭迴芝到仙居觀附近采藥，挖到一塊銅牌。銅牌長七寸，寬四寸，上有刻字，正面是："《老子通天記》云：丁卯年甲戌乙亥人王生，享二百年天子，王從建、王元膺、王萬感、王岳、王則、王道宜。"另有五個篆字不能辨認。背面是："北邙化張弘道，天寶留此，明聖代欽承元貺。"銅牌上的字數為六十字。郭迴芝將此銅牌獻給王建，由於上面的姓名與生辰都跟王建吻合，且又是唐天寶年間留下的，這無異於表明：王建的統治是上天安排的，是天授神權。王建是唐朝舊臣，王建稱帝，按照封建正統觀念應屬僭越，所以宋人薛居正在他的《舊五代史》中，就將前蜀皇帝王建、王衍的傳記列於"僭僞列傳"。王建出身低微，以一介武夫而驟登大位，完全是當時天下大亂的時勢造就的，其内心深處有着强烈的不自信。為使自己的統治合法化，王建亟需給自己的統治尋找一個"上天神授"的理由。正因為如此，在王建登基之前和統治期間，蜀中的各種祥瑞事件纔會此起彼伏，層出不窮，而"仙居銅讖"事件就是當時影響最大的一起。王建對於發現了這樣一塊能證明其統治合法性的銅牌欣喜異常，立即請杜光庭等人"按九等之科儀，修靈寶之法事"，以保佑"社稷永昌，休徵必應，四時合序，萬物以嘉。俾令率土之濱，盡保無疆之福"[③]。杜光庭為此事專門寫了《皇帝修符瑞報恩齋詞》《皇帝修靈符報恩醮詞》《皇帝醮仙居山章仙人詞》《皇太子醮仙居山詞》《皇帝醮仙居山詞》等。其中《皇帝醮仙居山詞》云：

> 今年七月八日，漢州什邡縣百姓郭迴芝於仙居觀采藥，掘地得銅牌，長七寸，廣四寸，上六十字。云："《老子通天記》云：'丁卯年甲戌乙亥王生，享二百年天子，

① （清）吴任臣：《十國春秋》卷三十六《前蜀二·高祖本紀下》，中華書局，1983年，第519頁。
② （清）董浩等編：《全唐文》卷九三五，中華書局，1983年，第9732頁。
③ 同上，第56—57頁。

王從建、王元膺、王萬感、王岳、王則、王道宜。'" 五字篆文未詳。後云："洛州北邙化章宏道天寶年留此，明後聖代。" 顧惟薄德，遽捧殊祥，云曆數之延長，紀子孫之次第，佩服元貺，益用兢慚。敢罄深衷，專深醮謝。伏冀畢朝福地，總召名山，各駕仙車，共歆丹懇，示安社稷，咸泰人民，致風雨之不愆，俾干戈之載戢①。

此處或許傳鈔遺漏，"人王生" 少 "人" 字，為五十九字。

又杜光庭《皇帝醮仙居山章仙人詞》云：

大蜀皇帝謹稽首北邙化得道章真人：……今者百姓郭迴芝采藥於仙居觀，得真人天寶年所留銅牌。六十字之周旋，名姓與年辰備在；二百年之藏祕，錢文與篆迹皆全。嗣續具明，日時無爽。苔侵土蝕，固當靈將護持；應驗合符，實荷真人示見。……既睹延長之數，敢忘兢業之懷。爰啓醮壇，冀酬玄德，仍薙蘩刈棘，揆日僝工。俾翠欄朱檐，鼎新舊址；郴樓遼柱，重認歸途。虔祝真靈，鑒兹昭報②。

此處銅牌上的字數記載為六十字。而從杜光庭《皇帝醮仙居山章仙人詞》中，我們看到王建因為 "仙居銅讖" 事件，還對仙居觀進行了整修，"仍薙蘩刈棘，揆日僝工。俾翠欄朱檐，鼎新舊址；郴樓遼柱，重認歸途"。其目的是 "冀酬玄德" "虔祝真靈"。

因銅牌上的文字預言了前蜀王朝的 "曆數之延長" 和 "子孫之次第"，皇太子王宗懿也為此事舉行了齋醮活動。杜光庭《皇太子醮仙居山詞》云：

惟兹古觀，果顯殊禎，得天寶真符，出老君祕記。金文鳥印，篆字虬蟠，分明而瑞迹如新，拂拭而苔痕尚在。幾千年之前，定聖主開圖；二百歲之昌，期吾皇享國。御名國姓，生日年辰，一一指陳，重重符驗。繼書薄德，備列姓名③。

大蜀高祖武成元年（908 年）六月，王建立王宗懿為太子。就是因為發生了 "仙居銅讖" 事件，王建將王宗懿的名字改為王元膺，以合符銅牌上 "王從建、王元膺、王萬感" 等名字的排序。據《十國春秋》卷三十六記載：永平二年 "秋八月，漢州什邡縣獲古銅牌一，上有 '王建王元膺' 以下六十二字。縣民郭迴持以獻帝。改什邡縣曰通計，更太子元

① （清）董浩等編：《全唐文》卷九四一，中華書局，1983 年，第 9789 頁。
② （唐）杜光庭撰、董恩林點校：《廣成集》卷十三，中華書局，2012 年，第 189 頁。
③ 同上，第 190 頁。

坦名曰元膺，字昌美，以符銅牌膺昌之文"①。在皇太子改名元膺之時，為了加强對太子的教育，王建還命人代自己寫了一篇《誡子元膺文》。文曰：

吾提三尺劍，化家為國，親决庶獄，人无妄濫，恭儉畏慎，勤勞慈惠，無一事縱情，無一言傷物，故百官吏民愛朕如父母，敬朕如天地。汝襁褓富貴，不知創業之艱難。更汝之名上應圖讖，勿驕勿矜，勿盈勿忌，惟敬惟誠，惟謙惟和；内睦九族，外安百姓，赤心待群臣，恩信愛士卒。刑罰，人之命也，無徇愛憎；奸邪，國之賊也，無信饞構。絶畋遊之娱，察聲色之禍。然後能保我社稷，君我臣民。吾蚤莫誡訓，恐汝遺忘，當置於几案，出入觀省②。

關於"仙居銅讖"事件發生的時間，《蜀檮杌》與《十國春秋》均記載為八月，而《資治通鑑》等書記載為七月③，顯然應以當事人杜光庭"秋七月"的記載為準。王建在建醮報恩的同時，還改什邡縣為通計縣。據《十國春秋》卷三十六載："秋八月，漢州什邡縣獲古銅牌一……改什邡縣曰通計，更太子元坦名曰元膺，字昌美，以符銅牌膺昌之文。"④此外，還派人重修觀宇，把仙居觀改為天賜觀，重塑觀中神像，封該山主神李八百為"玄應真人"，封道士章宏道為"鑒聖真人"。觀成之後，王建又令杜光庭等人舉行了大規模的醮祭。為此，杜光庭又寫有《天賜觀告封章李二真人醮詞》《天賜觀誥封章真人醮詞》《封李真人告詞》等。《天賜觀告封章李二真人醮詞》云：

永平二年秋七月，於仙居靈山獲古篆銅讖，乃太上《通天》之記，是章真所鑄之文，名姓、生辰，子孫、年數，重重顯述，一一合符。周公探策之求，郭璞揲蓍之得，真為天授，克驗神功。顧寡昧以多慚，豈欽承之敢怠？是用創新觀宇，别署嘉名，備像設之儀，改鎮縣之額。齋修金籙，醮啓瑶壇。雖陳昭報之誠，難答上玄之賜。章真人親緘秘字，李真人首鎮仙山，共洽休禎，光於群國。須展褒封之禮，以旌贊助之功，爰舉彝章，式陳歉款。今封章弘道為"鑒聖真人"，封李八百為"玄應真人"。謹遣廣成先生、金紫光禄大夫、左諫議大夫、蔡國公杜光庭，精備香燈，虔申醮告⑤。

① （清）吴任臣：《十國春秋》卷三十六《前蜀二·高祖本紀下》，中華書局，1983年，第518頁。

② （清）董浩等編：《全唐文》卷一二九，中華書局，1983年，第1293頁。

③ （清）吴任臣：《十國春秋》卷三十六《前蜀二·高祖本紀下》注文："又《通鑑》載此事，今從《蜀檮杌》繫於八月之下"，中華書局，1983年，第518頁。

④ （清）吴任臣：《十國春秋》卷三十六《前蜀二·高祖本紀下》，中華書局，1983年，第518頁。

⑤ （唐）杜光庭撰、董恩林點校：《廣成集》卷十六，中華書局，2012年，第216頁。

以上醮詞中的“創新觀宇，別署嘉名”就是指改仙居觀為天賜觀，改“鎮縣之額”就是指改什邡縣為通計縣。“雖陳昭報之誠，難答上元之賜”，雖然王建父子已舉行了“修符瑞報恩”“修靈符報恩”“皇帝醮仙居山”“皇太子醮仙居山”等一系列齋醮活動，但仍不足以表達内心的感激之情，故再封章弘道為“鑒聖真人”，封李八百為“玄應真人”。又杜光庭《天賜觀告封章真人詞》云：

> 惟君名標丹簡，天付仙才。……鏤銅篆於仙山，證金行於蜀國。二百餘年緘秘，踪迹常新；五十八字周旋，禎祥盡驗。顧惟薄德，祗奉靈休。雖揆構華居，崇嚴塑貌，新邑市之額，展齋醮之科，尚歉素懷，未酬玄祝。爰申典禮，特奉褒崇。今封君為鑒聖真人，謹遣杜某虔啓霜壇，恭申昭告[①]。

此處有一點值得注意，就是對於仙居銅牌上的字數記載。本文又云：“五十八字周旋，禎祥盡驗”，與前文所云“六十字之周旋，名姓與年辰備在”，説法不一。其實，不僅杜光庭的説法有五十八字和六十字兩種，其他史料的記載差别更大：歐陽修《新五代史》云有文二十餘字，《五國故事》及《全蜀藝文志》《十國春秋》云有六十餘字[②]。那麽到底是多少字呢？我覺得以上幾種史料比較起來，還是杜光庭的説法更靠譜一些，因為他畢竟是親身參與者。而從杜光庭關於銅牌字數記載最完整的《皇帝修符瑞報恩齋詞》《皇帝醮仙居山詞》看，銅牌上的字應為六十字是相對比較準確的説法。也許是杜光庭年紀大了記得不太準確，銅牌上的文字略有出入。杜光庭《封李真人告詞》云：

> 惟君仙李芳枝，辟雲金緒。……棲遊蜀國，顯晦塵寰，三隱靈峰，八百餘歲。神丹化石，猶存昌利之山；拔宅升天，遂表仙居之宇。爰於舊址，果獲靈文。緘藏久秘於瑶虚，出見克符於金運。緬惟凉德，祗荷殊休。雖繕飾踪基，肅嚴像貌，率齊莊而告謝，命羽褐以焚修，尚歉素懷，未酬玄德。……今封君為玄應真人，謹遣杜光庭恭設醮壇，虔申昭告，冀流玄廕，永福皇基。聞宣室以遐思，佇高真之俯鑒。謹意[③]。

從《天賜觀告封章李二真人醮詞》和《封李真人告詞》中，我們看到王建不僅改仙居觀為天賜觀，還重修了觀宇并進行了齋醮，如“揆構華居，崇嚴塑貌，新邑市之額，展齋

① （唐）杜光庭撰、董恩林點校：《廣成集》卷十六，中華書局，2012年，第217頁。
② （清）吴任臣：《十國春秋》卷三十六《前蜀二·高祖本紀下》注文：“歐陽史云有文二十餘字，今從《五國故事》及《全書藝文志》”，中華書局，1983年，第518頁。
③ （唐）杜光庭撰，董恩林點校：《廣成集》卷十六，中華書局，2012年，第217—218頁。

醮之科”，儘管如此，還覺得“尚歉素懷，未酬玄德”，所以又分別封該山主神李八百為“玄應真人”，封道士章宏道為“鑒聖真人”。由此可見王建對此事的高度重視。除了這些修繕封賜外，王建還送給天賜觀大批房屋田産，杜光庭為此又專門寫了《謝宣賜天賜觀莊表》，對皇帝的優渥賞賜表示了由衷的感謝之情：

> 臣某伏蒙聖慈，宣賜漢州通計縣天賜觀唐友則莊一所，永充常住者。伏惟陛下繼天受命，應運垂裳，鴻圖豫定於上清，寶册遽呈於厚地。鼎新觀宇，允答休禎，三殿之像貌崇嚴，終歲之香花精潔。今則特頒睿澤，廣賜莊田，輟彼膏腴，永為常住，皇慈迥降，元教增榮。自兹日給齋羞，免有旁求之闕；晨香暮燭，益專焚祝之心。祈聖壽之延洪，保宏基之隆永。臣某叨榮聖奬，躬荷殊恩，不任之至[①]。

五代十國時期，是一個大分裂、大割據、大混亂的歷史時期。“五十三年之間，易五姓十三君”[②]，在變國、易君之際，僭僞政權亟需神權依據。因此王建登基之前與統治期間，製造了大量的祥瑞事件，當時的蜀中，黄雲、嘉禾、白鵲、神劍、枯木再生等祥瑞靈異事件可謂層出不窮，不一而足。就連王建的生肖屬兔，也有“兔子上金床之讖”[③]。當時的蜀中，上到統治階層，下到平民百姓，全都有意無意參與到了由王建主導的祥瑞事件之中。杜光庭不僅是其中的主要參與者，或許更是背後的主要策劃者。王文才先生就説：“道士杜光庭以方術事蜀主，青城瑞應似即其所為……是時争造祥瑞，非止一端。”[④]“仙居銅讖”看似乃漢州百姓郭迴芝偶然所挖，實際極有可能是杜光庭等人一手策劃，為王建統治尋找“上天神授”合法依據而製造的一場聲勢浩大的政治輿論宣傳攻勢。在當時的所有祥瑞事件中，“仙居銅讖”事件是影響最大的一起，不僅前蜀皇帝王建親身參與，連其兒子王宗懿都因此事件而改名，王建本人為此還命人專門撰寫了《誡子元膺文》，影響力可謂登峰造極。事實確也如此，我們今天翻看幾乎所有關於前蜀歷史比較重要的史籍，都能看到對這一事件濃墨重彩的記述。杜光庭在此事中出力極多，先後為王建和皇太子舉行了多次齋醮祭祀，并留下了大量青詞祭文。王建為了表彰他的功勞，於永平三年（913）六月，賜予杜光庭金紫光禄大夫、左諫議大夫的頭銜，封“蔡國公”，并進號“廣成先生”。《天賜觀告封章李二真人醮詞》中有“謹遣廣成先生、金紫光禄大夫、左諫議大夫、蔡國公杜光庭，精備香燈，虔申醮告”[⑤]之語，説明該文寫於永平三年六月或稍後。有學者認為：“此次醮告大概

① （清）董浩等編：《全唐文》卷九三〇，中華書局，1983年，第9688頁。
② 《歐陽文忠全集》卷五十九《本論》。
③ （宋）秦再思：《洛中記異録》。
④ 王文才、王炎：《蜀檮杌校箋》卷一《前蜀先主》，巴蜀書社，1999年，第80頁。
⑤ （唐）杜光庭撰、董恩林點校：《廣成集》卷十六，中華書局，2012年，第216頁。

是杜光庭剛被封賜之後的一次活動，當時距仙居銅牌的發現剛好一年，新修的天賜觀也許剛剛完成，因此有這次醮告活動。”①

綜上所述，杜光庭本人不僅親身參與或導演了“仙居銅讖”事件，而且早在王建稱帝之前任蜀王時，他還代其到豐都仙都山進行過齋醮活動。也就是説，杜光庭既到過忠州境内仙都山的仙都觀，也到過漢州什邡境内仙居山的仙居觀，所以，他是不可能把這兩個地方弄混淆的。綜上種種，我們得出一個結論：杜光庭的《題仙居觀》一詩所咏仙居觀的地理位置應在漢州什邡仙居山，而不在忠州豐都仙都山。

之所以李遠國、孫亦平、羅争鳴幾位先生錯把仙都觀當成仙居觀，以我之冒昧揣測，一是兩者名字相近，仙居觀與仙都觀衹一字之差；二是仙都觀前也有鹿麂出没，符合《題仙居觀》詩中“時從白鹿岩前往”的描述，易把仙居觀與仙都觀視作同一道觀。《方輿勝覽》云：“景德宫……鹿麂時出没林間，皆與人狎。”② 《蜀中名勝記》卷十九《豐都縣》引《本志》云：“自平都西去一里，林樹叢密者，白鹿山也。”③ 并引《霏雪録》云：“蘇老泉將遊仙都觀。知縣李長官云：‘故知君之將至也。’問：‘何以知之？’曰：‘此山巨鹿鳴，輒有客至，屢驗，輒未一失。’老泉亦嘗為人言之。”④ 正是這兩個原因，容易把仙居觀視作仙都觀。但實際上，仙居觀與仙都觀完全是位於蜀中的兩個不同道觀。

作者單位：成都博物館

---

① 蔡堂根：《道門領袖——杜光庭傳》，浙江人民出版社，2006年，第170頁。

② （宋）祝穆撰、祝洙增訂、施和金點校：《方輿勝覽》卷六十一《咸淳府》“寺觀”，中華書局，2003年，第1074頁。

③ （明）曹學佺著，劉知漸點校：《蜀中名勝記卷十九《上川東道·豐都縣》，重慶出版社，1984年，第280頁。

④ 同上。

宋人對三蘇文章的選編與刊刻

王永波

眉山三蘇在宋代文學史上的地位可以從多個層面來探討，其中有關三蘇文的選編與刊刻就是一個重要的方面，三蘇的名氣需要依靠其文集的廣泛流布作為基礎。蘇軾去世後，宋徽宗、蔡京等曾嚴禁蘇文，并於崇寧二年（1103）四月下詔將蘇軾文集毀板。但蘇軾的魅力并未因朝廷毀板而削弱，反而越禁其著作流傳越廣。北宋末年南宋初期之際，選編、注釋蘇軾詩文成風，本朝人刊刻本朝人的著述之多，蘇軾堪稱第一。陸游《老學庵筆記》卷八説“建炎以來，尚蘇氏文章，學者翕然從之，而蜀士尤盛”[1]108，説明了蘇軾著述在當時的流行和受歡迎的程度。同時在南宋前期，宋朝王室吸取北宋滅亡的教訓，消除黨禁，重新評價元祐黨人的主張。在這種氛圍下，蘇軾的地位得到提升，孝宗於乾道六年（1170）下旨褒奬，贈太師，謚文忠，以示對蘇軾的恩寵。羅大經《鶴林玉露》卷二載：“孝宗最重大蘇之文，御製序贊，特贈太師，學者翕然誦讀。所謂人傳元祐之學，家有眉山之書，蓋紀實也。”[2]33乾道九年（1173），孝宗又特地為蘇軾作《御製文集序》，推崇東坡為“一代文章之宗”[3]2。朝廷如此重視蘇軾，於是催生了三蘇文章的選編和刊行，這在南宋是重大的文學現象，對南宋中後期文學的走嚮具有積極意義。

一

三蘇父子在世時曾編選過一部合著詩文集《南行集》，分為前後兩集。嘉祐四年（1059）十月，三蘇父子偕同家屬由眉山南行，沿着岷江順江而下，於次年二月抵達京城。

由於沿途所作詩文較多，自眉山至江陵凡一百篇，遂編為《南行前集》；自江陵至京城凡七十三篇，編為《南行後集》，合稱《南行集》，共一百七十三篇，今存一百五十篇。《南行集》為三蘇父子編輯的一部詩文合集，當時就曾刊行。北宋末、南宋初曾出現過多種宋人選編三蘇文集的選本和注本，反映了三蘇文在當時的巨大影響。根據書目記載，目前能見到最早的三蘇文集為南宋紹興三十年（1160）饒州德興縣董應夢集古堂刻《重廣眉山三蘇先生文集》八十卷。此書不知編撰者名氏，李盛鐸《木犀軒藏書題記及書録》卷四著録："《重廣眉山三蘇先生文集》八十卷，存卷一至四、卷十五至八十，宋刊本。半葉十三行，行二十七字。白口，四周雙邊。板心上有字數。魚尾下題三蘇文幾或論幾，次葉數，次刊工名。刊工名亦有刻在葉數上者，或題某某刊，或題某某開，或題某某刀。缺筆至構字止，語涉宋帝均空格。缺卷五至十四。"[4]350按，《重廣眉山三蘇先生文集》八十卷為殘本，缺卷五至卷十四共十卷，今存北京大學圖書館，《北京大學圖書館藏古籍善本書目》《北京大學圖書館藏善本書録》均有著録。傅增湘《藏園群書經眼録》卷十八亦有著録。此書雖缺十卷，但依舊能大致得知其內容。卷一至卷四為書信，卷十五至卷八十主要收録三蘇各類著作和文章，如《尚書解》《論語拾遺》《孟子解》以及策論、試策、策略、策問、經問、經論等實用性文字。此外，張鈞衡《適園藏書志》卷十五著録有另一種殘本，僅存三卷，有陸樹聲、楊守敬跋，今存臺北"中央"圖書館。

宋孝宗喜好三蘇文，導致乾道以後三蘇選本大量編行，婺州東陽胡倉王宅桂堂刻《三蘇先生文粹》七十卷就是其中之一種。原書編撰者不詳，也不見於宋人書目。"凡選蘇洵文六十八篇，蘇軾文二百七十九篇，蘇轍文三百一十二篇。"[5]86明趙琦美《脈望館書目》著録："《三蘇文粹》十本，又四本。"[6]1458《天禄琳琅書目後編》卷六著録宋版《三蘇先生文粹》二函二十册。婺州東陽即今浙江金華市東陽縣，兩宋時期，婺州境內的東陽、義烏是重要的刻書之地。東陽本《三蘇先生文粹》七十卷，舊藏江南四大藏書樓之一的常熟瞿氏鐵琴銅劍樓，今歸中國國家圖書館。楊紹和《宋存書室宋元秘本書目》卷四著録兩部宋版《三蘇先生文粹》，其曰："宋本《三蘇文粹》七十卷，二十四册，四函。"[7]613傅增湘《藏園群書經眼録》卷十八："《三蘇先生文粹》七十卷，宋蘇洵、蘇軾、蘇轍撰。宋婺州吴宅桂堂刊本，版高五寸四分，半面闊三寸九分，是巾箱本。每半葉十四行，每行二十六字，白口，四周雙邊。"[8]1532後來此書歸常熟瞿氏，瞿鏞《鐵琴銅劍樓藏書目録》卷二十三著録："《三蘇文粹》七十卷，宋刊本。不著纂輯姓氏，前有標目，無序跋。目後有真書墨圖記云'婺州東陽胡倉王宅桂堂刊行'，與《歐陽文粹》版式相同，當是同時所刊。每半葉十四行，行二十六字。'敬''殷''匡''恒''貞''徵''讓''樹''桓''構''慎'字皆缺筆，而'惇'字不缺，光宗前刻本也。"[9]662根據瞿鏞所辨書中避諱到"慎"字，即避南宋孝宗趙昚之同音名諱，可斷定為南宋前期光宗前的刻本。

另有一本為季振宜故物，後歸常熟張金吾收藏。《愛日精廬藏書志》卷三十五著録："《三蘇先生文粹》七十卷，宋刊本。不著編輯者名氏。凡老泉十一卷，東坡三十二卷，潁濱二十七卷，合七十卷。闕卷十一至十八、二十二至二十四、二十九至三十五、四十八至五十、五十三至五十九、七十，共缺二十九卷。鈔補。"[10]631 此書後歸湖州陸心源，其《皕宋樓藏書志》卷一百一十二著録："《三蘇先生文粹》七十卷，宋蜀大字本，季滄葦舊藏。不著編輯者名氏。按：此北宋蜀中刊本，每葉二十四行，每行十八字，版心有字數及刊工姓名，語涉宋本也。卷中有季振宜藏書朱文長印。"[11]1274 陸氏皕宋樓本於光緒三十三年（1907）由陸心源之子陸樹藩以十萬元全部售與日本岩崎氏，現存日本静嘉堂文庫。傅增湘曾到静嘉堂文庫查閱此書，《藏園群書經眼録》卷十八載："《三蘇文粹》余生平所見者三本，皆密行小字巾箱本。此本板式寬展，大字精嚴，紙墨瑩潔，殊為罕覯。且老泉文後附詩二十二首，為明刊本十四行本所無，尤為足珍。陸氏定為蜀本，余審其字劃方嚴峻整，恐仍是浙本耳。"[8]1532 此外，《三蘇先生文粹》還存有兩種殘本，為小字巾箱本，傅氏《藏園群書經眼録》卷十八、莫伯驥《五十萬卷樓群書跋文》卷六曾著録，其中一部為南宋著名學者趙次公所藏，彌足珍貴。

將《三蘇先生文集》與《三蘇先生文粹》對照，還可以發現一些問題。《三蘇文集》在時間上略早於《三蘇文粹》，内容上是以類編排，并且收録完整的著作，如《尚書解》《孟子解》《論語拾遺》。以類劃分往往按照蘇洵、蘇軾、蘇轍順序編排，如卷三十八為蘇洵《策問》十五首，卷三十九、卷四十為蘇軾《策問》二十六首，卷四十一為蘇轍《策問》二十六首，劃分方式一目瞭然。而《三蘇先生文粹》則將全部編排打亂，按照個人劃分，其中蘇洵十一卷，蘇軾三十二卷，蘇轍二十七卷，各卷之内編排隨意。而且從卷數上來看，《文萃》比《文集》少十卷，編排更為緊促。從刊刻地來看，《三蘇文集》目前僅見饒州本，而《三蘇文粹》除了東陽本，尚有蜀刻本。季振宜、張金吾、陸心源所見到的大字本極有可能就是蜀刻本，三蘇為蜀産，且宋代眉山地區刻書風行一時，刊刻《三蘇文粹》具備各種條件。現存宋蜀刻本唐人集二十餘種均為大字本，即為明證。存留的幾種《三蘇文粹》，既有小字巾箱本，也有大字本，説明在南宋初期選編、刊刻三蘇文成為風尚，不同的開本和字體可供各種層次的讀者選擇。而且從版本方面講，南宋編刻的《三蘇文粹》極具校勘價值，可補文集本之闕。例如瞿鏞就説："老泉文有《洪範》三論及後序、《辨奸論》為《嘉祐集》不載。東坡文有《邇英進讀》、評史、評《文選》等篇為七集本不載，當取諸本大全集本。潁濱文有諸論為四集本不載者，皆取諸《古史》。文中字句，多與集本不同，亦互有得失，可資參校。"[12]663 除了上述兩種三蘇文選集外，在孝宗淳熙三年（1176）還刊刻過游孝恭選編的《標題三蘇文》六十二卷。游編本不見於宋、明公私書目，《天禄琳琅書目後編》卷六著録："蜀本《標題三蘇文》二函十册，不著編者姓名。書六十二卷，彙三蘇文，分門纂輯，曰上書、曰奏議、曰幾策、曰策略、曰策別、曰策斷、曰進論、曰程試論、曰歷代論、曰南省講三傳、曰書、曰答書、曰雜文（雜説附）、曰記（贊附）、曰序、曰行狀、曰碑、曰墓志、曰海外論。或加子目，或節全文。前有三蘇文叙録，標'歷陽狀元張孝樣編'。又三蘇年譜圖，標'左朝請大夫、權發遣成都府路提典刑獄事何掄編'。卷一後有條記云：'武溪游孝恭德棻標題。此文集校正，復增叙録、圖譜於卷首，庶幾開卷則三公之議論灼見其肺腑矣。淳熙丙申冬至日刊於登俊齋。'或即游孝恭所編也。"[13]316此書今存殘本藏中國國家圖書館，存卷二十九至卷六十二共三十四卷。該書的卷次、序目與《三蘇文集》《三蘇文粹》迥然不同，乃書賈坊刻無疑，編者游孝恭不詳何人。

二

上述數種三蘇文選集皆為白文本，在南宋還出現過幾種編注本、標注本，而且還有《三蘇文粹》的增補本，説明三蘇文章在南宋受到的歡迎程度之深。朗曄在孝宗淳熙末年編注《經進三蘇文集事略》一百卷，約於光宗紹熙二年（1191）刊刻成書。朗曄字晦之，錢塘人，生平事迹見周煇《清波别志》卷二。全本《經進三蘇文集事略》一百卷今不存，僅存兩部宋刻殘本《經進東坡文集事略》六十卷。一部為南海潘氏寶禮堂所得，《寶禮堂宋本書録》著録，現存中國國家圖書館；另一部為烏程張氏適園所得，其《適園藏書志》卷十一著録，現存臺北"中央"圖書館。兩者版式相同，半葉十二行，行二十一字，黑口，左右雙邊。朗曄注雙行。《經進東坡文集事略》六十卷，共選注蘇軾文四百九十八篇。前兩卷為賦，卷三為南省講三傳，卷四至卷十四為論，卷十五至卷二十三為進策、策、策問，卷二十四為上神宗萬言書，卷二十五至三十六為表、啓、奏議，卷三十七至卷三十九為内外制，卷四十至卷四十七為書狀、書，卷四十八至卷五十四為記，卷五十五至卷五十九為碑、叙、雜説、銘、贊，最後一卷為雜著。此書民國時商務印書館編《四部叢刊初編》，曾借用烏程張氏、南海潘氏所藏殘宋本拼合影印。影印本前有宋孝宗《御製文集序》《蘇文忠公贈太師製》《東坡先生言行》。殘宋本《經進東坡文集事略》六十卷分别按類編排蘇軾文，是宋代編刻蘇軾文章卷數、篇數最多的一種蘇文選本，基本上囊括了蘇軾各類重要的文章，具有較高的文獻價值。胡玉縉《續四庫提要三種》謂："鈎稽事實，考核歲月，元元本本，無不具有條理，足與施元之《蘇詩注》相伯仲。"[14]272宋代注蘇詩、蘇詞者甚多，但注蘇文者僅此朗曄一部，從文獻方面講彌足珍貴。《宋史·藝文志》著録"《三蘇文集》一百卷，朗曄進"，現存的《經進東坡文集事略》六十卷可能就是朗曄《三蘇文集》之蘇軾文部分，另外四十卷為蘇洵、蘇轍文。鑒於朗曄《經進三蘇文集事略》已佚失，民國年間上海蟫隱廬刊行羅振常輯本《經進三蘇文集事略》，包括《老泉先生文集》十二卷《考異》一卷、《經進嘉祐文集事略》一卷《考異》一卷、《老泉先生文集補遺》二卷、《經進東坡文集事略》六十卷《考異》四卷《補遺》一卷《續補》一卷、《經進欒城文集事略》一卷《考異》一卷，以及《郎氏事輯》一卷。但羅氏補輯《經進三蘇文集事略》材料來源不一，且并没有恢復朗注之舊，學術價值不高。

宋光宗紹熙四年（1194），吕祖謙編《東萊標注三蘇文集》五十九卷刊刻成書。吕祖謙字伯恭，婺州人，南宋著名理學家。隆興元年（1163）登進士第，復中博學宏詞科，調南外宗學教授。纍官直秘閣，主管亳州明道宫。參與重修《徽宗實録》，編纂刊行《皇朝文鑒》。淳熙八年（1181）卒，年四十五。著有《東萊集》四十卷、《東萊標注三蘇文集》五十九卷，今僅存宋刻殘本五十一卷，其中《老泉先生文集》十一卷、《東坡先生文集》二十五卷、《潁濱先生文集》十五卷，中國國家圖書館藏。《天禄琳琅書目後編》卷十一著録："宋吕祖謙編，三蘇人各為編，凡蘇洵十一卷，蘇軾二十六卷，蘇轍二十二卷。編各分體，加以點抹，於題下標注本意，與蜀本及《文粹》篇目并異。"[13]369 書中有吴炎《題東萊標注老泉文集》，對編撰過程言之較詳。其曰："先生父子文體不同，世多混亂無別。書肆久亡善本，前後編節刊行，非繁簡失宜，則取捨不當，魚魯亥豕，無所是正，觀者病焉。頃在上庠，得吕東萊手抄凡五百餘篇，皆可通習為矜式者，因與同舍校勘訛謬，擬為三集，逐篇指摘關鍵，標題以發明主意。其有事迹隱晦，又從而注釋之。誠使一見，本末不遺。義理昭晰，豈曰小補之哉！鼎新作大字鋟木，與天下共之，收書賢士，伏幸垂鑒。紹熙癸丑八月既望，從事郎、桂陽軍軍學教授吴炎濟之咨。"[15]1 吴炎字濟之，興化軍莆田人，光宗紹熙元年（1190）登進士第，授桂陽軍學教授。根據其文得知，《東萊標注三蘇文集》為吕祖謙編，吴炎等人標注。

《東萊標注三蘇文集》五十九卷在流傳過程中出現了一些變化，例如《老泉先生文集》就有十一卷、十二卷兩種版本。《寶禮堂宋本書録》曰："天禄琳琅有《東萊標注三蘇文集》，編各分體，加以點抹，題下標注本意。據吴炎咨啓測之，此亦必三蘇合刻，版心有署'泉幾'者，亦其一證。然天禄本洵文十一卷，此為十二卷，又有不同。"[16]299 潘氏寶禮堂所藏此宋刻《老泉先生文集》為傅增湘所讓，為十二卷本，而天禄琳琅舊藏《老泉先生文集》為十一卷本，差别不大。"以十一卷本、十二卷本《老泉先生文集》目録相校，十一卷本卷六為《衡論十篇》，十二卷本將此十篇分為兩卷，為卷六、卷七，故兩本卷次不同。"[5]141 大致來看，《東萊標注三蘇文集》之《老泉先生文集》十一卷本、十二卷本，書名相同，選文篇目相近，很可能是一書的不同版本，編次略為不同而已。《東萊標注三蘇文集》五十九卷是吕祖謙選編的三蘇文章選本，而非全集本，共選編三蘇各體文章五百二十九篇，今存五十一卷，存文四百三十五篇。其中所選蘇洵的文章幾乎囊括了蘇洵的傳世之作，所選蘇軾文二十六卷僅占其著作篇幅的四分之一，所選蘇轍文二十二卷也衹占其著作的三分之一。從選編内容上看，三蘇文章主要偏嚮於經論、史論、策論、奏議、書啓等實用性的文體，其中策論最多，包括進策、策問、策略、策别等占大多數，而文藝性較强的傳記、遊記及其他文字基本没有，顯示出選編者强烈的正統思想，也可能與吕祖謙理學家的身份有比較密切的關係。該書由吕祖謙選編、吴炎標注，但書名又是《東萊標注三蘇文集》，有誤導的嫌疑。所謂標注，即用標點、畫綫的方式表明文章的警策關鍵之處，用批注揭示文意，提醒讀者注意作者的創作傾嚮與意旨，具有明顯的科舉導嚮功用。明人楊士奇《書三蘇文選後》評論此書"皆取其論治體而便於科舉之用，雖不能皆純，而讀之可以啓益胸次，動蕩筆端，未必無助也"[17]122，基本上道出了吕氏選編此書的初衷。李建軍先生認為："吕祖謙編選的《三蘇文集》是三蘇文章的較早選本，同時也是較好選本，在三蘇文章的傳承、流播歷程中具有一定的價值。"[18]吕編本雖不是最早的三蘇文章選本，但從質量上來講的確是下了一番功夫的，尤其是具有較高的文字校勘價值。

前述孝宗時編刻的《三蘇先生文粹》七十卷，付梓後不久即有人對此書進行重編，更名為《重廣分門三蘇先生文粹》，卷數擴大到一百卷。據書中宋帝避諱字來看應為南宋中期刻本，每半葉十四行，行二十四字，黑口，左右雙邊，版心有刻工姓名。原為天禄琳琅舊物，後流傳到日本，今藏日本宫内廳書陵部。《天禄琳琅書目後編》卷六著録：

> 《重廣分門三蘇先生文粹》四函，二十八册，不著編者姓名，彙三蘇文，分門纂輯，曰五經論，曰六經論，曰書解，曰洪範論，曰中庸論，曰春秋論，曰南省講三傳，曰論語解，曰論語拾遺，曰孟子解，曰太玄論，曰帝王君論，曰帝王臣論，曰聖賢論，曰列國君論，曰列國臣論，曰歷代君論，曰歷代論，曰歷代土風論，曰歷代夷狄論，曰權書，曰衡論，曰史論，曰謚法論，曰論，曰秘閣試論，曰幾策，曰策略，曰策别，曰策斷，曰進策，曰策，曰策問，曰私試策問，曰上書，曰奏議，曰表狀，曰書，曰啓，曰記，曰叙，曰引，曰字説，曰雜書，曰雜説，曰邇英進講，曰評史，曰評文選，曰頌，曰贊，曰碑，曰銘，曰傳，曰祭文，曰行狀，曰神道碑，曰墓志銘，而以潁濱遺老傳終焉[13]315。

此書與《三蘇先生文粹》編排完全不同，它采取分類輯文，將三蘇文章打散後按照門類細分。而且有些分類太過於瑣碎，如卷十一、卷十二分别為《帝王君論》《帝王臣論》，而卷二十一到卷二十八却另外有《歷代君論》《歷代臣論》。又如卷九十一為《碑銘傳》，卷九十三到卷九十九分别又有《神道碑》和《墓志銘》。除了這部《重廣分門三蘇先生文粹》，南宋中期還編刻過一部《重廣分門三蘇先生文粹》七十卷，今上海圖書館存有一部宋刊殘本，僅存十一卷。此書編排以人繫文，與《三蘇先生文粹》七十卷編排相同，之所以新取名《重廣分門三蘇先生文粹》，極可能是為了吸引讀者購買。

三

上述多部宋代編刻的三蘇文選本，因為都出自於宋人之手，且刊刻年代大多在南宋，在版本上具有一致性，代表着南宋刻書的主體面貌。從編者方面講，這幾部選本大都没有署名，僅《經進三蘇文集事略》一百卷、《東萊標注三蘇文集》五十九卷、《標題三蘇文》六十卷三種署了名。《東萊標注三蘇文集》的署名也是有問題的，如潘宗周《寶禮堂宋本書録》就説："此亦必托名之作，而非真出吕氏之手。"[16]299 而《標題三蘇文》編者游孝恭的署名一樣有問題，彭元瑞《天禄琳琅書目後編》卷六説："割并毫無體例，書首叙録、圖譜更為蕪陋，乃坊賈嫁名便鬻之所為耳。"[13]316 如此看來，衹有朗曄編注《經進三蘇文集事略》署名無争議，其他幾部選本要麼無署名，要麼署名有争議，可能是在南宋三蘇名冠一時，選編其文集者衆多，選編者無意於冠名，或托名於他人。

從編刻時間上看，最早的選本是紹興三十年（1160）集古堂刻《重廣眉山三蘇先生文集》八十卷，其次是淳熙三年（1176）游孝恭選編的《標題三蘇文》六十二卷，其次是淳熙八年（1181）吕祖謙編《東萊標注三蘇文集》五十九卷，其次是光宗紹熙二年（1191）朗曄編注《經進三蘇文集事略》一百卷。兩種《三蘇先生文粹》刊刻時間衹能大致確定，其中婺州東陽桂堂刻本《三蘇先生文粹》七十卷，瞿鏞根據避諱定在南宋光宗前，而《重廣分門三蘇先生文粹》七十卷則要晚於《三蘇先生文粹》，另外一部三蘇選本《重廣分門三蘇先生文粹》一百卷確切編刻年代不詳，嚴紹璗《日本藏宋人文集善本鉤沉》定在南宋初年恐不確，因為從書名和卷數及内容來看，《重廣分門三蘇先生文粹》顯然是根據《三蘇先生文粹》七十卷重編的，故編刻年代應該晚於南宋光宗朝。以上七部三蘇文集編刻時間主要在南宋孝、光宗年間，而這個時期恰好是三蘇在南宋聲譽最隆之時。從宋孝宗出於政治的需要，對元祐黨人重新評價，下詔恩准東坡謚文忠、御製文集序開始，到乾道、淳熙和光宗紹熙時，"人傳元祐之學，家有眉山之書"，三蘇地位驟然提升，真是隆極一時，無人能比。不唯三蘇文集編刻成書，其他個人著作也大量刊行。僅以蘇軾為例，在南宋初期就出現了《東坡七集》，包括《東坡集》四十卷、《後集》二十卷、《奏議》十五卷、《内制》十卷、《外制》三卷、《和陶集》四卷、《應詔集》十卷。而且箋注蘇詩成風，僅蘇軾《和陶詩》四卷，在南宋就有傅共《東坡和陶詩解》十卷、蔡正孫《精刊補注東坡和陶詩話》十三卷、蔡夢弼《東坡和陶集注》等多種。朝廷的嘉獎和民間的推崇，是促成南宋時期三蘇文選本大量編刻的主要原因。

從內容上來看，上述七部南宋三蘇文集僅有兩部是全本，其他都是殘本，殊為可惜。其中的一部是婺州東陽桂堂刻本《三蘇先生文粹》七十卷，經聊城海源閣、常熟鐵琴銅劍樓、天祿琳琅收藏，今歸中國國家圖書館。另外一部《重廣分門三蘇先生文粹》一百卷原為清宫舊物，後流傳到日本宮內廳書陵部。這兩部南宋《三蘇文粹》，因為是全本，為整理校勘三蘇文集提供了珍貴的文獻資料。剩下的五部即便是殘本，也仍然有很高的文獻價值，如吕祖謙《東萊標注三蘇文集》之《東萊標注潁濱先生文集》二十二卷，今存文十五卷一百七十九篇，對校勘《欒城集》就很有參考作用。據杜海軍先生的研究，《潁濱先生文集》十五卷“所存較《蘇轍集》多 127 字，少 145 字，多 9 句，少 11 句，可校勘 367 字句，乙正 14 處字句，字句的轉換 29 處，佚文 2 處。共有差異多達七百多處，幾乎每一篇文字都有許多的不同”[19]。另外存留的兩部《東萊標注老泉先生文集》《東萊標注東坡先生文集》，相信對《蘇軾集》與《蘇洵集》的校勘同樣具有重要的文獻價值。再從內容編排上來看，上述諸種三蘇文選本主要可以分為兩個系統，即依人選編與分類選編。前者有《東萊標注三蘇文集》五十九卷、朗曄編注《經進三蘇文集事略》一百卷、《三蘇先生文粹》七十卷、《重廣分門三蘇先生文粹》七十卷，後者有《重廣眉山三蘇先生文集》八十卷、游孝恭編《標題三蘇文》六十二卷、《重廣分門三蘇先生文粹》一百卷。所有三蘇文選本中，唯獨《三蘇先生文粹》七十卷後附有蘇洵詩二十二首。如現藏於日本静嘉堂文庫的大字本《三蘇先生文粹》卷三後有道光八年（1828）孫原湘題跋：“惟老泉文後附詩廿二首，東坡、潁濱詩皆不録。”[20]1919《重廣分門三蘇先生文粹》七十卷與《重廣分門三蘇先生文粹》一百卷雖書名相同，但內容編排完全不同，兩種編排各有優劣。吕祖謙編《東萊標注三蘇先生文集》在時間上雖略晚於《三蘇先生文粹》，但顯然是藉鑒過後者，兩書對比可以發現所選三蘇文篇目幾乎相似，不過略有差異而已。吕氏删掉了《三蘇先生文粹》中有關《論語》《孟子》《公羊》《春秋》《左氏》《穀梁》《尚書》等經部的文章，重點在於選編論道、論史、論政、論治等政論文，傾嚮性更加明顯。最晚出的《重廣分門三蘇先生文粹》一百卷顯然是將前面各本參照，在選編上分門別類加以細化，但過於瑣碎，割裂了三蘇文的內在聯繫。從選編質量上講，朗曄編注的《經進三蘇文集事略》一百卷歷代評價較高，也是符合實際情況的；吕祖謙編《東萊標注三蘇先生文集》也深受好評，這可以從書中吴炎《題東萊標注老泉文集》和楊士奇《書三蘇文選後》二文的評語中看出；而游孝恭編《標題三蘇文》六十二卷則頗有微詞，主要是批評游氏選編此書“割并毫無體例，書首叙録、圖譜更為蕪陋”，可見該書從篇目編排到文字叙録都有缺漏，不是精善之本。儘管上述諸本存在種種缺失，但它們對保存三蘇文獻及其傳承功不可没。

南宋之後，元、明兩代對上述各種三蘇文章選本，大都有所翻刻。例如《三蘇先生文粹》七十卷本，《古今書刻》卷上就記載明代建寧府書坊、蘇州府皆有傳刻。浙江圖書館藏有明嘉靖十年（1531）金鰲刻本，版式與宋刻本同。《三蘇先生文集》在明代也有多種翻刻本，僅嚴紹璗《日藏漢籍善本書録》著録日本藏本就有三種，分別是元末同文書院刻本、劉氏安正書堂刻本、正德十二年（1517）慎獨齋刻本，國内藏本則更多。凡此種種均説明南宋時期編的多種三蘇文選本在後世産生了廣泛的影響，而且以這些選本為基礎衍生出了更多的三蘇文選本。例如李叔元編《彙鍥注釋三蘇文苑》八卷、谷瑞屏評選《顧太史評閱三蘇文約》十六卷、楊慎編《嘉樂齋三蘇文範》十八卷、鍾惺編《三蘇文盛》二十卷及《三蘇文歸》十卷、陳仁錫選評《蘇文奇賞》五十卷等，大多取材於宋人選編本，這在宋代文學史上是一個獨特的文學現象，值得重視和加以研究。

注釋

[1] 陸游：《老學庵筆記》卷八，中華書局，1997 年。

[2] 羅大經：《鶴林玉露》卷二，中華書局，1997 年。

[3] 郎曄：《經進東坡文集事略》卷首，文學古籍刊行社，1957 年。

[4] 李盛鐸：《木犀軒藏書題記及書録》卷四，北京大學出版社，1985 年。

[5] 祝尚書：《宋人總集敘録》卷二，中華書局，2004 年。

[6] 趙琦美：《脈望館書目》，《明代書目題跋叢刊》本，書目文獻出版社，1994 年。

[7] 楊紹和：《宋存書室宋元秘本書目》卷四，《訂補海源閣書目五種》本，齊魯書社，2002 年。

[8] 傅增湘：《藏園群書經眼録》卷十八，中華書局，1980 年。

[9] 瞿鏞：《鐵琴銅劍樓藏書目録》卷二十三，上海古籍出版社，2000 年。

[10] 張金吾：《愛日精廬藏書志》卷三十五，中華書局，1990 年。

[11] 陸心源：《皕宋樓藏書志》卷一一二，中華書局，1990 年。

[12] 瞿鏞：《鐵琴銅劍樓藏書目録》卷二十三，上海古籍出版社，2000 年。

[13] 彭元瑞：《天禄琳琅書目後編》卷六，中華書局，1995 年。

[14] 胡玉縉：《續四庫提要三種》，上海書店出版社，2002 年。

[15] 吴炎：《題東萊標注老泉文集》，《全宋文》第 289 册，上海辭書出版社，2006 年。

[16] 潘宗周：《寶禮堂宋本書録》，上海古籍出版社，2007 年。

[17] 楊士奇：《東里集・文集》，《文淵閣四庫全書》本，第 1238 册，臺灣商務印書館，1986 年。

[18] 李建軍：《〈三蘇文集〉與南宋三蘇選本》，載《河南科技學院學報》2011 年第 9 期。

[19] 杜海軍：《〈東萊標注潁濱先生文集〉對蘇轍文的輯佚與校勘價值》，《浙江師範大學學報》2009 年第 3 期。

[20] 嚴紹璗：《日藏漢籍善本書録》，中華書局，2007 年。

作者單位：四川省社會科學院文學研究所

張耒籍屬及親族再考

崔　銘

作為文學史上著名的“蘇門四學士”之一，張耒的身後是比較寂寥的，不僅專題研究論著較少，有關他生平事迹的整理考辨亦很不足。目前為研究者所常用的近人邵祖壽所編《張文潛先生年譜》① 稍嫌疏略，且有訛誤。近年有少數學者曾撰文辨補，但有些問題仍有可商榷之處。本人讀書略有所得，不揣淺陋，呈獻於此，冀方家指正。

一、張耒籍屬

邵祖壽《張文潛先生年譜》（以下簡稱《邵譜》）認為：“先生先世當係譙郡，亦猶退之韓氏之先世為河內修武也。今從《宋史》，斷先生為淮陰人。”② 本人認為這一判斷是合理的。且不獨《宋史》《宋詩紀事》《宋詩鈔》等皆言張耒為楚州淮陰人，張耒本集亦多自稱“淮南人”“淮楚晚進”。如：卷四十九《思淮亭記》：“予淮南人也。”③ 卷五十五《上蔡侍郎書》：“家本淮南。”④ 卷五十七《答林學士啓》：“某淮楚晚進。”⑤ 然而，湛芬《張耒籍屬譜系及生卒年考辨》⑥（以下簡稱《湛文》）認為，上述引文中的“淮南”是泛指包

① 近人邵祖壽編，《張耒集》附録一，張耒撰，李易安、孫通海、傅信點校，中華書局，1990 年，第 970 頁。
② 《張耒集》，第 971 頁。
③ 同上，第 768 頁。
④ 同上，第 834 頁。
⑤ 同上，第 851 頁。
⑥ 《古籍整理研究學刊》2011 年第 6 期。

括譙郡在内的淮南地區，即所謂淮南東路，因此，張耒籍屬當為譙郡。我認為其觀點似可商榷。

其一，張耒《思淮亭記》抒寫對淮水的思念，其文曰："予淮南人也，自幼至壯，習於淮而樂之。凡風平日霽，四時之變，與夫蛟龍風雨之怪，無所不歷。"① 清楚表明其自幼生長於淮水之畔。而"淮之源發於桐柏，其初甚微，或積或行，洋洋而東，旁會支合，滂沛滛溢，連潁合蔡，一流而下，會於壽春"②，"桐柏"屬唐州淮安郡，"潁"指潁州境内的潁水，"蔡"指蔡州境内的汝水，意謂淮水發源於唐州桐柏山，流經蔡州時又與汝水同流，流經潁州時與潁水相合，然後經壽春流入楚州。可知淮水并不流經譙郡（有關地理情況亦可參見王存《元豐九域志》）。

其二，熙寧九年（1076）夏末，張耒父親去世，其往山陽奔喪，此後憂居山陽，直到元豐元年（1078）春③。據《元豐九域志》卷五，楚州山陽郡團練轄山陽、漣水、寶應、鹽城、淮陰五縣，治所在山陽，淮陰距離山陽僅四十里，且淮水流經山陽、淮陰兩縣④。一般情況下，古人守制之地多為家鄉。

其三，《湛文》引張耒《雪中狂言五首》之三、之四、之五，認為詩歌點明其"性嗜麥"的喜好，"詩中的細緻描寫和飲食習慣的反復描述表明"，張耒的家鄉即是"盛産小麥、棉花、高粱等農産品"的譙郡。但細讀原詩，我們可以發現，張耒詩中所謂"我家""吾鄉"，所指乃是陳州⑤，而不是譙郡。張耒外家在陳州，青年時代遊學於此，并結識對他一生影響至深的蘇軾、蘇轍，因此，在感情上視陳州為故園不足為怪。况且，據張耒《春蔬》詩原注："予有蔬圃在陳州太昊祠南。"⑥ 張耒曾在陳州置有田産，就如蘇軾在宜興買地，便視宜興為第二故鄉一樣，張耒對陳州也有着特別親切的感情。至於張耒的飲食習慣，因其家"仕者數世，而浮寄南北"⑦，十四歲在汴京⑧，十五歲至十七歲又至陝西⑨，可以推想其飲食習慣當不同於一般長居鄉里者，地方特色應不十分明顯。

---

① 《張耒集》，第768頁。

② 同上。

③ 參見《邵譜》。

④ 王存：《元豐九域志》，中華書局，1984年，第194—195頁。

⑤ 《雪中狂言五首》其五："故園陳墟太昊祠。"（《張耒集》第274頁）太昊祠在陳州，《錦繡萬花穀》前集卷四十："太昊祠：在陳州，以勾芒配。"張耒《春蔬》："新春書劍滯江城，又見南蔬入旅羹。關心太昊祠前路，小甲連畦帶雪晴。"原注："予有蔬圃在陳州太昊祠南。"（《張耒集》，第532頁）

⑥ 《張耒集》，第532頁。

⑦ 《上蔡侍郎書》，《張耒集》，第834頁。

⑧ 《跋范坦所藏高閑帖》："予治平末，嘗見太學直講楊褒家藏唐高閑上人二帖石本，歐陽文忠書其末。"（《張耒集》，第825頁）楊褒，字之美，嘉祐、治平間為國子監直講，好收藏書畫，歐陽修《集古録》多提及所謂"楊家本"者皆褒所藏。

⑨ 《再和馬圖詩》："我年十五遊關西，當時惟揀惡馬騎。華州城西鐵驄馬，勇士十人不可羈。"（《張耒集》，第237頁）《宋史》本傳："耒十七作《函關賦》，已傳人口。"函關，即函谷關的省稱。

因此我們推斷，張耒文中所謂“淮南”“淮楚”是指楚州淮陰，而非指同屬淮南東路的譙郡。

二、張耒親族

（一）父親

《邵譜》認為張耒父親未中進士，當是明法諸科出身。鐸公《〈張耒年譜〉辨補一則》(以下簡稱《鐸文》)① 提出異議，考證張父為慶曆二年進士。兩種説法均有可議之處。

《邵譜》謂：“范氏《淮壖小記》據本集《祭李深之文》‘昔我先人，剛介峭峙，惟屯田君，則實同年’，斷為先生之父亦進士第。按《福昌縣君杜氏墓志》，先生之父應舉得官，遊宦四方，與李公竦多相似。志中但言李公仕宦得官，而不言第進士，則李公非進士可知。先生之父當是明法諸科出身，有‘曾任三司檢法官’可證。同年不必專指進士科也。”②

本人認為，范氏《淮壖小記》僅據“昔我先人，剛介峭峙，惟屯田君，則實同年”一語，即斷張父進士及第，固然證據不足，但《邵譜》推定張耒之父為明法諸科出身亦頗欠考。

首先，張耒《福昌縣君墓志銘》曰：“（李公）與先君生同年，其應舉得官，遊宦四方，禍福淹速，多相似也。”③ 從此語中，我們顯然無法得出張耒之父“當是明法諸科出身”的結論，因為，無論是進士及第，還是明法諸科及第，都屬“應舉得官”。

其次，張耒之父雖然“曾任三司檢法官”，但這也不能證明其就是明法諸科出身。宋代歷史上，進士及第者多有擔任這一職務的例子，如：王逵，天禧三年進士及第，“晏殊為三司使，奏君為三司檢法官”④；李常，皇祐元年進士甲科，治平間，“用韓公肅薦，為三司檢法官”⑤；吕惠卿，嘉祐二年進士甲科，英宗治平年間，任三司檢法官⑥，等等。

《鐸文》謂：“據宋梁克家《淳熙三山志》（《四庫全書》本）卷二十六，李處道，字深之，其兄李處厚，字載之，皆李亞荀之子。李處厚慶曆二年進士，同榜進士尚有陳襄、

① 《文學遺産》2005 年第 2 期。

② 《張耒集》，第 971 頁。

③ 同上，第 886 頁。

④ 曾鞏：《刑部郎中致仕王公墓志銘》，陳杏珍、晁繼周點校：《曾鞏集》，中華書局，1984 年，第 573 頁。

⑤ 秦觀：《李公行狀》，徐培均箋注：《淮海集箋注》，上海古籍出版社，1994 年，第 1549 頁。

⑥ 佚名撰，李之亮點校《宋史全文》，黑龍江人民出版社，2004 年，第 541 頁：“乙未，三司檢法官吕惠卿編校集賢院書籍。”

蕭汝霖、蘇畋、王綸等。處厚歷屯田員外郎，終朝奉郎，提舉淮南等六路茶税。祭文中的屯田君當指李處厚，他既與張耒之父同年，張父登進士第亦當在慶曆二年。”此説亦可商榷。

《張耒集》所附《同文館唱和詩》，其中鄧忠臣《夜聽無咎、文潛對榻誦詩，回應達旦，欽服雄俊，輒用九日詩韻奉貽》，詩後原注云：“先子與張丈職方、晁丈都官同年，忠臣與應之同年，兩家俱有事契。”[①] 這裏所謂晁丈都官，是指晁補之（字無咎）的父親晁端友。查《宋登科記》可知，晁端友，字君成，是皇祐五年進士。

張耒之父既與慶曆二年（1042）進士李處厚（字載之）“同年”，又與皇祐五年（1053）進士晁端友（字君成）“同年”，顯然，這兩條材料中所謂“同年”不可能都是指“進士同年”。誠如《邵譜》所言：“同年不必專指進士科也。”出生於同一年，也可以稱為“同年”。由於缺乏更多材料，我們似難判别這兩條材料中“同年”的確切含義。

然而，鄧忠臣詩注中説：“兩家俱有事契。”“事契”一詞，就字義而言即是“情誼”，但我們從宋人使用“事契”一詞的習慣中或可見出某些端倪。如：趙抃《五論陳旭自乞遠貶》：“臣與旭素無讐隙，與臣又是同年及第，臣不敢惜事契風義之失，實可憂朝廷公論之去。”[②]文彦博《故太師開府王公挽詞君貺太子太師》：“早歲馳聲猶未冠，錦標獨得冠詞林。四朝出處身名泰，五紀遊從事契深。（原注：天聖中予與君貺同應科舉。）[③]張舜民《壬戌孫覽右司同年以詩見寄用韻和酬》：“孫郎卧省正當年，曾奏嘉謀玉扆邊。事契且論龍虎榜，行藏休問孝廉船。”[④] 上引三條材料，都是在談及“進士同年”的情况下使用“事契”一詞的，據此我們似可粗斷張耒之父與鄧、晁二人之父為“進士同年”而非“生同年”，其與李處厚（載之）則應是“生同年”。因此，本人認為張耒之父應為皇祐五年（1053）進士。

此外，《鐸文》還認為張耒之父曾在尚書省職方司任職，依據就是上引鄧忠臣詩注稱張父為“張職方”，“鄧詩作於元祐年間，張父卒於熙寧九年，職方郎中或職方員外郎當為張父的最終官職”。此説亦待考。因為，晁補之父晁端友卒於熙寧七年（1075），最終官職是著作佐郎（正八品）[⑤]，但鄧詩原注稱其為“晁都官”（從六品）。依宋代慣例，已故先人可以子恩獲贈官職，如蘇軾祖父蘇序，生平未仕，“始以子恩為大理評事，後纍贈尚書職方員外郎”[⑥]。因此，元祐年間，鄧忠臣所稱張耒父親和晁補之父親的官職，亦有可能是卒後追贈。

---

① 《張耒集》，第952頁。
② 楊士奇：《歷代名臣奏議》卷一七五，臺灣學生書局，1964年影印本，第2307頁。
③ 文彦博：《潞公集》卷九，明嘉靖五年刻本。
④ 《畫墁集》卷三，清知不足齋叢書本。
⑤ 《晁君成墓志銘》，劉琳、李勇先、王蓉貴校點：《黄庭堅全集》，四川大學出版社，2001年，第831頁。
⑥ 曾鞏《贈職方員外郎蘇君墓志銘》，陳杏珍、晁繼周點校：《曾鞏集》，中華書局，1984年，第587頁。

（二）母親

《邵譜》謂："母李氏，文安君。按本集《上元家飲值文安君誕辰》：'况值私庭慶，祝壽比蟠桃。'文安君當是先生之母。"

然本集另有《十月十日夕同文安君對月》："林外霜風作夜聲，入檐寒月似多情。燈前爐畔深杯暖，更聽昭君出塞行。"① 味其詩題與詩意，似非呈母之作。又，《内生日》："從我奔馳走四方，清貧殊不厭糟糠。黔婁環堵貧常醉，壽母高堂老亦康。夷險百為吾有命，窮通一意子真剛。今年生日心無事，好為兒孫舉壽觴。"② 其中"壽母高堂老亦康"之語與"祝壽比蟠桃"之語頗類，但題目却指明是贈内之作。以此，則文安君或為其妻之封號。備考。

《邵譜》據本集卷五十五《投知己書》③，曰熙寧四年（1071）張耒遭母喪，《湛文》襲其説。此處也有待商榷。第一，張耒十九歲應舉姑蘇，二十歲登余中榜進士。若熙寧四年（張耒十八歲）喪母，則須居鄉守制，不可參加科考。第二，《投知己書》自述二十歲至三十二歲的仕宦經歷曰："西走巴蜀，南盡吴會，陸困於周秦，而水窮於江淮"，亦與張耒生平事迹不合。張耒二十歲及第後，先任臨淮主簿，隨後遭父喪居山陽守制，免喪後任壽安尉至三十歲，隨後任咸平縣丞。此文或代人作，待考。

（三）妻子

張耒一生嘗兩娶。其《悼逝》詩曰："結髮為夫婦，少年共饑寒。我迂趨世拙，十載困微官。……相期脱崎嶇，一笑舒艱難。秋風催芳蕙，既去不可還。"④《悼亡九首》其八曰："嵩陽道出建春門，同入西都四見春。"⑤ 張耒元豐二年（1079）秋赴壽安尉，壽安屬西京河南府，故曰"同入西都"；"四見春"，可知其結髮妻子於元豐六年（1083）去世，亦與《悼逝》詩所謂"十載困微官"相合。張耒熙寧七年（1074）赴臨淮任主簿，至元豐六年（1083）正好十年。而"秋風催芳蕙，既去不可還"之嘆，可知其時正當秋季。

而《十月十二日夜務宿寄内》："夜寒欺老人，展轉睡不足。長年怕為客，况此空齋宿。"⑥《在告家居示内》："雖云官事簡，不似在家安。晏晏婦子語，嬉嬉兒稚閑。甘餐失粗糲，獨酌置杯盤。老覺偎紅好，莫將年少看。"⑦《内生日》："從我奔馳走四方，清貧殊不厭糟糠。黔婁環堵貧常醉，壽母高堂老亦康。夷險百為吾有命，窮通一意子真剛。今年

① 《張耒集》，第536頁。
② 同上，第422頁。
③ 同上，第830—832頁。
④ 同上，第122頁。
⑤ 同上，第562頁。
⑥ 同上，第172頁。
⑦ 同上，第353頁。

生日心無事，好為兒孫舉壽觴。”[①] 則顯然作於晚年，詩中所指“内人”，當為續娶之妻。

《湛文》據《與徐仲車書》[②] 中“新婦以次各無恙”一語，認為張耒於四十四歲左右方續娶，似可議。“新婦”一詞在此當為對自己妻子的謙稱，而非指新婚妻子。上引《内生日》一詩曰：“從我奔馳走四方……壽母高堂老亦康。”又曰：“窮通一意子真剛。”可證明這位陪張耒走到晚年的妻子，跟隨他奔走四方，經歷了從元祐至紹聖的仕途起伏，并非謫居黃州前後纔續娶的。

本人認為，張耒再娶當在元祐二年（1087）之前。《張耒集》卷二十一《書卧懷陳三時陳三卧疾》：“欲餉子桑歸問婦，一瓢過午尚懸牆。”陳三即陳師道，其答詩即《後山集》卷一之《答張文潛》，《後山詩注補箋》繫此詩於元祐二年。

樓鑰《攻媿集》卷七十三《跋黃氏所藏東坡山谷二張帖》：“東坡與黃潁州父子厚善，嘗書潁州之父子思詩集之後。又龍圖二女為少公二子適、遜之婦。觀此祭潁州之文，與龍圖、直閣二公書問，情好可知。子思名上字孝下字先，潁州名上字好下字謙，龍圖名從宀從是字師是，直閣名從宀從辛字才叔。”可知引文所謂黃潁州、龍圖、直閣，分別指黃好謙、黃寔、黃宰。接着，帖又云：“……右史為龍圖友婿，且居於陳，嘗為潁州作《友于泉記》，故叙鄉曲。”友婿即今所謂連襟。據此，則張耒之妻與黃寔之妻乃姐妹二人，但不知是結髮之妻抑或再娶之妻。

（四）兄弟

《邵譜》謂：“本集《祭李深之文》：‘耒之兄弟，應舉姑蘇。’離宿州後寄兄弟詩《對酒奉懷無咎》有‘我兄改秩令新昌’句，其名字均無可考。惟‘正叔老兄’字僅一見，‘君復七兄’屢見於詩。據本集《同七兄及崧上人自墳莊還寺》詩，有‘論詩得靈運’句，則七兄當是從兄。”

按：《邵譜》所引《對酒奉懷無咎》詩共兩首，其二曰：“我兄改秩令新昌，相望雖遠同江外。君家兄弟數如我，曹南好在龐眉弟。”[③] 據孔凡禮《晁補之的家世和早期事迹》[④]，晁補之兄弟二人，弟將之，字無斁，紹聖間為曹州教官。從詩意可知張耒和晁補之一樣，是兄弟二人。

又，本集《與陳三書》：“僕到陳十日，私幹頗已辦，衹俟一見沈丘家兄，遂赴亳。”[⑤]

---

① 《张耒集》，第422頁。

② 此書《張耒集》未收，見於《邵譜》紹聖四年紀事（《張耒集》，第1002頁）。

③ 《張耒集》，第276頁。

④ 《孔凡禮古典文學論集》，學苑出版社，1999年，第256—273頁。

⑤ 《張耒集》，第849頁。按：此處中華書局本為：“僕到陳十日，私幹頗已辦，衹俟一見。沈丘家兄遂赴亳。”標點有誤，據《歷代名人年譜》，元祐元年，陳師道在汴京，而張耒此信寫於陳州。

陳三乃陳師道，《後山居士文集》卷十有答書，書作於元祐元年[①]。而晁補之《沈丘縣學記》曰："譙郡張柔文剛，好學而有文，為令沈丘。"[②] 記作於元祐二年五月。由此可知張耒之兄名柔，字文剛，元祐初年曾為沈丘令。

另，本集有《上孫端明書》[③]，《邵譜》以"某生三十有五年矣"一句，繫《上孫端明書》於元祐三年，并提出可疑者三，認為"此書或是代作，似非先生自上之書也"。其繫年有誤，而判斷誠是。兹考證如下。

其一，書云："方先帝時，群才并進，多士滿朝。……今春以來，前日所指為正人大丈夫者，翕然四合而至矣。"所描述的正是元豐八年三月哲宗即位後之事。據《東都事略·孫永傳》："……以將作監召還，遷端明殿學士、提舉崇福宫。起知陳州，徙潁昌府。哲宗即位，召拜工部尚書。"[④] 又《北宋經撫年表》卷二載，元豐八年十二月甲戌，知潁昌軍孫永工部尚書。稱"孫端明"，故書之作當不早於元豐八年十二月。《邵譜》繫此書於元祐三年，誤。

其二，上引《與陳三書》及晁補之《沈丘縣學記》，可證張耒之兄其時為沈丘縣令，與《上孫端明書》中所謂"某今也為令沈丘"之句合。

其三，書云："某之家弟來，幸得望履幕下，未嘗欣然自負，以為辱公之知。""來"疑為"耒"之誤。時張耒與孫永有唱酬。本集卷十三有《寄曼叔求酒》，明小草齋鈔本《宛丘先生文集》（以下簡稱"草齋本"）、《四部叢刊》影印舊鈔本《張右史文集》（以下簡稱"叢刊本"）、清吕無隱鈔本《宛丘先生文集》（以下簡稱"吕本"）題下并有注云：孫端明。詩曰："青衫幾丞頑不羞，三十持版拜督郵。"又曰："淮陽冬醪滑勝油……一醉猶須越境謀。"[⑤] 咸平屬開封府，與孫永所治潁昌府相鄰，故有"越境"之説，亦與《上孫端明書》所謂"望履幕下"相符。

據以上三點，可判定此書乃元豐八年張耒代兄所作。

綜上，張耒兄弟二人，兄張柔，字文剛，比張耒年長三歲，曾在沈丘、新昌等地任縣令。此外，張耒尚有姐妹數人，《邵譜》已有著録，不贅。

至於《邵譜》所提及的從兄"君復七兄"，《張耒集》有《次韻君復七兄見贈》[⑥]，詩歌最後兩句"他日重逢龐處士，可能猶與世人同"，原注曰："兄斷愛屏欲，專意禪悦，故

---

① 《答張文潛書》，《後山居士文集》卷十，《北京圖書館古籍珍本叢刊》本。

② 晁補之：《雞肋集》，《四部叢刊》本卷二十九。

③ 《張耒集》，第832—833頁。

④ 王稱：《東都事略》，《二十五别史》第14册，齊魯書社，2000年，第716頁。

⑤ 《張耒集》，第224—225頁。

⑥ 同上，第256頁。

比龐公。”又《喜七兄疾愈二首》[①] 其二“戰勝天魔初起定”句，原注：“七兄已斷世緣。”“寶成丹灶不妨貧”句，原注：“兄新悟道秘。”可知張君復喜參禪修道。

（五）子女

本集與諸子詩頗多，秬、秸、和、秠之名見於詩中。據陸游《老學庵筆記》，秬、秸、和皆中進士第。另卷七有《阿几》，不知阿几為誰。卷五《哭下殤》，亦不知殤者為誰。一女嫁陳景初。此皆《邵譜》所載，皆有文獻依據。然《湛文》曰：“張耒育有六子一女，六子分別名秬、秸、和、秠、下殤及阿几。”其說值得商榷。

其一，《湛文》以“下殤”為人名，曰：“小兒下殤，生性穎異仁厚，但亦不幸於七歲時重病早夭。關於下殤者，邵祖壽《張文潛先生年譜》曾云‘不知殤者為誰’，但《柯山集》卷五古樂府歌詞却載有《哭下殤》詩，其序明言：‘下殤者何？吾兒也。’‘年七歲，得驚疾，醫之不得其方而死。’可見下殤實為張耒六子之一。”其說有誤。《儀禮·喪服》：“年十九至十六為長殤，十五至十二為中殤，十一至八歲為下殤，不滿八歲以下為無服之殤。”[②]

其二，阿几當為乳名，不能排除就是本集中所見秬、秸、和、秠四人之一；而下殤者，因未具名，也有可能就是秠。故說張耒育有六子，似證據不確。

其三，本集中除卷二十三《送婿陳景初還錢塘》一詩外，與潘大觀（仲達）詩甚多，且多以“郎”相稱，如：卷十一《七日晚同潘郎乘月到欒家觀，鶴問石生羚羊角，偶有之。今早惠角一對，良真是也。吾藥遂成，欣然作詩》、卷十四《招潘郎飲》、卷十六《三月十三日本約潘郎同遊安園，以雨不果，因飲於家。為説宛丘木芍藥之盛，作此篇》、卷二十五《冬至贈潘郎》、卷二十六《讀潘郎文卷》、卷三十二《冬至贈潘郎二首》、《生日贈潘郎》等，皆作於謫居黄州時期。且本集《賀潘奉議致仕啓》曰：“伏審親家致政奉議。”[③] 奉議即潘鯁，大觀之父，見本集卷六十《潘奉議墓志銘》[④]。由此似可推知其一女嫁陳景初，另有一女嫁潘大觀。大觀，大臨弟，黄州人，兄弟皆能詩，名列吕居仁所撰《江西詩社宗派圖》。陳景初，生平不詳，然《送婿陳景初還錢塘》詩曰：“經年上國勞歸夢。”上國當指京城，則詩當作於元祐年間或建中靖國元年。此外，上文所引《對酒奉懷無咎二首》其二最後兩句曰：“近來老子還破禪，一女咿啞猶未晬。”[⑤] 如前所述，此詩作於紹聖二年，則張耒四十二歲時又得一女。謫居黄州時期，此女尚幼，當非嫁陳景初或潘大觀者。

綜上可知，張耒至少有四子三女。

---

① 《张耒集》，第429頁。

② 《儀禮注疏》卷三十一，《十三經注疏》本，第1111頁上。

③ 《張耒集》，第857頁。

④ 同上，第894頁。

⑤ 同上，第276頁。

（六）甥

《邵譜》謂："甥楊道孚、楊介。道孚字克一，亦字念三。……介字吉老。"以楊道孚（克一、念三）與楊吉老為兩人，且以道孚為名，克一為字，又視楊介為張耒之甥，皆誤。

首先，張耒詩所稱"吉老甥"與楊克一（道孚、念三）似為同一人。張耒《題外甥楊克一詩篇末》，草齋本、吕本、叢刊本末句注云："耒寓洛時，吉子十餘歲耳。"① 可知楊克一小字吉子，或為吉老之昵稱。另，鄧椿《畫繼》曰："楊吉老，文潛甥也。文潛嘗云：'吾甥楊吉老，本不好畫竹，一旦頓解，便有作者風氣。揮灑奮迅，初不經意，森然已成，愜可人意。其法有未具，而生意超然矣。'無咎亦有《贈文潛甥克一學與可畫竹》詩。克一，吉老字也。"② 鄧椿與張耒同時稍後，靖康末年二十歲左右③。其中所引張耒語，見《張耒集》卷五十三《題道孚墨竹》，而"吾甥楊吉老"則作"吾甥楊克一"④；所引晁補之詩，見《雞肋集》卷八，詩題作《贈文潛甥楊克一學文與可畫竹求詩》⑤。依此，楊吉老即楊克一。黄庭堅亦有《跋楊道孚畫竹》："觀此竹，又知其人有韻。問其主名，知其為克一道孚，吾友張文潛之甥也，宜有外家風氣。"⑥

其次，克一當為名，道孚、念三、吉老則當為字，上引鄧椿《畫繼》亦錯將"克一"當字。古人名、字有别，長輩於晚輩多直呼其名。《張耒集》中為楊克一（道孚、吉老、念三）所作詩文共十五篇（不包括《秋日喜楊介吉老寄藥》，此篇下文另論），其中六篇稱"克一"（卷六《離楚夜泊高麗館，寄楊克一甥四首》、卷十《别外甥楊克一》、卷十九《别外甥楊克一二首》、卷二十一《寄楊克一》、卷二十五《題外甥楊克一詩篇末》），四篇稱"道孚"（卷七《昨夜月中一睡，殊有秋色，覺書所見，戲呈道孚》、卷八《自淮陰被命守宣城，復過楚，雨中過道孚，因同誦楚詞，為書此以足楚詞》、卷五十三《題道孚墨竹》、卷五十五《與楊道孚手簡》），三篇稱"念三"（卷十三《和楊念三自武昌至京師》、《大風與楊念三飲次作此》、卷二十一《送楊念三監簿侍行赴鄂渚》），一篇稱"念三道孚"（卷七《贈楊念三道孚》），一篇稱"吉老"（卷十《喜吉老甥見過》）。且，叙述某某"其子"時，一般稱名而不稱字，如：蘇軾《李憲仲哀詞并叙》："同年友李君……軾不及與之遊也，而識其子廌有年矣。"⑦ 李廌字方叔，此處稱"廌"而不稱"方叔"。蘇軾《陳公弼傳》："當蔭補子弟，輒先其族人，卒不及其子慥。"⑧ 陳慥字季常，此處稱"慥"而不稱"季常"。

---

① 《張耒集》，第433頁。

② 中國書畫全書編纂委員會編：《中國書畫全書》第2册，上海書畫出版社，1993年，第711頁下。

③ 謝魏：《中國畫學著作考録》，上海書畫出版社，1998年，第182頁。

④ 《張耒集》，第810頁。

⑤ 《四部叢刊》本。

⑥ 《黄庭堅全集》，第1580頁。

⑦ 孔凡禮點校：《蘇軾詩集》，中華書局，1982年，第1333頁。

⑧ 孔凡禮點校：《蘇軾文集》，中華書局，1986年，第419頁。

張耒《潘奉議墓志銘》："求其世家歷官行事於其子大臨而次叙之。"① 潘大臨字邠老，此處稱"大臨"而不稱"邠老"。黄庭堅《晁君成墓志銘》："病卧昭德坊，呻吟皆詩，其子補之榻前抄得。"② 晁補之字無咎，此處稱"補之"而不稱"無咎。"《張耒集》卷二十三有《奉議楊君，予姐丈也。廉静樂道，不交世俗，造道微妙，自得不耀。未六十而終，予實銘其墓，其子克一又纂其遺文求書卷末。懷想平昔，不知涕之横集也》一詩，其稱謂方式當與上引作品同例。此外，晚輩稱長輩，則當稱字而不稱名。吕本中《紫微詩話》云："楊廿三丈道孚克一，吕氏重甥，張公文潛之甥也。"③ 稱楊克一為"丈"，可知其年輩較晚，故《紫微詩話》其他各條叙及楊氏，皆稱"道孚"而不稱"克一"，如："元符初，滎陽公謫居歷陽，道孚為州法曹掾。"④ "楊道孚深愛義山'嫦娥應悔偷靈藥，碧海青天夜夜心'，以為作詩當如此學。"⑤ "崇寧初，楊丈道孚見寄數絶。"⑥

第三，"楊介吉老"與"楊克一吉老"似非同一人。《張耒集》卷八有《秋日喜楊介吉老寄藥》，詩曰："閑坊遠市聲，終日掩衡門。惟有風中葉，蕭蕭終日聞。午枕不成寐，起坐無與言。喜開故人書，珍藥幸見存。其方受仙聖，其效未易論。豈惟蠲沉疴，庶可輔本根。珍重復珍重，厥價萬璵璠。永年未可有，庶保無夭昏。"稱楊介吉老為"故人"，味其語氣，殊不似為外甥所作。又，黄庭堅《楊子建通神論序》曰："余有方外之友曰楊介，嘗為余言《本草》《素問》之意。"⑦ 此楊介或即張耒贈詩之楊介，顯然决無可能是張耒之甥。今所見文獻，論及楊克一者多稱其擅畫，僅有一條間接提到他亦懂醫學⑧。而北宋後期有名醫楊介，字吉老，著有《存真圖》一卷⑨，有關其記載頗多⑩，却并無一條提及其與張耒的關係，亦未述其能畫。不知此名醫楊介與張耒、黄庭堅詩文中所提及者是否即為同一人，有待進一步考證。

本文的結論是：張耒祖籍譙郡，生長在淮陰，其父為皇祐五年（1053）進士。文安君

---

① 《張耒集》，第895頁。

② 劉琳、李勇先、王蓉貴校點：《黄庭堅全集》，四川大學出版社，2001年，第831—832頁。

③ 吕本中：《紫微詩話》，何文焕輯：《歷代詩話》上册，中華書局，1981年，第366頁。

④ 同上，第366頁。

⑤ 同上，第368頁。

⑥ 同上，第373頁。

⑦ 《黄庭堅全集》第1487頁。

⑧ 張耒：《奉議楊君予姐丈也廉静樂道不交世俗造道微妙自得不耀未六十而終予實銘其墓其子克一又纂其遺文求書卷末懷想平昔不知涕之横集也》詩中有句："平生好事誰能繼。"其中"事"，草齋本、吕本并作"學"，并有注云："君於籀篆醫學所深妙。"《張耒集》第408頁。

⑨ 晁公武：《郡齋讀書志》後志卷二《四部叢刊》本。

⑩ 《宋史翼》（中華書局1991年影印本）："楊介，字吉老，泗州人。以醫術聞四方。"賀鑄《遊盱眙南山示楊介》題下原注："楊善方藥，著書甚多，癸酉十一月與之同遊賦。"（《慶湖遺老詩集校注》，王夢隱、張家順校注，河南大學出版社2008年第187頁。）張杲《醫説》卷六"雲母膏愈腸癰"條："楊介吉老者，泗州人，以醫述聞。"（中國醫學珍本叢書，上海科學技術出版社1984年。）

似非其母親李氏，或為其妻之封號，且李氏當非卒於張耒十八歲時。張耒一生兩娶，第一任妻子卒於元豐六年（1083），時張耒三十歲；續娶時間當在元祐二年（1087）之前，即張耒三十四歲之前，必不晚至四十四歲前後。張耒兄弟二人，兄張柔，字文剛，曾任沈丘、新昌縣令；堂兄張君復，喜參禪修道，另有姐妹數人。張耒子女，可考知者有四子三女。張耒之甥，集中所見的楊道孚、楊克一、楊念三、吉老甥，實為一人，克一為名，道孚、念三、吉老為字，而楊介（吉老）則有可能是文獻中多有記載的北宋後期名醫，非張耒之甥吉老。

總之，有關張耒的生平事迹，尚有諸多疑點和空白，需要相關學者共同努力加以發掘補正，對於進一步研究張耒以及北宋中後期文學都是必不可少的基礎性工作。

作者單位：同濟大學人文學院

朱熹論詩要義厘析

林淑貞

一、緒論

諸思洛普·弗萊（Northrop Frye，1912—1991）曾指出批評也是一種創造藝術，它研究藝術，其作用却是藝術自身所無法取代的。藝術是“沉默的”，而批評却是“講話的”，是用一種特殊的概念框架來論述文學①。職是，凡是批評，我們皆應當作是一種再創造的藝術作品，而鈎稽朱子詩義亦應視為再創造的一種歷程。

在中國的詩學理論當中，我們可以約簡擘分為兩個進路：第一個進路是針對詩歌本身做研究，包括：研究主題意蘊、形構技巧、藝術風格等，而在這些範疇當中，可分析某位詩家，或以流派為研究範疇，研究焦點以討論詩歌文本為主；第二個進路是針對詩論作闡發、演繹者，包括鈎稽詩學理論、分析專用術語或是考辨本事、追索詩家源流體派，或是捻出創作理論等皆屬之。統合之，皆為詩學研究之一種。其中，第一進路當然以詩歌文本為主，來源有總集、選集、專著等；第二進路則來源多端，包括詩話、論詩詩、論詩書札、詩集序跋、論詩專著等。當前研究詩學的文獻以“詩話”為大宗，可管窺中國人對詩學理論的建構方式。

在中國詩歌史上，宋詩風格勁峭，迥異唐詩，而在詩學論述上也開啓了後世“詩話”論詩的新紀元。自梁代鍾嶸《詩品》派分三源，銓品高下，與唐代司空圖《二十四詩品》逕分二十四種風格，揭示了一條論詩蹊徑，迄宋代歐陽修《六一詩話》纔有以“詩話”為

① 請參見〔加〕諾思洛普·弗萊著，陳慧、袁憲軍、吴偉仁譯：《批評的剖析》，天津：百花文藝出版社，2000年。

名者。自斯以後，詩話體例創發，遂成為中國詩話之始。

朱熹（1130—1200）字元晦，號晦庵，别號紫陽，祖籍徽州婺源（在今江西），寓居建陽（在今福建）。目前研究朱熹多肯定其在經籍校注上的成就，或是側重於其理學心性論之闡發，而對朱子文學論述相對較少，有論及詩歌創作者①，亦有提及其詩學理論者②。其中，論其詩學理論或詩觀者大抵可分作二系：其一是論朱熹的理氣心性與詩文之關涉者，例如錢穆論朱熹文學“文道并重”③，張静二從理氣論朱熹的詩文觀④，蔡方鹿論朱子理學、經學與文學不可分⑤，鄒永賢從朱熹思想論其文學思想⑥，周瑾從生存論揭示朱熹詩論是“詩見得人”⑦，楊雅妃從主静、主敬論理論與詩學互涉⑧等。其二是分析朱子詩論者，有張健的朱熹詩論⑨，田恩銘論朱熹的唐詩批評⑩，金五德的詩論初探⑪等。以上諸論或能抉發理學與文學之關涉，或能深探朱子論詩的面嚮，却鮮少論其形構技巧、關注重點及其局限。就文學而言，朱熹著作繁富，所涉各種典籍衆多，其對於文學中的詩歌有何見解，其關懷重點何在，頗值得關注。因為宋代詩學是唯一可以與唐詩并駕齊驅者，是中國詩歌史上的一個高峰期，詩家輩出，江西詩派成為宋代第一大流派。宋代以後的詩學流變，終究是以分唐界宋為主要論争，此一唐宋詩之争，一直流衍到清代而未休⑫，甚至到了清末猶有同光

---

① 例如有蕭雅丹《朱熹詩歌之研究》，輔仁大學中文研究所1995年碩士論文。其論朱熹詩歌主要在第三章論詩歌內容，將之擘分為四大主題：感事抒懷、暢意山林、交遊贈答、明道為學；第四章論形式技巧，分别從體裁、用韻、技巧三視域入手；第五章論朱熹詩歌風格，分為平易、自然、清曠、雄渾四類型。

② 郭紹虞有《朱子之詩論及其影響》一文，輯入黄永武、張高評《宋詩論文選輯》第2輯，復文圖書出版社，1988年，第320—332頁。該文分别從“詩論”及“詩論之影響”兩部分着手，其中詩論的部分切入“風格”論，指出朱子側重“志”，且拈出兩個觀點：俊健及平淡；影響部分以真德秀、魏了翁、王柏三人為代表，指出諸氏能發揮朱子之義，詩出於天地清明之氣。

③ 錢穆揭示朱子論詩從“文以載道”入手，并能自為載道之文，力主平淡之風；論學詩則謂不變可學，而變則不可學。見《朱子學提綱》（素書樓基金會、蘭臺出版社，2001年），第29則，第184—188頁。

④ 張静二揭示理氣雖為二物，却是渾然一體，從理氣關係看“文如其人”，二者應不二。見張静二《朱熹的理氣論與詩文觀》，《中外文學》第22卷第4期，第88—121頁。

⑤ 蔡方鹿揭示“文皆是從道中流出”“詩理結合”等為論，并以“詩情與道不相悖，以内在之理為詩學精神”拈出朱子論詩主張，見蔡方鹿《朱熹與中國文化》（貴州人民出版社，2000年），第267—275頁。

⑥ 鄒永賢有《晦庵評唐詩辨》亦置於理學觀點論其詩論，揭示朱子調和俊健和平淡詩風，是源於朱子“理”範疇内“氣”與“心虚”的統一。見鄒永賢主編《朱熹思想研究》（廈門大學出版社，1993年），第229—244頁。

⑦ 周瑾昭揭示朱熹以道德標準主導審美判斷的傾嚮，見《“詩見得人”：朱熹詩論的生存論詮釋》，《浙江社會科學》2004年第2期，第179—187頁。

⑧ 楊雅妃揭示朱熹的義理工夫主静，虚静而明，則能辨識詩歌好壞。見《試論朱熹文本書寫中理學與詩學的互涉：以主静、主敬工夫為切入點》，《“國立”虎尾科技大學學報》2009年12月，第113—122頁。

⑨ 張健揭示朱熹詩論有自得、平易、渾成、法李杜、論句法等項，見《朱熹的文學批評研究》，臺灣商務印書館，1973年第2版，第29—50頁。

⑩ 田恩銘揭示朱子唐詩批評是以《文選》詩歌風格為標準，對江西詩人學詩態度堅持道學立場。見《論朱熹的唐詩批評》，《陝西師範大學繼續教育學報》2005年第2期，第63—65頁。

⑪ 金五德揭示朱熹詩論詩有言志抒情、虚静而明、變不失正、平淡自然、詩見得人等五種論點，見《朱熹詩論初探》，《吉安師專學報》（哲學社會科學版）1994年第2期，第28—35頁。

⑫ 唐宋詩之争，可參酌戴文和《唐宋詩之争研究》，文史哲出版社，1998年。

體為江西詩派助響，可知江西詩派流衍數百年而不輟。而被視為偉大的經學家或理學家的朱熹，身處江西詩派流衍的南宋，其論詩意見如何？是否有時代的局限，或是個人理學的限制？這些問題值得深究。

在朱熹的論著當中，有一部最為人稱頌的巨著——《朱子語類》，是朱子與門人弟子論學意見的輯録，後由黎靖德編纂而成，其中在第一百四十卷有殘叢小語式的論述詩學意見，可供我們契入朱子論詩要義。以是，本文論述的文本以《朱子語類》卷第一百四十《論文下·詩》為主[①]，另參照吴文治主編之《宋詩話全編》之《朱熹詩話》的部分。該編內含三部分：《清邃閣論詩》三十九則、《晦庵詩説》四十一則及輯録詩話六十二則。需要説明的是，查考《朱子語類》中的論詩部分，其實與吴文治所輯之《清邃閣論詩》三十九則、《晦庵詩説》四十一則多有重出，但是順序紊亂，內容互相摻雜，不見統貫性。吴氏輯編的《清邃閣論詩》采用的《朱子文集大全類編》是采芝山房藏版本，《晦庵詩説》則是以《朱子語類》為本，至於輯録詩話六十二則，是采自《四部叢刊》影印明嘉靖本之《朱文公全集》。因為前後各有出入，且吴氏所編為輯録之作，職是，本文乃以黎靖德所編之《朱子語類》為主，參校吴文治主編之詩話，冀能管窺朱子論詩進路。

以下，我們分别從兩個面嚮論述朱子詩學要義：其一，先從形式結構，分析朱子論詩采用的類型，再分述其結構內容。其二，針對論詩內容意藴作一厘析，討論其對詩歌本質的論見，以及銓評朱子的視域及其文學觀念，揭示朱子指引創作的豁徑；及指出什麼是詩歌之美，如何欣賞美，朱子的審美觀點、文化素養及對詩歌的全幅理解如何；最後再從功能論，揭示朱子論詩所欲推導的效能與價值何在及其關懷與局限。

二、“語類式”論述：隨機點撥

中國攸關詩學理論之建構，以見存詩話為主，然而，詩話的表述形式有兩大類型。其一是系統式結構體，以縝密的體式呈現完整的論述，可以展現評論者有架構的思考模式。例如鍾嶸《詩品》是結構式的論述，派分三品，依源溯流，體制統一。其二是殘叢小語式的表述，又稱散式結構，完全是條列式的展示，并無條理化。但是，此種形式并非代表評論無統整式的思維，亦即評論者對於所要論述的內容可能早有定見，衹是隨機捻出，以隨機點撥、無統貫性的方式呈現。例如歐陽修的《六一詩話》就是屬於殘叢小語式的論述，

① 本文《朱子語類》采用臺北文津出版社 1986 年版。

一條條臚列，并未呈現有機樣貌①。此種抒寫方式，并非意味着無統整性的觀念，有時，反而能看出作者前後不一的意見或層層遞進的思維。

所謂殘叢小語式批評，即是指論者在討論詩家之詩歌時無順序，隨意標舉，論詩亦無章法，隨意捻出；没有時代先後之别，没有詩歌先後之别，論時代風格，亦隨意出之，無大格局以宏觀，僅就詩家所及，偶一提及。且前後條論詩意見無章法結構，隨意寫之，完全以條例式的方法寫出自己對詩人、詩歌或時代、風格之看法，并無統整性的、有機制的論述。如前所言，中國的詩話論述方式，以形式而言，有兩大體系，朱子論詩正是散式結構。目前知見詩話仍以叢殘小語式的表述方式為主，隨機點撥，不見完整的理論建構，然而吾人斷不可以非完整式而否定其論詩意見，這僅是一種形式表述，我們必須以筌得魚，得魚之後纔能遺筌。

再從詩話討論的内容而言，可概分為論詩及辭及論詩及人兩大體類②。論詩及辭就是以討論詩學為主，而論詩及人是以討論本事或考證、辨偽為主。朱子所論，鮮少提及本事或考證辨偽等項，而純以詩論詩，是歸屬於論詩及辭的部分。

我們檢視朱熹所論，從形式内容來探勘，可以得知，朱熹論詩，亦是采用最機動的條例式，主要是因應學生問答之作，所以體例一如《朱子語類》的表述手法，以問答式、點撥式的方式呈現，其表述特色如下所述。

（一）從形式結構觀其摘句式批評

從形式結構觀之，朱子有散式及有機式結構的論述方式，散式中又有諸多類型，其中依據表述形式觀察，有所謂的摘句式批評，即指以摘録詩歌作為批評的方式。例如：

> ▲蘇子由選詩“亭皋木葉下，隴首秋雲飛”，此正是子由慢底句法。某却愛“寒城一以眺，平楚正蒼然”，十字却有力！
>
> ▲選中劉琨詩高。東晉詩已不逮前人，齊梁益浮薄。鮑明遠才健，其詩乃選之變體，李太白專學之。如“腰鐮刈葵藿，倚杖牧雞豚”，分明説出個倔强不肯甘心之意。如“疾風衝塞起，砂礫自飄揚。馬尾縮如蝟，角弓不可張”，分明説出邊塞之狀，語又俊健。

---

① 系統式結構之詩話，是指表述方法呈現關連性、統整性或體系性質者，可分為人物結構形態、體裁結構形態、題材結構形態、時代結構形態、體源結構形態數型，例如鍾嶸《詩品》即是體源結構，人物結構有張為《詩人主客圖》、顧起綸《國雅品》等等。至若散式結構，則所在多有，例如歐陽修《六一詩話》、劉攽《中山詩話》等等。可參看林淑貞《詩話風格論》第四章表述方法論，臺北文津出版社，1999 年，第 115—146 頁。

② 此兩大分類乃章學誠在《文史通義》中的《詩話》中所捻出，頗能劃分體類，其後學者論詩話亦大抵操此二端論述，例如蔡鎮楚《中國詩話史》（湖南文藝出版社，1988 年）、《詩話學》（湖南教育出版社，1990 年）；劉德重、張寅彭《詩話概説》（中華書局，1990 年）等。

▲“正爾雪峰千百衆，澹然雲水一孤僧。”曾文清詩。

從上列可知，雖然同是摘句式批評，有一類是有實際批評，如第一條所言蘇轍之“慢底句法”，第二條之“語又俊健”等語屬之；另有一類是不加批評之語者，如第三條所引，僅説“曾文清詩”而已，其餘皆未發一語做詮評，端賴讀者體會。

此種摘句式批評，是中國特有的一種批評方式之一，所示現的詩歌，用以證明論者立場。但是，曲意在此，往往易令讀者不知所云。也就是説，透過詩歌之批評，可以體會詩歌之質感與意趣；但是，如若未能興會，便會産生“隔”的情形。證諸朱子，亦多采用此法。

（二）從内容取象觀其印象式批評

所謂“印象式批評”是指以抽象或具象語詞對詩歌做描述，例如朱子云：

▲淵明詩平淡出於自然。後人學他平淡，便相去遠矣。

▲齊梁間之詩，讀之使人四肢皆懶慢不收拾。

▲唐明皇資禀英邁，祇看他做詩出來，是什麽氣魄！今唐百家詩首載明皇一篇《早渡蒲津關》，多少飄逸氣概！便有帝王底氣燄。

如上所列，以“平淡”論陶詩、以“四肢懶慢不可收拾”論齊梁詩、以“飄逸氣概”論唐明皇之詩，皆是以批評者之印象論之。何謂“平淡”？何謂“四肢懶慢不可收拾”？何謂“飄逸氣概”？若覽閲者不能契會，則自然不會領略朱子所言諸家詩歌風格，所以印象式批評有一種潛在的不明確感，須覽閲者自行體會纔能理解①。

盱衡言之，從形式内容觀之，朱子論詩與傳統“詩話”表述方式相合。事實上，朱子不刻意論詩，經學生弟子輯録成條，所以多呈現條列式，無一定的體系與架構。但是，在零星不整中，我們仍可管窺朱子品評詩歌的視域及其審美傾嚮。那麽，朱子的論詩觀點又當如何？也就是他持論的基準點是什麽呢？

① 黄維梁曾指出中國傳統詩話、詞話在論述作家和作品時，常采用籠統概括、好用比喻、評語簡約的方式來批評，此即“印象式批評”，可分為：1.“初步印象”，即是初見詩歌即見其要妙，而采用簡潔的語詞形容之，例如高妙、本色、清快、佳句、工警、三昧等等；2. 繼起印象，又可分為抽象、具象兩種。請詳參黄維梁《中國詩學縱横論·詩話詞話和印象式批評》，臺北黄範書店，1983 年。

三、詩歌本質論：言志以抒情

詩學論述本質論，主要是討論詩是什麼，詩的本質是什麼。一般而言，“詩言志”與“詩緣情”是中國兩大詩歌本質論述。從藝術創作而言，志與情原是一體不可分的，吾人認為情與志的關係是：

內蘊：	外發：	
感性	理性	
情 ⟶	志	抒情式 說明式 議論式

如上圖所示，“情”指内在的情感，“志”指外發的思想。“志”的内容包括情，情是内蘊的感性的情緒波動，未經過理性制約；而“志”是“情”的理性制約，用以收束情識之懵懂。“志”的表達方式有三：抒情式、説明式、議論式①。此中，情中有思，思中有情，衹是成分多少而已。

朱子曾在《詩集傳序》中揭示詩歌之創發，出於咨嗟詠嘆：

> 或有問於余曰：詩何謂而作也？應之曰：人生而静，天之性也；感於物而動，性之欲也。夫既有欲矣，則不能無思；既有思，則不能無言；既有言矣，則言之所不能盡，而發於咨嗟咏嘆之餘者，必有自然之音響節奏，而不能已焉。此詩之所以作也。

他指出詩歌之作出於自然性情之感發，是自然的感嘆吟咏。是故，朱子在詩歌之中亦有相同的看法。如：“聊成五字句，吟罷山花落。浩然與誰期？放情遺所托。”（《朱文公文集》卷一《杜門》）“裁詩一問訊，重使心思傳。”（卷一《寄黄子衡》）皆説明詩歌之發，在於放情遺托、裁詩傳訊等。他又説道：

> 詩之作，本非有不善也；而善人之所以深懲而痛絶之者，懼其流而生患耳。……詩本言志，則宜其宣暢湮鬱、優柔平中，而其流乃幾至於喪志……（卷七十六《南嶽

① 請參看《中國詠物詩“託物言志”析論》第二章“‘托物言志’釋名與釋義”，臺北萬卷樓，2002年，第38—39頁。

遊山後記》)

朱子指出學詩可宣導人情，宣暢湮鬱，但懼末流生患。他又說："凡言風者，皆民間歌謡，采詩者得之，而聖人因以為樂，以見風化流行。淪肌浹髓，而發於聲氣者如此。其謂之風，正以其自然而然如風之動物而成聲耳。"（卷五十《答潘恭叔》"關雎疑周公所作"條）"急呼我輩穿花去，未覺詩情與道妨。"（卷三《次秀野韻五首》之三）皆是力主詩歌在於抒發情性。朱子既以言志抒情為詩本質，那麼其論詩即以此為圭臬，往下開出詩學要義。

四、批評論：以風格論詩

大抵而言，朱子論詩亦涉詩人、詩派、時代之批評，却以論詩人為多，次為時代，再次為流派。我們從批評論可知其審美取嚮。

（一）論詩人以自然渾成為佳

詩歌以抒情為主，如此推導，可知朱子以自然感發、自然渾成之作為佳，棄雕琢少故實為上。持此尺度衡量前代詩家，便可知其銓品標準何在。

朱子論詩人，以唐、宋詩家為多，尤以李杜為多，因李杜優劣論，是中國一直存在的一個詩歌評價問題。朱子對於李杜，有何評騭？請見下列評説：

▲李太白詩不專是豪放，亦有雍容和緩底，如首篇"大雅久不作"，多少和緩。陶淵明詩人皆説是平淡。據某看，他自豪放，但豪放得來不覺耳。其露出本相者咏荆軻一篇，平淡底人如何説得這樣言語出來！

▲杜詩初年甚精細，晚年横逆不可當，祇意到處便押一個韻。如自秦州入蜀詩，分明如畫，乃其少作也。李太白詩非無法度，乃從容於法度之中，蓋聖於詩者也。

▲李太白終始學選詩，所以好。杜子美詩好者亦多是做選詩，漸放手，夔州諸詩則不然也。

▲張以道問："太白五十篇《古風》不似他詩，如何？"曰："太白五十篇《古風》是學陳子昂《感遇》詩，其間多有全用他句處。"

▲人多説杜子美夔州詩好，此不可曉。夔州詩却説得鄭重煩絮，不如他中前有一節詩好。魯直一詩固自有所見。今人祇見魯直説好，便却説好，如矮人看戲耳！問："韓退之潮州詩、東坡海外詩如何？"曰："却好。東坡晚年詩固好，祇文字也多是信筆胡説，全不看道理。"

▲杜子美晚年詩都不可曉。吕居仁嘗言，詩字字要響。其晚年詩都啞了，不知是如何以為好否？

▲……陶却是有力，但語健而意閑。隱者多是帶氣負性之人為之。陶欲有為而不能者也，又好名。韋則自在，其詩真有做不着處便倒塌了底。晉宋間詩多閑淡。杜工部等詩常忙了。

綜上所列，可知朱子論詩以李白為高，杜甫為次。朱子稱李白各體皆備，能為豪放，亦能有雍容和緩之作；而杜詩晚年“多拘謹”“鄭重煩絮”，故朱子不喜。由是可知朱子欣賞的類型是以自然為主，故而對李白稱譽有加。事實上葉嘉瑩曾指出杜甫晚年夔州詩為其生平成就最高之詩，尤以《秋興八首》為然，不僅内容抑或形式技巧皆臻爐火純青的圓融藝術境界[①]，而朱子論李杜反不喜杜甫晚年作品，何以如此？蓋朱子論詩多主自然渾成，對於技巧妙用反而不欣賞。

唐代除李杜之外，朱子尚論及數家：

▲韋蘇州詩高於王維、孟浩然諸人，以其無聲色臭味也。

▲韓詩平易。孟郊吃了飽飯，思量到人不到處。聯句中被他牽得，亦着如此做。

▲李賀較怪得些字，不如太白自在。又曰：“賀詩巧。”

嚮來詩論者以王、孟為高，而韋應物同屬自然詩派，聲名并不如王、孟，然而朱子以“無聲色臭味”來評騭，并以之推舉韋應物為高，可知朱子論詩主平淡自然，不喜穠麗繁複之美。論李賀則以“怪”“巧”兩種風格評之，不如太白自在。事實上，李賀之詩果真奇詭，穿梭時空，製造出忽人、忽仙、忽鬼的氛圍，嚮來即被列為奇詭怪澀派，朱子所論洵為確論。至於宋代則以論黄庭堅詩為多：

▲蜚卿問山谷詩，曰：“精絶！知他是用多少工夫。今人卒乍如何及得！可謂巧好無餘，自成一家矣。但祇是古詩較自在，山谷則刻意為之。”又曰：“山谷詩忒好了。”

▲方伯謨詩不及其父錢監公豪壯。黄子厚詩却老硬，祇是太枯淡。徐思遠與汝談，比諸人較好。思遠乃程克俊之甥，亦是有源流。

▲後山雅健强似山谷，然氣力不似山谷較大，但却無山谷許多較浮底意思。然若論叙事，又却不及山谷。山谷善叙事情，叙得盡，後山叙得較有疏處。

---

① 請參看葉氏《杜甫秋興八首集説》前有《論杜甫七律之演進及其承先啓後之成就》梳理七律流變，并確立杜詩七律之承傳地位。臺北編譯館，1978 年。

朱子對於黄山谷正反兩面意見皆有，欣賞其雅健風格，又善叙事，至於缺點則是太浮、老硬。其他諸如陸游之詩，亦為朱子愛賞者。例如："放翁之詩，讀之爽然。近世唯見此人為有詩人風致。如此篇者，初不見其意用力處，而語意超然，自是不凡，令人三嘆不能自已。"（卷五十六《答徐載叔賡》）事實上，朱子的"初不見其意用力處"正是銓評的標準所在。

由上所評，可知朱子深喜平淡自然之風，至若刻苦為之，則不在愛賞之列。事實上黄山谷在詩學上的成就正在刻苦為詩之處。《後村詩話》曾云："豫章稍後出，會粹百家句律之長，究極歷代體制之變，蒐討古書，穿穴異聞，作為古律，自成一家，雖隻字半句不輕出，遂為本朝詩家宗祖。"又如《苕溪漁隱叢話》所云："王介甫以工，蘇子瞻以新，黄魯直以奇"，特别拈出黄山谷"以奇"正是特色之處。黄庭堅創發"换骨法"及"奪胎法"，也就是一種造奇之法。其云："詩意無窮，人才有限。以有限之才，追無窮之意，雖淵明、少陵不能盡也。然不易其意而造其語，謂之换骨法；規模其意而形容之，謂之奪胎法。"（《冷齋夜話》卷一）[①] 直接指出人的創意有限，遂可襲前人之意重鑄新詞，亦是一種新的創作法則。因朱子審美標準傾嚮於渾然天成，故而對黄山谷自有不喜之處，而朱子的平淡詩風并非自己捻出，在北宋時期，梅聖俞、蘇舜欽、歐陽修皆以平淡為高，迨江西流衍纔刻意造奇，所以朱子是往上承接梅、蘇、歐諸人之説而逆反於江西。

由上臚列朱子論各家詩歌之批評論可知，朱子喜平淡詩風，不喜拘束造作之作，對於杜甫、黄庭堅之作不甚欣賞，而對陶淵明的平淡與李白的自然豪放則大加贊賞。朱子既然對刻苦之作不甚欣賞，則對江西詩派又有何論見呢？

（二）論流派以修正江西、矯正時弊為要

朱子論詩主張古風，所以對於詩社、詩派亦多存此意以論其高下。例如："詩社中人言，詩皆原於賡歌。今觀其詩，如何有此意？"指出詩社之作皆非出於賡歌，所以不喜之。至於論流派，以宋代最大詩派江西詩派所論為多。朱子論江西詩派，到底捻出了什麽獨到的見解呢？其云：

> 今江西學者有兩種：有臨川來者，則漸染得陸子静之學；又一種自楊、謝來者，又不好。子静門猶有所謂"學"。不知窮年窮月做得那詩，要作何用？江西之詩，自山谷一變，至楊廷秀，又再變，遂至於此。本朝楊大年雖巧，然巧之中猶有混成底意思，便巧得來不覺。及至歐公早漸漸要説出來。然歐公詩自好，所以他喜梅聖俞詩，蓋枯淡中有意思。

---

① 參見張伯偉編校：《稀見本宋人詩話四種》（江蘇古籍出版社，2002年）之《日本五山版冷齋夜話·换骨奪胎法》，第17頁。

這裏直接指出宋朝江西詩派有兩條源流，一條是從王安石而來，後來逐漸學陸九淵；一條是學楊萬里、謝逸者。若是學王、陸猶可學，若是學楊、謝者，則無可學。事實上，朱子如此拈出江西詩派，是否為確説呢？江西詩派創始人黄山谷曾云："老杜作詩，退之作文，無一字無來處；蓋後人讀書少，故謂韓、杜自作此語耳。古之為文章者，真得陶冶萬物，雖取古人之陳言入於翰墨，為靈丹一粒，點鐵成金也。"（《答洪駒父書》）他盛稱杜甫、韓愈之詩文，并以"點鐵成金"為説。再據吕本中所云，有一祖三宗之説，以杜甫為祖，以黄庭堅、陳師道、陳與義為三宗[①]。由是可知，整個江西派的源流并非如朱子所言的脈流開展，蓋宋代心性之學，陸九淵為心學，與江西詩學不掛鈎，而楊萬里與謝逸則顯然是江西後學，而朱子之説逕以王安石梯接，未知其説所自。但是，我們從朱子所喜歡的風格來看，"巧之中猶有混成底意思""巧得不覺""枯淡中有意思"等，即可知疏淡自然纔是朱子所稱譽者。

（三）論時代以指正詩風日淪之風尚

朱子將詩歌劃分為三期，其云：

> 亦嘗間考詩之原委，因知古今之詩，凡有三變。蓋自書傳所記，虞、夏以來，下及魏晉，自為一等。自晉宋間顔、謝以後，下及唐初，自為一等。自沈宋以後，定著律詩，下及今日，又為一等。然自唐初以前，其為詩者，固有高下，而法猶未變；至律詩出，而後詩之與法始皆大變，以至今日，益巧益密，而無復古人之風矣。……近世詩人，正緣不曾透得此關，而規規於近局，故其所就，皆不滿人意，無足深論。（卷六十四《答鞏仲至》）

第一期是虞夏以迄魏晉，第二期是晉宋到唐初，第三期是初唐沈、宋創發律句之後，據此可知朱子推崇自然吟咏之詩，對於律體發明之後，多存負面批評，原因在於技巧益高，離古人之風益遠。然而我們不禁要問，古人之風又當如何？為何不能隨着時代日進而能有更多的創發技巧呢？自然的法則告訴我們，技法當是前修未密，後出轉精，然而朱子非常蔑視人為的技法，反而推崇淳樸的寫作技巧，風格則求平淡自然，以能抒寫性靈即可。是故在論各代風格時，他亦持此標準丈量之。例如："古詩須看西晉以前，如樂府諸作皆佳。""東晉詩已不逮前人，齊梁益浮薄。""齊梁間之詩，讀之使人四肢皆懶慢不收拾"凡此等等，衹在技巧求進，不在内容求意，朱子遂有"益巧益密，而無復古人之風矣"之慨嘆。此皆可知朱子欣賞西晉之前的詩歌，對齊梁之詩多存鄙薄之意，主要是因為齊梁創為宫體

---

① 南宋吕中曾有《江西詩社宗派圖》，以宗派為團體的組構方式，將其宗派分為一宗二十五派，二十五派皆同出一宗。

詩，窮形寫物，争價一字之奇，此等刻意在形式上求變，而不在内容上求深度與達意，遂不為朱子所喜，故而負面語辭特多。

北宋詩風誠如嚴滄浪所云：

國初之詩尚沿襲唐人。王黄州學白樂天，楊文公、劉中山學李商隱，盛文肅學韋蘇州，歐陽公學韓退之古詩，梅聖俞學唐人平淡處。至東坡、山谷，始自出己意以為詩，唐人之風變矣。山谷用工尤為深刻，其後法席盛行，海内稱為江西詩派。(《滄浪詩話·詩辨》)

據嚴羽所言，宋初詩風以模擬唐風為主，王禹偁學白居易，楊億、劉筠學李商隱，盛唐學韋應物，歐陽修學韓愈，等等。自蘇軾、黄庭堅出，始變唐人之風，而能自出己意，尤以黄庭堅力主“以文字為詩，以議論為詩，以纔學為詩”(《滄浪詩話》)，纔開發出宋詩規模，有别於唐詩之風華，在詩歌史上占有一席之地，而能與唐詩分庭抗禮迄清代而不輟。大抵而言，唐詩重情韵，情辭皆豐；宋詩重風骨，骨勁秀拔。對於這兩種截然不同的風格，在詩歌史上各有不同的追企者。朱熹對於宋代詩歌之銓評，不着於字句中，但是其隱意從上列三期考索及反對江西詩風觀之，其曲隱之意，俱在其中矣。

五、創作論：力主平淡去華辭

朱子對於創作論，先求學習對象之可學，猶如士人讀經必須先讀本經，本立方可求源。其云：“作詩先用看李杜，如士人治本經。本既立，次第方可看蘇黄以次諸家詩。”他認為應先以李、杜之詩為規模，再求蘇黄以下諸家之詩。為何如此呢？因為李杜所作本乎性情，而蘇黄則刻意為詩，多在窮苦處下功夫。朱子立學，先求本源再求變化，甚至對於著題之作亦不甚欣賞：“古人做詩，不十分著題，却好；今人做詩，愈著題，愈不好。”兹就朱子力求平易而去雕飾的主張具體論述如下。

（一）力主自然天成

朱子揭示創作與人的心性相結合，要自然不費功力自能有成，猶如庖丁解牛，渾然天成，不着一力一氣，便能神妙。朱子揭示學詩路徑云：

然余嘗以為天下萬事皆有一定之法，學之者須循序而漸進。如學詩，則且當以此等為法（按：指學《文選》樂府諸篇），庶幾不失古人本分、體制。嚮後若能成就，

> 變化固未易量。然變亦大是難事。果然變而不失其正，則縱橫妙用，何所不可？不幸一失其正，却似反不若守古本舊法以終其身之為穩也。李、杜、韓、柳，初亦皆學《選》詩者。然杜、韓變多，而柳、李變少。變古詩詩中有句，今人詩更無句，衹是一直説將去。這般詩，一日作百首也得。如陳簡齋詩："亂雲交翠壁，細雨濕青松""暖日薰楊柳，濃陰醉海棠"，他是什麽句法！因林擇之論趙昌父詩，曰："今人不去講義理，衹去學詩文，已落第二義。况又不去學好底，却衹學去作那不好底。作詩不學六朝，又不學李杜，衹學那嶢崎底。今便學得十分好後，把作甚麽用？莫道更不好。如今時人學山谷詩，然又不學山谷好底，衹學得那山谷不好處。"（卷八十四《跋病翁先生詩》）

這段議論是朱子的典型之論，要講道理再去學詩，若專務學詩必落第二義。學詩有一定的規矩，主張學《昭明文選》中之詩歌，如果衹在詩句中求變化，縱使有一百首詩亦不足為觀了。更有甚者，朱子指出江西詩派衹知學山谷崎嶢之處，更有何可觀呢？所以，我們透過這段文字可以清晰看出朱子的論詩取嚮：1. 循序漸進地學習，須以《選》詩為本；2. 不講義理衹講詩文，便落於第二義。朱子復言：

> 熹聞詩者，志之所之，在心為志，發言為詩。然則詩者，豈復有工拙哉？亦視其志之所嚮者高下如何耳。是以古之君子，德足以求其志，必出於高明純一之地，其於詩固不學而能之。至於格律之精粗，用韻、屬對、比事、遣辭之善否，今以魏晉以前諸賢之作考之，蓋未有用意於其間者，而况於古詩之流乎？近世作者，乃始留情於此，故詩有工拙之論，而葩藻之詞勝，言志之功隱矣。熹不能詩，而聞其説如此，無以報足下意，姑道一二（卷三十九《答楊宋卿》）。

朱子力倡以意為主，不求工拙，魏晉以前諸作，不求格律之精粗、用韻、屬對、比事、遣辭等等，事實上乃意有所指，用以反駁江西詩派的重形式追求。

復次，朱子認為詩樂應合而為一。他指出："古樂府衹是詩，中間却添許多泛聲。後來人怕失了那泛聲，逐一聲添個實字，遂成長短句，今曲子便是。"揭示曲子詞之來源，是因泛聲衍為實字，而成今日的長短句，亦即是詞。除此而外，我們從朱子論各代詩歌，亦可知朱子對於民歌、賡歌、樂府之喜愛，而對於刻意造作律句之詩，夙持反面意見，這主要在於朱子認為詩歌的本質在於抒發情性，如以追新務奇，反易斫喪天然之質，故而不喜。其詩歌有相互發明者，例如"自然觸目成佳句，雲錦無勞更剪裁"（卷五《新喻西境》）、"覓句休教長閉户，出門聊得試扶筇"（卷三《又和秀野二首》之一）、"嚮來枉費推移力，此日中流自在行”（《泛舟》）[1]，皆是以自然天成、不事雕飾為主。

（二）不重華藻及聲色格律

朱子力主平淡之風，直欲擺落形式追求。他説：“余素不能作唐律，和韻尤非所長。年來追逐，殊覺牽强。”（卷九《和劉叔通懷游子蒙之韻》詩下自注）亦自標未能作唐律，此固是謙詞，但是，也可窺視朱子對於作詩和律及賡和之作多有不能，亦不賞愛。所以他直接揭示記誦華辭，不能探求詩歌本源，有捨本逐末之虞。其云：“蓋記誦華藻，非所以探淵源而出治道；虚無寂滅，非所以貫本末而立大中。”（卷十一《壬午應詔封事》）又云：“儒者以詞章記誦為功，而事日淪於卑近。”（卷十三《癸未垂拱奏劄一》）正説明徒以記誦辭章為功者，則事功必淪於卑近之列，是朱子素不喜見者，以此告誡諸生，正欲去華辭而求本源。以下更有諸條證成此説：

▲先生偶誦寒山數詩，其一云：“城中蛾眉女，珠佩何珊珊。鸚鵡花間弄，琵琶月下彈。長歌三日響，短舞萬人看。未必長如此，芙蓉不奈寒。”云：“如此類，煞有好處，詩人未易到此。公曾看否？”壽昌對：“亦嘗看來。近日送浩來此洒掃時，亦嘗書寒山一詩送行云：“養子未經師，不及都亭鼠。何曾見好人，豈聞長者語。為染在薰蕕，應須擇朋侶。五月敗鮮魚，勿令他笑汝。”

▲“閉門覓句陳無已，對客揮毫秦少游。”無已平時出行，覺有詩思，便急歸，擁被卧而思之，呻吟如病者，或纍日而後成，真是“閉門覓句”。如秦少游詩甚巧，亦謂之“對客揮毫”者，想他合下得句便巧。張文潛詩衹一筆寫去，重意重字皆不問，然好處亦是絶好。

▲潘邠老有一詩，一句説一事，更成甚詩！

▲作詩間以數句適懷亦不妨。但不用多作，蓋便是陷溺爾。當其不應事時，平淡自攝，豈不勝如思量詩句？至如真味發溢，又却與尋常好吟者不同。

朱子揭示作詩各有才分巧拙，不可强求，力求發出真味。若一事做一句，素為朱子不喜，如何成詩乎？

---

① 朱子《新喻西境》云：“北嶺蒼茫雨欲來，南山騰躑翠成堆。稺杉繞麓千旗捲，野水涵空一鑑開。客路情懷元倥偬，今晨遊眺却徘徊。自然觸目成佳句，雲錦無勞更剪裁。”（《晦庵集》卷五）《又和秀野二首》：“愁陰一夜轉和風，曉看花枝露彩濃。覓句休教長閉户，出門聊得試扶笻。物華始信如詩好，春色方知似酒濃。多謝鄰翁笑相迓，為言晴暖更過從。”“江皐晴日麗芳華，翠竹踈疏映白沙。路轉忽逢沽酒客，眼明惟見滿園花。望中景助詩人趣，物外春歸釋子家。嚮晚却尋芳草逕，夕陽流水遶村斜。”《泛舟》：“昨夜江邊春水生，艨艟巨艦一毛輕。嚮來枉費推移力，此日中流自在行。”

（三）重義理内容，否則易淪為第二義

朱子反對當代人説詩，空有道理，却一點意味皆無，而且不曉意思何在。其云："今人説詩，空有無限道理而無一點意味，衹為不曉此意耳。"（卷五十《答潘恭叔》"詩備六藝之旨"條）又指出："近世諸公作詩費工夫，要何用？元祐時有無限事合理會，諸公却盡日唱和而已。今言詩不必作，且道恐分了為學工夫。然到極處，當自知作詩果無益，餘事作詩人。"以上所言，揭示餘事作詩人，作詩恐分了為學功夫，故而反對費工夫作詩。

總而言之，朱子論詩不强調雕飾之美，力求平和自然地創作，無須强求或是刻苦為之。他説："十年聞説信無言，草草相逢又黯然。藉得新詩連夜讀，要從苦淡識清妍。"（卷五《過高臺攜信老詩集夜讀上封方丈次敬夫韻》）其中"要從苦淡識清妍"正是他統貫性的主張。

（四）須能戒慎恐懼、虚静其心

為詩如為學，亦需有虚静的工夫，必須虚静其心方能作得精細。其云："今人所以事事做得不好者，緣不識之故。衹如個詩，舉世之人盡命去奔作，衹是無一個人作得成詩。他是不識，好底將作不好底，不好底將作好底。這個衹是心裏鬧，不虚静之故。不虚不静故不明，不明故不識。若虚静而明，便識好物事。雖百工技藝做得精者，也是他心虚理明，所以作得來精。心裏鬧，如何見得！"心裏不虚静如何可成？但是，此中并未指出如何虚静，必須與朱子論"持敬"工夫相互照應，方能有得。朱子復云：

▲"樓臺側畔楊花過，簾幕中間燕子飛。"衹是富貴者事，做沂水舞雩意思不得，亦不是躬耕壟畝、抱膝長嘯底氣象。……二公詩皆甚高，而正則摹寫尤工，卒章致意尤篤，令人嘆息。所惜不曾觸頂門上下一針，猶落第二義也。（卷三十六《陳同甫》）

▲人不可無戒慎恐懼底心。莊子説，庖丁解牛神妙，然纔到那族，必心怵然為之一動，然後解去。心動便是懼處。

以上兩條皆有論見。首先，應分辨為學工夫與作詩之間的分際，應以為學為主，作詩以宣暢己情而已。至於作詩門徑，亦須虚静自己，使自己能心虚理明，如此作詩方能虚静明識。若不存戒慎恐懼之情，則必怵懼無成。而詩歌技法之要求，誠如上言，但求平淡，不可故作險怪之語。而學詩的對象，朱子一直看重《昭明文選》選詩的部分，以此為本，再求李杜之作，再看蘇黄，纔有漸進的功夫。如若無病呻吟，有何可觀？統而論之，創作之論，其實與前論之本質論、批評論是環環相扣的。

綜上所論，可知朱子皆直指詩歌之作：1. 以意為主，方能達情。2. 詩以宣情、寄情為主，非以務奇為主。3. 必須稍稍忽略形式技巧，否則衹落第二義。

六、鑒賞論：以文德相符開展

朱子的審美標準為何？他是如何開展鑒賞論的呢？

（一）以人品論詩品

以人品論詩品不始自朱子，這是中國詩歌特殊評價詩家的方式之一，朱子即承此，慣常以人品論詩品。其云：

▲詩見得人。如曹操雖作酒令，亦説從周公上去，可見是賊。若曹丕詩，但説飲酒。

▲樂天，人多説其清高，其實愛官職。詩中凡及富貴處，皆説得口津津地涎出。杜子美以稷契自許，未知做得與否？然子美却高，其救房琯，亦正。或言今人作詩，多要有出處。曰“關關雎鳩”，出在何處？

以“人品”論詩并非始於朱子，這是中國一個大的傳統，朱子所論，是沿承傳統以人品論詩品的路綫。其實，文學之真不等同於事實之真，但是中國人一嚮强調道德美，文藝創作須能展現全幅的人格美方能稱為真美，是故以人品論詩品雖是中國傳統論詩的局限之一，但是也唯有如此，纔能標示道德美與詩歌美相合、相融、相契的境域。身為理學家的朱子，以持敬涵養為修身根柢，自以充盈德性之美為佳。至於趙翼的“高情千古閑居賦，争信安仁拜路塵”揭示潘岳的文德不一，在朱子觀之，乃不足為法。

（二）力主平淡詩風，反對用典

力主平淡詩風的朱子力反用典，所以云：“文字好用經語，亦一病。老杜詩：‘致思遠恐泥。’東坡寫此詩到此句云：‘此詩不足為法。’”用典可以凝煉作者之意，豐富文本之美，而且也可觸發讀者的聯類想象。但是，過度用典，使用僻典或掉書袋，皆是負面效應，使人如墮五里雲霧，不知所以。故朱子既然主張歌詩以平易、平淡為主，自然對用典持反對意見，而且主張詩歌以抒發性靈為要，自然不要太多雕飾文采的工夫，此皆可以推導得知。

（三）摘句評詩

朱子論煉字，并無具實之論，僅是標舉佳句以為法。其云：

▲高宗最愛簡齋：“客子光陰詩卷裏，杏花消息雨聲中。”又問坐間云：“簡齋墨

梅詩，何者最勝?”或以“皋”字韻一首對。先生曰：“不如‘相逢京洛渾依舊，惟恨緇塵染素衣’。”

▲劉叔通屢舉簡齋：“六經在天如日月，萬事隨時更故新。江南丞相浮雲壞，洛下先生宰木春。”先生曰：“此詩固好，然也須與他分一個是非始得。天下之理，那有兩個都是？必有一個非。”

▲舉南軒詩云：“卧聽急雨打芭蕉。”先生曰：“此句不響。”曰：“不若作‘卧聽急雨到芭蕉’。”又言：“南軒文字極易成。嘗見其就腿上起草，頃刻便就。”

第一條未明示所指之煉字法，第二條指出詩歌固佳，但是道理扞格不通；第三條要求詩歌音聲響亮，故以“到”比“打”更響亮。事實上，朱子論煉字法，常常未翔實指出可用之法，僅是以摘句式來臚列佳句，覽閱者須自行體契其妙。這對初學者來説可能頗難，但是，存在的事實就是，中國論詩常以摘句式表述，却不發一言一語導引，徒令讀者自己體會，悟性高者自可體會，若參悟能力不高則不可領會矣。這就是契會式論詩的缺點。

七、功能論：勸懲教化

詩歌若以抒情言志為主，則是否有其功能作用？朱子身為理學家，以講述心性之學為主，在論述詩歌要義時，前述本質論、批評論、創作論、鑒賞論等等，其所欲揭示的詩歌目的性或功能性何在？其云：

曰：然則其所以教者，何也？曰：詩者，人心之感物而形於言之餘也。心之所感有邪正，故言之所形有是非。惟聖人在上，則其所感者無不正，而其言皆足以為教；其或感之之雜，而所發不能無可擇者，則上之人必思所以自反，而因有以勸懲之，是亦所以為教也（《詩集傳序》）。

朱子揭示詩歌之創作有是有非，唯聖人所感皆正，以其言為教，必能達勸懲之效。至於學詩之宗旨何在，其云：

然則其學之也當奈何？曰：本之《二南》以求其端，參之列國以盡其變，正之於《雅》以大其規，和之於《頌》以要其止，此學詩之大旨也。於是乎章句以綱之，訓詁以紀之，諷咏以昌之，涵濡以體之。察之情性隱微之間，審之言行樞機之始，則修身及家，平均天下之道，其亦不待他求而得之於此矣（卷七十六《詩集傳序》）。

朱子揭示學詩的進路在於以《詩經》為津筏，以《周南》《召南》求本端，其餘各國風謠以求其變，續以《雅》宏大規模，以《頌》作為行止之標準，如是，則可宣暢湮鬱。并且他還指出："詩之言，有善有惡，而讀者足以為勸戒，非謂詩人為勸戒而作也。但其言或顯或晦或偏或全，不若此句之直截而該括無遺耳。"（《答汪長孺別紙》）可知讀書善讀纔是讀詩的目的，但是，讀者如何可契會？恐不易得之。朱子又揭示詩歌可抒發性情："聊成五字句，吟罷山花落。浩然與誰期？放情遺所托。"（《朱文公文集》卷一《杜門》）。職是，朱子論詩，非常重視功能性，此與中國儒家傳統論詩意見相合，在《詩集傳・序》中可窺其意。

八、朱子論詩之局限與評價

朱子論詩是否超越了時代的局限，抑或被時代所籠罩？是否順着傳統説詩，抑或能指引新的方嚮？我們從本質論、批評論、創作論、鑒賞論、功能論等一路觀察下來，歸納統整其論詩要義如下：1. 從形式觀察，《朱子語類》是朱熹與弟子隨機論學的語類體，表現在詩學理論亦是屬於語類體的隨機點撥，表述方式之形式技巧采用摘句批評，內容取象則采用印象式批評。2. 從詩歌本質論觀之，詩以言志抒情，可宣導人情，民間采風歌謠，以見風化流行，符應《詩經》采風之説。3. 從批評論觀之，以風格論詩，論詩人之作以自然渾成為佳；論流派則以修正江西派流弊為説；論時代則指正詩風日益淪喪之風尚；整體而言，技巧創發愈多，離古人之風愈遠，朱熹所推崇者為淳樸、平淡、自然，不尚窮形寫物。4. 從創作論而言，創作須與心性相結合，為詩如為學，須有虛静功夫纔能心虛理明。至於創作則不求工拙，不重華藻、聲色格律。5. 從鑒賞論觀之，以人品論詩品，"詩見得人"，揭示文學作品須能全幅展現道德美，以持敬涵養為修身根柢纔能文德合一。6. 從功能論觀之，學詩須以《詩經》為津筏，參諸風謠以求其變。詩雖有善有惡，讀者足以為勸戒。

站在歷史的後設基點上來觀察，朱子論詩有其局限性：1. 從形式而言，朱子力主詩歌重在宣暢抒鬱，不在形式上争價求新，對於形式技巧之演進，多不能欣賞。蓋朱子身處南宋，正是江西後學流衍之際，反對黄氏"無一字無來歷"之説，提出"不貴用典"逆反其説，對於當代流衍風行的江西詩派，多有反語。其意在反對江西詩派的形式追求，對沈宋以降之律句，亦多不欣賞。就詩六義而言，已有賦、比、興三種技巧，何必再創發刻鏤精工，講求平仄、對仗之律句呢？故而對近體詩求工整律法，多不同意。然而，我們從詩歌技巧觀之，自是前修未精，後出轉密。2. 從内容而言，朱子以内容旨趣求勸誡之效能，反映出儒家傳統思想在他的詩論中具有滲透與局限的作用。反對創作務變求奇，致遠恐泥，實際上，多元的内容可豐富書寫的範疇及表現的手法。3. 朱子論詩主平淡詩風，然而詩歌美學不能局限於平淡風格，仍應有多元審美風格，以平淡論詩，此一主張正反映出其反江西奪胎換骨之觀點局限。4. 論詩史之演變，對於前代之詩歌指出《選》詩之重要性，是學詩的門徑，西晉以下，不足為觀，主要是因為形式之規模大於内容之旨趣；而論詩家則以李白優於杜甫；而學詩的對象，以《選》詩為本，先學李杜再求蘇黄之變化。如是，反映出朱子的詩觀，反對律句造成孜矻求奇求變之風，故而對於追求形式技巧之江西詩風素所不喜。但是，他并不因此而一味否認黄庭堅的成就，黄氏詩亦有可觀者。朱子勸諸生學其佳處，棄其雕劌文飾的部分。至於論歷代詩，以西晉之前為佳，其後每況愈下，主要在於務變求奇，背離平淡詩風太遠，致遠恐泥，所以不為也，這也是朱子自己在創作詩歌時一直引以為戒者。然而，持此為論，似乎悖視一代有一代之文學、一家有一家之風格特色的客觀事實。

整體而言，朱熹的論詩要義，其内容所重者在於抒導人情，以達勸誡之效能；以形式技巧求勝者，皆非朱子所喜，目的是為了糾正江西詩派後學之流弊，此乃其當時的處境。我們透過其論詩要義，可理解朱子對詩學之闡發，意在破除時弊，其苦心孤詣當為後人所理解。

兹將本文論述結構臚列如下，以總綱領：

- 詩義
  - 形構：隨機點撥
    - 摘句式批評
    - 印象式批評
    - 殘叢小語式批評
  - 義理：
    - 本質論：言志抒情
    - 批評論：風格論詩
      - 論詩人：自然渾成為佳
      - 論流派：修正江西
      - 論時代：詩風日淪
    - 創作論：平淡去華辭
      - 力主自然天成
      - 不重華藻及聲色格律
      - 重義理内容否則淪為第二義
      - 須能虛静其心，戒慎恐懼
    - 鑒賞論：文德相符
      - 内義：以人品論詩品
      - 形義
        - 力主平淡詩風，反對用典
        - 摘句評詩
    - 功能論：勸懲教化

局限：
- 形式：反争價求新 ——→ 後出轉精
- 内容：反務變求奇 ——→ 多元書寫纔能豐富創作範疇
- 風格：主平淡風格 ——→ 風格應該多元多樣
- 詩史：西晉以下不足觀 ——→ 一代有一代之文學

參考書目（以作者時代先後為序）

（宋）黎靖德編：《朱子語類》，臺北文津出版社，1986 年。
（宋）朱熹：《詩集傳》，臺北中華書局，1982 年。
吴文治主編：《宋詩話全編》，江蘇古籍出版社，1998 年。
（宋）嚴羽著，郭紹虞校釋：《滄浪詩話校釋》，1987 年。
［加］諾思洛普・弗萊著，陳慧、袁憲軍、吴偉仁譯：《批評的剖析》，百花文藝出版社，2000 年。
［美］雷内・韋勒克著，張今言譯：《批評的概念》，中國美術學院出版社，1999 年。
［美］哈羅德・布魯姆著，吴瓊譯：《批評・正典結構與預言》，中國社會科學出版社，2000 年。
［美］霍伊著，陳玉蓉譯：《批評的循環》，南方叢書出版社，1988 年。
蔡鎮楚：《中國詩話史》，湖南文藝出版社，1988 年。
蔡鎮楚：《詩話學》，湖南教育出版社，1990 年。
胡明：《南宋詩人論》，臺北臺灣學生書局，1990 年。
張高評編：《宋詩綜論叢編》，臺北麗文文化公司，1993 年。

作者單位：臺灣中興大學中文系

魏了翁《九經要義》考述

陳學林

魏了翁《九經要義》，是鶴山先生闡釋經學的專著，中國大陸、中國臺灣、中國香港、日本研究者不乏其人。但，目前尚未發現逐本從九部《要義》的卷數、版本、流傳、地位、利用等角度，進行系統全面研究者。本文僅作抛磚以引玉。

朱彝尊《經義考》載《九經要義》為二百六十三卷，不確。經統計：鶴山先生《九經要義》附類目為二百五十三卷，非二百六十三卷之數。魏氏《九經要義》現存六種、一百五十六卷：《周易要義》十卷全、《毛詩要義》二十卷全、《尚書要義》二十卷全、《禮記要義》三十三卷存三十一卷、《儀禮要義》五十卷存四十八卷、《春秋左傳要義》六十卷存二十七卷。而《周禮要義》三十卷、《論語要義》十卷、《孟子要義》十四卷、類目六卷，全佚，殊為可惜。

概　述

南宋理宗寶慶元年（1225）十一月，魏了翁被貶謫靖州（今湖南靖州），第二年四月過湘江，夏抵達靖州，時年四十九歲。紹定四年（1231）六月詔復魏了翁原職，是年秋離開靖州還蜀，時年五十四歲。《宋史·魏了翁傳》載，魏了翁貶居靖州，“湖、湘、江、浙之士，不遠千里，負書從學”①。方回跋《周易集義》云：“鶴山先生謫靖州，取諸經注疏，

① （元）脱脱：《宋史》，中華書局，1977 年，第 12968 頁。

摘為《要義》。"①

魏了翁貶居靖州時間長達五年，為編著《九經要義》提供了時間保障。其時，各地學子紛紛會聚聆聽教誨，教學任務日益繁重，客觀上促成了該套書的編纂。期間，魏了翁理學思想日臻成熟，於九經之學有極深造詣，漸集理學之大成，是為該要義編纂的最有利條件。明邵經邦曰："愚觀鶴山之論，而嘆今之學者，蓋尤不忍言焉。攻口耳之筌蹄，則傳注有所弗視；取仕進之捷徑，則名物若罔聞知。其失不知抵於何所而後已也。前此尚有存心講學，一時聚而非之。迄今寥寥無聞，卒莫之怪，而惟曰趨於淺近卑陋。其陷溺人心，虧損治道，非淺淺也。魏氏之憂，孰能惕然悚懼乎。此録之所以孳孳而不息也。"②

朱彝尊《經義考·群經類》中，載《九經要義》二百六十三卷，闕。注曰："分見各經外有類目六卷。"所謂"九經要義"，乃指《周易》《尚書》《毛詩》《周禮》《儀禮》《禮記》《春秋》《論語》《孟子》諸要義。《宋史·藝文志》記載，魏了翁有《易》十卷、《書》二十卷、《詩》二十卷、《儀禮》五十卷、《禮記》三十三卷、《周禮》三十卷、《春秋》六十卷、《論語》十卷，《孟子》未著録。南宋王應麟《玉海》卷四十一"淳熙《論語》《孟子》集注或問"云："魏了翁《要義》編疏：《論語》二十卷、孟子十四卷。"③經統計：鶴山先生《九經要義》附類目，為二百五十三卷，非二百六十三卷之數。1974 年，浙江衢縣出土南宋魏了翁學生史繩祖之墓，有學者據墓志認為《九經要義》一卷乃史繩祖之著非魏了翁之著，此言大謬，皇皇巨著《九經要義》豈一卷之數。

南宋理宗趙昀淳祐十二年（1252），魏克愚於徽州紫陽書院刊印魏了翁《九經要義》。魏克愚，生年不詳，字明己，號静齋，魏了翁的第二個兒子。歷任徽州、温州知州，太府少卿兼知臨安府，浙西安撫使。克愚善書，工篆。咸淳五年（1269），去世於浙江嚴州。在徽州任時，他聘方回為郡府幕賓。方回跋《周易集義》曰："仲子太府卿静齋先生克愚明己，壬子歲以軍器監丞出知徽州，刊要、集義，置於紫陽書院。至丙子歲，書院以兵興廢，書板盡毀。"④魏克愚淳祐十二年（1252）以軍器監丞知徽州，是年克愚將父親的著作《九經要義》《大易集義》在徽州紫陽書院刊刻印刷發行。方回的《送紫山長劉仲鼎序》説："後三十年乙亥、丙子之間，戍將李銓以北兵將至，詭曰守城之材而毀之。祭器、書板蕩為烏有。"⑤序中的乙亥、丙子即南宋恭帝德祐元年（1275）至二年（1276），《九經要義》的書板被拆除用於城防之材。或許，這就是《九經要義》到明清時全書已殘缺不齊的重要原因。

---

① （清）繆荃孫：《繆荃孫全集》雜著中的魏文靖公年譜，鳳凰出版社，2014 年，第 281 頁。
② （明）邵經邦：《弘道録》卷之十"朋友之仁"，明萬曆續道藏本。
③ （宋）王應麟：《玉海》（二），江蘇古籍出版社，1987 年，第 773 頁。
④ （清）繆荃孫：《繆荃孫全集》雜著中的魏文靖公年譜，鳳凰出版社，2014 年，第 281 頁。
⑤ （元）方回：《桐江集》卷一，宛委別藏本，江蘇古籍出版社，1987 年，第 86 頁。

魏克愚子承父志在徽州紫陽書院刊印鶴山先生的著述，對魏了翁鶴山學説的弘揚，起了重大的推動作用。

明弘治《徽州府志》記載，元大德四年（1300），徐拱辰“重刊《九經要義》等書，皆備教授”①。張守衛《元代安徽刻書考》稱：“大德四年，徽州府學重印宋魏了翁撰《九經要義》中的《周易要義》十卷、《禮記要義》三十二卷、《儀禮要義》五十卷。”② 元代重刊《九經要義》具體情況待考。

明楊士奇《文淵閣書目》與葉盛《菉竹堂書目》收魏了翁《九經要義》6冊，已闕。萬曆時，張萱《内閣藏書目録》載，《九經要義》68冊不全，已或存或佚不能復合，故今以世有傳本者各著於録，尚存《儀禮》7冊、《禮記》3冊、《周易》2冊、《尚書》1冊、《春秋》2冊、《論語》2冊、《孟子》2冊，又前書各段分類為《類目》六卷，止存4冊，共為一編。明代内閣藏書另有鶴山《九經要義》24冊，不全，各分目同前，止《類目》6冊。焦竑《國史經籍志》載，魏了翁《九經要義類目》十卷。

清代，《四庫全書》著録《九經要義》中的四經：《周易》十卷、《尚書》十七卷《序説》一卷、《儀禮》五十卷、《春秋》三十一卷。光緒十年（1884），江蘇書局刊《儀禮要義》五十卷、《尚書要義》二十卷，光緒十二年（1886）刊《周易要義》十卷首一卷、《毛詩要義》二十卷、《禮記要義》三十三卷，合編為《五經要義》。是書為江蘇書局刊本，計8函42冊。葉昌熾《藏書紀事詩》云：“九經已有四經亡，披髮巫陽下大荒。一旦復還詩要義，卿雲如蓋覆書堂。”③

民國《吴縣志》記載，魏了翁“《易要義》十卷、《書要義》三十卷、《毛詩要義》二十卷、《周禮要義》五十卷、《儀禮要義》五十卷、《禮記要義》三十三卷、《春秋要義》六十卷、《論語要義》十卷、《孟子要義》十四卷、《九經要義類目》六卷”④。《書要義》三十卷、《周禮要義》五十卷與《宋史》記載二十卷、三十卷不符，多出三十卷，《九經要義》附類目統計為二百八十三卷之數。

魏氏《九經要義》現存六種：《周易要義》十卷全、《毛詩要義》二十卷全、《尚書要義》二十卷全、《禮記要義》三十三卷存三十一卷、《儀禮要義》五十卷存四十八卷、《春秋左傳要義》六十卷存二十七卷。《周禮要義》三十卷、《論語要義》十卷、《孟子要義》十四卷、類目六卷，全佚，實為可惜。李有明、陳紅濤《四川古代名人》之“魏了翁與鶴山書院”説：“魏了翁一生著作宏富，流傳於世的有《九經要義》二百一十八卷。”⑤ 其實，

---

① （明）《徽州府志》，弘治刻本，天一閣藏明代方志選刊，卷五，學校“本府儒學”。

② 張守衛：《元代安徽刻書考》，《圖書館理論與實踐》2012年第12期。

③ （清）葉昌熾：《藏書紀事詩 》，上海古典文學出版社，1958年，第359頁。

④ （民）曹允源：《吴縣志》卷五十八下《藝文考七》，民國刊本。

⑤ 李有明，陳紅濤主編：《四川古代名人》，四川省社會科學院，1984年，第175頁。

《九經要義》流傳存世的僅有一百五十六卷。

魏氏《九經要義》刪節注疏，編輯精要，各有標目，闡發己見。南宋以降，該書為學子讀經之至寶秘笈。錢基博《經學通志》道："了翁刪繁取要，分臚綱目，條理秩然，使品節度數之辨，不復以辭義轇轕為病，斯足為初學之津梁也。"①

一、《周易要義》

《周易要義》十卷，魏了翁著。該書十卷，卷一上乾，卷一中坤至需，卷一下訟至履，卷二上泰至謙，卷二下豫至觀，卷三上噬嗑至无妄，卷三下大畜至離，卷四上咸至明夷，卷四下家人至益，卷五上夬至井，卷五下革至歸妹，卷六上豐至節，卷六下中孚至未濟，卷七上繫，卷八下繫，卷九説卦，卷十序卦雜卦略例，前冠有綱領一卷。該書尤為注意黜削舊注中緯書之説，後世推許為有廓清之功。

明張萱《内閣藏書目録》載，《九經要義》68 册不全，存《周易》2 册。葉盛《菉竹堂書目》載《周易要義》五册，凡十八卷。魏了翁《周易要義》十卷有明抄本傳世。

清《欽定續文獻通考》卷一百四十二"魏了翁《周易要義》十卷"記載："了翁字華父，號鶴山，臨邛人。慶元進士，官至資政殿大學士、參知政事、簽書樞密院事。謚文靖，從祀孔子廟庭。王禕《雜説》云：孔穎達作《九經正義》，往往援引緯書之説，歐陽公常欲刪而去之，其言不果行。迨鶴山魏氏作要義，始加黜削而其言絶焉。"②《續通志》卷一百五十六載魏了翁《周易要義》十卷。《四庫全書》依副都御史黄登賢家藏本，收魏了翁《周易要義》十卷。《總目提要》云："了翁以説經者但知誦習成言，不能求之詳博，因取諸經注疏之文，據事别類而録之，謂之《九經要義》。此其中之第一部也。魏了翁嘗言：'辭變象占，《易》之綱領，而繇彖象爻之辭，畫爻位虚之别，互反飛伏之説，乘承比應之例，一有不知，則義理闕焉。'蓋其大旨主於以象數求義理，折衷於漢學、宋學之間。故是編所録，雖主於注疏釋文，而采掇謹嚴，别裁精審，可謂剪除支蔓，獨擷英華。"③

光緒十二年（1886）江蘇書局刊《五經要義》中的《周易要義》十卷首一卷，該版本常州、貴州、黑龍江、首都、湖南、福建圖書館及南開大學、國家圖書館有藏。

魏了翁《周易要義》，宋代刊本時有所見。莫友芝《郘亭知見傳本書目》著録"《周易要義》十卷"，稱贊郁松年藏宋刊本甚精。翁心存"陔華吟館"藏影抄馮知十影宋抄本

① （民）錢基博：《經學通志·總志第一》，中華書局，1936 年，第 4—5 頁。

② （清）嵇璜：《欽定續文獻通考》，《四庫全書》本卷一百四十二《經籍二》。

③ （清）永瑢等：《四庫全書總目提要·經部·易類三》，萬有文庫本，商務印書館，1929—1937 年，第 43 頁。

《周易要義》十卷。

魏了翁《周易要義》，清代抄本較多，尤以吳翌鳳“與稽齋”抄本、傳是樓抄本為著名。張金吾《愛日精廬藏書志》“《周易要義》十卷傳是樓抄本”云：“《經義考》曰：‘按葉氏《菉竹堂書目》有長孫無忌《要義》五册，凡十八卷，無錫秦對岩前輩今有其書，大略與《正義》相同。考《正義》即‘係無忌刊定，非别一書也’云云。是書前有長孫無忌《上六經正義表》，葉氏、秦氏所藏當即是書，以前有無忌上表，故誤冠以長孫無忌耳。十八卷者，蓋并子卷數之。卷一分上中下三卷，卷二至七俱分上下兩卷。《經義考》諸經俱載《要義》而‘易類’止載《集義》者，蓋既疑《要義》即《正義》，而又疑《集義》即《要義》也。板心有傳是樓三字。”① 瞿鏞《鐵琴銅劍樓藏書目録》“《周易要義》十卷（舊鈔本）”云：“此《周易》一種，為昆山徐氏鈔藏本，每葉板心有“傳是樓”三字。按：文靖著此書時，所見《正義》，猶是善本，即如第一卷《彖辭》統論一卦之體一條，所采《乾彖傳》疏文‘若貴賤壽夭之屬是也’即接‘保合大和，乃利貞者，此二句釋利貞也’云云，是猶未分裂於各節之下者，其字句足訂今本之訛。每與家藏大字八行本《易注疏》相合，不與十行本同。”② 瞿氏“鐵琴銅劍樓”第四代傳人瞿熙邦，新中國成立後，將藏書手校藏本《周易要義》捐獻，今藏國家圖書館。

陸隴其《三魚堂日記》記載，康熙癸亥（1683）八月廿二，“會吳志伊，言《周禮》非周公不能作，又言徐總憲借魏鶴山《周易要義》鈔録約有十五六本，又言黄氏日鈔嚮極多，今亦少矣。”③ 徐總憲即徐元文，順治十六年狀元，授翰林院修撰。黄氏即黄俞邰，藏書家。徐黄二人極喜魏了翁《周易要義》，手鈔甚多。南潯密韻樓主人吳興蔣汝藻，字孟蘋，號樂庵，酷愛鶴山著述，林紓《畏廬詩存》“樂庵寫書圖為蔣孟蘋作”有“神鬼呵護落君手，首篇鴻著披論韓。《周易要義》最通貫，鏡深繹隱心神殫”④ 之贊。

范邦甸《天一閣書目》記載，修《四庫全書》時，乾隆帝因范氏進呈書多而賜《古今圖書集成》一萬卷，御題書兩種并發還，一為《周易要義》，目下録御題五言古風一首；一為《意林》，目後有御製七絶三首。薛福成重編天一閣進呈書目時，見光緒十五年刻《天一閣見存書目》卷末，進呈書目後題：“至魏氏《周易要義》、馬氏《意林》二書，雖著録未據閣本，而仰荷純廟寵題，又豈尋常卷帙所能比擬哉。”⑤

據傅增湘《藏園群書經眼録》記載，1919年秋傅於廠肆文友堂書坊見有宋刊本《周易要義》五册，缺三、四、五、六凡四卷。傅心頗愛玩，而傾囊不足以舉之。因馳書告張菊

① （清）張金吾：《愛日精廬藏書志》卷一，上海古籍出版社，2014年，第12頁。
② （清）瞿鏞：《鐵琴銅劍樓藏書目録》卷一《經部一・易類》，中華書局，1990年。
③ （清）陸隴其：《三魚堂日記》卷下，商務印書館，1936年，第90頁。
④ （民）林紓：《畏廬詩存》卷下，商務印書館，1923年，第25頁。
⑤ 駱兆平編纂：《天一閣藏書史志》，上海古籍出版社，2005年，第85頁。

生前輩，為涵芬樓收之。張菊生即張元濟，該宋板為上海涵芬樓購買收藏。

1932年日本發動“一·二八”事變進攻上海，其時涵芬樓已被兵燹，連棟高樓萬函珍籍一夕化為煨燼。菊生手檢别儲之，書幸逭於烽火者編為燼餘書録，以成經部、史部各二册，宋板《周易要義》幸存。是年4月，張元濟為涵芬樓藏宋刊本《周易要義》撰跋文，云：“宋魏了翁撰《九經要義》，此為其一。《四庫》著録，據黄登賢家藏本，為刻為鈔，未詳。阮文達《研經室外集》謂《四庫》所録，乃天一閣舊鈔，殆見《浙江采集遺書總目》，因而致誤也。”[①] 在該跋語中，張氏精心考記其版式、前人著録、刻工姓名、避諱，與江蘇書局刊本相較，論證宋本之善。他説：“凡此諸字，大都與阮氏《校勘記》所引《石經》、嶽本、古本、足刻本、錢本、宋本、藍本相合，阮氏謂了翁所據，猶宋時善本，足資糾訂，非虚語矣。”[②]

傅增湘於上海張元濟處攜《周易要義》北還，校得一册，補脱文十二則。1933年5月，傅《宋本〈周易要義〉跋》云：“此《周易要義》，宋刊殘本，存卷一、卷二、卷七至卷十凡六卷，半葉九行，行十八字，白口雙闌，板心上記字數，下記刊工姓名。宋諱貞恒桓，皆缺，末筆刊工有李升、有成、時亨、文茂、安茂、游安、余才、余文、季清、余子文、汝能、仁壽、德顯諸人，或方、熊、程、唐、鍾等姓，或晟、之、慶、宣、君、禮、京、宜、共、老等名各一字。首《周易要義》序（序字局本改為卷首）載長孫無忌等上《六經正義》表，次目録本書書名標題，下記卦名，每條標目數字用陰文。各卷未有印記，其流傳端緒，無可考見。檢孫慶增《上善堂書目録》有宋板《周易要義》五本，不全。下注汲古閣藏本，其册數正合，疑即是帙，或毛氏藏印，展轉失去耳。以江蘇局刻校之，訛奪至夥，兹舉卷一上所補各條於左。按宋臨邛資政學士魏了翁撰《九經要義》，此為首矣。”[③] 他考證：“葉文莊《菉竹堂書目》載《要義》五册，凡十八卷。今行世本乃衹十卷，疑葉氏并子卷計之，非有異也（卷一分上中下三卷，卷二至七各分上下卷）。獨近時丁氏《善本書室志》作二十卷，殊不可解，豈編次不同耶，抑二字為衍文耶，竢更訪詢之。又考此書各家書目所載多為鈔本。如愛日精廬所藏為傳是樓鈔本，今在海虞瞿氏。此外，皕宋樓陸氏、帶經堂陳氏、善本書室丁氏，咸為鈔本。四庫著録，據副都御史黄登賢家藏本，而按提要述及，知為天一閣鈔本。惟郘亭書目言，郁松年家有宋刊本最精，考郁氏書籍，多為丁中丞所得，如《禮記》《儀禮》《毛詩》三經要義，郘亭《經眼録》咸著之。惟《周易》未知歸於何許。提要又言，《周易要義》荷高宗御題，則進御者，必為宋本。然天禄琳琅前後録皆不載，抑又何耶？朱竹垞言秦對岩太史有此書，然不言其為刻本，疑亦傳

① （民）張元濟：《張元濟全集》第九卷《古籍研究著作》，商務印書館，2010年，第69頁。

② 同上。

③ 傅增湘：《藏園群書題記》，上海古籍出版社，1989年，第6—8頁。

録之帙耳。”[1] 他評論説：“光緒丙戌付雕時，此書所據為一鈔本，非如《毛詩》《禮記》《儀禮》三經，有宋本足資勘證，故其訛脱滿紙，無能刊正。余爽然自失，愧當日之粗疏。致令孤本秘笈失於交臂，為足惜也。”[2]

1934 年，經張元濟整理，《四部叢刊續編》刊印魏了翁《周易要義》。張氏《涵芬樓燼餘書録》記：《周易要義》，宋刊本，存六卷，五册。魯迅喜讀鶴山著述，是年 12 月 15 日，日記云：夜三弟來并為取得《周易要義》一部三本，《禮記要義》一部十本。該宋刻本，今藏國家圖書館。美國《哈佛大學哈佛燕京學社漢和圖書館漢籍分類目録》録有“魏了翁《周易要義》十卷（缺三至六），民國二十三年（1934）上海商務據涵芬樓宋刊本影印（《四部叢刊續編》之一），三册一函。”[3]

王紹曾、崔國光《訂補海源閣書目五種》録有舊鈔本《周易要義》十卷十册。吴希賢《歷代珍稀版本經眼圖録》録：《周易要義》十卷，宋淳祐十二年魏克愚刻本，存卷一、二、七至十卷，共六卷。劉琳、沈治洪《現存宋人著述總録》：“《周易要義》十卷，魏了翁撰，宋淳祐十二年魏克愚刻本（北京存卷一至二、七至十），清震無咎齋抄本、清翁心存校并跋（北京），《四部刊續編・經部》（據宋刻本影印，原缺三至六），1991 年山東友誼書社影印本。”[4] 許肇鼎《宋代蜀人著作存佚録》：“《易要義》十卷（《周易要義》），存，見《宋史・藝文志》經類，《續通志》卷一百五十六，《欽定續文獻通考》卷一百四十二作《周易要義》十卷。今存《周易要義》十卷，收入《四庫全書・經部易類》，《四部叢刊續編・經部》，《北京圖書館善本書目》卷一載有《周易要義》十卷，徐氏傳是樓鈔本；震無咎齋鈔本，十一卷，清光緒二年江蘇書局刊本。”[5] 楊繩信《中國版刻綜録》记“鈔《周易要義》十卷，宋魏了翁撰”。《中華大典・文獻目録典・古籍目録分典》收録了魏了翁《周易要義》版本流傳概説。

1991 年，中國綜合性大型系列圖書《孔子文化大全》刊印了魏了翁《周易要義》。1992 年，《中國古代易學叢書》第十二卷收録了魏了翁《周易要義》。1994 年上海書店據商務印書館影印本影印《周易要義》十卷。2003 年，《中華再造善本》叢書録入魏了翁《周易要義》十卷，一函五册。2008 年 3 月 1 日，國務院公布“第一批國家珍貴古籍名録”2392 部，國家圖書館藏的魏克愚淳祐十二年（1252）於徽州紫陽書院刊刻的《周易要義》十卷（存一至二、七至十，共六卷）被列入其中。

---

① 傅增湘：《藏園群書題記》，上海古籍出版社，1989 年，第 6—8 頁。

② 同上。

③ （民）裘開明：《美國哈佛大學哈佛燕京學社漢和圖書館漢籍分類目録》，燕京大學哈佛燕京學社，1938 年，第 46 頁。

④ 劉琳、沈治洪：《現存宋人著述總録・經部・易類》，巴蜀書社，1995 年，第 4 頁。

⑤ 許肇鼎：《宋代蜀人著作存佚録》，巴蜀書社，1986 年，第 79—80 頁。

鄭萬耕《易學名著博覽》評魏了翁《周易要義》:“取王弼、韓康伯之《周易注》、孔穎達之《周易正義》文，精心選擇，加以采摘，據事别類而録之，一事一類均加小標題”，“提綱挈領，文義明晰，使學者開券有益，得其精要”①。

二、《尚書要義》

《尚書要義》二十卷、《序説》一卷，魏了翁著。該書乃摘録《尚書》注疏中精要之語，標以目次方便簡閲以成書。《尚書》孔安國傳本係出於僞托，循文衍義，無大發明，亦無多大瑕疵。故，宋代儒家説解《詩經》，多排斥《小序》，説解《春秋》則排斥三《傳》，但説解《尚書》，却不甚排斥孔氏。孔穎達撰《尚書正義》不肯稍立同異，而原原本本，考證粲然，《朱子語録》謂《尚書》名物、典制當看疏文。由於《尚書》之文佶屈聱牙，晦奥難懂，加之注疏浩瀚蕪雜，頗不便閲讀，致使學者卒業為艱。魏鶴山有感於此，乃淘汰冗文，使人不病蕪雜，對一切考證之實學則精華必擷，使其成為學者閲讀注疏的指南，大有普及之功。四庫閣臣評該書曰:“是亦讀注疏者之津梁矣。”

明代楊士奇《文淵閣書目・書》記，魏了翁《尚書要義》，一部為八册，一部為二册，皆闕。朱睦㮮《授經圖義例》卷八，收録魏了翁《尚書要義》二十卷。張萱《内閣藏書目録》載魏氏《九經要義》尚存《尚書》一册。祁承㸁（1563—1628），字爾光，號夷度，稱曠翁、密士老人，浙江山陰人。祁承㸁之子祁彪佳（1602—1645），字宏吉，號世培，稱遠山堂主人。祁氏父子俱為明代著名藏書家，藏書樓號為“澹生堂”。祁氏《澹生堂讀書記澹生堂藏書目》云:“《尚書要義》二十卷八册，魏了翁。”② 祁氏家藏尚有魏鶴山另一《尚書要義》十七卷《序説》一卷的鈔本。

清初朱彝尊《經義考》云：魏氏了翁《尚書要義》《宋志》二十卷《序説》一卷，存。乾隆時，《欽定續通志》《欽定續文獻通考》記，《尚書要義》十七卷《序説》一卷，宋魏了翁撰。陳夢雷《古今圖書集成》載:《尚書要義》二十卷《序説》一卷，魏了翁，一説魏了翁《尚書要義》，注《宋志》三十卷，存。

乾隆三十八年（1773），四庫開館，藏書家鄭大節精選藏書嚮朝廷獻書九十四種，其中有四十七種二百九十卷，被著録入《四庫全書總目》。鄭大節，生於康熙四十四年（1705），浙江慈溪人，字臨之，號籜坨，晚號補牢翁，祖鄭梁、父鄭性俱為藏書家。鄭氏

① 鄭萬耕:《易學名著博覽》，學苑出版社，1994 年，第 101—102 頁。
② （明）祁承㸁:《澹生堂讀書記澹生堂藏書目》，上海古籍出版社，2015 年，第 264 頁。

藏書豐富，藏書樓號為“二老閣”。鄭氏進呈的魏鶴山《尚書要義》十七卷《序説》一卷，該書傳承自山陰祁氏澹生堂。永瑢、紀昀《四庫全書總目提要》卷十一之“經部”十一“《尚書要義》十七卷《序説》一卷（浙江鄭大節家藏本）”云：“是書傳寫頗稀。此本有‘曠翁手識’一印、‘山陰祁氏藏書’一印、‘澹生堂經籍記’一印，猶明末祁彪佳家所藏也。原目二十卷中，第七卷、第八卷、第九卷并佚，無别本可以校補，今亦姑仍其闕焉。”①

嘉慶年間，阮元任浙江巡撫，搜訪《四庫全書》未收之書，得175種，進獻朝廷，并仿《四庫全書總目》體例，為各書撰提要，名《四庫未收書目提要》。魏鶴山《尚書要義》中四庫未録之七至九卷，幸而為阮元搜得進呈朝廷。這批珍籍被收藏於宫内養心殿，嘉慶皇帝御題名“宛委别藏”，每册首葉鈐“嘉慶御覽之寶”朱文方印。宛委乃山名，傳説中夏禹登宛委山，得金簡玉字之書，以之命名，以示極其珍貴。阮元（1764—1849），字伯元，號芸臺、雷塘庵主，晚號怡性老人，江蘇儀徵人。阮元《四庫未收書目提要·經部·書類》之“《尚書要義》三卷提要”云：“魏了翁《尚書要義》其十七卷《四庫全書》已著録，此即其中所佚之三卷”，“此本傳舊鈔傳録”，“了翁諸經《要義》，從此珠聯璧合，亦佳事也”②。

翁方綱《四庫提要稿·書類》魏了翁“《尚書要義》二十卷《序説》一卷”云：“《尚書要義》二十卷，前有《序説》一卷，二老閣寫本。”謹按，“了翁諸經《要義》傳本極少，應校刊以佐《注疏》”③。瞿氏江蘇常熟鐵琴銅劍樓收藏有魏鶴山《尚書要義》二十卷足鈔本，亦來自山陰祁氏澹生堂。瞿鏞《鐵琴銅劍樓藏書目録》卷二之魏了翁“《尚書要義》二十卷（舊鈔本）”云：“世所傳者，皆出澹生堂祁氏鈔本，闕第七、第八、第九卷。此其足本，為明人精鈔，殊可貴也。”④ 翁同龢之父翁心存“陔華吟館”藏影鈔馮知十影宋鈔本《尚書要義》二十卷《序説》一卷，是為震無咎齋鈔本。浙江大學教授崔富章《四庫提要補正》之“《尚書要義》十七卷《序説》一卷”按：“文溯閣庫書《提要》謂‘原目二十卷，中第七卷、第八卷、第九卷、第十二卷、第十三卷、第十四卷并缺’，是鄭大節呈送本即祁彪佳舊藏，原缺六卷，今北京圖書館藏清震無咎齋鈔本，翁心存校并跋，恰缺此六卷，當係傳鈔祁氏本。”⑤ 太平天國戰争期間，文瀾閣《四庫全書》缺失甚多。浙江錢塘著名藏書家丁申、丁丙兄弟的八千卷樓廣徵藏書補鈔底本，鈔得《尚書要義》二十卷，首尾俱全。崔富章教授考證：“文淵閣庫書原鈔本佚，丁氏補鈔六册，《要義》二十卷《序

① 《中華大典》編纂委員會編纂：《中華大典·文獻目録典·古籍目録分典·經總部一》，廣西師範大學出版社，2015年，第563頁。

② （清）阮元：《四庫未收書目提要》，商務印書館，1955年，第4頁。

③ （清）翁方綱：《四庫提要稿》，上海科學技術文獻出版社，2005年，第49—51頁。

④ （清）瞿鏞：《鐵琴銅劍樓藏書目録》卷二《經部二·書類》，中華書局，1990年。

⑤ 崔富章：《四庫提要補正》，杭州大學出版社，1990年，第80—82頁。

説》一卷俱全，不知出何本。考《浙江采集遺書總録》載二老閣寫本《尚書要義》二十卷《序説》一卷，當係全本，嘗進呈，館臣未及翻檢也，今北京圖書館又藏一清鈔本，卷帙亦完好無缺。《故宫普通書目》著録江蘇書局刊本，亦全。”① 光緒七年（1881），藏書家蕭穆為雲南巡撫唐炯搜得影寫宋本魏鶴山《尚書要義》，唐炯大喜過望。十年（1884），江蘇書局刊《尚書要義》二十卷，是為《五經要義》刊本，今首都、貴州、陝西、福建、山西、揚州大學、山西大學及國家圖書館有藏。

羅振常、周子美《嘉業堂鈔校本目録》卷一“書類”：“《尚書要義》二十卷，宋魏了翁著，舊鈔校本，六册。”② 楊繩信《中國版刻綜録》稱：“《尚書要義》二十卷《序説》一卷，宋魏了翁撰。其書有宋刻本、二老堂鈔本、清鈔本。”③ 不知宋刻本何在，蓋宋鈔本之誤。

新中國成立前夕，故宫博物院的宛委别藏被運往臺灣。1981 年，臺灣商務印書館整理影印出版宛委别藏，精裝 120 册，收書 160 種。魏鶴山《尚書要義》三卷本，赫然在其中。1988 年，江蘇古籍出版社據臺版影印。1997 年，臺灣新文豐出版《叢書集成三編》，中有宛委選印《尚書要義》七至九卷。2014 年，綫裝書局文淵閣《四庫全書》珍賞系列叢書，影印出版魏了翁《尚書要義》，一函六册。

宋代以降，魏了翁《尚書要義》是研究《尚書》的重要文獻，素為學者所推崇。顧炎武《左傳杜解補正・五經同異・九經誤字》乃參考魏氏書要義以校《尚書》。阮元認為魏了翁《尚書要義》“所據《疏》本乃宋時之善册”“足補明以來刊本之脱，亦足訂明以來刻本之誤”“不特其書采摘注疏中精要，可為讀經之助”④。瞿鏞《鐵琴銅劍樓藏書目録》卷二之“《尚書要義》二十卷舊鈔本”云：“是知《尚書》注疏合刻，當在南、北宋之間。文靖所見與《考文》所載，蓋皆紹興以前舊本，亦校經者所必備焉。”⑤ 沈嘉澍著有《尚書要義校勘記》一卷。錢鍾書之父錢基博的《古籍舉要》卷五《尚書》，視魏氏書《要義》十七卷為研究《尚書》之學的要典。勞思光認為，魏氏書《要義》摘録注疏頗為完備。劉起釪《尚書學史》推許：“首先當提到的一部，是在宋學輕視注疏空氣下，獨篤守二孔注疏的魏了翁《尚書要義》。”⑥

2012 年，國家古籍整理出版重點規劃專案《十三經注疏彙校》以《尚書注疏》為發

① 崔富章：《四庫提要補正》，杭州大學出版社，1990 年，第 80—82 頁。

② （民）羅振常著，周子美編：《嘉業堂鈔校本目録》卷一《經部一・詩類》，華東師範大學出版社，1986 年，第 7 頁。

③ 楊繩信：《中國版刻綜録》，陝西人民出版社，1987 年，第 566 頁。

④ （清）阮元：《四庫未收書目提要》，商務印書館，1955 年，第 4 頁。

⑤ （清）瞿鏞：《鐵琴銅劍樓藏書目録》卷二《經部二・書類》，北京：中華書局，1990 年。

⑥ 劉起釪：《尚書學史》，中華書局，1989 年，第 254 頁。

端，依據十九部尚書典籍開展彙校工作，魏了翁《尚書要義》為其一。2014 年，龍韶華以魏鶴山書《要義》為重要參考，纂集出版《歸善齋尚書二典章句集解》。2018 年，杜澤遜校勘出版《尚書注疏彙校》，《十三經注疏彙校》第一項成果告成。

三、《毛詩要義》

《毛詩要義》二十卷、《譜序要義》一卷，魏了翁著。《毛詩》為西漢魯郡毛亨、趙郡毛萇輯注的古文《詩》，即流行於世的《詩經》。吴文治《宋詩話全編》輯録“魏了翁詩話”二百二十一則，云：“《毛詩要義》一書集毛萇、鄭玄、皇甫謐、孔穎達等傳疏注，捃摭舊説，參以己意，為長編性論《詩》巨著。”① 胡玉縉《四庫未收書目提要續編》卷一經部，“《毛詩要義》二十卷”曰：“是編大致録《疏》居多，《傳》《箋》則間取之，析其辭為各條，每條自撰綱領，亦有一條中不能截分者，則以綱領書於眉間。意取故實，不主説經，故不求詳備，第録之以備遺忘，猶有漢唐實事求是之義。其所據《孔疏》乃當時善本，有異於十行本而實勝者。”胡論：“全書中藉資糾訂者甚繁，均足為讀經之助。”②

明代，楊士奇《文淵閣書目 · 詩》記：《詩經要義》一部十五册缺，《詩經要義》一部十册缺。焦竑撰《國史經籍志》卷二載：《毛詩要義》二十卷，魏了翁。張萱《内閣藏書目録》有《周易》《尚書》《春秋》《儀禮》《論語》《孟子》七種，而《毛詩》已佚。莫友芝《郘亭知見傳本書目》據錢曾《讀書敏求記》載，魏了翁《毛詩要義》四十卷，“每卷分上下，實二十卷，後載《序譜》。係趙清常從閣本鈔出，中有脱簡。宋本首為《譜序》一卷，經依《箋》編二十卷，中又分子卷十有七，凡三十八卷。每頁十八行，行十八字”③。趙琦美（1563—1624），號清常道人，明代著名藏書家。

明末清初，錢謙益《牧齋書目》著録：《毛詩要義》，鈔，五册。朱彝尊《經義考》卷一百八云：魏氏了翁《毛詩要義》，《宋志》二十卷，未見。錢曾《虞山錢遵王藏書目録彙編》載：“魏了翁《毛詩要義》二十卷，據鈔時補。”④ 他的《述古堂藏書目》卷一，記載：“《毛詩要義》二十卷《證讀》五卷，閣宋鈔本。”⑤

清代，魏氏《毛詩要義》相繼出現宋淳祐十二年徽州刻本、沈潮手稿本、翁心存家抄

---

① 吴文治：《宋詩話全編》，江蘇古籍出版社，1998 年，第 7988 頁。

② 胡玉縉撰、吴格整理：《續四庫提要三種》，上海書店出版社，2002 年，第 14—15 頁。

③ （清）莫友芝撰、傅增湘訂補：《藏園訂補郘亭知見傳本書目》卷二《經部三 · 詩類》，中華書局，1993 年，第 1 册，第 12 頁。

④ （清）錢曾：《虞山錢遵王藏書目録彙編》，上海古典文學出版社，1958 年，第 13 頁。

⑤ （清）錢曾：《述古堂藏書目》卷一，中華書局，1985 年，第 3 頁。

本、獨山莫氏刻本、江蘇書局刻《五經要義》本、陸心源影寫宋刊本，較為著名。

乾隆時編修《四庫全書》，浙江巡撫阮元力求魏氏《毛詩要義》而不得，故未收録入四庫。錢天樹跋《毛詩要義》云："魏鶴山《九經要義》，《四庫全書》載《周易》《儀禮》尚是全帙，《尚書》《春秋》，皆非完本。揚州阮氏得《尚書》三卷，即四庫所闕之卷。又《禮記》三十一卷，首闕《曲禮》上下二卷，其餘四經竟無從諮訪矣。"①

道光時，沈炳垣藏影宋鈔本魏了翁《毛詩要義》二十卷。沈炳垣（1784—1855），名潮，字魚門，號曉滄。是書題識為道光二十六年（1846）沈炳垣為泰峰手校，蓋鈔郁松年藏《毛詩要義》。沈潮撰有魏了翁《毛詩要義校字記》一卷手稿本。葉昌熾《藏書紀事詩》有《甘泉鄉人稿沈曉滄炳垣寄贈，徐君渭仁新刻〈思適齋集〉》詩："沈侯嗜好别流俗，休沐逍遥辭劇務。好事近得郁與徐，異書校勘為點注。"自注云："上海郁松年所刻《宜稼堂叢書》，曉滄亦曾相贈。徐、郁兩君所刻書，皆曉滄精心為之校定。"② 翁心存"陔華吟館"藏有影鈔魏氏《毛詩要義》二十卷《譜序要義》一卷。翁心存（1791—1862），字二銘，號邃庵，翁同龢之父。是書，鈔畢於道光二十九年（1840），翁心存校并跋，翁同龢、翁曾文校，今北京圖書館、國家圖書館有藏，被列入第五批《國家珍貴古籍名録》。

光緒七年（1881），藏書家蕭穆為雲南巡撫唐炯搜得影寫宋本《毛詩要義》，唐炯大喜過望，并以《毛詩要義》屬蕭及宧莘齋校勘、莫詳芝主刻。八年（1882），上海獨山莫詳芝重刻影宋本刊行。光緒九年（1883），蕭穆據莫友芝家藏抄本、汲古閣本、吴興舊家抄本校刊《毛詩要義》。蕭穆《敬孚類稿》卷二記載，蕭作《記莫氏舊鈔毛詩要義》及《重栞毛詩要義序代唐鄂生中丞》書序。序云："余少時讀諸經注疏、通志堂宋元諸經解，苦其文繁意複，握管研朱，終日不竟兩三卷。""玩賞數日，稍窺魏公當日别裁精審之至意，於學者最為有益。"③ 湖北大學圖書館《中文古籍書目》載録：《毛詩要義》二十卷，宋魏了翁撰，1882年莫氏宋刊本，一十六册。是書，新疆大學、南開大學、西北師範大學、香港中文大學、陝西、湖南、黑龍江、貴州、青海、内蒙古圖書館有藏。光緒十二年（1886）刊《毛詩要義》二十卷。是書為江蘇書局刊本，福建、首都、陝西、貴州、天津師範大學、香港中文大學及國家圖書館有藏。

同治時，陸心源從郁松年宜稼堂抄宋刊《毛詩要義》，其《皕宋樓藏書志》載："《毛詩要義》二十卷，影寫宋刊本，宋魏了翁撰。"④ 是書現存日本東京静嘉堂文庫。

清代以降，魏氏《毛詩要義》其他各類影本、抄本，記載紛紜雜呈。《古今圖書集

① （清）徐珂：《清稗類鈔》第31册《鑒賞上》，商務印書館，1917年，第110頁。
② （清）葉昌熾：《藏書紀事詩》，上海古典文學出版社，1958年，第368—369頁。
③ （清）蕭穆：《敬孚類稿》，黄山書社，2014年，第71—73頁。
④ （清）陸心源：《皕宋樓藏書志》，續修《四庫全書》本《史部·目録類》。

成·理學彙編·經籍典》第二十二卷“經籍總部”載,《毛詩要義》二十卷,魏了翁。翁方綱《四庫提要稿》云:“《毛詩要義》二十卷,聚樂堂藝文目有之。”瞿鏞《鐵琴銅劍樓藏書目録》卷一云:“近時《毛詩要義》始出於錫山鄒氏,見藏上海郁氏”,卷三録有魏了翁《毛詩要義》二十卷抄本。繆荃孫、吴昌綬、董康《嘉業堂藏書志》“詩類”有“《毛詩要義》三十卷傳抄本,《毛詩要義》二十七卷校勘記一卷精抄本”。羅振玉《雪堂類稿戊·長物簿録》:“宋魏了翁《毛詩要義》二十卷,仿宋本。”丁立中《八千卷樓書目》記:“《毛詩要義》二十卷,宋魏了翁撰,翻宋本。”沈德壽《抱經樓藏書志》卷四載:“《毛詩要義》二十卷,《毛詩譜序》,魏了翁撰,影宋刊本。”傅增湘《雙鑒樓善本書目》:“《毛詩要義》二十卷,影宋鈔本,九行十八字。鈔本,吴兔床朱筆校訂。”《浙江公立圖書館年報》:“《毛詩要義》,宋魏了翁撰,京師圖書館藏,景寫宋本。備考:舊為歸安姚氏書。”《北京大學圖書館藏李氏書目·經部·詩類》:“《毛詩要義》二十卷《譜序要義》一卷,宋魏了翁撰,清抄本,書尾殘缺。”《中國古籍善本書目》:“《毛詩要義》二十卷《譜序要義》一卷,宋魏了翁撰,清影宋抄本。”劉毓慶《歷代〈詩經〉著述考》:“《毛詩要義》二十卷,魏了翁撰,北圖藏有清抄本。”劉琳、沈治宏《現存宋人著述總録》:“《毛詩要義》二十卷《譜序要義》一卷,魏了翁,清影宋抄本藏復旦大學。”

各種版本的魏氏《毛詩要義》中,最為珍貴者為南宋淳祐十二年(1252)魏克愚刊刻的版本。該宋版的傳承極富時代色彩,折射出近代中國百年命運滄桑。

曹寅(1658—1712),字子清,號楝亭,曹雪芹之祖父,著名藏書家。康熙時,官至江寧織造。李文藻《南澗文集》卷上《琉璃廠書肆記》:“楝亭掌織造、鹽政十餘年,竭力以事鉛槧,又結交朱竹垞、曝書亭之書,楝亭皆鈔有副本。以予所見,如《石刻鋪叙》《宋朝通鑑長編紀事本末》《太平寰宇記》《春秋經傳闕疑》《三朝北盟會編》《後漢書年表》《崇禎長編》諸書,皆鈔本;魏鶴山《毛詩要義》,《樓攻媿文集》諸書,皆宋槧本。”① 曹寅《楝亭書目》卷一記載,其收藏的魏了翁著《毛詩要義》為宋精刻本。馬玉堂《續書論目絶句》八首之一云:“子清詩局本書巢,校勘生憎亥豕淆。尚有葩經留要義,始知三昧勝嘉殺。”② 按:馬詩第三句即指魏鶴山《毛詩要義》。曹寅去世,其家被抄籍没,藏書散出,多半歸其外甥富察昌齡。

道光十二年(1832),曹氏藏《毛詩要義》被藏書家錢天樹之婿胡惠墉重金收購,藏於小重山館,視為鎮館之寶。錢天樹(1778—1841),字承培,號夢廬,著名藏書家。胡惠墉,字荻江,一作篴江,錢天樹之婿。《毛詩要義》有錢天樹跋云:“壬辰仲春,篴江婿不

---

① (清)李文藻:《南澗文集》卷上,中華書局,1985年,第18—19頁。

② 周汝昌:《紅樓夢新證》,譯林出版社,2012年。

惜重值，購得宋槧《毛詩要義》，首尾完整，觸手如新，為曹楝亭舊藏，真希世之秘笈也。”① 葉昌熾《藏書紀事詩》卷六“胡惠墉箋江”云：“九經已有四經亡，披髮巫陽下大荒。一旦復還詩要義，卿雲如蓋覆書堂。”②

咸豐十年（1860），太平天國攻入浙江，胡惠孚藏書流失。胡氏藏《毛詩要義》為上海郁松年購得，被譽為宜稼堂插架之冠。郁松年（1821—1888），字萬枝，號泰峰，著名藏書家。徐珂《清稗類鈔》“郁泰峰藏書於宜稼堂”記載：“魏鶴山《毛詩要義》三十八卷，阮文達采進遺書時亦未見之，泰峰乃蒐獲曹楝亭舊弆宋槧本於嘉興，海内更無第二本，遂卓然為宜稼堂數十宋槧之冠。”③ 莫友芝有《毛詩要義題識》，云：“友芝同治乙丑五月來滬上，珍重假讀，心神開曠，百慮盡消，斷推此遊第一快事。友芝夙有詳校《毛詩疏》，於乾嘉諸老所取中外舊本異同，一一甄録，唯未及《要義》本。他日再為滬遊，必挾以來，更乞與細讎一通，乃不虛此眼福也。”④ 鄭孝胥《海藏樓詩集》卷九“蔣孟蘋樂庵寫書圖”云：“欣托猶傳有《禮記》，宜稼《毛詩》人所矜。何時宋槧落君手，一一手寫留典型。了翁有知必相子，使子精力貫遐齡。”⑤

同治初，郁泰峰家道中落，藏書散佚，其宋元舊本、名鈔精校，歸於丁日昌持静齋，另餘精帙散編則歸於陸心源皕宋樓。丁日昌（1823—1882），字持静，小名雨生，别名禹生，著名藏書家。陸心源（1838—1894），字剛甫，號存齋，著名藏書家。為争奪魏鶴山《毛詩要義》，丁陸二人交惡攻訐。徐珂《清稗類鈔》“陸存齋藏書於皕宋樓”記載：“自粵寇亂後，書為一厄，屹然負藏書兩大家名者，歸安陸存齋觀察心源與丁雨生中丞也。二人以争買書，至絶交。”最終，郁氏藏《毛詩要義》為丁日昌所得，并延請著名版本目録學家莫友芝整理校勘。陸指丁為强取豪奪，饒鄂《持静齋書目跋》云：“謂郁氏家人不欲零售，是時心源在閩，久垂涎其精槧舊本，及歸，而《毛詩要義》等書已為雨生所得，故大嗛之，而曲為言。此語當不虛造，足為雨生洗冤矣。”丁日昌《持静齋書目》曰：“鶴山諸經要義，皆舉當時善本，綱提件析，條理分明，為治經家不可少之書。今四庫所收，僅《周易》《儀禮》是全帙，《尚書》《春秋左傳》皆不完。後儀徵阮氏撫越，乃得《尚書》闕卷及首二卷之《禮記》進之。而《毛詩》一種，自直齋、公武不著録，阮氏力求不得者，乃巋然獨存於東南兵燹之餘。首尾完整，神明燦然，誠無上秘笈也。據卷中諸印，知經藏者曹寅、吴可驥及長白昌齡、桐鄉沈病垣，後歸郁松年，推為宜稼堂諸宋本之冠，今

① （清）徐珂：《清稗類鈔》第31册《鑒賞上》，商務印書館，1917年，第110頁。
② （清）葉昌熾：《藏書紀事詩》，上海古典文學出版社，1958年，第359頁。
③ （清）徐珂：《清稗類鈔》第31册《鑒賞上》，商務印書館，1917年，第120頁。
④ 柳存仁：《和風堂文集》下，上海古籍出版社，1991年，第1780頁。
⑤ （民國）鄭孝胥：《海藏樓詩集》卷九，上海古籍出版社，2003年，第295頁。

歸持静齋。"[①] 倫明《辛亥以來藏書紀事詩》"丁日昌"云："禹貢毛詩可比肩，文家畫絜字如錢。漢皋解佩非吾望，不忘牆東一面緣。"倫明按："所見最精者，有《禹貢圖》、《毛詩要義》、文與可《畫絜》等，問其值，不覺咋舌。"[②]

丁日昌晚年，因管理不善，藏書陸續散佚，去世後二十餘年，所藏書多由北京、上海書賈購去，部分歸於李經邁、劉體智、順德李文田、廣州莫伯驥等藏書家手中。張元濟論"《儀禮要義》五十卷"云："曩聞宋刻《毛詩要義》藏豐順丁氏，散出後估人曾持至余家，諧價未成，至今惜之。是書舊藏藝芸精舍汪氏、宜稼堂郁氏。其卷一至五、卷二十五至二十八、卷四十一至四十三係鈔配，餘均宋時原刻。"[③] 丁藏《毛詩要義》被李經邁獲得。倫明《辛亥以來藏書紀事詩》"《毛詩要義》歸李經邁"，按："持静齋書之散出，世人多不知其故，亦不知其始於何時。以余所聞，揭陽城内有書店多家，專伺丁書。書之出也，悉由婢僕之手，多少、精劣、全缺不一。久之又久，而書已盡。廣州有華英書局者，亦分支店於揭陽，有所得，隨寄廣州。"[④] 李經邁（1876—1938），字季皋，號又蘇，别號澄園，李鴻章之子，喜愛藏書。周叔弢注南宋刻本《毛詩要義》四十卷："丁氏宋本余乙丑年見之，索值昂未收，有錢天樹、莫友芝跋，聞歸劉晦之丈。"[⑤] 劉晦之（1879—1962），名體智，晚號善齋老人，劉秉璋之子，喜好收藏。劉秉璋與李鴻章是至交，又是姻親，劉晦之從小與李經邁一起讀書，共賞收藏，故有丁藏《毛詩要義》歸劉晦之一説。

20 世紀 20 年代初，宋刻本魏氏《毛詩要義》尚在中國藏家手中。1921 年 7 月 10 日，顧頡剛答胡適書："又在丁日昌的《持静齋書目》上，見到《毛詩要義》，為亭舊藏，可見曹家書籍最先歸與昌齡，歷乾隆至同、光，輾轉流傳在各處藏書家裏，為他們珍藏。"[⑥] 1929 年，日本天理外國語學校建立天理圖書館，大量收藏中國漢籍。不知何時，宋版《毛詩要義》被其收藏，被列為日本重要文化財産。1960 年日本天理圖書館出版《稀缺目録和漢書之部第三》，重點推介館藏《毛詩要義》。1977 年《"國立故宫"博物院宋本圖録》論及《毛詩要義》，云："近世復自丁氏散出，不知流落何所。頃翻閱日本天理圖書館秘笈圖録載有《毛詩要義》一書，知此天水佳槧已流落異邦，誠可嘆哉！"[⑦]

1991 年，柳存仁《和風堂文集》中的"天理圖書館藏宋本書經眼録"，設"《毛詩要義》"一條，記載："是書每半葉九行，行十八字，有界，白口，左右雙邊，板心魚尾上方

---

① 劉毓慶：《歷代詩經著述考 先秦—元代》，中華書局，2002 年，第 267 頁。
② （民）倫明：《辛亥以來藏書紀事詩》，北京燕山出版社，2008 年，第 242—244 頁。
③ （民）張元濟：《張元濟全集》第八卷《古籍研究著作》，商務印書館，2009 年，第 17 頁。
④ （民）倫明：《辛亥以來藏書紀事詩》，北京燕山出版社，2008 年，第 242—244 頁。
⑤ 齊魯書社編：《藏書家》第 14—16 輯合訂本《珍藏版下》，齊魯書社，2014 年，第 114 頁。
⑥ （民）胡適：《胡適紅樓夢研究論述全編》，上海古籍出版社，2013 年，第 65 頁。
⑦ 故宫博物院：《"國立故宫"博物院宋本圖録》，"國立故宫"博物院，1977 年，第 15—16 頁。

有每葉字數，中為書名，下為葉碼及刻工劉子文、范子仁、范伯才、仁甫、葉才等名字。藏家之章為‘楝亭曹氏藏書’‘合肥李氏望雲草堂珍藏書畫之章’‘長白敷槎氏董齋昌齡書印’及‘程印伯奮’。”① 是書，有同治四年（1865）獨山莫子偲手寫跋語，下鈐章“莫友芝圖書印”。該書為二十卷，莫跋作三十八卷。此外，有錢天樹識，及沈炳垣朱筆手書“道光丁未自春徂秋桐鄉沈炳垣手讀一過”於卷二十下末葉，字極整飭。

從1994年至2002年，歷時八年，《續修四庫全書》完成編纂出版。該文獻叢書之“詩類”第56册録魏了翁《毛詩要義》二十卷《譜序要義》一卷，即為影印日本天理大學圖書館藏宋淳祐十二年徽州刻本。2009年，國家“十一五”重點出版工程專案《域外漢籍珍本文庫》第一輯發行，收録日本天理大學藏宋刻本《毛詩要義》。

中國古代十三經之《毛詩》的注疏校，魏了翁《毛詩要義》居功至偉，一直為學人所重視。該書節録諸經注疏之本，存其精要、汰其冗蔓而成，所據猶宋時善本，故較有價值。胡樸安研究《詩經》學之書目，江蘇書局本魏了翁《毛詩要義》四十卷為其一。鄭振鐸研究《詩經》，以莫詳芝重刻影宋本魏了翁《毛詩要義》二十卷為重要參本。日本學者對魏氏《毛詩要義》作過不少研究，吉川幸次郎有《魏鶴山先生〈毛詩要義〉跋》，尾崎雄二郎有《〈毛詩要義〉與著者魏了翁》等文章。

四、《禮記要義》

《禮記要義》三十三卷，魏了翁著。《禮記》是儒家十三經之一，又稱《小戴禮記》，主要記載先秦的禮制，是研究中國古代社會情況、儒家學説和文物制度的重要典籍。魏了翁《禮記要義》三十三卷，現存三十一卷，乃集《禮記》之主旨要義，删節《禮記》經文、鄭玄《禮記注》和孔穎達《禮記正義》而成，是《禮記》學著作中兼備考據與義理的一部重要文獻。阮元《四庫未收書目提要》之“《禮記要義》三十三卷”云：“今案其書，删節注疏，存其簡當，去其煩冗，每段之前，各有標目，以便讀者之省覽。”“《禮記》孔疏，文繁義富，未易得其匿略。了翁删汰過半，頗為精允，可以為研經者之津逮。”②

明楊士奇《文淵閣書目》卷二記載：“《禮記要義》，一部八册完全，一部八册闕”。朱睦㮮《授經圖義例》，收録“魏了翁《禮記要義》三十三卷”。張萱《内閣藏書目録》載，魏氏《九經要義》尚存《禮記》三册。

① 柳存仁：《和風堂文集》，上海古籍出版社，1991年，第1779—1780頁。
② （清）阮元：《四庫未收書目提要》卷一，商務印書館，1935年，第1頁。

朱彝尊《經義考》卷一四二云，魏了翁《禮記要義》未見。陳夢雷《古今圖書集成·理學彙編·經籍典》卷第二百五十五之卷三“禮部”載：“《禮記要義》三十三卷。”乾隆時編修《四庫全書》，著録魏氏《周易》《尚書》《儀禮》《春秋》四經，《禮記》未收録入四庫。翁方綱纂《四庫提要稿》云：“《禮記要義》三十三卷，明聚樂堂藝文目有之。”

清代至民國，魏了翁《禮記要義》的傳世版本，主要有宛委別藏鈔本、江蘇書局刊本、宋刻刊本、《四部叢刊》本。其中，尤以宋刻本的收藏、流傳、鈔刊過程最為曲折。

嘉慶年間，浙江巡撫阮元，遍搜四庫未收之書，得魏鶴山《禮記要義》三十一卷進呈宮廷，入“宛委別藏”鈐以“嘉慶御覽之寶”朱文方印。阮元曰：“《宋史·藝文志》分載其書，而《讀書》附志、《讀書》後志、《書録解題》、《文獻通考》，皆不著録，明時已無全本。內閣所藏，據張萱所述，已闕《毛詩》《周禮》，其餘七經，按其册書太少，知亦殘闕之本。今《四庫全書》所采，有《周易》《尚書》《儀禮》《春秋》四經，《周易》乃天一閣舊鈔本，已蒙高宗純皇帝親灑宸翰，昭垂卷首，嘉惠藝林，洵奇遇也。其自《周易》《儀禮》外，率非足本。此書，明聚樂堂藝文目有之，《經義考》云未見。此本從宋刻影鈔存者，三十一卷，《曲禮》上下兩篇，亦以遺佚為憾。然較諸春秋之所存者，固已勝之。”① 阮元認為魏鶴山的《禮記要義》，“書中第五卷《王制篇》，分上下實三十四卷云”②。是為宛委別藏本，乃影宋刻鈔本，現藏臺灣“故宫”博物院。

光緒十二年（1886），江蘇書局刊《禮記要義》三十三卷，缺卷一至二，是為《五經要義》刊本，民國浙江公立圖書館和今首都、貴州、陝西、山西、江蘇師範大學及國家圖書館與日本尊經閣文庫有藏。該刊本，乃强汝詢得於歸安姚氏咫進齋的影宋鈔本校刊，其祖本係宋刊本，跋署“拜五經齋主人錫爵”，鈐以“轡庭”二字小印。

胡玉縉《許廎學林》卷十五之“《禮記要義》三十一卷江蘇書局本”云：“‘有拜五經齋主人錫壽’識語，稱‘己巳秋得宋雕本《禮記要義》’。”③ 金錫爵，字秬和，號轡庭，浙江嘉禾人，嘉慶時舉人，道光時任澳門同知，藏書家。“壽”字為“爵”字之誤，己巳年為嘉慶十四年（1809），該年金錫爵得到宋刊本《禮記要義》，今藏國家圖書館。傅增湘《藏園群書經眼録》著録宋刻本《禮記要義》云：“宋魏了翁撰，缺卷一、二，存三十一卷。宋淳祐十二年魏克愚刊本，半葉九行，行十八字，白口，左右雙闌，版心上記字數，下記刊工姓名，闌外上方尚有解釋數字，每條作計，數作陰文。刻手不精，而字體疏古有味，薄皮紙精印。”④ 金跋語曰：“群經轉刻，紕繆益多，乃嘆此等書固天壤間鴻寶，不僅

① （清）阮元：《四庫未收書目提要》卷一，商務印書館，1935 年，第 1 頁。
② 同上。
③ （民）胡玉縉：《許廎學林》卷十五，中華書局，1958 年，第 355—356 頁。
④ （民）傅增湘：《藏園群書經眼録·目録·經部》，中華書局，1983 年，第 50 頁。

以宋槧而珍重者也。書共三十三卷，失去一之二卷，不能無餘憾云。”《中國古籍善本書目·經部》記載：“《禮記要義》三十三卷，宋魏了翁撰，宋嘉祐十二年魏可愚刻本，清金錫爵跋，存三十一卷，三至三十三。”① 目前，清代可確知的宋刊本《禮記要義》的第一個主人還不是金錫爵。宋刊本《禮記要義》卷首有“新安汪氏”“啓淑信印”印，當知汪啓淑是該書較早的收藏者。汪啓淑（1728—1799），字秀峰，號訒庵，一字慎儀，自稱印癖先生，安徽歙縣人，居於杭州，藏書家。汪啓淑過世，汪氏藏《禮記要義》為金錫爵所藏。莫友芝《宋元舊本經眼録》記載：“《毛詩要義》有錢天樹跋云：‘郡城金氏藏有宋槧《禮記》首二卷，即阮氏所闕之帙，當訪求之。”② 金氏藏《禮記要義》傳承自汪氏，并無卷首二卷，後為上海郁松年宜稼堂購得，同治四年（1865）六月莫友芝曾借來一閱。莫友芝《宋元舊本書經眼録》卷一之“《禮記要義》三十一卷宋本”記載：“行款與《儀禮》同，亦郁氏宜稼堂藏，闕首二卷，儀徵相國進此書亦闕《曲禮》上下兩卷也，卷首有‘新安汪氏’‘啓淑印信’二印。”該宋刊本卷三之尾末有手書楷隸一行：“同治乙丑六月獨山莫友芝借讀過”，并鈐以“莫友芝圖書印”朱文長印。莫氏評曰：“綿紙初印，最精善，帷首二卷闕。”③

同治時，郁氏藏《禮記要義》為丁日昌持静齋所得。丁日昌藏書，“其尤精者，景祐本《漢書》、世綵堂《昌黎集》及宋刊《禮記要義》《禮記集説》《兩漢會要》《東都事略》，皆至寶也。”④ 傅增湘《藏園群書經眼録》“宋本《周易要義》跋”云：“惟郘亭書目言，郁松年家有宋刊本最精。考郁氏書籍，多為丁中丞所得，如《禮記》《儀禮》《毛詩》三經要義，郘亭《經眼録》咸著之。惟《周易》未知歸於何許。”⑤

丁日昌持静齋藏書，由於管理不善陸續播散，宋刻《禮記要義》被葉大莊玉屏山莊收藏。葉大莊（1844—1898），字臨恭，號損軒，福建侯官人，同治時舉人，藏書家。尤小平《福建藏書樓》記載，葉氏的鎮庫之本為宋刊本《禮記要義》和《漢書》。葉大莊病逝，葉氏家道中落，藏書賣出，《禮記要義》為上海商務印書館涵芬樓購藏。

張元濟日記之1919年10月14日，記載“惟公司已購有《禮記要義》，甚願公司留此，公司如不留，我亦可要，群議仍歸公司”。1932年“一·二八”事變，日寇轟炸上海商務印書館，東方圖書館即涵芬樓被毁，魏氏《禮記要義》幸免。該刊本卷三首，有“海鹽張元濟經收”“涵芬樓”朱文長印，卷四、卷五下、卷六、卷七、卷九、卷十一、卷十二、卷十四、卷十六、卷二十、卷二十一、卷二十三、卷二十六、卷二十九、卷三十一、卷三

① 中國古籍善本書目編輯委員會：《中國古籍善本書目·經部·禮類》，上海古籍出版社，1986年。
② （清）葉昌熾：《藏書紀事詩》，北京燕山出版社，2008年，第506頁。
③ （清）莫友芝：《宋元舊本書經眼録 持静齋藏書記要》，上海古籍出版社，2009年，第21頁。
④ （民）倫明：《辛亥以來藏書紀事詩》，北京燕山出版社，2008年，第244頁。
⑤ （民）傅增湘：《藏園群書題記》，上海古籍出版社，1989年，第6頁。

十二之首均有“涵芬樓”朱文長印，及卷三十三卷之終有“涵芬樓藏”方印。1934年1月，張元濟編就的《四部叢刊續集》草目中有“《禮記要義》三十三卷，原闕《曲禮》二卷，宋魏了翁撰，有宋刊本”①。是年11月，張元濟跋《禮記要義》。該年12月，張元濟將《禮記要義》與自己著的《禮記要義校勘記》一并彙入《四部叢刊續編》出版發行。是為《四部叢刊續編》本《禮記要義》的由來。魏鶴山《禮記要義》叢刊本一問世，便廣為學界所重視與收藏。王雲五《岫廬論學》之《輯印〈四部叢刊續編〉緣起》一文云：“今及見者，如魏了翁之《禮記要義》，張九成之《中庸説》《孟子傳》，章衡之《編年通載》，錢若水等之《宋太宗實録》，唐仲友之《帝王經世圖譜》，世無二本，補亡豈易，雖非全璧，咸用網羅。”② 1934年12月15日，魯迅日記：“夜三弟來并為取得《周易要義》一部三本，《禮記要義》一部十本。”1938年，美國《哈佛大學哈佛燕京學社漢和圖書館漢籍分類目録》録有“魏了翁《禮記要義》三十三卷（缺卷一至二），民國二十三年（1934）上海商務據涵芬樓宋刊本影印（《四部叢刊續編》之一），十册一函”③。

新中國成立初，涵芬樓將所藏的魏了翁《禮記要義》宋刻本捐獻給北京圖書館即今國家圖書館收藏，該刊本的卷三之首與卷三十三卷之終，各有“北京圖書館藏”印一枚。

另，劉琳、沈治宏的《現存宋人著述總録》記載，魏了翁《禮記要義》有一清抄本，文素松跋，藏重慶圖書館。瞿林江《魏了翁〈禮記要義〉研究》記述，有《籀廎遺著輯存》本。

1981年，臺灣商務印書館整理影印出版臺灣“故宫”博物院的宛委别藏，阮元收藏呈貢給嘉慶帝的魏鶴山《禮記要義》為其一。1984年上海書店據四部刊本重印。1988年，江蘇古籍出版社據臺版影印。2002年，上海古籍出版社出版《續修四庫全書》，魏鶴山《禮記要義》被編入第九十六册，參考江蘇書局本與《四部叢刊》本。2003年，宋淳祐十二年魏克愚刻本《禮記要義》一函十六册被列入《中華再造善本書目》，由北京圖書館影印發行。

魏了翁《禮記要義》是校勘、研究《禮記》的重要文獻。明成祖時《永樂大典》編纂完成，嘉靖鈔本大典之一萬二百七十、一萬二百七十一《禮記・文王世子》兩卷現藏美國亨廷頓圖書館。該册之首頁“教世子”，摘有宋魏了翁《禮記要義》之注文“釋奠有六，釋菜有三，見前疏”，書名“要義”為朱筆。胡玉縉《許廎學林》云，清光緒間蘇局重刻阮本《十三經注疏》，曾用《要義》校勘，凡阮本空圈仍之，從《要義》發見者，加以實

① （民）張元濟：《張元濟全集》第八卷《古籍研究著作》，商務印書館，2009年，第54頁。

② 王雲五：《王雲五文集》第二卷《王雲五文論上》，江西教育出版社，2013年，第428頁。

③ （民）裘開明：《美國哈佛大學哈佛燕京學社漢和圖書館漢籍分類目録》，燕京大學哈佛燕京學社，1938年，第122頁。

圈。民國時，張元濟據蘇局本、宋本，著《〈禮記要義〉校勘記》。

2016年，王鍔、瞿林江著《〈禮記要義〉整理與研究》，乃目前研究魏了翁《禮記要義》最為全面、完備的專著。

五、《儀禮要義》

《儀禮要義》五十卷，魏了翁著。《儀禮》與《周禮》《禮記》并稱“三禮”，是中國古代儒家最具代表性和權威性的三部禮儀文獻。《儀禮》記載有“士冠、士昏、士相見、鄉飲酒、鄉射、燕、大射、聘、公食、覲、喪服、士喪、既夕、士虞、特牲、少牢、有司徹”，計十七篇禮儀制度。三禮中，以《儀禮》文字最為古奥，艱澀難懂。魏了翁《儀禮要義》乃以每篇各為條目，節取鄭玄注《儀禮》、賈公彦疏《儀禮》精華，删繁取萃而成。清代編纂《四庫全書總目提要》的閣臣評曰：“《儀禮》一經，最為難讀，諸儒訓詁亦稀。其著録於史者，自《喪服》諸傳外，《隋志》僅四家，《舊唐志》亦僅四家，《新唐志》僅三家。今惟鄭玄《注》、賈公彦《疏》存耳。鄭《注》古奥，既或猝不易通。賈《疏》文繁句複，雖詳贍而傷於蕪蔓，端緒亦不易明。《朱子語録》謂其不甚分明，蓋亦有故。了翁取而删劉之，分臚綱目，條理秩然，使品節度數之辨，展卷即知，不復以辭義轇轕為病。其梳爬剔抉，於學者最為有功。雖所采不及他家，而《儀禮》之訓詁備於鄭、賈之所説，鄭、賈之精華備於此書之所取。後來詮解雖多，大抵以《注》《疏》為藍本，則此書亦可云提其要矣。”①

明朱睦㮮《授經圖義例》，收録“魏了翁《儀禮要義》五十卷”。張萱《内閣藏書目録》載，魏氏《九經要義》存《儀禮》七册。王文進《明毛氏寫本書目》著録毛晉汲古閣藏書云：“宋魏了翁《儀禮要義》五十卷。”該鈔本現藏北京大學。

清朱彝尊《經義考》云：“魏氏了翁《儀禮要義》，《宋志》五十卷，未見，聚樂堂藝文目有之。”乾隆時，《欽定續文獻通考》卷一百五十“經籍考”云：“魏了翁《儀禮要義》，五十卷。”《欽定續通志》卷一百五十七載：“宋魏了翁撰《儀禮要義》五十卷。”

清代至民國，《儀禮要義》有宋刊本、《四庫全書》本、江蘇書局刻本及衆多鈔本，乃魏氏《九經要義》中版本最為複雜者。

1. 四庫吴玉墀藏本。清廷修《四庫全書》，據浙江吴焯次子吴玉墀進呈的瓶花齋家藏

① 《中華大典》編纂委員會編纂：《中華大典·文獻目録典·古籍目録分典》經總部二，廣西師範大學出版社，2015年，第974頁。

本《儀禮要義》五十卷十二本，繕録編入《四庫全書》。吴焯（1676—1733），藏書家，字尺鳧，號繡穀，晚號繡穀老人，藏書樓名瓶花齋，浙江錢塘人。永瑢、紀昀《四庫全書總目提要》卷二十“經部”二十“《儀禮要義》五十卷”，没有論及該書的卷目情况。錢天樹跋《毛詩要義》云：“魏鶴山《九經要義》，《四庫全書》載《周易》《儀禮》，尚是全帙，《尚書》《春秋》皆非完本。”① 此言大謬。崔富章《四庫提要補正》中“《儀禮要義》五十卷”，引文淵閣庫書提要云：“是書第三十及三十一兩卷原缺，無可考補，姑仍其舊云。”②《四庫全書》本《儀禮要義》，實非全帙，已缺失三十一卷、三十二卷，張元濟推測為寫本。《涵芬樓燼餘書録》記載，魏了翁《儀禮要義》五十卷，缺卷三十、三十一，為上海商務印書館所藏，蓋四庫原書，今已不知所踪。

清代相繼出現過兩部宋刻本魏鶴山《儀禮要義》，一部為殘本，一部為全本，并傳承至今。

2. 宋刊《儀禮要義》殘本。目前，黄氏是收藏宋刊《儀禮要義》殘本的已知第一人。黄丕烈（1763—1825），字紹武，一字蕘圃，號復翁，别號佞宋主人，藏書樓名百宋一廛。嘉慶五年（1800）至道光四年（1824），他輯刊《士禮居叢書》，收書二十種、一百八十七卷。他的藏書最珍貴者為魏氏《儀禮要義》，因此命其室為“士禮居”。晚年，黄丕烈所藏宋槧《儀禮要義》為汪士鍾所得。汪士鍾，生於乾隆五十一年（1786），字春霆，號閬源，藏書樓名藝芸書舍，浙江長洲人。他的《藝芸書舍宋元本書目》録有“《儀禮要義》，五十卷”，題下小字注云：“鈔十三卷。”③ 咸豐時，汪氏散佚的宋刻《儀禮要義》為上海郁松年宜稼堂收藏。同治時，郁氏藏宋槧《儀禮要義》轉歸丁日昌收藏。徐珂《清稗類鈔》記載，時泰峰已逝，家道中落，諸孫尚幼，率其孀婦，追及於門。雨生不能奪，取其卷帙少者，自置輿中，其卷帙多者，僅擕首帙而去。後經敏齋調停，以宋板世綵堂韓文、程大昌《禹貢論》《九朝編年》《毛詩要義》《儀禮要義》，金刊《地理新書》等十種為贈，餘仍反璧。民國時，丁氏收藏宋刻《儀禮要義》相繼為莫棠、潘宗周所得。莫棠（1865—1929），字楚孫，一字楚生，藏書家，貴州獨山人。范鳳書《中國著名藏書家與藏書樓》中的“莫棠銅井文房文淵樓”記載，莫棠收得宋刻《儀禮要義》。潘宗周（1867—1939），字明訓，藏書家，廣東南海沙瀛人。張元濟為潘宗周編纂的《寶禮堂宋本書録》，“《儀禮要義》五十卷二十四册”，云：“當年天府搜羅尚未能獲得宋槧，而今竟歸余插架，寧不可謂一時幸事耶！”該宋刻本，張氏記載：“是書舊藏藝芸精舍汪氏、宜稼堂郁氏。其卷一至五、卷二十五至二十八、卷四十一至四十三係鈔配，餘均宋時原刻。”該書的版式，“半葉九行，行

① （宋）魏了翁：《毛詩要義》，宋刻影印本，錢天樹跋。
② 崔富章：《四庫提要補正》，杭州大學出版社，1990 年，第 124 頁。
③ （清）顧廣圻撰、黄丕烈注、王雲五編：《百宋一廛賦及其他二種》，商務印書館，1939 年。

十七八子，左右雙闌，上闌外各節各有標目，版心白口，雙魚尾，書名題‘儀禮要義幾’‘儀禮要幾’”，“上記字數，下記刻工姓名”。該書的藏印，有“汪士鍾印”“閬源真賞”“郁松年印”“泰峰”“宜稼”①。《四部叢刊》據此帙影印。中華人民共和國成立之初，宋刻《儀禮要義》隨潘氏藏書全部捐獻國家。是為宋刊《儀禮要義》殘本的由來，該書藏北京圖書館即國家圖書館。2003 年，《中華再造善本》叢書録入國家圖書館藏宋刊本《儀禮要義》五十卷，注明：“目録、卷一至六、二十五至二十八、四十一至四十三配清鈔本。”2008 年，國務院公布“第一批國家珍貴古籍名録”，該宋刻本《儀禮要義》被列其中。

3. 宋刊魏了翁《儀禮要義》全本。據文獻記載，汪氏是清代收藏宋刊本魏了翁《儀禮要義》全本的第一人。汪日桂，藏書家，生卒年不詳，字一枝，號一之，浙江仁和人，藏書樓為欣托齋。吴壽暘《拜經樓藏書題跋記》卷二“前漢書”云“惟欣托山房有魏鶴山《儀禮要義》一部，為經學失傳之本”②。丁申《武林藏書録》引杭世駿《道古堂文集·欣托齋藏書記》云：“汪子一之性無他嗜，壹志於群籍，補其遺脱，正其訛謬，儲蓄既多，鑒别尤審。”“欣托齋有山池之勝，一之讀書其中，即藏書於其中，積卷至二十萬有奇，可謂富矣。”汪氏欣托齋所藏《儀禮要義》後為嚴元照購得。嚴元照（1773—1817），藏書家，字元能，一字久能，號悔庵，又號蕙櫋，浙江歸安人。葉德輝《書林清話》卷六中“宋元刻本歷朝之貴賤”，引嚴久能元照《悔庵集》書手録《儀禮要義》宋本後，略云：“予纔弱冠，好宋刻書。杭州汪氏藏宋刻本二十册，索值五百金。予必欲得之，求之急，議價二十六萬錢。議既定，顧無從得錢，乃盡賣家所有書得錢畀之。年來資用日絀，度此書不能長為吾有，又寫此本校而藏之。”③ 乾隆五十六年（1791），18 歲的嚴元照為得到宋刻《儀禮要義》，不惜賣掉家藏書籍彙集二十六萬錢從汪氏處購得該書。為了維持生計，嚴元照考慮不能長久保持該書，另手鈔兩部收藏。果然，後來嚴元照不得不將宋刻本《儀禮要義》賣出，輾轉被浙江巡撫阮元所得，轉呈嘉慶皇帝，成為皇家收藏，但未入宛委别藏。阮元買的宋刻本《儀禮要義》或許來自錢塘藏書家何夢華。黄丕烈《蕘圃藏書題識》卷三之“《小學史斷》二卷（宋刊本）”記載，錢塘何夢華“攜宋刻魏鶴山《儀禮要義》，欲與余易殘宋本《太平御覽》，又以婉言謝之，心甚怏怏”④。顧廣圻《思適齋書跋》之“《儀禮要義》五十卷（宋刻本）”贊譽：“真天地間第一等至寶，不徒因宋槧而珍重也。”莫友芝《郘亭知見傳本書目》卷二之“《儀禮要義》五十卷”云：“宋本行款與《毛詩要義》同，頁十八行，行十八字。”“嚴氏宋本購自杭州汪氏，闕一末頁，餘皆完好。”“宋本售與阮芸

① （民）張元濟：《張元濟全集》第八卷《古籍研究著作》，商務印書館，2009 年，第 17 頁。
② （清）吴壽暘：《拜經樓藏書題跋記》，商務印書館，1939 年，第 30 頁。
③ （民國）葉德輝：《書林清話》，上海書店，1990 年，民國叢書本。
④ （清）黄丕烈：《黄丕烈藏書題跋集》，上海古籍出版社，2015 年，第 161 頁。

臺三百兩，已入天府矣。"[①] 是為宋刊本《禮記要義》的由來，全部卷帙完整。吴哲夫評曰："其書中字體瘦勁，楮墨如新，為宋刻少見，真秘笈也。"1927 年，傅增湘於故宫親見該書，《藏園群書經眼録》中的"《儀禮要義》五十卷"云："宋刊本，九行十八字，白口，左右雙闌。版心上記字數，下記人名。印本清朗，為嚴修能藏書。鈐有'蕙㮹''元照私印''修''張氏秋月字香修一字幼憐'各印，均朱文。"[②] 另，1977 年《"國立故宫"博物院宋本圖録》中"《儀禮要義》五十卷"，記載該書尚有"石篠嚴氏芳椒堂藏書""秋月之印""張氏香修"白方各印，"香修""沅叔審定"朱方諸印。該刊本外觀尺寸高 29 厘米、寬 19 厘米，版框尺寸高 20 厘米、寬 14 厘米[③]。新中國成立前夕被運往臺灣，該書五十卷 36 册，現藏中國臺北"故宫"博物院。

嚴元照的兩部手鈔《儀禮要義》，精心謄録自宋刻本，亦極其珍貴。葉德輝《郋園山居文録》卷上之"嚴九能手抄《儀禮要義》跋"記載："久能先生得宋本後，手鈔副本二。其一歸杭州丁氏善本書室，今歸江南圖書館，然已殘缺；其一即此本，久在吾友莫楚生觀察插架。手跋者考察鈔本原委甚詳，余不必為之贅論。"該鈔本，"卷首經當時名人借觀借抄俱有鈐印"，葉氏評曰："久能先生誠此經之功臣哉！"[④]

4. 乾隆嚴鈔本《儀禮要義》。該鈔本係清乾隆五十七年（1792）鈔本，有嚴元照、盧文弨、徐養源、顧廣圻校，莫棠、王秉恩、胡嗣芬、葉德輝、陳其壽跋，周星詒、曹元忠、胡嗣瑗題款。盧文弨《抱經堂集》卷八跋一之"魏華甫《儀禮要義》跋（甲寅）"記載：嚴元照"甚寶惜，手鈔副本以視索觀者，而刻本不輕出也。余至其家，始得見是書""今乃得見其所未見者，可不為幸歟。"[⑤] 是鈔本，現藏上海圖書館，被列入"第三批上海市珍貴古籍名録"。

5. 嘉慶嚴鈔本《儀禮要義》。該鈔本係嘉慶年間鈔本，被丁丙收藏。丁丙（1832—1899），藏書家，一字松生，號松存，浙江錢塘人，藏書樓為善本書室。丁丙《善本書室藏書志》之"《儀禮要義》五十卷（歸安嚴修能手鈔宋本）"記載："此為嚴九能（元照）手寫，小楷精絶，并加校正。兵火所經，僅存十二、十三、卅四、卅五、卅六、册一、册二、册七、册八、册九、五十，凡十二卷。"[⑥] 該鈔本，存卷十二至十三、三十四至三十六、四十至四十二、四十七至五十，有嚴元照自記，盧文弨、段玉裁、徐養源、顧廣圻、丁丙跋，

---

① （清）莫友芝撰、傅增湘訂補：《藏園訂補郘亭知見傳本書目·經部四·禮類》卷二，北京：中華書局，1993 年，第 1 册，第 46 頁。

② （民）傅增湘：《藏園群書經眼録》，中華書局，1983 年，第 50 頁。

③ 故宫博物院：《"國立故宫"博物院宋本圖録》，"國立故宫"博物院，1977 年，第 14—16 頁。

④ （清）葉德輝：《葉德輝詩文集》（一），嶽麓書社，2010 年，第 395—396 頁。

⑤ （清）盧文弨：《抱經堂集》，上海書店出版社，1989 年，《四部叢刊初編》本。

⑥ 周膺、吴晶主編：《杭州丁氏家族史料》第四卷，當代中國出版社，2016 年，第 42 頁。

及“嚴修能”“張氏秋月字曰香修”印。1907年，兩江總督端方於南京創辦江南圖書館，委派繆荃孫為圖書館總辦，丁氏藏嚴鈔本《儀禮要義》被該圖書館收藏。繆荃孫《藝風老人日記·壬子日記》記載，三月“十八日楚生送嚴鈔《儀禮要義》及明刻《青陽集》來”[①]。按：楚生即莫棠，莫友芝九弟莫祥芝的第三子。《藝風書劄》與“審言仁兄”的書信中有“王雪澄校《儀禮要義》”的記載。是鈔本，現藏南京圖書館。按：王雪澄即王秉恩，藏書家，四川華陽人。

6. 振綺堂影宋鈔本。吴楓、宋一夫《中華儒學通典》中的“《儀禮要義》”條，有“振綺堂影宋鈔本”。振綺堂乃汪憲創建於乾隆年間的藏書樓。汪憲（1721—1771），字千陂，號漁亭，浙江錢塘人。汪氏振綺堂《儀禮要義》鈔本，乃影汪日桂欣托山房宋槧本。吴壽暘《拜經樓藏書題跋記》：“宋本《前漢書》，仁和朱朗齋跋云：‘武林汪氏有振綺堂，為藏書之所。與同郡諸藏書家若小山堂趙氏、飛鴻堂汪氏、知不足齋鮑氏、瓶花齋吴氏、壽松堂松氏、欣托山房汪氏，皆相往來。彼此互易，借鈔借校，因得見宋槧、元鈔，不下數百十種。”[②]

7. 顧廣圻影鈔宋本。汪宗衍《清顧千里先生廣圻年譜》記載，嘉慶七年（1802）六月，“歸安嚴修能以所藏宋槧《儀禮要義》《史載之方》二種質正於先生，遂鈔《儀禮要義》一部，以單疏本校之，并為之跋”[③]。顧廣圻（1766—1835），字千里，號澗薲、無悶子，别號思適居士、一雲散人，藏書家，江蘇元和人。該鈔本，為馬瀛吟香仙館、瞿鏞鐵琴銅劍樓收藏。馬瀛（1750—1820），字二槎，一作仁槎，藏書家，浙江寧海人。他的《吟香仙館書目·經部·三禮類》記載：“影宋鈔《儀禮要義》五十卷，宋魏了翁撰，顧澗薲藏本，黄蕘圃丕烈跋。”[④] 瞿鏞（1794—1846），字子雍，藏書家江蘇常熟人。他的《鐵琴銅劍樓藏書目録》卷四之“《儀禮要義》五十卷（影鈔宋本）”記載：“是書傳本亦稀。”“此從歸安嚴氏元照藏宋本影寫，元和顧氏廣圻以單疏本校過，後有澗翁朱筆跋。”“卷首末有‘顧印廣圻’‘顧澗薲藏書’二朱記。”[⑤] 該鈔本，現藏國家圖書館。

8. 張敦仁鈔本。嘉慶十一年（1806），張敦仁鈔魏鶴山《儀禮要義》五十卷，是為張敦仁鈔本，現藏國家圖書館。張敦仁（1754—1834），字仲篙，一字古餘，號古愚，藏書家，山西陽城人。該鈔本，有張敦仁校跋并録清顧廣圻、清嚴元照跋，輾轉流轉被楊紹和海源閣收藏。楊紹和（1830—1875），字彦合，又字念微，號協卿、筠岩，楊以增次子，海源閣藏書樓第二代主人，山東聊城人。他的《楹書隅録》説：“影宋鈔《儀禮要義》，有

① （清）繆荃孫：《繆荃孫全集·日記》，鳳凰出版社，2014年，第191頁。
② （清）吴壽暘：《拜經樓藏書題跋記》，商務印書館，1939年，第30—31頁。
③ 汪宗衍：《清顧千裏先生廣圻年譜》，臺灣商務印書館，1981年，第13頁。
④ （清）馬瀛：《吟香仙館書目》，古典文學出版社，1958年，第3頁。
⑤ （清）瞿鏞：《鐵琴銅劍樓藏書目録》卷四《經部四·禮類》，中華書局，1990年，。

‘張敦仁讀過’‘文章太守’二朱記。”葉昌熾按：其藏書印又曰“陽城張氏省訓堂經籍記”①。曹景英、馬明琴《海源閣研究資料》記載，該鈔本“有楊氏藏印，十册一匣”。

9. 李飛英補羅書屋鈔本。王重民《中國善本書提要》記載，清李飛英補羅書屋有鈔本《儀禮要義》，現藏北京大學圖書館。李飛英，字雲詔，浙江黄岩人，道光時舉人，著有《補羅書屋詩鈔》。該鈔本，十册，行款為“九行二十一字”，恐非影宋鈔本，下書口刻“補羅書屋”，卷内有“蔣印維琪”“子垢”諸印。蔣維琪，字子垢，乃蔣汝藻之祖父。該鈔本，或為蔣氏所收藏。

10. 丁丙善本書室影宋鈔本。丁丙《善本書室藏書志》記載，有一“《儀禮要義》五十卷”影宋鈔本，現藏南京圖書館。丁氏評曰：“《儀禮》諸儒訓詁，自《喪服》諸傳外，《隋志》四家，《舊唐志》亦四家，《新唐志》三家。今惟存鄭注、賈疏。鄭注古奥，賈疏蕪蔓。了翁删劙分臚，品節度數，條理秩然。鄭、賈精華備是矣。”② 崔富章《四庫提要補正》中“《儀禮要義》五十卷”結合丁氏《藏書志》，云：“文瀾閣庫書原本存卷二十一、二十二、二十七、二十八、三十七至四十三，餘為丁氏補鈔，五十卷全。”③ 或許，丁氏鈔本乃文瀾閣庫書之副本。

11. 江蘇書局《五經要義》本。光緒十年（1884），江蘇書局刊《儀禮要義》五十卷，是為《五經要義》本。該刊本，陝西、首都、湖南、貴州、福建及國家圖書館有藏。

12. 蔣汝藻影宋鈔本。王國維《樂庵寫書圖序》記載，蔣汝藻“其所手寫書若宋刊吕成公《書説》、魏華父《儀禮要義》、洪景廬《夷志堅》”，“皆龐然巨帙”，“《儀禮要義》後為顧千里借失，至經再寫”④。蔣汝藻（1877—1954），字孟蘋，號樂庵，光緒時舉人，藏書家，浙江南潯人。是為蔣汝藻影宋鈔本。

13. 張金吾愛日精廬抄本。張金吾《愛日精廬藏書志》收有“《儀禮要義》五十卷，宋魏了翁撰”⑤。張金吾（1787—1829），字慎旃，號月霄，藏書家，江蘇昭文人。該鈔本，傳承情况不明。

14. 清佚名鈔本。1986年，中國古籍善本書目編委會《中國古籍善本書目》記載一清鈔本，云“清佚名校”。該鈔本，現藏上海圖書館。

清代以來，隨着宋刊本的發現及各類刻本與鈔本的呈現，魏鶴山《儀禮要義》漸為學者重視，成為研究古代禮儀制度的必備典籍。《儀禮》一書，宋嚴州單注本訛誤較多，明景德單疏本缺三十二至三十七六卷。葉德輝稱：“有幸有此《要義》，足以補其佚亡。”王太

① （清）葉昌熾：《藏書紀事詩》，北京燕山出版社，2008年，第430頁。
② 周膺、吴晶主編：《杭州丁氏家族史料》第四卷，當代中國出版社，2016年，第42頁。
③ 崔富章：《四庫提要補正》，杭州大學出版社，1990年，第124頁。
④ 李天綱編：《海上文學百家文庫》第十八卷《王國維卷》，上海文藝出版社，2010年，第206—207頁。
⑤ （清）張金吾：《愛日精廬藏書志》，上海古籍出版社，2014年，第838頁。

嶽《欽定四庫全書考證》卷十，勘校魏了翁《儀禮要義》之諸卷。著名學者王引之據魏了翁《儀禮要義》勘校《儀禮》經義，著録《經義述聞》。嘉慶十一年（1806），著名校勘學家顧千里據《儀禮要義》"注疏其缺卷"，助張敦仁彙刻《儀禮注疏》、汪士鍾刊刻《儀禮疏》。瞿鏞《鐵琴銅劍樓藏書題跋集録》卷一之"《儀禮要義》五十卷影鈔宋本"，詳細記載了顧氏江寧郡齋的勘校。葉德輝贊："是此書存於今日，誠斯文一髮千鈞之所繫矣。"嘉慶二十一年（1816），一代文宗阮元刻十三經，其《儀禮》亦用單注單疏及此《要義》。

劉師培國學課義之"宋元明之《禮》學"，論曰："宋儒治《三禮》者，始於張淳。淳作《儀禮識誤》，考訂注疏。而李如圭《儀禮集釋》，又有《儀禮釋官》，楊復《儀禮圖》、魏了翁《儀禮要義》，皆以纂輯舊説為主。"① 勞思光評《儀禮要義》云："魏氏目的在於依據鄭疏賈注，對古禮之要點撮要描述，以利後學。故書中極少主觀意見。"故宫博物院《"國立故宫"博物院宋本圖録》之《儀禮要義》云："了翁此作，於各篇各為條目，節選注疏録於下方，頗便尋覽。"舒大剛《儒學文獻通論》評曰："《儀禮要義》的最大貢獻是既解决了鄭《注》古奥、孔《疏》繁蕪之病，同時又分綱目，條理有序"，"體現宋人治學敢於移易經文注疏的學風，一改漢唐以來株守傳注的治經格局"②。王紅娟《魏了翁〈儀禮要義〉整理與研究》評議：該書"撰於宋代《儀禮》學衰微之際，故也兼有填補當時學術之空白、挽救《儀禮》學於危亡的歷史意義"③。

今日，《中華文化通志》《中國古代〈儀禮〉文獻彙編》《〈儀禮〉文獻學》諸文獻論著以魏了翁《儀禮要義》為歷代研究《儀禮》之要著與主要文獻。

六、《春秋左傳要義》

《春秋左傳要義》，一作《春秋要義》，六十卷，魏了翁著。十三經中《春秋》分三傳即《左傳》《公羊傳》《穀梁傳》。《春秋》記載魯國國史，相傳為孔子作，三傳中最重要且最具歷史價值者為《左傳》，係左丘明作。西晉杜預始將二者相配合訂為《春秋左傳》，"經"部為《春秋》，"傳"部為《左傳》。魏了翁《春秋左傳要義》，乃節録杜注孔疏之文，加以己意，每條之前，各為標題，繫以先後次第。凡疏中日月名氏之曲説煩重、雜亂瑣屑者，多被其刊除不録；而名物度數之間，則削繁舉要，務使其本末燦然。清代修纂《四庫全書總目提要》的館臣，評《春秋左傳要義》曰："蓋左氏之書，詳於典制，三代之

① 劉師培：《劉師培學術論著》，浙江人民出版社，1998 年，第 215 頁。
② 舒大剛：《儒學文獻通論》中，福建人民出版社，2012 年，第 844 頁。
③ 王紅娟：《魏了翁儀禮要義整理與研究》，浙江大學，2015 年，博士論文。

文章禮樂，猶可以考見其大凡。其遠勝《公》《穀》，實在於此。了翁所輯，亦可謂得其要領矣。"①

明張萱《内閣藏書目録》載《九經要義》尚存《春秋》二册。焦竑《國史經籍志》卷一"經類"記載："《春秋左氏要義》六十卷，魏了翁。"

清代永瑢、紀昀《四庫全書總目提要》"經部·春秋類二"中的"《春秋左傳要義》三十一卷"記載："此本僅存三十一卷，末有萬曆戊申中秋後三日龍池山樵彭年《手跋》一篇，稱'當時鏤帙不全，後世無原本可傳。甘泉先生有此書三十一卷，藏之懷古閣中，出以相示，因識數言於後'。則亦難覯之本矣。"② 據此，該書僅有三十一卷，明代為"甘泉先生"收藏於"懷古閣"，"萬曆戊申中秋後三日"彭年為之作跋語。湛若水（1466—1560），字元明，號甘泉，哲學家，廣東增城人。彭年（1505—1566），字孔嘉，一説字子素，號龍池山樵，南直隸蘇州府長洲人。四庫修纂官考證曰："然甘泉為湛若水之號，若水登弘治乙丑進士，至萬曆戊申凡一百四十年，不應尚在。彭年與文徵明為姻家，王世貞序其詩集，稱年死之後，家人鬻其遺稿，則萬曆末亦不復存。且《九經要義》皆刪節《注》《疏》，而《跋》稱其訂定精密，為先儒所未論及，尤不相合。疑殘本偶存，好事者僞為此《跋》，而未核其年月也。"③ 萬曆戊申，即萬曆三十六年（1608），湛彭二人早已作古，故彭年於湛若水處見魏鶴山《春秋左傳要義》并為之作跋一事，乃"好事者僞為此《跋》"。至於"《跋》稱其訂定精密，為先儒所未論及"一語，乃《宋史·魏了翁傳》載"乃著録《九經要義》百卷，訂定精密，先儒所未有"。以此斷言跋語之僞，不足為據。或許，萬曆戊申係嘉靖二十七年（1548）戊申之誤。四庫編校官對該書的收藏者湛若水，不置可否，蓋有默許之意。

清初，朱彝尊《經義考》卷一百九十注曰"未見"。乾隆時，《古今圖書集成·理學彙編·經籍典》卷一百八十"春秋部"云："見《宋志》，魏了翁《春秋要義》六十卷。"《欽定續通志》卷一百五十六"春秋"記載："《春秋左傳要義》三十一卷，宋魏了翁撰。"《欽定續文獻通考》卷一百五十三，作《左傳要義》三十一卷。

編纂《四庫全書》時，兩江總督進呈《春秋左傳要義》鈔本三十一卷，《四庫全書總目提要》之"《春秋左傳要義》三十一卷"云："此本僅存三十一卷。"該提要之"《尚書要義》三卷"云："其餘如《春秋左傳要義》三十一卷，内缺二十九卷。"其實，該鈔本有卷首，三十一卷中缺十八、十九、二十、二十一卷，實存二十七卷。該書編纂進四庫時，審核極嚴，若稍有差池，總校官、分校官均要被記過處理。據中國第一歷史檔案館《纂修

① （清）永瑢等：《四庫全書總目提要》卷六《經部·春秋類二》，商務印書館，萬有文庫本，第30頁。
② 同上。
③ 同上。

四庫全書檔案》“八一七”條記載，乾隆四十六年（1781）十月，全書處彙核七月至九月繕寫全書訛錯及總裁等記過清單一份，“《春秋左傳要義》內‘芈是楚姓’句，‘芈’訛‘芊’；又‘鼅’字訛寫作‘鼈’，二處。總校官何思鈞記過三次，分校官孫玉庭記過六次”①。

翁心存“陔華吟館”藏影宋鈔本《春秋左傳要義》三十一卷。翁心存（1791—1862），字二銘，號邃庵，翁同龢之父，江蘇常熟人。莫友芝《郘亭知見傳本書目》卷二録有“《春秋左傳要義》三十一卷，宋魏了翁撰。此書本末有‘萬曆戊申中秋後三日龍池山樵彭年’手跋”②。莫友芝（1811—1871），字子偲，自號郘亭，又號紫泉、眲叟，貴州獨山人。翁莫二人所藏《春秋左傳要義》，據其三十一之卷數，蓋以《四庫全書》本為原本的另外兩個鈔本。

民國二十三年（1934），魏鶴山《春秋左傳要義》三十一卷、首一卷，被上海商務印書館選入《四庫全書珍本初集》影印出版。該書所據版本為故宫博物院文淵閣藏本《春秋左傳要義》。

魏了翁《春秋左傳要義》六十卷，《四庫全書》本、《四庫全書珍本初集》本及手鈔本俱云為三十一卷，非全帙，實缺第十八至第二十一卷。現在，該書僅存二十七卷，已佚失三十三卷，惜哉！儘管如此，《春秋左傳要義》殘卷一直被學者重視，奉其為勘校《春秋》三傳、探究春秋歷史的重要文獻。

錢基博《經學通志・春秋志第六》云：蒲江魏了翁《春秋左傳要義》“所輯蓋庶乎得其要領者”“為左學之津梁也”③。宋鼎宗《春秋宋學發微》第三章“兩宋春秋名家概述”，以魏了翁為“後期之春秋名家”之一，稱其《春秋左傳要義》為“獨樹面目”“尊崇左氏”“專輯左氏訓詁”“善得左氏之典制文章”“能得左氏之真義”“以簡御繁，本末清晰，得其要領”④ 之著作。張文治《國學治要》認為，六經之中，著録之繁，以《易》《春秋》二經為最，而《春秋》具列事實，亦人人可解，一知半見，議論易生，故取之不敢不慎也，以魏了翁《春秋左傳要義》三十一卷為研治春秋之要籍⑤。勞思光《勞思光先生存稿整理》之“《春秋左傳要義》”評曰：“以選録注疏為主，頗能刪繁得要，偶有論斷，亦皆切要，對初學者有參考價值。”日本野間文史《魏了翁〈春秋左傳要義〉考》認為，《春秋左傳要

① 中國第一歷史檔案館：《清代檔案史料 纂修四庫全書檔案》，上海古籍出版，1997 年，第 1421 頁。

② （清）莫友芝撰，傅增湘訂補：《藏園訂補郘亭知見傳本書目》卷二《經部五・春秋類》，中華書局，1993 年，第 96 頁。

③ （民）錢基博：《經學通志・春秋志第六》，中華書局，民國二十五年，第 115 頁。

④ 宋鼎宗：《春秋宋學發微》，文史哲出版社，1986 年，第 94—96 頁。

⑤ 張文治：《國學治要・集部》，北京理工大學出版社，2014 年，第 2402—2404 頁。

義》就補充阮元《校勘記》中的《宋本》(慶元六年刊本)、《正本》的意義很有效①。中國臺灣陳仕倜《魏了翁及其春秋左傳要義研究》論曰：魏氏《春秋左傳要義》凸顯出以儒家經典為依據，以宋儒義理為根本，漢宋兼采，義理考據并重，對宋學反思和檢驗之經學思想與特色。

魏鶴山《春秋左傳要義》保存了大量先秦典章制度、姓氏淵源的原始文獻記載。如熊逸《春秋三傳詳釋》，據魏了翁《春秋左傳要義》卷二十八“秦爵二十級春秋時已有”條，論述“五等爵”。《春秋左傳要義》卷十一“以良月復共叔段之孫黨惡”條記載“定叔之祖共叔段有伐君之罪”，據此中華段姓以共叔段為始祖。《春秋左傳要義》卷五“主四嶽故稱大嶽許其後”條云：“姜，炎帝之姓”，為姜姓來源研究提供了珍貴資料。

魏了翁是一個傑出的政治家，他的重民思想在《春秋左傳要義》對杜注孔疏的引用與闡發中有集中體現。《春秋左傳要義》卷七“奉牲食酒告神，總以民德馨香”條，强調為政要重視民生，云：“為政不害於民，得使盡力耕耘，自事生産，故百姓和而年豐。”“百姓饑餒，民力雕竭，不得為年豐也。民既不和，則神心不説，君雖獨豐，其何福之有?”該卷“忠於民而信於神”條，引用孔疏“利民為忠”思想，曰：“在上位者，思利於民，欲民之安飽，是其忠也。”“不思利民，是不忠也。”該書卷十五“諸侯無故不造城，齊威以新密罪鄭”條，要求為政者要節約民力，并引用孔疏云：“非時築城，違禮害民。”卷二十七“國饒則民驕佚，近實公室乃貧”條，認為貧富懸殊、兩極分化嚴重是社會危機的重要原因。他説：“富者彌富，驕侈而難治；貧者益貧，饑寒而犯法。且貧者資富而致貧，富者削貧而為富。惡民之富，乃是涽民之貧”，為此提出“貧富均而勞逸等”② 的為政理念。

1998年，上海人民出版社《中華文化通志》中的“經學志”，以魏了翁《春秋左傳要義》為“歷代研究《春秋》‘三傳’之要著”③。

七、《周禮要義》

《周禮》，一稱《周官》，為儒家十三經之一，與《儀禮》《禮記》合稱“三禮”。該書記載先秦時期社會政治、經濟、文化、風俗、禮法諸制。宋代的儒家大師精於義理之學，研究《周禮》風氣大盛，《周禮要義》為魏氏研究周禮之要著。元虞集《鶴山書院記》曰：

---

① 廣島大學文學部：《廣島大學文學部紀要》第五十三卷，廣島大學文學部，1993年。

② 馮克誠主編：《兩宋儒學教育思想與論著選讀上》，人民武警出版社，2010年，第233—235頁。

③ 中華文化通志編委會：《中華文化通志》第五十一卷《第六典 · 學術經學志》，上海人民出版社，2010年，第356頁。

“魏氏又有憂於此也，故其致知之日，加意於《儀禮》《周官》《大小戴》之記，及取諸經注疏正義之文，據事别類而録之，謂之《九經要義》。”

明代，魏鶴山《周禮要義》為官府與私家藏書。朱睦㮮《授經圖義例》收録“《周禮要義》三十卷，魏了翁”。張萱《内閣藏書目録》“禮類”記載：“《周禮要義》八册。”董其昌《玄賞齋書目》“經部”卷第一有“魏了翁《周禮要義》”[①]的記載。董其昌（1555—1636），字玄宰，號思白、香光居士，松江華亭人，書畫家。萬曆四十四年（1616）發生“民抄董宦”事件，鄉民將董其昌書園樓居焚毁，蓋董氏家藏魏了翁《周禮要義》被付之一炬。

清代，魏了翁《周禮要義》已未見官方著録，民間相繼為常熟錢曾、蘇州汪氏、常熟張氏收藏。朱彝尊《經義考》云：“魏氏了翁《周禮要義》三十卷，未見。”錢曾《述古堂藏書目》卷一記載收録有“魏了翁《春秋要義》三十卷”[②]。錢曾（1629—1701），字遵王，號也是翁，又號貫花道人、述古主人，為清代早期藏書家，江蘇常熟人，其藏書樓為述古堂。乾隆時，編纂《四庫全書》未録魏鶴山《周禮要義》，《古今圖書集成·理學彙編·經籍典》卷三百二十二“經學部”云：“魏了翁《春秋要義》三十卷，未見。”瞿鏞《鐵琴銅劍樓藏書目録》卷一“《周易要義》十卷”條云：“《周禮要義》嚮藏郡中汪氏，今為邑中張氏所得。”[③]瞿鏞（1794—1846），字子雍，藏書家，江蘇常熟人。阮元著、傅以禮編《四庫未收書目提要》卷一“經部”之“《禮記要義》三十三卷”傅按云：“《周禮要義》三十卷，嚮藏蘇州汪氏，近為常熟張氏所得，是九經尚存其七，惟《論語》《孟子》，未見傳本。”[④]傅以禮（1827—1898），字戊臣，號小石，浙江山陰人。

時至清末、民國，魏了翁《周禮要義》已不見於藏書家的著録，蓋已佚矣。

舒大剛《儒學文獻通論》認為，《周禮學》文獻分布於四部文獻之集部，《四庫全書》收録的《鶴山集》就記載有魏了翁對《周禮》的若干見解和闡釋。《鶴山集》或為研究魏氏《周禮要義》的一大途徑，但僅得片言隻語耳，惜哉。

八、《孟子要義》

《孟子》是記述孟子思想、言論和事迹的著作，為儒家經典著作“四書五經”之一。

---

① 嚴文儒、尹軍主編：《董其昌全集》卷八，上海書畫出版社，2013年，第19頁。
② （清）錢曾：《述古堂藏書目》卷一，中華書局，1985年，第4頁。
③ （清）瞿鏞：《鐵琴銅劍樓藏書目録》卷四《經部四·禮類》，中華書局，1990年。
④ （清）阮元、傅以禮：《四庫未收書目提要》卷一《經部》，商務印書館，1955年，第7頁。

魏了翁著有《論語要義》十四卷，今全佚。南宋，王應麟《玉海》卷四十一“淳熙《論語》《孟子》集注或問”云：“魏了翁《要義》編疏：《論語》二十卷、《孟子》十四卷。”① 王應麟的記載，可補《宋史・藝文志》中魏了翁《孟子要義》未見著録之闕、《論語要義》卷數之誤。

明代，魏氏《孟子要義》尚見於官府與私家收藏。楊士奇《文淵閣書目》卷四“黃字號翁一廚書目”記載：“《孟子要義》一部三册，完全。”“《孟子要義》一部二册，闕。”“《孟子要義》一部三册，塾本，無此部。”② 葉盛《菉竹堂書目》卷一收録有“《孟子要義》三册”③。葉盛（1420—1474），字與中，號蛻庵，自號白泉，又號涇東道人、澱東老漁，江蘇昆山人。張萱《内閣藏書目録》“經部”記載：“《孟子要義》三册，全。”焦竑《國史經籍志》卷二著録：“魏了翁《孟子要義》十四卷。”

清代以降，魏氏《孟子要義》已經佚失，不見收藏。

朱彝尊《經義考》卷二百三十五云：“魏氏了翁《孟子要義》十四卷，未見。”乾隆時《古今圖書集成・理學彙編・經籍典》卷二百八十八“孟子部”鈔《宋志》云：“《孟子要義》十四卷”，小注“魏了翁”。

今按，南懷瑾《孟子七講》附録“歷代學者對孟子研究書籍目録”④ 與林漢仕《孟子探微》“歷代研究孟子作家”⑤，列“魏了翁《孟子要義》”為“未見”之屬，其實已佚。

九、《論語要義》

《論語》記録孔門言行，集中體現孔子的思想主張，為儒家經典著作“四書五經”之一，由孔子弟子及再傳弟子編寫而成。魏了翁著有《論語要義》十卷，今全佚。

明代以降，魏氏《論語要義》已不再傳承於世。楊士奇《文淵閣書目》卷四云：“《論語要義》一部二册”，注為“闕”⑥。楊士奇（1366—1444），名寓，字士奇，以字行，號東里，江西泰和人。柯維騏《宋史新編》卷四十七《志第三十三・藝文一》記載“魏了翁

① （宋）王應麟：《玉海》（二），江蘇古籍出版社，1987年，第773頁。

② （明）楊士奇：《文淵閣書目》卷四，中華書局，1985年，第44—45頁。

③ （明）葉盛：《菉竹堂書目》卷一，中華書局，1985年，第22頁。

④ 南懷瑾：《南懷瑾選集 第二卷》，復旦大學出版社，2003年，第612頁。

⑤ 林漢仕：《孟子探微》，文史哲出版社，1978年，第269頁。

⑥ 《中華大典》編纂委員會編纂：《中華大典・文獻目録典・古籍目録分典》，廣西師範大學出版社2015年，《經總部・四書部・論語分部》，第1525頁。

《論語要義》一十卷"[1]，與《宋史》記載一致，蓋鈔録《藝文志》。焦竑《國史經籍志》卷二著録魏了翁《論語要義》二十卷，卷數有差異，或未見是書。

清代朱彝尊《經義考》云：魏氏了翁《論語要義》，《宋志》十卷，未見。乾隆時《古今圖書集成·理學彙編·經籍典》卷二百六十七"論語部"云："《論語要義》二十卷"，小注"魏了翁"[2]，與焦竑所記載卷數一様，蓋未見矣。

舒大剛《儒學文獻通論》云，朱熹之後，宋代《論語》研究漸漸以引申《朱注》為風氣，魏了翁《論語要義》為其一[3]。

魏氏《九經要義》中的《周禮要義》佚失於清末，《孟子要義》佚失於清初，《論語要義》佚失於明代。這對全面研究魏了翁經學、義理、教育、政治思想是莫大的損失，此誠可痛哉！

結　語

南宋以降，魏氏《九經要義》的經學地位，為歷代學者所推崇。

南宋游似《鶴山師友雅言序》云："鶴山公以高明俊偉之姿，刻意於學，不肯隨聲接響，躡陳駕虛，如求驪龍之珠，必下九淵而親攬之乃已。故其議論窮極根柢，多異乎人，匪求異人，實能得衆人之所未得也。"贊曰："晚歲披幽抉微，掊妄扶正，一話之出，世竦未聞。"[4]

元代脱脱《宋史·魏了翁傳》載，魏了翁貶居靖州，"乃著《九經要義》百卷，訂定精密，先儒所未有"。魏文彝《鶴山雅言序》稱：鶴山"立言垂訓以私淑後人者，有《九經要義》《鶴山大全集》《易集義》，此三書昔刊於徽之學宫，已行於世"[5]。虞集《道園學古録》有《鶴山書院記》云："魏氏之學，即物以明義，反身以求仁，審夫小學文藝之細，以推致乎典禮會通之大。本諸平居屋漏之隱，而充極於天地鬼神之著。岩岩然，立朝之大節，不以夷險而少變。而立言垂世，又足以作新乎斯人，蓋庶幾乎不悖不惑者矣。若夫聖賢之書，實由秦漢以來諸儒誦而傳之。得至於今，其師弟子之所授受，以顓門相尚，雖卒莫得其要，然而古人之遺制，前哲之緒言，或者存乎其間，蓋有不可廢者。自濂洛之説行，

① （明）柯維騏：《宋史新編》卷四十七《志第三十三·藝文一》，新文豐出版公司，1974年，第227頁。
② （清）陳夢雷：《古今圖書集成·理學彙編·經籍典》，巴蜀書社，1985年，第58册，第70467頁。
③ 舒大剛：《儒學文獻通論》中，福建人民出版社，2012年，第1358頁。
④ 曾棗莊、劉琳主編：《全宋文》，上海辭書出版社、安徽教育出版社，2006年，第334册，第3—4頁。
⑤ （明）楊慎：《全蜀藝文志》，綫裝書局，2003年，第833頁。

朱氏祖述而發明之。於是，學者知趨乎道德性命之本，廓如也。而從事於斯者，誦習而成言，惟日不足所謂博文多識之事，若將略焉，則亦有所未盡者矣。况乎近世之弊，好為鹵莽，其求於此者，或未切於身心；而考諸彼者，曾弗及於詳博。於是，傳注之所存者，其舛譌抵牾之相承，既無以明辨其非是，而名物度數之幸在者，又不察其本原。誠使有為於世，何以徵聖人製作之意，而為因革損益之器哉！魏氏又有憂於此也，故其致知之日，加意於《儀禮》、《周官》、大小戴之《記》，及取九經注疏正義之文，據事别類而録之，謂之《九經要義》，其志將以見夫道器之不離，而有以正其臆説聚訟之惑世。此正張氏以禮為教，而程氏所以有“徹上徹下”之語者也。而後人莫究其説，以兼致其力焉。昔之所謂鹵莽日以彌甚，甘心自棄於孤陋寡聞之歸。嗚呼！魏氏之學，其可不講乎。”①

明王廷相《王忠文公集》云：“真德秀、魏了翁并作，力以尊崇朱學為己任。”“魏氏所著有《九經要義》，大抵皆黜異端，崇正理，質諸聖人而不繆。其於聖人之道，可謂有功而足以續朱氏所傳之緒矣。是則此二人者，固又當續起而列於從祀者也。”“有著《九經要義》，以正臆説之惑世者，謂合於程子‘徹上徹下’之語。”② 吴廷翰《櫝記》云：“然必至於《九經要義》之作，然後遺奸隱蠹，搜剔無餘，而經義純一，其功四也。”③ 王褘《青岩叢録》曰：“孔穎達作九經正義往往援引緯書之説，歐陽公嘗欲删而去之以絶僞妄，使學者不為其所亂惑，然後經義純一，其言不果行。迨鶴山魏氏作《九經要義》，始加黜削而其言絶焉。”④ 陳登原《國史舊聞》按：“隋唐禁緯，蓋以政治上之野心。趙宋禁緯，更兼學術上之偏見。蓋先時以妖妄見譏，日後以道學澌盡，此則緯書消滅之總因也。”⑤

清孫承澤《春明夢餘録》曰：“魏了翁力以尊崇朱學為己任，而聖賢之學復明。”“魏則有所著《九經要義》，皆足以續朱氏所傳之緒”“當續起而列於從祀者也”⑥。清《泗水縣志》卷七《學校志》云：“魏了翁當南宋邪説簧鼓之時，正學賴以不墜，所著《九經要義》《周禮》《井田圖説》等書，於聖道大有發明，進從祀。”⑦ 蒲江知縣紀曾蔭贊嘆道：“為國忠貞，二十餘疏傳信史；名家理學，《九經要義》邁鴻儒。”⑧ 鄭孝胥《海藏樓詩集》“蔣孟蘋樂庵寫書圖”有“《九經要義》世晚見，古今考最深於經”⑨ 之評。

---

① 李修生主編：《全元文》卷八三九，鳳凰出版社，2004 年，第 26 册，第 442—444 頁。

② （明）王廷相：《王忠文公集》卷十二，中華書局，1985 年，第 305 頁。

③ 莞城圖書館編：《容肇祖全集》卷四《哲學思想史卷》引《櫝記》卷上《緯書》，齊魯書社，2013 年，第 1931 頁。

④ 《中華大典》編纂委員會編纂：《中華大典·文獻目録典·古籍目録分典·經總部三》引王褘《青岩叢録》，廣西師範大學出版社，2015 年，第 1878 頁。

⑤ 陳登原：《國史舊聞》（第 1 册中）陳登原案語，遼寧教育出版社，2000 年，第 410 頁。

⑥ （清）孫承澤著，王劍英點校：《春明夢餘録上》，北京古籍出版社，1992 年，第 310—312 頁。

⑦ （清）趙英祚：《泗水縣志》，光緒本。

⑧ 紀稽緣、虞桃秀主編：《中華學府志·四川卷》，中共中央黨校出版社，1998 年，第 5 頁。

⑨ （民）鄭孝胥：《海藏樓詩集》卷九，上海古籍出版社，2003 年，第 295 頁。

劉咸炘《推十書》云："元明人好為排纂書，輯釋纂疏，集成大全，刪翼、合訂、彙參等書出，而講章之體成矣。""古有鈔約注疏、旁采他説者，如唐史徵《易口訣義》、魏了翁《九經要義》，此實排纂之祖。"①

魏氏《九經要義》集前代經學之精粹，闡發微言大義，發明道學精義，黜削讖緯臆説，編纂鴻篇巨著。魏了翁的九經闡釋，為其奠定了理學大家地位，南宋晚期享"南方共宗鶴山老"之譽，清代雍正時獲配祀文廟之榮。

作者單位：成都市蒲江縣博物館

① （民）劉咸炘：《推十書增補全本·戊輯》第2册，上海科學技術文獻出版社，2009年，第705頁。

魏了翁《提刑提舉帖》《文向帖》考

龍　騰

南宋四川蒲江縣人魏了翁（1178—1237）所寫《提刑提舉帖》（今藏北京故宫博物院），徐邦達先生考訂為嘉定十四年（1221），魏了翁44歲時，致趙范、趙葵兄弟吊唁其父趙方的書劄。《中國書法全集》《南宋書法史》從其説。

魏了翁《文向帖》（今藏上海博物館），徐邦達先生考訂為魏了翁寶慶元年（1225）致趙范之劄。《南宋書法史》從之。

我根據《提刑提舉帖》中"五谿之瀕"，考訂此帖係魏了翁於寶慶三年（1227）十一月十七日在靖州，致虞方簡、虞迪簡兄弟吊唁其兄虞剛簡的書劄，魏了翁時年50歲；又根據有關資料考訂《文向帖》為魏了翁致虞剛簡的書劄。此帖，《鶴山集》《全宋文》未收，是魏了翁的一篇佚文，牽連宋代15位著名人物的活動，是一篇重要文獻，可補史之闕。

（一）提刑提舉帖

宋四川蒲江縣人魏了翁行草書《提刑提舉帖》，墨迹，紙本。現藏故宫博物院，一級文物。長36.2厘米，寬47.8—51.8厘米。其文字如下（原文豎書），據《中國書法全集》第三集魏了翁原件鈔録：

（共27行，321字。）提刑提舉親家尊眷丈所具/昭代親友兄弟間咸以/諱音來赴，謂久痢所致，謂八月四日午時，又謂/七月廿七日得了翁書，猶於枕間卧誦也。吁，何

/遽至此。/中興勛德之家，/令子賢孫相繼零謝，況於事變錯出，人物/眇然之時，而/善人云亡，關係匪淺，豈惟一家之私，諒惟/孝思追慕，柴瘠弗任。或又云九月廿四日卧/喪車朝祖。十月十五日即窆。了翁荷/提刑知予愛憐，誼均骨肉。而疾不得候問，/死不及憑棺，葬不及請役，五谿之瀕，伶俜吊/影，迸涕交揮，孰知此心也。邇來親友道喪，/死喪不相赴，始聞不審，故審而後拜，此亦/未知。/伯仲自離荼毒，體力何如，心之憂乎。靡所/限極，更惟/强飯節哀，以終大事。/一門眷聚，各計勝喪。蓬州聞已開府。/石泉恐留江上，或在東山，亦坐不聞赴音之/詳，失於吊唁也。妻孥附致/問禮。偶逢簡池，便就以薄奠侑之，誄文并/見别緘，乞為/薦陳，不宣謹狀。了翁頓首再拜，狀上/機宜大孝賢伯仲姻兄服次。/十一月十七日。

帖中有“簡池”二字，《式古堂書畫彙考》卷十五、《宋代蜀文輯存》卷七十八、《全宋文》卷七〇七七等書誤讀傳寫為簡佗，地名變成人名。宋本《方輿勝覽》：“簡州，郡名。陽安，簡池。”“山川：賴簡池，在陽安縣九十里，隋高祖立州，名取此。”魏了翁詩文中均以簡池代指簡州，如《送李蒲江歸簡池，用高榮州韵》《送簡池宋倅之官，即席賦》等。按，寶慶三年，家大酉（字朝南）“差知隆慶府，尋改簡州，予時待放未返，朝南道荆州，狀其母行，馳書抵靖”。魏了翁“偶逢簡池，便以薄奠侑之”，所托之人乃是家大酉。

徐邦達先生1987年考訂：

> 此帖是《宋人手簡册》中一頁，内容為應酬、吊慰類，是為趙范、趙葵兄弟父吊喪的書劄。“提刑提舉”指趙氏兄弟之父趙方（彦直）。趙方，衡山人，張栻弟子，曾官提舉京西常平兼轉運判官，提點刑獄，後為京湖制置使，兼知襄陽。文中“中興勛德之家”乃指趙方勇抗金兵、保衛京西之業績。文中“機宜大孝賢伯仲”則稱譽趙范、趙葵兄弟。《宋史·趙范傳》記：“十四年，與弟葵俱授制置安撫司内機事。”據此亦可認定此帖為嘉定十四年（1221）所作，魏了翁時年44歲[①]。

徐邦達先生（1911—2012）此説影響很大。2002年樊文龍主編的《中國書法全集》《草書提刑提舉帖》即斷言魏了翁“此帖乃吊唁趙方的書信，以其哀故人”[②]。此説又載入2005年出版的《徐邦達集四》[③]。2008年，方愛龍著《南宋書法史》，也認為《提刑提舉

① 徐邦達：《古書畫過眼要録》，湖南美術出版社，1987年。
② 《中國書法全集》第三卷，光明日報出版社，2005年，第226—227頁。
③ 《徐邦達集四·古書畫過眼要録》，文物出版社、紫禁城出版社，2005年，第940—941頁。

帖》，"徐邦達考訂為嘉定十四年（1221）致趙范、趙葵兄弟吊其父喪之劄"[①]。

查趙方"提舉京西常平兼轉運判官提點刑獄，時劉光祖以耆德為帥，方事以師禮"[②]。劉光祖在嘉定二年（1209）二月知襄陽，稱安撫使[③]，此時趙方任提刑提舉。但趙方不是終老此官，他隨即"以金部員外郎召，尋加直秘閣，改湖北轉運判官兼知鄂州。升直煥章閣、兼權江陵府，增修三海八櫃，以壯形勢。進秘閣修撰、知江陵府、主管湖北安撫司事兼權荊湖置司"[④]。嘉定七年（1214），他已成為掌管一方軍政大權的湖北帥[⑤]。嘉定十四年（1221），"秋七月辛丑（二日），以趙方為京湖制置大使"[⑥]。八月乙丑（二十六日）趙方去世[⑦]。因此趙方臨終官職為京湖制置大使。照宋人習慣，魏了翁應稱趙方為趙大使，如安丙曾任四川制置大使，魏了翁在詩文中都稱之為安大使，不曾用安丙以前擔任過的中、下等官職稱呼。《提刑提舉帖》如果是魏了翁寫給趙方的兒子趙范、趙葵的吊喪書劄，沒有尊稱趙方為趙大使，漠視趙方後來的升遷，却稱以早年曾經一度擔任過的中、下等官職"提刑提舉"，這是不可能的。很明顯，《提刑提舉帖》中的"提刑提舉"是指另一位一生最高官職衹擔任過提刑提舉即去世的官員。此人不是趙方，此帖并不是寫給趙方兒子趙范、趙葵的。

"中興勛德之家"，徐邦達先生以為是指趙方之家。按：南宋李心傳開列"中興諸將"為張俊、韓世忠、楊存中、吴璘、劉光世等人，皆是南宋紹興年間抗金卓有戰功的將領。趙方之父趙棠，不仕。趙方，淳熙八年（1181）始登進士，任縣尉，算不上"中興勛德之家"。此乃另有所指，所指乃"提刑提舉"所屬家族，非趙方之家。

嘉定十四年（1221）趙方去世時，"子董、范、葵"。未言諸孫，是諸孫尚幼，未成名。而《提刑提舉帖》説帖主家庭"令子賢孫，相繼零落"，與趙方家庭實際情況不符。

《提刑提舉帖》寫道："了翁荷提刑知予愛憐，誼均骨肉"，可知二人交情深厚，此提刑不是趙方。魏了翁没有與趙方共過事，也没有去過襄陽，没有在趙方的麾下工作過，二人素來無交往，連文字之交也没有。嘉定十四年（1221）趙方去世時，魏了翁在四川，任潼川府（今三台）知府，未為趙方寫過祭文，寫過輓詩。

魏了翁與趙方兩個兒子趙范、趙葵長期無來往。"端平元年（1234），朝議收復三京，葵上疏請出戰，乃授權兵部尚書，京河制置使、知應天府、南京留守，兼淮東制置使。"[⑧]

---

① 方愛龍：《南宋書法史》，上海古籍出版社，2008 年，第 234 頁。

② 《宋史》卷四〇三《趙方傳》。

③ 《西山集·劉閣學光祖墓志》，《建炎以來朝野雜記》乙集，卷十三。

④ 《宋史》卷四〇三《趙方傳》。

⑤ 《鶴山集》卷七十九《李次琮墓志》。

⑥ 《宋史》卷四十《甯宗四》。

⑦ 《續資治通鑑》卷一六二。

⑧ 《宋史》卷四一七《趙葵傳》。

魏了翁寫有《次韵趙制置制勝軒詩》，提出“經營分表竟何益，盍護本根保成勳”[①] 的慎重主張，為二人交往的開始。

端平二年（1235）魏了翁奉命督視江淮京湖軍馬，時趙葵任淮東制置使駐揚州，來信要求在京口（江蘇鎮江）會見。魏了翁先後寫有《揚州趙制置》書信二封[②]。十二月二十八日，魏了翁“行至鎮江，趙葵過江相見，臣為具一飯，并約吴淵同席。翌日，葵犒督府軍一萬貫…… 外又與臣送鞍馬三副，角弓四，矢二百束，刀四，鐵甲兜鍪。臣止却其鞍馬二，以其遠來之意甚美，餘悉收受。…… 臣即以三千貫回犒揚州吏卒，又以私幣雜色五十匹、虎帳錦緞等物報之”[③]。

端平三年（1236），魏了翁駐江西江州（九江）督師，趙范任京湖制置大使駐守襄陽。二月二十一日，襄陽兵變。魏了翁接到趙范申報後，兩次寫信與趙范[④]。魏了翁在四封寫給趙范、趙葵的書信中，并無片語隻文説到他與二人父親趙方是世交。魏了翁在《提刑提舉帖》中，稱提刑提舉為“親家”，稱收信人為“姻兄”，查魏了翁與趙方并無“親家”關係。顯然《提刑提舉帖》根本不是魏了翁在嘉定十四年（1221）寫給趙范、趙葵的書劄。

細讀《提刑提舉帖》，其中一段文字值得注意研究：

> 了翁荷提刑知予愛憐，誼均骨肉。而疾不得候問，死不及憑棺，葬不及請役，五谿之瀕，伶俜吊影，迸涕交揮，孰知此心也。

帖中寫明魏了翁寫此帖時，身在“五谿之瀕”。五谿，又作五溪，在今湖南省西部沅水流域。東漢“（建武）二十四年（48），武威將軍劉尚擊武陵五溪蠻夷，深入，軍没。（馬）援因復請行……征五溪”[⑤] “武陵郡，臨沅縣。《荆州記》曰：縣南臨沅水，水源出牂牁且蘭縣，至郡界分為五谿，故云五溪蠻。”[⑥] 三國蜀漢“（章武）二年（222）……二月，先主（劉備）自秭歸率諸將進軍，緣山截嶺，於夷道猇亭駐營。自佷山通武陵，遣侍中馬良安慰五谿，蠻夷咸相率回應。”[⑦] “東征吴，遣（馬）良入武陵，招納五溪蠻夷，蠻夷渠帥皆受印號，咸如意旨。”[⑧] “武陵有五溪，謂雄溪、樠溪、無溪、酉溪、辰溪。其一焉，夾溪悉

---

① 《鶴山集》卷六。
② 《鶴山集》卷三十一《督府書》。
③ 《鶴山集》卷二十七《奏與趙葵私覿禮物》。
④ 《鶴山集》卷三十一《督府書》。
⑤ 《後漢書》卷五十四《馬援傳》。
⑥ 《後漢書》卷三十二《郡國志》。
⑦ 《三國志》卷三十二《蜀先生傳》。
⑧ 《三國志》卷三十九《馬良傳》。

是蠻左所居，故謂此蠻五溪蠻也。”①

寶慶元年（1225）十一月“甲申，朱端常言，魏了翁封章謗訕……詔魏了翁落職，奪三秩，靖州居住”②。靖州在沅水上游，古代屬於五溪地區。魏了翁寫道：“五谿，天下窮處。靖（州）居五谿之窮，而逐客又其窮者。”③ 魏了翁將五溪作為靖州的代名詞，在詩文中寫道：“手撇飛鳶上五溪”④“忽墮五谿跕鳶之外”⑤“我時困卧五溪東，十日八九陰濛濛”⑥“五溪之濱有何好，兀坐六年不知老”⑦“七年謫五溪，二年守三瀘。蠻煙瘴雨中，不改舊時吾”⑧。五兄高茂叔在四川亡故，魏了翁在靖州威德寺“為位而哭，而繫之以詞曰……相望數千里……藐是羈窮五溪之瀕，疾不問膳藥之齊，死不陪哭泣之聯，蠻荒一慟，涕淚撤泉”⑨。祭文中“五溪之頻”與《提刑提舉帖》中“五谿之瀕”用法一致。

魏了翁“（寶慶）二年（1226）之夏，方抵謫所（靖州）”⑩。《提刑提舉帖》寫於五溪之瀕的靖州，寫於寶慶三年（1227），詳見後面考證。但趙方於嘉定十四年（1221）即已去世，趙方去世，“以端明殿學士、正議大夫致仕，贈銀青光禄大夫。纍贈太師，謚忠肅”，朝野均知，并不是“秘不發喪”。此時魏了翁没有給趙范、趙葵寫吊喪信劄（因他與趙方父子無交情，無來往）。如果魏了翁貶居五溪之瀕的靖州後在寶慶三年，時隔趙方去世六年，纔嚮其子女寫吊喪書劄，豈有此禮？僅此一點，足證《提刑提舉帖》，不是嘉定十四年趙方去世時，魏了翁嚮其兒子趙范、趙葵寫的吊喪書劄。

考查魏了翁《提刑提舉帖》中所提到的提刑提舉乃是四川仁壽人虞剛簡，他生前所任最高官職即最後官職是提刑提舉。寶慶元年（1225）九月，魏了翁作《除權工部侍郎，舉虞剛簡自代奏狀》：

> 伏睹朝請大夫、權發遣利州路提點刑獄公事兼提舉常平等事虞剛簡，才資開爽，學識粹明…… 舉以自代，實允公議⑪。

虞剛簡於“寶慶三年（1227）秋八月辛亥（五日）以疾終，年六十有四，寶慶三年十

---

① 《水經注》卷三十七《沅水》。
② 《宋史》卷四十一《理宗一》。
③ 《鶴山集》卷九十二《贈術士游大有》。
④ 《鶴山集》卷十一《題陳膚仲、真希元詩卷，贈蕭道士》。
⑤ 《鶴山集》卷三十五《答湖北李運使壽朋》。
⑥ 《鶴山集》卷五《湖北提刑林寺丞岳赴召，以書索詩》。
⑦ 《鶴山集》卷六《至左綿，書懷呈榮州、綿州二兄》。
⑧ 《鶴山集》卷六《贈畫工王生》。
⑨ 《鶴山集》卷九十一《哭茂叔兄文》。
⑩ 《鶴山集》卷三十五《答洪郎中諮夔》。
⑪ 《鶴山集》卷二十四。

月辛酉（十五日），葬公於嘉定府龍遊縣熊耳峽震山之原，與趙宜人同兆異域[①]。《提刑提舉帖》稱："親友兄弟間，咸以諱音來赴，謂久痢所致……十月十五日即窆。"與虞剛簡下葬時間一致。虞剛簡係虞允文之孫。虞允文（1110—1174），紹興二十三年（1153）進士，紹興三十一年（1161）十一月，指揮宋軍大敗金國皇帝完顏亮於采石磯，挽救了南宋半壁江山，官至左丞相兼樞密使，封雍國公，"出入將相垂二十年"，去世後"贈太傅，賜謚忠肅"，是名副其實的"中興勛德之家"[②]。寶慶三年時，虞允文的三個兒子當中，虞公亮，早在嘉定初已去世；虞公著，寶慶二年（1226）五月戊辰去世；虞公遜（杭孫），無後。孫子，知榮州虞夷簡早年去世；利州路提刑提舉虞剛簡，寶慶三年八月去世。魏了翁在《提刑提舉貼》上寫的"中興勛德之家，令子賢孫，相繼零謝"，是紀實。

《提刑提舉貼》説"了翁荷提刑知予愛憐，誼均骨肉"。查魏了翁與虞剛簡結識很早，慶元六年（1200）"了翁試吏，佐四川幕府，傾蓋如故交"[③]。魏了翁任成都僉判，虞剛簡"辟差成都府路都鈐轄司幹辦公事，堂差知華陽縣"，二人"麗習觀摩，道同志合"。後來虞剛簡"自上華陽印，築室成都之合江……季才范公為榜曰滄江書院"[④]。"剛簡為利州路提刑，有治績，嘗與臨邛魏了翁，成都范仲甫、李心傳輩講學蜀東門外，得程朱氏微旨，著《易詩書論語説》以發明其義，蜀人師尊之。"[⑤] 虞剛簡長魏了翁十五歲，對魏了翁非常關心，魏了翁寫與虞剛簡詩 29 首、詞 5 首。詩中説：事誰瞭解，夢落滄江處士家。""林下水邊時一見，相逢頗恨幾年遲。"

虞剛簡之兄虞夷簡早逝，遺二子，虞剛簡"拊育諸孤，喪紀婚嫁，一以身任"。嘉定十五年（1222），魏了翁赴京城，經過重慶，見到虞夷簡的子虞㮾，"尚記扁舟下古渝，蘭芽秀茁媚庭除"。後來虞㮾與魏了翁仲女結婚[⑥]。所以在《提刑提舉貼》上，魏了翁稱虞剛簡為"提刑提舉親家尊眷丈"，稱收信人虞剛簡的同産兄虞方簡（字伯易）、季弟虞迪簡為"姻兄"。

虞剛簡於寶慶三年（1227 年）八月去世，十月安葬。其侄虞㮾及友人范晞韓持高稼所作行狀到達靖州。魏了翁為作《朝請大夫、利州路提點刑獄、主管冲佑觀虞公墓志銘》。

十一月十三日，魏了翁作《哭虞提刑仲易文》[⑦]。十七日，寫《提刑提舉帖》，寄與虞方簡、虞迪簡兄弟。文中"蓬州"即虞方簡，虞方簡"始守長寧……守普……守蓬"[⑧]，石

---

① 《鶴山集》卷七十六《朝請大夫、利州路提點刑獄、主管冲佑觀虞公墓志銘》。
② 《宋史》卷三八三《虞允文傳》。
③ 《鶴山集》卷七十六《朝請大夫、利州路提點刑獄、主管冲佑觀虞公墓志銘》。
④ 同上。
⑤ 《元史》卷一八一《虞集傳》。
⑥ 《鶴山集》卷六十八《答虞邛州方簡訂婚》。
⑦ 《鶴山集》卷九十一《哭虞提刑仲易文》。
⑧ 《鶴山集》卷五十《白鶴山營造記》。

泉指虞普，“權知石泉（四川北川）軍事”①。

考訂《提刑提舉帖》，係魏了翁於寶慶三年（1227）十一月十七日作於靖州，是年魏了翁五十歲。

（二）《文向帖》

魏了翁行草書《文向帖》，墨迹，紙本，現藏上海博物館。長 161.6 厘米，寬 28.4 厘米。

徐邦達先生“姑擬此帖為致趙范書劄，以待再考”。方愛龍也認為“徐邦達等考訂為寶慶元年（1225）致趙范之劄”。謹查此帖乃魏了翁於寶慶元年（1225）九月廿八日作於京城臨安府，是寫與“提刑提舉郎中尊眷丈”的書信。元至治元年（1321）牟應龍跋，説“署提刑眷丈，則必姻親之仕於蜀者”。劉致跋：“不知所與提刑提舉，竟是何人。”承名世先生説：“不知是誰，待考。”這個人不是趙范，趙范在寶慶元年已任揚州知府、淮東安撫副使②，而是任利州路提刑提舉，又是魏了翁親家的虞剛簡。《文向帖》中寫有：“門下謂今日宕昌之事，丞相將孰從乎？”顧文琛跋文中寫道：“書中言武階、宕昌，皆在蜀之北邊。”武都（階州）、宕昌在今甘肅省南部，宋代在利州路境内。帖中又寫：“有一書寄綿谷，乞為頤指轉達。仍乞令筆吏録今年辭免文字同發行，亦欲益昌兩兄知是間出處之詳耳。綿谷兄有壹書，試取看，下文明甚。”綿谷縣，在今四川廣元，屬利州路，魏了翁之二兄高稼，時知綿谷縣③。益昌，即利州，唐曾設益昌郡，魏了翁的四兄高定子“四川總領所辟主管文字……總領所治利州”④。魏了翁的兩位兄長都在利州，故請利州路提刑提舉虞剛簡代為轉達給兩位兄長的信件。

《文向帖》考訂為寶慶元年（1225）九月廿八日，魏了翁寫給四川利州路提刑提舉虞剛簡的信件。《文向帖》刊載於《書法從刊》第 13 輯（1988 年 2 月，文物出版社出版）。識讀原文（原文豎書）如下：

（上闕）

文。向來西夏幾為所襲，書末為痛言/之，李總祇望邊頭有事，為言朝廷/斷無輕

① 高文、高成剛編：《四川歷代碑刻·虞公著墓志銘》，四川大學出版社，1990 年，第 194 頁。
② 《宋史》卷四一七《趙范傳》。
③ 《宋史》卷四四九《高稼傳》。
④ 《宋史》卷四〇九《高定子傳》。

動，看此則曷説必中，是間/事體亦與彼中相似，大抵不事詢訪，/信意獨决，輕説剿逐，不知此等局勢/當其事者，甚不易處。山東近來郎當/忒甚，隴西專恣，（朝廷祇用一彭義斌制之，今為韃兵所敗而死。）/（又有一時青總管可恃，近亦隸其節制。），不復更有制司。所謂徐/制置者，素為所狎，舊呼隴西為乾爺，/一切以兒子蓄之，頤指氣使，惟其命是/聽，聚兵蓄船，意嚮叵測。正所謂削亦/反，不削亦反。反速禍小，反遲禍大也。緣/此廟堂日夜埋冤，當時不合輕信/諸儒之言（謂袁和叔、真景元諸公當時專主招納），致得有許紛紛。/胡仲方嘗言，當時不絶歲幣，則所費/無幾。今日用兵以來，不知視歲幣之費/幾千百倍矣。因此丞相大悔，然則/門下謂今日宕昌之事，丞相將孰從乎？/區區所以必欲丐祠者，諫不行，言不聽，忽/然有事，則相與淪胥，諒與/門下所遭畧相似也，豈惟/門下？南、瞻二兄亦若不然。/天實為之，獨奈何哉？了翁去就之義，/决於再。辭免之奏，今以别紙録呈。/此奏今早方上，更須三兩日，方有分曉。/若因此得辭，則意所甚願；因此未得/去，則且是心迹分曉，讒間之言不可入。/主上在講筵，明與諸公説："真德秀/奏劄乃是魏了翁教他。"此語初在宣/參處説，後來不知如何。/主上亦説是□□□下轉上聞，豈不/可防也。升沉遲速，有義有命，非人力/所能較計，吾人祇是言所當言，為所/當為耳。今有一書寄綿谷，乞為/頤指轉達，仍乞/令筆吏録今年辭免文字同發行/（兩兄書中亦有辭意矣，不煩録書也），/亦欲益昌兩兄知是間出處之詳/耳。富公、温公辭副樞不拜，在/先朝往往有之。今了翁忽辭工侍，舉朝/便已驚怪。非是要好奇立異，誠是/難立耳。前時猶自庶幾，邇來覺得/事事可以放心（此可意曉），愈更不聽人言，罪逐洪/舜俞，乃能如此。胡評事夢昱尤不易。/綿谷兄有壹書，試取看，丁文伯甚卷卷/門下。此間可與論心者，自張行甫忠恕去/後，僅有此人耳。餘別莊/了翁頓首再拜/提刑提舉郎中尊眷丈足下/九月廿八日　　大字又末/暇作：/近來簡夫全然放倒，諸公大失望，亦可三嘆也。/（2018 年 9 月 12 日龍騰釋讀）

《文向帖》，不載於《鶴山集》，不載於《全宋文》。它是魏了翁的一篇佚文，牽連到宋代 15 位著名人物的活動，反映了南宋的很多史事，是一篇重要的文獻，可補史之闕。

1. 李總祇望邊頭有事，為言朝廷斷無輕動。

李總，據顧文琛跋："李景翺以太府丞主四川餉饋"，總領四川財賦。李景翺，祖籍懷州（今河南沁陽），北宋徽宗時宰相李邦彦之後，徙居嘉興。其子李曾伯回憶："某前三十載侍先君餉蜀，時著齋（高定子）在賓幕（四川總領所辟，主管文字），縮齋（高稼）宰綿谷（知綿谷縣，綿谷即今廣元），蓋已獲從遊兩賢間。”①

魏了翁曾指出：“李（景翱）以嘉定十六年改官班見之人，而明年以總屬餉，給取官職，而斡旋不行，於是又（嚮）朝廷求科降。”②

李之亮《宋代路分長官通考》上册“總領四川財賦軍馬錢糧”一段，嘉定十三年至寶慶元年，四川總領俱寫為楊師復③。嘉定十七年（1224）至寶慶三年（1227），鄭損任四川制蜀使時，四川財賦總領乃李景翱。此條可補正史書之誤。

2. 山東近來郎當忒甚，隴西專恣，不復更有制司。

山東、隴西皆指李全。李全，山東濰州北海人。隴西著姓為李氏。李全是割據山東、蘇北的一位地方軍閥，嘉定十一年（1218 年）歸附南宋。寶慶元年（1225），魏了翁已預言其“削亦反，不削亦反”。寶慶三年（1227）四月，李全在山東青州投降蒙古，蒙古授與“山東淮南行省”官職。紹定四年（1231）正月，進攻揚州，被宋軍擊斃④。

3. 所謂徐制置者，素為所狎，舊呼隴西為乾爺，今一切以兒子畜之，頤指氣使，惟其命是聽。

山陽參幕徐晞稷雅開閫（想當淮東安撫制置使），及聞（嘉定十六年十一月，許）國用（任朝議大夫，淮東安撫制置使），晞稷闕望，乃謄（許）國奏（國疏〔李〕全奸謀甚深，反狀已著），注釋以寄（李）全。

十七年正月，（許）國之鎮。寶慶元年（二月）乙卯（二十四日，楚州李全策動劉慶福兵變），（許）國晨起蒞事。矢已及額，流血蔽面。國走，亂兵悉害其家，大縱火焚官寺，兩司積蓄，盡入賊。親兵數十人，翼國登城樓，縋城走。丙辰（二十五日），許國縊於途。

史彌遠懼激他變，欲姑事涵忍，而後圖之，謀帥莫可。以徐晞稷嘗倅楚州（任楚州通判），守海州，得（李）全歡心，晞稷亦勇往，乃授淮東制置使，令屈意撫全。趙范時知揚州兼提點刑獄，得制置印於潰卒中，以授晞稷。全遣騎逆晞稷，己卯（三月十九日），晞稷入楚城。其後至以恩府稱全，恩堂稱（李全妻）楊氏，而手足倒置矣。晞稷畏懦。

二年九月，以（盱眙劉）琸知楚州兼淮東制置使。己亥（十月十七日）晞稷以户部侍郎召，未幾，出知袁州⑤。

魏了翁揭露了徐晞稷呼李全為乾爺、唯命是聽的醜態。

4. 朝廷衹用一彭義斌制之，今為韃兵所敗而死。

---

① 李曾伯：《可齋續稿前》卷五，《四庫全書》。

② 《鶴山集》卷三十五《答黄總領申》。

③ 李之亮：《宋代路分長官通考》上册，巴蜀書社，2003 年，第 76—77 頁。

④ 《宋史》卷四七六《叛臣中·李全上》。

⑤ 同上。

彭義斌是山東起義的紅襖軍將領之一，他忠於宋朝，寶慶元年（1225）七月，在河北贊黃縣五馬山與蒙古將領笑乃歹、史天澤交戰陣亡。

初大元（蒙古）兵破中都（北京），金主竄汴，賦斂益橫。於是劉二祖起泰安，掠淄，沂，二祖死，霍儀繼之。彭義斌、時青等附之。（李）全得收餘衆保東海。霍儀攻沂州不下，（金山東行省完顏）霆自清河出徐州，斬儀，潰其衆。彭義斌歸李全。（嘉定）十二年秋，（宋）進（李）全廣州觀察使、京東總管，劉廣福、彭義斌皆為統制。十七年，義斌求趙邦永來山東。

寶慶元年……全又牒義斌曰："許國謀反，已伏誅焉。爾軍并聽我節制。"義斌得牒，大罵曰："逆賊背國厚恩，擅殺制使。此事皆因我起，我必報此仇。"呼趙邦永曰："趙三，汝南人，正須爾明此事。"乃斬賫（讀箕，送）牒人。南嚮告天誓衆，見者憤激。全往青州。五月丁卯（七日），全取東平不克。全引兵攻恩州。明日，義斌出兵與全鬥，全敗。義斌以千五百騎追之，獲馬二千匹，皆揚州强勇軍馬也。（劉）慶福往救又敗。全退保山崮，抽山陽忠義以北。會（李）全遣人求（淮東制置使徐）晞稷書，與義斌連和，乃止。

義斌納全降兵，兵勢大振。進攻真定，降金將武仙，衆至數十萬。致書沿江制置使趙善湘曰："不誅逆全，恢復不成，但能遣兵扼淮，進據漣（水）、海（州）以蹙之，斷其南路。如此賊者，或生擒，或斬首，惟朝廷所命。賊平之後，收一（汴）京三府。然後義斌戰河北，盱眙諸將、襄陽騎士戰河南，神州可復也。"不報。全貽書制置司，誣義斌叛，晞稷繳達之。時朝廷知義斌之功，憚（李）全未欲行賞。

未幾，義斌俟命不至，拓地而北，與大元兵戰於内黄之五馬山。大元兵説之降，義斌厲聲曰："我大宋臣，且河北、山東皆宋民，義豈為他臣屬耶。"遂死之。[1]

《宋史》《續資治通鑑》記其陣亡地點俱作内黄縣五馬山，均誤；《元史》本紀[2]、史天澤傳[3]俱作贊皇。查五馬山，在贊皇縣"城東十里，上有五石馬，因名"[4]。北魏、南宋為軍事要地。

5. 又有一時青總管可恃，近亦隸其節制。

按，時青，山東滕陽人，紅襖軍將領之一。嘉定十一年（1218）冬，青率其衆入於宋，宋人置之淮南，屯龜山，有衆數萬"[5]。寶慶元年（1225年）四月五日，時青埋伏八百騎兵於漣水，圍攻李全帶領的二百騎兵。劉慶福帶兵救出李全，"全與慶福俱重傷，歸楚州"。

七月，彭義斌戰死後，"（李）全使人説時青附己，餽金五百兩"。時青被收買，"乃附

---

① 《宋史》卷四七六《叛臣中·李全上》。
② 《元史》卷一《本紀第·太祖》。
③ 《元史》卷一五五《史天澤傳》。
④ 顧祖禹：《讀史方輿紀要》卷十四。
⑤ 《金史》卷一一七《時青傳》。

全，自（盱眙）移屯淮陽”[①]，即魏了翁所寫時青“近亦隸其節制”。

寶慶三年六月，楚州兵變，殺李全之兄李福、次子李通。南宋政府檄時青等并兵往楚州，便宜盡戮餘黨。“廟議謂青望重，惟聽青區畫”，而時青竟“密遣人報全於青州”。十月丙辰（十日）李全回楚州，丁巳（十一日）邀時青等於淮陰。時青父子同至，青繳所受檄於全曰：“我素推尊相公，豈肯為此。”全亦惡青反覆，辛酉（十五日）與登城南樓飲，殺青，馳騎往紿青妻言青病。青妻至，盡殺之，遂并青軍[②]。

6. 袁和叔

袁燮，字和叔，慶元府鄞縣人。入太學，登進士。嘉定初，召主宗正簿，樞密院編修官。[③]

7. 真景元

真德秀，字景元，建（州）之浦城人。登慶元五年進士第。嘉定四年遷著作佐郎，兼禮部郎。上疏言金有必亡之勢。山東盜起，朝廷猶與金通聘，德秀朝辭，奏國恥不可忘，鄰盜不可輕，幸安之謀不可恃，導諛之言不可聽，至公之論不可忽[④]。

8. 胡仲方

胡榘，字仲方，原任吏部侍郎[⑤]。嘉定十二年（1219）五月五日，太學生何處恬等伏闕上書，以工部尚書胡榘欲和金人，請誅之，以謝天下[⑥]。寶慶元年（1225）九月，任兵部尚書[⑦]，是臭名昭著的主和派。

9. 主上

主上指宋理宗趙昀。宋理宗在講筵説，真德秀奏劄乃是魏了翁教他。這是後來魏了翁被貶的原因。

10. 富公

富弼字彥國，河南人。慶曆三年（1043）拜樞密副使，辭之愈力。七月復拜樞密副使，弼以誥納上前而罷。逾月復申前命，使宰相諭之曰：“此朝廷特用，非以使遼故，乃受。”進封韓國公[⑧]。

11. 温公

司馬光字君實，陝州夏縣人。仁宗寶元初（1038），中進士甲科。神宗即位，帝乃拜光

---

① 《宋史》卷四七六《叛臣中・李全上》。
② 《宋史》卷四七七《叛臣中・李全下》。
③ 《宋史》卷四〇〇《袁燮傳》。
④ 《宋史》卷四三七《真德秀傳》。
⑤ 《鶴山集》卷八十八《高崇行狀》。
⑥ 《宋史》卷四十《甯宗四》。
⑦ 《象台首末》卷三。
⑧ 《宋史》卷三一三《富弼傳》。

樞密副使，光辭之，抗章至七八。元祐元年（1086）九月薨，年六十八，贈太師、温國公①。

12. 洪舜俞

洪咨夔，字舜俞，於潛人，嘉定二年（1209）進士。轉考功員外郎。臺諫李知孝、梁成大交論，鐫二秩，讀書故山七年②。

“罪逐洪舜俞”，《續資治通鑑》卷一六三，以為在八月乙卯（二十七日）與真德秀一起同天罷官，誤。查“寶慶元年九月初三日，檢會臣僚奏，洪咨夔降三官”，他是因監察御史李知孝九月一日彈劾，九月三日與胡夢昱同天受處分的③。

13. 胡夢昱

大理評事胡夢昱（1185—1226）字季昭，江西吉水縣人，嘉定十年進士。八月二十二日上書言濟王事，指責宋理宗“戕（讀搶，傷害）天理，斁（讀妒，敗壞）人倫”。九月一日，監察御史李知孝上疏，説胡夢昱“嫉視君上”“有陰黨叛逆之心”。九月三日聖旨：“胡夢昱追毀出身以來文字，除名勒停，送象州羈管。”④

魏了翁同情胡夢昱，“出關餞别”⑤。胡夢昱，寶慶二年九月去世於象州⑥。

14. 丁文伯

軍器監丁黼文伯，丁氏故梁人，自漢將軍（丁）寬以《易》授同郡田王孫。碭、沛相近，其後徙沛。公（丁黼之父丁泰亨）之曾大父洪，贈訓武郎；大父執中，武德郎，温、處、衢、婺四州都巡檢使。父述，徐州鄉貢進士。公生四年，而遇靖康之變。江淮盜起，馬吉等剽池之青陽、石埭，武德以嘗中材武科入仕，與討方臘有功，遂以選差青陽之武尉，督捕群寇。未幾，虜入汴，迫徐。貢士攜家由清河趨淮陽，以達於青陽。武德往來石埭，經理平寇，愛其山水清麗，因托居焉。黼年十四，已知為學之要。公（丁泰亨）享年七十有四。五男六女，長男輝，次耀，次某為叔父其後，次黼，次黻。輝、耀、某、黻尋卒，黼今以朝請大夫為軍器監。丁泰亨以慶元二年（1196）去世，葬石埭縣舒溪之南鷺溪。寶慶元年（1225）秋，丁黼請魏了翁為作《贈奉直大夫丁公泰亨墓志銘》。魏了翁稱讚丁黼：“文伯方以正學直道為時聞人……余定交于文伯，既二十年。”⑦

胡夢昱被貶往象州，丁黼曾往送行并賦詩：“一封書奏觸天威，萬里徒行出帝畿。始得

① 《宋史》卷三三六《司馬光傳》。
② 《宋史》卷四〇六《洪諮夔傳》。
③ 《象臺首末》卷一。
④ 同上。
⑤ 《宋史》卷四三七《魏了翁傳》。
⑥ 《象臺首末》卷二《行述》。
⑦ 《鶴山集》卷八十一。

明時來讜論，豈知薄命墮危機。身同季弟辭兄去，女抱嬰兒伴母歸。風雨瀟瀟秋又老，雁應不到嶺南飛。”①

丁黼後任成都制置使，端平二年十一月，與蒙古軍作戰陣亡②。入《宋史》卷四五四《忠義傳》，時間誤作嘉熙三年（1339）。

15. 張忠恕

張忠恕，字行父，右僕射浚（四川綿竹人）之孫。寶慶初，詔求直言。忠恕上封事，陳八事。始魏了翁嘗勉忠恕以植立名節，無隤家聲，及是嘆曰：忠獻（張浚謚號）有後矣。以直秘閣知贛州。魏了翁嘗許忠恕拳拳體國似浚，拔繁剸劇，似其父杓。斂華就實，則有志義理之學，嘗有聞乎栻之教矣③。

作者單位：成都市蒲江縣文物保護管理所

① 《鶴山集》卷八十八《高崇行狀》。
② 陳世松等：《宋元戰爭史》，四川省社會科學院出版社，1988年，第68頁。
③ 《宋史》卷四〇九《張忠恕傳》。

黑水城出土《至正二十四年整點站赤文卷》之職官探略

王亞莉

驛道自古以來即是歷代中原王朝統治者建立“通達邊情，布宣號令”的交通體系，有專設的管理系統。元朝在漢地驛傳制度的基礎上通過增設蒙古站（又稱達達站）、海青站與急遞鋪將全國交通路綫有效連接起來，逐漸形成了溝通中央與地方、地方與地方之間的交通與信息網絡，“古人所謂置郵而傳命，未有重於此者焉”①。以往學界研究元代站赤（“站赤”是驛站的蒙譯）主要依據《元史》《元朝秘史》《元典章》及《永樂大典》收録的《經世大典》《成憲綱要》《析津志》等傳世文獻記載，側重於考證元代站赤制度的全面設立及其社會功能，論及甘肅行省、嶺北行省蒙古站赤的成果偏少②。20世紀，外國探險家及國内學者在黑水城遺址先後發掘了以西夏文為主的大量珍貴文獻，彌補了傳世文獻或缺載或語焉不詳的遺憾。其中，於1983—1984年間内蒙古考古所和阿拉善盟工作站工作人員在黑水城進行了大規模的考古發掘工作，集中出土了一批包括站赤文書在内的元代世俗文書，有助於探討元代所設蒙古站赤和西北政局的諸多問題，已有學者注意到這批文書的價

① （明）宋濂等:《元史》卷一〇一志第四十九兵四站赤，中華書局，2016年，第2583頁。

② 如胡小鵬的《元甘肅行省諸驛道考》（《西北民族文獻與歷史研究》，甘肅人民出版社，2004年，第207—218頁），默書民的《大蒙古國驛傳研究二題》（《元史及民族史研究集刊》，南方出版社，2002年，第91—99頁），陳得芝的《元代嶺北行省諸驛道》（《元史論集》，第681—694頁）及陳高華的《論元代的站户》（《元史論叢》，中華書局，1983年，第156—185頁）等成果。

值并進行了初步研究[①]。其中被定名為《至正二十四年整點站赤文卷》（以下簡稱《文卷》）殘存的16件文書最有特色，因其格式較為完整、内容連貫，出現的官職、官名較多，能够再現元末亦集乃路蒙古八站[②]的面貌、功能及管理情況。筆者曾擇其中兩件較為完整的文書M1·0938［F116：W578］和M1·0940［F116：W570］為據，對亦集乃路蒙古八站之“落卜克站”的整點原因和措施進行了探析[③]。本文擬在此基礎上對《文卷》所體現的職官制度及站赤管理進行粗略分析。

一、《文卷》的基本概況及站赤隸屬機構

（一）《文卷》形成的背景及概況

元朝在嶺北行省和腹裏之間設有帖里干、木憐和納憐三條驛道，屬於新設蒙古站赤，“元貞元年（1295），於六衛漢軍内撥一千人赴稱海屯田，北方立站帖里干、木憐、納憐等一百一十九處”[④]。元朝時期，西北地區不僅有諸王貴戚分封出鎮於此，還有朝廷的駐軍及地方軍隊駐守於此。這些驛道備受中央重視，由政府供給帖里干、木憐、納憐三道錢鈔和糧食，“泰定元年（1324）三月，遣官賑給帖里干、木憐、納憐等一百一十九站鈔二十一萬三千三百錠，糧七萬六千二百四十四石八斗。北方站赤，每加津濟，至此為最盛”[⑤]。帖里干道和木憐道合成兀魯思兩道，是諸王朝覲、詔使往還、官吏遷轉、糧餉運輸的主幹道。納憐道屬於小道，主要由蒙古軍人應役，“今後除帶金銀字牌面通報軍情機密重事，使臣行納憐站道，其餘一切出使人員具合兀魯思兩道”[⑥]。甘肅等處行中書省下轄甘州路、永昌路、肅州路、沙州路、亦集乃路、寧夏府路、山丹州、西寧州、兀剌海路等，“為路七、州二，屬州五。本省馬站六處”[⑦]。亦集乃路則為諸王大軍的集結地和物資供給中心[⑧]，此路站赤

---

① 如李逸友的《黑城文書所見的元代納憐道站赤》（《文物》1987年第7期）、王亞莉的《黑城出土元代簽補站户文書F116：W543考釋》（《寧夏社會科學》2009年第3期）和朱建路的《黑水城文獻〈麥足朵立只答站户案卷〉再研究》（《西夏學》2013年第2期）等考釋文章。

② 參見李逸友編著的《黑城出土文書（漢文文書卷）》（科學出版社，1991年，第30頁）與王亞莉的《元代亦集乃路“蒙古八站”考釋》（《西夏學》2009年第4輯），蒙古八站即為：在城站、鹽池站、普竹站、狼心站、即的站、馬兀木南子站、山口站和落卜克站，并對其分布位置進行了考證。

③ 拙文：《黑水城所見元代兩份整點站赤文書考釋》，《内蒙古師範大學學報》2008年第1期。

④ （明）宋濂等：《元史》卷五十八志第十地理一，中華書局，2016年，第1383頁。

⑤ （明）宋濂等：《元史》卷一〇一志第四十九兵四站赤，中華書局，2016年，第2591頁。

⑥ 《永樂大典·經世大典》卷一九四二四，中華書局，1994年，第7219頁。

⑦ （明）宋濂等：《元史》卷六十志十二地理三，中華書局，2016年，第1449頁。

⑧ 張海娟：《黑水城文獻與蒙元史的構建》，《敦煌研究》2015年第1期。

成為納憐道上甘肅至和林間的供給地，“蓋為北方蒙古人與甘肅諸城往來必經之途也”①。故而甘肅納憐驛道以亦集乃城為樞紐，北通和林，南連甘州，西抵察合臺汗國，東經東勝到大都，是元代通達西北邊疆的專用驛道。

隨着元末階級矛盾和民族矛盾的日益激化，各地站户紛紛逃亡或消乏，迫使站赤制度逐漸趨於廢弛，元朝政府陸續采取了很多“拯治站赤”的措施，但朝廷政令衹能在局部地區通達或各路府州備戰自衛。《文卷》落款所載“至正二十四年（1364）”離元朝終結僅差四年，蒙古族政權正處於風雨飄摇之中，甘肅納憐道上為“專備軍情急務”而設的站赤格外重要。若不整治地處邊陲的蒙古八站，恐怕會影響到“軍情急務”的傳遞。

由《文卷》殘存時間可知，至正二十四年春季亦集乃路總管府官員嚮甘肅行省陳請亦集乃路站赤現狀，駝馬倒斃、站户消乏現象較為嚴重，請求派官整點。文書 MI：0931［F116：W560］指出，“蒙古八站係在邊陲……之地西接甘肅，北鄙着……”② MI：0934［F131：W579］載，“皇帝聖旨裏甘肅等處行中書省來申，本路所轄站赤，沿路沙漠石川，相離遠寫”③。MI：0932［F116：W220］又載各站“青草不接，切恐駝馬瘦弱，館舍疏漏”④。甘肅行中書省官員看到亦集乃路總管府的申文後，深知站赤消乏嚴重，立即委官前去各站整點。

《文卷》的發掘地黑水城是亦集乃路總管府衙署所在地，這 16 件公文屬於歸檔文書。即總管府官吏將蒙古八站整點公文處理完畢後，按日期先後順序相連粘貼為一長卷，交與架閣庫存檔保存。《文卷》均寫在竹紙上，有火燒痕迹，字體為草行書，殘存 3000 餘字。其録文最早見於李逸友先生編著的《黑水城出土文書（漢文文卷）》⑤，塔拉、杜建録及高國祥主編的《中國藏黑水城漢文文獻（五）》載有《文卷》對應的圖版⑥。整點時間大致從至正二十四年五月持續到九月，有兵工房擬辦的呈牒，官員請派司吏、差使鋪馬的官文以及承辦官員的保潔文書等⑦。甘肅行省下達札付給亦集乃路總管府官員要求整點各站，官員圍遶着整點任務而制定計劃，多以申文形式呈報，正文開頭均要迻録一遍上級指示的提要。整點程序即為亦集乃路總管府的官員帶領一至兩名司吏親自前往各站督責站官（提領、百户人）對各站整頓清查，包括統計馬匹駝隻，核實衹應之物，檢查館舍房屋是否疏漏，登記花户姓名等，并上報給前來整點的上級官員。整點的目的在於確保官員傳遞軍情急務，

① 馬可波羅：《馬可波羅遊記》，上海書店出版社，2001 年，第 132 頁。
② 李逸友：《黑城出土文書（漢文文書卷）》，科學出版社，1991 年，第 177 頁。文書編號為：F116：W560
③ 同上，第 175 頁。
④ 同上，第 177—178 頁。F116：W220
⑤ 同上，第 177—182 頁。
⑥ 塔拉、杜建録、高國祥主編：《中國藏黑水城漢文文獻（五）》，國家圖書館出版社，2008 年，第 1149—1197 頁。
⑦ 李逸友：《黑城出土文書（漢文文書卷）》，科學出版社，1991 年，第 35 頁。

不致站赤倒斷，使之繼續為蒙古族統治階級服務。

（二）《文卷》所見站赤隸屬機構

元代管領站赤的隸屬機構有多次變更。站赤設置之初由中書省兵部管領。至元十一年（1274）各地站赤直隸於當地總管府，“命隨處站赤，直隸各路總管府，其站户家屬，令元籍州縣管領”①。至元十三年（1276），諸路站赤改屬通政院管領。大德九年（1305）政府明確規定由“甘肅省提調納憐站”。武宗至大四年（1311）三月，“詔拘收各衙門鋪馬聖旨，命中書省定議以聞。省臣言：‘始者站赤隸兵部，後屬通政院。今通政院怠於整治，站赤消之，合依舊命兵部領之。’制可。四月，中書省臣又言：‘昨奉旨以站赤屬兵部，今右丞相鐵木迭兒等議，漢地之驛，命兵部領之，其鐵烈干、納憐、木憐等處蒙古站赤，仍付通政院，領蒙古站赤。’”② 由於通政院整治不力，又將站赤移交兵部管領。不久復立通政院，但衹管領蒙古站赤，漢地站赤仍屬兵部。延祐七年（1320）又恢復了舊制，蒙古、漢人站赤統歸通政院管領。泰定元年（1324）統一規定：“今次站赤止合從各路達魯花赤總督提調，毋令州縣管領之。”③ 自此以後，納憐道上各站赤亦由總管府官員提調，從《文卷》可見至正二十四年亦集乃路站赤仍歸本路總管府統領，與正史記載吻合。

亦集乃路總管府設有廣積倉、税使司、河渠司、巡檢司、支持庫、兩屯百户所、司獄司、儒學、醫學、陰陽學、僧人頭目、答失蠻等機構，下設吏禮房、户房、錢糧房、兵工房、刑房、司吏房等六房，分別掌管禮、吏、户、兵、刑、工及文書處理等各項政務④。文書 M1·0934［F116：W397、F116：W579］與 M1·0938［F116：W578］開頭有“兵工房”字樣，可斷定這三件文書是兵工房擬辦的呈牒，印證了傳世文獻所記，“右司所掌：兵房之科有五，一曰邊關，二曰站赤，三曰鋪馬，四曰屯田，五曰牧地”⑤，即右司兵工房負責站赤與鋪馬事務。

二、《文卷》所見職官及其職能

《文卷》所見官職有提調正官、站官、首領官和吏員等職，為了更好地分析問題，現從每件文書中摘出官職及其相應的職責、落款簽名、時間與印符信息，列表如下：

---

① （明）宋濂等：《元史》卷一〇一《志第四十九·兵四站赤》，中華書局，2016 年，第 2585 頁。
② 同上，第 2590 頁。
③ 《永樂大典·經世大典》卷一九四二一，中華書局，1994 年，第 7236 頁。
④ 李逸友：《黑城出土文書（漢文文書卷）》，科學出版社，1991 年，第 14 頁。
⑤ （明）宋濂等：《元史》卷八十五《志第三十五·百官一》，中華書局，2016 年，第 2123 頁。

《至正二十四年整點站赤文卷》中的官職及其職責表

文書編號	提調正官與職責	站官與職責	落款處官員簽名與印符	
			簽名與印符	時間與印符
M1·0931①（F116：W560）	"正官前去各站整點"；"議得上項事理仰移關本路同知……行添設將引司吏一名馳驛前"；"保結回示施行所據差去官乘騎"	"恐各站百户人等"；"督責提領百户人等即將各站實有……并館舍鋪陳什物等件整點完備……具點訖駝馬毛色齒髮膘分同"	（黑色方形騎縫印） 吏郭 斌（簽印） 提控案牘聶 元宗（簽印） 知 事 經 歷 （四枚印符）	（年月殘失） 初二日 （朱色方印）
M1·0932②（F116：W220）	"去官周和貴乘騎鋪馬以下在城站依例應付者合行具呈者"		吏張 春□（簽印） 郭 斌（簽印） 提控案牘聶 元宗（簽印） 知 事 經 歷 （兩枚印符）	至正廿四年五月 （朱色方印上有黑圈）
M1·0932（F116：W396）	"將引司吏一名□正馬疋馳驛前"；"……楊彬……總府除外今差本"	"前去各站督責提領百户人等，即將等即將各站實有官給駝馬，并館舍鋪陳什物等件，須要整點完備"（同句出現兩遍）	（朱色方印） 提控案牘聶 元宗（簽印） 知 事 經 歷 （三枚印符）	至正廿四年五月 初九日 （朱色方印）
M1·0933③（F116：W558）	"□煩為引司吏一名馳驛"；"參隨本路同知阿速海奉訓一同馳驛"	"□督責提領百户人等即將見在官給駝馬，并館舍鋪陳什物等件，須要整點完備……"（同句出現兩遍）	（黑色方形騎縫印） 吏郭 斌（簽印） 提控案牘聶 元宗（簽印） 知 事 經 歷 （三枚印符）	至正廿四年六月 初二日 （朱色方印）

① 《黑城出土文書（漢文文書卷）》第177頁中該件文書編號為F116：W560，《中國藏黑水城漢文文獻（五）》第1149—1152頁將該文書編為M1·0931［F116：W560］，共有四張圖。

② 《黑城出土文書（漢文文書卷）》第177—178頁中該件文書編號為F116：W220，《中國藏黑水城漢文文獻（五）》第1153—1157頁將該文書編為M1·0932［F116：W396］，實則前半部分（圖5—2、5—3）為F116：W220內容，後半部分（圖5—4、5—5）為F116：W396的內容。

③ 《黑城出土文書（漢文文書卷）》第178頁中該件文書編號為F116：W558，《中國藏黑水城漢文文獻（五）》第1163—1167頁將該文書編為M1·0933［F116：W558］，共有五張圖。

M1·0934① (F116:W397)	"本路同知李□勝帖木兒";"分别引□官提調前";"再煩為將引司吏一名"	"再煩為將引司吏一名……池等八站督責提領……見有官給駝馬……如蒙差遞毋致瘦弱及將……什物一事照得須要收清完備"	(黑色方形騎縫印) 吏常 文義(簽印) 提控案牘聶 元宗(簽印) 知事(蒙古人名及簽印) 經 歷 (四枚印符)	至正廿四年 六月 初二日 廿九日 (朱色方印)
M1·0934 (F116:W579)	"照得同知孛羅帖木兒奉政關為提";"親詣前去各站整點見今當……委官前去各站整點";"將引司吏一名馳驛前去"	"切恐各站提領百户人等不";"提領百户人等即將各站實有……"		
M1·0935② (F116:W571)	"本路總管吉祥奴……照驗煩為提調將引同差";"一差司吏 總府今差本……";"吉祥奴前去各站督責"	"責各站提領百户人等……站實有官給駝馬陳……養肥壯聽蒙走遞毋致……及將館舍鋪陳什物一……要如法完整施行"	(黑色方形騎縫印) 吏常文義(簽印) 提控案牘聶 元宗(押印) 知事(蒙古人名及簽印) 經 歷 (三枚印符)	至正廿四年 七月 廿九日 (紅色方印)
M1·0935 (F116:W580)	"呈近蒙省府差哈……"		經 歷	
M1·0936③ (F116:W567)	"司吏未曾關㖘當職得此移";"摘撥司吏一名"		(有三個兩墨點之間畫三條横綫的符號)	初二日
M1·0936 (F116:W577)	"總管吉祥奴中順關云云";"照驗煩為將引司吏";"差司吏常文義"		吏常文義(簽印) (兩枚印符)	至正廿四年 八月 □一日 (朱色方印)

① 《黑城出土文書(漢文文書卷)》第177—178頁中該件文書編號為F116:W397,《中國藏黑水城漢文文獻(五)》第1163—1167頁將該文書編為M1·0934[F116:W579],前半部分(圖5—2、5—3、5—4)為F116:W397內容,後半部分(圖5—5)為F116:W579的内容。

② 《黑城出土文書(漢文文書卷)》第180頁中該件文書編號為F116:W571,《中國藏黑水城漢文文獻(五)》第1168—1172頁將該文書編為M1·0935[F116:W580/1254],前半部分(圖5—2、5—3、5—4)為F116:W571內容,後半部分(圖5—5)為F116:W580的内容。

③ 《黑城出土文書(漢文文書卷)》第180—181頁中該件文書編號為F116:W571,《中國藏黑水城漢文文獻(五)》第1173—1177頁將該文書編為M1·0936[F116:W557],前半部分(圖5—2)為F116:W567內容,後半部分(圖5—3、5—4、5—5)為F116:W577的內容。

M1・0937① (F116:W150)	"亦集乃路總管府本路同知帖麥赤關該承奉甘肅行省鈞批為整點站赤公事";"司吏未曾關嗾當職合行關請照驗,煩為摘撥司吏一□同前去各站整點不致失誤……合將司吏楊彬摘撥";司吏楊彬		(朱色方印) 吏朱 孝如(簽印) 提控案牘聶 元宗(簽印) 經 歷	至正廿四年 八月 初七日
M1・0937 (F116:W615)	"經歷刑察罕普化從仕起";"馳驛前去整點蒙古站赤"		吏朱 孝如(簽印) 張 舒(簽印) (一枚印符)	至正廿四年 八月 壹日 (朱色方印)
M1・0938② (F116:W578)	"近蒙省府差哈兒不花";"判官俺伯仲詡將引司吏";"省府照驗故牒判官俺伯忠詡將引司吏一名前去落卜克站"	"督勒提領百户人等自上而下在站實有官給駝馬如法圍槽餵……流聽蒙走遞,毋致瘦弱倒死,并鋪陳什物須要一事一件完備"	吏常 文義(簽印) 提控案牘聶 元宗(簽印) 知事(蒙古人名與簽印) 經 歷 (一枚印符)	至正廿四年 八月 □日 (朱色方印)
M1・0939③ (F116:W406)	"當職提調……此依準提調官照得即查若干官給馬疋瘦弱不完,若不親詣前去……整點完備聽蒙…… 花赤當職除已將……前去各站整點外所據乘騎鋪馬未曾應付"		吏朱 孝如(簽印) 提控案牘聶 元宗(簽印) 知事(蒙古人名與簽印) 經 歷	至正廿四年 九月 十二日 (朱色方印)

① 《黑城出土文書(漢文文書卷)》第180—181頁中該件文書編號為F116:W150,第179—180頁為F116:W615、《中國藏黑水城漢文文獻(五)》第1178—1182頁將該文書編為M1・0937[F116:W150、F116:W615],前半部分(圖5—2、5—3)為F116:W150內容,後半部分(圖5—4、5—5)為F116:W615的內容。

② 《黑城出土文書(漢文文書卷)》第181頁中該件文書編號為F116:W578,《中國藏黑水城漢文文獻(五)》第1183—1186頁將該文書編為M1・0938[F116:W576],共四張圖,實為F116:W578的內容。

③ 《黑城出土文書(漢文文書卷)》第181—182頁中該件文書編號為F116:W406,《中國藏黑水城漢文文獻(五)》第1187—1191頁將該文書編為M1・0939[F116:W406]共5張圖。

M1・0940①（F116:W570）	“判官俺伯親詣前去失剌忽魯”；“本路判官俺伯仲詡前去”	“照驗早為督責本站提領百户人等將在站實有官給駝馬如法圍槽餵飼，聽蒙輪流走遞，毋致瘦弱倒死，并鋪陳什物一事一件，需要完整具點，訖各各馬疋數目并鋪陳等件”	吏常 文義（簽印） 提控案牘聶 元宗（簽印） 知事（蒙古人名與簽印） 經 歷 （一枚印符）	至正廿四年八月
M1・0941②（F116:W189）	“經歷刑察罕普化”	“提領、百户人等從實整點……疋鋪陳什物等你件……開坐合行具申”		

《文卷》16件文書内容中出現的職官及其姓名分别為同知阿速海、李□勝帖木兒、李羅帖木兒、帖麥赤，總管吉祥奴中順（3次），判官俺伯忠詡（2次），司吏楊彬（4次）、去官周和貴，經歷刑察罕普化（2次）等。殘存落款簽名有司吏常文義（5次）、郭斌（3次）、朱孝如（3次）、張春□（1次）、張舒（1次）等，知事（蒙古文名4次）、提控案牘聶元宗（10次）、經歷（無名），簽名後有簽印、符號印及紅黑方印。

（一）《文卷》所見提調正官

亦集乃路站赤歸總管府官員提調，主要職責為指派脱脱禾孫進行檢查，上對兵部和通政院負責，每季此月初十前，將使臣經過起數彙總上報，每月上下半月赴各站督促檢查，保證馬匹肥壯、車輛充備、體恤站户，對違者加以處罰。《文卷》有專門差官的文書，内容即總管府正官參随一名司吏馳驛同往各站督責站官提領、百户人等進行整點。總管府官員整點時乘騎的鋪馬由亦集乃城内的在城站“應付”，文書中出現了“將引一名司吏馳驛前去”“去官周和貴乘騎鋪馬以下在城站依例應付者合行具呈者”“馬一匹馳驛參随在路”等信息。M1・0939［F116：W406］落款摘要指出“整點站赤”和“應付鋪馬”，由此可知，亦集乃路鋪馬不僅為過往使臣提供服務，且供總管府官吏管理站赤使用，因其屬“官給駝馬”，“將各站實有官給駝馬并館舍鋪陳什物等件須要整點完備”。文書F1：W31載總管府官員普撒禿親自主持補買駝馬，分配給各站使役③。

在元朝各級軍政組織中，在省、府、州、縣和録事司等各級官衙中設置達魯花赤，均

① 《黑城出土文書（漢文文書卷）》第181頁中該件文書編號為F116:W570，《中國藏黑水城漢文文獻（五）》第1192—1196頁將該文書編為M1・0940［F116:W570］共5張圖。

② 《黑城出土文書（漢文文書卷）》第182頁中該件文書編號為F116:W189，《中國藏黑水城漢文文獻（五）》第1197頁將該文書編為M1・0941［F116:W189］共1張圖。

③ 李逸友：《黑城出土文書（漢文文書卷）》，科學出版社，1991年，第172頁。

從三品，位居路總管之上，朝廷規定衹能由蒙古人擔任。亦集乃路總管府設有達魯花赤、總管、同知、判官等官員負責管理民政事務；設推官一員，專治刑獄；經歷一員，知事一員，照磨兼承發架閣一員，司吏無定員，隨事繁簡以為多寡之額；譯史、通事各一人。黑水城文書中提調官多為正官兼任，亦集乃路一級的提調官由本路長官達魯花赤充任①。俄藏黑水城 TK194 號文書記載了至正二十年（1360）十一月二十九日亦集乃路達魯花赤上都驢（亞中大夫，從三品）離任，帖木兒不花同日到任②，亦集乃路總管吉祥奴親自整點站赤。總管的官階較達魯花赤有所降低，其官階有大中大夫（從三品）、中順大夫（正四品）、奉議大夫（正五品）③，總管吉祥奴屬於中順官階。總管吉祥奴親自參與整點事務，可見這次整點事關重大。

蒙古八站的整點工作從在城站開始，所派同知先後有四人，即阿速海、李□勝帖木兒、李羅帖木兒、帖麥赤等。同知是通政院所設官員，是協助總管處理各項政務的佐官。同知（正四品）與判官（正六品）、經歷（從七品）、副使等官職都是通政院下設的督察官。這些上級差派的辦事官員負責監督站官作為，因此他們到各站"督責本站提領百户人等"進行整點。

至正二十四年八月總管府又派判官俺伯去亦集乃城以北的落卜克站進行整點，"省府照驗故牒判官俺伯忠詡將引司吏一名前去落卜克站"。判官亦是總管府佐官，位於參與圓議連署的正官之末，其官階有武略將軍（從五品）、昭信校尉（正六品）、忠詡校尉（正七品）、敦武校尉（從七品）等。俺伯屬忠詡校尉，正七品。對照俄藏黑水城 TK194 號文書載，"至正廿一年（1361）四月廿二日有判官俺伯到任"④。由此可知兩個重要信息，一是俺伯在亦集乃總管府任職已三年有餘，二是判官也作為提調正官參與站赤整點工作。

（二）《文卷》所見站官

元代的站官選用與設置有嚴格的制度規定，至元七年（1270）提出了具體的選充辦法，即"各路總管府在城驛，舍官二員，於見役人員内選用；州縣驛，設頭目二名，如見役人即是相應站户，就令依上任事，不繫站户，則就本站馬户内别行選用"⑤。全國範圍的站官設置并不統一，武宗至大四年（1311）八月，詔，"大都至上都站赤每歲車駕行幸，諸王百官往復，給驛頻繁，與外郡不同，除設驛令、丞外設提領三員，司吏三名，腹裹路分衝要

① 潘潔：《黑水城出土錢糧文書專題研究》，寧夏人民出版社，2013 年，第 5 頁。

② 俄羅斯科學院東方研究所聖彼得堡分所，中國社會科學院民族研究所、上海古籍出版社編：《俄藏黑水城文獻（漢文部分）》（第四册），上海古籍出版社，1997 年，第 197 頁。

③ （明）宋濂等：《元史》卷九十一《志第四十一上・百官七》，中華書局，2016 年，第 2320 頁。

④ 俄羅斯科學院東方研究所聖彼得堡分所，中國社會科學院民族研究所、上海古籍出版社編：《俄藏黑水城文獻（漢文部分）》（第四册），上海古籍出版社，1997 年，第 196—197 頁。

⑤ （明）宋濂等：《元史》卷一〇一《志第四十九・兵四站赤》，中華書局，2016 年，第 2585 頁。

水路站赤設提領兩員，司吏兩名。其餘閑慢驛分止設提領一員”。站赤制度亦規定如“無驛令，量擬提領兩員，每一百户設百户一名，從拘該路府州縣提調正官，於站户内選用，三歲為滿”①。提領官由官府詮注委派，副使和百户則從相應的站户群體中選充。

《文卷》所見亦集乃路各站站官為提領和百户，并無驛令。據李逸友先生推測，可能由於“納憐道係邊遠小道，過往官員不多，因此各站衹設置提領、百户一人”②。文書M1·0864［F2：W65］所見，提領和百户都是提調正官從站户中選充的，并非官給俸禄的吏目。每站所設提領和百户人數無法確定，至少各有一名。延祐二年（1315），“中書省兵部言各路設置提領，止受部劄行九品印職專車馬之役，所領站户多者二三千，少者五七百，比之軍民，體非輕細。得其人則户安事集，非其人則民困事隳。奈何俸禄不給，三年一更，貪邪得以縱私，廉能無一激勵。站赤消乏，職此之由。令擬各處館驛除令丞外，見役提領不許交换，敗事者以例追斷停罷，廉能者隨歷三載，聽民舉留。庶望所任盡職，站赤相安，都省準擬”③，甘肅各路的站官任免亦如此法。百户人的待遇即“上百户所，百户二員，蒙古一員，漢人一員，俱從六品，銀牌。下百户所，百户一員，從七品，銀牌”④。亦集乃路設有千户所和百户所，文書F117：W10載“本府提調官千户”⑤，文書Y1：W131載“新附屯田軍百户所”⑥。提領、百户配合提調正官和司吏對各站“實有官給駞馬，如法圉槽餵飼，聽蒙輪流走遞，毋致瘦弱倒死，并鋪陳什物一事一件，需要完整具點，訖各各馬疋數目并鋪陳等件”。從文書Ml·0863［F135：W78］推知，普竹站和落卜克站供應的有麵、羊、繩子、席子、雨衫，馬鞭、鞢、頂氈、狀□、西□等供乘騎、飲食、住宿之物品等，應屬於各站須清點的“鋪陳什物”。

文書所見亦集乃路除設有提領與百户外，亦應設有脱脱禾孫一官。“國初，置驛以給使傳，設脱脱禾孫以辨奸僞。初立諸站都統領使司以綜之，設官六員。”⑦ 站赤上“其官為驛令，小者皆設提領，又置脱脱禾孫於都會關要之地以詰其奸僞”⑧，其“皆總之於通政院及中書兵部”⑨。脱脱禾孫是政府在關津要地及交通樞紐處設置的稽查人員，握有很大權利，由其監督過往使臣和驛站官員的作為，保障驛路政令暢通，“各處脱脱禾孫，掌辨使臣奸僞。正一員，從五品；副一員，正七品”，他們的具體職責是按給驛分例盤問過往使臣是否

① 《永樂大典·經世大典》卷一九四二三，中華書局，1994年，第7261頁。
② 李逸友：《黑城出土文書（漢文文書卷）》，科學出版社，1991年，第31頁。
③ 《永樂大典·經世大典》卷一九四二一，中華書局，1994年，第7235頁。
④ （明）宋濂等：《元史》卷九十一《志第四十一上·百官七》，中華書局，2016年，第2311—2314頁。
⑤ 李逸友：《黑城出土文書（漢文文書卷）》，科學出版社，1991年，第89頁。
⑥ 同上。
⑦ （明）宋濂等：《元史》卷八十八《志第三十八·百官四》，中華書局，2016年，第2230頁。
⑧ 《永樂大典·經世大典》卷一九四一六，中華書局，1994年，第7191頁。
⑨ （明）宋濂等：《元史》卷一〇一《志第四十九·兵四站赤》，中華書局，2016年，第2583頁。

携帶馳驛牌符，審查是否有假冒或多乘鋪馬現象，官員隨身携帶的物品有没有違反條例規定等。《俄藏黑水城文書》中被命名為《甘肅行省寧夏路支麵酒肉米鈔文書》的兩件文書TK204①、TK248②屬於亦集乃路站赤祗應登記薄，載有各級官員的具體用驛飲食、錢鈔等分例情況，需有專人核查是否符合身份級别，可證實亦集乃路設有脱脱禾孫一職。

（三）《文卷》所見首領官

元代職官中的經歷、知事與提控案牘構成了路一級的首領官。該《文卷》是黑水城出土元代文書中落款最為完整的卷宗，落款簽名按照從左到右的順序整齊排列，即司吏、提控案牘、知事、經歷，官階相應由低到高。《元史・職官志》載有“首領官：經歷一員，從七品；知事一員，從八品”③。提控案牘、知事、經歷三種官職屬於總管府正官之下的首領官。

經歷一職是首領官中品級最高、設置最廣的。其不僅設於路總管府，行御史臺、行樞密院、宣慰使司、肅政廉訪司等部門也有設置。《文卷》落款處經歷一職無官員簽名，但文中出現了“經歷刑察罕普化從仕途起……馳驛前去整點蒙古……”，“經歷刑察罕普化……準此卑職□奉馳……户人等從實整點”，可見經歷刑察罕普化參與了整點工作。文以“準此卑職”的語氣，大概説明了元末戰亂一些低級官員得以承擔較其品秩略高的職務的情况。

《文卷》落款提控案牘是聶元宗，除殘缺不可辨者外，其姓名共出現了10次，整卷文書字體相同，充分説明16件文書均由聶元宗全權負責書寫。提控案牘設於路總管府，《大德十一年税糧文卷》中F116：W201載有“貴職及下首領官提控案牘”④，F116：W610載“首領官提控案牘羅孝祥照得先奉”⑤。《大德十一年（1307）税糧文卷》與《至正二十四年（1364）整點站赤文卷》的成文時間相差57年，但落款格式相同。《至正十一年（1351）考較錢糧文卷》F116：W555亦載有“在路提調正官達魯花赤徹徹禿中大夫及下首領提控案牘韓仲文”⑥等信息，可斷定提控案牘是亦集乃路常設的首領官，品秩低於正官，均由漢人擔任。《文卷》落款知事一職空缺至六月二十九日，之後落款知事一職後出現了蒙古文簽名與押印。

（四）《文卷》所見吏員

元代吏員主要為司吏、譯史、通事和奏差等。縱觀《文卷》全部内容，司吏一職出現

① 俄羅斯科學院東方研究所聖彼得堡分所，中國社會科學院民族研究所，上海古籍出版社編：《俄藏黑水城文獻（漢文部分）》（第四册），上海古籍出版社，1997年，第208頁。

② 俄羅斯科學院東方研究所聖彼得堡分所，中國社會科學院民族研究所，上海古籍出版社編：《俄藏黑水城文獻（漢文部分）》（第四册），上海古籍出版社，1997年，第313頁。

③ （明）宋濂等：《元史》卷八十五《志第三十五・百官一》，中華書局，2016年，第2138頁。

④ 李逸友：《黑城出土文書（漢文文書卷）》，科學出版社，1991年，第115頁。

⑤ 同上，第116頁。

⑥ 同上，第120頁。

的次數最多，他們是提調官的隨從，督責各站站官整點站赤，在提調正官與站官之間起溝通協調作用。落款所署的經辦司吏姓名有常文義、郭斌、朱孝如、張春□、張舒等。五月□日至六月二日的文書司吏署名為郭斌，六月二十九日更為常文義；署兩個名字的分別是五月張春□與郭斌，八月一日朱孝如與張舒。元代除大都、中都外，腹裏地區纔設兩名司吏，而偏於西北的亦集乃路站赤上有兩名，結合文書內容可知總管府官員請求"摘撥司吏一名前去各站整點"，令司吏到各站督責站官整點站赤。明顯可辨的是"楊彬"和"常文義"屬上級差撥司吏，"司吏未曾關嗦當職合行關請照驗，煩為摘撥司吏一□同前去各站整點不致失誤……合將司吏楊彬摘撥"、"差司吏常文義"。按此推理，整點時各站衹動用了提領和百户二人，司吏為應對工作需要，由上級政府差撥的臨時吏員，抑或是蒙古站赤的管理更為複雜。

(五)《文卷》落款印符辨析

從《文卷》落款姓名特徵來看，元末掌印辦事之官仍由蒙古人擔當，下層小官吏一般差派漢族人擔任。官員簽名時姓與職名靠近，姓與名間留有間距，人名字體略小於姓氏，名後有個人簽印符號。官員簽印屬於私印，其形態為上下各有一道横綫，下道長且粗於上道，中間是變化的部分，每個人的簽印風格都不同，但同一人的簽名式樣固定不變。文中知事一職的蒙古文簽名亦為兩道横綫，下道横綫中間畫有一個半圓，半圓的頂部與上綫保持一定距離。

另外，每件文書的落款處先後蓋有兩個方形官印，前者蓋於事由上的黑色方印應為簽署印，辦事官員簽名之後蓋於日期上的朱色方印為日期印，以防公文被篡改或僞造。文書M1·0931（F116：W560）、M1·0934（F116：W397）、M1·0933［F116：W558］、M1·0934［F116：W397］與M1·0935［F116：W571］清晰可辨的黑色方印即為"騎縫印"，由兩紙從中間粘合而成，正好拼合為一個完整官印。簽署印和日期印上所刻印文疑似相互疊加的篆體八思巴文，内容從正中間分開。由於"元印大小與官品成正比，官品越大其官印就越大"①，朱色方印形狀略大於黑色方印，兩者都有外圍寬邊，推斷其為亦集乃路總管府或甘肅行省的官印。

最後，文末簽名之後的空白處還出現了四種不同式樣的印符（參見下圖一、二、三、四），每件文書末畫有一至四枚樣式不同的印符，隨意分布於日期印的前後。圖一出現的次數最多，圖二僅出現於M1·0936（F116：W567）。《元史》載："因命今後各處取給鋪馬標附文籍，其馬匹數付譯史房書寫畢，就左右司用墨印，印給馬數目，省印印訖，別行附籍發行墨印，左右司封掌。"② 至元八年（1271）正月中書省議："鋪馬劄子初用蒙古字，

① 陳朝輝、潘潔：《黑水城出土元代文書押制度初探》，《西夏研究》2014年第4期。
② （明）宋濂等：《元史》卷一〇一《志第四十九·兵四站赤》，中華書局，2016年，第2585頁。

各處站赤未能盡識，宜繪馬匹數目，復以省印覆之，庶無疑惑。”[①] 站赤文書主要為了讓總管府官員認讀，蒙古人居多，落款年月日末尾處畫上的這種黑色押印可能與文獻中黑印表示馬疋數目的記載相關。

圖一
（M1・0932［F116：W220］）

圖二
（M1・0936［F116：W577］）

圖三
（M1・0937［F116：W615］）

圖四
（M1・0932［F116：W220］）

三、亦集乃路站户所反映的民族特徵

《文卷》提供了蒙古站赤管理信息，即路總管府提調正官、站官、首領官與吏員相互配合完成站赤的清點核查任務。同知、總管、判官、經歷、知事等官由蒙古人擔任，司吏與提控案牘均為漢人。亦集乃路是西夏威福軍司所在地、西夏國故地，統治民族以党項族為主，還有漢族、藏族及其他少數民族在此居住。“元太祖二十一年（1226）內附。至元二十三年（1286），立總管府”[②]，這時蒙古人入駐此地。元末亦集乃路居住的人口以蒙古人為主，有大量西夏遺民，其中有党項族、漢族及其他各族人民。

站户是元代的户籍名稱之一，站赤運作主要依靠站户承擔站役。黑水城出土了兩份有關站户財産糾紛案的卷宗，提供了亦集乃路站户的生活信息。其一是《也火汝足立嵬地土案文卷》[③]，文中也火汝足立嵬家族原係亦集乃路的附籍站户，元政府設立亦集乃路時他們是作為歸附人口而被簽充站户的，其曾祖父石革立嵬經過土地歸斷復業，成為亦集乃路居民。從姓名特徵來看，也火立嵬和石革立嵬應是西夏党項族遺民。其二是《麥足朵立只答

① （明）宋濂等：《元史》卷一〇一《志第四十九・兵四站赤》，中華書局，2016年，第2585頁。
② （明）宋濂等：《元史》卷六十《志第十二・地理三》，中華書局，2016年，第1451頁。
③ 録文見於《黑城出土文書（漢文文書卷）》，第157—164頁。圖版見於《中國藏黑水城漢文文獻（四）》，第795—868頁。

站户案文卷》[1]，文中麥足朵立只答是在城站站户，承繼父親麥足合干布之家業，本人不到站應役而用驅口代為服役。麥足朵立只答屬於世代在亦集乃路居住的有事産之家，當時纔有可能簽充站户，因此朵立只答也應是党項人。

站户中有很多蒙古人和漢人名字，如 Ml・0863［F135：W78］登記了三個站赤的祗應物品和站户名單，第一個站（站名缺失）有站户大黑奴、帖木兒、任安童、何完者哥、教化的、酒真布。普竹站有站户鎖文義、即□束、□忍的、那立、葛玉、白立春、强真布、丕丑合、蘇吾即。落卜克站有站户何首下、八朵立只、□哈即本、答只、即只撒日竇、蘇若日、立嵬真布、八只朵立只答係。F111：W62 也是站户名單，落卜克站有李天實、鄧寅孫、羅石花。其中漢姓名字的應是漢族人，除“立嵬真布”應是党項人外，大多還是蒙古族人，可能還有其他各個民族人户。因此，維持亦集乃路站赤運作的提調正官、應役站户、站官等由多個民族共同組成，亦説明亦集乃路各民族正在不斷走嚮融合。

綜前所述，《文卷》除反映了亦集乃路總管府的官員任職情況和站赤管理制度外，亦為瞭解元末民族關係、社會狀況及公文格式提供了重要綫索。遺憾的是文中難以再現蒙古八站整點的先後順序，大多是相似内容的復述。而當時官員是分南北兩路同時進行整點，還是先從亦集乃城嚮南依次整點完五個站後，再去整點城北兩站，僅有的信息不足以解答。但官員無論以哪種方式進行整點，都不至於曠日持久，歷時至少五個月時間。文中頻見各級官員變動及反復請求差撥司吏，甚至連總管府總管都要親自參與整點工作，充分説明這次站赤整點事關重大，但官僚機構已經癱瘓，下級官員辦事拖沓，上推下衍現象嚴重。

作者單位：山西大學近代中國研究所

① 録文見於《黑城出土文書（漢文文書卷）》，第 154—157 頁。圖版見於《中國藏黑水城漢文文獻（四）》，第 775—792 頁。

新見《金山吴公墓銘》考釋

錢汝平

近日，筆者從專門收藏墓志和古甓的會稽金石博物館獲睹一方《金山吴公墓銘》。這方墓志長110cm，寬43cm，共24行，滿行62字，總1197字。墓志保存完好，文字清晰可辨。墓志作者是明代福建晋江籍内閣大學士李廷機。檢臺灣文海出版社1970年影印明刻本李廷機《李文節集》，發現未收此篇墓志，因此可以肯定此篇墓志是李廷機的一篇珍貴佚文。這篇佚文對考察李廷機的一生行迹及賓朋交往有一定的文獻史料價值，兹將其釋讀標點，再略作闡釋。

一、釋文

金山吴公墓銘

隆慶庚午北畿鄉進士泉郡九我李廷機撰
賜進士第翰林院修撰大田鍾臺田一儁書
賜進士第文林郎知徽州休寧縣事南平仰雲陳正謨篆

萬曆乙亥三月五日，順漠源金山吴翁卒於家。先是甲戌冬，余由東越取道於延，會家碧河君。以應試得聚，呼歡如平日，抵掌論文，迥與前時異，余心知丙子應録也。第睹肌色皯黰不符，心怪之，遂别於延。亡何，碧河君貽余書曰："家君病篤。"次歲，貽余書曰："先君棄不肖於三月五日，乞不朽於足下，已喻行狀。"余捧驚曩時肌色之徵，且嘆曰：

“余不得一覯翁，乃銘翁哉？”翁名周保，字固卿，乃父静庵公生二子，翁其長。幼岐嶷，勃勃有英氣，爨從逢衣遊，業舉。以静庵公性恬淡，憚拘婗，不事家人産業，翁先意承志，棄舉子業，不勞静庵公以煩猥，亡問巨細，家事攬而督之無遺。以故静庵公壽八十餘，不一染塵垢，以翁之力也。

翁童子時，輒運貲於大方，已積數千金，乃仰天而嘆曰：“吾兄弟二人，家大人棄家於予任營，余為已私分，不無不可顯也，其謂吾弟何！”於是捐金購田米貳百餘石，券書静庵公購也。或私之曰：“汝券名父，則剖之而半，弟無勞獨之，愈乎？”翁笑曰：“余豈懵不醒乎？心許吾弟共之也。”越數歲，異居，翁以祖田壹百捌拾石自購，貳百肆拾石與弟，均無盈縮焉。祖居貳□，例長子不外居也，惟仲季則外之。維仲季外居，長子謝營創之勞以金，非耶？翁則以祖居雖長子分，寧勞我而逸弟，外居雖當謝金，我不忍費弟也，輒自購基址而遷。鄉黨稱曰：“翁以長子而勞而屑越，不受其弟謝，羲皇風概也，何盛德乃爾！”

翁弟名周先，先父母而喪十年，翁常怏怏，恨弟不終天年，憐侄幼而孤，日夜啜泣。食親以酒肉，衣親以帛紈，靡不自致，絶不與聞孤侄。翁先喪母，後喪父，殯斂窀穸百餘金，費不支也，翁慨然支之，分文無與侄較量，且不置之齒頰恃功也。

翁嘗之漠源之北，遇一媪遺二金，其夫撻之笞之，促其得金也。媪自分必無，迫於笞，籲天赴水而死。翁止而慰之，旋家，出二金以濟，媪得免於死。其夫叩得金之由，媪道所以，不知翁之為誰何也。越數日，其夫款謝於家，指天而誓曰：“翁活我老媪之命，再生恩也。後償謝，否則不見翁矣。”其後果償，翁靦然却之不受。其人懷之以歸，稱祝揶揄無極。

翁好儒雅，敬高年，每遇儒者，雖卑幼，輒折節禮之；遇長者，雖長三歲以上，輒以父執待之，下至農氓童稚僕厮，亦留情不陵忽。翁苦於鞠子，垂老，碧河君生，翁刻意授經，每延豫章師儒督讀，每日甲夜課其期程，以為數年規。亡何，碧河君以垂髫補邑學官弟子員，繼叨廩餼，翁意不厭也，以擢科期之。歲丁卯，大試，命碧河君遊學於敝邑，故余得會雅也。碧河君夙抱雄才，屢試未録，翁亦釋然無憾，蓋知虚盈之數，且逆大才不久屈耳。

翁老年輟商，優遊十餘載，迄萬曆初，恩詔賜耆老冠帶，翁與焉。頃之，諸生議舉鄉飲，翁矍然曰：“予凉德而當此重，吾過也。”戚友諭之，乃與介賓之席。越二歲，卒於家，去翁生於成化癸亥年，卒於萬曆乙亥年三月五日，享壽七十三。先配陳坂鄧氏，生女妹娘，適本里葉姓諱良守，生男甥一人，諱鳴鯤；女甥二人。繼配在城顔氏，生男三讓，即碧河君也，娶高灘葉氏，生男孫敏學，娶在城張氏，未聘；敏覺，未配；女孫桂娘，未適；結娘，未適。又繼配在城黄氏，生女有娘，適在城庠生陳達道，生男甥老農、女甥貞娘。以丙子年十一月廿六日葬於本里漠口解元窠之麓云。

銘曰：吴氏之宗，肇自順昌。林麓疇畝，纍世乃揚。英英公哉，載芬載彰。義固金石，才匹琨璜。産異彪華，日燦星芒。天目窿窿，漠水湯湯。嗟公室斯，以永以藏。以引以繩，以莫不臧。玄石率如，閟矣無疆。

二、志主生平與家世

墓志志主是福建順昌人吴周保，吴氏本是儒生，因家庭關係而改業貨殖，得以起家。文中記載了吴周保對父母有孝、對兄弟有悌、對侄兒有慈、對路人有恩、對儒者有敬、對子嗣有嚴的事迹。吴周保無非就是明代福建鄉下的一個樂善好施的普通富家翁，其事迹實屬平常，并無突出表現，本無足道。事實上，李廷機與吴周保也并無一面之緣，李廷機自稱“余不得一覯翁，乃銘翁哉”，可以為證。衹是由於是故人的父親，李廷機纔寫下了這篇墓志。

志主之子吴三讓是李廷機早年的故人。據墓志，吴三讓在其父的督課下，垂髫之年即考中秀才，但吴翁望子成龍心切，希望兒子能考中進士，以“擢科期之”。隆慶元年（丁卯，1567），吴翁命其子吴三讓求學於晋江，吴三讓因此得與李廷機相識。

吴三讓，字實鄉，號碧河，福建順昌人。三歲失母。萬曆十年（1582）領鄉薦，署壽寧縣教諭，遷河源縣令。有弄兵潢池者，治其魁，宥餘黨。起復，調雲南臬司檢校，署新平、河西二縣，轉銅仁令。清丈播州，務從民便。壽八十三卒。事迹見乾隆《延平府志》卷二十八《人物三·循吏》。

三、墓志的撰者

墓志撰者李廷機（1542—1616），字爾張，號九我，福建晋江人。少貧勵學，隆慶四年（1570）舉順天鄉試解元，萬曆十一年（1583）以榜眼及第，纍官至禮部尚書兼東閣大學士。萬曆四十年（1612）九月加太子太保，致仕回籍。家居四年卒，謚“文節”。李廷機為人清廉，為政嚴峻，史稱其“遇事有執，尤矯矯厲廉潔”“然性刻深，亦頗偏愎，不諳大體”[①]。事迹詳見明焦竑《國朝獻徵録》卷十七《大學士李先生自狀》、明過庭訓《本朝分省人物考》卷七十一《福建泉州府·李廷機》等。此不贅。

① 萬斯同：《明史》卷三百十列傳一百六十一《李廷機》，清鈔本。

四、墓志書丹者

墓志書丹者田一儁，字德萬，號鍾臺（一作中臺），福建大田人。隆慶二年（1568）舉禮闈第一，選庶吉士，授編修，歷修撰、侍讀。萬曆五年（1577），欲止張居正奪情不果，予告久之。張居正敗，補原官，歷國子祭酒、禮部右侍郎，轉左侍郎。恬淡寡慕，居恒介然自守，然不以廉潔自標。卒於官，予祭葬，贈禮部尚書。事迹見明過庭訓《本朝分省人物考》卷七十三《福建延平府·田一儁》、清張廷玉《明史》卷二百十六列傳第一百〇四《田一儁》。據清談遷《國榷》卷六十九，萬曆三年（1575）十月有"丁丑翰林院修撰趙志皋、田一儁注起居"的記載，可見萬曆三年（1575）十月之前，田一儁已是翰林院修撰，而據同書卷七十，萬曆五年（1577）八月乙卯有"叙《實録》勞……翰林院修撰趙志皋、田一儁、徐顯卿俱侍讀"的記載，可見田氏在萬曆五年（1577）八月纔升翰林院侍讀，因此在吴周保萬曆四年（1576）十一月下葬時，其官銜正是翰林院修撰，與墓志的題銜相合。

五、墓志篆額者

墓志篆額者陳正謨，號仰雲[①]，福建南平人。英年登進士，任黟縣令，期年調休寧。力除豪猾，時歙方以絲絹移徵五邑，民變作集於休寧。謨以身提衡其間，忤觸用事者，加賦事卒解。謨因落職，民冤之。給事中邵庶為作《去思碑記》。事迹見道光《休寧縣志》卷七《職官·名宦》。據《皇明貢舉考》卷八，陳正謨是萬曆二年（1574）進士，先任黟縣知縣，期年即調休寧，道光《休寧縣志》卷七《職官·題名》記陳氏萬曆四年（1576）任休寧知縣，與墓志題銜亦相合。

六、墓志的文獻價值

筆者以為，這方墓志的文獻價值主要表現在以下兩個方面：一是提供了李廷機早年的

① 按：道光《休寧縣志》"仰雲"作"師雲"，蓋"仰""師"形近而訛，今從墓志。

活動軌迹及賓朋交往的部分情況。李廷機是晚明政壇上的風雲人物，傳世文獻中有關他的史料不少，但這些史料涉及的基本上都是他考中進士踏入仕途飛黄騰達後的事情，對他早年的行迹記載很少。當然，李廷機留下了自己的行狀①，行狀對自己的生平性格及行政得失都做了總結，但對早年活動軌迹的記録還是失之簡單。而這方墓志則揭示了李廷機早年應試及交遊的某個片段和側面，細節比較豐富。墓志云："歲丁卯，大試，命碧河君遊學於敝邑，故余得會雅也。"丁卯是隆慶元年（1567），正是鄉試之年，吴周保命子吴三讓遊學晋江，李、吴兩人因此得以相識。據李廷機《大學士李先生自狀》："丁卯，蔡見麓先生督學，試高等補廪。"可見是年李廷機得以補廪生。此後兩人似多有聯繫。墓志又云："先是甲戌冬，余由東越取道於延，會家碧河君。以應試得聚，呼歡如平日，抵掌論文，迥與前時異，余心知丙子應録也。第睹肌色皯黣不符，心怪之，遂别於延。"甲戌是萬曆二年（1574），此年李廷機由東越（浙東地區）取道延平，寄居吴三讓家。吴三讓與李廷機"呼歡如平日"，可見兩人關係親密，不拘形迹。據《大學士李先生自狀》："庚午，舉順天鄉試第一。舉主為淮陰丁文恪公、姑蘇申相公。時余未有子，而婦病處京師二年矣。一日，同鄉顧公言其内親有妾新寡，美而多貲，欲為余妁之，余不可。辛未，下第歸。有故家見余婦病甚，欲以女適余，余又不可。余貧，獨念一領鄉書，輒事干謁為生計，古人謂餓死事極小，失節事極大，豈澹臺子羽不可為耶？因婦家永春深山中，往居焉。山中米賤，蔬笋不粥而有，但不能具肉。陋室蕭然，不蔽風雨。一友人偶經過，憐而謂余曰：'郡中盡可度日，何自苦乃爾！'余笑不答。甲戌，下第，江陵相公為其子延余。時相公有賢名，第余性故不喜與貴介處，辭去之。及丁丑，相公奪情矣。再招余，不往，歸葬先人四喪。"可見萬曆二年甲戌（1574）是李廷機第二次會試下第，會試舉行在春天，大概不久李廷機就返回晋江了。順昌在福建北部，而晋江在南部，李廷機返鄉必取道於此。由於故人吴三讓家居於此，遂落脚吴家，作短暫勾留。此時的李廷機早已考中舉人，而吴三讓仍然是一介諸生。此時離丙子（萬曆四年，1576）鄉試之年已經很近，李廷機落脚吴家，與吴三讓"抵掌論文"，實有在舉業上指導吴氏之意。他發覺吴氏在舉業上有很大進步，"迥與前時異"，推測其在即將來臨的丙子科鄉試中必被録取，"丙子應録也"。當然，事實上他的推測完全落空了，吴三讓遲至壬午科（萬曆十年，1582）纔中試。至於吴三讓未能在丙子科中式的原因，李廷機在墓志中也隱約提到了："第睹肌色皯黣不符，心怪之，遂别於延。"就是由於當時吴周保已身染重病，這使作為獨子的吴三讓頗為焦慮，從而導致氣色不好，"肌色皯黣"，這或許是吴三讓未能在即將來臨的丙子科鄉試中中式的部分原因。總之，上述記載是考察李廷機早年生活狀態和交遊情況的第一手材料，值得重視。

---

① 李廷機：《大學士李先生自狀》，焦竑《國朝獻徵録》卷十七《内閣》六，明萬曆四十四年徐象樗曼山館刻本。

二是這方墓志也為我們考察李廷機早期寫作的面貌提供了資糧。仔細研閱此文，可以發現此文并不是一篇完善的作品。行文拙滯不暢，遣詞造句上往往不明所以。現舉例説明。比如“祖居貳□，例長子不外居也，惟仲季則外之。維仲季外居，長子謝營創之勞以金，非耶？”一節，整節都是在陳述事實，突然來了一個“非耶”的反問句式，前無來龍，後無去脈，讓人完全摸不着頭腦。又比如“其夫叩得金之由，媪道所以，不知翁之為誰何也。越數日，其夫款謝於家，指天而誓曰：‘翁活我老媪之命，再生恩也。後償謝，否則不見翁矣’”一節，既然老媪“不知翁之為誰何也”，那後面怎麼又來“其夫款謝於家”呢？中間毫無交代。而“後償謝”一句，初看似是陳述句，但其實是老媪之語，“後”字下加一“必”字，語意纔能完整。又比如“翁先喪母，後喪父，殯斂窀穸百餘金，費不支也，翁慨然支之，分文無與侄較量，且不置之齒頰恃功也”一節，既然“費不支”，又説“翁慨然支之”，語意重複，邏輯不順，讓人看了莫名其妙。另外，又有一些生造的詞語，如“肌色骭黯”，從文義上來看，“骭黯”應是一詞，“骭黯”應是近義詞結成的詞組，要表達的是面色晦暗的意思，但“骭”絶無此義。又比如“余捧驚曩時肌色之徵”一句，“捧驚”一詞，初讀不知何謂，細體文意，似要表達捧讀而驚的意思，他删去了一個動作過程，致使文義不明；又比如“農壑童稚僕厮”一句，“農壑”一詞似也是生造，究其文義，似要表達農夫之意，壑是溝壑的意思，農夫從事於溝壑，但從詞義結構上來看，根本就是没有理據的組合方式，純粹是胡編亂造①。

這篇墓志反映了李廷機早年寫作面貌的某些側面。李廷機自幼習舉，科舉之路并不順遂。隆慶四年（1570）考中舉人，已年近三十。會試數次，均鎩羽而歸。等到萬曆十年（1582）以榜眼及第，年已四十有一，早非少年科第了。為了獲取功名，數十年孜孜矻矻於八股時文的揣摩練習，多多少少總會躭誤在其他文體寫作方面的嘗試，而八股時文又有獨特而嚴苛死板的寫作矩範，擅長八股時文寫作的人并不一定就能擅長其他文體的寫作。因此，萬曆三年（1575）尚是舉人而正為躋身進士奔波忙碌的李廷機寫出這樣一篇并不完善的作品，是不足奇怪的。衹有在考中進士躋身仕途之後，纔能徹底擺脱八股時文的羈絆，而有從容的時間來從事其他文體的寫作，從而提高自身整體的寫作水平。這或許是這方墓志給我們的啓示之一。

作者單位：紹興文理學院

① 當然，還有一個可能是這方墓志或許不是原刻，原刻或許已毁。因墓志安置於墓外，年深日久，極易毁壞。後人遂據傳鈔之本或家譜所收志文重新刻石，而傳鈔之本或家譜所收志文已非原貌，據此上石，勢必訛誤錯出。

朱載堉協律新議

李興春

一、自我放逐的囚徒

明朝中後期政治腐敗，黨争激烈，社會動蕩不安，但在經濟上逐漸出現了資本主義的萌芽，學術界也興起了一股空前的“實學”風氣。這樣的社會背景催生了一位身份特殊的科學藝術巨人——朱載堉，在當時他并未享有像同時代其他名家大師一樣的聲譽，其歷史地位直到今天也没有得到完全恰如其分的公正評價。

朱載堉（1536—1611），字伯勤，號句曲山人、山陽酒狂仙客等，河南懷慶府河内縣（今河南沁陽）人，是鄭恭王朱厚烷的長子，算起來是明太祖朱元璋的八世孫。生在皇族，他却不像個王子，不但從小以狂生自命，痴迷於别的王子王孫不屑一顧、多數讀書人也不甚了了的數學和音樂，而且在他父親死後還讓爵不襲，放棄鄭王王位，把一輩子獻給了科學和藝術事業。

按照公認的説法，朱載堉最偉大的貢獻是首創“新法密率”，即音樂學和物理學上都有重大意義的“十二平均律”①，這一發現先於西方，為中華民族赢得了一項世界性的榮譽。通過計算十二平均律，朱載堉在數學上最早得出了已知首末項和項數求解等比數列的方法，也先於西方最早提出這個方法的荷蘭數學家、工程師斯蒂芬（斯蒂芬同樣晚於他提出了十二平均律）；他還得出了不同位制的小數换算方法，也比西方最早提出類似方法的德國著名數學家萊布尼茨要早百餘年。取得這些數學成果靠的是中國傳統的珠算，朱載堉首先用算

① 杜景麗：《樂聖朱載堉》，中州古籍出版社，2006 年，第 53—74 頁。

盤進行了高次方根的開方運算和不同進位制的數的換算。

在天文曆法學上，朱載堉精確地計算了回歸年的長度值，測量了北京的地理緯度和地磁偏角，嘗試製作一些小型天文儀器。在物理學上，他曾較為精確地測定了水銀密度。而在音樂藝術方面，他不但是一位音樂理論家，還親自編曲、作曲，考證古樂，製造新樂器；并且是世界上第一個系統編製舞譜的人。他寫有許多同情百姓疾苦、揭露社會黑暗的文學作品，還可能精通繪畫，擅長白描。

古代音律與度量衡并列，密切相關。朱載堉指出“律可以製度量衡，因度量衡可以製律”（《律呂精義·內篇》），所以他“纍黍造尺，依尺造律”（同上），在這樣的實踐中認識到“律由聲製，非由度出，製律之初，未有度也；黃鐘無所改，而尺有不同”（《律呂精義·不宗黃鐘九寸第二》）。律是由自然客觀的聲音製造出來的，不是由人的主觀度量製造出來的，自然客觀的聲音、音律先於人的主觀度量、測量存在，所以從黃鐘律開始或由黃鐘律代表的各律絶對音高不變，而度量、測量它們的尺度可以不同。早在南宋時朱熹就表述過類似的意思：“蓋物理本同而象數亦無二致，但推得有大小詳略耳”（《朱熹集》卷四十六《答黃直卿》書三），現代則可以用“馮氏最大定理”加以説明。所謂馮氏最大定理是中國數學家馮康的“馮氏大定理”的推廣。馮氏大定理指出同一物理定律不同的數學表述，儘管在物理上是等價的，但在數學計算上是不等價的。馮氏最大定理將此推廣為：同一自然、社會和人文科學定律不同的數學表述，儘管在定性上是等價的，但在定量上是不等價的；反過來也可以説，在定量上是等價的但在定性上是不等價的。造成這種現象的原因朱載堉也認識到了：對自然事物的測量都有不可避免的隨機誤差，即使一隻手兩次測量，都不會得到相同的數據；這些包含隨機誤差的數據某種程度上相當於除不盡的無理數。朱載堉進一步認識到這纔是自然之理，説明自然生成的數更容易、更應該是隨機數、無理數，而不是人們想當然認為的整數、有理數，這為他用無理數度量聲音、製造音律找到了堅實依據，也是一個對計量學和科學哲學都有重要價值的發現，其價值甚至可能超過了十二平均律。

另外，古代中國人特别是儒家賦予了音樂更多的内涵和意義，將其與禮制并稱，列為儒家“六藝”（禮、樂、射、御、書、數）之一，用音樂附會人事倫理，和諧的音樂也反映着社會的有序，而“禮崩樂壞”在孔子看來簡直就是亂世、末世的象徵。朱載堉十二平均律恰好也是一種折中調和的音樂律制，符合儒家中庸思想；有助於制禮作樂、移風易俗、匡正人心、教化民衆。朱載堉也是一個施行樂教的儒者。

就是這樣一位世所罕有的全才、通才，貴為王子，思想情感却幾乎和一般平民一樣，并且還有一段連一般平民也不如的不幸經歷。

嘉靖二十七年（1548），朱載堉的父親朱厚烷上書嘉靖皇帝，對嘉靖皇帝迷信方術、沉溺於建醮修真進行勸諫，并提出修德、講學、勤政、任賢等主張，這本來都是好的建議，却被和他有矛盾的盟津王朱見濍之子朱祐橏利用，嚮嘉靖皇帝進讒言誣陷。嘉靖二十九年（1550），朱厚烷無辜獲罪，被削去爵位，降為庶人，即降為一般老百姓身份，并“放之高牆”，軟禁到了安徽鳳陽祖居，這是朱明王室對皇族成員犯罪的通常的處置方法。

朱載堉因為和父親所謂的罪案無關，所以鄭王世子的冠帶雖被剝奪，還有權管理鄭王府的事務，這顯然不能完全達到朱祐橏的目的。在嘉靖三十年（1551）朱祐橏又屢次上奏，要奪取鄭王府的管理權。奏章被轉到禮部進行審議，交到了當時任職禮部的徐階手中。

徐階是明史上的一位名臣，因為後來扳倒大奸臣嚴嵩，他起了主要的作用。徐階對當時皇族内部的傾軋看得十分清楚，正因為這樣，鳳陽高牆下的朱氏“不肖”子孫已經關得不少。朱祐橏算起來是朱厚烷的叔父輩，高朱載堉兩輩，盟津王這一支本來也有資格繼承鄭恭王王位，他的用意不言而喻。徐階進奏為朱載堉辯護，辯護詞寫得委婉而巧妙，而對朱祐橏就是直接指責了：“脅制撫按，肆行奏訐”“圖快私忿，相應罰治”。

嘉靖皇帝同意了徐階的奏言，讓朱載堉繼續管理鄭王府，不過并没有懲治朱祐橏，遠在河南的朱載堉却用一種激烈的方式表示了他對父親蒙冤的痛苦和不平，他做出了一個非凡的抗議行動：搬出王宫，在宫門外築了一間小土室，鋪着草席一個人住了整整十九年。他并不在乎那所謂的王府管理權，在漫長而無言的抗議過程中，祇有音樂、數學和天文曆法這些深愛的事物撫慰他受傷的心靈，他藉此打發斗室獨處、離群索居的寂寞與清寒，也逐漸得到了科學的真知和奥妙。從繁麗的王宫到清寒的斗室，這天上地下一般的錯位與失落，使他深深品嘗到了人生的另一種滋味。他那幾乎貫穿一生的平民思想，以至於在他的詞曲作品中，自覺不自覺地成為下層貧苦百姓的代言人，像他們一樣感嘆“天不均來地不均”，即使不是來自於這段不幸的經歷，起碼也曾受到極大的影響。

隆慶元年（1567），新皇登基，大赦天下，鳳陽高牆下的囚徒朱厚烷獲釋，由官方遣送回原府。父子相見，自難免悲喜交集；而鳳陽高牆外的囚徒朱載堉也在他那間土室中睡慣草席、嚼得菜根了，從思想、情感到行為都與王室生活相隔很遠很遠。這個自我放逐的囚徒經過一番苦難的磨煉，心靈得到了最大的自由。

二、種黍的人

在自我放逐中的朱載堉，就開始着手解决一個音樂科學上“旋宫轉調”① 的難題。什

① 邢兆良：《朱載堉評傳》，南京大學出版社，2011 年，第 139—157 頁。

麽是旋宫轉調？這要從有名的“三分損益法”談起。

古代定音可以用管、用弦，比如用某一弦長（通常就是單位弦長如一尺）發出的音作為起始音，古人稱為“宫音”，在這個音的基礎上升高或降低不同程度的音高，形成一系列音階，稱為“生律”；升高音高的生律叫“下生”，降低音高的生律叫“上生”。不同的生律方法形成了不同的律制。早在春秋時期就已記載應用的三分損益法，一直是朱載堉以前生律的基本方法。具體來説，三分損益法就是將發出起始音的弦長平均分為三份，減去一份謂之損，即三分損一，形成下生（《吕氏春秋·季夏紀·音律》：三分所生，去其一分以下生）；加上一份謂之益，即三分益一，形成上生（《吕氏春秋·季夏紀·音律》：三分所生，益之一分以上生）。減去一份也就是將弦長乘以三分之二，加上一份也就是將弦長乘以三分之四。將起始音的弦長乘以三分之二得次律，次律乘以三分之四得再次一律，這樣三分損一、三分益一反復進行，上下生律生成繼起始音之後的第二個音、第三個音……一直到某個音的音高恰好比起始音高一個八度（或低一個八度），即發出這個音的弦長等於發出起始音的弦長的一半（或一倍）；高一個八度是把發出起始音的弦長乘以二分之一，低一個八度是把發出起始音的弦長乘以二，這叫“旋宫”（“旋相為宫”或“還相為宫”）。旋宫的這個音又可以在更高一個八度或更低一個八度上作為起始音，繼續生律一周後復歸更高一個八度或更低一個八度的音高上，也就是進行周而復始、循環無端的轉調，這叫旋宫轉調。

用三分損益法生律大致也就是現在所謂的“五度相生律”。中國傳統生律生成的是宫、商、角、徵、羽的五聲音階，宫音通常為主，所以起始音纔叫宫音。而依此進一步推算可得出相似於現代七聲音階的加變徵、變宫的七聲，再把七聲推為十二律，每個律等於半個音，衹是十二個半音都不完全相等。這樣把一個八度分為十二個不完全相等的半音的十二律制，每律都可作為宫音生律，是中國古代音樂家們通行的做法。

至於三分損益法為什麽要將起始音弦長乘以三分之二、三分之四……最後又要求回到起始音弦長的二分之一（或一倍），其目的是為了使一個八度音程（音程指音高之間的距離）内能够容納儘量多的“協和音程”。因為弦長為起始音弦長的二分之一、三分之二、三分之四等等的簡單整數比，發出來的聲音與起始音都很和諧，聽起來悦耳動聽，它們與起始音的音程就稱為協和音程；其中弦長二分之一的協和音程是最和諧的“極完全協和音程”（稱為“純八度”或“完全八度”；而與起始音弦長相等的發出同一音高的音程也可以是極完全協和音程，稱為“純一度”或“完全一度”，因為一個音與其本身當然也最和諧），這樣一系列協和音程構成了西方所謂“畢達哥拉斯音階”。但在十二律制中，以下生的生律來説，按三分損益法生成的第十二個音的音高并不恰好比起始音高一個八度，而是略低一些，相當於大七度。這樣雖然獲得了三分之二弦長、三分之四弦長等的協和音程，却没有生成二分之一弦長的最和諧的極完全協和音程，也就没有達到旋宫轉調。另一種生成“純律”的方法增加了起始音弦長乘以四分之五或五分之六的整數比，比五度相生律容納了更多的協和音程，所以被認為是比五度相生律更純净自然、和諧動聽的音律，但也不能生成二分之一弦長的極完全協和音程，没有達到旋宫轉調。即使不拘泥於十二律，或不拘泥於五聲音階、七聲音階，可以生成任意多的音律、音階，比如漢代的京房生成六十律，南北朝的錢樂之生成三百六十律，南宋蔡元定生成十八律，都不能達到旋宫轉調；而在十二律基礎上曾有南朝宋人何承天做出了寶貴探索，他的十二等差律達到了旋宫，已經很接近十二平均律，從聽覺效果上也與十二平均律差不多，衹是由於十二等差律的十二個半音不相等，十二律不平均，轉調仍然不方便，還是没有徹底解决旋宫轉調問題。

旋宫轉調成了中國樂律學上同時也是世界音樂史上千餘年懸而未决的難題，不解决這個難題，就無法保證定音的準確性，進行方便的轉調。

在那十九年的静處默思當中，朱載堉也常常為這一難題所困擾，無數個日夜他用算盤把律數算到百千萬億，都是“往而不返，終不能合還元之數”。他越來越認識到這一思路和這一方法行不通，從前人和自己的錯誤中逐漸走了出來。

他扛上一把鋤頭，直接走嚮了山林田野，在廣大的西北一帶高寒地區跋山涉水，駐足流連於一處又一處農家的田間地頭，五穀中他不找稻子、不找稷子、不找麥子大豆，專門尋找黍子地。他嚮遇到的每一位老農詢問請教，但是許多老農認為顆粒飽滿的黍子良種，經他仔細地一顆顆檢查後都不合適。老農們都很奇怪，不知道他要找什麽。黍子俗稱黄米，生長期較短，産量又少，而且在當時已經不再普遍種植，這都給他的尋找增加了難度。終於，他扛着鋤頭，挽着褲腳，一身風塵僕僕，帶着千辛萬苦精選來的黍種返回了。他親自動手開闢了一小塊地，像種金子一般把黍子種下。他每天扛着鋤頭下地，鬆土、澆水、拔草、除蟲，精心侍弄他的黍子，完完全全成了一個勤於耕種的老農。王府的人也許知道他迷戀音樂，却無論如何弄不明白他堂堂王子，怎麽也不會缺吃少穿，却要自己種地，而且别的不種，單單種了黍子。

原來朱載堉要用自己種出的能保證顆粒均勻一致的黍子來定“律尺”。前面説過古人可以用管、用弦作為標準的定音器，朱載堉是用“律管”定音，這和用弦長定音是一樣的，而律管又要用極為精密的律尺定長短，否則就不能保證絶對標準音高。古代没有長度的標準原器，而穀類作物具有較穩定的顆粒均勻性，古代許多國家最初都用它來定長度單位，比如英國歷史上就直接使用過“麥粒”（barlay－corn）這樣的長度單位，“英寸”就是三粒圓而乾的大麥粒排成的長度。朱載堉不願意使用現有的任何不精確的長度尺，他選擇了黍子重新製造自己的長度原器，用黍粒排定律尺，再按律尺製造出三十六根律管，每根律管也都經他仔細采集、選擇竹管加工而成，這樣就保證了音高的絶對標準，從而也保證了進行一個準確的“吹律實驗”。

三、吹律者説

“黄鐘”律是十二律的第一律，朱載堉先通過反復增減律管簧片的基蠟，吹出黄鐘律聲，同様再通過增減簧片基蠟吹出十二律的“林鐘”律聲，最後同時噙住兩塊簧片吹，以黄鐘和林鐘是否完全協調作為判斷律制差别的標準。由於黄鐘到林鐘距離七個半音，距離七個半音的音程是純五度（完全五度），朱載堉首先進行的吹律實驗就是一個純五度的和聲實驗；純五度也相當於將弦長乘以三分之二，是三分損益法生律的第一步。三分損益法生律而得的五度相生律與朱載堉的十二平均律的五度音程差别極微，可以想象朱載堉要怎様精確地完成這項實驗，纔能最後聽出這兩種律制的差别，以及聽出管長、管徑、簧片厚度異同所造成的差别。所以這項實驗也要求吹氣適當，否則達不到實驗目的。

那一段時間裏，鄭王府的人少不了會從王子住處聽到或洪大夾雜着尖細、或響亮夾雜着低沉、或雄壯夾雜着陰鬱的各種聲調的和聲，初聽還感到奇怪，有點新鮮，聽到後來大家都煩了，衹有朱載堉不厭其煩地請人調整氣息反復試吹，一遍又一遍，終於用枯燥的吹律實驗得到了一個系統的管口校正方法，推翻了前人的一些錯誤結論。

朱載堉知道決定律管發音的不僅是管長和簧片厚度，而且還有管的内徑大小。晉代樂律學家荀勖曾從管樂器的長度上找管口校正數，朱載堉則從管口的不同口徑對音高産生的不同影響上，找到了正確的管口校正數及其計算方法，這是他的另一傑出成果，稱為“異徑管律”。

在管徑相同的情况下，所有半律管將降低半音；反之應當推得：在管長相同的情况下，管徑按比例遞減，也將升高半音。“律管長者其氣狹而聲高，律管短者其氣寬而聲下。是以黄鐘折半之管不能復與黄鐘相應，而下黄鐘一律也，他律亦然。大抵正半相較，半徑雖清而反下，正律雖濁而反高，豈不以其管短氣寬也哉，蓋由圍徑不得自然真理故耳。夫律管修短既各不同，則其空圍亦當有異。”（《律學新説》卷一）這様，如果相鄰的兩根律管管徑相同，而管長按 $\sqrt[12]{2}$ 為公比數遞減，那麽八度内十三根律管都將降低半音發音，為了校正這降低的半音，就不能使管徑相同，而要使管徑也按 $\sqrt[12]{2}$ 為公比數遞增；反之，如果相鄰的兩根律管管長相同，而管徑按 $\sqrt[12]{2}$ 為公比數遞減，那麽八度内十三根律管都將升高半音發音，為了校正這升高的半音，就不能使管長相同，而要使管長也按 $\sqrt[12]{2}$ 為公比數遞增。

朱載堉實際製作給出的數據要小一些，管徑不是按 $\sqrt[12]{2}$ 為公比數而是按 $\sqrt[24]{2}$ 為公比數遞增①，但不管是 $\sqrt[12]{2}$ 還是 $\sqrt[24]{2}$，都形成了管口校正，沒有實質性地改變八度內十三根律管之間的等比關係。朱載堉使用 $\sqrt[24]{2}$ 的數據可能有其他技術方面的原因，對此已有很多專家學者進行過討論②。

這樣朱載堉實際製作出來的律管是相鄰的兩根律管管徑按 $\sqrt[24]{2}$ 為公比數遞增（遞減），而管長按 $\sqrt[12]{2}$ 為公比數遞減（遞增）。他衹取管長的數據，得到八度內十二律的音階構成以 $\sqrt[12]{2}$ 為公比數的等比數列。當然他也可以製作管長按 $\sqrt[24]{2}$ 為公比數遞增（遞減）而管徑按 $\sqrt[12]{2}$ 為公比數遞減（遞增）的律管，衹取管徑的數據。兩種做法的效果是一樣的。

這樣做其實就是在一個八度音階內求十二律音程相等，十二等分就可以旋宮轉調，解決了千年難題。其理論與實驗如此地契合，以致數百年後比利時的音樂家們照他給出的數據製作出同樣的律管，也情不自禁地發出由衷的贊美。

另外用弦代替律管來求這個等比關係會更方便一些，因為不用考慮管口校正，朱載堉應該也在製作律管之前（或同時）用弦進行了相關實驗，獲得了相關資料。他説過，“吹笙定琴，用琴定笙”（《律吕精義·内篇》），這裏的笙可以就是律管，琴可以就是用弦做實驗的定律器，他也確實創製了世界上第一件建立在十二平均律基礎上的定音弦樂器“均準”，與律管互相對照，以多方面的實踐檢驗理論。他對十二平均律的總結是：“置一尺為實，以密率（即 $\sqrt[12]{2}$）除之，凡十二遍”（《律學新説》卷一），就是説設發出起始音的弦長（或經過管口校正的律管管長）為一尺，以密率 $\sqrt[12]{2}$ 總共除十二遍，得到發出十二律各音的弦長（或經過管口校正的律管管長）尺寸；反過來也可以説是以 $\sqrt[12]{2}$ 為公比自乘 12 次，得出十二律各律音高。現代物理學對十二平均律的概括是這樣的：“半音音階在一個八度中有十三個音，任何相鄰兩音之間的音程是 $\sqrt[12]{2}$”；專門研究中國科技史的英國著名學者李約瑟也指出可以把十二平均律這一重大思想用一句話傳播：“我知道中國人用平均律非常準確地給琴調音。他們衹要將第一個音的弦長除以 $\sqrt[12]{2}$，就得到了第二個音的弦長，然後再除以 $\sqrt[12]{2}$ 就得到了第三個音的弦長，如此等等，直至得到完全八度的第十三個音的弦長。”③ 結論雖然簡單，可要知道在當時的歷史條件和科學技術水平限制下，是多麼的來之不易。

朱載堉在萬曆十二年（1584）完稿的《律學新説》中首次介紹了這一新理論。在回顧和總結自己的研究活動時，吹律者朱載堉説：“自漢以來，術家以數求其法，是故礙而不

① ［美］程貞一著，王翼勳譯：《黄鐘大吕——中國古代和十六世紀聲學成就》，上海科技教育出版社，2007 年，第 135—146 頁。

② 史凱敏：《實踐出真知——對朱載堉異徑管律實驗結果的一些看法》，《文教資料》2010 年第 13 期，第 93—94 頁。

③ ［英］李約瑟著，陸學善等譯：《中國科學技術史》第四卷第一分册，科學出版社，2003 年，第 211 頁。

通”（《律學新説》卷一），而“新法所算之律，一切本諸自然之理。而後以數求合於聲，非以聲遷就於數也”（同上），也就是以法求其數，通過精確的實驗得到基本數據，支持了他的突破性理論，這和他一嚮“惟求實理，不事文飾”“平生好説實話”的科學作風和生活態度是一脈相承的，因此他也被認為是近代實驗科學的先驅。

這種先驅性還表現在他親手製作律管，從選材、加工以至修整，他解决了一系列技術問題，并詳細而完整地記載下來，類似於一份近代工藝流程報告書。他製作的均準分别標刻十二平均律新律和舊律的律數，以便通過直觀的比較和實際的演奏證明新律優於舊律。他測量過北極的出地高度，得出北京的地理緯度為40°16′，比一些有名的曆書所記載的數值更為精確。他測出了中國歷史上第一個定量的磁偏角記録——北京的地磁偏角度 4°48′。他曾用紅、黑、白三個圓丸代表日、地、月演示日食、月食和月象變化。這一切都表明他比一般科學家更為注重動手實驗的能力。他樂於與農夫工匠等社會底層人物為伍，甘於吃苦，勇於實踐，“自己跌倒自己爬”；他似乎天生就具有一種叛逆性格和革新精神。

鄭恭王的王位最終讓給了曾陷害過朱厚烷的朱祐橏孫子，朱載堉衹是以世子的身份享受俸禄。縱觀他的一生，從自命狂生，以做一名離經叛道的讀書人為榮，到推位讓爵，追求平等，算是徹底背叛了他所出身的皇族以至整個特權統治階級。直到萬曆二十二年（1594），他還上書皇帝，要求對宗室子弟一視同仁，讓他們穿上儒服通過考試後纔能授予官職，這既給了宗室子弟一個機會，對廣大的儒生們來説也體現了公平。

萬曆三十四年（1606）印行的《樂律全書》是朱載堉一生科學著述的代表作，這部巨著完整地收入了十二平均律的科學理論和全部計算方法，在從明代中後期到清初的科學史上，其地位與李時珍《本草綱目》、徐霞客《徐霞客遊記》、徐光啓《農政全書》、宋應星《天工開物》相當。

四、協律者議

以今天的眼光來看，十二平均律各律的數字關係是很簡單的，但這種數字關係的簡單并不意味着數理關係的簡單，數字背後的理論内涵是很豐富的。通常認為：五度相生律和純律以整數比為生律要素，也很簡單，正是這種簡單使它們獲得了儘量多的協和音程的和諧純净，成為無須人工過多調整干預的“自然音律”。十二平均律以無理數公比 $\sqrt[12]{2}$ 為生律要素，與它們相比人為性較大，是以損失部分和諧純净為代價獲得循環對稱的完全轉調功能的一種“人工音律”。不過五度相生律、純律和十二平均律在協和音程上的“音差”并不大，比如前面説過五度相生律和十二平均律在純五度上的差别就幾乎聽不出來。現代音響心理學的研究為此提供了依據：人的聽覺有一個“音準寬容度”①，可以寬容、忍受或者説忽略這種微小音差，甚至主動地習慣這種微小音差。這也反映了著名的“最小作用量原理”（準確説是推廣應用到所有自然現象和社會現象的廣義最小作用量原理）②，因為十二平均律、五度相生律和純律之間的音差既然不大，為了達到最簡單、最和諧的最小作用量，就可以（甚至應該）乾脆把這個音差忽略、消除。

在這樣的前提下，分攤了音差的協和音程聽起來仍然是協和音程，十二平均律相比五度相生律和純律不够和諧純净的缺陷得到了彌補，其方便轉調的優勢就更加突出，所以不難理解十二平均律會取代五度相生律和純律最後成為普遍的標準的律制。

前面已經表明：五度相生律和純律如果不能達到完全轉調，在獲得協和音程的和諧純净的同時，也會喪失極完全協和音程的更加和諧純净。為了既容納協和音程又容納極完全協和音程，五度相生律采取了如下近乎兩全其美的方法：在畢達哥拉斯音階基礎上生律一周或數周後不能回到起始音的本律，這個生律一周或數周得到的音與本律形成的音差叫做“畢達哥拉斯音差”；把畢達哥拉斯音差分配到八度内每個音程上，相當於儘量減小了這個音差，又獲得了十二平均律的完全轉調功能，五度相生律就可以過渡為十二平均律，而十二平均律也就較好地擬合了五度相生律，這可能是西方獨立發現十二平均律的主要途徑。中國何承天的十二等差律也是相同的思路。朱載堉發現十二平均律當然也可以這樣做，但他并没有這樣做。

在利用音準寬容度忽略微小音差的前提下，就可以改變甚至顛覆原來對自然音律和人工音律的看法。自然數其實不一定是自然的，整數其實不一定是接近自然的（雖然德國數學家克羅内克有句名言：“上帝創造了自然數，其餘的數都是人的工作。”），無理數其實不一定是人工製造的；也許自然生成的數纔是無理數，人工製造的數纔是自然數和整數。這樣以整數比為生律要素就不一定是自然音律，反而是人工音律；以無理數公比為生律要素就不一定是人工音律，反而是自然音律，或者是一種“自然人工音律”，因為純一度和純八度上還是要取整數比的。朱載堉對此有清醒而深刻的認識：“夫律吕之理，循環無端，而秒忽（秒是度以下單位，忽是尺寸分厘毫絲以下單位，泛指律、度、量、衡制中的更小單位，也就可以指小數點後更多位數）之數，歸除不盡，此自然之理也，因其天生自然，不須人力穿鑿，以此算律，何善如之。歷代算律，衹欲秒忽除之有盡，遂致律吕往而不返，此乃顛倒之見，非自然之理也。”（《律吕精義·内篇》卷一）

因此，如果一開始就不要考慮容納什麼協和音程，衹考慮容納極完全協和音程，即不從三分損益法或五度相生律出發，單純求在十二律中達到旋宫轉調，那麽并不難直接算出

① 施詠：《樂理與文化》，西南師範大學出版社，2012 年，第 136—137 頁。

② 許良：《最小作用量原理與物理學的發展》，四川教育出版社，2001 年，第 7—26 頁。

以 $\sqrt[12]{2}$ 為公比數的等比數列音階，這樣即使略微損失純五度等協和音程的和諧純净，但獲得純八度和純一度的極完全協和音程整體上的更加和諧純净，比較下來是划算的。畢竟按照畢達哥拉斯音階的音樂美學含義，越小的整數構成的頻率比越和諧，即頻率比 1∶1 要比 1∶2 和諧（因為頻率比 1∶1 的純一度極完全協和音程還包括了所有半音音程和所有全音音程相等的内涵），1∶2 要比 2∶3 和諧，2∶3 要比 3∶4 和諧，這樣頻率比 1∶1 優先於 1∶2，1∶2 優先於 2∶3，2∶3 優先於 3∶4。如果頻率比 1∶1、1∶2 的純一度、純八度極完全協和音程和頻率比 2∶3、3∶4 的純五度、純四度“完全協和音程”“魚與熊掌不可兼得”（其實也就是五度相生律和純律不能實現完全轉調的旋宫轉調難題），那麽就衹能按優先次序取頻率比 1∶1、1∶2 的純一度、純八度極完全協和音程而捨頻率比 2∶3、3∶4 的純五度、純四度完全協和音程；完全協和音程相對於排在其後的協和音程也應按此次序取捨。這樣就使十二平均律相比五度相生律和純律在整體上更美、更純、更簡單，而這也就是朱載堉發現十二平均律所遵循的思路。當然過程稍顯迂回曲折，他還利用了勾股定理計算律管管徑圓周最後纔算出 $\sqrt[12]{2}$ 的公比數。敢於懷疑自古沿習已成定例的三分損益法，不追求三分之二等等的簡單整數比，他這樣做就不再是以數求其法、以聲遷就於數，而是以法求其數、以數求合於聲，所以他纔進行了那麽費勁的吹律實驗，并且連度量律管長（當然也包括弦長）的律尺都要用自己親手種出的黍子來確定纔放心，最後其實是通過實驗算出了十二平均律。

由於我們知道：任何對自然事物的精確測量都不可能做到百分之百精確，總有或大或小的隨機誤差，這種隨機誤差就像無理數一樣可能是自然生成的，不是人為造成的，因為自然本身可能就是一個隨機的大系統。這樣一來，朱載堉就有可能看出自然的標準、基準都不準，也就有可能不用協和音程的三分之二等簡單整數比，而改用 $\sqrt[12]{2}$ 的無理數，一把尺子量到底，讓協和音程多少都有點誤差，多少都要損失一點和諧純净。在一個八度内外都使用 $\sqrt[12]{2}$ 的無理數尺子，這相當於説：純八度對應的是起始音的基準頻率到其半頻或倍頻形成的開區間，而不是閉區間。但因為我們前面説過的音準寬容度和廣義最小作用量原理，到了高一個八度上就可以近似地使用二分之一的簡單整數比尺子，到了低一個八度上就可以近似地使用一倍的簡單整數比尺子；這相當於把純八度對應的基準頻率半頻或倍頻的開區間變為了閉區間（即所謂“音列封閉”）。

另外，我們前面也説過，音準寬容度會讓人的聽覺主動習慣微小的音差，當我們都已經習慣了 $\sqrt[12]{2}$ 這一把尺子造成的誤差了，也就是説已經覺得用 $\sqrt[12]{2}$ 這一把尺子去“量”八度内外都“量”得盡，没有誤差了，就不需要再用 $\sqrt[12]{2}$ 以外的尺子了。而純八度上可以用二分之一或一倍的簡單整數比的尺子來“量”，這已經是超出十二律之外的第十三個音，可以轉調為下一個八度的起始音，不包括在十二律之内。這樣一來，十二平均律就不需要分别適應三分之二、三分之四、四分之五或五分之六等多種不同的簡單整數比尺子，比五度相生律和純律更符合廣義最小作用量原理。而前面按畢達哥拉斯音階的協和音程優先次序進行取捨，先取最小的整數之間的比例也符合廣義最小作用量原理。說不定，這纔是十二平均律相對於五度相生律和純律的真正優勢所在，也纔是人們選定十二平均律而放棄五度相生律和純律的深層原因所在。

五、定律者論

從一種新的角度看：三分損益法將一個單位的弦長乘以三分之二和三分之四，由於三分之四又等於二乘三分之二，相當於把一個單位的弦長增加到兩個單位，但兩個單位仍然像一個單位一樣乘以三分之二；三分之二的比例從一個單位到兩個單位的變化中都不變，保持了“自相似”的性質，也就隱含了著名的“分形”概念的胚胎、萌芽。三分損益法從起始音的出發律三分損一、三分益一地交替使用三分之二的分形，反復生律，可以無窮無盡；如果這樣能恰好生成出發律的半律或倍律，那麼就可以循環無端地旋宮轉調，相當於代替了無窮無盡的生律過程，巧妙地把無窮無盡生律的“潛無窮”對應地換成了循環無端轉調的“實無窮”，因為循環無端起到的作用其實也就是無窮無盡。而三分之二的比例在這上一律到下一律的循環無窮變化中也都不變，更凸現其自相似的分形性質，同時也讓三分損一成為三分益一的自相似的分形，讓循環成為無窮自相似的分形或者說讓實無窮成為潛無窮自相似的分形。這樣同時容納了純五度、純八度和純一度的協和音程和極完全協和音程（分形意味着同一音可以因自相似而在每一個八度內重複，即使音高不同，但其“身份”不變，也就相當於純一度），衹不過這種理想的音律找不到，退而求其次，實用的音律如十二平均律放棄三分之二的生律要素，換成 $\sqrt[12]{2}$ 作為生律要素，也就是作為新的分形，同樣獲得了循環無端轉調的功能，讓循環成為無窮自相似的分形或者說讓實無窮成為潛無窮自相似的分形。

這裏還需注意：用三分損益法得出五度相生律，如果生成的音律超過一個八度，就可以把生成的音律減半納入一個八度，這樣相當於使一個八度內容納了更多的協和音程。而能够這樣做的依據是下一個八度的各音相對上一個八度的各音頻率都增加了一倍，減半和加倍抵消，減半納入上一個八度的音律就不影響三分之二的純五度協和音程，仍然保留了分形的性質，也就是三分之二的分形“好像”通過純一度音程從下一個八度“返回”或“複製”到了上一個八度中。在十二平均律中以 $\sqrt[12]{2}$ 作為分形，也可以通過純一度音程從上下八度中這樣“自反”“自返”“縮印”“複製”，雖然没有容納純五度的協和音程，但同時容納了純八度和純一度的極完全協和音程。

中國作家周濤在其散文作品中給音樂打了個形象的比方：“音樂是耳朵的情人”，而用類似三分損益法得到的五度相生律和純律律制下的和諧純凈的音樂，是“耳朵的初戀情人”，因為初戀都是純凈、純潔、純真的。朱載堉十二平均律律制下的音樂，損失了和諧純凈，可以説是“拆散”了耳朵和它的初戀情人，但是，它成為後世主要樂器如鋼琴采用的律制，等於促成了絶大多數音樂實踐與音律的聯姻，推動了音樂藝術的發展，這個意義上朱載堉的“拆散”行為是可以“饒恕”的。而世上最終與初戀情人結婚的人，又能有多少呢？

但即使白頭到老，人們最懷念的還是初戀，所以就算十二平均律成為標準律制，後世大量的音樂實踐還在自覺或不自覺地使用五度相生律和純律，相當於反過來以損失十二平均律的部分音準和轉調功能為代價保留五度相生律和純律的和諧純凈。這可以看作是人們在音樂實踐中自覺或不自覺地探索一種更完美的律制，可以既實現十二平均律循環對稱的完全轉調功能，又不損失五度相生律和純律的和諧純凈，從而最大限度地獲取音樂藝術創作和表演自由①。類似於利用音準寬容度允許的誤差在音樂理論和實踐中做靈活變通處理，我們也可以利用一些聽覺的“錯覺”來“相容”十二平均律、五度相生律和純律三大律制。比如：人們朝低音方嚮演唱半音容易唱低，朝高音方嚮演唱半音容易唱高，那麼把低音方嚮的半音變高一點，把高音方嚮的半音變低一點，同樣也是音準寬容度允許的誤差；或者説通過這樣抵消雙重誤差，反而得到了正確的結果和準確的效果。

又比如：一個高音在同一音高上較長時間延續，就會使人的聽覺感到疲勞、麻木，從而産生這個音略微降低了的錯覺；反過來一個低音如果是短時間内跳躍的爆發音，也會給人以偏高的錯覺。這樣把一個長時間延續的高音當作低一點的音，把一個短時間爆發的低音當作高一點的音，也是音準寬容度允許的誤差，利用音準寬容度和廣義最小作用量原理就可以忽略、消除。這在心理學上還可以用“朝三暮四”的典故來説明。《莊子·内篇·齊物論》和《列子·黄帝》記載：宋國有個養猴子的老頭先是每天早上給猴子們三顆橡果，晚上給四顆橡果，猴子們都嫌少，很不滿；後來老頭改為每天早上給猴子們四顆橡果，晚上給三顆橡果，猴子們高興了，人們却認為猴子們太傻：朝三暮四和朝四暮三加起來的總數不都是一樣的嗎？有什麼可高興的？其實猴子們一點都不傻，反而很聰明，因為它們知道即使同樣多的東西，先得到多一些也比後得到多一些要好。如果橡果的總數無法增加，那麼至少可以多得一顆新鮮的，采下來的橡果放到了晚上總不如早上的新鮮。另外如果每天都存在老頭可能不再養它們的風險，那麼，它們早上多得一顆橡果，在晚上老頭真不養

① 卜錫文：《簡議〈彈性十二平均律〉及我國的音律研究與實踐》，《音樂研究》1985年第4期，第74—77頁。

它們的情况下至少也避免了損失一顆橡果，這對它們來説也要心安一些。或許老頭也是利用猴子們這種心理，把朝三暮四改為朝四暮三，没有多花代價就維護了猴群的穩定：老頭比猴子們更聰明。這可以是心理學上“錨定效應”的一種變體，并可以用著名的“韋伯—費希納定律”和“斯蒂文斯定律”來説明。

其他很多科學領域都可以類比推廣這種心理得到有用的結果，比如在經濟學領域就可以得到著名的“邊際效用遞減規律”，還可以用這種心理説明為什麽會有利息：“賒三不如現二”，現在已經擁有的錢比未來能够擁有的錢更值錢，所以你要用我現在的錢，就得補給我現在的錢和未來的錢之間的差價，這個差價就是利息。甚至數學上都能利用這種心理，比如建立在“弱差别原則”上的數學期望。所謂弱差别原則是對人們熟知的概率“無差别原則”的修正：隨機事件兩種相反結果或多種互斥結果出現的概率先驗地并不相等，而是有微弱差别。這樣，就可以賦予先發生的隨機事件或先産生的隨機變量更大的“權重”，用公式表示為：$E(a) = [na_1 + (n-1)a_2 + (n-2)a_3 + \cdots + a_n] / (1+2+3+\cdots+n)$。公式中 $E(a)$ 是對某一類隨機事件或隨機變量 a 的數學期望，a_1、a_2、a_3、$\cdots a_n$ 屬於 a 類隨機事件或隨機變量并按發生或産生的先後次序排列，1、2、3、…n 屬於自然數集。這樣，短時間爆發的低音就相當於早上的四顆橡果、未到邊際也未減少的效用、現有的錢和最大權重的 na_1，所以感覺要比實際的偏高一些；而長時間延續的高音就是晚上的三顆橡果、接近邊際逐漸遞減的效用、未來的錢，是 na_1 以後的 $(n-1)a_2$、$(n-1)a_2$ 以後的 $(n-2)a_3$ 直到 a_n，所以感覺要比實際的偏低一些。

六、關於“朱載堉音差”的猜想

朱載堉作為調和音樂律吕的協律者，進而作為首先發現十二平均律的定律者，使用古老的并不先進的計算工具算盤，極其耐心地把他的新法密率計算到小數點後 24 位（1.059463094359295264561825），現在看來也許并不是不必要的①。他當時是不是在想：十二平均律嚴格説來并不絶對平均，因為在新法密率小數點後這些趨嚮於無限不循環的數位上，生成的各律可以靠前靠後地保留數位，互不相等，却又可以説都是新法密率，都是同一個 $\sqrt[12]{2}$（也就是前面所説馮氏最大定理的定性上等價而定量上不等價）。解决這個矛盾就要儘量增加 $\sqrt[12]{2}$ 的小數點後數位。小數點後數位的增減，就像 $\sqrt[12]{2}$ 這把尺子的精確度大小，在同等

① ［美］卓仁祥著，隆玉麟譯：《東西方文化視野中的朱載堉及其學術成就》，中央音樂學院出版社，2009 年，第 148—155 頁。

或更小的精確度上使用這把尺子為標準，就能“量”盡十二律各音（定性和定量上都等價）。也就是説在這個精確度上“量”不盡十二律各音，那麼就在下一個更精確的精確度上“量”盡十二律各音，反正無限小數的新法密率要多精確有多精確，最終結果都可以使所生十二律半音音程更相等，十二平均律更平均，這樣依據廣義最小作用量原理，就能在純八度上視為達到二分之一或一倍的簡單整數比，實現循環對稱的完全轉調功能。這也就是前面所説的音列封閉，還可以是物理學上的一種“鎖頻現象”①：兩個音的頻率比離簡單整數比有很微小的差距時，這個頻率比會自動“歸順”最靠近它的那個簡單的整數比；而鎖頻現象遵循的也應該是廣義最小作用量原理。這樣也不用在八度内分攤畢達哥拉斯音差或其他任何音差，減少了一道手續，更符合廣義最小作用量原理。

分攤音差意味着要把音差除以八度内各律的數目，相當於求音差的某種平均值。但如五度相生律等不平均律八度内各律的“地位”不平等，分攤相同的音差平均值或者説平均分攤音差就有點不合理，是人為的。還不如利用前面所舉的弱差别原則下數學期望的例子，讓“地位”高的律占據較大權重，分攤較大音差；“地位”低的律占據較小權重，分攤較小音差。或者為了追求各律“地位”平等，反過來讓“地位”高的律占據較小權重，分攤較小音差；“地位”低的律占據較大權重，分攤較大音差。十二平均律各律音程相等，“地位”平等，所用新法密率都是同一個數，衹不過因保留數位不同而使精確度不同；如果説精確度不同造成與純八度之間存在“朱載堉音差”，那麼這個朱載堉音差就完全有理由平均分攤到十二律各律上。或者也可以利用弱差别原則下的數學期望，保留數位少的新法密率權重大，而保留數位多的新法密率權重小，這些保留數位不同和權重不同的新法密率的平均值與純八度之間存在朱載堉音差，那麼這個朱載堉音差就完全有理由同等分攤到十二律各律上。衹要十二律中任何一律保留了新法密率的某一數位，確定了本律的精確度，其他律就自動地平均分攤或同等分攤由此産生的朱載堉音差，使第十三律無限地趨於純八度的整數，最後恰好等於純八度。這個過程完全是自然而非人為的，也使我們更有理由認為十二平均律是自然音律或自然人工音律，而不是通常認為的人工音律。

這樣就可能使朱載堉音差不是像畢達哥拉斯音差或其他音差一樣的相對固定的常數，而是一個不斷變化的趨於無窮小的變量，甚至可能是一個像“蔡汀常數”一樣衹有定義而寫不出具體數值的常數，但前面説的馮氏最大定理保證了有這樣奇怪的常數存在，因為它可以與某些數值在定性上等價，而與任何數值在定量上都不等價，這樣也就可以有定義而寫不出具體數值。在音樂實踐中，朱載堉音差可能就表現為類似“結合音”或“拍音”②：

---

① 陳毓鑄、鍾裹滿：《簡單頻率比、差音和純律的理論、教學與實踐》，《中央音樂學院學報》2004 年第 4 期，第 90—95 頁。

② 韓實强：《警惕純律的和諧陷阱》，《中央音樂學院學報》2002 年第 3 期，第 34—38 頁。

結合音或拍音都有兩個音融合而產生協和感的特點，但結合音是兩個音可以結合為第三個音，拍音是兩個音可以“合拍”而融入其中一個音。我們猜想：朱載堉音差可以是反過來由一個結合音“分裂”成兩個音的音差，或由融入了拍音的一個音“不合拍”而變成兩個音的音差。朱載堉音差還可能是使樂音既和諧純净又豐富飽滿的兩全其美的根本原因。

對以上這些問題朱載堉有没有想過？朱載堉音差到底存不存在？我們不好妄下結論，但即使朱載堉當時没有這樣想，我們現在為什麽不可以想呢？

作者單位：貴州省畢節市七星關區城市綜合執法大隊

孔聘之《桃花扇》與史實并未乖離考論

楊德春

孔聘之《桃花扇本末》云："族兄方訓公，崇禎末為南部曹；予舅翁秦廣儀先生，其姻婭也。避亂依之，羈棲三載，得弘光遺事甚悉，旋里後數數為予言之。證以諸家稗記，無弗同者，蓋實録也。獨香姬面血濺扇，楊龍友以畫筆點之，此則龍友小史言於方訓公者。雖不見諸別籍，其事則新奇可傳，《桃花扇》一劇感此而作也。南朝興亡，遂繫之《桃花扇》底。"①

孔聘之以《桃花扇》與諸家稗記無弗同者，蓋實録也。祇有香姬面血濺扇而楊龍友以畫筆點之，乃龍友小史言於方訓公者，不見諸別籍，即孔聘之《桃花扇》除此以外的所有情節有諸家稗記可證。孔聘之作《桃花扇》距南明滅亡不遠，其説當有據。且孔聘之《桃花扇》成書後，遺民及知情者尚大有人在，并未有一人言及孔聘之《桃花扇》之情節與諸家稗記有乖離之處，即遺民及知情者并未有一人言及孔聘之《桃花扇》之情節與史實乖離。且孔聘之為孔子後裔，為人正直，其在《桃花扇本末》中之言當可信。由此可見，從宏觀研究或宏觀把握上可以確信孔聘之《桃花扇》之情節與史實絶無乖離，蓋實録也。

從微觀研究上看，《桃花扇》劇中弘光帝即位，馬、阮當國，正直者被斥，史憲之困守揚州，城破殉節，清兵迅速渡江，弘光朝覆亡，均符合史實，因此人們常把《桃花扇》稱為歷史劇，甚至是嚴格意義上之歷史劇。但近來有人竟然以為如以上之《桃花扇》之重要情節與史實乖離。余不得已而辨之。

① 孔尚任：《桃花扇》，人民文學出版社，1958年，第1頁。

關於福王之立

朱由檢在北京自殺之後，為維護和恢復明之統治，南方需立一新君。太子及其弟都没有逃到南方，必須在南方的明宗室中選一合適之人繼承大統。當時在南方之宗室中，按與崇禎血緣關係之近及倫次，當立福王。但福王無德，多數大臣主張立潞王。據《桃花扇》所寫，史憲之受侯朝宗影響，也反對立福王。然而福王當時已在馬瑶草處，馬瑶草聯絡了一些軍事將領及少數勛臣、太監等，硬立福王，結果史憲之等衹好承認既成事實，由此導致朝政混亂不堪，以福王為君主的弘光朝也迅速滅亡。關於侯朝宗勸史憲之反對立福王以及史憲之接受其意見之事，《桃花扇》特地寫了一齣《阻奸》，《阻奸》講史憲之接到馬瑶草議立福王書信後與侯朝宗的商議，兹引録如下：

〔向生介〕看他書中意思，屬意福王。又説聖上確確縊死煤山，太子奔逃無蹤。若果如此，俺縱不依，他也竟自舉行了。况且昭穆倫次，立福王亦無大差。罷，罷，罷！答他回書，明日會稿，一同列名便了。〔生〕老先生所言差矣。福王分藩敝鄉，晚生知之最詳，斷斷立不得。〔外〕如何立不得？〔生〕他有三大罪，人人俱知。〔外〕那三大罪？〔生〕待晚生數來：【前腔】福邸藩王，神宗驕子，母妃鄭氏淫邪。當日謀害太子，欲行自立，若無調護良臣，幾將神器奪竊。〔外〕此一罪却也不小。〔問介〕還有那一罪？〔生〕驕奢，盈裝滿載分封去，把内府金錢偷竭。昨日寇逼河南，竟不捨一文助餉；以致國破身亡，滿宫財寶，徒飽賊囊。〔外〕這也算的一大罪。〔問介〕那第三大罪呢？〔生〕這一大罪，就是現今世子德昌王，父死賊手，暴屍未葬，竟忍心遠避。還乘離亂之時，納民妻女。這君德全虧盡喪，怎圖皇業？〔外〕説的一些不差，果然是三大罪。〔生〕不特此也，還有五不可立。〔外〕怎麽又有五不可立？【前腔】〔生〕第一件，車駕存亡，傳聞不一，天無二日同協。第二件，聖上果殉社稷，尚有太子監國，為何明棄儲君，翻尋枝葉旁牒。第三件，這中興之王，原不必拘定倫次的。分别，中興定霸如光武，要訪取出群英傑。第四件，怕强藩乘機保立。第五件，又恐小人呵，將擁戴功挾。〔外〕是，是，世兄高見，慮的深遠。前日見副使雷縯祚、禮部周鑣，都有此論，但不及這番透徹耳。就煩世兄把這三大罪、五不可立之論，寫書回他便了。〔生〕遵命①。

① 孔尚任：《桃花扇》，人民文學出版社，1958 年，第 92—93 頁。

以上引文中“外”為史憲之，“生”為侯朝宗。侯朝宗《四憶堂詩集》卷五之《哀辭九章》之《少師建極殿大學士兵部尚書開府都督淮揚諸軍事史公可法》云：“福邸承大統，倫次適允若。應機争須臾，乃就馬相度。（自注：馬相士英也。）坐失綸扉權，出建淮揚幕。進止頻内請，秉鉞威以削。（評曰：一時得失興亡具此。）”① 此詩集為侯朝宗友人賈静子、練石林、徐作肅、宋牧仲選注，評語除署名者外均不知為四人中何人所寫，但此詩無疑確為侯朝宗所作。

所謂“福邸承大統，倫次適允若”意味着：第一，侯朝宗認為由福王繼承大統是理所當然的。第二，他認為在這個問題上史憲之的認識是與此相一致的。所謂“應機争須臾”，即史憲之臨機與馬瑶草發生争執，不同意由福王繼承大統，争論時間很短，此所謂“須臾”；“乃”訓“纔”，“就”訓“同意”，“度”訓“打算、計劃”。所謂“乃就馬相度”，即纔同意馬相士英的打算、計劃，同意由福王繼承大統。這與《桃花扇》第十四齣《阻奸》完全一致。所謂“衹是没有當機立斷，馬上實行，反而去與馬瑶草商量，以致馬瑶草也有了擁戴之功，史憲之自己却在後來弄得大權旁落，朝政混亂不堪”是對詩之誤解。由此可見，主動倡議立福王者是史憲之而非馬瑶草之説不能成立。

關於這幾句的詩意，賈静子的注釋説得更為明白：“甲申燕京之變，公為南京兵部尚書，掌機務。時弘光以福邸當承大統，倫序無可易者。公以强藩在外，不即决，乃就鳳陽總督馬瑶草謀之，而擁立功盡歸士英矣。”弘光以福邸當承大統，倫序無可易者。這與《桃花扇》第十四齣《阻奸》完全一致。《阻奸》之“這中興之王，原不必拘定倫次的”，即認為福王以與崇禎血緣關係之近及倫次論，當立，但福王無德，不是出群英傑。選平常之主當依倫次，選中興之主不必拘定倫次，這實際上承認了福王依倫次當立，但要有意繞開福王。另外，賈静子的注釋以“乃就鳳陽總督馬瑶草謀之”解釋“乃就馬相度”，“乃”字無着落；“應機争須臾”，史憲之已經臨機與馬瑶草發生争執，不同意由福王繼承大統，自然已經與馬瑶草見面了，下文“乃就馬相度”衹能是纔勉强同意馬相士英的打算、計劃，勉强同意由福王繼承大統，“就”為勉强同意之意。不應該已經與馬瑶草見面了還説“乃就鳳陽總督馬瑶草謀之”，故賈静子之注釋有誤。

總之，《桃花扇》此節所寫，與史實恰恰完全相符合。記述南明史事的有些著作在這點上是與《桃花扇》完全一致的，這并不是根據中國“為賢者諱”的傳統而把史憲之的所謂失誤加到了馬瑶草的頭上。順便説一下，侯朝宗所指出的史憲之坐失綸扉權，是指史憲之坐失擁立有德之君而失去帷幄决策之權。當時朝中有影響的大臣反對立福王者居多，史憲之也是其中之一。

---

① 侯方域：《壯悔堂集》，清同治間裔孫重刻本。

《明史》卷三百八《奸臣列傳（馬士英傳）》：“十七年三月，京師陷，帝崩，南京諸大臣聞變，倉卒議立君。而福王由崧、潞王常淓俱避賊至淮安，倫序當屬福王。諸大臣慮福王立，或追怨‘妖書’及‘挺擊’‘移宫’等案；潞王立，則無後患，且可邀功。陰主之者，廢籍禮部侍郎錢謙益，力持其議者兵部侍郎吕大器，而右都御史張慎言、詹事姜日廣皆然之。前山東按察使僉事雷縯祚、禮部員外郎周鑣往來遊説。時士英督師廬、鳳，獨以為不可，密與操江誠意伯劉孔昭，總兵高英吾、劉澤清、黄得功、劉良佐等結，而公致書於參贊機務兵部尚書史憲之，言倫序親賢，無如福王。可法意未決。及廷臣集議，吏科給事中李沾探士英指，面折大器。士英亦自廬、鳳擁兵迎福王至江上，諸大臣乃不敢言。王之立，士英力也。”[①]《明史》明確記載馬瑶草致書於參贊機務兵部尚書史憲之，言倫序親賢，無如福王。可法意未決。王之立，士英力也。

關於侯朝宗入獄

據《桃花扇》，侯方域受史可法之委派擔任高傑之參軍，因與高傑意見不合，回歸金陵。其時阮大鋮已握有大權，就把侯方域關入獄中，并將處以重刑。侯方域的朋友蘇昆生因為鎮守湖廣的大帥左良玉曾受侯方域父親的大恩，就趕到湖廣去求救。在蘇昆生嚮左昆山報告侯朝宗入獄的事件時，左昆山同時也瞭解到了金陵發生的兩件大事：一件是崇禎的太子從北京逃出後來到了金陵，弘光帝不承認他是太子，把他關了起來；另一件是弘光帝原來的妃子童氏趕到了金陵，弘光帝説她是假冒的，也關了起來。於是左昆山大怒，發兵東下，馬瑶草和阮集之得信後就派重兵去防禦左昆山，以致嚴重削弱了防禦清軍的兵力，使清軍得以輕易攻入金陵。就以上的描寫來看，侯朝宗的入獄乃是左昆山舉兵東下的導火綫，因為左昆山是在得知侯朝宗入獄的同時，也得知弘光帝拒絶承認崇禎太子和童氏之事。按，劇中左昆山的舉兵并造成嚴重後果是事實，但侯朝宗入獄也是事實，絶非完全子虚烏有。

侯朝宗原先確在高英吾軍中，但他與高英吾意見不合而返回金陵的事也絶非没有。高英吾被許定國殺害後，侯朝宗仍在高英吾留下的部隊中是誤解。關於此事，侯朝宗友人賈静子為侯朝宗寫的《本傳》中説得很清楚：“後大鋮興黨人獄，欲殺方域，渡揚子依高英吾得免。豫王師南下，傑已死，方域説其軍中大將，急引兵斷盱眙浮橋，而分揚州水軍為二，戰不勝，則以一由泰興趨江陰，據常州；一由通州趨常熟，據蘇州，守財賦之地，跨

① 張廷玉等：《明史》，中華書局，1974年，第7939頁。

江連湖，障蔽東越，徐圖後計。大將不聽，以鋭甲十萬降。從其軍渡江，授官，辭歸。"①

上文依高英吾得免以上為一層次，豫王師南下以下為另一層次，因為侯朝宗尚依高英吾，為高英吾參軍，豫王師南下之時，侯朝宗遊説其舊部大將，其意在抗清，斷盱眙浮橋，分揚州水軍為二，一據常州，一據蘇州，跨江連湖，障蔽東越。侯朝宗其意在抗清無疑，焉能從其軍渡江以為清兵先鋒？由此可見，高英吾死後，侯朝宗已不在高英吾的部隊中，更不可能跟着這支部隊一起降清而"為王前驅"，也未隨着這支部隊一直攻入金陵，授官、辭歸皆為言大將，與侯朝宗無關。所以侯朝宗在高英吾死前已回到金陵，正是馬瑶草、阮集之弄權、瘋狂排除異己之時，故有逮捕侯朝宗入獄之事，這也是左兵東下之導火索。賈静子是侯朝宗的好友，其言可信，而且在侯朝宗自己的詩中也可以找到確切的依據。

先看《四憶堂詩集》卷三的《海陵署中》兩首之一（題下自注："乙酉作。"）："海陵烽火後，煙戍長新荑。老柏何年朽？蒼鷹盡日啼。江都隋戰伐，京觀楚鯨鯢。翹首愁欲破，驚心聽馬嘶。（賈曰：海陵去江都百二十里，今泰州也。按，是歲高英吾卒，豫王師濟自泗，諸將走海陵，遂攻揚州，克之。）"②《海陵署中》兩首之二："戍鼓沉雲黑，城樓倒水青。（倒字人不能用。）秋陰低短袂，雨色上空庭。諸將曾無敵，王師舊以寧。陳琳老文士，檄草亦飄零。"③

賈静子的注也基本上是符合史實的。徐鼒舟《小腆紀年附考》卷第十順治二年四月（丁辰十五日）："可法一日夜冒雨奔回揚州，尚未食，而城中哄傳許定國領大兵至，欲盡殲高氏以絶冤對。夜五鼓，高兵斬關奔泰州，牲畜舟楫為之一空。"④ 可知當時高英吾的餘部確實走泰州、下廣陵，賈氏所注不誤。由此可見，高兵斬關奔泰州在順治二年四月丁辰十五日，即乙酉年四月十五日。《海陵署中》兩首之二有云："秋陰低短袂，雨色上空庭"，可證此詩作於乙酉年深秋，詩中"海陵烽火後"可為旁證，此詩是事後憑吊舊迹或曰古迹之作，詩中"諸將曾無敵，王師舊以寧。陳琳老文士，檄草亦飄零"是一個整體或曰意群，詩中"諸將曾無敵，王師舊以寧"正是言諸將曾經無敵於天下，如此無敵於天下的王師已經成為過去，隨着授官、辭歸，如此無敵於天下的王師消失了、沉寂了。從詩中最後兩句"陳琳老文士，檄草亦飄零"可知，陳琳老文士非指侯朝宗，侯朝宗當時二十八歲，正年輕，此為侯朝宗回憶軍中草檄之老文士，如今降清之後也飄零不知所歸，與詩中"諸將曾無敵，王師舊以寧"為同一旨歸。全詩對降清持完全否定之態度，侯朝宗又焉能降清？侯朝宗又焉能從其軍渡江而授官、辭歸？故本詩是侯朝宗在高英吾死後已不在高英吾部隊中

① 侯方域：《壯悔堂集》，清同治間裔孫重刻本。
② 同上。
③ 同上。
④ 徐鼒舟：《小腆紀年附考》，中華書局，1957年，第356頁。

之明證。

再看同書卷四的《我昔》兩首之一：“我昔寄維揚，車甲正縱橫。先驅渡大江，簪裾粲以映。（語有諷刺。）飲至酬功高，南風忽不競。嗟予歸去來，咄咄信時命。”①《我昔》兩首之二：“鱣鮪適北流，汪洋意鱍鱍。迢遥天路長，雲影六月闊。大小貴逍遥，鯤溟何不脱？勞尾泣施罛，使我心目豁。”（賈曰：弘光元年，侯子從興平伯高英吾北征。傑死，復返廣陵。按，是歲五月，豫王師至揚州，諸將奔海陵，已而來降。侯子歸里。傑故部曲大帥李本身等前驅渡江，克金陵。十月，隨至京師。此蓋侯子歸里而以“勞尾”謂諸藩僚也。）②

“嗟予歸去來”，侯朝宗説自己已經歸去來。賈注“已而來降，侯子歸里，傑故部曲大帥李本身等前驅渡江，克金陵”易被誤解為侯朝宗在“傑故部曲”投降後就歸里而去，但侯朝宗原詩明明説“我昔寄維揚，車甲正縱横。先驅渡大江”，可見他在“先驅渡大江”之時，侯朝宗説自己已經歸去來。隨至京師者為傑故部曲大帥李本身等，即李本身等在隨清軍渡江後，隨至京師，所以《本傳》的“從其軍渡江，授官，辭歸”衹能是指“傑故部曲”而言。

至於賈注，實分作兩部分。第一部分至“侯子歸里”止，實即侯朝宗第一首詩所述自己的情況，因侯詩在第一首中已有“先驅渡大江”等語，故不必再予重複。第二部分從“傑故部曲”開始，注釋“勞尾泣施罛”的本事。“鱣鮪適北流”以鱣鮪比傑故部曲，“適北流”指傑故部曲降清。傑故部曲四月降清，六月即大小皆富貴逍遥，“鯤溟何不脱”乃就“鱣鮪適北流”而言，或曰是對“鱣鮪適北流”之呼應，一如鱣鮪之高英吾故部降清，一如鯤溟之作者本人怎麼能够不脱離高英吾故部呢？細按侯朝宗此兩詩之詩意，可知侯朝宗在高英吾故部降清之前即已離去。

侯朝宗不是功名觀念很重而淡於“華夷之辨”之人，侯朝宗《四憶堂詩集》卷三之《奉贈故相國王公》可以為證：“慚愧十年尚未逢，更來騎馬謁王公。（一起飄然不群。）通朝後食惟先士，于野同人總大風。箕子西歸因訪道，蒼生一出匪求蒙。若承新主詢時事，東閣開賢第一功。”（徐曰：相國，王公鐸也。弘光元年以禮部尚書入閣。乙酉，改弘文院禮部尚書。）③

第一句説自己。“逢”不是“遇”的意思，非謂其猶無遇合、未能顯達，“逢”是會面之意，謂其與王公會面，故下句言謁王公。若“逢”解為“遇”，則與下句言謁王公失去關聯。第七句的“新主”指清朝皇帝（王鐸在降清後的官職是“弘文院禮部尚書”），第八

---

① 侯方域：《壯悔堂集》，清同治間裔孫重刻本。
② 同上。
③ 同上。

句是建議王鐸要廣泛延攬賢人。這裏不過是老生常談，以舉賢勉勵王鐸，而不是使得所謂像他這樣“慚愧十年尚未逢”的人也有進身的機會。其思想既是如此，那麼，所謂侯朝宗在乙酉年間隨着降清的高英吾餘部渡江進攻金陵而事後又嫌官小而不勝感慨地辭歸，對侯朝宗就是不合理的事。更為重要的是，他曾勸吴偉業不要出山，參見《壯悔堂集》卷三《與吴駿公書》，他自己自然不會仕於清廷。

侯朝宗後來終於參加順治八年的河南鄉試，成了舉人，但并未仕於清廷，衹是考一考，更没有考進士仕於清廷。即使以侯朝宗順治八年參加河南鄉試論，“康熙乙亥孟夏望後一日燕越年家後學胡介祉拜撰”之《侯方域公子傳》云：“為忌者所阻斥，置副車。”① 侯朝宗與清朝統治者有極大之芥蒂，雙方是不可能合作的，這不僅僅是遺民情結或淡泊功名之觀念或重於“華夷之辨”之表面文章，這些表面文章實際上已經决定了侯朝宗不論何時都不會與清朝統治者合作；更為重要的是，侯朝宗的整體思想和價值觀念與清朝統治者格格不入，其著作被摒除於《四庫全書》之外就是明證，侯朝宗不論何時都不會與清朝統治者合作，此乃定論。

關於侯朝宗投奔史憲之

在《桃花扇》裏，崇禎十六年癸未鎮守武昌一帶的主帥左昆山以糧食不繼為名，發兵東下，欲占領南京，南京兵部尚書熊明遇知道左昆山是侯朝宗父親侯恂的老部下，而且對侯恂很尊重，就要侯朝宗寫信給左昆山加以阻止。侯朝宗寫了勸阻之信以後，阮集之就造謡説侯朝宗要做左昆山的内應，等左軍一到，為他打開城門，所以，應對侯朝宗立即查辦。他的意見得到馬瑶草的支持，很快就要下手，幸而楊龍友及時嚮侯朝宗報信，於是，侯朝宗趕快逃到史憲之幕下，并受到史憲之的信任和重用，參與了好些重要的政治活動，如幫助史憲之調停四鎮之間的矛盾等，這樣也就通過寫侯朝宗而寫出了弘光一朝的重要事件，達到了“南朝興亡繫之桃花扇底”的效果。

實際上，侯朝宗確曾奉熊明遇之命寫信給左昆山，阮集之也確曾據此造謡，侯朝宗也確曾因此而去投奔史憲之，侯朝宗《壯悔堂集》卷三有《癸未去金陵日與阮光禄書》可證。去金陵就是離開金陵而去投奔史憲之。《癸未去金陵日與阮光禄書》云：“昨夜方寢，而楊令君文驄叩門過僕曰：“左將軍兵且來，都人洶洶，阮光禄揚言於清議堂，云子與有舊，且應之於内，子盍行乎？僕乃知執事不獨見怒，而且恨之，欲置之族滅而後快也。僕

① 侯方域：《壯悔堂集》，清同治間裔孫重刻本。

與左誠有舊，亦已奉熊尚書之教，馳書止之。僕今已遭亂無家，扁舟短棹，措此身甚易，獨惜執事忮機一動，長伏草莽則已，萬一復得志，必至殺盡天下，以酬其宿所不快，則是使天下士終不復至執事之門，而後世操簡書以議執事者，不能如僕之詞微而義婉也。僕且去，可以不言，然恐執事不察，終謂僕於長者傲，故敢述其區區。”①

由此可見，當時侯朝宗的處境十分危急，所以他寫信給阮集之，而且顯然準備去投奔史憲之，“僕且去”可證。不過，準備泛舟於江湖之間，衹是假設，旋即否定。

在《四憶堂詩集》中，有好些詩可以證明他在甲申（1644）冬天以前是在江北度過的。其中表現得最明顯的是《四憶堂詩集》卷三之《九日過張員外》（自注：甲申寓滸墅作），現引全詩如下：“驚心時序晚，異地亦重陽。廢黍鳴饑雀，朝畦静素霜。茱萸愁杜老，叢菊憶陶狂。過眼深秋色，低頭黯故鄉。（俯仰具足。）登高空有約，把酒未相忘。三徑驕狐鼠，頻年走虎狼。可憐村戍白，不見野花黄。去去吴還越，盈盈參與商。（排句難如此流麗。）知交誰共健？鬢髪總成蒼。客自容欹帽，家猶寄短檣。長裾羞落拓，抱瑟惜行藏。賴此張公子，分司漢省郎。樓船盛故舊，梁棟奏笙簧。令節芙蓉署，佳筵翡翠房。乍逢通宴笑，接次倒衣裳。牽纜當投轄，開關更洗觴。相期一夕醉，明月滿清滄。（賈曰：“員外張永禧也。按，是年永禧奉使滸墅。）”②

此詩值得注意的是“驚心時序晚，異地亦重陽”“過眼深秋色，低頭黯故鄉”“登高空有約，把酒未相忘”“去去吴還越，盈盈參與商”等句，其意為：侯方域原與諸位朋友有九日登高之約，但未能實現，所以言“空有約”，因為阮大鋮興黨人獄下吴越捕侯子，侯子逃亡。侯朝宗由吴越至滸墅，在此之前在吴越一帶。《四憶堂詩集》卷三之《贈張尚書》題下有自注：“尚書張公鳳翔也。”③ 詩末有賈静子注，賈注曰：“弘光元年以張鳳翔為蘇松巡撫兼督浙杭諸軍事。按：是年冬，興黨人獄，下吴越捕侯子，依鳳翔得免。”興黨人獄者為阮集之，《四憶堂詩集》卷三之《九日過張員外》之“去去吴還越”，“去去”是離開吴越而至滸墅。由此可見，賈静子所謂“是年冬”是錯誤的，應該是癸未年冬，賈静子等人都以甲申為弘光元年，故弘光元年當為癸未年。由此可證侯朝宗在癸未離開金陵後最後確實投奔到史可法幕下，但是還有若干曲折和細節。侯朝宗由江南渡江而至江北，至遲是在甲申年的冬天，但是實際上在九九重陽節之前後已開始行動，侯朝宗甲申寓滸墅很可能是由江南渡江而至江北的行程中的一站。

《四憶堂詩集》卷三之《禹鑄九鼎歌》題下有自注：“甲申渡京口江作。”④ 詩末有徐作

---

① 侯方域：《壯悔堂集》，清同治間裔孫重刻本。
② 同上。
③ 同上。
④ 同上。

肅、賈靜子的注，現分别引録如下："徐曰：京口江即揚子也。按，是歲高英吾開藩揚州，侯子避難，往依之。賈曰：是歲，馬士英入閣，起阮大鋮兵部尚書。按，天啓間大鋮附魏忠賢得罪，廢居金陵，太學諸生嘗攻之。至是復起，引用楊維垣等，逐劉宗周、張慎言、徐石麒，議復《三朝要典》，毀思宗所定逆案。冬，興黨人獄，捕諸生嘗議己者，及侯子，乃北渡江而作此詩也。"① 此處之天啓間大鋮附魏忠賢得罪，廢居金陵，衹是簡略説法，省略了阮集之附魏忠賢得罪後廢居京城、廢居皖之史實。這種省略在古文中極為常見，不能作為没有（實際上是被略寫）史實之證據。在這裏，徐作肅説侯朝宗此行是往依高英吾，也是省略了跟隨史憲之一段時間這一細節。《壯悔堂集》卷首賈開宗所撰《本傳》也説："後大鋮興黨人獄，欲殺方域，渡揚子依高傑得免。"② 省略了跟隨史憲之一段時間這一細節。甚至卷首"康熙乙亥孟夏望後一日燕越年家後學胡介祉拜撰"的《侯方域公子傳》也説："大鋮得書怒，日夜謀殺公子，及得志，大興黨人之獄，公子走依高英吾得免。"③ 這衹是簡略之説法，省略了跟隨史憲之一段時間這一細節。若無史憲之之委派，侯朝宗無由擔任高英吾參軍，侯朝宗乃一書生，出身於名門，甚為清高，以名節自矜矜人，高英吾原為"闖賊"，後降明，為軍閥，侯朝宗焉得與此種人為伍？侯朝宗焉得與此種人交遊？所以，《桃花扇》説侯朝宗投奔史憲之避難，在跟隨史憲之一段時間後再由史憲之派他擔任高英吾參軍，是符合事實的。《壯悔堂集》卷首所附侯朝宗吴支五世族孫洵所輯《年譜》，雖然時代甚後，但為五世族孫所作，當有所本。此《年譜》中所説"阮集之復檄捕公，公渡江，依史憲之於揚州"④ 之史料價值絶不可低估，它比今人之痴人説夢要有價值得多。

《清史稿》卷四百八十四《文苑一·侯方域傳》載："方域既負才無所試，一放意聲伎，流連秦淮間。閹黨阮集之時亦屏居金陵，謀復用。諸名士共檄大鋮罪，作留都防亂揭，宜興陳貞慧、貴池吴應箕二人主之。大鋮知方域與二人善，私念因侯生以交於二人，事當已，乃囑其客來結驩。方域覺之，卒謝客，大鋮恨次骨。已而驟柄用，將盡殺黨人，捕貞慧下獄。方域夜走依鎮帥高英吾，得免。順治八年，出應鄉試，中式副榜。十一年，卒，年三十七。"⑤ 方域夜走依鎮帥高英吾也是省略史憲之派其擔任高英吾參軍之簡便説法。

順便説明一點，一般南明史籍都以乙酉年（1645）為弘光元年，但徐作肅、賈靜子等人都以甲申為弘光元年。按照傳統都是在上一個皇帝死後的第二年纔作為新君的元年，在特殊情況下，也有於新君繼位後的當年改元的。但一般南明史籍以乙酉為弘光元年必有所本，徐作肅、賈靜子諸人以當年改元，與一般南明史籍相悖，似不可信。

---

① 侯方域：《壯悔堂集》，清同治間裔孫重刻本。

② 同上。

③ 同上。

④ 同上。

⑤ 趙爾巽等：《清史稿》，中華書局，1977 年，第 13320 頁。

關於侯朝宗與李香君的愛情

據《桃花扇》所載，侯朝宗與李香君初會於崇禎癸未，兩人一見鍾情，進而發展成為生死不渝的愛情。在歷史上，侯朝宗與李香也是初會於崇禎癸未，兩人一見鍾情，進而發展成為生死不渝的愛情。

現先引侯朝宗《壯悔堂集》卷五之《李姬傳》全文如下：

李姬者名香，母曰貞麗。貞麗有俠氣，嘗一夜博，輸千金立盡。所交接皆當世豪傑，尤與陽羨陳貞慧善也。姬為其養女，亦俠而慧，略知書，能辨别士大夫賢否。張學士溥、夏吏部允彝急稱之。少風調皎爽不群。十三歲從吴人周如松受歌《玉茗堂四傳奇》，皆能盡其音節，尤工《琵琶》詞，然不輕發也。雪苑侯生己卯來金陵，與相識。姬嘗邀侯生為詩而自歌以償之。初，皖人阮集之者以阿附魏忠賢論城旦，屏居金陵，為清議所斥，陽羨陳貞慧、貴池吴應箕實首其事，持之力，大鋮不得已，欲侯生為解之，乃假所善王將軍，日載酒食與侯生遊。姬曰："王將軍貧，非結客者，公子盍叩之？"侯生三問將軍，乃屏人述大鋮意。姬私語侯生曰："妾少從假母識陽羨君，其人有高義，聞吴君尤錚錚，今皆與公子善，奈何以阮公負至交乎？且以公子之世望，安事阮公？公子讀萬卷書，所見豈後於賤妾耶？"侯生大呼稱善，醉而卧，王將軍者殊怏怏，因辭去，不復通。未幾，侯生下第，姬置酒桃葉渡，歌《琵琶詞》以送之，曰："公子才名文藻雅不減中郎，中郎學不補行，今《琵琶》所傳詞固妄，然嘗昵董卓不可掩也。公子豪邁不羈，又失意，此去相見未可期，願終自愛，無忘妾所歌《琵琶詞》也，妾亦不復歌矣。"侯生去後，而故開府田仰者以金三百鍰邀姬一見，姬固却之。開府慚且怒，且有以中傷姬，姬卒不往①。

在《傳》中，侯朝宗儘量掩蓋自己與李香的愛情關係，似乎兩人的往來衹是"姬嘗邀侯生為詩而自歌以償之"，然而，王將軍與侯生遊，不過"積旬"（《癸未去金陵日與阮光禄書》），為什麼李香就知道了？而且王將軍告訴了侯朝宗原因後，為什麼李香又立刻知道了，并提出了勸告？難道是侯朝宗特地為此去嚮她彙報不成？而侯朝宗聽到李香的勸告後，"侯生大呼稱善，醉而卧"，這當然是卧在李香院中，可見，兩人的關係極為密切，即兩人

① 侯方域：《壯悔堂集》，清同治間裔孫重刻本。

之間顯然有非同一般之感情或曰愛情。更為重要的是，侯生去後，田仰以金三百鍰邀姬一見，姬固却之，開府慚且怒，且有以中傷姬，姬卒不往。這説明李姬為侯朝宗守身如玉，一個女人為一個男人守身，那不是愛情還是什麽？今有人對此視而不見，硬説侯朝宗與李香没有愛情，余不得已而辨之。

據此《傳》所寫，不能得出“兩人交往實始於崇禎己卯（1639）”之結論，《桃花扇》説兩人初會於癸未，顯然是正確的。侯朝宗的《李姬傳》言雪苑侯生己卯來金陵，接着言與李相識，容易使人産生侯朝宗與李姬相識是在崇禎己卯年的錯覺，這是古文中常見的省略。雪苑侯生己卯來金陵，這衹是説崇禎己卯年侯生來到金陵。侯生來到金陵後時日很長，與李相識在侯生來到金陵後之時日，并非言侯生己卯一來金陵即與李相識。侯朝宗是南京國子監生，己卯來金陵是入國子監，不可能當年就參加鄉試，當以在國子監學習之後再參加鄉試較為合理，也較為可信。故“未幾，侯生下第”之事當是參加崇禎癸未鄉試下第之事。所以，從“未幾，侯生下第，姬置酒桃葉渡，歌《琵琶詞》以送之”等語不能得出“兩人在己卯相處的時間不長”的結論，因為崇禎己卯是鄉試年，而崇禎癸未也是鄉試年，所謂“未幾，侯生下第”就是於崇禎癸未秋試下第。可見，《桃花扇》説兩人初會於癸未，這與侯朝宗的《李姬傳》完全一致，并無乖離。

《明史》卷三百八《奸臣列傳·阮大鋮傳》：“流寇逼皖，大鋮避居南京，頗招納遊俠為談兵説劍，覬以邊才召。無錫顧杲、吴縣楊廷樞、蕪湖沈士柱、餘姚黄宗羲、鄞縣萬泰等，皆復社中名士，方聚講南京，惡大鋮甚，作《留都防亂揭》逐之。大鋮懼，乃閉門謝客，獨與士英深相結。周延儒内召，大鋮輂金錢要之維揚，求湔濯。延儒曰：‘吾此行，謬為東林所推。子名在逆案，可乎？’大鋮沉吟久之，曰：‘瑶草何如？’瑶草，士英别字也，延儒許之。十五年六月，鳳陽總督高斗光以失五城逮治。禮部侍郎王錫衮薦士英才，延儒從中主之，遂起兵部右侍郎兼右僉都御史，總督廬、鳳等處軍務。”① 流寇逼皖，大鋮避居南京。流寇逼皖時在崇禎十五年，即公元1642年，該年為壬午年。《李姬傳》：“初，皖人阮集之者以阿附魏忠賢論城旦，屏居金陵，為清議所斥，陽羡陳貞慧、貴池吴應箕實首其事，持之力，大鋮不得已，欲侯生為解之，乃假所善王將軍，日載酒食與侯生遊。”李姬私語侯生事衹能發生在崇禎十五年之後，即公元1642年（壬午年）之後，再加之未幾下第，該年必為鄉試之年，則該年衹能是癸未年，即崇禎十六年（1643），絶不可能是己卯年（1639），此時皖人阮集之尚不在南京。

《清史稿》卷四百八十四《文苑一·侯方域傳》：“方域既負才無所試，一放意聲伎，流連秦淮間。閹黨阮集之時亦屏居金陵，謀復用。諸名士共檄大鋮罪，作留都防亂揭，宜

① 張廷玉等：《明史》，中華書局，1974年，第7938頁。

興陳貞慧、貴池吴應箕二人主之。大鋮知方域與二人善，私念因侯生以交於二人，事當已，乃囑其客來結驩。方域覺之，卒謝客，大鋮恨次骨。已而驟柄用，將盡殺黨人，捕貞慧下獄。方域夜走依鎮帥高英吾，得免。順治八年，出應鄉試，中式副榜。十一年，卒，年三十七。"[①]《清史稿》之侯朝宗傳也以侯朝宗流連秦淮間時閹黨阮集之亦屏居金陵，即侯朝宗流連秦淮間與李香君交往當在流寇逼皖而阮集之避居南京之後，即在流寇逼皖時之崇禎十五年（1642）之後，而不可能在此之前。

因為有"未幾"兩字，似乎兩人相處的時間不長，但也未必，説見下文對《答田中丞書》中之"未幾下第去，不復更與相見"之解説。退一萬步講，就算侯朝宗與李香君兩人相處交往的時間不長，這與侯李之間是否能够産生愛情没有必然聯繫，相處交往的時間長不一定必然産生愛情，相處交往的時間不長也不一定必然不能産生愛情。以"從侯朝宗與李香君交往到其下第而離開南京，時間并不久。而尤其重要的是，之後兩人就不曾再見面"來否定侯朝宗與李香君之間的愛情不能成立。

侯朝宗《壯悔堂集》卷三之《答田中丞書》云："承示省訟，慚恧無所自容。執事與僕齒不啻倍屣，位不啻懸隔，顧猥與僕道及少年之遊，謂執事往日曾以兼金三百招致金陵伎，為伎所却，僕實教之，而因以爬垢索瘢，甚指議執事者。昔僕之來金陵也，太倉張西銘偶語僕曰：金陵有女伎李姓，能歌《玉茗堂詞》，尤落落有風調。僕因與相識，間作小詩贈之。未幾下第去，不復更與相見。後半歲，乃聞其却執事金。此伎而無知也者，以執事三百金之厚貲、中丞之貴，方且奔命恐後，豈猶記憶一落拓書生之言。倘其有知，則以三百金之貲、中丞之貴，曾不能一動之，此其胸中必自有説，而何待乎僕之告之也。"[②]《答田中丞書》篇末有賈静子評語云："中丞名仰，李姬曰：'是故以八座父事魏璫者耶。'却其金不往。事本奇，筆下更寫得委曲生動。"[③]

關於"不復更與相見"，"不復"意為不再，"更"之意不為再意，此甚明，否則"不復"與"更"意重複，"更"此處意為更加、更多之意，"不復更與相見"意為不再更多地與李姬相見。另外，因為有人説田中丞往日曾以兼金三百招致金陵伎而為伎所却實乃侯朝宗教之，故侯朝宗儘量掩蓋自己與李香君的愛情關係，謙稱自己與李香君并無愛情關係，也來往不多。此絶不能作為侯朝宗與李香君没有愛情關係或侯朝宗與李香君没有來往的證據。

把《李姬傳》與《答田中丞書》兩篇加以比較，《答田中丞書》中的金陵李姓伎顯然就是《李姬傳》中的李姬，也即李香。但《答田中丞書》中的"未幾下第去，不復更與相見"之語，衹能意味着侯朝宗自己與李香分别後，至少到寫《答田中丞書》時，與李香仍

① 趙爾巽等：《清史稿》，中華書局，1977 年，第 13320 頁。
② 侯方域：《壯悔堂集》，清同治間裔孫重刻本。
③ 同上。

有來往，由《答田中丞書》對此欲蓋彌彰而論，侯朝宗與李香的交往更頻繁、關係更密切。那麽，《答田中丞書》作於何時呢？這就必須簡單叙述一下田仰的經歷。

田仰為萬曆四十一年進士（見《明清進士題名碑録》），在《明史》卷二五一《劉鴻訓傳》中曾提到過他。崇禎帝繼位之初，把劉鴻訓作為處理魏黨餘孽的得力幹將，劉鴻訓的工作確實相當出色，但當時對劉鴻訓的攻擊也很多，崇禎終於漸漸不信任他了，把他遣戍。劉鴻訓遭禍的罪狀之一是納賄賣官。《明史》卷二五一《劉鴻訓傳》云："御史田時震劾鴻訓用田仰巡撫四川，納賄二千金；給事中閻可陛劾副都御史賈毓祥由賂鴻訓擢用。鴻訓數被劾，連章力辯，因言'都中神奸狄姓者，詭誆慶臻千金，致臣無辜受禍'。帝不聽，下廷臣議罪。明年正月，吏部尚書王永光等言：'鴻訓、慶臻罪無可辭，而律有議貴條，請寬貸。兵部尚書王在晉、職方郎中苗思順贓證未確，難懸坐。'帝不許。鴻訓謫戍代州，在晉、思順并削籍，慶臻以世臣停禄三年。"[①]《劉鴻訓傳》中雖未提及對田仰的處分，但劉鴻訓無辜受禍遭遣戍明顯表明崇禎不信任劉鴻訓了，想方設法欲置之罪，如此則何患無辭？田仰尚不在崇禎打擊範圍之內，故田仰至少被革職是不可能的，官場之上此種事甚多，風聲一過，不了了之。

又，徐鼒舟《小腆紀年附考》卷第一弘光上：清順治元年（1644）五月甲辰（十七日）"明總督漕運巡撫鳳、淮路振飛罷，以田仰代之。"[②] 按當時體制，現職官員調任、升遷名之為調、擢，已革職官員重新起用則名之為"起"，但"起"也有"用"之意，而且更常用的正是此意，是一個普通常用字，與重新起用無必然聯繫。更為重要的是，中華書局1957年版標點本《小腆紀年附考》作"以田仰代之"而非"起田仰代之"，田仰革職又重新起用無從談起。由此可見，田仰在甲申（1644）五月之前就已是中丞巡撫，而在《答田中丞書》中，侯朝宗説他自己與田仰"位不啻懸隔"，在説到金陵李姓伎是否會應田仰之邀時，又兩次説到以"中丞之貴"，可見當時田仰已為現任巡撫。所以，《答田中丞書》之寫作時間不能由田仰任巡撫之時間考證出來。上文已證侯朝宗下第事實乃崇禎癸未秋試下第之事，後半歲，當至甲申年四、五月間，《答田中丞書》當作於此時以後。

另外，"未幾下第去，不復更與相見。後半歲，乃聞其却執事金"表面上看，這是説他聽到却金之事已在事情發生的半年之後，以説明他不但與她相見較少，而且對她的消息也很隔膜，但這是假相，欲蓋彌彰，大有此地無銀三百兩之意。特别是"此伎而無知也者"，此絶非作者侯朝宗之真心話。侯朝宗《李姬傳》云："姬為其養女，亦俠而慧，略知書，能辨别士大夫賢否。張學士溥、夏吏部允彝急稱之。"此伎豈能無知？《答田中丞書》下文又云："此其胸中必自有説，而何待乎僕之告之也。"此伎自有主見，豈能無知？所以，由"後半歲，乃聞其却執事金"不能得出侯朝宗與李香君"相見較少，而且對她的消息也很

① 張廷玉等：《明史》，中華書局，1974年，第6483—6484頁。

② 徐鼒舟：《小腆紀年附考》，中華書局，1957年，第174頁。

隔膜”的結論，從欲蓋彌彰的角度來看，侯朝宗與李香君的交往更頻繁、關係更密切。

又，侯朝宗《李姬傳》并未稱田仰為“故中丞”，而是“故開府”，與其稱王鐸為“故相國”同例。如此則《李姬傳》應作於弘光朝已亡之後或在弘光朝亡後做過修改，但是，在馬、阮聲勢方盛之時，侯朝宗自不當作《李姬傳》，因為《李姬傳》作於馬、阮聲勢方盛之時必為李香招禍惹災，此點由《答田中丞書》之欲蓋彌彰也可得到證明。田仰也為馬瑶草所親信，見《明史》之《路振飛傳》，故在《答田中丞書》中侯朝宗對於侯李愛情欲加以掩飾，以便不為李香招禍惹災，從而達到保護心上人李香的目的。通過以上分析不難看出，《李姬傳》作於馬、阮聲勢方盛之時而於弘光朝亡後做過修改是根本不能成立的，如此則《李姬傳》衹能作於弘光朝已亡之後。

上文已證下第事實乃崇禎癸未秋試下第之事，後半歲，當至甲申年四、五月間，《答田中丞書》當作於此時以後。此時侯朝宗與李香來往頻繁，關係密切。事實上，侯朝宗於癸未重陽節前後就在南京，有《九日雨花臺五首》（題下自注“癸未作”）為證。今有人云：“假如侯、李兩人之間真有至死不渝的愛情，為什麼他癸未年明明在金陵，并有閑情逸致到雨花臺登高，却不去與李香君見上一面？”上文已證《李姬傳》當作於弘光朝已亡之後。侯朝宗何以要於弘光朝已亡之後作《李姬傳》？那是由於侯朝宗仍然愛着李香。可見，由《李姬傳》之作時也可證明侯朝宗與李香之間具有至死不渝之愛情。

如果仔細讀《李姬傳》，我們就會發現一個問題，那就是李香在分别時對侯朝宗所説的“公子豪傑不羈，又失意，此去相見未可期，願終自愛，無忘妾所歌《琵琶詞》也”，所謂“此去相見未可期”，也就是説“很難説此後是不是還有相見的機會了”。李香為什麼要説出這樣的話來呢？這至少意味着李香認為明天到底怎麼樣誰也不知道，衹有愛情是永恒的，衹要有愛在心，見不見面又有什麼不同呢？

《桃花扇》所寫的侯朝宗與李香君的至死不渝的愛情完全是歷史事實的藝術再現。

總之，通過對《桃花扇》中福王之立、侯朝宗入獄、侯朝宗投奔史憲之、侯朝宗與李香君的愛情等問題的具體考證，證實《桃花扇》與史實并未乖離，《桃花扇》劇情完全是歷史事實的藝術再現。孔聘之《桃花扇本末》云：“族兄方訓公，崇禎末為南部曹；予舅翁秦廣儀先生，其姻婭也。避亂依之，羈棲三載，得弘光遺事甚悉，旋里後數數為予言之。證以諸家稗記，無弗同者，蓋實録也。獨香姬面血濺扇，楊龍友以畫筆點之，此則龍友小史言於方訓公者。雖不見諸别籍，其事則新奇可傳，《桃花扇》一劇感此而作也。南朝興亡，遂繫之《桃花扇》底。”[①] 此絶非虚言。

作者單位：邯鄲學院中文系

① 孔尚任：《桃花扇》，人民文學出版社，1958 年，第 1 頁。

論同光體的形成、特徵與時代背景

胡迎建

同光體詩派是晚清以來形成的一個影響最大的詩歌流派，是由一流詩人聲氣相求而形成的群體，有着大體相近的詩學宗旨與詩風。清中期盛世而詩風衰，清季衰世而詩風盛，“國家不幸詩家幸”“同光終見勝乾嘉”，同光體詩家為詩史留下了璀璨的華章，流風餘韵，綿延不絕。曾克耑認為是“一百年間的人間諸種變相，成就了詩界天堂的驕子”①。劉夢溪先生說：“陳散原、范肯堂、鄭海藏這些人真正能寫詩，他們在晚清的背景下，居然把詩開出了新局面。”②陳三立與鄭孝胥是同光體詩派兩大巨擘，其羽翼為陳寶琛、范當世、陳衍、沈曾植。龍榆生說：“晚清詩壇，鮮不受陳、鄭影響，儼然江西、福建二派，江西主山谷、宛陵；福建主後山、簡齋、放翁諸家。”③

何謂“同光體”？乃因清同治、光緒年號而得名。這一提法始於鄭孝胥與陳衍。陳衍所作《沈乙庵詩序》中說：“吾於癸未、丙戌間，聞可莊、蘇戡誦君（沈曾植）詩，相與嘆賞，以為同光體之魁傑也。同光體者，蘇戡與余戲稱同光以來詩人不墨守盛唐者。”④ 在其詩話中也有類似的說法：“丙戌在都門，蘇戡告余，有嘉興沈子培者，能為同光體。同光體者，余與蘇戡戲目同、光以來詩人不專宗盛唐者也。”⑤ 癸未即光緒九年（1883），丙戌即光緒十二年丙戌（1886），兩人提出“同光體”的時間即在這幾年間。

此三處說到沈曾植能為同光體，作為光緒間詩派，這一詩體的特徵是既尊唐也宗宋，

① 曾克耑：《論同光體》，載《頌橘廬叢稿》第4册，香港新華印刷公司，1961年。

② 劉夢溪：《國學與詩學》，載《人民政協報》2011年。

③ 龍榆生：《中國韵文史》，上海古籍出版社，2002年，第68頁。

④ 錢仲聯：《沈曾植集校注》，中華書局，2001年，第12頁。

⑤ 陳衍：《石遺室詩話》卷一，《民國詩話叢編》第1册，上海書店出版社，2002年，第18頁。

尊唐而不僅尊盛唐，還要尊中晚唐，但重在以宋詩為門徑進入。“不專宗”，這是用否定法解釋同光體的宗嚮，其潛在話語是上承宋詩運動以來的傳統。其時同光體僅是一種詩體，猶如擊壤體、誠齋體，而由體到派有一個發展的時間過程。後來陳三立、鄭孝胥成為光緒以來詩壇的領軍人物，有了大量的跟隨者與崇拜者，有了大致相近的宗法對象，“同光體”便成為這一派的標籤。這一説法在當時已流行於詩壇。沈曾植為沈瑜慶所作《濤園詩集序》中說：“近人言同光派閩才獨盛，假有張為圖者，太夷為清奇僻苦主，君（沈瑜慶）為博解宏拔主乎？入室誰，及門幾人？”① “同光派”説明同光體已被目為詩派而不僅是詩體，并認為閩人鄭孝胥、沈瑜慶為風格倡導之主。唐代張為撰《詩人主客圖》，所謂主，乃為某一詩體開創者或主席；所謂客，乃從主之謂，與主之詩體相近。

新中國成立後的一段時期，有的《中國文學史》對“同光體詩派”做如此評判：“隨着新派詩、新體文的出現和發展，各種腐朽的擬古主義、形式主義的詩派、文派也争立門户，愈來愈多。勢力最大的是宋詩派，即所謂‘同光體’詩人，這是宋詩運動的一個掙扎。”陳三立即代表所謂“生澀奥衍”的這一派，他的詩是“官僚士大夫對現實社會運動的一種無可奈何的感慨”②。當時習慣用階級分析法，為“同光體”戴上“擬古主義”與“形式主義”的帽子，不過却也道出一個事實，晚清詩派衆多，影響最大的是同光體詩派。

80 年代初，錢仲聯先生發表《論同光體》一文，對“同光體”開始做一分為二的評價。他説：“今人論‘同光體’詩，往往一筆抹倒，視為反動、保守的流派，這是不全面的，也是缺少分析的。就‘同光體’在民國以後的情况看，大體上還可以那樣説。”③着重點在為“同光體”的前期翻案，對後期即入民國後的“同光體”詩仍存芥蒂。其實此一時期的同光體成就不遜以前，加盟其中的詩人更多，所以纔有極大聲勢與影響。錢先生此文在論到南社時還説到：“姚（錫鈞）胡（先驌）則始終揚同光體之死灰不變。”對兩人為“同光體”辯護存譏貶之意，“死灰”更近乎惡謚。

直至近二十年來，同光體的地位與價值逐漸隆起，成為學術界研究的熱點，有着説不完的話題。

清末民初是各種思想交彙、碰撞的時代，也是詩歌流派紛呈的時代。正如張寅彭先生所説：“清末民初的舊體詩記録時代風雲、表現人性悲歡達到了沉鬱而又酣暢的審美高度”；“這是我國文學史上古、律體詩創作的又一個毫無愧色的高潮期。”④ 旨哉斯言。在衆多詩派中，同光體成為影響最大的詩派，這决非偶然，其成因究竟如何？同光體詩人特别是陳

① 轉引自錢仲聯主編：《歷代别集序跋綜録·清代卷》，江蘇教育出版社，2005 年，第 1749 頁。
② 游國恩等撰：《中國文學史》第 4 册，人民文學出版社，1964 年，第 349 頁。
③ 錢仲聯：《論同光體》，載《夢苕庵清代文學論集》，齊魯書社，1983 年，第 131 頁。
④ 張寅彭：《自序》，《民國詩話叢編》第 1 册，上海書店出版社，2002 年，第 4 頁。

三立，與其他詩派、詩人有何異同，關係如何？同光體詩派的傳承情況如何？這些都值得考察。同光體大多詩人參加過維新變法活動，有不少憂患之作。入民國後更鋭意作詩，詩藝達到更高水平，固然不少模山範水之作，或抒發個人愁苦之音，但也有不少詩能反映那個亂世社會。同光體詩派追隨者中，不少人承載了傳統詩命脈延續不墜的重任。拙稿力圖以理解之同情，觀照制度轉軌時期的同光體詩人，以圖能更真實瞭解清末民初以來的詩壇。

中國詩史上，論詩人之淵源，必重在學前人何家。學作詩，往往根據個人的才性、興趣，選擇門徑而入，這是有大成就者的必由之路。從大處看，元明清以來，分為學唐、學宋兩大派。然無論學唐學宋，還要選擇某家或幾家以作為傚法的對象。在一生若干階段，可傚法不同詩家，而非一成不變，此即“轉益多師”之謂也。近代詩家也如此，以同光體為例，鄭孝胥學王安石、梅堯臣等，陳衍學陸游、楊萬里，陳三立青年時學漢魏六朝詩，中年改學韓愈、黃庭堅。後來者亦往往師從前輩，得到指導，更上溯其源。由相近者形成派別，不同派別的形成，是詩壇昌盛的重要標志。同光體詩人袁思亮曾引述長沙許季純的話説：

> 古之大家，其存至今不廢者，必各有其精神氣體，以與後人相接，後之人亦各因其才與性之相近，從而致力焉，由其途以溯其源，究其同異而窮其變，然後可即於成①。

這段話闡明了學詩擇徑的重要性，寓有詩詞傳承創新、生生不息之理，亦可窺見近代詩派之所以形成的端倪。

從詩史來看，在詩壇，同光體并未像柳亞子所希望的那樣在民國時代銷聲匿迹，相反，倒是顯示出了頑强的生命力。日本學者吉川幸次郎説：“在魯迅之前時期承擔文學之責的，當數以陳三立為頂峰的一群詩人。”② 即便是新文學，也受到同光體的影響。楊揚説：“新文學在批判宋詩運動局限性的同時，仍然接受了宋詩運動的觀點、主張的影響……宋詩派的觀點、主張已經作為一種文學資源融入了中國文學傳統之中，他是一種客觀存在。”③ 龐中柱説：“晚清宋詩運動不僅為古典詩歌的發展做了完善的總結，同時也為新文學運動興起後，如何取法前賢、繼承傳統，做了良性的示範。”④ 在這裏，宋詩派其實是指同光體。關於同光體在中國文學史的評價，幾乎顛覆了四十多年前《中國文學史》（人民文學 1964 年

---

① 袁思亮：《滄江詩集序》，轉引自《散原精舍詩文集》“附録”（中），第 1269 頁。

② 吉川幸次郎：《中國詩史》，安徽文藝出版社，1986 年，第 357 頁。

③ 楊揚：《晚清宋詩運動與“五四”新文學——對 20 世紀中國文學與本土文化資源關係的思考》，載《天津社會科學》1998 年第 5 期。

④ 龐中柱：《晚清宋詩運動研究》，臺灣文化大學碩士論文。

版）上的説法。要進一步接近同光體詩派的真實面目，確定其在詩史上的地位，還要花大力氣。

一、同光終見勝乾嘉——從清詩風習之變看同光體的形成

明代詩學的主流是崇尚盛唐詩，前後七子聲稱不讀唐以後書，“文必秦漢，詩必盛唐”。此風甚囂塵上，誠如葉燮所説，詩界“稱詩者必曰唐詩，苟稱其人之詩為宋詩，無異於唾罵”①。然至清初，社會審美風尚轉移變化，以學古為尚，祖唐祧宋，争奇角勝，形成宗唐、宗宋兩大流派。葉燮在《三徑草序》中説：“有明之際，凡稱詩者，咸尊盛唐。及國初而一變，詘唐而尊宋。”宗宋者“凡聲調、字句之近乎唐音，一切屏棄而不為，務趨於奥僻，以險怪相尚，目為生新，自負得宋人之髓。幾於句似秦碑，字如漢賦。新而近於俚，生而入於澀”②。清初顧炎武倡學人之詩，錢謙益力主兼采中晚唐、宋元詩，神韵派首領王漁洋雖標榜盛唐之音，却也取法宋之歐、蘇、黄，同時大學士陳廷敬也有倡宋之傾嚮。稍後宗宋詩人有查慎行、翁方綱等，為宋詩運動開了先聲。乾嘉間還有舒位、孫原湘、黎簡等人學宋詩，“（舒）位與（孫）原湘皆自昌黎、山谷入杜，而（黎）簡則學杜而得其神髓者也，於是宋詩之途徑漸闢”③。相參錯而行的有沈德潛格調派、袁枚性靈派，但前者適應統治者需要，為上層社會所趨從，帶來了館閣氣；後者纖巧浮滑，格調不高，在市民階層中流行，為高人雅士所譏。然無論是神韵派、格調派還是性靈派，發展到後來，既在内容上不足以反映時代，而其詩風也走嚮衰敝，須有人起而救之。

汪辟疆將清詩史劃分為三期：第一期為康（熙）雍（正）時期；第二期是乾（隆）嘉（慶）時期；第三期在道光以後。他將第三期又分為兩期，即道（光）咸（豐）時期與同（治）光（緒）時期④。在道咸期，學宋詩者以險怪求新奇的審美趨嚮，與乾嘉之際徵實、重考證的漢學學風相融合，在桐城派姚鼐，經世派龔自珍、魏源等人影響下，詩壇形成聲勢頗大的以學問入詩、合詩人之言與學人之言為一身的宋詩運動，這與當時詩壇一些重量級人物的倡導與示範作用是不可分的。誠如錢基博所説：“道光而後，何紹基、祁寯藻、魏源、曾國藩之徒出，益盛倡宋詩，而國藩地望最顯，其詩文皆私淑江西。”⑤ 陳衍指出：

---

① 葉燮著，霍松林校注：《原詩・内篇上》，人民文學出版社，1979 年，第 5 頁。
② 同上。
③ 錢基博：《現代中國文學史・編首》，上海書店出版社，2004 年，第 31 頁。
④ 見汪辟疆：《近代詩派與地域》，《汪辟疆文集》，上海古籍出版社，1988 年，第 276 頁。
⑤ 錢基博：《現代中國文學史・編首》，上海書店出版社，2004 年，第 31 頁。

“道咸以來，何子貞紹基、祁春田雋藻、魏默深源、曾滌生國藩、歐陽磵東輅、鄭子尹珍、莫子偲友芝諸老，始喜宋詩。”[①] 兩人所述其實還遺漏了程恩澤。王輯唐説：“有清一代詩體，自道咸而一大變，開山之功首推吾皖歙縣程春海（名恩澤）侍郎。”[②]

道光、咸豐時期，發生亘古未有的大變局，詩亦漸作變風變雅之音。然此期間國力未衰，士大夫們有以天下為己任之志，想扭轉世運，其詩亦力求新闢途徑。他們看準了自杜、韓下開的宋調，主要學蘇東坡、黃山谷，故其詩亦往往奇雄兀傲。其時，大學士祁雋藻與侍郎程恩澤倡導學杜韓，身為重臣的曾國藩更號召學黃山谷，以糾詩壇甜熟淺滑之弊。才俊之士何紹基、鄭珍、莫友芝等紛紛響應，蔚然成風，一時稱為宋詩運動。曾國藩“恨當世無韓昌黎輩及蘇、黃一輩人可也發吾狂言者”（《致諸弟》道光十四年二月初十日），“論詩亦取傲兀不群者”（《致諸弟》道光二十三年正月十七日）。“大抵作字及作詩古文，胸中須有一段奇氣盤結於中。”（《曾國藩日記》咸豐十一年九月十二）他訓誡紀澤等作詩為文“總貴氣象峥嶸，總須將氣勢展得開，筆仗使得强”，“當兼在氣勢上用功”（《曾國藩日記》同治四年七月初三日）。他要求同志者“共扶元氣迴陽九，各解光明照大千”（《次韵何廉昉太守感懷述事》），“大開户牖吐真氣，倒决江河放清辯”（《送周文泉大令之官城武》），如此必能有“雄直之氣，驅邁之勢”（曾國藩《復吴南屏書》）。苗夔評何紹基詩云：“横覽萬象，兀傲雄渾”（《使黔草叙》），正説明宋詩運動追求博大雄渾的氣象。宋詩運動之所以能成大氣候，與曾國藩“以高位主持詩教”[③] 而成為一代詩壇盟主的作用是分不開的。曾氏位高名重，振臂一呼，群起響應。既開風氣，能為人師，又廣攬人才，幕府中人才濟濟，或有青出於藍者。其時相倚重者程恩澤、祁雋藻等，均有明確的詩學主張。程恩澤推尊韓愈、黃庭堅。張穆稱其詩“初好温李，年長學厚，則昌黎、山谷兼有其勝”，“排奡妥貼，力健聲宏，琅琅兮若鸞鳳之嘯於穹霄也”（《程侍郎遺集初編序》）。錢仲聯説：“程春海先生詩，奇字大句，力追昌黎、山谷。”[④] 錢鍾書亦稱：“清人號能學昌黎者，前則錢籜石，後則程春海、鄭子尹。”[⑤] 認為程、鄭兩人學韓愈以文為詩。

早期宋詩運動的重要詩人追求質實、厚重、縝密的詩美境界，譏諷高標“神韵”“性靈”者為“無實腹”，力圖窮經通史，以學問入詩。他們的詩論與創作實踐，體現出以復古求創新、以性情與學問兼為一身的用意。程恩澤詩云：“明詩掃地鍾譚出，推挽頹風説建安。却愛閉門陳正字（師道），清如郊島創如韓。”[⑥] 喜好陳師道之瘦健、賈島之清寒、韓

---

① 陳衍：《石遺室詩話》卷一，張寅彭編《民國詩話叢編》第1册，上海書店出版社，2002年，第18頁。
② 王揖唐：《今傳是樓詩話》，載《民國詩話叢編》第3册，第263頁。
③ 陳衍：《近代詩鈔叙》，載《近代詩鈔》，上海商務印書館，1923年，第1頁。
④ 錢仲聯：《夢苕庵詩話》則310，《民國詩話叢編》第6册，第383頁。
⑤ 錢鍾書：《談藝録》（補訂本），上海古籍出版社，1985年，第178頁。
⑥ 《題陳乃錫先生手稿》，載清道光丙午年刻本《程侍郎遺集初編》。

愈之奇崛，表達了他的學古傾嚮和創新意識，并把學問看作是性情的根基，認為“性情又自學問中出”，“學問淺則性情焉得厚”①。何紹基、鄭珍、莫友芝出自程門，三人聲氣相應，互為犄角。何紹基提倡“真我自立，絶去摹擬”②，提倡真性情，不摹擬古人。宋詩運動可説是清代宗經徵聖文化思潮的産物，它的特徵是以學問考證入詩，以經史諸子入詩③。

宋詩派、桐城詩派和經世派三者有着聯繫與互補的關係。曾國藩為一代理學名臣，為文私淑桐城派姚鼐，登高一呼，使桐城古文得以中興，為學主張調和漢學宋學，更在經邦緯國、學以致用方面勛業卓著。姚瑩本為“桐城派”嫡傳，但其詩作和交遊與湯鵬、張際亮為近。這些人出發點不同，其中大致有着清代學術上漢宋之争的影子。後來陳衍標舉“以學問為詩”的“學人之詩”，均提到道光咸豐年間京師漢學家中人物如祁寯藻、何紹基以及同出程恩澤門下、以樸學著稱於世的鄭珍、莫友芝等人。所以錢基博將宋詩運動溯源於“以文為詩”的桐城詩學。桐城詩派則是明顯帶有地域性質的詩派，他們的首領姚鼐在京師為官，位居高位，但其詩派中人大多居鄉里。此詩派與宋詩派均以黄庭堅為鵠的，有互為呼應之勢。宋詩派與桐城詩派二者之間有着千絲萬縷的聯繫，前者可説是“以學為詩”，後者可説是“以文為詩”，這兩派都曾影響到後來的同光體。

同光體之興，稍晚於宋詩運動，大抵五十年後。陳衍將道光以來的詩學依照詩風的不同，分為兩大派：“前清詩學，道光以來一大關捩，略别兩派。”其“清蒼幽峭”一派，特徵是“洗煉而熔鑄之，體會淵微，出以精思健筆。以陳沆為標志、魏源為羽翼，此派“近日以鄭海藏為魁壘”；其“生澀奥衍”一派，力求“語必驚人，字忌習見”，以鄭珍為“弁冕”，以莫友芝為“羽翼”，“近日沈乙庵、陳散原實其流派”④。這是粗綫條的勾勒，將同光體作家鄭孝胥一派追溯到陳沆、魏源，將陳三立、沈曾植一派追溯到宋詩運動的代表人物鄭珍、莫友芝。這是陳衍所列的兩個系列，其所列舉的代表人物，不重為官而在詩之成就。後來黄曾樾整理陳衍的説法，可以作為早期説法的補充：

> 道、咸之間，程侍郎、祁相國以杜、白、蘇倡於京師，為世宗仰，而八閩詩人尚株守其先輩，摹倣成法。同光而還，鄭海藏、陳聽水（陳寶琛）、陳木庵（陳書）三先生出，以宛陵、半山、東坡、放翁、誠齋諸大家為宗；同時江右陳散原先生力祖山谷，於是數百年來之為詩者，始一變其窠臼，大抵以清新真摯為主，海内推為同光派⑤。

---

① 《金石題咏彙編序》，載《程侍郎遺集初編》。

② 何紹基：《使黔草自序》，清同治刻本《東洲草堂文鈔》。

③ 參見關愛和：《自立不俗與學問至上：清代宋詩派的兩難選擇》，載《文學遺産》1998 年第 2 期，第 87 頁。

④ 陳衍：《石遺室詩話》卷三，則四，《民國詩話叢編》第 1 册，第 47—48 頁。

⑤ 陳衍：《陳石遺先生談藝録序》，《民國詩話叢編》第 1 册，第 700 頁。

此説重在詩壇的倡導者與詩風之嬗變，指出同治、光緒年間詩壇因宗宋詩而大盛，并形成同光派，其共同特徵在“清新真摯”。但論述重點在八閩詩人，福建詩壇於清初與中葉宗唐詩，後來因有了鄭孝胥、陳寶琛、陳衍“三先生出”而風習大變，改宗宋詩為主，世稱閩派。若論同光體詩派的創作成就，則以陳三立、鄭孝胥為最大，甚至被人認為是有清一代的最高成就。李漁叔説：

> 清代以樸學顯，於詩則未越成規。清初盛稱王阮亭、朱竹垞，一則才力未宏，一則略病繁蕪，尚須洗伐。稍後以袁、趙、蔣為較著，隨園風致流美，失之於佻；雲崧體貌清雄，失之於獷；苕生較深切，然為之未為至也。自餘作者，不乏名家，至於驂靳藝林，并時吐秀，多未能自闢門户，遠耀聲光。蓋自散原出，與海藏雁行，乃各携爐鞴，成一代之作矣①。

上面可説是對清詩史的簡單勾勒。王阮亭即神韵派領袖王士禎，朱竹垞即朱彝尊，浙西詩派領袖。袁即袁枚，倡性靈派。趙雲崧即趙翼，蔣苕生即蔣士銓，即江左三大家之一。但李漁叔認為他們都有偏差與不足，唯有陳三立、鄭孝胥的詩够得上稱為有清一代之詩作。唯因清前期與中期有成就有不足，使宋詩運動與同光體一些後來者能取其長，糾其偏，棄不足，窺門徑，求新變，終能成就一代之作而紹示來者。此段論述溯自清初，下及同光體，以陳三立、鄭孝胥并稱代表人物，但忽略了道光年間詩壇走嚮的轉型以及宋詩運動的傑出代表何紹基、鄭珍等大詩家。

近二十年來，不少學者認為，清代文學是中國文學史上集大成的時期，名家甚多，成就甚大。然而有清一代詩史，其成就以同光時代為最盛當無疑義。胡先驌曾有詩感慨：“繼起隨園輯詩話，同光終見勝乾嘉。”（《讀陳石遺先生所輯〈近代詩鈔〉率成論詩絶句四十首》）認為同光時代遠較乾嘉時代的詩歌昌盛。此處的“同光”不專指“同光體”，但同光體作家足可代表此一時期的詩風。

二、世變群龍見首時

——清末民初的衆多流派與同光體

從清詩史看，既有樹幟者，便有加盟者，也有欲拔幟而另立山頭者，由此而形成詩派

① 李漁叔：《魚千里齋隨筆》，載《散原精舍詩文集》“附録”（中），第1247頁。

的競争。曾克耑有詩云："韓蘇濤浪涌天際，龍戰角逐寧千場？晚清詩壇述流別，變風變雅聲鏗鏘。"（《答懺庵次元韵》）光緒、宣統間的詩壇異常活躍，開始形成各種流派，詩派之多，為詩史所少見，出現一時的繁榮。其局面恰如黄遵憲詩云："世變群龍見首時""風雅不亡由善變，光豐之後益矜奇"（《酬曾重伯編修》）。善於新變，詩歌纔能發展，"光豐之後"句是説道光、咸豐以來詩歌出現新奇的面貌。錢仲聯先生認為這一時期總的成就"達到了唐宋、清初以來的一個新的高度，成為中國古典詩歌在它發展後期矗起的又一座高峰"①。郭延禮先生認為："近代詩這種多流派、多宗尚、多風格，織成了近代詩空絢麗的彩虹。"② 同光體詩派承宋詩運動之後，在衆多流派中脱穎而出，蔚為大觀，成為詩壇的主流，其領軍人物足可執詩壇之牛耳。

由於近代詩派所處的地理環境與人文環境有差異有特色，形成了近代詩派的地域性格局。汪辟疆《近代詩派與地域》一文，最早從地域、風氣特點分類論述近代詩派。他將近代詩家按地域分為六派：湖湘派、閩贛派、河北派、江左派、嶺南派、西蜀派，然後分析各派之特徵：

> 此六派在近代詩中，皆確能卓然自立，蔚成風氣。湖湘夙重保守，有舊派之稱，然領袖詩壇，庶幾無愧；閩贛則瓣香元祐，奪幟湖湘，同光命體，儼若正宗，抑其次也；北派旨趣，略同閩贛，雖取徑略殊，實堪伯仲；江左稍變清麗，質有其文，風會轉移，亦殊曩哲；嶺南振雄奇之逸響，西蜀瀉清碧之靈芬，并能本其風土，播諸聲詩，馳騁騷壇，允無愧作③。

湖湘派首領王闓運舉幟揚旗，推崇漢魏六朝詩，打破了宗唐祧宋的風氣，在湖南、四川一帶影響日漸壯大，故以地域稱為湖湘詩派，以詩學宗法名，則稱漢魏詩派，實則稱為漢魏六朝詩派，則更為全面準確。文中指出湖湘詩派形成最早，然閩贛派形成後，後來居上，成為詩壇正宗。此派即陳衍所稱的同光體。

河北派以張之洞、張佩綸、柯劭忞三人為領袖。張之洞，河北南皮人；張佩綸，河北豐潤人；柯劭忞，山東膠州人。汪先生認為此派"旨趣略同閩贛"，乃因此派重在"以宋意入唐格"，故有的學者又稱此派為"唐宋兼采"派。關於兩派之不同，見於本書"張之洞與同光體"一節中的比較。

從詩歌淵源來看，此派下開中晚唐詩派，以樊增祥、易順鼎為首領。樊、易兩人均出

① 錢仲聯：《近代詩壇鳥瞰》，載《社會科學戰綫》1988 年第 1 期，第 276 頁。
② 郭延禮：《緒論》，《中國近代文學發展史》第 1 册，山東教育出版社，1995 年，第 6 頁。
③ 汪辟疆：《近代詩派與地域》，《汪辟疆文集》，上海古籍出版社，1988 年，第 291 頁。

自張之洞門下，淵源有自，但因易順鼎為湖南人，樊增祥為湖北人，故汪辟疆按地域之區別，將這二人稱為湖湘派之别派："若夫樊、易二家，在湖湘為别派，顧詩名反在湘派諸家之上，蓋以專學漢魏六朝三唐，至諸家已盡，不得不另闢蹊徑，為安身立命之所，轉益多師，聲光并茂，則二家别有過人者矣。"① 這便是按淵源之分與按地域之分的不一致性。

江左西崑派，主要是指常熟人張鴻、孫景賢、汪榮寶、楊無恙諸人。他們起初相約作西崑體，不作江西派詩，以與吟壇主流同光體有别。從宗唐宗宋之分來看，此派可説是中晚唐詩派的支派。但此派後來也學宋詩而有變，汪辟疆先生即説汪榮寶"晚歲所作，蒼秀在骨，江左舊格，為之一變"②，錢仲聯則認為楊無恙的詩"由樊榭入，寖淫宋人"③。

嶺南派詩風雄直。近代嶺南每得風氣之先，詩人衆多，分為兩大支：一支以康有為、梁啓超為領袖，以黄遵憲、夏曾佑為實力派人物，倡詩界革命，雜采新詞語，力創新意境；一支為揭陽曾習經、順德黄節、番禺陳融等人，亦從學宋詩入手。曾習經的詩即是"取徑（梅）宛陵，摩壘（陳）後山"④。

西蜀派以趙熙為首，華陽林山腴、綦江龐石帚、巴縣向楚等為輔翼，詩風雄奇清真，可與嶺南詩歌并駕齊驅，不為同光體所束縛，却與同光派遥相呼應。趙熙（1867－1948）字堯生，號香宋，榮縣人。清末任監察御史，民國後退居故里。詩學湛深，以清切典秀為主旨。四川一地，師從他學詩的很多。繼起者羅伯濟、彭舉、傅真吾、許伯建、歐陽衡等，各以健筆寫感時之哀憤，咏風物之清奇。但四川詩人與外界交流較少，此亦地理較為閉塞所致。

其實，清末民初的南社，是一個龐大的文學團體，内有尊唐與宗宋兩大派。領導人柳亞子、陳去病以倡唐音挑戰同光體詩派。汪辟疆之論似遺此未述。

易宗夔《新世説》則按詩風之淵源將近代詩壇劃為三宗。他説：

> 咸、同、光、宣之詩人，可别為三宗。王壬甫崛起湘中，與鄧彌之力倡復古，由魏晋以上窺風騷，是一大宗。彌之白香亭詩，高秀出湘綺樓之上。湘綺自謂學二陸，至曹、陶已無階可登。而彌之和陶，冲淡微遠，深嚌神味。李莼客及章太炎之五言，韵古格高，欲追湘綺，皆屬此宗。張香濤嘗謂洞庭南北有兩詩人：王壬甫五言、樊樊山近體，皆名世之作。樊山早歲為袁簡齋、趙甌北，自入張門，一概棄去。從李莼客遊，頗究心於中唐晚唐，吐語新穎則其獨擅。龍陽易哭庵，固能為元白温李者，於是

---

① 汪辟疆：《近代詩派與地域》，《汪辟疆文集》，第 295 頁。
② 汪辟疆：《光宣詩壇點將録》，《汪辟疆文集》，第 382 頁。
③ 錢仲聯：《夢苕庵詩話》則一一九，《民國詩話叢編》第 6 册，第 241 頁。
④ 梁啓超：《蟄庵詩存序》，載曾習經《蟄庵詩存》，藝苑出版社，2009 年，第 2 頁。

中晚唐詩流傳頗盛。大抵二人少作雋妙，晚年稍覺頽唐。此宗傚者甚多，而佳者難覯。若同光體詩人出入南北宋，鄭蘇龕、陳伯潛、陳伯嚴、沈子培為其宗之魁傑。其中又分二派：一派清蒼幽峭，體會淵微，思精筆煉，蘇龕、伯潛優為之；一派生澀奥衍，語必驚人，字忌習見，伯嚴、子培優為之。范肯堂、林畏廬、陳石遺、李拔可，皆此宗之健者。至羅癭公、黄秋岳、梁仲異、夏劍丞，則後起之秀也①。

易宗夔對晚清詩壇流别的梳理與汪辟疆所論略有不同，他以王闓運、鄧輔綸、李慈銘、章太炎等人宗法漢魏者為一派。章太炎，名炳麟，浙江餘杭人。“方清末造，譚詩者既宗宋之江西派，章炳麟既力辟之。”② 他有意崇尚漢魏五古詩及樂府，尚四言而抑近體，主三唐而薄兩宋。其主張與漢魏派首領王闓運不謀而合。但他對於王闓運字撫句擬、擬古而衹是形似的習氣有所不滿。

此文將樊增祥、易順鼎等究心於中晚唐者為一派，與汪辟疆先生將樊、易兩人視為湖湘派之别調有所不同，并指出樊增祥一入張之洞門下，與李慈銘等交遊，即改變了詩學門徑。

此文以鄭孝胥、陳寶琛、陳三立、沈曾植為同光體詩派魁傑，范當世、林紓、陳衍、李宣龔、羅惇曧為同時健將，黄浚、梁鴻志、夏敬觀等人為後起之秀。可貴的是，將范當世歸入此派，為汪辟疆所述未及，因范當世為江蘇人。衹是林紓通常不被看作屬此派，蓋因其早年反對“時彦務以西江立派，欲一時之後生小子，咸為蹇澀之音”。到了晚年則改變初衷，轉而敬服同光體詩人。他説：“方今海内詩人之盛，過於晚明，而余所服膺者，則陳伯嚴、吾鄉陳橘叟、鄭蘇堪而已。”③

易宗夔之論雖自成一説，但對同光體分派的論述，藉鑒陳衍之説的痕迹明顯；再者，四川、河北、嶺南諸人未入論述之視野，亦有明顯的遺漏。

錢仲聯先生按詩風與淵源將光宣詩壇分為四大派，較前説增加了詩界革命派：

詩學之盛，極於晚清，跨元越明，厥途有四：瓣香北宋，私淑西江，法梅、王以煉思，本蘇、黄以植幹。經巢、伏敔、蝯叟，振之於先；散原、海藏、蒼虬，大之於後，此一派也。遠規兩漢，旁紹六朝，振采蜚英，《騷》心《選》理。白香、湘綺，鳳鳴於湘衡；百足、裴村，鷹揚於楚蜀，此一派也。無分唐宋，并咀英華，要以數畑為宗，不以苦僻為尚。抱冰一老，領袖群賢；樊、易承之，拓為宏麗，此一派也。驅

① 易宗夔：《新世説・文學》，載賈文昭編：《中國近代文論類編》，第658—659頁。
② 錢基博：《現代中國文學史・上編・古文學》，上海書店出版社，2004年，第134頁。
③ 林紓所説，見錢基博：《現代中國文學史・上編・古文學》135頁，但錢氏將橘叟説是陳寶箴，蓋誤記也。

役新意，供我篇章，越世高談，自闢户牖。公度、南海，蔚為大國；復生、觀雲，并足附庸，此一派也。①

與汪先生相比，錢先生略去西蜀派與江左派不論，介紹了各個流派的詩學淵源以及流派主要代表者。其中涉及人物多用字號或齋號，為便於理解，兹略作疏通：

“瓣香北宋，私淑西江。”指的是受宋代江西詩派影響的同光體。經巢即鄭珍，貴州遵義人；伏敔即江湜，蘇州人；蝯叟即何紹基，湖南道縣人。散原即陳三立，海藏即鄭孝胥，蒼虬即陳曾壽。此論將鄭孝胥與陳三立都歸於受鄭珍、江湜、何紹基影響，較陳衍之説似要妥當一些。

“遠規兩漢，旁紹六朝。”指的是湖湘派。白香即湖南武岡鄧輔綸，湘綺即湘潭王闓運，百足即湖口高心夔，實乃贛人，與王闓運為摯友。裴村即四川富順劉光第，出王闓運門下。

“無分唐宋，并咀英華。”指的是汪辟疆所述的以張之洞為首的河北派，此派主張唐宋兼采。抱冰即張之洞，群賢即張佩綸諸人。此派下開以樊、易為首的中晚唐詩派。樊即湖北恩施樊增祥，易即湖南龍陽易順鼎。要之，其敷暢宏麗，與同光體之苦僻有所不同。

“驅役新意，供我篇章。”指的是詩界革命派，公度即黄遵憲，字公度，廣東梅州人；南海即康有為，廣東南海人；復生即譚嗣同，字復生，湖南瀏陽人；觀雲即蔣智由，字觀雲，浙江諸暨人。“越世高談，自闢户牖。”乃鄭孝胥評陳三立詩之論，錢先生轉用於此派自開門户，不依傍前人。

錢先生依據風格與淵源區分各派，所舉同光體、湖湘派、詩界革命派代表人物與汪辟疆所述無大異。惟“無分唐宋”一派中以張之洞、樊增祥、易實甫為代表，所舉人物與汪辟疆所説有所不同，汪先生將山東膠縣人柯劭忞劃為河北派，而將樊增祥、易實甫視為湖湘派之别調。之所以出現這一差異，乃在於汪辟疆先生是按地域劃分，而錢仲聯是按詩歌淵源來劃分的。

在清末詩壇林林總總的詩派中，詩人最多、影響最大的無疑為同光體。誠如章培恒主編的《中國文學史》，在由李慶執筆的“清代文學”一節中説：“詩壇上還存在一些傳統詩派，在當時的實際影響要比新派詩人大得多。最有聲勢的，有沿承宋詩派、以陳三立為代表的同光體。”② 這是實事求是的，即便到了民國以後，同光體詩派仍有相當的影響，其他派别則影響式微，有的改宗宋詩，受同光體影響，或者可以説，同光體猶如一塊磁石，吸引其他派的詩人改變了詩學門徑。

---

① 錢仲聯：《夢苕庵詩話》，《民國詩話叢編》第6册，第217頁。
② 章培恒主編：《中國文學史》第3册，復旦大學出版社，1996年，下卷第588頁。

三、劃地説三關，撰策籌九府

——同光體詩派在武昌舉幟揚旗

在武昌的張之洞幕府，促成了同光體詩派的舉幟揚旗。詩派的核心層人物主要活動於武昌、江寧、上海，即長江中游與下游流域。

光緒十五年（1889）十一月，張之洞任湖廣總督，次年四月創辦兩湖書院，招邀四方人才廣集武昌，濟濟多士。陳三立曾記述當時盛況説：

> 當是時，張文襄方督湖廣，競争興學，建兩湖書院，選録南北高才數百人，設科造士，海内名儒名哲就所專長，延為列科都講。特置提調員，拔君董院事，余以都講式闕，謬承乏備其一人焉。院中前後鑿大池，長廊環之，穹樓複閣臨其上，歲時佳日，輒倚君要遮群彦，聯文酒之會，考道評藝，繽以歌吟。文襄亦常率賓僚臨宴雜坐，至午夜乃罷，最稱一時之盛[①]。

余堯衢曾任書院提調，主管院事。陳三立在光緒十七年（1891）自長沙至武昌之後，曾應張之洞聘一度擔任兩湖書院都講。

張之洞也常率僚吏來書院，與衆人一起，詩酒高會。易順鼎記載過當年的雅集盛況與主要參與者：

> 南皮師為海内龍門，憐才愛士，過於畢（沅）阮（元）。幕府人才極盛，而四方賓客輻輳，余與伯嚴追逐其間，文酒流連，殆無虚日。其與於詩鐘之會者，幕府則楊叔喬、屠竟山、華若溪、楊範甫、宋藝子、汪穰卿、范仲林、秋門兄弟輩，過客則文芸閣、曾重伯、繆小山、王子裳諸君，而閩派如鄭肖彭、沈愛蒼亦同會集，亦一時之盛已[②]。

光緒二十年（1894），因劉坤一進京，張之洞署理兩江總督。他在江寧積極倡導風雅：

---

① 陳三立：《余堯衢詩集序》，《散原精舍詩文集》卷十，上海古籍出版社，2003 年，第 956 頁。

② 易順鼎：《詩鐘説夢》，《庸言》第 1 卷第 10 號，《聯話叢編》第 4 册，江西人民出版社，2000 年，第 2416 頁。

“光緒乙未……時南皮張文襄公總制兩江，崇尚風雅，以詩相鳴。”① 當時，鄭孝胥在張之洞幕府，沈瑜慶主持金陵籌防局事。

光緒二十一年（1895）底，張之洞回任湖廣總督，繼續網羅人才入其幕府，大興“新學”，先後聘陳衍、沈曾植在兩湖書院主持教席，邀鄭孝胥前來辦理蘆漢鐵路新政。三人相聚，標志着同光體核心層的形成。然此年初，陳三立已往長沙，與這三人未同時居武昌，但他是在武昌開始實踐其詩風轉變的。

同光體核心層的形成，與張之洞有莫大關係。曾克耑説：“散原、海藏、石遺三先生則是張孝達的幕客，憑着他們的政治後臺關係，所以也就等於卿相的居高一呼，便開出一種新風氣，成了一種新派系了。他們不衹呼了一下便了事，他們有論詩的宗旨，對於古人的詩有新發現和新評價，而他們的作品又能够實踐所言。各人有各人的面目，各人有各人的意態，同歸殊途，總結一句，是要用最好方法做出最好的詩歌，所以他們便占了清代詩壇最重要的位置了。”②

陳衍與鄭孝胥、沈曾植是促成“同光體”詩派形成的重要人物，他們三人均有詩學卓識，有共同愛好與旨趣，在武昌機緣凑合，激發詩興，切磋詩藝，熱烈探討，明確認識，共同提出同光體的詩學觀，并以此作為詩壇的一面旗幟。

這裏稍有必要追溯陳衍與鄭孝胥相交的經過。他們同年中舉而相識，其時鄭孝胥推崇漢魏六朝詩，兩人談詩“多有不合”。光緒十一年（1885）春，陳衍在福州西門街教書，鄭孝胥從金陵回到福州相會。此時鄭孝胥為詩宗嚮已從漢魏詩轉而宗唐宋詩，近幽峭一路，故極力誇贊孟郊“寒”“瘦”詩風，并勸陳衍作詩品：“嘗借余鍾嶸《詩品》，因謂余曰：‘盍仿其例，作《唐詩品》。’”③

光緒十二年（1886）初春，兩人在京城相會。鄭孝胥談到沈曾植能為同光體詩。陳衍後來回憶説：“吾於癸未（1883）丙戌（1886）間，聞可莊、蘇戡誦君（沈曾植）詩，相與嘆賞，以為同光體之魁傑也。同光體者，蘇戡與余戲稱同光以來詩人不墨守盛唐者。”④又説：“丙戌在都門，蘇戡告余，有嘉興沈子培者能為同光體。同光體者，余與蘇戡戲目同、光以來詩人不專宗盛唐者也。”⑤

光緒十六年（1890）四月，陳衍赴京，在鄭孝胥寓所與聞可莊相會，促膝談詩。他認為鄭的詩風“已一變再變，為姚合體；為北宋，服膺荆公”，由學六朝詩轉到學唐柳宗元、孟郊詩。“君於七古，嘗獨舉韋蘇州、温庭筠，然亦一時興到語。”“君又言，‘律詩要能作

① 李宣龔：《濤園詩集跋》，《李宣龔詩文集》“碩果亭文集”，華東師大出版社，2009 年，第 331—332 頁。
② 曾克耑：《論同光體》，載《頌橘廬叢稿》第 4 册，香港新華印刷公司，1961 年。
③ 陳衍：《石遺室詩話》卷一，則一，《民國詩話叢編》第 1 册，第 18 頁。
④ 陳衍：《沈乙庵詩序》，錢仲聯《沈曾植集校注》“序跋總録”，中華書局，2001 年，第 12 頁。
⑤ 陳衍：《石遺室詩話》卷一，則三，《民國詩話叢編》第 1 册，第 18 頁。

高調，不常作可也’。余曰：‘高調要不入俗調，要是自家語。元裕之詩多是高調，却無俗調；高季迪、前後七子喜高調，遂多俗調。東坡律句極少高調，屬對每以動宕出之。此秘發於沈佺期、王右丞，極變化於老杜。’”①

陳衍後在上海，任《求是》雜誌主筆。張之洞讀到《求是》雜誌，發電報托時在上海的鄭孝胥邀請陳衍前往武昌。光緒二十四年（1898）四月，陳衍赴武昌，拜謁張之洞，談文學與新政，被聘入兩湖書院主持經史文席。不久，沈曾植也受聘主持書院史席，兩人同住在紡紗局西院。七月廿日，鄭孝胥也來武昌，“至紗局晤子培、叔伊”②。十二月，鄭為蘆漢鐵路南段總辦兼辦漢口鐵路學堂，常過江與沈曾植、陳衍談詩，相約作詩。陳衍有記：“戊戌客武昌張廣雅督部所，子培、蘇堪繼至。夏秋多集兩湖書院水亭、水陸街姚園、墩子湖安徽會館，多言詩。子培欲余記所言為詩話。”③

沈曾植的詩寫到鄭孝胥渡江而來、三人熱烈論詩的場面：“鄭侯凌江來，高論天尺五。劃地説三關，撰策籌九府。蕩胸萬千字，得句故難住。”（《寒雨積悶，雜書遣懷，襞積成篇為石遺居士一笑》）陳衍則談到相督促作詩、品評的樂趣：“隨意惢譚欹坐久，累君煙月受清凉”（《次韵答子培》）；“十日不詩腸又澀，端資策勵有朋儔”（《早起渡江逾漢，飯於蘇龕，復詢作詩，歸途成一首》）。他有所作必定讓鄭孝胥、沈曾植看，必加評點。沈曾植評陳衍詩《冬述四首》“别具町畦”，評《二月移居》詩“真北宋人語，王梅間左挹而右拍矣”。陳衍後來回憶他與鄭孝胥論詩：“戊戌君來鄂，所居隔一江，歲暮約相督為律詩。余言作詩起調不落凡近易，結調不落凡近難。君言作詩用利筆易，用秃筆難。謂余《寄弢庵》《送子培》詩中有能用秃筆者，殆即書家折釵脚、屋漏痕之説耳。”④ 互相品評，切磋詩藝，從而大大促進了詩學的討論。

陳衍品評沈曾植的詩“雅健有意理”，告訴他説：“往余在京華，鄭君過我邸。告言子沈子，詩亦同光體。”（《冬述四首視子培》）當得知沈曾植重在治學，而對詩不在意，所作多散佚時甚為惋惜，勸他自珍其作。陳衍認為治學是為人作嫁，作詩纔是言己意：“余亦喜治考據之學。其實皆為人作計，無與己事。作詩尚是自家意思、自家言説。子培意不能無動，間一為之。次年，余移居水陸街，君居姚園，相去不數武。秋冬病瘧寒困卧，遂日有所作，或一日數詩示之，或夜三四鼓猶打門送詩。”⑤ 就在光緒二十七年（1901），陳衍為沈曾植作《沈乙庵詩序》。

三人還就“同光體”的内涵、“三元”説、學人之詩、唐宋不分等詩學觀念達成了共

① 陳衍：《海藏樓詩叙》，《海藏樓詩集》，上海古籍出版社，2003 年，第 2—4 頁。
② 《鄭孝胥日記》第 2 册，中華書局，1993 年，第 670 頁。
③ 陳衍：《石遺室詩話》卷一，則一，《民國詩話叢編》第 1 册，第 18 頁。
④ 陳衍：《海藏樓詩序》，鄭孝胥著、黄珅等校點：《海藏樓詩集》，上海古籍出版社，2003 年，第 4 頁。
⑤ 陳衍：《石遺室詩話》卷一，則三，《民國詩話叢編》第 1 册，第 1 頁。

識，并藉由陳衍記載、整理、條理化而撰寫的《石遺室詩話》等，得以傳播開來。陳衍是同光體的理論家，他批評以王闓運為首的“漢魏詩派”是“當塗逮典午，導江僅至澧”(《冬述四首視子培》)。典午即晋司馬氏典午南渡，意謂漢魏詩派倡詩學至晋而止，然彼時之詩僅支流而已。他又説：“宋唐皆賢劫，勝國空祖禰。”認為唐宋詩皆好，明代衹知宗盛唐，慨嘆晚近以來詩教之衰：“風雅道殆喪，龐言天方嚌。”他因而提出“三元”説，提出宗宋、復古而不泥古的多元化詩歌主張，把宗唐與宗宋統一起來，認為：“詩莫盛於三元：上元開元，中元元和，下元元祐也。君謂三元皆外國探險家覓新世界，殖民政策開埠頭本領，故有‘開天啓疆域’云云。余言今人强分唐詩、宋詩，宋人皆推本唐人詩法，力破餘地耳。”①

共同的研討，不妨同中有異。沈曾植詩云：“白家廣大元無教，得似韓門變態無？”(《答石遺》)認為白居易詩門庭廣大，但不如韓愈詩的變態多端。陳衍回答説：“不留長短三千首，教主依然廣大來。”(《調子培并答惠詩》)認為白居易即便未留下三千多首詩，仍然是廣大教化主。又説：“淡遠深微有本真，鏤金錯采費精神。西江未必涪翁拜，何况桐城一派人。”(同前)認為作詩應求淡遠深微，不必雕琢辭采求華麗，也未必要取法江西派黄山谷，更不必傚法桐城派。這是沈曾植説詩與陳衍説詩的歧異之處。

“同光體”這一旗幟，是由陳、鄭、沈三人共同舉起的。至此，同光體詩派在承繼鄭珍、何紹基等人開啓的宗宋風尚後，衝破僅局促於某一時代的擬古詩風，為詩的發展注入了新的内容。陳衍、鄭孝胥兩人一度携手，陳三立、沈曾植加盟，則同光體成為當時最重要的流派，絶非偶然。正由於此，這一批詩家射雕手，也成為時人追從傚法者。

光緒二十六年（1900）四月，沈曾植離開武昌東下；光緒二十九年（1903），鄭孝胥赴滬任江南製造局總辦。三十一年（1905），陳衍離開武昌北上，風流際會因之而散。而詩壇活動在京城聚結了一批官吏，陳衍、陳寶琛、陳曾壽、鄭孝胥、梁鴻志、黄浚等均是其中的重要人物。

江寧即南京，同光體詩人在此活動頻繁。以光緒二十六年（1900）定居於此的陳三立為中心，聯結前輩詩人、同時代在位或退隱的詩人，更有晚輩後學，形成交遊群體。

辛亥革命後，一群遺老逸少紛紛來到上海寓居，他們集結在一起，禊集賦詩，先後結超社、逸社，其中大多為同光體詩人。他們再次迸發出詩的創作热情，藉助現代報刊等傳媒，發出他們的聲音，在滬上占有相當的文化場域。然此派詩人活動又不限於此，民初陳衍往返京城與福州，陳三立先後寓居杭州、廬山，他們均是當地詩人群體活動的核心人物。

---

① 陳衍：《石遺室詩話》卷一，則四，《民國詩話叢編》第1册，第21頁。

四、爬抉物象寫離亂，自然變徵音酸楚

——同光體形成的文化背景與詩人的心理認同

從同光體形成的文化背景來看，清初黄宗羲、顧炎武等提倡經世以致用。其時距明亡不遠，滄桑陵谷之感，種族存亡之思，多見於詩中。康熙、雍正時期，宗法程朱，理學盛行，是謂宋學。至乾隆、嘉慶間，屢興文字獄，學者多遁入書齋，緘默不言政治，海内競尚考據，漢學盛行。於是宗宋學者譏笑漢學為餖飣，為瑣屑，而固守漢學者則攻擊宋學為空疏無用。在越來越嚴重的社會矛盾與危機中，無論是漢學還是宋學都無力解决面臨的危機。儒學要繼續發揮其社會功能，就必須適應形勢而有所創新。此時出現漢宋調和、漢宋會通或漢宋融合的趨嚮。而其時士子為詩者，唯恐觸犯時忌，其詩多雍容閑適，吟風弄月，乃和平之音。

道光年間，國門初開，鴉片戰争發生。接踵而來的是太平天國運動、中法戰争、英法聯軍入京，内憂外患叢生，天災人禍交加，大清帝國元氣大傷。更因政治體制落後，士習衰惡，人才枯竭，吏治腐敗，加劇了時勢的衰變。由雲龍説："道咸以來，國事日非，非講求經世之學，不足以濟時；非主張通變之道，不足以應用。於是今文之學興，公羊三世之學盛。其時學者如龔定庵、魏默深，皆今文學家，喜談經濟，而其詩亦皆廉悍堅卓，趨於有宋諸大家。"① 龔定庵即龔自珍，浙江仁和人，早在鴉片戰争前夜，他就覺察到這個時代"士不知耻，為國家之大耻"，"如是而封疆萬萬之一有緩急，則紛紛鳩燕逝而已"②；魏默深即魏源，湖南邵陽人。他擔心亂世將臨，落到"樂生亂，亂久習患，患生憂……"③ 的地步。

同治年間，依靠湘軍與皖軍的相繼崛起，清廷挽救了覆滅的命運，史稱"同治中興"。光緒年間的甲午戰争，中國慘敗，給國人以極大刺激，要求變法的呼聲越來越强烈。光緒帝謀求變法以圖富强，抵禦外侮，支持變法的官員與在野的有識之士形成互動之勢。其時，西學東漸，維繫國脈綱常的儒學與禮教也出現了動摇，尚變維新思潮起伏。陳寶箴在湖南推行新政，文廷式、康有為在京中聯絡當時的進步人士成立强學會，大造變法輿論。康有

① 由雲龍：《定庵詩話》卷上，張寅彭編《民國詩話叢編》第3册，上海書店出版社，2002年，第563頁。

② 龔自珍：《明良論》二，《龔自珍全集》第1輯，上海人民出版社，1975年，第31—32頁。

③ 魏源：《默觚下·治篇二》，《魏源集》上册，中華書局，1976年，第39頁。

為驚嘆時局為“四千年中二十朝未有之奇變”①。嚴復説：“觀今日之世變，未有若斯之亟也。”② 梁啓超以“巨廈”比喻舊制度：“今有巨廈，更歷千歲，瓦墁毀壞，榱棟崩打，非不枵然大也，風雨猝集，則傾圮必矣。而室中之人，猶然酣嬉鼾卧，漠然無所聞見；或則睹其危險，惟知痛哭，束手待斃，不思拯救。”他大聲呼籲，惟有變法，纔“可以保國，可以保種，可以保教”③。譚嗣同也説：“欲求别開一種衝擊網羅之學。”④ 當時同光體詩人均參加了維新變法活動。沈曾植、陳寶琛、袁昶等列名强學會。陳三立不僅列名强學會，而且在湖南佐其父推行變法，引薦梁啓超主辦時務學堂。鄭孝胥積極參與興辦鐵路等實業，亦為圖强之道。陳衍為《求是》雜誌主筆。在政治上求改良，與在詩藝上藉由宋詩以求創新，有相呼應的必然。

然而，以慈禧為首的后黨保守勢力，發動戊戌政變，捉拿維新黨人，令“天下寒心”。繼而是八國聯軍入京，慈禧挾光緒帝西逃西安。維新變法的失敗，加劇了國家頹勢，社會危機更加深重，伴隨着思想文化領域内的除舊布新，各體新派文學相繼崛起，士人不滿情緒日益高漲。此時封疆大吏張之洞仍在繼續調和漢學宋學之争，倡“中學為體，西學為用”。正是在這樣的背景下，作為文學表現的主要樣式，詩的命運在發生劇變。

汪辟疆認為，清詩以道光以後成就為最大，乃因“有清一代詩學，至道（光）咸（豐）始極其變，至同（治）光（緒）乃極其盛”⑤。“詩至道咸而遽變，其變也與時代為因緣。然同光之初，海宇初平，而西陲之功未竟，大局粗定，而外侮之患方殷，文士詩人，痛定思痛，播諸聲詩，非惟難返乾嘉，抑且逾於道咸。……在此五十年中，士之懷才遇與不遇者，發諸歌咏，憫時念亂，旨遠辭文。”⑥ 又説：“夫文學之轉變，無不以時代為因緣。道咸之世，清廷由盛而衰，外則有列强之窺伺，内則有朋黨之迭起。詩人善感，頗有瞻烏誰屋之思，小雅念亂之意、變徵之音，於焉交作。且世方多難，憂時之彦，致意經世有用之學，思為國家致太平。及此意蕭條，行歌甘隱，於是本其所學，一發於詩，而詩之内質外形，皆隨時代心境而生變化。”⑦ 同光體接續道、咸時期宋詩運動之後再放異彩，其成就更勝於道、咸時。汪氏論述了詩與時代共嚮發展的現象，以及自宋詩運動至“同光體”産生的社會背景。龔鵬程認為，同光以前詩作，多為“一己之哀感”，至此時發生改變。“詩非一己之哀感，乃時代之寫照。國家不幸，賦到滄桑，亦非某氏之窮通，抒懷感憤，實有

---

① 康有為：《强學會叙言》，上海神州國光書社，1953 年。
② 嚴復：《論世變之亟》，《嚴復集》第 1 册，中華書局，1986 年，第 4 頁。
③ 梁啓超：《論不變法之害》，刊《時務報》1896 年 8 月 19 日。
④ 譚嗣同：《報唐才常書》，《譚嗣同全集》，中華書局，1981 年，第 250 頁。
⑤ 汪辟疆：《近代詩派與地域》，《汪辟疆文集》，上海古籍出版社，1988 年，第 275 頁。
⑥ 同上，第 283—284 頁。
⑦ 汪辟疆：《近代詩人述評》，《汪辟疆文集》，上海古籍出版社，1988 年，第 283—284 頁。

理想與辦法指寓其間，更非空為大言者。詩至同光為一大變，猶時自唐代中葉至道咸，道咸以後亦為一大變也。”① 這裏説的是整個同治、光緒年間詩風，然用於同光體詩派最為恰當。這種詩風之大變，乃為一時代風氣所釀成。故以同光體命名此詩體，有其相當之理由，或可代表一時期詩壇之主流，也説明同光體領軍人物有總攬一代詩風的雄心。

同光體的興起，與社會亟變、人心思變、思潮競起的晚清世運相關。此派與宋詩運動一脈相承，均產生於變風變雅時代，但外患更亟，國運更衰。變法失敗，更使詩人心靈蒙上了陰影，他們看到改良無望，清廷也難以維持，但害怕清廷垮臺，有惶惶不可終日之感。但後來社會劇變果真發生，帝制被推翻，他們最擔心的是傳統文化也隨之斷絶，所以其詩作最能反映這一轉軌時期的現實與内心的痛苦。陳衍多次談到時代與詩創作的關係，在《祭陳後山先生文》中説：“惟言者心之聲，而聲音之道與政通，盛則為雅頌，衰則為變雅變風。”② 他在《山與樓詩叙》中具體説到變雅的特徵：“余生丁末造，論詩主變風變雅，以為詩者人心哀樂所由寫宣，有真性情者哀樂必過人，時而齎咨涕洟，若創巨痛深之在體也。時而忘憂忘食，履決踵，襟見肘，而歌聲出金石、動天地也。其在文字，無以名之，名之曰摯，曰横，知此可與言今日之為詩。”③ 又説：“（祁）文端（曾）文正時，喪亂雲朊。迄於今，變故相尋而未有届，其去小雅廢而詩亡也不遠矣……身丁變雅，以迨於將廢將亡上下數十年間。”④ 他在《小草堂詩集叙》中進而説到同光體詩風形成的原因：“詩至晚清同光以來，承道（光）咸（豐）諸老蘄嚮杜、韓，為變風變雅之後，益復變本加厲。言情感事，往往以突兀凌厲之筆，抒哀痛逼切之辭，甚且嬉笑怒駡，無所於恤。矯之者則為鈎章棘句，僻澀聱牙，以至於志微噍殺，使讀者悄然而不怡。然皆豪傑賢知之子乃能之，而非愚不肖者所及也。道、咸以前，則慑於文字之禍，吟咏所寄，大半模山範水，流連景光。即有感觸，决不敢顯然露其憤懣，間藉咏物咏史，以附於比興之體，蓋先輩之矩矱類然也。自今日視之，則以為古處之衣冠而已。”⑤ 在皇權統治發生危機時，詩敢於嬉笑怒駡，甚至指斥時政，以“突兀凌厲”之筆法，抒“哀痛逼切”之情感，這就是陳衍對同光體詩風總的認識，并認為這與道光、咸豐以前模山範水、吟風弄月的詩風大不相同。恰如《詩大序》中所説：“亂世之音怨以怒，其政乖；亡國之音哀以思，其民困。”

同光體詩人對詩之變雅變風可説是達成了共識。潮州石銘吾詩云：“諸公丁世亂，雅廢詩將亡。所以命辭意，迥異沈（德潛）與王（士禎）。”（《讀石遺室詩集呈石遺老人八十八

① 龔鵬程：《説晚清詩》，載《近代思想散論》，臺北東大圖書股份有限公司，1981 年，第 202 頁。
② 錢仲聯編校：《陳衍詩論合集》下册，福建人民出版社，1999 年，第 1077 頁。
③ 同上，第 1089 頁。
④ 陳衍：《近代詩鈔序》，《近代詩鈔》，上海商務印務館，1935 年，第 1 頁。
⑤ 錢仲聯編校：《陳衍詩論合集》下册，福建人民出版社，1999 年，第 1074—1075 頁。

韵》)① 鄭孝胥對清廷的腐敗無能有所不滿，認識到這是一個衰世，“世衰士益放”（《答沈子培比部見訪夜談之作》），但又認為清廷并非行暴政，反而對民主革命的興起持仇視態度。《鄭孝胥日記》宣統三年九月初六日記：“冥想萬端，有極樂者，有至苦者，行將揭幕以驗之矣。政府之失，在於紀綱不振，苟安偷活；若毒痡天下，暴虐苛政，則未之聞也。故今日猶是改革行政之時代，未遽為覆滅宗祀之時代。彼倡亂者，反流毒全國以利他族，非仁義之事也。”② 同年十月二十四日記云：“世界者，有情之質；人類者，有義之物。吾於君國，不能公然為無情無義之舉也。共和者，佳名美事，公等好為之，吾為人臣，惟有以遺老終耳。”③

同光體詩人大都經歷過戊戌政變，他們看到專制王朝難以為繼的總趨勢，却又對現實無可奈何，故詩作往往哀婉過人，真摯沉痛。早在甲午戰爭前夕，陳三立就敏鋭地寫道：“天下之變蓋已紛然雜出矣。學術之升降，政法之隆污，君子小人之消長，人心風俗之否泰，夷狄寇盜之旁伺而竊發。”④ 歷經家國之難後，更痛苦地吟咏：“國憂家難正迷茫，激盪騷雅思荒淫”，“陸沉共有神州痛，休問柴桑漉酒巾”（《次韵黄知縣苦雨二首》），“滔天禍水誰能遏，繞夢冰山各自傾。豪氣未除沉痛久，衹餘對酒百無成”（《建昌兵備道蔡伯浩重來白下》），似已預感到天翻地覆的劇變。所以潘若海説陳三立是“掩泪題詩續變風”（《贈伯嚴吏部》）。鄭孝胥詩云：“從此休論王霸業，區區名節已難言”（《答嚴幾道》），感嘆難成事業。沈曾植詩云：“長嘯宇宙間，斯懷吾誰與”（《長嘯》），“一朝攬轡登車去，從此範水模山絶”（《吴少村中丞畫册》），“浩劫微生聚散看，空將老眼對辛酸”（《答石遺》）。陳衍詩云：“時既非天寶，位復非拾遺。”（《雜感十七》）陳寶琛詩云：“入峡海潮還出峡，和沙淘盡可憐生。”（《失題》）這些便是他們心境的真實寫照。痛定思痛，詩風哀婉悽切，不難看出清末行將崩潰的社會在同光體詩人身上留下的陰影。惨佛議論鄭孝胥詩風時所作的分析，也覺察到了時代與詩的關係：“鄭詩境界尤狹，無復雄博氣象，則亦時代為之乎！”⑤

民國初年，政局不穩，戰亂不休，更成亂世，故此一時期詩作，仍可謂之變風變雅。清官吏失位賦閑，成為遺老後，紛紛僑寓上海、天津、青島等地，或退歸故里，衹有極少數人轉入民國政權中任職。政治制度大轉軌給他們帶來不安與焦慮，空前的文化震蕩與急劇轉型更使遺老們的精神極為痛苦。他們哀嘆：“故人各各風前葉，秋盡東西南北飛”（趙熙《題石遺詩話後》）；“亂餘還念驚弓鳥，國變真如失樹鴉”（釋敬安《俞恪士歸自甘肅

① 石銘吾著，曾楚楠編校本：《慵石室詩鈔》，潮州市饒宗頤學術館，1997年。
② 《鄭孝胥日記》，中華書局，1993年，第1352頁。
③ 同上，第1356頁。
④ 陳三立：《梁節庵詩序》，《散原精舍詩文集》“文集”卷四，上海古籍出版社，2003年，第825頁。
⑤ 惨佛：《醉餘隨筆》，轉引自錢仲聯主編：《清詩紀事》光宣朝卷，第18册，第12937頁。

……俱僑寓滬上，相見各述亂離》)；“形質雖存非復我，江山信美不如初”（陳鋭《次韵再贈病山》)；“遜國驅流官，乃復驅詩人。詩狂入海市，奇想包天吞。大聲駭寰中，早抉禍富根。小眚惕日月，夙窺生死門”（程頌萬《五言散文八十韵寄伯嚴》)。這些詩句形象地表明了他們飄零的處境與凄迷的心境。又如陳三立詩云：“滿意魂翻變徵聲，彌天哀憤坐中傾”（《訪楊子琴同年不遇》)；“復傾肝膈叠吟咏，寄痛略依變雅説”（《次答蒿叟叠用東坡聚星堂咏雪韵寄懷》)；“醉魂并入凌雲氣，世患收為變徵歌”（《和答閑止翁見贈同疴韵》)；“爬抉物象寫離亂，自然變徵音酸楚”（《八月廿八日為漁洋山人生辰補松主社，集樊園分韵得魯字》)。他選擇物象以寫離亂現實，多首詩中寫到“變徵”“變雅”。變徵之音，酸楚不忍聽。他還曾論沈曾植入民國之後的心境：

> 晚歲孤卧海日樓，志事無由展尺寸，迫人極之汩圮，睨天運之茫茫，幽憂發憤，益假以鳴其不平，詭蕩其辭，寤寐自寫，落落懸一終古傷心人，此與屈子澤畔行吟奚異焉？則謂寐叟詩為一家之《離騷》可也，為一世之《離騷》可也①。

這種感慨，豈止是為沈曾植而發，更是代表了作者一類人的共同心境。

陳衍在為陳柱尊詩集作序時説：

> 近來之我，頗非昔時之我，形容變盡，語言亦變。往嘗為海藏言，今則輪到我矣。今未兩年而有百首詩待刻，亦多非故我②。

詩的面目不同，是時代、處境造成的。詩作為心靈的外在呈現，在不斷告别“故我”而呈現變化。

清遺老們的傳統文化素養較高，又有充裕時間從事詩歌創作與研究活動，能將詩藝提高到新的水平。但他們的詩或惋惜或哀嘆，懷舊氣息相當濃重，也有不少在檢討清末政治的腐敗。他們結社禊集，切磋詩藝，唱和編刊，期待着詩運的中興，在其背後，還有力挽傳統文化頹運的用心，“於孔教寖衰、國學垂廢之秋為張皇補救之計”③。在此期間，無論是同光體還是湖湘派或是詩界革命派諸子，他們都不同程度地表現出對清王朝的懷念和對袁世凱政權的抵觸，曾有的政治隔閡不再是溝通的障礙，他們會聚到一起抒寫荆棘銅馬的異代之悲。康有為於民國二年（1913）回國後與陳三立、俞明震、沈曾植詩歌交往密切。

---

① 陳三立：《海日樓詩集跋》，載《沈曾植集校注》，中華書局，2001 年，第 18 頁。
② 陳衍：《變風變雅樓待焚詩稿序》，載北流陳柱尊《變風變雅樓待焚詩稿》民國二十二年刻本。
③ 孫雄：《詩史閣詩話》，《民國詩話叢編》第 2 册，第 169 頁。

梁啓超此時在他主辦的《庸言報》上刊登陳衍的《石遺室詩話》，傳播了同光體詩派在民初的聲望。王闓運赴滬，與沈曾植、陳三立、樊增祥等交遊，促成了超社的成立。一種情緒的融通，再塑了民國的詩壇。

民國時期，同光體詩派繼續發揮領袖舊體詩壇的巨大作用。其他派別則影響式微，有的改宗宋詩，受同光體影響，或者可以説，同光體猶如磁石，吸引其他派的詩人改變了詩學門徑。與當時文化界主流重在革新，倡新詩、白話文不同，同光體詩派重在傳統文化的傳承與維繫，通過《東方雜誌》《學衡》等現代媒介，繼續傳播他們的詩作，傾訴心聲，施展影響。所以林庚白從反的方面也説出了同光體詩派在民國時的廣泛影響："民國詩濫觴所謂同光體，變本加厲。"①

楊萌芽博士認為："1912 年後，陳衍在梁啓超主編的《庸言》雜誌上發表《石遺室詩話》，是近代宋詩運動進入到一個新的時期的標志。1915—1920 年宋詩派以《東方雜誌》為陣地，發表了大量作品，同光體成為席卷民國時期古典詩壇的一種文學思潮。在《東方雜誌》詩文欄内發表的 1700 首詩中，其中百分之七十屬於宋詩派詩人的創作。學衡派是一個精神淵源上和宋詩派很相似的團體，人事上也有諸多糾葛。通過對宋詩派與這些文學群體的研究，我們發現這是一個凝聚力很强、對民初其他文學力量有較大影響的團體。清末民初的宋詩派是一個介於傳統文學流派到現代文學社團之間的過渡性文人群體，體現了中國文學從古典到現代過渡的複雜性。"② 這是同光體在民國時期影響極大的實證。但楊氏及一些學者每以宋詩派作同光體之代稱，似不妥當。汪辟疆早已指出："或有疑近代詩為宋詩者，曰：'此亦但指同光體而言者也。' 即指同光，亦殊不類。文學遞嬗之迹，必前有所創，而後有所承。善承前人者，非舉前人體制而模擬貌襲也，必變化鎔鑄之，方足自成體格，否則為優孟，為僞體。'"③ 由雲龍説："戊戌六君子所為諸詩，皆近宋體，而林晚翠為尤甚。"④ 但這些人大多也不能看作同光體詩人。

民國以來，創辦的南京高師、東南大學、金陵大學等高校，重視傳統文化的繼承，網羅不少江南名彦以及海外歸來學有所成者。同光體詩人除了清遺民之外，稍後一批同光體詩派後學如王瀣、胡小石、胡翔冬、胡先驌、邵潭秋、汪辟疆、龍榆生、黄公渚等進入高校或文化界、軍政界，他們中的不少人，會通中西文化，創作舊體詩，培養學生，潛承同光體之傳統，出現學者詩人。可以説，清季衰世形成的同光體詩派，在民國初年的成就更為輝煌。由雲龍將同光體之盛歸之於陳衍提倡宣揚之功："先生雖不自承為江西派，顧提倡

① 林庚白：《今詩選自序》，《今詩選》民國二十九年版。
② 楊萌芽：《清末民初宋詩派文人群體研究——以 1895—1921 年為中心》，復旦大學博士論文。
③ 汪辟疆：《近代詩派與地域》，《汪辟疆文集》，上海古籍出版社，1988 年，第 285 頁。
④ 由雲龍：《定庵詩話》卷下，張寅彭編：《民國詩話叢編》第 3 册，第 583 頁。

宋詩甚力。自其所著詩話及所選之《近代詩鈔》出，海内之為同光體者，益復靡然嚮風，蓋欲避俗、避熟、避膚淺，而力求沉厚清新，固非倡導宋詩不可。”① 此説雖有一定道理，陳衍可説是同光體的傑出理論家，其著作與選本，大有利於人們瞭解同光體、走近并學習同光體，影響極大，然而同光體之盛，還得更多地從文化背景與詩人的心態方面尋找原因。

作者單位：江西省社會科學院

① 由雲龍：《定庵詩話》卷下，張寅彭編：《民國詩話叢編》第 3 册，第 606 頁。

劉光第《南旋記》校正*

張玉亮

劉光第，字裴村，四川富順縣趙化鎮人。生於咸豐九年己未（1859），光緒二十四年戊戌（1898）與譚嗣同、林旭、楊鋭、楊深秀、康廣仁被殺害於菜市口，史稱“戊戌六君子”。

劉光第是近代四川著名的愛國烈士，他享年四十歲，著述在生前刊行者無多，以詩文為主，多為友朋間傳抄之稿本或抄本，在其身後方有梓行者。對其著述的系統整理，始於1958年確立了古籍出版專業方嚮的中華書局①，當時中華書局籌劃出版“中國近代人物文集叢書”，《劉光第集》作為其中之一種，由中華書局委托四川省志編輯委員會編纂，此書後由中華書局於1986年2月出版。該書篳路藍縷，為學界提供了研究劉光第的寶貴資料，但由於資料和時代之局限，也不可避免地存在一些不足②。所幸的是21世紀初，劉光第後人將其先輩手稿捐贈於當地檔案部門，後影印刊行於《劉光第手稿及研究》（四川人民出版社2015年6月版）。這批影印稿本為勘正中華書局整理本提供了重要依據，十分寶貴。

通過稿本文獻的釋讀、比勘、標點，并參以其他材料，筆者發現，中華本《劉光第集》所收《南旋記》，雖然《編輯説明》中表明“據作者手稿”，但與稿本差距極大，有必要進行重新整理。今不揣冒昧，對中華書局本進行初步校正，以期為學界提供參考。至於更接近原稿面貌、文字更準確、斷句更妥當的新整理本，將收於筆者參與整理的《新編戊戌六

* 本文為：四川省社會科學重點研究基地中國近現代西南區域政治與社會研究中心項目“出版史視角下的近代人物地緣因素考察：以楊鋭、劉光第為中心”（項目編號：XNZZSH1906）之階段性成果。

① 參見筆者：《檔案中的歷史側影：中華書局與古籍小組六十年》，《中國出版史研究》2018年第1期。

② 可參見筆者：《指歸演進與範式轉换：“戊戌六君子”著述的出版史考察》，第二届華中學術傳播論壇會議論文，2018年12月。

君子集》之《劉光第集》，期待得到學界檢驗與批評指正。

1. 由京雇單套車（京錢四千）（中華本第 80 頁）

按：此處脱兩字，稿本“京”作“京師”，“四千”作“十四千”。

2. 盡可連夜買舟（同上）

按：稿本“連夜”作“乘夜”。

3. 見陳家子侄輩，皆馴謹好學，夜窗清凉，時聽吟誦，青燈有味。乃令我惆悵兒時（同上）

按：“吟誦”誤作“呤誦”，稿本不誤。且斷句亦可商榷。蓋此句前言見陳家子侄輩，後言自己聽其夜讀之感觸。句用“青燈有味似兒時”之典（陸放翁句），青燈與兒時間不當以句號隔斷。當斷句為：“見陳家子侄輩，皆馴謹好學。夜窗清凉，時聽吟誦，青燈有味，乃令我惆悵兒時……”

4. 置一車大約費錢十餘釗（中華本第 81 頁）

按：“釗”當作“釧”，稿本不誤。

5. 祇得在大艙住宿（同上）

按：稿本“住宿”作“駐宿”。

6. 刮北風（中華本第 82 頁）

按：稿本作“掛北風”。

7. 通商者既潛移而默化，同釁者亦讐志而畏威（中華本第 83 頁）

按：“同釁”不詞，當為“伺釁”，形近致誤。稿本不誤。

8. 估醒水……份量（同上）

按：稿本作“估承水”“分量”。

9. 公估局定（同上）

按：稿本前有一“亦”字，中華本奪。

10. 行市（同上）

按：稿本作“行式”，當以中華本為佳，但須做校改而不可徑改不做任何交代。

11. 在瓊樓玉宇間也（中華本第 84 頁）

按：“瓊樓玉宇”稿本作“瓊樓碧宇”。

12. 舒文屢邀入妓館茶園（同上）

按：稿本“茶園”作“茶圍”，是。即打茶圍，舊時謂至妓院品茗飲酒取樂。清蕊珠舊史《京塵雜録・夢華瑣簿》：“入伎館閑遊者曰打茶圍。”

13. 己刻過南通州（中華本第 85 頁）

按：“己刻”當作“巳刻”，十二時辰以十二地支對應表示，不可用天干，此殆形近致誤。稿本不誤。

14. 晚過金陵（同上）

按：稿本作“曉過金陵”。

15. 承平屢葉（中華本第86頁）

按：稿本作“承平纍葉”。

16. 規制僅及我叙、滬一帶（同上）

按：稿本“滬”作“瀘”。川南叙永、瀘州，與滬上無關，劉光第籍隸川南當不致舛誤。蓋中華本以“滬”“瀘”繁體形近致誤。

17. 赤壁亭巍然在望，江中洲渚（同上）

按：此兩句之間，稿本尚有“居人烟火迷離”一句，中華本奪。

18. 其案頭多理學書（中華本第88頁）

按：稿本“案頭”作“案”，中華本衍。

19. 真令頑廉儒立（同上）

按：稿本“儒”作“懦”。頑廉懦立為成語，謂可使貪婪者廉潔、懦弱者自立。

20. 城內低窪處多，以城垣為堤防，而城頗近惡［浪］（同上）

按：此處中華本因誤將“誠”釋讀為“城”，故又補一“浪”字。其實此句用“以鄰為壑”典，不必補字而本可通，誤釋而又補字反而欠通。《孟子·告子下》：“今吾子以鄰國為壑，水逆行謂之澤水，澤水者，洪水也，仁人之所惡也。”此句當作“而誠頗近惡”，言此處以城垣為堤防，有重大隱患，頗近古時“以鄰國為壑”的仁人所惡的治水方式。

21. 雇肩輿拜同鄉及督撫司道（同上）

按：稿本“及”作“暨”。

22. 陳仲耦世叔（字建候，前武昌府，起復以道員引見）（同上）

按：“建候”稿本作“建侯”，且後有“閩縣人”三字。“起復”稿本作“起服”。《元典章·吏部·新吏》：“舊例居喪奪情起服之官，或是朝廷顧問儒臣，或是必用耆舊。”

23. 方藻（中華本第89頁）

按：稿本作“方□□（藻）”。

24. 軸臣依依有離情（中華本第90頁）

按：“軸臣”稿本作“輔臣”，本日日記前即作“輔臣”。

25. 打死一人（中華本第92頁）

按：稿本“打”作“撻”。

26. 白露湖（中華本第93頁）

按：稿本作“白鷺湖”。

27. 為借問渠公錢一千餘，盡與之，令村中三家瓜分焉（同上）

按：此後稿本尚有“終歉力不足也”一句，中華本奪。

28. 天空露重（同上）

按：稿本作“天高露重”。

29. 聞其閑時尚能吟咏（中華本第 94 頁）

按：“吟咏”前稿本有“事”字，中華本奪。

30. 首裹黄巾（中華本第 95 頁）

按：稿本作“首咸裹黄巾”。

31. 舟人云，宜河拽纖，一人可負三四千斤，川江則一人僅負一二千斤……宜河川江，互有利害，惟在小心使放，庶免他虞（中華本第 96 頁）

按：稿本“互有利害”前無“宜河川江”四字。前文已分言宜河、川江，此處不必重複。

32. 是國初定吴藩時戰地（中華本第 97 頁）

按：“定”稿本作“平定”。

33. 下城見諸童習射（中華本第 99 頁）

按：“諸童”稿本作“諸武童”。明清時應武科生員之試者，稱“武童生”，亦省稱“武童”，并非兒童。

34. 胡客甚奸（中華本第 100 頁）

按：稿本作“胡客心甚奸”。

35. 余等以其貿易人，多使自利心，恐其遇事，不意其竟遇事也（同上）

按：“恐其遇事”前，稿本尚有數句，“未與校也。然見胡家客人面殊有晦氣，私心代懼”。

36. 纏帆覆舟（中華本第 101 頁）

按：稿本作“偃帆覆舟”。

37. 乃信厚味有厚毒（中華本第 104 頁）

按：“厚味”下稿本有“真”字，中華本奪。

38. 無任忻忻（同上）

按：“忻忻”不詞，稿本作“忻忭”，蓋以形近致誤。

39. 毁民房大小三百餘家（同上）

按：“三百餘家”前稿本有“約”字，中華本奪。

40. 不知用何法除之（中華本第 105 頁）

按：稿本“用”作“可”。

41．真是可惡（同上）

按：稿本作“真實可惡”。

42．欺已陷人（同上）

按：稿本“已”作“己”，人己相對，是。中華本蓋形近致誤。

43．加索數十人始拉起……亦易拉（中華本第106頁）

按：稿本此二處“拉”作“扯”。當以“扯”為是，後文“下午因扯福灘”等可證。

44．晚泊雲陽（同上）

按：稿本下尚有“縣下十里大沙壩”七字，中華本奪。

45．是日舟行頗順利（同上）

按：稿本“順利”作“清利”。

47．而新人轎上猶纏赤錦（中華本第108頁）

按：稿本“而”作“兩”，是，因前文謂“此處鄉俗，尚行親迎，古禮猶存”，又謂“惟接親送親者，皆乘喜轎，纏以赤錦”。

48．但少欠秀削耳（同上）

按：稿本“欠”作“歉”。

49．是日雲色陰暗（同上）

按：稿本“陰暗”作“陰黯”。

50．此為巨市也（中華本第109頁）

按：稿本前有一“以”字，中華本奪。

51．晚泊利市鎮（同上）

按：稿本“晚”下有“僅”字，中華本奪。此字體現出劉光第近鄉情切、歸心似箭之心情，脱誤後意味蕩然。

52．……圍攻狀甚急，賴城堅固，始能久守……（中華本第110頁）

按：稿本“固”作“故”，可通，不必改字。

53．大城市窵遠，而岸傍村屋就之；村屋俱無，而江中划船就之（中華本第111頁）

按：稿本“大”作“夫”。此兩句對仗，“夫”為發語詞，若為“大”字則失對偶之致，且與村屋對舉者城市也，未必非大城市不可。當以“夫”字為是。

54．其中久癮者無多（同上）

按：稿本“久癮”後有“大癮”二字，中華本奪。

55．吾於此石，悲其遇焉（中華本第112頁）

按：稿本此後尚有“猶當以詩紀之”一句，中華本奪。

56．晚嚮太厚生鹽號坐談（中華本第113頁）

按：稿本“太厚生”作“大厚生”，是，中華本下頁即有“大厚生”。

57. 庚申、乙丑之間曾宰吾邑（同上）

按：稿本“吾邑”作“吾富”。

58. 將鎮静而事仍不廢歟？抑惰靡而托言其高簡歟？（同上）

按：稿本“鎮静”作“静鎮”，“其”字無。此為駢句，中華本之“其”字當係衍文。

59. 且言川東一帶民風較前純樸（同上）

按：稿本“純樸”前有“漸”字，中華本奪。

60. 久久自覺德意貫輸也（同上）

按：稿本“貫輸”作“灌輸”。

61.《段志》未載，段載劉詩甚多，想此偶遺漏耳。（中華本第115頁）

按：稿本此句作小字夾注。

《南旋記》在劉光第著述中雖然篇幅不大，但此為為數不多的劉光第日記文獻（此外尚有《遊嘉峨日記》，但無論字數還是時間跨度都比《南旋記》有限），對其生平、交遊、思想之研究具有重要價值，同時《南旋記》所記沿途風俗、民情，又是難得的社會史資料。已有學者對《南旋記》進行專門研究及箋注，但據筆者所知，這些研究仍以中華書局整理本為底本。以上通過對稿本之釋讀、斷句，校正了中華書局整理本之疏誤六十餘條，在中華本第80—116頁這三十多頁中，僅少量幾頁無誤，其中更有一頁多誤者，破句、誤字、脱衍為主要問題，特別是還有脱漏數字乃至數句者，對進一步研究會造成一定影響。筆者希望通過依據稿本的校正，為研究者提供更為準確的文本，以利研究。

作者單位：中華書局《中國出版史研究》編輯部

康有為《論語注》與儒家傳統經學之變革

聶　濤

一、緒論

經學發展到晚清，面臨了前所未有的困境。就内部而言，清代乾嘉時期所形成的漢學，其特色在於名物訓詁研究；其治學的根本方法，在於“實事求是”“無徵不信”；其研究範圍，“以經學為中心，而衍及小學、音韻、史學、天算、水地、典章制度、金石、校勘、輯佚等等”。他們之所以必須藉助文字音義、考證輯佚、辨偽等工夫，是因為“經典的時代久遠，文字闕脱、亡佚，非經由這些工具，無法達到探尋經典本義的目的”；但其所長到後期却發展為餖飣考據，導致無法應付時代的變局。正如方東樹所説：

> 漢學家皆以高談性命為便於空疏，無補經術，争為實事求是之學，衍為篤論，萬口一舌，牢不可破。以愚論之，實事求是，莫如程朱，以其理信而足可推行，不誤於民之興行，然則雖虛理而乃實事矣。漢學諸人，言言有據，字字有考，祇觸紙上與古人争訓詁形聲，傳注駁斥，援據群籍。證佐數百千條，反之身己心行，推之民人家國，了無益處，徒使人狂惑失守，不得所用。然則雖實事求是，而乃虛之至者也①。

① （清）方東樹：《漢學商兑》卷中之上，臺北廣文書局，1963年，第16頁下。

漢學内部的僵化，再加上白蓮教的動亂、太平天國的起義，動摇了清王朝的統治基礎，尤其太平天國的破壞，造成考據學的温床——江浙一帶，文獻多被焚毁，學者忙於逃避戰亂，已没有餘裕從事考據之業。

就外在而言，鴉片戰争之後，西方列强的交相侵略及接二連三的不平等條約，再加上内亂不斷，清政府完全無力應付，中國實際上已瀕臨被瓜分的地步。知識分子見國家灾難深重，急切地尋求救國自强的對策。

然而康、梁的變法，孫文的革命，一系列救亡圖存的措施紛至沓來，最終結果竟然導致了經學自身的解體。時至今日，經學不成其為經學，研經之士日漸零落，試問經學在今日的生命何在？這是中國尋找新道路過程中必須思考和解决的問題。

如果説經學解體乃現代史發展之結果，那麽溯流者必尋其源。處在今日，有必要回到當年，在晚清的變局之中，面對經學自身的危機，是否有人提出解决之道呢？顯然，這其中的關鍵人物之一便是康有為（1858—1927）。康氏作為中國近代改良運動的發起者與領導者，長期以來學界對其思想的研究頗為重視。然而，以往研究成果對於康氏思想多側重於將其納入從傳統到現代的社會變遷的背景下做宏觀闡釋，考察其思想脈絡的形成與其所處時代之間的互動影響，所用材料也多出自其主要著作或梁啓超等弟子的追述。就經學研究而言，亦多關注其與常州今文經學之間的關係，尤其以《春秋》為重，更是將其作為突破傳統的急先鋒。相比較而言，康有為在變法失敗後流亡海外期間所著的詮釋儒家經典的論著較少引起注意，值得探討。

維新失敗後，康氏因受清廷通緝不得不開始了流亡各國的生涯，同時并未停下理論著作的步伐。在 1901 年至 1902 年間，康有為開始系統地解釋儒家經典，《中庸注》《大學注》《孟子微》《禮運注》以及本文探討的《論語注》等著作都完成於這一時期。從當時的歷史背景來看，晚清時期列强入侵引發的民族危機，使得傳統儒家價值體系陷入與時代潮流格格不入的生存困境，西學東漸已經逐步在鬆動知識分子的思想體系。康有為未嘗不是一位儒者，但在僵化的舊體制和頑固的舊思想面前，傳統儒學無法實現自身的内在突破而漸趨式微，而脱胎於西方政治思想的康氏理論則必須找到能適應中國傳統思想的表達管道。作為變法領袖的康有為，這一時刻深刻認識到如何實現傳統經學在近代化的内在轉型與發展是中國文明新生的首要問題。其這一時期的作品正如黄俊傑先生所説："代表了處於思想發展第三階段中的康有為重建儒學所下的努力，也在相當程度内反映了戊戌變法受到挫折後，康氏亡命海外、浪迹異邦的生活經驗；此外更彰顯了康氏以儒學為基礎宗羅佛學與西學，而自成一家之言的胸襟。"①

---

① 黄俊傑：《從〈孟子微〉看康有為對中西思想的調融》，見《近世中國經世思想研討會論文集》，"中央"研究院近代史研究所，1984 年，第 579 頁。

因此，《論語注》的出現就顯得適時而必然，它并不是用公羊三世之説歪解孔子言論的另類之作，其背後蘊含的是近世以來所形成的中國固有經學體系在現代轉型中的一次嘗試之作，值得後人深入分析。但就數量來説，目前對於康有為《論語注》的研究并不充分①，而就内容來看，大陸地區對於康氏《論語注》的研究往往流於表面，仍然圍繞在《春秋公羊》的思想和改制的框架之内。相較而言，臺灣地區的研究深入許多，但仍然多注墨於康氏的詮釋方法，將《論語注》視為孤立的作品，没有注意到康氏觀點與中國體系自身變革的内在關聯，亦無法凸顯出康氏所要邁出的新道路。

二、康氏對傳統《論語》學與儒家的解構

康有為對傳統經學的變革，首先從解構傳統開始。這一點亦鮮明地表現在《論語注》之中。歷代涉及《論語》之作，關於其作者，雖有不同見解，但大抵多認為出自曾子門人。康氏首先對這一點進行攻擊，其在《论语注·序》中说：

> 夫《論語》之學實曾學也，不足以盡孔子之學也②。

> 《論語》既輯自曾門，而曾子之學專主守約。觀其臨没鄭重言君子之道，而乃僅在顔色容貌辭氣之粗，乃啓手足之時，亦不過戰兢於守身免毀之戒。……曾子之學術如此，則其門弟子之宗旨意識可推矣。……夫以孔子之道之大，孔門高弟之學術之深博如此，曾門弟子之宗旨學識狹隘如彼，而乃操采擇輯纂之權，是猶使僬僥量龍伯之體，令鄙人數朝廟之器也。其必謬陋粗略，不得其精盡，而遺其千萬，不待言矣！③

可見，康氏有意將孔子之道與曾子之學分開，認為曾子所傳衹是孔子“守約”之教，不足以盡孔子之大全，“少掩聖仁之大道，而孔教未宏矣”④。如果進一步分析，康氏這裏對曾

---

① 就《論語注》的學界成果而言，有彭泗民《關於康有為《論語注》的點校問題》（1988.5）；樓宇烈《康有為與儒學的現代轉化》（1990）；胡維革，張昭君《納儒入教——康有為對傳統儒學的改造與重構》（1995.2）；王鈞林《康有為對儒學的改造》（1996.4）；唐明貴《康有為〈論語注〉探微》（2009.2）。另外，湖北大學碩士鄭擁凱於2011年撰寫了《康有為〈論語注〉研究》的碩士論文。臺灣地區，筆者所見有賴温如所撰《清代論語述何學考》（花木蘭文化出版社，2007）博士論文當中亦有專章討論康有為《論語注》。碩士論文有政治大學中文系林沁瑩《康有為四書新注思想之研究》（2011），單篇論文有詹宜穎《論康有為〈中庸注〉〈孟子微〉〈論語注〉對“仁”的詮釋》（2015.6）。

② 康有為：《論語注》，中華書局，2012年，第2頁。

③ 《論語注》，第2頁。

④ 《論語注》，第2頁。

子的評價，其背後實則連程、朱為代表的宋儒一并批評之。因為宋儒中，如程、朱，一嚮以為曾子傳孔子之道，并特別發展曾子“三省”“守約”之説。康氏對此不以為然，在《論語・先進》篇“參也魯”句下注曰：“宋儒規模狹隘，操守方嚴，與曾子近，然以一貫之言，尊為傳道而力尊之，則誤矣。”① 并多處批評宋儒背離孔子之義，如《衛靈公》“君子疾没世而名不稱焉”章，康氏注曰：“名蓋孔子大義，重之如此，宋賢固篤於務實者，而惑於道家之攻名，至使天下之名為不肖，人乃不好名而好利，於是風俗大壞，此則背孔子之義矣。”②

需要指出的是，康氏并没有貶低曾子、宋儒的功績，恰恰相反，康氏認為曾子、宋儒就發揮孔子德性修養之説不遺餘力，深有益於後世。但“守約”之説實不足以盡孔子之道。所謂：

> 中國之言孔學者，僅在於守身，而孔子重仁之大道，一切皆割棄，甚至朱子見《禮運》之大同且疑之矣③。

在康氏心目中，上述之説衹是“修身待人”，除此之外，復有“天下國家之義”。所謂：“蓋自天分氣，人己同體，但當成己而後成物，若明德之後而不新民，則於仁道有闕，此聖人合内外之道也。”④ 這一大義便是“大同神明之道”，而所以造成後世不知，就在於劉歆之偽篡：“……不幸而劉歆篡聖，作偽經以奪真經，公、穀《春秋》，焦、京《易説》既亡，而今學遂盡，諸家遂掩滅，太平、大同、陰陽之説皆没於是，孔子之大道掃地盡矣。”⑤ 并在《論語注》中多處指出劉歆偽作之證，此固然多屬臆説，錢穆先生所言詳矣。然而就康氏這一做法，單從史學角度考證，固然多為違背歷史事實之言，但就思想史研究而言，康氏在當時的這一做法，無疑蘊含巨大的意義。蓋經學影響中國兩千年，其中政教、風俗多受其影響，加之宋之後，經過理學改造過的儒學被統治階層所用，日漸僵化，面對晚清的變局，傳統的經學如何處理時代危局成為考量儒學生命力的一大關鍵。翻開整部《論語注》，其中暢言孔子改制之説比比皆是。值得玩味的是康氏撰作此書，已在變法失敗之後，按理應是反思之作，可康氏對改制變法的熱忱絲毫未退，其在《論語注》中多次以“時聖”這樣的字眼稱贊孔子，并認為：“人道進德，全在改良，愈改愈進。”⑥ 觀其中之義，

① 同上，第167頁。
② 同上，第237頁。
③ 同上，第111頁。
④ 同上，第57頁。
⑤ 《論語注・序》，第3頁。
⑥ 《論語注》，第10頁。

不能不說康氏有意嘗試以儒家新經學作為開闢新道路的企圖。既然是“開新”，那麼努力擺脱傳統的窠臼、衝決羅網也就順理成章。在康氏看來，衹有解構掉曾子、劉歆、朱子等加於孔子之上的層層障蔽纔能轉化出一種新的經學，或者説纔是儒家經學在現代的轉化。

三、康氏重構儒學的内涵

（一）探文明之源

康氏對於儒學的重構，首先表現在認定孔子之教乃是中華文明之源上。面對西潮東進，老大中國被西方多所打壓之時，康氏并没有對中國自身文明失去信心，相反，乃首從文明的高度挺立孔子創教之功。其在“慎終追遠，民德歸厚矣”中説：

> 中國人種族之盛於萬國，殊於大地，蓋孔子立教為之也。今民之不散，其已然之效矣①。

孔子所以為文明立本，端在於發揮“仁道”，這是人之為人的根本，文明之為優秀的表徵：

> 蓋人者仁也，取仁於天，而仁也以博愛為本，故為善之長。有仁而後人道立，有仁而後文為生。苟人而不仁，則非人道。蓋禮者，仁之節；樂者，仁之和。不仁，則無其本，和節皆無所施。皮之不存，毛將焉附，雖陳筵席尊俎，衣冠揖讓，奏黄鐘大吕，弦歌干戚，而情不深者文不明，氣不聖者化不神，有其體式而無其精神，亦不足為禮樂也②。

又曰：

> 人道以仁為本，愷悌、慈祥、和平、忠厚、欣喜、歡愛，然後可為人③。

其又在“誰能出不由户？何莫由斯道也？”一章發明孔子創教之義説：

---

① 同上。
② 同上，第31頁。
③ 同上，第45頁。

> 孔子創教，自本諸身，徵諸民，因乎人情以為道，故曰道不可離。蓋為人道，而異乎鳥獸道、鬼神道也。人行不能不由道，人出不能不由户，極言不能離之意。此孔子之道所以不可易也①。

并在“務民之義，敬鬼神而遠之”中繼續申揚孔子人道之義對於文明的意義：

> 古者好事鬼神，孔子乃專務民義，於古之多神教掃除殆盡，故墨子亦攻儒之不明鬼也。中國之不為印度，不日事鬼而專言人道，皆孔子之大功也。然高談不迷信鬼神者，即拂棄一切，則愚民無所憚而縱惡。孔子又不欲為之，仍存神道之教，以畏民心，但敬而遠之②。

康氏認為是孔子之教，使得國人遠離鬼神迷信之説，而不同於印度；同時，孔子懼民無信仰，放縱多端，乃存而不論，特發明敬畏之説，以使民衆嚮德，“教人以學文、修行、存忠、履信四者，似淺而實人道所不能外者。不語神怪，而獨以四教，此孔子之道所以為中庸，不可須臾離也”③。

從創建文明之世的角度出發，康氏對於傳統儒家的許多觀念做了新的詮釋。首先是關於“文質之辨”。《論語・八佾》中有“林放問禮之本”一章，孔子在此舉出了“禮，與其奢也，寧儉”的觀點，康氏對此注解道：

> 蓋夫子以周末人偽，以文滅質，有為言之。若時之有變，則觀其會通，以行其典禮。文明既進，則亂世之奢，文明以為極儉。世愈文明，則尚奢愈甚。若於三代珠盤玉敦之時，而必反之污尊抔飲生番野蠻之俗，以致人道之退化，非止事不可行，亦大失孔子意矣。……《公羊》稱孔子為文王，蓋以孔子為文明進化之王，非尚質退化者也。宋儒不通此義，以敝車羸馬為賢。……今中國之文明不進，大損所關，豈細故哉？宋賢因國力壓制，俸入甚薄，其不能不尚儉，勢也。若遂説為孔法，以為俗化之定論，以損退文明，此則不可不明辨也④。

康氏於此，以孔子之道進於文明，文明之標準即在於物質之進步，此一説法頗具現代意義。

---

① 《論語注》，第79頁。
② 同上，第82頁。
③ 同上，第99頁。
④ 同上，第32頁。

蓋自宋代之後，學者受宋儒“孔顏之樂”影響，視物質發展為猛獸，如此影響於國家之進步甚夥。即使面對晚清變局，有識之士提出改良之法，發展工商業和技術之學，也被保守之士多所指責。康氏則認為“孔子之道，以文明進化為主”，不能不説是對傳統儒家的一次重構。這一觀點同樣表現於《述而章》中對“奢則不孫，儉則固。與其不孫也，寧固”的注解中：

孔子尚文，非尚儉也，尚儉，則為墨學矣。後儒不善讀此章，誤以孔子惡奢為惡文，於是文美之物皆惡之。歷史所美，皆貴儉德，中國文物遂等野蠻，則誤解經義之禍也。且聖人之言，皆救世之藥，參朮之大黄，相反而各適所用。孔子言各有為，但以救時。孔子為聖之時，若當平世，必言與其儉也寧奢①。

而康氏所認為文明之終極或曰目標則為“大同”：

大同者，孔門之歸屬，雖小康之世，未可盡行，而孔門遠志，則時時行之，故往往於微言言之。蓋人道之争，先從貨物始，粒餼以忿，豆觴致訟，先自有吝心，則生貪心，合貪吝心，則生鄙心、詐心、險心、殺心，無所不至矣。故大同，必自能捨財物始，先絶貪吝之根，乃可入大同之世也②。

故“大同之世”不徒為社會發達之世，亦是德性發達之世，合此二者，乃為真大同。康有為詮釋《論語》“顔淵、季路侍坐”一章時，將孔子“老者安之，朋友信之，少者懷之”的理想與大同思想相貫串，從而提出其所謂的大同者具有如下三層含意：其一，“普天之人，不分你我，如同胞同體”；其二，“能捨財物，絶貪吝心，天下同一家”；其三，“忘却勞苦，去驕妒心，兼愛於大衆”③。倘若能真正實踐這三層内涵，方是實踐大同思想，從而將中國帶領進入康有為心目中完美的大同之世。處此社會之中，理想之政體乃在於：

民利於土産，山者，利其鳥獸材木；渚者，利其魚鹽，皆聽而不易之。民利於佚樂，則食味別聲被色而歌舞之。民利於自由，則言論思想聽其自由。民利於公同，則合民之所有，而為之立公路、公學、公囿、公養疾、公養老，皆不費於國而民大得。

---

① 《論語注》，第106頁。
② 同上，第69頁。
③ 同上，第68—69頁。

所因者，國家全不干預。為政者，但代民經理而已①。

有關大同之世的論述，學界頗多。唯有一點須指出，康氏所謂的“大同文明”之世，受西方學説影響頗多，但其根本，并非如西方以富强為標準，這一點在《論語·陽貨》中“子之武城，聞弦歌之聲”有明確的表示：

孔子禮樂并制，而歸本於樂。蓋人道以樂為主，無論如何立法，皆歸於使人樂而已。故小康之制尚禮，大同之世尚樂，令普天下人人皆敦和無怨，合愛尚同，百物皆化，《禮運》以為大道之行也②。

康氏在此，提出“人道以樂為主”的思想，揭示大同之道的核心是在使人敦和無怨，合愛尚同，百物皆化，這一點和西方所嚮往的烏托邦或者説現代社會有極大的不同，所體現的正是中國儒家的精神。值得一提的是，康有為注解中國傳統儒家典籍最主要的目的，是為推動政治改革上的“變法運動”。在他的觀念裹，進化不可躐等躁進，必須依循三世逐一次第進化而成。他在《論語注·為政》中曾清楚地説明這個想法及其政治理想：

升平世則行立憲之政，太平世則行共和之政。天下為公，尊賢使能，講信修睦，人不獨親其親、子其子，老有終，壯有用，幼有長。貨惡棄地，不必藏于己，力惡不出，不必為己。人人共之以成大同，故端拱而致太平，如北極不動，而衆星共繞而自圜行也。無他，惟天下為公，故無為而治也③。

在此，他首先堅持升平世要行立憲之政，到了太平世纔能行共和之政。其次，進入共和之政的太平盛世裹。康有為在《論語注》中展現其《春秋》三世説與《禮運》篇大同小康思想兩者相互調和比附的創造性詮釋，因而形成了他在中國近代思想史上獨特的政治變法理論。

（二）以公理代天理

康氏對傳統儒學的重構還體現在提出“公理之説”來代替宋儒的“天理”之説：

① 《論語注》，第303頁。
② 同上，第260頁。
③ 同上，第16頁。

> 孔子之道，人格也，公理也，不可去者也[①]。孔子明人道之公理，貴和親而賤征伐，尊大同而薄小康[②]。

并在《子路篇》“樊遲問仁”中表示：

> 居處恭，則衾影無愧，帝天或臨，見賓承祭，小大不慢。執事敬，則顧諟常惺，精謹不失。與人忠，則信厚慈惠，人皆愛戴。此行己接物之公理也。公理既備，則不徒在禮義文明之邦人皆尊信，即在夷狄野蠻之國，而公理不可廢，亦必不見棄也。仁本為公理，人能盡公理者，無在而不可行焉矣[③]。

康氏本此公理之説，批判了宋儒以天理為是非的觀念。如父子關係，《學而篇》説：“父在，觀其志；父没，觀其行；三年無改於父之道，可謂孝矣。”朱子在《論語集注》中對此的注解為：

> 父在，子不得自專，而志則可知。父没，然後其行可見。故觀此足以知其人之善惡，然又必能三年無改於父之道，乃見其孝，不然，則所行雖善，亦不得為孝矣[④]。

康氏則認為：“人之業有權限，而志可自由，雖父之尊親，過則改之，無能掩抑之者也。”[⑤]又，在《為政篇》中，孟懿子問孝，孔子告訴其“無違”。康氏在其下注曰：“蓋人道衹以公理為歸，雖父母之尊親，不能違公理而亂從之也。”[⑥]

其次，對於“義利”“事功”的觀念，康氏亦以“公理”之説衡之，如在《子路篇》“子適衛，冉子僕”一章中説：

> 富以養其生，教以善其性，二者備矣。夫教化廢，則推中人而墮於小人之域；教化行，則引中人而納於君子之塗。然饑寒切膚，不顧廉耻，孔子雖重教化，而以富民為先。管子所謂“治國之道，必先富民”。此與宋儒徒陳高義，但言“餓死事小，失節事大”者，亦異矣。宋後之治法，薄為俸禄，而責吏之廉；未嘗養民，而期俗之善；

---

① 《論語注》，第230頁。
② 同上，第44頁。
③ 同上，第199頁。
④ （宋）朱熹：《論語集注》，中華書局，2001年，第51頁。
⑤ 《論語注》，第11頁。
⑥ 同上，第18頁。

> 遠為期而責不至，重為任而責不勝；弱者為偽，而强者為亂。蓋未富而言教，悖乎公理，紊乎行序也①。

又在《憲問篇》“桓公九合諸侯，不以兵車，管仲之力也。如其仁，如其仁”中説道：

> 蓋仁莫大於博愛，禍莫大於兵戎。天下止兵，列國君民皆同樂生，功莫大焉，故孔子再三嘆美其仁。孟子之卑管仲，乃為傳孔教言之，有為而言也。宋賢不善讀之，乃鄙薄事功，攻擊管仲，至宋朝不保，夷於金元，左衽者數百年，生民塗炭，則大失孔子之教旨矣。專重内而失外，而令人誚儒術之迂也。豈知孔子之道，内外本末并舉，而無所偏遺哉！②

接此之後，康氏復申辯説：“孔子自稱堯舜文王外，未有若管仲者，子路子貢泥於尋常之小節而責管仲，孔子乃為比較其功罪是非，而此義乃明。蓋施仁大於守義，救人大於殉死。宋儒乃尚不知此義，動以死節責人，而不以施仁望天下。立義隘陋，反乎公理，悖乎聖義，而世俗習而不知其非，宜仁義之日微，而中國之不振。”③

康氏在上述兩章中，分别批判了宋儒過分重視名節、鄙薄事功的偏見，認為這些都非孔子正道，有悖於公理，正是要重構儒家價值系統，使之符合於當世。

（三）群、己關係

在文明之世與公理之説之外，康氏亦特别强調“群己關係”。其發揮“群道”之義頗多。《論語》開篇“有朋自遠方來”，康氏即發此義曰：

> 教學既精，群黨類聚，仁智及人，信從日遠，修學有效，人生之樂也。惡獨而貴朋，所以合乎群。合小群不如合大群，其學愈高，其用愈遠。聖人則合億萬世界，億萬年載之衆生，咸從其教，盡為之朋。其朋無盡，其樂亦無盡也。此言，及人聞風，皆歸聖人。於己身首言學，於人倫首言朋，蓋萬理有變，而學之與朋，貫萬億世而不易者。太平世後人人有學，人人皆朋，衹此二義盡之，故尤尚之也④。

又在《衛靈公篇》“君子矜而不争，群而不黨”中繼續申發此義：

---

① 《論語注》，第194頁。
② 同上，第213頁。
③ 同上，第214頁。
④ 同上，第2頁。

> 群，合衆也。人各受天之才智聰明，宜各獨立以上承天，若不能自立而隨人，則所執下。人不能不與人交接和會，故宜合群，以大同人，若不能得衆而失人，則其勢孤。但自立而不犯人，則無所争，合群而不偏比，則無所黨①。

蓋“萬物同體，民皆同胞”，人道在合群，所謂：“人不能離群獨處，無在不與人交，無處不與人偶。與人交偶，相親相愛，則人道成；相惡相殺，則人道息。”② 而合群之道在於“仁”：“故仁者，人道交偶之極則也。”③ 如何至仁，端在於孝悌、忠信：

> 第一章言學以合群，然合群之道必在於仁，而久積争殺不能達仁，則當明孝悌以先之，孝悌者，人群之本也。久積作偽不能致仁，則當主忠信以變之，忠信者，人心之本也④。

關於人己之間的處理方法乃至人、己在群中的性質，康氏皆有大段發揮，試舉例如下：

> 天下之人物雖多，事理雖繁，而對待者衹人與己。有所行者，應人接物，亦不外人與己之交而已。己，人也；人，亦人也。此心同，此理同，性情或異，嗜好或殊，既同為人，當不相遠，故道本諸身，欲徵諸己。己所欲者，與人同之；己所不欲者，則勿施於人。推己及人，如心而出。反諸至近，而可行諸至遠。蓋萬物同源，人己一體，至淺之理，而為極善之方。萬理無逾於恕者，人道可以終身行之、四海通之、萬世從之者也⑤。

康氏在此，將人與己視為一體之關係，己、人都同屬於人，此心同，此理同，在人與人交往過程中，衹要做到推己及人的恕道，就可以與人為善。此段可謂康氏人己關係之總綱。“蓋人己之間有一定之界，取不侵人之界，則謂之和，和則無怨；取而侵人之界，則謂之利，利自多怨。蓋己益則人損矣，損則必怨。故人人皆取於己之界，而不侵人之界，則天下平。而上自霸主，下至豪奸，皆好侵人之界以益己，在己身則為怨府，而悖入必至悖出；在天下則為亂源，而争始必以殺終。”⑥ 與上述引文將人己視為一體之説有别，康氏在此則

① 《論語注》，第238頁。
② 同上，第123頁。
③ 同上。
④ 同上，第5頁。
⑤ 同上，第238頁。
⑥ 同上，第50頁。

申說人、己之間固然本體皆同，然又有一定之界，畢竟不同。如何在這不同之中，發展自己而不侵犯別人，便需要各自意識到人己之界，做到“人人皆取於己之界，而不侵人之界”，如此則天下平。康氏復由此引出自由之義：

> 子贛不欲仁之加諸我，自立自由也；無加諸人，不侵犯人之自立自由也。人為天之生，人人直隸於天，人人自立自由。不能自立，為人所加，是六極致弱而無剛德，天演聽之，人理則不可也。人各有界，若侵犯人之界，是壓人之自立自由，悖天定之公理，尤不可也[1]。

康氏認為，人為天之所生，人人自立自由，此類於西方天賦人權之說。故人之在世，與人相處，必不得侵犯他人之自由。自然界之規律與人道之規律互異，不得以弱肉强食之自然法則衡諸人類社會。其實，清代儒學自顧亭林開啓考文知音的世界，流風所被，奠立了清代儒學的風格。相比於宋明理學，清學對於心性義理的發揮固然有所不及，但兩者皆以孟子的“性善說”為前提則相同。從北宋理學一直發展到清代思想，儒學家無不接受孟子的“性善”說；不同的是，宋明理學家對於人性善惡根源的理論立足於以心性論為主體的道德形上學，但這種情況在清初已經逐漸解體。清儒認為人性善惡的根源主要奠基於社群意識[2]。清初儒者認為“惡”并非來自“氣稟”，而是來自社群社會；相對的，“善”也不是來自普遍而超越的所謂“義理之性”，而是來自聖人在群體社會中主導發展出來的禮制。由此，戴震提出“一體”觀念，認為人之生，本身即是“分於道”：“由天道以有人物，五行、陰陽、生殺異用，情變殊致”[3]“人與物同有欲，而得之以生也各殊”[4]，其特色是强調萬物以“分殊”構成“一體”，“分殊”所强調的萬物殊異性，都是天生的。所以在天下之“大群”中，千百萬人彼此之間無不殊異。這種群己之道一轉手，正發展出康有為獨特的群己觀念。應該說，康氏對於群己之道的闡釋，既有對西方社會的思考，又融入了儒家傳統之精神，最終形成其既强調個人自由自立，又不離於人群之間的獨特思想。

---

① 《論語注》，第61頁。

② 關於清代儒學的“社群意識”可以參考鄭吉雄《論清儒經典詮釋的拓展與限制——并試論清代社群意識的發展》，《戴東原經典詮釋的思想史探索》，臺大出版中心，2008年，第313—356頁。

③ （清）戴震：《原善》，《戴震全書》，黄山書社，1994年，第6册，第16頁。

④ 同上，第9頁。

四、結語

自戊戌維新失敗到今日，已過了將近一百二十年，然而中華文明邁嚮現代的過程仍然在繼續。俗話説："前人栽樹，後人乘凉。"然而康、梁、孫等先賢所努力奮鬥的道路和精神并未融入我們如今的血液之中。時代的發展，使得西化的車輪愈發急迫，但經濟發展不等同於人性修養的提高。處在今天的我們，如何在前人的基礎上更進一步，是擺在自身面前的巨大課題。至於如何評價康有為的《論語注》及其對傳統儒家經學所做的轉化，近人蕭公權先生的評價頗具價值："我們必須承認，康氏對經書的處理并不客觀。但是這并不使他的努力毫無價值。……康氏所處之世，正值社會與政治的大變化，并迫使徹底重估儒家傳統，以及力欲使大清帝國在思想和制度上適應新的情况。他的解釋群經乃是當時為適應時代而做的最嚴肅的努力。"①

值得强調的是，蕭先生認為"孔夫子的同時代人説他'知其不可而為之'，康氏也是如此。或許他比孔子所遭遇的困難更艱巨。康氏想於民國之後恢復儒學，但儒學已被攻擊得無以挽救"②。那麽處在今天的我們，面對已成為"幽魂"的儒學，其所遇到的困難恐比康氏更為艱難。然而正如蕭先生所説："要為儒學史寫下最後一章，也許仍然言之過早"③，因為中國文明的新道路必然需要儒家的血脈，因而轉化經學傳統之路也非一蹴而就，而具有前赴後繼的價值。

作者單位：金陵科技學院人文學院

① 蕭公權：《康有為思想研究》，臺北聯經出版社，1988 年，第 88 頁。
② 同上，第 126 頁。
③ 同上。

清代巴蜀詩話待訪書目考

且志宇

自春秋孔子論《詩》，為詩話之濫觴；南朝鍾嶸《詩品》不以詩話名，却為“詩話之源”①；至北宋歐陽修《六一詩話》，此論詩體式始有定名。清代以降，詩話創作大勝於前代。就巴蜀地區而言，在清代每一時期皆有代表性的詩話著作，如清初有新繁費經虞之《雅倫》二十六卷、費錫璜之《漢詩總説》一卷；清中期有丹棱彭端淑之《雪夜詩談》《明人詩話補》《國朝詩話補》，羅江李調元之《雨村詩話》（二卷本、十六卷本）及《雨村詩話補遺》四卷；清末有富順劉光第之《詩擬議》、宋育仁之《三唐詩品》等。有的詩話因書籍流傳而被廣為研究，有的詩話却因亡佚或流傳不廣而不為人知。下面便對有清二百餘年間巴蜀籍士人編著的詩話待訪書目進行逐一梳理。

一、費錫璜：《詩壇破的》卷數不詳

費錫璜《漢詩説・序》稱其書中所未備者“别見所著《詩壇破的》中”②。其《詩賦序》也稱：“璜不自審度，著《詩壇破的》，亦欲究六藝之指歸，正諸家之得失，不敢阿世以苟同，不敢任情以立異，要無悖於風雅，斯有裨於身心。”③

---

① 章學誠《文史通義・詩話》稱：“詩話之源，本於鍾嶸《詩品》。”（清）章學誠著，葉瑛校注：《文史通義校注》，中華書局，1985年，第559頁。

② （清）費錫璜著，（清）沈用濟輯評：《漢詩説》，《四庫全書存目叢書・集部》第409册，齊魯書社，1997年，第3頁。

③ （清）費錫璜：《貫道堂文集》卷四，清康熙汪文著刻本。

費錫璜，字滋衡，費密次子，祖籍四川新繁，隨父僑居江都。少受家學，嘗自述“余家屢世受詩。……璜年十餘，與家兄嘗受其大指”①。錫璜遊歷四方，廣交師友，嘗從費密弟子蔡廷治學習。民國《新繁縣志》卷八《人物》載其“生平豪放不羈，遍交大江南北諸名士，合肥李天馥欲以宏博薦，不應”，著有《摯鯨堂詩集》九卷、《貫道堂文集》四卷，與沈用濟合著有《漢詩説》十卷。其生平見釋含澈編《費氏詩抄》所收《費滋衡先生紀略》。

二、費錫璜:《漢詩論隅》一卷

據毛奇齡《漢詩説·序》稱：“間别許久，未見新著，承示《漢詩論隅》一卷，知我兄近作定當詣極。”② 因《漢詩總説》為費錫璜與錢塘沈用濟合撰，故不知“我兄”確指費、沈何人。毛奇齡雖與沈用濟有交往，但查閲民國《杭州府志》等書，并無沈用濟作《漢詩論隅》的記載，據《新繁縣志》等書也未有費錫璜著《漢詩論隅》的記載。《漢詩論隅》所論主體為漢詩，其卷數也為一卷，故筆者推測，《漢詩論隅》或為費錫璜所著《漢詩總説》的初名。

三、費錫璜:《唐詩説》一卷

據清凌廷堪《書〈唐詩説〉殘卷後》載：“三韓郎君兆夢於其友人處得𧗿册一卷，題曰《唐詩説》，後附《宋金元明詩説》持以示余。點竄塗乙，似是選詩發凡，雜以議論大旨。於婁東、歷下、公安、竟陵而外，自出手眼，惟論宋詩，間有過當語。然亦非依傍門户，故為排擊也。卷上有私印三：一曰‘不隨王李袁鍾錢陳步趨’，一曰‘費錫璜’，一曰‘滋衡氏’。按：滋衡，四川新繁人，為費中文先生次子。流寓揚州，著有《貫道堂文集》，其詩亦奔放絶塵，是選未見行世，豈草創而未就耶？因書其後而還之，并志其鄉里、姓名於卷首，時乾隆庚子二月也。”③從以上記載看，《唐詩説》為費錫璜所撰。

按：費錫璜雖提倡漢魏樂府，但并非對唐詩棄之不顧。其《自咏》詩有“十年求漢

---

① （清）費錫璜：《貫道堂文集》卷四，清康熙汪文著刻本。

② （清）費錫璜著，（清）沈用濟輯評：《漢詩説》，《四庫全書存目叢書·集部》第409册，齊魯書社，1997年，第82頁。

③ （清）凌廷堪：《校禮堂文集》，《叢書集成續編》第174册，上海書店出版，1994年，第390頁。

樂，廿載醉唐風”之句[①]，可知其對唐詩亦有研究，《唐詩説》一卷或為其研讀唐詩之評論。

四、唐叔度：《詩調》一卷

同治《直隸綿州志》卷五十《典籍》綿竹縣下載：“《詩調》一卷，唐叔度著。”按：《詩調》一書著録於雜著類，而未著録於經類，可知《詩調》非論《詩經》之作，且同卷雜著類還著録有李調元《雨村詩話》，故可知此書當為論詩歌韵調的詩話著作。

唐叔度，字汪波，綿竹人，雍正元年拔貢，選授江油縣教諭，先後出任浙江海寧、安徽桐城知縣。其為官清廉，堪稱循吏，縣民曾送萬民衣。所生九子，進士二人、廩生二人、庠生三人，其中尤以唐樂宇最為知名。唐叔度工於詩，著有《一枝園詩集》兩卷，李調元《蜀雅》卷十七、孫桐生《國朝全蜀詩鈔》卷十有收録。

五、高辰：《詩話》卷數不詳

嘉慶《金堂縣志》卷五《選舉志》載：高辰“著《困勉齋晚成録》《樹耕堂詩草》《白雲山房古文》、律賦、駢體、日記、詩話。選集《全蜀詩彙》”。

高辰，字元石、景衡，號北雲（李調元《童山自記》作“白雲”），乾隆十五年庚午科舉人，十六年辛未科進士，授翰林院庶吉士，散館歸班回籍，受聘錦江書院山長，“造士最盛，如李郎中漱芳、張太史翯、姜禮部錫嘏、李觀察調元、王進士孫晉皆其門下士也”[②]。乾隆二十八年授江蘇清河縣令，後官震澤、華亭令，升禮部祠祭司主事。高辰學貫四部，對於醫、卜、相術、天文、地理莫不究心，尤其精於兵法，曾為大將軍岳鍾琪西席，平定金川時欲從軍報效朝廷未果。著有《白雲山房詩文全稿》等。嘉慶《四川通志》《錦里新編》有傳。

《清詩話考》著録。

---

① （清）費錫璜：《掣鯨堂詩集》，《清代詩文集彙編》第213冊，上海古籍出版社，2010年，第120頁。

② （清）張邦伸：《錦里新編》，巴蜀書社，1984年，第181頁。

六、李調元：《雨村詩話》三卷

據朝鮮徐浩修《燕行記》卷一載："余到燕後，嗣諸雨村從父弟鼎元，則雨村著刻《函海》一部，凡一百八十五種書，而中有楊升庵所著四十種、雨村所著四十種。其《詩話》三卷，詳記與余交往後事，且載李侍郎書九、柳得恭、李德懋之佳句。刻甫訖，雨村因參罷去，攜板歸四川云。"①

按：《雨村詩話》今存二種："話古人"之二卷本、"話今人"之十六卷本（及《補遺》四卷），而未見三卷本《雨村詩話》。此版《雨村詩話》在國内未見他書稱引，而在朝鮮詩文筆記中却記載甚多。如柳得恭《熱河紀行詩注》記載其與李鼎元的對話：墨莊答云："雨村兄撰刻《函海》一部，凡一百八十五種，中有楊升庵四十種，雨村亦有四十種。其《詩話》三卷，李君《清脾録》及柳公佳句'别來幾日非吴下，和者無人又郢中'之類皆收入。甫刻輒以事罷去，板已入蜀，惜此處無其本。"② 又如朴長馣編《縞紵集》卷一載李鼎元謂朴齊家曰："雨村刻《函海》一部，如《漢魏叢書》之類，廿套一百八十五種，中有升庵四十種，并雨村著作四十種，上及漢唐。甫刻就而以事罷去，多難畏事，故不敢送人。板已入川，此處便無覓處。四十種裏，想有《詩話》三卷耳。"③ 朴長馣為朴齊家之子，而朴齊家曾與柳得恭同行出使中國。從徐、柳、朴三人的記載看，李調元確有三卷本《雨村詩話》。

三卷本《雨村詩話》内容為何？張伯偉教授據朝鮮史料推測，此版《雨村詩話》"其内容應該是今傳十六卷本的前身"④。此言不但説明了其内容，也説明了它與通行的十六卷本的關係。

此雖非定本，但因其已刻入《函海》叢書，故也算《雨村詩話》之一種。

---

① 轉引自張伯偉：《清代詩話東傳略論稿》，中華書局，2007 年，第 148 頁。
② 同上，第 146—147 頁。
③ 同上，第 147 頁。
④ 張伯偉：《清代詩話東傳略論稿》，中華書局，2007 年，第 150 頁。

七、李調元：《全蜀詩話》卷數不詳

據《蜀雅·凡例》云："尚有所輯《全蜀詩話》，分代編纂，此書亦間采之，嗣出就正。"① 此種詩話未見傳本，也不見他書記載，故詹杭倫教授將其列入《李調元著述譜》"存疑或待訪著述"類，并認為此書或尚未輯成，但書中材料多已收入十六卷本《雨村詩話》中②。

八、李國楠：《雲皋詩話》卷數不詳

光緒《屏山縣續志》卷上《士女表》載："李國楠，字雲亭，歲貢，素工詩。有《雲皋詩話》。善誘後進，列門牆者半入庠。年逾八十選南江教諭，尤能訓迪有方。壽九十八，卒於任。"

《清詩話考》著録。

九、李維：《詩學囈談》卷數不詳

道光《綿竹縣志》卷四十一《典籍》著録李維《詩學囈談》。

李維，綿竹人，乾隆二十七年壬午科舉人，官南溪縣教諭。著有《伴檠集》《讀史提綱》《静庵文集》等。

十、張瑞：《古今詩話》卷數不詳

據張瑞《挹爽軒遺集》卷二載《古今詩話序》稱："詩莫盛於唐，唐人之詩首推李杜。……暇日取其詩話之屬於兩公者，裒而存之。作詩如兩公方可以為詩説詩，如兩公之

① （清）李調元編：《蜀雅》，《函海》第35函，宏業書局，1968年，第20871頁。

② 詹杭倫：《李調元學譜》，天地出版社，1997年，第215頁。

詩話方可以論世。”[①] 張瑞所撰之《古今詩話》，與宋代《古今詩話》同名而異文，内容大約收録關於李白、杜甫二人詩之論述。

張瑞，字輯五，號鳳洲，戲稱凌雲叟，嘉州人，生於乾隆十六年。五十六歲選華陽教諭，五十八歲舉孝廉，七十八歲升夔府教授，八十歲致仕，任成都錦江書院監院七年、潛溪書院監院十一年、夔州蓮峰書院監院兩年，卒於道光十一年，年八十一。遺稿凡數十種，有“詩、古文、時藝、雜記、《課兒草》《課孫草》《四書得閑草》《鳳洲賦鈔》《竹窗閑記》《歸田録》《詩話》等集”。集中有李嘉秀《輯五先生傳》、張其相《皇清敕封文林郎顯考輯五府君行述》可見其生平。

張瑞另有《挹爽軒詩話》二卷，《清詩話考》著録。

十一、徐文賁：《十樵詩話》卷數不詳

據王培荀《聽雨樓隨筆》卷四載：“徐十樵（文賁），雙流拔貢，為階州通判。罷官，無家可歸，掌教景賢書院十餘年，脩脯惟供購書買酒。詼諧自樂，脱口成詩。著有《十樵詩話》。卒後，門人劉芳皋收存，未知付雕否。”[②] 另據民國《温江縣志》卷五《藝文》載：“《十樵詩話》，徐文賁撰。”

徐文賁，字十樵，四川雙流人，乾隆五十四年己酉拔貢。弱冠能詩，尤工古文辭，與雙流解紱、郫縣車西、合川馮鎮巒等交好。以選拔官甘肅階州州判（一作甘肅白馬州州判，又作甘肅白馬關州判），罷官後，回鄉掌教清溪崇文書院、雙流景賢書院十餘年。著有《十樵山人詩集》九卷等，孫桐生《國朝全蜀詩鈔》卷二十二、《詩緣正編續》卷二有收録。民國《雙流縣志》卷三、民國《温江縣志》卷九有傳。

《清詩話考》著録。

十二、馮鎮巒：《片雲草堂詩話》卷數不詳

民國《新修合川縣志》卷六十二《叢譚》稱：“馮遠村先生著述甚多，自刊行之。《晴雲山房文集》《紅椒山房筆記》二種之外，予童子時見有人刊其《片雲草堂詩話》及《聊

---

① （清）張瑞撰：《挹爽軒遺集》，清同治十二年十月樂山莫氏半畝園刻本。

② （清）王培荀：《聽雨樓隨筆》，巴蜀書社，1987 年，第 249 頁。

齋》評語共成一册，今不復見矣。”張森楷少時所見之《片雲草堂詩話》，或即同治八年與馮評《聊齋志異》評語合刊之《片雲詩話》。據光緒十七年合州喻焜《聊齋志異序》稱：“同治八年，州人士取篇首雜説數十則及《片雲詩話》刊行。”①

馮鎮巒，字遠村，重慶合川人，少從其舅苟恒學作文法，究心經史百家，以詩古文詞見稱，與同邑張乃孚、楊士鑅、彭世儀并稱“合陽四子”。乾隆五十七年壬子中鄉榜，以大挑二等選清溪訓導，道光十年卒於官，年七十一。

馮鎮巒平生不得志，胸中抱負一一發之於詩文。重慶知府王夢庚見其集，稱其詩文“有如顧長康從山陰道上，千岩萬壑，競秀争流，應接不暇；有如趙簡子夢之帝所，與百神遊聆鈞天廣樂，九奏萬舞，洋洋盈耳，總無俗響；又如公孫大娘弟子舞，劍器渾脱，瀏漓頓挫，獨出冠時，壯其蔚跂；又如睹黄帝作寶鼎，以象天地人三德，與夫夏商周秦鼒鬲錢鬲，曰銂曰盉，小大畢集，雲雷饕餮，古色黝然，莫名其寶，惟遠村詩文實兼而有之”②。馮鎮巒博覽群書，著述甚富，著有《晴雲山房文集》十七卷補遺二卷、《晴雲山房詩集》三卷補遺一卷、《紅椒山房筆記》七卷、《讀史隨筆》《批點古文左翼》等。生平見陶鳳占撰《馮遠村先生墓志銘》、張森楷《馮鎮巒傳》。

十三、馮鎮巒：《黎雅詩話》二卷

據馮鎮巒《寄劉鶴坪書》稱：“清士少趣，不得已强為團沙，得數人倡為黎雅詩會。僕為祭酒，遂訂正排纂，已成《黎雅詩話》二卷。”③ 又據咸豐六年陶鳳占撰《馮遠村先生墓志銘》稱：“詢公遺篋，尚有《批點古文左翼》《讀史隨筆》《黎雅詩話》未行於世。”④

馮鎮巒生平見前文。“清士”即清溪士子，清溪即今之鹽源縣，當時地瘠民貧，文風不振。馮鎮巒到任日，召集生徒殷殷勸學，籌募款項創建崍山書院，倡為詩酒之會，并編輯詩話以振興清溪文風。馮鎮巒任訓導二十餘年間，清溪風俗、名勝莫不寓之於筆下，撰有《清溪雜詩》《清溪竹枝詞》多首。從馮鎮巒與清溪拔貢張應臺（字雲麓）的兩首論詩詩“耽書誰信不如我，覓句於今又見君。解到真空無著相，牙籤萬軸盡煙雲”“風韻還同格調

① （清）喻焜：《聊齋志異序》，張友鶴輯校：《聊齋志異（會校會注會評本）》，中華書局，1962年，第20頁。

② 鄭賢書等修，張森楷纂：《民國新修合川縣志》，《中國地方志集成·四川府縣志輯》第44册，巴蜀書社，1992年，第230頁。

③ 同上，第694頁。

④ 同上，第718頁。

傳，文章妙入四禪天。個中妙諦都參透，好上如來大法船”[①]，可見其論詩旨趣。

清溪縣古為黎州之地，故詩會名曰“黎雅”，而所編輯之詩話也稱《黎雅詩話》。由《寄劉鶴坪書》可知，馮鎮巒曾將《黎雅詩話》“去話録詩”，抽出六十餘首，千里寄送合州雲峰書院主講劉泰三（字鶴坪，號硯農）以求評定，并稱欲將原詩與劉氏批注合為四卷刊布流行[②]。

十四、巫珍儒：《詩法纂要》卷數不詳

民國《金堂縣續志》卷十《藝文志》著録巫珍儒《詩法纂要》。

巫珍儒，四川金堂人，字泰岩，號甘泉，乾隆五十五年庚戌科恩貢生。執教鄉里，造士甚衆，生徒前後以百人計，年八十八，無疾而終。著有《甘泉詩草》《大中要論》《地理彙編》《選擇辨疑》《詩法纂要》《作文要語》等藏於家。生平見陳達紀《巫泰岩先生傳略》。

《清詩話考》著録。

十五、嘉石：《璞山詩話》卷數不詳

據民國《劍閣縣志續志》卷七稱：嘉石“著有《璞山詩草》《璞山詩話》”。

嘉石，字璞山，四川劍州人，歲貢生，乾隆甲午科舉人嘉玉振長子。嘉氏為書香世家，世以春秋學傳家。嘉石經明行修，能承家學，其授業弟子孫桐生稱其“湛深經學，氣味古樸，與世寡諧”[③]。生平詩多散佚，晚年舉孝廉方正不就，年九十三卒。

十六、汪鼎元：《峙樓詩話》二卷

據民國《簡陽縣志》卷二十《經籍篇》載：“汪鼎元，《峙樓詩話》二卷。”

---

① 鄭賢書等修，張森楷纂：《民國新修合川縣志》，《中國地方志集成·四川府縣志輯》第44册，巴蜀書社，1992年，第577頁。

② 同上，第694頁。

③ （清）孫桐生：《國朝全蜀詩鈔》，巴蜀書社，1985年，第442頁。

汪鼎元，四川簡陽三岔壩人，字菊田，別名景周。少從雙流槐軒先生劉沅遊，得聞性命之學。道光二十四年甲辰科副貢，銓選巴縣教諭，辭不就職，在其鄉籌建蒙泉書院，育士甚夥。光緒七年卒於家。著有《春秋發微》四卷、《周易述要》四卷、《經史析疑》四卷、《漱石山房全集》二卷、《唐宋詩近體選》四卷藏於家。

《清詩話考》著録。

十七、黄世喆：《四硯堂詩話》一卷

據民國《中江縣志》卷八《人物三・著述表》載："《四硯堂詩話》一卷，黄世喆曉谷撰。"

黄世喆，號曉谷，學者私謚玉江先生。四川中江人，歲貢生，及冠補縣學，旋食餼，五應鄉試不中，年四十遂絶意進取，辟瑟僩堂静心讀書。"晚年嗜《易》，精明象理，鑿'玩易窩'自娱。閑作詩，仿擊壤體，人以邵堯夫相目"，且"精古文，得左盲法"①。著有《四硯堂文集》十六卷、《銅山崇賢集古録》四卷、《日録》十六卷、《詩文剩稿》一卷等。光緒《新修潼川府志》卷二十五有傳，生平亦見其子黄易齡《黄曉谷先生年譜》及其婿林有仁《黄玉江先生傳》。

十八、黄世喆：《曉谷詩話》卷數不詳

光緒《新修潼川府志》卷十六載："《曉谷詩話》，中江黄世喆撰。"

按：黄世喆號曉谷，故《曉谷詩話》或為《四硯堂詩話》别稱。

《清詩話考》著録。

十九、李作梅：《聽雨詩話》卷數不詳

據民國《大竹縣志》卷九《人物志上・文苑》載，李作梅"著有《聽雨詩話》"。

---

① 譚毅武修，陳品全等纂：《民國中江縣志》，《中國地方志集成・四川府縣志輯》第21册，巴蜀書社，1992年，第932頁。

李作梅，四川大竹人，字羹堂，自號園史，道光中人，增貢生。“詩文始趨豔麗，繼乃焚棄一切，力宗雅正。詩尤傑出：古體慷慨淋漓，抑揚盡致，筆力奔走似東坡，寓詞婉曲如樂天；近體脱口如生，若不經意而氣脈舒鬯，機致流通，非尋常飣餖家所及。晚得石香居士《戡靖教匪書》，取其事之有關係者，作詩數十首，半月而就，論者以其黜異端，明正教，表忠烈，闡節孝，講兵法，勵戎行，決廉泉，尊循吏，悲士女……均有關人心世道之作。”① 年未四十而卒。著有《群芳小譜》《聽雨山房文集》《史學提要續編》。

二十、丁顯元：《蘧廬詩話》卷數不詳

據光緒《銅梁縣志》卷八著録丁顯元《蘧廬詩話》。

丁顯元，重慶銅梁人，字萃函，號韻泉，道光間歲貢生。其“古文高簡，義法逼方望溪。詩宗中、盛唐，駸駸入古人之室”②。著有《花嶼吟草》《韵泉雜説》《綺霞閣偶成》等書。

二十一、胡懿修：《石樵詩話》十二卷

民國《簡陽縣志》卷二十載：“清胡懿修，《石樵詩話》十二卷。”

胡懿修，號滋圃，四川簡陽西峰頂人。咸豐初任簡州志采訪，晚年教授鄉里。民國《簡陽縣志》卷十三稱其“不屑屑於制藝，酷好吟詠詩文……懿修詩所謂‘不妨拈韻出官衙’者是也……懿修所著有《石樵詩話》十二卷，惜稿佚不傳。”民國《簡陽縣志》卷十三《士女篇》有傳。

《清詩話考》著録。

---

① 鄭國翰等修，陳步武等纂：《民國大竹縣志》，《中國地方志集成·四川府縣志輯》第62册，巴蜀書社，1992年，第192頁。

② （清）韓清桂等修，（清）陳昌等纂：《光緒銅梁縣志》，《中國地方志集成·四川府縣志輯》第42册，巴蜀書社，1992年，第714頁。

二十二、王鴻謀：《聲律小品》二卷

光緒《井研縣志》卷十五《藝文志五・詩文評》載王鴻謀“《聲律小品》二卷”。

王鴻謀，字子嘉，四川井研寶山人，廪貢生，候選鹽大使。咸豐末新城陳溥、臨邛伍肇齡曾客居鴻謀金霞嶺夏山塘故宅刊印《資治通鑑》。同治間隨兄鴻訓遊宦江南，得聞古文之法於曾國藩。光緒《井研縣志》卷十五稱王鴻謀為詩，“早歲喜豪縱，晚年詩律益精密，風格大旨與蘇黄為近”。著有《默堂詩草》六卷、《默堂稗稿》四卷《外集》一卷附《澹齋尺牘》一卷、《墻東偶語》一卷、《詹詹言》一卷、《澹定山人詞》等。

《清詩話考》著録。

二十三、韓鎮陽：《霞林詩話》八卷

據民國《崇慶縣志》卷十一載：“《霞林詩話》八卷，韓鎮陽撰。”

韓鎮陽，生平事迹不詳。從《崇慶縣志》附《江源文徵・縣人所咏之詩》收録韓鎮陽《擦耳崖吊吴漢墓歌》《遊峨眉山》《回瀾塔》《子雲洗墨池》的情况看，韓鎮陽當為崇慶（今四川崇州）人。民國《崇慶縣志・藝文志》載其著作有《風塵詩集》六卷、《霞林箋載》八卷、《東升雜記》八卷、《蘿軒弄筆》八卷。

《清詩話考》著録。

二十四、熊正倫：《西窗談話》四卷

民國《新修合川縣志》卷二十九《藝文二》著録熊正倫家藏稿本《西窗談話》四卷，并稱：“此書蓋其談文談詩之作。”

熊正倫，重慶合川人，字熙五，廪膳生，善詩古文詞，家居不仕，餘皆不詳。

二十五、陳鳳喈：《痴蘭詩話》卷數不詳

《益州書畫録續編》載："陳鳳喈，字桐村，涪州人，性敏悟，工詩善畫，有《鯫生詭談》《痴蘭詩話》。"①

陳鳳喈生平從上文可見。

《清詩話考》著録。

二十六、毛瀚豐：《摩訶詩話》卷數不詳

費行簡《近代名人小傳·文苑》載：毛瀚豐"初為《摩訶詩話》，質張之洞，之洞曰：'猶之袁枚所為，不作可。'"②。

毛瀚豐一作毛翰豐，字鶴西，一字霍畦（見四川大學出土《四川尊經書院舉貢提名碑》），仁壽人。少時師事同縣王萍洲，後選優貢生，入尊經書院，受知於張之洞、譚宗浚兩任學使。張之洞致譚宗浚書將其與廖平、張祥齡、楊鋭、彭毓嵩并稱"蜀中五少年"，稱其"深穩勤學，文筆茂美""時文詩賦兼工"③。譚宗浚作《尊經書院十六少年歌》，稱其"小毛詞翰揚馬儔，如駕青翰凌滄洲，珊瑙炫耀珠璣浮"；又作《將解任留别蜀中士子八首》，稱"楊毛富詞采"④，楊即楊鋭，毛即毛瀚豐。成進士後，授内閣中書，外官雲南同知，擢普洱知府，卒於官。毛瀚豐獨工詩歌，"詩五言學謝靈運，七言近綿麗，若吴偉業。古體幽奇類李長吉"⑤。其書今未見，或説已經付諸爐火。《蜀秀集》卷六存毛瀚豐《詩賦（仿陸士衡文賦體不限韻）》一篇，或可見其論詩旨趣。

---

① 薛天沛纂：《益州書畫録·續編·補遺及附録》，成都薛崇禮堂1945年刊本。

② 費行簡：《近代名人小傳》，《清代傳記叢刊》第202册，明文書局，1985年，第714頁。

③（清）張之洞著，王樹楠編：《張文襄公（之洞）全集》，《近代中國史料叢刊》第一輯第485册，文海出版社，1987年，第15416頁。

④（清）譚宗浚：《荔村草堂詩鈔》，《清代詩文集彙編》第763册，上海古籍出版社，2010年，第104頁、第106頁。

⑤ 費行簡：《近代名人小傳》，《清代傳記叢刊》第202册，明文書局，1985年，第714頁。

二十七、岳嗣佺：《提要詩話》卷數不詳

廖平《賁園詩鈔序》稱："余襄校尊經時，曾命岳君堯仙，輯録（《四庫提要》）原文，名曰《提要詩話》，惜其未梓，不知遺稿尚存在否。"①

廖平《序》中所稱岳堯仙者，即岳嗣佺，字堯仙，四川成都人，雍正間川陝總督岳鍾琪的五世孫。光緒十九年癸巳恩科舉於鄉，光緒二十一年四月初八日在康有為《上清帝第二書》（即公車上書）上署名。

岳嗣佺與其兄岳嗣儀、岳嗣儒先後入尊經書院學習，與易順鼎相交甚篤。易順鼎《琴志樓詩集》卷十有《和岳堯仙孝廉韵》三首②，有"西蜀神交十載垂"之語。中日甲午之戰後，岳嗣佺曾與易順鼎兩次赴臺，助義軍反對清廷割臺，後於光緒三十一年逝世，易順鼎詩有"楊（叔嶠）岳（堯仙）張（子馥）胡（硯孫）亦死亡"句③，而王闓運也撰聯吊之④。

從廖序中可見，《提要詩話》的內容主要輯録《四庫提要》原文而成。又因該詩話是岳嗣佺在其師廖平的布置和指導下完成的，因此該詩話不但代表了紀昀的主張，也代表了廖平的詩學主張。正如廖平《賁園詩鈔序》所言："吾素不作詩，而好談詩理……蓋學詩法，首推《四庫提要》。紀氏經學，非其所長，至於詩文無所不窺，而談言微中，妙得關竅。"

按：據廖平《尊經書院日課題目》可見其曾布置"鈔《提要》論詩、論文、論詞（分門略仿詩話、文話、詞話之例）"⑤ 的功課讓學生完成。則除岳嗣佺《提要詩話》外，尊經弟子或尚有《提要文話》《提要詞話》之作。

---

① 陳法駕等修，曾鑒等纂：《民國華陽縣志》，《中國地方志集成·四川府縣志輯》第3册，巴蜀書社，1992年，第346頁。

② 易順鼎：《琴志樓詩集》，上海古籍出版社，2004年，第633—634頁。

③ 易順鼎：《琴志樓詩集》，上海古籍出版社，2004年，第1296頁。

④ 王闓運：《湘綺樓日記》，岳麓書社，1996年，第2680頁。

⑤ 廖平：《尊經書院日課題目》，舒大剛、楊世文主編：《廖平全集》第2册，上海古籍出版社，2015年，第823頁。

二十八、王士元:《詅痴詩説》一卷

民國《簡陽縣志》卷十三《士女篇》稱王士元著有“《詩説》一卷”,《詩説》即《詅痴詩説》簡稱。同書卷二十《經籍篇》載“王士元《詅痴詩説》一卷”。

王士元,字翰才,四川簡陽望水寺人,原名栩,因慕三國龐士元而更名。少年得外祖藏書,淹通古今,人稱“書囮”。“張文襄督蜀學時,聲音、訓詁、校讎之學盛行,士元病其浮而寡要。及光緒乙巳罷科舉,國中少年紛紛東渡,歸而自詡,士元又病其空疏放肆。其一切憤懣多見於詩歌論辯。”① 著有《詅痴詩集》一卷、《詅痴文集》六卷、《詅痴偶筆》二卷、《簡州志稿》六卷等。鄉人曾國才撰有《王君翰才傳》。

《清詩話考》著録。

二十九、戴綸喆:《詩話》卷數不詳

《漢魏六朝賦摘豔譜説跋》稱戴綸喆“數年以來,南遊黔,北赴京,山川跋涉,不廢著述。其存稿尚有《聽鸝山館駢文》《詩集》《詩話》《書記》《瑣言》《江漢歸船日記》《毦毸雜記》數種”②。

戴綸喆,原名戴先喆,字吉雙,重慶綦江人。光緒二年丙子科舉人③,大挑一等知縣,分發河工當差,光緒七年主講四川瀛山書院,光緒二十年六月任邛州訓導。其著作甚夥,多未刊行。弟子張驥《聽鸝仙館詩存序》稱其“著述自詩集外,有古文集、《綦江縣志》《清詩人徵略》,皆不存”④。今見刊行者,僅有《四川儒林文苑傳》《聽鸝仙館詩存》《漢魏六朝賦摘豔譜説》、光緒《四川綦江續志》數種。

關於清代詩話書目的論文或專著甚多,如吴宏一教授《清代詩話考述》《清代詩話知

---

① 林志茂等修,汪全相等纂:《民國簡陽縣志》,《中國地方志集成·四川府縣志輯》第27册,巴蜀書社,1992年,第350頁。

② (清)戴綸喆:《漢魏六朝賦摘豔譜説》,光绪七年瀛山书院刻本。

③ 據《民國四川綦江續志·陳樹棨傳》:“丙子鄉舉第四,曾擬元至京與同年生戴綸喆以詩相鏃礪。”可知戴綸喆也為光緒二年丙子科舉人。戴綸喆纂修:《民國四川綦江續志》,《中國地方志集成·四川府縣志輯》第7册,巴蜀書社,1992年,第853頁。

④ (清)戴綸喆撰,張驥編:《聽鸝仙館詩存》,1925年西安排印民傭齋叢書本。

見録》，張寅彭教授《清代詩學書目輯考》《新訂清人詩學書目》，蔣寅教授《清代詩學著作簡目》《清詩話考》《見存清詩話續録》，蔡鎮楚教授《清代詩話考略》等等。正如研究者所言，“詳備的清代詩學書目的建立，其學術意義自不待言”[①]。這些書目對清詩話的收集、整理與研究價值甚巨。

本文以詩話編著者的籍貫、時代為綫索，在蔣寅教授《清詩話考》待訪書目收録的巴蜀籍士人創作的詩話基礎上，對清朝、民國近三百年間巴蜀籍士人編著的詩話著作進行逐一梳理，以期有助於巴蜀詩學文獻的蒐集整理與出版工作的開展。

作者單位：四川大學中國語言文學博士後科研流動站
新華文軒出版傳媒股份有限公司博士後科研工作站巴蜀書社

① 張寅彭：《新訂清人詩學書目·序》，上海古籍出版社，2003 年，第 2 頁。

張伯駒舊藏《楝亭圖》新考釋

蔣　寅

一

《楝亭圖》是曹寅集同時名家所繪《楝亭圖》及題咏而裱成的長卷，今存四卷，曾為張伯駒收藏，後經趙萬里遊説，讓給北京圖書館。

這部《楝亭圖卷》，曾著録於乾隆間陸時化所撰《吴越所見書畫録》卷六，題作《國朝惲南田諸名賢楝亭詩畫卷》，記第一圖曰："禹鴻臚圖。淡墨，長一尺一寸二分。"題曰："偶讀楝亭詩畫册，知先賢曹大人退食舒嘯處也。余嚮遊白門，曾客斯亭，坐卧其下。今瞻荔翁繼美，復吟楝亭，一時宇内文人歸依，歌韵圖繪彌帙，所謂地因人傳，亦漫作數筆紀事，大方勿以六法三品教之也。廣陵禹之鼎稿。"民國間為張伯駒所收，著録於《春遊紀夢》，紅學家周汝昌觀於張所，在《紅樓夢新證》中做了較詳細的介紹：

> 四卷《楝亭圖》是北京有名的書畫私人收藏家張伯駒先生的藏物，民國間購自琉璃廠惠古齋的，完好如新。《楝亭圖》的來歷是曹璽在日，在江南織造署手植一株楝樹，蓋了一個亭子，曹寅、曹宣一對孿生的弟兄，讀書其下。及至康熙二十三年曹璽一死，曹寅睹物思親，就開始繪畫徵題。從此以後，迤迤邐邐，逐年增加。彼時的天下名流巨宦，簡直網羅殆遍，這幾軸圖後的題詞，不啻康熙初年有名人士詩賦書法的總聚會，其可寶之程度是無待煩言了。
>
> 單看這個單子，已是令人咋舌了。可是據我們考查起來，知道《楝亭圖》實實不止這四卷，至少還有一軸，不知何時佚失了。這一軸丢了的，内中該有查二瞻的畫，

葉燮、倪燦、吴之振等人的題詩，可惜已難得見。此四卷内特别名貴的是納蘭的親筆工秀的小楷寫他自己的《楝亭記》《滿江紅》，并代録顧貞觀的一首不見本集的名貴和詞。有些明遺士是聲價極高氣節極峻介的，最恨的是旗家子弟，達官貴人，連理都不屑理的，現在却都肯為曹寅作詩題字，有的和他且成為至交，則曹寅的為人，不難想見。這四卷裏的詩賦零句，有關考訂的，也所在多有①。

胡藝先生《禹之鼎年譜》也曾著録這個圖卷，將禹之鼎畫繫於康熙二十三年甲子（1684），時慎齋三十八歲。按語云："此圖未記年月。查全卷共有圖四幅，詩賦九幅。其中記有年月者，僅尤侗題詩，款：'康熙甲子臘月，吴門尤侗敬書。'程義畫，款：'楝亭圖，畫贈荔軒先生并教，時乙丑夏六月。黄山程義。'及尤賦，款：'康熙辛未春三月望日，長洲尤侗謹撰并書。'其中似以'甲子'記年最早，故禹氏畫《楝亭圖》當在此數年間，姑置此。《歷代流傳書畫作品編年表》附《明清畫家合作年表》將該卷繫於康熙二十四年項下。"現在看來，被裝裱為四卷的《楝亭圖》及諸家題咏詩文均非同時所作，而是歷年積纍、裝池而成的。由於不同時期的作者對楝亭故事傳聞不同，記載不無出入。這裏先要作一番辨正。

二

康熙二年（1663）曹寅父曹璽（1619—1684）以内務府工部郎中出任江寧織造。江寧織造是内務府掌管的三個織造府（另兩處在杭州和蘇州）之一，掌管宫廷所用紡織品的供給。這一職務歷來從内務府司員内擇用，帶原銜督理，先是每年一任，後改為三年一任。到曹璽任此職，因為其妻孫氏是聖祖的乳母，"遂定專差久任"（《江南通志》卷一〇五），直到康熙二十三年（1684）病逝於任上，官職則晋升到内務府包衣領工部尚書。

曹璽曾在江寧織造府西園内手植楝樹，長大成蔭後，又在其下構亭，常命二子寅、宣讀書其中，平時也是曹家會客的重要場所。曹璽病逝後，曹寅遂取楝亭為號，以紀念父親，文集也題作《楝亭集》；同時還陸續請當時的名畫家為繪《楝亭圖》，并囑各地友人、名士為撰詩文題咏，積有卷帙。康熙二十九年（1690）曹寅出任蘇州織造，繼續徵求江南一帶文友的詩文題咏，文體遍及詩文詞賦。通前後所得，較為重要的有納蘭性德《楝樹記》及《滿江紅》詞、顧貞觀和作、葉燮《楝亭記》、尤侗《楝亭賦》及毛奇齡、余懷、宋犖等名士的題詩。康熙三十四年（1695）秋他又囑張純修為繪《楝亭夜話圖》，記録他與江寧知

① 周汝昌：《紅樓夢新證》，譯林出版社，2012年，第24—27頁。

府施世綸及廬江知府張純修三人夜談的情景。卷後有曹寅、張純修、施世倫、王槩、王蓍、王方岐、姜兆熊、蔣耘渚、吴之騄、李繼昌題詩。後為葉恭綽所藏，現存吉林省博物館。

由於楝亭與曹寅乃至曹雪芹少年生活有着如此密切的關係，它一直備受後人關注。歷來有關江寧的地方志和風土志無不對之有所記載，而多訛傳不確。如夏仁虎《秦淮志·園林志》説："楝亭，在淮清橋織造署中，曹完翁築亭課子，植楝其側。"朱偰《金陵古迹圖考》云："在八府塘，舊江寧織造署，清雍正時，曹寅在署築亭課子，樹楝其側，名曰楝亭。"童寯《江南園林志》："商園，臨八府塘，為清江寧織造府舊園，所餘山池無幾。有楝亭，傳為曹雪芹寫《紅樓夢》處。"這些記載無論時間或地點都不正確，大抵皆沿《同治上江兩縣志》以乾隆三十三年（1768）改建的織造衙署誤為清初曹氏所建織造府之誤。

曹璽所建的江寧織造府，在江寧府上元縣界，今為南京市大行宫一帶。它既是江寧織造辦公的衙署，也是曹家居住的寓所。周汝昌先生《紅樓夢新證》最早據《江寧府志》考定織造府位於利濟巷大街，後據吴新雷老師實地考察，確定織造府的範圍東起利濟巷，南臨吉祥街（也就是現在的太平南路），西至碑亭巷一帶，北對長江路兩江總督署舊址（見附圖1）①。周汝昌先生還據曹寅《楝亭詩集》，考得府署西園内有西池、西堂、楝亭、萱瑞堂、西軒、鵲玉亭。因為曹璽妻孫氏的關係，聖祖六度南巡，後四次都下榻於曹府。康熙三十八年四月初十日，聖祖南巡至上元，以織造署為行宫。曹寅奉母朝謁，會庭中蘐花盛開，御筆親題"萱瑞堂"匾額頒賜，後徵題咏積成卷軸。毛際可《安序堂文鈔》卷十七、馮景《解春集文鈔》卷四皆有記紀其事。乾隆十六年（1751），於江寧織造府"西偏即舊池重濬，周以長廊"，增修緑静榭、彩虹橋、釣魚臺等建築，改為高宗下江南時專用行宫。其平面圖收入《南巡名勝圖説》，從中還可略見織造府大致的規模（見附圖2）。這也是如今大行宫地名的由來。1984年8月17日，南京市幼兒教育館在大行宫小學東南角破土動工，地基挖到1.4米深時，露出一壟完整的假山石基和一些太湖石，經專家現場勘察，進一步確定了織造府西花園遺址的範圍②。《楝亭圖卷》所繪的楝亭，就在織造府的西花園内。這座亭子見證了曹氏一家的生活，也聯繫着曹寅、曹宣兄弟對父親的眷懷。

三

曹寅（1658—1712）字子清，號荔軒。自幼隨父在江寧生活，多識名公耆舊。幼曾被

① 吴新雷、黄進德：《曹雪芹江南家世叢考》，黑龍江教育出版社，2000年，第22頁。

② 同上，第24頁。

周亮工抱於膝上，命背誦古文，為正其句讀。十二歲入宮為佩筆侍從，工書法，嫻騎射。二十歲擢鑾儀衛治儀正，與張英、高士奇交。康熙十七年（1678），詔舉博學鴻詞試，結識大批江南名士，如顧景星、邵長蘅、汪琬、施閏章、閻若璩、姜宸英、徐釚、毛奇齡、毛際可等。陳維崧、朱彝尊入京後，即從兩人學填詞。康熙二十三年（1684）六月，曹璽病危之際，曹寅奔赴江寧侍疾。不久父親辭世，曹寅留在江寧暫理江寧織造事務。這時，他還衹是個二十七歲的年輕貴族。

重新回到自幼嬉遊課讀的西園，徘徊在父親手植的楝樹下，曹寅睹物懷人，眼前常浮現隨同父親在楝亭讀書時的情景。他開始考慮請人畫一些《楝亭圖》，并徵求詩文題咏，寄托哀思。是年十月，聖祖南巡，詔升内務府慎刑司郎中，仍督理江寧織造。這不是正式任命，衹是暫時監理其事①。此時友納蘭性德正扈從在江寧，曹寅便請他為作《楝樹記》，不久又得張芳、尤侗寄來題詩。由納蘭性德《楝樹記》可知，曹寅最初徵求的主題衹是楝樹，尤侗詩前小序也説曹寅"寄予畫册，閲之乃一楝樹"，以楝亭求題很可能是稍後的事，現知最早以楝亭為題的詩是本年十一月十三日張芳之作。因朝廷在年底任命了馬桑格為江寧織造，年後曹寅與馬桑格交代後，便於五月扶櫬北返，臨行有《楝亭留别》詩云："客至皆題楝，從今有楝亭。難將一掬泪，灑作萬年青。夕霧收全幔，寒山掩半屏。悠悠後來者，材否念居停？"據詩所言，以前訪客雖也有題咏楝樹的，但楝亭乃是最近為追念亡父而命名的，他的詩很肯定地告訴了我們這一點。

回到北京，曹寅一直在内務府任職，由慎刑司郎中轉廣儲司郎中。同時，曹寅憑藉門第清華和性情風雅，日漸成為京師文壇有名的旗籍詩人。康熙二十五年（1686），名噪一時的肖像畫家禹之鼎年屆不惑，自繪《卜居圖》，徵求名流題咏，王士禛、徐元文、吴暻、查嗣瑮、王式丹、吴雯等名詩人都為題詩，曹寅也是其中的一位作者。這些人物，從名畫家禹之鼎、一代詩宗王漁洋到吴梅村子吴暻、狀元徐元文昆季乾學、秉義，都列名於《楝亭圖卷》的作者中，足見他們都屬於同一個文學交遊圈子。

康熙二十九年（1690）四月，曹寅奉命出任蘇州織造，兩年後又繼承父職為江寧織造，正式職銜是内兵部督理江寧等處工部事織造府。迨康熙四十二年（1703），又奉命兼巡視兩淮鹽政，以勞特敕加通政使銜。初抵蘇州織造任，他就曾回江寧織造府舊居探視，"惜亭就圮壞，出貲重作，而以公手植之楝，扶疏其旁也，遂名之為楝亭"（姜宸英《楝亭記》）。曹寅對楝亭的感情，也就是對西園、對江寧織造舊署的感情，這裏沉澱着他童年的記憶。兩年後，當他被授命江寧織造、繼承先職時，作《西園種柳述感》詩，首先浮上心頭的就是"再命承恩重，趨庭訓敢忘"。歲月的遷逝，都濃縮在眼前的一草一木中："在昔傷心

① 馮其庸：《曹雪芹家世史料的新發現》，《文藝研究》1976年第1期。

樹，重來年少人。寒廳誰秣馬，古井自生塵。商略童時樂，微茫客歲春。艱難何足問，先後一沾巾。"① 這時，年過而立的曹寅，才名更盛，交遊愈廣，尤其是出任蘇州織造之初，即囑待罪在籍的徐乾學兄弟、王鴻緒、高士奇等名公為題《楝亭圖》，更使他成為旗籍青年貴族中引人矚目的人物。法式善《梧門詩話》載："曹楝亭性豪放，從飲徵歌，殆無虚日。酷嗜風雅，東南人士多歸之。"② 并引張大受題其詩集後曰："東南酬唱半耆英。"程廷祚亦稱"管理織造事曹公主持風雅，四方之士多歸之"③。這些説法固然有所誇張，但曹寅任蘇州、江寧織造的三十多年，對江南文學活動的影響是顯而易見、不容忽視的。這種影響部分地體現在《楝亭圖》中。

四

現存的《楝亭圖》共有四卷，由誰裝裱而成不得而知。玩索各卷的圖繪、詩文，可以推知圖卷形成的過程。周汝昌先生《紅樓夢新證·史事稽年》曾將圖卷所收題咏按年月繫之，并略有箋識，但因"題咏諸人，聲名素著，世所習知者，概不贅注。間有未詳，闕以俟考"，還多有可補。今就個人閲讀所及，稍為箋證，供讀者參考。

第一卷收《楝亭圖》三幅，第一幅黄瓚繪，落款為"鞠通道人黄瓚寫"，有"臣瓚"白文印。黄瓚，號鞠通道人，生平里貫不詳。第二幅張淑繪，有張淑名及"萱如"朱文印。張淑，字萱如，事迹也不詳。第三幅禹之鼎繪，題記説明圖為曹寅所屬。鈐"禹之鼎"白文、"慎齋"朱文印，及收藏者"樓影"朱文印。禹之鼎（1647—1716?），字上吉，一作尚吉，又作尚基，號慎齋。江南興化人。幼喜丹青，師藍瑛之法，工人物寫真。康熙間供奉内廷，官鴻臚寺序班。一時名人小像，悉出其手。康熙二十五年（1686），觀諸國使臣入覲，繪《王會圖》，吴暻為作歌，小序稱"天才雋妙，無愧古人"。今觀此卷三圖，楝亭形制雖大體相似，但欄杆或有或無，亭邊或作假山聳立，或作林木幽深，或作曠遠風景，很難説都是照景寫生。要之以禹之鼎所繪近是，因為他曾客曹府，坐卧其中，所繪應能得其仿佛。詩文題咏一家，跋一家，依次為：

（1）納蘭性德《曹司空手植楝樹記》，落款為"楞伽山人成德拜手書"，後附性德題楝亭詞和顧貞觀和作，調寄《滿江紅》，鈐"側帽"白文、"成德"朱文、"字容若"陰陽印。納蘭性德（1655－1685），滿洲正黄旗人。原名成德，避太子諱改名性德。字容若，號楞伽

---

① 曹寅：《楝亭詩鈔》卷二，上海古籍出版社，1979 年影印康熙刊本。

② 張寅彭、强迪藝：《梧門詩話合校》卷六，鳳凰出版社，2005 年，第 203 頁。

③ 程廷祚：《先考祓齋府君行狀》，《青溪文集》卷十二。

山人。大學士明珠長子，十七歲入太學，康熙十五年（1676）中進士，由三等侍衛晋升至一等，多次隨聖祖出巡。曹寅十九歲即結識納蘭性德，同為旗籍青年才俊，甚是相得。考《康熙起居注》，康熙二十三年（1684）十一月一日至五日，聖祖駐蹕江寧，以將軍署為行宫。其間曾親臨織造府撫恤致奠。當時納蘭性德以侍衛扈從，遂有機會與舊友曹寅會晤，記及詞應是此後所作。周汝昌以詞中"緑陰青子"斷非冬日口氣，而斷其作於來年春，可從。記云："子清為余言其先人司空公當日奉命督江寧織造，清操惠政，久著東南，於時尚方資黼黻之華，閭閻鮮杼軸之嘆，衙齋蕭寂，携子清兄弟以從，方佩觿佩韘之年，温經課業，靡間寒暑。其書室外司空親栽楝樹一株，今尚在無恙。當夫春葩未揚，秋實不落，冠劍廷立，儼如式憑。嗟乎，曾幾何時，而昔日之樹已非拱把之樹，昔日之人已非童稚之人矣！語畢，子清愀然念其先人。余謂子清，此即司空公之甘棠也。（中略）安可無片語以志之，因為賦長短句一闋。同賦者錫山顧君梁汾，并録其詞於左。"張伯駒注意到性德這首《滿江紅》，為《側帽集》中不載，我想或許是嫌其體近應酬的緣故吧。但後來小重山房叢書本《飲水詞集》已收入，并有小序："為曹子清題其先人所構楝亭，亭在金陵署中。"倒是顧貞觀和作不見於《彈指詞》中。卷下咏佛手柑《虞美人》題下注："後數詞皆與容若同賦，其餘唱和甚多，存者寥寥，言之墮泪。"可見所作多散佚。性德隨即從聖祖歸京，途中即已染恙，後於康熙二十四年（1685）五月三十日病殁。曹寅扶櫬抵京已是九月，兩人此别竟為永訣！康熙三十四年（1695）秋，曹寅與張純修、施世倫在楝亭秉燭夜話，話題之一就是追憶他們共同的友人納蘭性德。由曹寅《楝亭詩鈔》卷四《墨蘭歌為張見陽太守賦，見陽每畫蘭必書容若詞》可知，張純修對納蘭性德深懷眷戀。曹寅題純修所繪《楝亭夜話圖》有云："憶昔宿衛明光宫，楞伽山人貌嬌好。馬曹狗監共嘲難，而今觸緒傷懷抱。"結云："家家争唱飲水詞，納蘭心事幾曾知。布袍廓落任安在，説嚮名場此一時。"此時性德謝世已十年。

（2）潘江《楝亭行為子清曹老先生賦并政》七古一首，落款為"龍眠木厓潘江頓首具草"，有"□一山一壑"朱文、"木厓耐翁"白文、"潘江蜀藻"朱文、"河墅老農"白文印。潘江，字蜀藻，號木崖。江南桐城人。有聲於明季，明亡後潛歸桐城，隱居縣城西龍眠山之河墅。康熙十八年（1679）膺博學鴻詞之薦，以母老不應。平生留意邦中文獻，嘗輯明清兩代桐城先賢詩五百餘家，編為《龍眠風雅》正、續集計92卷；又與何存齋同輯《龍眠古文》。著書四十餘種，多散佚。卒於康熙四十年前後，享年約八十四歲。同里大學士張英題其墓碑曰"大詩伯河墅先生之墓"。詩云："楝亭楝亭誰是主，其枝蓊鬱其味苦。君家纍葉篤忠貞，非此不足表翹楚。時君先公涖吴閶，黼藻宸躬垂衣裳。親承筐篚紬千縷，手補山龍焕七襄。乃植此楝庭之砌，柔條輒有千尋勢。"此言楝樹為曹璽任蘇州時所植，又言"我有遊子客虎丘，寄書常誦吴儂謳"，自注："幼兒仁樾方博於吴。"這明顯有希求托庇之意，應作於曹寅任蘇州織造時，很可能是出於他人轉屬，不知楝亭在江寧織造府中，從而誤會楝樹為蘇州織造府中物。

（3）吴暻《楝亭為子翁老先生賦書正》七律二首，落款為太倉吴暻，有“錦谿”朱文、“元朗”白文、“吴暻印”白文印。吴暻（1662—1707），字元朗，號西齋居士。江南太倉人，吴偉業子。康熙二十七年（1688）進士，官兵科給事中。以詩、畫名於時，曾為禹之鼎題《王會圖》，名噪一時。後召入暢春苑畫清溪書屋屏風，并與王原祁等纂輯《佩文齋書畫譜》。有《西齋集》及《自删詩稿》二卷。題詩其二云：“聞道才名滿禁廷，重來吴郡續餘馨。因花置屋幽情足，撫樹題詩小閣冥。”也應是曹寅在蘇州織造任時所屬。考《西齋自删詩稿》卷上《題曹子清工部楝亭》云：“江東廳事楝花繁，薄紫嫣紅出繚垣。生意貫依雙戟影，清蔭新滿五侯門。角弓不忘看嘉樹，蔽芾猶存記舊恩。恰似小蘇官吏散，自栽杉竹嚮東軒。”應是第一首的别稿。此卷收康熙甲子至辛未之作，時間正合。

（4）鄧漢儀《楝亭四章為荔軒、筠石兩年先生題兼正》雜言四首，落款為“舊山鄧漢儀拜書”，有“池上”朱文、“漢儀”白文、“孝威”朱文印。鄧漢儀（1617—1689），字孝威，號舊山，又號鉢叟。江南泰州人。處士，以選刻《詩觀》為世所知。康熙十八年（1679）應博學鴻詞試不第，授秘書省正字銜放還。詩文多散佚，後人輯有《賓墨堂詩拾》。事迹見夏荃輯《海陵文徵》卷十九沈龍祥撰《鄧徵君傳》。

（5）王方岐《楝亭詩為荔軒、筠石兩先生賦》五古一首，落款為“淮南王方岐”，有“蒙谷”朱文、“王方岐征氏之章”朱文印。王方岐，字武征，號蒙谷。江南揚州人。玉藻長子，入清以遺民終，與同郡李宗孔、吴綺、汪懋麟結閑閑社，又與鄭聽庵、徐地山等并稱“竹西十逸”。相比鄧漢儀，王方岐不太為人所知。但他顯然是淹貫文史的，曾纂《合肥縣志》《廬江縣志》《揚州府志》，著有《祛塵録哀談》《蒙齋文集》。吴綺《林蕙堂全集》附録有他撰寫的《吴園次後傳》，北京故宫博物院藏王概《龍舟競渡圖卷》也有他的題跋。他還是康熙三十四年（1695）秋張純修繪《楝亭夜話圖》卷後的題跋者之一，看來與曹寅關係較密切。

（6）唐孫華《楝亭賦呈子翁老先生教定》七律二首，落款為“太倉唐孫華”，有“唐孫華印”、“實君”朱文印。唐孫華（1634—1723），字實君，别字東江，晚號息廬老人。江南太倉州（今江蘇太倉）人。幼有神童之目，入慎交社。曾館於納蘭明珠府，課其二子揆叙、揆風。徐乾學頗重之，招修《一統志》。康熙二十七年（1688）中進士，六年後方選授陝西朝邑知縣。會召試乾清宫稱旨，授禮部主事，旋改吏部，兼翰林院行走。後充浙江鄉試副考官，康熙三十五年（1696）因事落職。歸里，與二三老友優遊林下，年九十卒。著有《東江詩鈔》。唐孫華的這兩首題詩不見於《東江詩鈔》，可以補入。

（7）陳恭尹《楝亭為荔軒先生賦》五律一首，落款為“羅浮陳恭尹”，有“獨漉”朱文、“陳恭尹印”白文印。陳恭尹（1631—1700），字元孝，號半峰，又號獨漉子、羅浮布衣。廣東順德人。處士。工詩，與屈大均、梁佩蘭并稱為“嶺南三大家”。有《獨漉堂集》。今按：嶺南三家均有題咏楝亭之作（詳後），據汪宗沂《屈大均年譜》康熙二十三年載：“本年王士禛南來為乞題於三家。”則陳恭尹題詩係王士禛於康熙二十四年（1685）初抵廣州祭南海時為曹寅索題。

（8）吴文源題雜言詩一首，落款為“鑒湖吴文源敬題”，有“隱居似求其志”白文、“吴文源印”、“宗魯”白文印。吴文源，字宗魯。浙江紹興人。事迹未詳。

（9）方仲舒《題楝亭》七古二首，落款為“龍眠方仲舒”，有“逸巢”、“仲舒”朱文、“南董”白文印。方仲舒（1638—1707），字南董，一字董次，號逸巢。安徽桐城人，寄籍江寧。方苞父。國子監生，贅於紹興府同知吴勉家。與同里錢澄之、方文及黄岡杜濬、杜岕兄弟相唱和。生平見方苞門人沈廷芳所撰傳。曹寅《楝亭詩鈔》卷三有《聞杜漁村述方逸巢近況即和膝齋詩奉柬》、《逸巢讀是痛非真臂句作詩見答復和一首》，足見兩人交好。題詩其二云“公子如公官白門”，應為康熙三十一年（1692）曹寅移任江寧織造後作。

（10）顧彩《滿江紅》詞一首，落款為“錫山顧彩拜手題”，有“顧彩印”白文、“楂”朱文印。顧彩（1650—1718），字天石，一字湘槎，號補齋，别號夢鶴居士。江南無錫人。康熙十七年（1678）入國子監，官至内閣中書。以擅詞曲名噪都下。曾為衍聖公孔毓圻所賞，聘為孔府西賓，遂與孔尚任友善。孔尚任作《小忽雷》傳奇，是顧彩為他填的詞。顧彩自撰戲曲多至數十種，有《南桃花扇》《後琵琶記》傳世，又有《容美紀遊》《往深齋詩集》《鶴邊詞》《第十一段錦詞話》等，輯有《草堂嗣響》四卷。納蘭性德與顧貞觀題詞調寄《滿江紅》，顧彩這首詞應是和二人之作。

（11）張淵懿題五古一首，落款為“雲間野叟張淵懿拜草”，有“月聽軒”朱文、“張淵懿印”白文、“硯銘”朱文印。張淵懿，字硯銘，一字元清，號蟄園。江南青浦人。順治十一年（1654）順天舉人，熱心於文事，曾先後倡立“原社”“春藻堂社”。後涉奏銷案坐廢鄉里。著有《臨流詩》《月聽軒詩餘》，又與田茂遇同輯雲間詞派之作為《詞壇妙品》。《嘉慶松江府志》卷五十六有傳。詩云：“都哉汝作服，星芒指吴閶”，又云：“念彼亭前木，手植歲月長。當年繞膝下，觴咏時徜徉。凌雲今何許，渺在天一方”，似為曹寅將赴蘇州織造任時作，極寫其眷念楝樹之情。

（12）方嵩年題五古一首，落款為“賦請清翁曹老先生政，龍眠方嵩年稿”，有“繼谿”朱文、“方嵩年印”白文、“五月江深草閣寒”朱文、“杜癖”白文印。方嵩年（1649—1726），字東萊，號繼溪。江南桐城人。方拱乾之孫，方章鉞長子。府學歲貢生，官定遠教諭，授修職郎，享年七十八歲。康熙三十六年（1697）王翬、費而奇、禹之鼎為曹三才南還而作《折柳贈别圖并諸家題咏》册頁，有嵩年與姜宸英、吴暻、王丹林、陳元龍、胡直方等題咏，見2011年11月13日由嘉德秋拍《大觀——中國書畫珍品》。

（13）林子卿題七絶六首，落款為“里言六首為荔翁、筠翁兩年臺老先生咏楝亭之作并祈教正，雲間林子卿拜草”，有“放鶴山亭”、“子卿”朱文、“林氏安國”白文印。林子卿，字安國，江南華亭人。監生。少從包爾庚、李雯遊，學問廣博。在蔡毓榮幕府，為撰《通鑑紀事本末》一百卷。歸里後受聘主修《松江府志》。有《素園稿》。《嘉慶松江府志》卷五十七有傳。題詩其六自注：“司空公宦金陵，荔軒先生宦吴門。”知作於曹寅任蘇州織造時。

（14）袁瑝題《滿江紅》詞一首，落款為“古燕袁瑝拜題”，有“袁瑝之印”白文、“伯玉”朱文印。伯玉應為袁瑝字，直隸人，事迹未詳。詞應係和納蘭性德之作，《全清詞·順康卷》及補編均未收入。

（15）張伯駒跋一首，有“京兆”朱文、“張伯駒”白文印。

第二卷收圖三幅，第一幅沈宗敬繪《楝亭》，有“華源沈宗敬寫於秦淮寓樓”落款，鈐“宗敬”朱文、“南季氏”白文印、“煙嵐高曠”朱文印。沈宗敬（1669—1735），字恪庭、南季，號獅峰、獅峰道人、雙鶴老人、雙杏草堂主人、卧虚山人等，華亭（今上海松江）人。沈荃之子。康熙二十七年（1688）進士，仕至太僕寺卿，提督四譯館。精音律，善吹簫、鼓琴，工詩文、書法。畫傳家學，尤精於小幅風景。第二幅陸漻繪《楝亭圖》，有“辛未清和寫呈荔翁老先生正，晚學陸漻”落款，有“陸漻”朱文印，應作於康熙三十年（1691）四月。陸漻，字其清，江南長洲人。精岐黄術，以醫名。所居曰聽雲室，收藏圖籍甚富，多手鈔秘本，宋犖時就其借鈔。編有《佳趣堂書目》。趙執信《飴山文集》卷十《藏硯記》述其過吴門觀陸漻所藏歷代名硯，時漻年六十餘。圖左下方有張景伸題七律一首，有“杜癖”朱文印。張景伸，襄平人，事迹未詳。第三幅戴本孝繪《楝亭圖》，并自題詩，落款曰：“辛未小春，過司馬張公祖瓜浦署中，因出示荔翁老先生楝亭圖册，委命續貂寄呈，并題小詩，兼請槃教。鷹阿山樵戴本孝。”有“□□”朱文印、“鷹阿”白文、“本孝”朱文、“□□□□”朱文印。戴本孝（？—1693），字務旃，號鷹阿。江南和州（今安徽和縣）人。布衣，以畫名，亦工詩，畫得元人法。著有《前生》、《餘生》詩稿、《河村集》。王士禛《池北偶談》卷十一：“戴本孝字務旃，和州人，詩畫皆超絶。嘗在京師，夜與友人談華山之勝，晨起，即襆被往遊，其高曠如此。”又《漁洋詩集》卷二十一有《送戴務旃遊西嶽》、李良年《秋錦山房集》卷二有《送戴務旃遊華山》。王弘撰《砥齋集》卷一下《守硯庵文稿序》：“猶記戊申之春，有人焉，撰杖履北走太原，訪傅公之佗，信宿而西入潼關，過予獨鶴亭，賦詩一章；登太華之顛，作畫一幅而去，飄然出塵埃之表，則鷹阿山樵戴子務旃也。”此卷題咏計十五家，跋一家，依次為：

（1）姜宸英撰《楝亭記》一首，鈐有“老易齋”朱文、“姜宸英印”白文、“西溟”

朱文印。跋云："辛未五月，與見陽張司馬并舟而南。司馬出是帖，令記而書之。舟居纍月，精力刓敝，文體書格，俱不足觀。聊應好友之命，為荔翁先生家藏故事耳。慈谿姜宸英并記於梁溪舟次。"知記亦作於康熙三十年（1691）五月，係張純修代囑。姜宸英（1628—1699），字西溟，號湛園。浙江慈谿人。工詩古文書法，與朱彝尊、嚴繩孫并稱"江南三大布衣"。有《湛園未定稿》《葦間詩集》《湛園札記》等。姜宸英與曹寅的交往，始於康熙十八年（1679）應博學鴻詞試時，《湛園詩稿》卷三有《贈曹工部》："開府清風滿洞庭，早銜人散閤常扃。多收典籍羅蕓館，盡結心思繞楝亭（自注：其尊甫任江寧，署有楝亭，君求題咏甚富）。鼓動密承黄紙詔，燭殘貪寫漆書經。不知公望遥相囑，却道西山似畫屏。"後曾為曹寅《楝亭詩鈔》撰跋。記云："本朝設織造，江寧、蘇、杭凡三開府。故工部侍郎完璧曹公，以康熙初年出蘇州督理府事，繼改江寧。省工縮費，民以不擾，而上供無闕。公暇退休讀書，除隙地作亭，相羊其中。今户部公時尚幼，朝夕侍側，知其亭而不能記其亭之所以名也。比奉命來吴門，纂先職，以事抵金陵，周覽舊署，惜亭就圮壞，出貲重作，而以公手植之楝扶疏其旁也，遂名之為楝亭。攀條執枝，慨有餘慕，遠近士大夫聞之，皆用文辭稱述，比於甘棠之茇舍焉。"由此并可考見曹寅重葺楝亭及徵詩文題咏的原委。

（2）毛奇齡《題楝亭》詩七律二首，落款為"西河毛奇齡頓首具稿"，有"毛於"朱文、"毛奇齡印"白文、"史官"朱文印。毛奇齡（1623—1716），原名甡，又名初晴，字大可，又字於一、齊於，號秋晴，又號晚晴。浙江蕭山（今屬浙江）人。以郡望西河，學者稱西河先生。明末諸生，與兄毛萬齡并稱為"江東二毛"。康熙十八年（1679）薦舉博學鴻詞科，授翰林檢討，充明史館纂修官。後假歸不出。博學多才，著述極富，合刊為《西河合集》四百餘卷。此二詩收入毛奇齡《西河合集》七言律詩卷十，題作《楝亭詩和荔軒曹使君作有序》，序云："曹使君典織署，其尊人舊任時手植楝樹，蔽芾成陰，使君因慨然登亭而歌，屬予和之。"詩文字略同，惟第二首末句有注："《莊子》'非練實不食'，練即楝也。"

（3）張芳《寄題内司空完璧曹公楝亭》詩七律一首，落款為"甲子至前三日仁壘張芳"，有"麐真"朱文、"鹿床"朱文、"張芳之印"白文印。張芳（1612—1695），字菊人，號鹿床、淡翁。江南句容人，寄籍江寧。順治九年進士（1652），官常寧知縣，有文名。與吕留良交，《吕晚村先生文集》卷一有《答張菊人書》，與論詩。王爾綱《名家詩永·雜述》云："吾郡劉輿父先生，以嶧桐家學，倡導東南。一時黄俞邰、張鹿床、方田伯、戴無忝、吴山賓、江武子、孔五若諸先生，皆以淵博名家。"[1] 著有《裓庵黛史》及《安晚堂集》，王蘋《蓼谷紀年集》有《書張鹿床詩後》[2]，今其詩未見傳本。此詩作於康熙

① 王爾綱輯：《名家詩永》，康熙二十七年砌玉軒刻本。

② 見李文藻：《蓼谷紀年集序》，《南澗文集》卷上，功順堂叢書本。

二十三年（1684）甲子，是年冬至日為十一月十六日，知張芳題詩在十一月十三日。

（4）杜濬題五律四首，落款為“楝亭詩四首應荔軒、筠石兩先生之教兼求正字，黄岡杜濬具草”，有“杜濬之印”白文、“西止”朱文印。杜濬（1611—1687），原名詔先，字于皇，號茶村。湖北黄岡（今屬湖北）人。明副貢生，明亡後避地金陵，為著名遺民。工詩文，有《變雅堂集》傳世。曹寅《楝亭詩別集》卷一有《臘十六夜玩月，偶讀杜茶村初明倡和詩，寄懷次原韵》，作於康熙二十年（1681）後。

（5）余懷《寄題楝亭二截句》二首，落款為“舊京余懷”，有“舊京余懷”朱文、“淡心”陰陽印。余懷（1616—1695），字淡心，號廣霞。福建莆田人。處士，僑寓金陵。工詩文詞曲，有聲於明末。有《板橋雜記》《五湖遊草》等。曹寅與余懷交在任蘇州織造期間。康熙三十一年（1692）二月二十八日，余懷曾與尤侗、曹寅、彭訪濂、葉藩等會集揖青亭看菜花，見尤侗《艮齋倦稿詩集》卷五《二月廿八日揖青亭看菜花作，同曹荔軒、彭訪濂、余廣霞、梅梅谷、葉南屏、朱赤霞、郭鑒倫》：“奇絶南園香十里，黄金散盡曼陀華。湘累空吊江頭葉，朔客休疑塞上沙。茗飲清談須我輩，酣歌作劇任他家（原注：時有歌於花間者）。可憐不入詩人咏，辜負春風日放衙。”余懷稱寄題，則詩應作於曹寅移任金陵後。

（6）梁佩蘭題七絶一首，落款為“題為荔軒年道兄正，梁佩蘭”，有“梁佩蘭印”白文、“藥亭”朱文印。梁佩蘭（1630—1705），字芝五，號藥亭。廣東南海人。康熙二十七年（1688）進士。選庶吉士，授知縣不就。有詩名，與屈大均、陳恭尹并稱“嶺南三大家”。有《六瑩堂集》。梁佩蘭題詩見《六瑩堂集》：“一見畫圖憐大孝，司空手植意無涯。傷心好似冬青樹，三月孤亭哭楝花。”序言宋實穎所屬。據汪宗沂《屈大均年譜》，梁佩蘭題詩也係王士禛康熙二十四年（1685）初至廣州祭南海時為曹寅索題。

（7）秦松齡《題楝亭圖》五古一首，落款為梁溪秦松齡。有“秦松齡”白文、“對岩”朱文印。秦松齡（1637—1714），字漢石，又字次椒，號留仙，一號對岩。江南無錫人。順治十二年進士，以翰林院檢討罷歸。康熙十八年舉博學鴻詞，復授檢討，歷官日講官、起居注、左春坊諭德兼翰林院修撰。有《蒼峴山人集》。觀松齡題詩云：“豈期大賢後，銜命復踵至。交柯日蕃滋，繼述信有自。為圖著永久，指畫傳盛事。”當題於曹寅任蘇州織造期間。

（8）嚴繩孫題七絶二首，有“倦遊”白文、“嚴繩孫印”白文、“左史”朱文印。嚴繩孫（1623—1702），字蓀友，號秋水、句吴嚴四，晚號藕蕩漁人。江南無錫人。詩詞書畫俱工，與同邑顧貞觀、秦松齡等十人結雲門社，時稱“雲門十子”。又與朱彝尊、姜宸英并稱“江南三布衣”。康熙十八年（1679）朝廷開博學鴻詞，受薦而避試，仍被選中，授翰林檢討，康熙二十四年（1685）辭歸。有《秋水集》。題詩其二云：“即今銜命吴趨者，元是窗前夜讀人。”知題於曹寅任蘇州織造期間。

(9) 金依堯《題楝亭歌》七古一首，落款為“楝亭歌一章呈荔翁老襟丈并祈郢政，弟金依堯具稿”，有“雅興”朱文、“金依堯印”朱文、“文安氏”白文印。金依堯，旗人，稱曹寅“襟丈”。蓋曹寅之姊嫁與杭州織造金知遇之子侄，金依堯殆即金知遇之子侄輩。曾任鬱林州知州，修《鬱林州志》。《大義覺迷録》載雍正六年（1728）十二月湖廣總督邁柱上奏中提到“有旗人金姓者，在衡州府城，與原任衡州革職知府金依堯往來情厚”，疑即此人。詩云“嗣皇繼美頌臯夔，過亭忽見手澤新”，知題於曹寅任蘇州織造期間。

(10) 顧圖河題七絶二首，落款為“邗江後學顧圖河拜稿”，有“特健樂”朱文、“顧圖河印”白文、“書宣”朱文印。顧圖河（1653—1706），字書宣，一字花田，號花翁、穎硯。江南江都人。少負異禀，與史申義并稱“維揚二妙”。康熙三十三年（1694）榜眼，授翰林編修，旋乞假歸。里居十年，還京預修《大清一統志》諸書。出為湖北學政，未幾卒。有《雄雉齋集》。曹寅《楝亭詩鈔》卷四有《病目初愈思與書宣小飲時軒前玉蘭將開》《寄題顧書宣編修腒酒石》，作於康熙四十一年（1702）。而《雄雉齋集》中無與曹寅唱酬之作，此題楝亭二絶也不見於集中。

(11) 王丹林題七絶一首，落款為“庚午秋日題，錢唐王丹林”，有“王丹林印”白文、“赤山”印。王丹林，字赤抒，號野航。浙江仁和人。康熙二十六年（1687）拔貢生，翌年春執贄於王士禛門下。官内閣中書，後以疾歸里，王士禛、高士奇以下皆有贈言。年五十一卒。工書畫，善題跋。漁洋《分甘餘話》卷四謂其“詩尤高妙”。性友愛，嘗為兄恂庵作《風雨對床圖》。著有《野航詩集》。丹林與曹寅交遊見於《楝亭詩別集》卷二《汪上若、程勁飛過訪，野航自天津初歸》。題詩之庚午，為康熙二十九年（1690），曹寅三十三歲，四月自廣儲司郎中兼佐領出為蘇州織造，本詩應為王丹林在蘇州為曹寅所題。

(12) 姚廷愷題七律一首，落款為“後學姚廷愷拜稿”，有“南城”朱文、“廷愷之印”白文、“蒼叔”朱文印。姚廷愷，字蒼叔，浙江錢塘人。事迹不詳，後乾隆間以孫成烈官至廣西巡撫，贈廣西巡撫。詩云“奕奕高名齊水部，才雄八斗是傳家”，應作於曹寅康熙時在京任内務府廣儲司郎中時。

(13) 吴農祥題二首，落款為“蕭臺吴農祥”，有“獻賦明光”“蕭臺農祥”“慶百”朱文印。吴農祥（1632—1708），字慶伯，又字星叟。浙江海寧人。諸生，康熙十八年（1679）以博學鴻詞徵，不遇。著述豐富，有《西湖水利考》《唐詩辨疑》《梧園文選》《流鉛集》等，多散佚不傳，詞選入《瑶華集》。事迹見《杭州府志》卷一四五《文苑傳》。題詩其四云“官閣攀條頻悵望，夢魂多在五雲邊”，似作於曹寅任江寧織造時。

(14) 費文偉題五古一首，落款為“丁卯仲春桐山費文偉拜手識”，有“相看惟月花”朱文、“費文偉印”白文、“處憎”朱文印。費文偉，字瑋次，安徽桐城人。張宏生主編《全清詞·順康卷》補編第283頁據冒襄《同人集》輯存《沁園春》二首，未收此作。丁卯為康熙二十六年（1687），時曹寅在京任内務府慎刑司郎中，故詩有“身遥侍紅雲”“極目望江南”之句，不明其故，則難解矣。

（15）王霨題五古一首，落款為“西泠王霨題”，有“一琴一鶴”白文、“臣霨”朱文印。王霨，浙江錢塘人，事迹未詳。考《康熙祁陽縣志》，題曲周王頤修，錢塘王霨纂，或即此人，康熙十八年在祁陽知縣任。

（16）張伯駒題五言古詩附跋一首，有“叢碧”白文、“張伯駒”白文、“京兆”朱文、“張伯駒印”朱文、“好先生”朱文印。跋云：“癸未予避寇入秦，寓友人家，庭前有楝花一樹，日坐其下，因憶所藏《楝亭圖》，率成一章。中州張伯駒甲辰補書。”應為民國三十二年作，1964 年補書。

第三卷收圖三幅，第一幅嚴繩孫繪，落款為“繩孫圖”，鈐“繩孫之印”陰陽印、“中允”白文印。第二幅惲壽平繪《楝亭圖》，有“南田惲壽平”落款，鈐“叔子”朱文、“南田小筆”白文印。惲壽平（1633—1689），名格，字壽平，後以字行，改字正叔、叔子，號南田，别號雲溪外史、篘谷樵隱、甌香散人、東園草衣生等。江南武進（今屬江蘇）人。工山水花鳥，尤以没骨花卉著稱於時。復嫻詩、書，世稱“南田三絶”，為清初六家之一。詩文題跋編為《甌香館集》。第三幅程義繪《楝亭圖》，落款為“楝亭圖畫贈荔軒先生并教，時乙丑夏六月，黄山程義”，并自題詩，鈐“程義，字正路，一字耻夫，號雪齋”白文、“槐里程義”白文、“古歙布衣”白文、“正路”朱文、“程義之印”白文等印。乙丑為康熙二十四年（1685），畫作於是年六月，曹寅正在扶櫬北返途中，尚未抵京。程義字正路，一字耻夫，號雪齋，又號晶陽子、三十六峰子。江南歙縣人。工詩文書畫，尤精於製墨，有《墨史》二卷。康熙二十七年（1688），赴任黄陂縣丞，曹寅有《送程正路之黄陂丞兼懷赤方先生》（《楝亭詩鈔》卷一）。其二云：“畫家尊北苑，墨法秘南唐。二者能兼得，茅齋竟夕香。”詩文題咏九家，跋一家，依次為：

（1）何炯《楝亭賦》并七古一首，落款為“右楝亭賦及詩恭呈荔翁老年臺先生教正，茂苑弟何炯拜稿”，有“松風”朱文、“何炯之印”白文、“篔谷”朱文印。何炯，字倬雲，號篔谷，江南長洲人。康熙二十六年（1687）舉人，翌年連捷中進士，官至雲南僉事道。

（2）徐乾學題《楝亭感舊》七律二首，落款為“楝亭感舊為子翁先生賦求正，崑山弟徐乾學具稿”，有“經畬”朱文、“徐乾學印”白文、“健庵”朱文印。徐乾學（1631—1694），字原一，號健庵、玉峰先生。江南崑山人。顧炎武外甥，與弟元文、秉義皆宦達而有文名，世稱“崑山三徐”。康熙九年（1670）以探花及第，授翰林編修，纍官至《明史》總裁官、刑部尚書。有《憺園集》。題詩其二云“秣陵開府澤仍留，濟美吴閶地望優”，知作於曹寅任蘇州織造時。康熙二十八年（1689）十月，左副都御史許三禮參徐乾學斂財種種劣迹，聖祖置之，於十一月命乾學帶修史書局（《明史》《會典》《一統志》等）歸籍

“省墓”以了之。曹寅出任蘇州時，徐乾學正在籍。康熙三十二年（1693）七月初十日，徐乾學有《贈曹子清》（《憺園全集》卷九）詩云：“涉秋已彌旬，執熱甚中夏。清風渺難御，赫曦如渥赭。岩棲非不深，編摩無休假。目疲銀海枯，腕脱白雨瀉。涓埃豈云報，感恩泪盈把。願言思所欽，豪蕩俗情寡。蕭閑少公事，萬卷擁廣厦。齋閣比蓬壺，高吟復瀟灑。何日探林屋，披襟一閑寫。”言下有藉由曹寅嚮聖祖剖白心迹之意。翌年七月，聖祖以修書故，復召徐乾學、徐秉義、高士奇入京，曹寅或與有力焉。

（3）韓菼《題楝亭》絶句六首，落款為“楝亭絶句六首呈荔軒先生正，長洲弟韓菼”，有“吾亦澹蕩人”白文、“韓菼之印”白文、“元少”朱文印。韓菼（1637—1704），字元少，號慕廬。江南長洲人。以時文名，康熙十二年（1673）狀元及第。由翰林編修官至禮部尚書，兼翰林院掌院學士。有《有懷堂詩文稿》。韓菼與納蘭性德同中康熙十一年（1672）順天鄉試，出徐乾學門下。題詩其六云：“楝亭詩句滿巾箱，才子紅雲侍玉皇。采入禁中添樂府，秣陵今日永豐坊。”似作於曹寅在京任内務府職時。曹寅出任蘇州織造時，韓菼正請假在籍。《有懷堂詩稿》卷二有《和曹荔軒使君漁村詩三首》，繫於康熙二十九年（1690）夏；又有《送葉桐初之楚兼簡楝亭使君》，作於康熙三十二年（1693）夏。翌年七月，聖祖召徐乾學、徐秉義、高士奇等入京修書時，韓菼也以原官召還。

（4）徐秉義《題楝亭》七古一首，落款為“楝亭詩呈荔軒先生教正，崑山弟徐秉義”，有“耘圃”朱文、“徐秉義印”白文、“果亭”朱文印。徐秉義（1633—1711），初名與儀，字彦和，號果亭。康熙十二年（1673）以探花及第，授翰林編修，纍官至詹事府詹事，後告歸。康熙四十四年（1705）聖祖南巡時，陪同遊園，御賜“恭謹老成”匾額。題詩末云“每到葑傒石首來，苦憶當時石城種”，應作於曹寅任蘇州織造時，當時秉義在崑山。康熙三十三年（1694）三月上巳，與盛符升、徐乾學續舉耆年會於遂園，尤侗、王日藻、許纘曾、秦松齡、黄與堅、錢陸燦、孫暘、何棅、宗渭、周金然與會，連飲三日，賦詩唱和，禹之鼎為繪《遂園耆年禊飲圖》，見尤侗《艮齋倦稿詩集》卷七《上巳玉峰徐健庵司寇、果亭中允、盛誠齋侍御再舉耆年，會同諸公讌集、遂園，拈蘭亭二韵》、徐乾學《憺園文集》卷九《甲戌三月三日招同錢湘靈、盛誠齋、尤悔庵、黄忍庵、王却非、何函齋、孫赤崖、許鶴沙、周礪岩、秦對岩諸公、舍弟果亭禊飲遂園，用蘭亭二字為韵》。

（5）尤侗題詩并序，落款為“康熙甲子臘月吴門尤侗敬書”，有“看雲”朱文、“尤侗之印”白文、“悔庵”朱文印。尤侗（1618—1704），字同人，又字展成，號悔庵，别號艮齋，晚號西堂老人。江南長洲人。博學多才，久困科場。選授直隸永平府推官。康熙十八年（1679）舉博學鴻詞，授翰林編修。擅詩文，工詞曲。有《西堂全集》。尤侗詩前小序云：“予在京師，於王阮亭祭酒座中，得識曹子荔軒。讀其詩詞，宛有烏衣之風；詢其家世，知為完璧司空公子。（中略）今歲還里，則司空已歸帝鄉。孝子奔喪之後，寄予畫册，閱之乃一楝樹，司空所手植也。(中略) 因題一律，以慰其蓼莪之思焉。”按：尤侗引疾歸里，在康熙二十二年（1683）秋，見其《看雲草堂集》自序。他與曹寅相識於王士禛宅，當在此之前。據詩序所述，康熙二十三年（1684)，曹寅赴金陵奔喪，寄《楝亭圖》來請題咏，尤侗乃於臘月呵筆題之，由此開始他們日後長久的交誼。

(6) 楊雍建題七律一首，落款為“賦為荔翁先生正之，楊雍建”，有“楊雍建印”朱文印。楊雍建（1631—1704)，字自西，號以齋。浙江海寧人。順治十二年（1655）進士，授廣東高要知縣，纍任諫官，以鯁直敢言著聞。康熙十八年（1679）出撫貴州，康熙二十三年（1684）八月授兵部右侍郎，兩年後以母老乞歸。有《政學編》《黄門疏稿》《撫黔疏稿》《景疏樓文集》。王士禛《池北偶談》卷七載其事迹。詩云“父子同官世澤長”，疑作於曹寅任江寧織造期間，曹寅在蘇州時似不宜稱“父子同官”。

(7) 王鴻緒題五古一首，落款為“賦贈子翁老先生兼祈教正，雲間弟王鴻緒”，有“來鶴亭”朱文、“鴻緒”朱文、“儼齋”白文印。王鴻緒（1645—1723)，原名度心，字季友，號聲齋，又號横雲山人。江南華亭（今上海松江）人。王廣心子。康熙十二年（1673）榜眼及第，授翰林編修，後任《明史》總裁，甚得聖祖信賴。康熙二十三年（1684）官内閣學士，九月禮部侍郎張玉書丁憂員缺，吏部題王鴻緒上，聖祖不可，曰：“今翰林内優通之人俱已出用，學士孫在豐升任未久，現在各官内除此人無可勝講幄之任者。”(《康熙起居注》) 康熙二十八年（1689）九月，被左都御史郭琇劾與高士奇弄權納賄，命休致回籍。翌年復以薦召入京修書。有《横雲山人集》。此詩云“元方拜命出，玉節來金閶。黽勉公務餘，秋色忽已蒼”，明顯是曹寅初任蘇州時光景，周汝昌《紅樓夢新證》繫於康熙二十九年，甚是。高士奇《歸田集》卷五《楝亭詩曹荔軒户部索賦》繫於庚午九月，似是曹寅同時所屬。此詩收入王鴻緒《横雲山人集》卷十四，題作《曹荔軒楝亭圖》。文字略同，唯“在民志”集作“在斯民”，“平勃”作“終賈”。

(8) 宋犖《寄題子翁曹先生楝亭三首并序》七絶三首，落款為“商丘弟宋犖具草”，有“長揖古人”朱文、“白馬客商”朱文、“甲戌宋犖”白文、“綿津山人”朱文印。宋犖(1634—1713)，字牧仲，號漫堂。河南商丘人。以門蔭為侍衛，歷官至吏部尚書。能詩工書，收藏金石書畫甚富，精於鑒賞。有《西陂類稿》《綿津山人詩集》。康熙三十一年(1692) 出任江蘇巡撫，在任十四年，與曹寅酬贈不一。曹寅《楝亭詩鈔》卷二有《葺治亭後竹徑和牧仲中丞韵》，即和宋犖之作。此詩小序提到“子翁復移節白門”，應作於康熙三十一年十一月後，觀所鈐“甲戌宋犖”印，很可能就是康熙三十三年（1694）甲戌所題。後收入《綿津山人詩集》卷二十五《述鹿軒詩》，題作《寄題曹子清户部楝亭三首》，詩無異文，唯小序“尊”下有“大”字，“結”作“作”，“中”作“之間”；凡“子清”皆改作“子翁”。

(9) 王士禛題五律一首，落款為“楝亭詩子翁老先生屬賦”，有“濟南”朱文葫蘆印、“王士禛印”白文、“阮亭”朱文印。王士禛（1634—1711），字子真、貽上，號阮亭，又號漁洋山人，謚文簡。山東新城（今山東桓臺）人。順治十五年（1658）進士，由揚州推官歷官翰林侍讀、國子祭酒、左都御史，終於刑部尚書。博學好古，工詩文，與朱彝尊并稱“南朱北王”。著述彙刊為《漁洋山人遺書》。王士禛夙與曹寅交好，曹寅《楝亭詩别集》卷二有《旅壁讀阮亭〈渡易水〉詩且述牧齋西樵句感賦》，作於康熙十八年三月扈從出京時。卷七又有《題〈彭蠡秋帆圖〉和阮亭》，係題漁洋門人殷譽慶《彭蠡秋帆圖》之作。康熙四十七年（1708）出京所作《南轅雜詩》其二云：“惆悵殘年王比部，鬢毛憔悴庾蘭成。”自注：“趙北口憶阮亭記。”其七“來去墻隅數行墨，令人長憶鵲華山”，也是懷漁洋之作。漁洋題詩收入《帶經堂集·蠶尾詩》卷二，題作《楝亭詩曹工部索賦》，文字全同。詩列於《太子太傅文華殿大學士刑部尚書謚文毅易齋馮公挽詞》《十月朔親祭太廟是夜雪》後，考馮溥卒於康熙三十年（1691）十二月十一日，故此詩應作於本年底，時曹寅已在蘇州。

(10) 張伯駒一首，有“雙江閣”朱文、“張伯駒印”白文、“寒春舊主”朱文印。

第四卷收圖一幅，禹之鼎繪，有題識云：“偶讀楝亭詩畫册，知先賢曹大人退食舒嘯處也。余髫遊白門，曾客斯亭，坐卧其下。今瞻荔翁繼美，復吟《楝亭》，一時宇内文人歸依，歌韵圖繪彌帙，所謂地因人傳。亦漫作數筆紀事，大方勿以六法三品教之也。廣陵禹之鼎稿。”鈐“無聖之言”朱文、“禹之鼎”白文、“尚吉氏”朱文印。這應是觀曹寅所積楝亭圖咏，興之所至所繪。題咏八家，跋一家，依次為：

(1) 尤侗《楝亭賦并序》，落款為“康熙辛未春三月望日長洲尤侗謹撰并書”，有“看雲”朱文、“尤侗之印”白文、“艮翁”白文印。尤侗《艮齋倦稿》卷五載此賦，“爰構”作“爰築”，“楊柳”作“緑柳”，餘悉無異。序云：“司空曹公，開府東冶。手植楝樹，於署之野。爰築草亭，闌干相亞。言命二子，讀書其下。夏日冬夜，齗齗如也。我公即世，典刑徂謝。帝詔長君，嗣服官舍。攀條流涕，追思逝者。繪圖在右，陳詩在左。朅來吴門，卷册盈把。謂子賦之，以續《南雅》。予應曰諾，援筆敬寫。”據此知此賦作於曹寅任蘇州織造時。曹寅在蘇州，與尤侗往來甚密。尤侗《艮齋倦稿詩集》卷四有《八月十九日曹荔軒司農同余淡心、梅公燮、葉桐初過揖青亭小飲，拈青池二韵二首》，曹寅《楝亭詩鈔》卷二有《尤悔庵太史招飲揖青亭即席和韵》，即作於康熙二十九年（1690）八月十九日。尤侗《西堂餘集》自撰《年譜》卷下：“康熙卅一年壬申，年七十五歲。小重陽嚴公偉弘大戎園中賞菊，兼觀女樂，度曲贈之。織部曹荔軒亦令小優演予《李白登科記》。將演《讀離騷》《黑白衛》諸劇，會移鎮江寧而止。”是年十一月，曹寅移任江寧織造，尤侗有《送曹荔軒機部移駐江寧四首》送别，見《艮齋倦稿》卷五。康熙三十八年（1699）聖祖南巡，駐蹕蘇州，書“鶴栖堂”賜尤侗，曹寅為賦《鶴棲堂詩》并附長序。

（2）徐林鴻題七律二首，落款為“海寧徐林鴻”，有“谷林軒”“林鴻之印”“寶名氏圖書”朱文印。徐林鴻，字大文，一字寶名。浙江錢塘人。諸生，康熙十八年（1679）舉博學鴻詞報罷，絶意仕進。博學多才，詩文書法俱工，精於鑒賞。與同郡吴農祥、王嗣槐、吴任臣、蕭山毛奇齡、宜興陳維崧同為宰相馮溥佳山堂座上客，時稱“佳山堂六子”。平生篤於友誼，王世顯、王猷定客死杭州，王昊、周容客死京師，皆為經紀其喪事。有《兩間草堂詩文集》四十卷。《康熙錢塘縣志》卷二十二《文苑傳》載其事迹。題詩其二云“先後冶城同使節”，應作於曹寅任江寧織造時。

（3）馮經世題七絶二首，落款為“雲間馮經世”，有“竹谿”朱文、“馮經世印”白文、“緯人”朱文印。馮經世，字緯人，號竹谿，江南華亭人。精於書畫鑒賞，與沈荃、季振宜、孫暘等遊。陸林先生見教，陸心源《穰梨館過眼續録》卷十二《沈石天梅花册》葉瓊章題詞有“馮經世”鈐印，《石渠寶笈》卷十《元陸繼善摹禊帖》有沈荃跋云：“康熙九年庚戌初秋，堂邑張子上虹携至都門，余與施研山、季滄葦、陸翁田、孫赤崖、馮緯人、高堯臣同觀於西廠寓舍，漫識一時之幸云。”後詩云“拜命吴門纘業新”，知為曹寅任蘇州織造時所題。

（4）田時發題《滿江紅》詞一首，落款為“雪槎田時發”，有“時”“發”朱文連珠印。田時發，號雪槎，生平里貫不詳。詞云“一家世掌絲綸業”，應為曹寅出任蘇州織造後所題。《全清詞·順康卷》及補編均未收其詞作。

（5）邵陵題《滿江紅》詞一首，落款為“右調滿江紅奉和楝亭原唱韵，南沙邵陵”，有“草莽臣陵”朱文印。邵陵（1643—1707），字湘南，一作湘綸，號青門，又號雪虬、孩叟、天中山人。江南常熟（今屬江蘇）人。布衣，以家貧遊幕依人。返里後，益放廢縱酒，竟以貧死。沈德潛《國朝詩别裁集》稱其“詩以流易為工，不出眼前景、口頭語，自能奕奕動人”。有《青門詩集》。詞云“早又見，我公踵武，重來冰署”，應為曹寅出任江寧織造後所題。

（6）許孫蕳題《滿江紅》詞一首，落款為“調滿江紅奉和楝亭元唱韵，朝霞許孫蕳”，有“晨舒毅庵”朱文印。許孫蕳，字晨舒，號毅庵，一號朝霞。安徽合肥人。博學工詩，兼擅書法。西安碑林藏其所書《長安道上雜咏》碑。有《力耕堂詩集》。李家孚《合肥詩話》載其事。此闋不見於《全清詞·順康卷》及補編。

（7）潘義炳題七律一首，落款為“龍眠潘義炳具草”，有“半舫”朱文葫蘆印、“潘義炳印”白文、“蔚友”朱文印。潘義炳，字蔚友，號念堂，桐城人。潘江長孫，康熙間附監生，從錢澄之學詩。《桐舊集》録其詩。著有《詩韵尤雅》五卷、《念堂文鈔》一卷。方中發《白鹿山房詩集》卷四《節婦吟為潘蔚友母張孺人賦》、卷十四《潘蔚友屬題畫筴因憶吴門勞在兹》，即為義炳作。詩云“吴會歡騰織女機，争歌遺愛達宫闈。重來綉虎思王手，製就山龍虞帝衣”，應題於曹寅任蘇州織造時。

(8) 石經題七律一首，落款為“龍眠石經具草”，有“時倚簷前樹，遠看原上邨”朱文、“石經”朱文、“□□”白文印。石經，安徽桐城人。詩云“吾師為説棠蔭盛”，“吾師”下自注：“謂田間。”知其為田間老人錢澄之門人。詩又云“三吴奕世仰清芬”，應作於曹寅任蘇州織造時。考錢澄之《田間尺牘》卷三有《與曹子清》云：“花溪促膝，芝閣銜杯，彈指已是三年。先生年力益富，德業日新；若弟心血精神，如魚減水，坐見其竭，大不如三年前矣。去秋過吴門趨候，知旌節已入都門，僅晤葉同〔桐〕初兄，得悉起居為慰。杜蒼略遂作古人，此皆素所屬望者。業先朝露，平生故交，零落殆盡，可為涕泗！承命以册頁徵詩，敝邑人士久慕風誼，勇於請教，而詩多頁少，未能廣徵，然能詩者大半在此矣。疑此册未必如此其短，或詩人書法不善，竊自裁去耳。其間有名撝禄者，係小兒；名冠者，係小孫；名於施者，係曾孫。各勉賦一首應命，以志通家之誼。弟老矣，與先生後會何期？此輩少壯，趨風有日，車笠相逢，陳述舊好，兹詩其張本也。因敝鄉方舍親虞律入吴，托其便叩臺旌，面呈記室。虞律家世華胄，詩禮名家，其令尊有懷，久擅風雅，與虞律皆有詩，慕義久矣，惟先生進而教之。秋風乍寒，一切珍重。上祝，臨楮依依。”其中言及杜蒼略之卒。蒼略名岕，杜濬弟。據方苞撰《杜蒼略先生墓志銘》（《方苞集》卷十），岕卒於康熙三十二年（1693）癸酉七月，則此札必作於秋後。觀書中“承命以册頁徵詩”云云，知曹寅以册頁托錢澄之在鄉里徵題，結果詩多頁少，澄之僅以親故所作數篇托方虞律交付。今圖卷中所收桐城人題咏，很可能出於錢澄之代徵，除潘江、方仲舒等少數幾人外，其他作者名位不彰，故曹寅未付裝潢。

(9) 張伯駒題《瀟湘夜雨》詞一首，跋云：“周敏庵弟著《紅樓夢新證》，采楝亭圖咏，書成倩予為題，因譜右調。”署叢碧。有“平復堂”朱文、“張伯駒印”、“張大其詞”白文印。此係題周汝昌《紅樓夢新證》之作，周書出版於1953年，詞成於此前。

除上述詩文外，現存文獻中尚有一些題楝亭圖而未收入圖卷的詩文，如周汝昌《紅樓夢新證》所舉屈大均《楝亭詩為曹君作》、楊鍾羲《雪橋詩話續集》卷三所載倪粲詩[①]、葉昌熾《藏書紀事詩》卷四引吴之騄詩[②]，及葉燮、韓菼所撰《楝亭記》等。這些詩文都不見於《楝亭圖》卷，周汝昌先生推測：“《楝亭圖》實實不止這四卷，至少還有一軸，不知何時佚失了。這一軸丢了的，内中該有查二瞻的畫，葉燮、倪燦、吴之振等人的題詩，可惜已難得見。”[③] 這固然可備一説，但古人徵求題咏，未必即時可得，有稽遲不報的，有遲

① 倪燦字暗公，江南上元人，官翰林檢討，有《雁園詩集》。

② 吴之騄字鳴夏，號耳公。江南歙縣人。舉人，官鎮江府學教授。有《桂留堂集》。

③ 周汝昌：《紅樓夢新證》，第27頁。

至而未及裱入圖卷的，都有可能。因此，原卷是否還有第五卷，實在難以斷定。曹寅是當時旗籍中聲名僅亞於納蘭性德的文人，交遊極廣，往來唱酬也很多。最主要的是，他請人題咏，不是着眼於某個對象，而是托人轉索於周圍的親友，如嶺南三大家和桐城諸子的題詩就是托王漁洋和錢澄之代徵的，這就使題咏作者闌入許多無關係之人。顧斌《楝亭閑闢讀書圃，賓朋滿座傷春風——〈楝亭圖〉題識補遺》一文，還提到《國朝金陵詩徵》所載方雲旅、王奕鳴、朱紫三人贈詩，這些不見於楝亭圖卷的詩究竟是曹寅索題，還是偶然賡和之作，也很難判斷。比如張宏生主編《全清詞・順康卷》補編第1092頁所收田實發《滿江紅・題楝亭畫册和原韵》，很可能就是多年後得見楝亭圖咏册而追和的，因為田氏年輩較諸人要晚很多。

儘管如此，這幾件楝亭圖卷還是傳達給我們許多信息，包括清初盛行的題咏圖卷的風氣、曹寅在江南的交遊圈子乃至名公文士的書迹。綜計題咏作者之流品，周汝昌先生注意到，“前明遺民頗在蒐集，其次則多係戊午歲博鴻所舉名流，再次則不甚顯達而文名藉甚之士。若徐乾學、王鴻緒、高士奇輩，偶厠其間，蓋亦廑矣”。這正與康熙十八年（1679）後曹寅逐漸進入漢族士大夫社交圈的經歷有關。在博學鴻詞試後的十多年内，無論在京師抑或江南，都是應試的這批文人最活躍的時期，曹寅積極與這批人交往，意味着他决不滿足於以一個掌管皇家織造的内臣立世，還懷有逐鹿文壇的雄心。多年後，聖祖將校刊《全唐詩》的使命委任給他，表明他已確實擁有足够的詩學和文獻學聲望，且掌握着江南豐富的智力資源。這便是他在蘇州和江寧任織造期間用心積纍起來的文化資本。

曹寅任江寧織造迄於康熙五十二年（1713），此後男曹顒、曹頫繼襲其職，直到雍正五年（1727）十二月被褫職，翌年二月抄家，前後經歷66年。其間曹寅曾回北京五年，任蘇州織造兩年多，曹家祖孫三代歷任江寧織造為時58年。曹璽手植的楝樹和濃蔭遮覆的楝亭，見證了曹家半個多世紀的榮辱興亡。歷經滄桑之後，楝樹和楝亭在曹雪芹的心目中恐怕還有清晰的記憶，但後人却永遠地衹能將那光風駘盪的園景付諸想象了。紅學家們因為楝亭聯繫着雪芹先生的少年歲月，依約有着紅樓夢影，曾煞費苦心地鉤索這些圖卷。而今天它在我面前展開，却仿佛打開了那個鎖閉三百年的西園，衆才士翩然步出，我看到了心儀已久的王漁洋、納蘭容若、尤悔庵、姜西溟、余淡心、毛西河、杜茶邨、宋漫堂、陳獨漉、顧天石、梁藥亭、秦對岩、徐健庵、韓慕廬、惲南田、禹慎齋……

2012年秋九月白門蔣寅沐手拜撰

附録1：

楝亭圖卷題咏釋文

第一卷

冬官憶昔舊趨庭，兀坐蕭蕭思杳冥。更感慈烏集手植，戴恩無限寫空亭。

荔軒老先生屬寫楝亭圖，偶然走筆，并試里句請教。禹之鼎（圖三）

曹司空手植楝樹記

詩三百篇，凡賢人君子之寄托，以及野夫遊女之謳吟，往往流連景物，遇一草一木之細，輒低迴太息而不忍置，非盡若召伯之棠，“美斯愛，愛斯傳”也。又况一草一木，倘為先人之所手植，則睠言遺澤，攀枝執條，泫然流涕，其所圖以愛之而傳之者，當何如切至也乎！余友曹君子清，風流儒雅，彬彬乎兼文學政事之長，叩其淵源，蓋得之庭訓者居多。子清為余言：其先人司空公當日奉命督江寧織造，清操惠政，久著東南。於時尚方資黼黻之華，閭閻鮮杼軸之嘆。衙齋蕭寂，携子清兄弟以從，方佩觿佩韘之年，温經課業，靡間寒暑。其書室外，司空親栽楝樹一株，今尚在無恙。當夫春葩未揚，秋實不落，冠劍廷立，儼如式憑。嗟乎！曾幾何時，而昔日之樹，已非拱把之樹；昔日之人，已非童稚之人矣！語畢，子清愀然念其先人。余謂子清：“此即司空之甘棠也。惟周之初，召伯與元公尚父并稱，其後伯禽抗世子法，齊侯伋任虎賁，直宿衛，惟燕嗣不甚著。今我國家重世臣，異日者子清奉簡書乘傳而出，安知不建牙南服，踵武司空。則此一樹也，先人之澤，於是乎延；後世之澤，又於是乎啓矣。安可無片語以志之？”因為賦長短句一闋。同賦者錫山顧君梁汾，并録其詞於左。

籍甚平陽，羡奕葉、流傳芳譽。君不見，山龍補衮，昔時蘭署。飲罷石頭城下水，移來燕子磯邊樹。倩一莖、黄楝作三槐，趨庭處。　延夕月，承晨露。看手澤，深余慕。更鳳毛才思，登高能賦。入夢憑將圖繪寫，留題合遣紗籠護。正緑陰、青子盼烏衣，來非暮。（成德倡）

綉虎才華，曾不減、司空清譽。還記得，當年繞膝，雁行冰署。依約階前雙玉笋，分明海上三珠樹。憶一枝、新蔭小書窗，親栽處。　柯葉改，霜和露。雲舍杳，空追慕。擬乘軺即日，舊遊重賦。暫却緇塵求獨賞，層修碧檻須加護。蚤催教、結寔引鵷雛，相朝暮。（顧貞觀和）

楞伽山人成德拜手書

楝亭行為子清曹老先生賦并政

楝亭楝亭誰是主？其枝蓊鬱其味苦；君家纍葉篤忠貞，非此不足表翹楚。昔君先公涖吴閶，黼藻宸躬垂衣裳；親承筐篚紬千縷，手補山龍焕七襄。乃植此楝庭之砌，柔條輒有千尋勢；愛其結子可澣衣，特種金鈴勝蘭桂。吾聞蛟龍見楝怯，鵷食其實鷹食葉；得氣争高礙雲霄，昕夕喜與心目接。君本紹衣補衮才，婆娑其下重徘徊；知是晋公親手植，不比劉郎去後栽。暇日壅培紉為佩，於以亭之拂暗曖；尹、陟相距幾何時，大小重歌古遺愛。多君移孝能為忠，筐厥宫黄承明宫；心憐織女寒窗下，常恐東人杼柚空。却看此樹拜稽首，先公手澤兹不朽；勿剪真同召伯棠，攀條豈直金城柳。我有遊子客虎丘（幼兒仁樾方慱於吴），寄書常誦吴儂謳；楝兮行且庇九洲，亭兮行且垂千秋。從此歲歲枝條茁，益顯羔羊素絲節；異時入對衮龍前，肯使東南民力竭？

龍眠木厓潘江頓首具草

冬官手澤江東樹，捧日枝常嚮北繁。生意舊依雙戟影，清蔭新滿五侯門。風流尚在看遺愛，草木無知也戴恩。恰似小蘇官吏散，自栽杉竹記東軒。

聞道才名滿禁廷，重來吴郡續餘馨。因花置屋幽情足，撫樹題詩小閣冥。豈與蔡侯揉作紙，尚容陸氏補為經。從今故老閑相比，不讓春風短李亭。

楝亭為子翁老先生賦書正，太倉吴暻

楝之樹，其葉青青，濃陰密布，春晚彌榮。念昔司空，始縛茅亭，聚此雙鳳，口授六經。

楝之樹，其幹直上，映日干雲，和風遠貺。樹以益茂，人今何嚮？攀條執枝，能不凄愴！

楝之樹，其味最苦，當年植斯，用垂樸魯。今日相對，如聆咳吐。敢不恪共，先訓是努。

余聞公子，敬奉官守，帝鑒其誠，衆服其厚。由於趨庭，謀三不朽。今者見樹，惟有稽首。

棟亭四章為荔軒、筠石兩年先生題兼正，舊山鄧漢儀拜書

遺澤傳毫素，瑟瑟悲風生。風生今為誰？孺慕多遠情。春暉曖嘉樹，霜哀有餘清。昔日授經處，新條與雲平。含辛寄木末，遐矚空屏營。海内此亭古，應聞堂構名。

棟亭詩為荔軒、筠石兩先生賦，淮南王方岐

閑亭柯葉長還滋，譽樹猶聞手澤貽。薄紫殿春花裊裊，輕黄結晚實離離。新旌仍引留陰處，舊吏曾看移植時。應為天家饒雨露，托根常傍萬年枝。

老幹摩挲未忍傷，清忠兩世補垂裳。西園才子承雲構，南國兒童記射堂。詩比何郎官水部，樹如劉尹憶丹陽。靈和楊柳今摇落，衹有庭柯護惜長。

棟亭賦呈子翁老先生教定，太倉唐孫華

昔聞詩禮地，地是嘆人遐。夜月虚茅宇，春風到楝花。自公曾許國，有子善承家。手澤垂垂在，清陰迴未涯。

棟亭為荔軒先生賦，羅浮陳恭尹

手植龍門三十年，雲培虹灌非偶然。上參牛斗拂帝座，半壁江南蔭大賢。爰護其英，造化春生；爰惜其葉，江河秋澈。勤朝夕於弦歌，儼趨庭兮世澤。長對鍾山第一峰，清陰遍覆萬方同。英人學此經綸富，百浣還教心地空。曰余有憂，天下用休；曰余有樂，天下式廓。羅豪俊於亭中，振愚頑兮文鐸。收拾東皇花信風，瓊枝玉蕊争天工。賢有槐兮聖有檜，後先交映光曈曈。揚大孝，伸大忠，揮大文章建大功。藹然稱為儒者宗，不愧千秋思召公。

鑒湖吴文源敬題

題棟亭二首

昔聞舅氏馬秋竹，盛稱知己曹司空。十年晤對儒生似，一樹摩挲賓客同。遥想層陰作

新語，至今密葉含清風。難忘手澤佳公子，索取詩篇傳阿翁。

公子如公官白門，起家侍衛皇恩繁。輦道經過慨召伯，衮職似續嘉平原。思親交好訪幽逸，愛弟策勵忘寒暄。孝友文章楝亭裏，寧俟建立聲名喧。

龍眠方仲舒

綉黼名臣，看繼美，司空芳譽。回望眼，三山二水，舊時清署。少日曾嬉槐棘蔭，而今認作甘棠樹。正攀條，忽憶彩衣鮮，聞詩處。　經幾遍，金盤露。柯葉在，芳型慕。似仙源古檜，昔賢争賦。裊裊還疑鸞鳳下，亭亭却有風雷護。羡喬梓，共作濟川才，來何暮。

錫山顧彩拜手題

高門衍世澤，貴胄屬平陽；從龍際佳會，奕葉秉珪璋。才猷擅華國，藻績麗七襄。都哉汝作服，星芒指吴閶。侍中有難弟，出入黼座旁；簪笏既借籍，舊德永不忘。司空昭淑範，堂構貽燕良；節物踐霜露，觸緒興感傷。念彼亭前木，手植歲月長；當年戀膝下，觴咏時徜徉。凌雲今何許，渺在天一方；花實或纂纂，枝幹徒蒼蒼。思之杳莫即，瞻望泪琳浪；悱惻本至性，纏綿結中腸。孝思嗟不匱，俯仰倫紀彰；栽培因篤厚，春風彌繁昌。

雲間野叟張淵懿拜草

河陽千樹錦，韋曲尺五天。不聞苦楝花，同占歌舞筵。考之《歲時記》，頗見《農書箋》。高柯吐華萼，密葉敷芊綿。當秋結細實，辛澀除垢羶。慣飼丹穴雛，能辟蛟龍涎。試問植者誰，嘖嘖曹公先。曹公世簪紱，清白本家傳。先公職補衮，造製權獨專。東南困杼柚，忍聽民力朘。掇兹金鈴子，帝裳可浣湔。咀兹凉苦味，臣心比清漣。迄今三吴民，口載青瑶鎸。攀轅不可得，攀條泪潺湲。孰料繼組者，哲嗣稱象賢。乃嘆造物奇，益賀瘖痍緣。撫物念先澤，厥志忍棄捐？何以志靈秀，空亭八九椽。洞達曖蓊鬱，清澈流春泉。但期凛素絲，敢資歌與弦？當代尚儉德，此意寧徒然。人生貴趨嚮，况乃官箴懸。豈無悦目艷，桃李號蟬娟。或取繞指柔，杞柳足桮棬。惟彼冰蘖心，所托在貞堅。嗟哉一苦楝，臣子道雙全。願將機下苦，獻之山龍前。行見十畝蔭，婆娑彌八埏。

賦請清翁曹老先生政，龍眠方嵩年稿

楝樹青青不作林，一亭遥憶歲時深。階前芳草油油日，漫學南陔布緑陰。

當年芽玉吐新尖，繞砌闌干晝捲簾。仲氏今朝登眺處，枝頭愁見月纖纖。（石筠先生在北，故云）。

繽紛紫素遠香浮，仿佛蕃釐觀裹遊。南北思親聞動操，不教玉女下揚州。

鵷雛常自愛金鈴（楝樹一名金鈴，鵷雛食其實），珠綴星懸空滿庭。衹為曾沾譙國泪，風吹寂寂雨冥冥。

秋實冬殘朔氣新，金爐綉毯未回春。追維樹底横經日，寰宇陽和醉大椿。

吴苑金陵勝概同，風華兩葉擅江東（司空公宦金陵，荔軒先生宦吴門）。吹壎不作西洲調，知是神遊在薊中。

里言六首為荔翁、筠翁兩年臺老先生咏楝亭之作并祈教正，雲間林子卿拜草

惠穆流徽，朝野重，芳名循譽。羡手植，棠蔭蔽芾，尚留官署。一代垂衣人竟説，千秋補衮功同樹。憶當年，看製翠雲裘，低迴處。　　從别後，更霜露，攀楝杪，增思慕。好圖成勝迹，相將題賦。但把篇章珠玉滿，衹疑亭榭烟雲護。恰偷閑、展卷快生平，當春暮。

古燕袁瑝拜題

楞伽山人詞為《側帽集》中所不載，足補飲水之遺。有人謂予可憐，如生康熙時，豈非納蘭容若一流人物？此吾豈敢，但若生彼時，必與容若深相契好，不在顧梁汾下耳。

叢碧偶書

第二卷

南國何年隕大星？每從麟閣溯儀形。春風萬户憐棠蔭，秋雨空墻護楝亭。座客揮毫瀉珠玉，司徒和泪寫丹青。我今亦抱劬勞痛，唱徹新詩那忍聽。

辛未清和寫呈荔翁老先生正，晚學陸漻

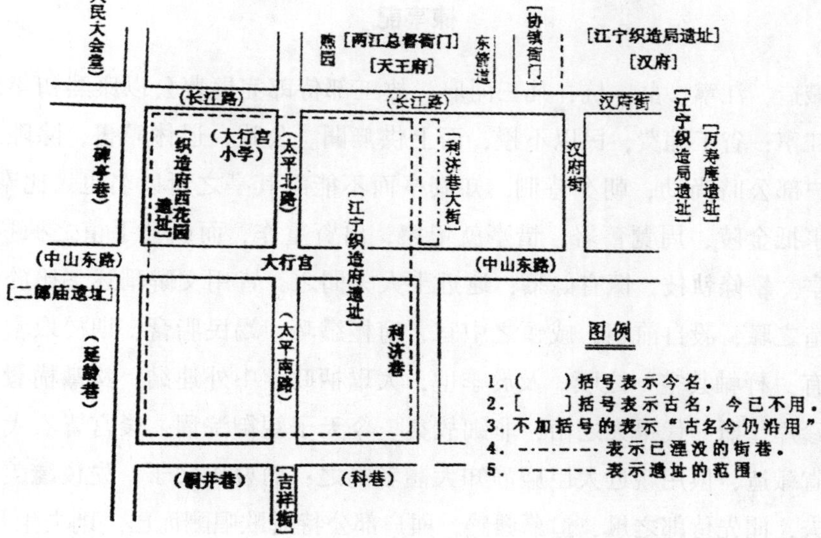

襄平張景伸題（圖五）

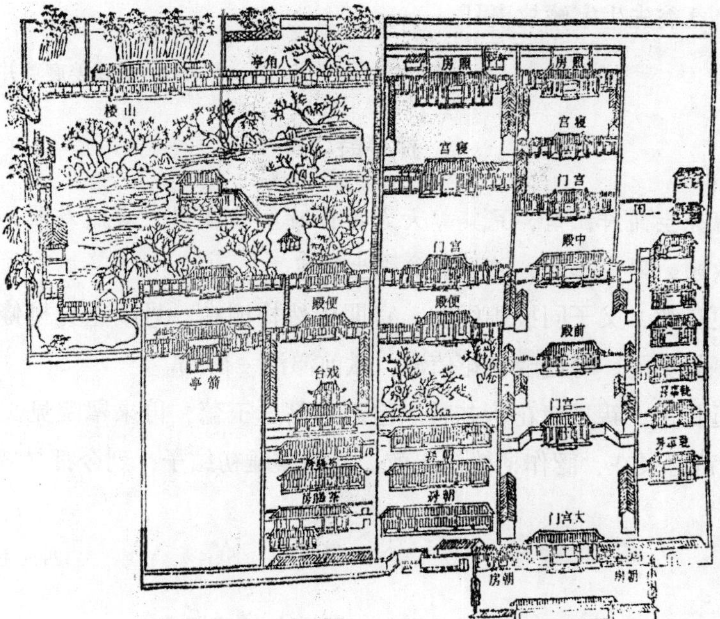

天章雲錦邁芳型，遺愛人人仰楝亭。江氣山光應護惜，感思霜露草青青。

辛未小春過司馬張公祖瓜浦署中，因出示荔翁老先生《楝亭圖》册，委命續貂，寄呈，并題小詩，兼請粲教。鷹阿山樵戴本孝（圖六）

楝亭記

本朝設織造，江寧、蘇、杭，凡三開府。故工部侍郎完璧曹公以康熙初年出蘇州督理府事，繼改江寧；省工縮費，民以不擾，而上供無闕。公暇，退休讀書，除隙地作亭，相羊其中。今户部公時尚幼，朝夕侍側，知其亭而不能記其亭之所以名也。比奉命來吴門，纂先職，以事抵金陵，周覽舊署，惜亭就圮壞，出資重作，而以公手植之楝扶疏其旁也，遂名之為楝亭。攀條執枝，愾有餘慕；遠近士大夫聞之，皆用文辭稱述，比於甘棠之茇舍焉。余惟織造之職，設自前朝，咸領之中官，窮極纖巧，竭民脂膏，期於取當上旨，東南民力，不免有"杼軸其空"之嘆。及於季世，大璫柄政，中外連結，鉤黨構釁。至於衆正消亡，邦國殄瘁，斯一代得失之由，非細故矣。今天子親御浣濯，後宫皆衣弋綈，為天下節儉先；兩省織造，俱用親近大臣廉静知大體者為之；而曹氏父子，先後繼美。及是亭之復，搢紳大夫，聞先侍郎之風，追慕興感，與户部公特詩歌唱酬而已。則夫生長太平無事，所以養斯世於和平之福者何如！而是亭之有無興廢，可以不論也。辛未五月，與見陽張司馬并舟而南，司馬出是帖，令記而書之。舟居纍月，精力刓敝，文體書格，俱不足觀。聊應好友之命，為荔翁先生家藏故事耳。

慈谿姜宸英并記於梁溪舟次

楝亭詩二首

荔翁曹先生開府江南，見其尊大人舊任時所植楝樹，慨然為歌，四方和之者纍卷頁，予亦效矉，率成二首，并呈荔翁先生教定。

冬官相繼更江鄉，父子同披錦綉裳。官閣依然梅樹在，丹陽重見柳條長。墻西紫朵迎朝雨，苑角紅亭對夕陽。每遇晚春花信滿，風前涕泪一銜觴。

當年開府近長干，親見栽花傍井幹。但過唐昌思玉蕊，再來舉院見文官（唐貢士舉院花名)。歌成蔽芾恩長在，認作栝棬泪未乾。滿樹離離初結子，到今都是鳳皇餐。

西河毛奇齡頓首具稿

寄題内司空完璧曹公楝亭詩

總持二十四春風，手植蒼蒼倚碧空。雅集命儔絲管外，高亭追暇弈罇中。廷依黻冕褒華衮，譽篤緇衣咏素緫（平聲)。想見傳家英粲遠，輪囷霜雨荷天龍。

甲子至前三日，仁壘張芳

楝樹亭何在？江南父老知。聞名先覺苦，結實不周饑。味可明忠鯁，陰能廣孝思。甘棠同勿翦，王長看孫枝。

舉世趨桃李，何人廢蓼莪？情深非草木，道長在根柯。自植金鈴子（楝樹別名金鈴子），何勞郭槖駝？皐魚千古恨，賴爾一消磨。

昌歜兼羊棗，為情又不然。彼因思所嗜，此則觸其天。獨賞方知貴，長留已覺仙。攀條奚復慟，莊叟讓椿年。

托根得其所，布葉自然稠。已宿慈烏穩，還添孝鴬修。三峰遥挹翠，四序總矜秋。試嚮亭端望，白雲滿後頭。

楝亭詩四首應荔軒、筠石兩先生之教，兼求正字，黄岡杜濬具草

寄題楝亭二截句

賞心亭子説秦淮，今日風流讓署齋。一楝婆娑清蔭好，依稀王氏種三槐。

司空名德在千秋，畫婁傳聞出石頭。誰咏君家華屋句，白楊風起慟西州。

舊京余懷

一見畫圖憐大孝，司空手植意無涯。傷心好似冬青樹，三月孤亭哭楝花。

題為荔軒年道兄正，梁佩蘭

古人歌棠陰，嘉譽被百世。今人多貽謀，仿佛得斯義。曹公富家學，訓迪罔弗備。哲嗣尢象賢，漸摩獨純粹。種樹列階墄，春雨積蒼翠。政成忽遄歸，清影亦蕉萃。豈期大賢後，銜命復踵至。交柯日蕃滋，繼述信有自。為圖著永久，指畫傳盛事。孝思在千秋，於此庶不匱。

題楝亭圖，梁溪秦松齡

聞道司空舊草亭，至今嘉樹想儀型。分明一片棠陰在，遥對鍾山萬古青。

補衮勛華奕葉新，芳亭緑樹幾回春。即今銜命吴趨者，元是窗前夜讀人。

錫山嚴繩孫題

憶昔曹公駐江南，委蛇退食樂且耽。恰值好風二十四，植兹嘉木與天參。用意良深知者誰？金鈴結實鳳凰隨。弓裘事業孰與敵？令嗣繼美頌臯夔。過亭忽見手澤新，劬勞念切泪沾巾。追思既已匹曾閔，孝於父者忠於君。吁嗟乎！子職盡，先德彰，一時人士共稱揚。君不見萊公柏、召公棠，至今千載留清芳。一自我公兹植後，不令古人獨擅場。

楝亭歌一章呈荔翁老襟丈并祈郢政，弟金依堯具稿

靈禽銜子落春泥，幾歲成陰碧葉齊。二十四番花信滿，好風猶在古青溪。

吴淞石首金陵市，一度花時一度來。香屑滿階寧莫掃，樹猶如此念誰栽。

邗江後學顧圖河拜藁

老樹垂垂一蓋圓，紅亭低覆白門邊。春風二十三番後，花信重逢夢雨天。

庚午秋日題，錢唐王丹林

楝亭遺愛凌雲構，老幹扶疏映日斜。已并棠陰思雨露，還同秋水想蒹葭。貽謀世澤清忠遠，補衮鴻勛先後夸。奕奕高名齊水部，才雄八斗是傳家。

後學姚廷愷拜稿

楝實垂垂花滿村，十圍碧海樹深根。曾聞正直歸臣節，獨倚賢豪拜主恩。高幹風雲經歲月，仙枝雨露洗乾坤。南陽耆舊從頭數，金紫依然擅一門。

紅亭遥望影初圓，黛色平分太掖煙。自賜簪纓開世澤，至今棨戟幾人傳。佳兒涕泪傷心地，故老謳歌手植年。官閣攀條頻悵望，夢魂多在五雲邊。心傷誤作傷心，頻悵望當易飛彩鳳。

蕭臺吴農祥

高楝鬱以蒼，尚書手所植；一枝護甘棠，廿載梅花歷。令子參霄材，蓼莪感無斁。海嶽留孤亭，青青傍棨戟。身遥侍紅雲，手澤念疇昔。孝思發華滋，白雲蕩胸臆。紫芝與白雉，物類應靈異。托根得其宜，霄壤垂赫奕。極目望江南，轉燭已陳迹。誰非人子心，賦詩三嘆息。

丁卯仲春桐山費文偉拜手識

三冬芳盡歇，群枝氣鮮茂。鬱鬱挺鍾山，森森植繁囿。清標垂緑陰，高格翳神秀。瀉影摇碧波，紓光映岩岫。臺榭有餘芬，淵源出華胄。黼黻澤偏長，珪璋業自懋。壯志紛散綺，雄才互錯綉。對此萬年枝，振彼六翮奏。冷冷天風發，翱翔帝左右。

西泠王靄題

小庭亦修潔，獨坐看楝花。葱蘢拙茂葉，瑣碎落輕葩。憶逢上苑春，芳菲艷若霞。宴遊酌金酒，照睡籠珠紗。昨日樂未竟，零落忽天涯。臨夏結芳信，傷時感物華。亭園已一夢，豪貴空曹家。

癸未予避寇入秦，寓友人家，庭前有楝花一樹，日坐其下，因憶所藏《楝亭圖》，率成一章。中州張伯駒甲辰補書。

第三卷

楝亭圖畫贈荔軒先生并教，時乙丑夏六月，黄山程義。

春來楝葉香，春去楝花白。不愛春光顔色多，衹愛先人遺手澤。當年一枝本無意，手插生根實靈異。傍竹依松作小亭，嘗讀《蓼莪》傷涕泗。公子翩翩醉六經，友賢下士何惺惺。烏衣自是名江左，十年清官惟趨庭。自此吾徒重風節，到處題詩寄冰雪。短軸長篇多至情，玕琅滿眼如霏屑。我亦為圖寫白雲，淋漓感慨非獨君。蕭蕭席門駐車馬，松風拂拂流清氛。君不見枯竹插地亦生根，萊公詞（祠）前今尚存。君家楝樹本棠樹，後人能道前人恩。

漫題再請教正，耻夫弟義又頓首（圖九）

何嘉樹之扶疏，□清陰於傑構；當衆卉之争妍，挺喬柯而獨秀。承雨露於天衢，播徽芳於世胄；挹江左之風流，采南洲之華茂。攀手植而遐思，羨高亭之垂後。原夫斯亭之始名也，時運開泰，山川效靈；闢門望氣，太史占星；程才鄴下，流譽江汀。抱楝梁之偉器，擷蘭芷之餘馨；贊鴻猷於黼黻，樹雅績於丹青。繞二水而分蔭，望三山而勒銘；念當時之遺德，取楝樹以名亭。爾其貞幹凌雲，高枝凝碧；垂葉成陰，托根先澤。養連抱於杞梓，擬後凋於松柏。豫章之生七年，若木之高千尺。綿樹以將軍受封，青槐以三公通籍。思榆杜於欒公，咏《甘棠》於召伯。迺就兹地，築亭是新；經營嚮背，相度維均。六代繁華之地，秦淮桃葉之津。雕甍日麗，畫楝星陳。幸相依於清樾，曾不染乎紅塵；紀名臣之風烈，抒才子之精神。於時冰凍方泮，春陽始和；輕黄破蕾，微緑生柯。倚朱欄而凝睇，攀修幹以婆娑；燕穿簾而效舞，鶯隔座以徵歌。名花比容於窈窕，芳樹争輝於綺羅；候佳期於風信，問歲月其如何。若其花事將闌，芳蕤漸吐，薰風徐來，麗日傍午。若紫氣之霏霏，譬煙綃之縷縷；蔭高亭而成蓋，垂畫檐而曳組。拂净几以攤書，對嘉賓而揮麈；想炎蒸之不到，亦何異乎瑶圃？况乃金飈初扇，玉露方頹；一葉落而秋至，高雲浮而雁來。咏亭皋於楚澨，歌《玉樹》於吴臺；星飛光於斜户，月委照於蒼苔。坐桂叢而撫瑶瑟，瀉蘭露而泛金杯；寄遐情於天末，顧樹影而徘徊。至於危葉飛丹，疏林凋翠；玉屑將霏，金鈴欲墜。綴彩纈於枝頭，點銀泥於階次；藉錦茵而忘寒，顧瑶柯而增媚。籠絳蠟以聯輝，泛霞漿而取醉；擬勝概於斯亭，庶因時而俱備。若夫命名取義之思，托物興懷之則；感風木而遥企，或攀條而太息。啄其實者，鵷雛有儀世之祥；食其葉者，獬廌有觸邪之直。庇廣厦以念民依，承遺庥而效臣職；問教掌之芳型，示冬官而作式。才人藉是以抽思，孝子因之而動色。籠瑞靄於江關，現卿雲於南國。蓋惟斯樹之與斯亭，庶足以徵君子之德。為之頌曰：猗歟嘉樹，正氣存兮。蔭兹崇構，戴天恩兮。公忠以報，慎持身兮。瑞應奔湊，洽神人兮。靈芝秀華，庇本根兮。垂名永譽，貽百世之孫子兮。

二十四番芳信好，花枝催入南薰早。高亭蕭爽蔭喬柯，閑倚紅闌對晴昊。鄴中綉虎蓋世才，昔年手種三公槐。簷牙日轉午陰薄，簾旌風細微香來。緗書宴坐襟期曠，花石駢羅似屏障。題咏堪追青史名，經綸早慰蒼生望。江南景物最關情，風樹遐思在此亭。枝間定有鵷鸞戲，譜入虞絃奏帝廷。

右楝亭賦及詩恭呈荔翁老年臺先生教正，茂苑弟何炯拜稿

青蓋高擎粉署中，扶疏不與散材同。曉看滴翠和清露，春愛飄花動暖風。深護靈根苔漠漠，長敷美蔭日蒙蒙。攀條難忘韓宣德，合與時時誦焦弓。

秣陵開府澤仍留，濟美吴閶地望優。頻想風流餘涕泪，即看棨戟是弓裘。低迴手植成佳話，蔽芾官齋記昔遊。交分紀群殊不淺，欲題奇木思悠悠。

楝亭感舊為子翁先生賦求正，崑山弟徐乾學具稿

嘉樹疑從赤水移，小鈴秋到子離離。鯉庭徙倚渾如昨，譜入家風《祖德》詩。

非關鳳啄留珠實，不為龍驚護碧陰。記取床頭籤軸滿，一般手澤總傷心。

花信風闌忽報秋，亭高目騁碧煙浮。棠梨自合千年在，不費花師着手留。

五月江干插滿頭，盈盈笑語木蘭舟。那知官舍摩挲日，别有茱萸一段愁。（楝子一名石茱萸）

江左鶯花付阿誰？使君奕葉播華滋。更憑方法傳虓氏，況就天孫五色絲。

楝亭詩句滿巾箱，才子紅雲侍玉皇。采入禁中添樂府，秣陵今日永豐坊。

棟亭絶句六首呈荔軒先生正，長洲弟韓菼

童童楝樹生官衙，霜皮鐵幹何槎枒。翠羽齊排春後葉，紫茸細剪枝頭花。蛟螭畏影潛碧海，鵷雛啄實凌青霞（楝葉蛟龍所畏，鵷雛好食楝實）。吁嗟此樹非凡品，美政曾聞説卿尹。尚衣不貢鈿窠綾，春宵那進燈籠錦。參差機杼響連村，蔽芾桑麻繁四境。曹公種德垂無窮，清門濟美班資崇。譙國一家光黼黻，江南兩地補山龍。吏績蟬聯盡家學，胸中雲錦皆天工。日日公餘惟雒誦，縹囊緗袠充梁棟。每到葑篌石首來（范石湖詩：楝子花開石首來），苦憶當時石城種。詞客休為楝樹吟，《召南》自有《甘棠》頌。

楝亭詩呈荔軒先生教正，崑山弟徐秉義

予在京師，於王阮亭祭酒座中，得識曹子荔軒。讀其詩詞，宛有烏衣之風；詢其家世，知為完璧司空公子。蓋司空織造金陵者，二十年所矣。故予聞其名，嘆為是父是子。今歲還里，則司空已歸帝鄉。孝子奔喪之後，寄予畫册，閱之乃一楝樹，司空所手植也。夫季孫之室，有嘉樹焉，為宣子所譽，猶封殖以無忘角弓，况先人手澤所存乎！宜曹子之朝斯夕斯，盤桓不去也。因題一律，以慰其蓼莪之思焉。

衮衣久補内司空，手殖金鈴傍故宫。魂魄已歸雲蓊鬱，畫圖猶睹玉青葱。應攀慘柏哀王子，為拜甘棠憶召公。二十四番花信晚，年年鵑泪泣東風。

康熙甲子臘月吴門尤侗敬書

平陽姓氏重江鄉，父子同官世澤長。已信皇猷誇黼黻，重聞衮職焕衣裳。高亭遺愛皆堪思，老幹開花到處香。我亦有心歌盛事，詩成聊以寓甘棠。

賦為荔翁先生正之，楊雍建

束髮誦三百，蔽芾南國棠。遺愛在民志，猶戒翦拜傷。何况仁孝心，手澤詎忍忘？猗歟司空公，惠政敷江鄉。官廨植嘉木，藹藹揚清光。蟠根滋地脈，繁實凌冰霜。茅亭却丹艧，素心用何臧。婆娑一枝下，授經聲琅琅。哲嗣雙鳳舉，苞采輝巘廊。偉略裕平勃，麗藻追班揚。惟帝日作服，黼黻資垂裳。元方拜命出，玉節來金閶。黽勉公務餘，秋色忽已蒼。萬山隔親舍，白雲邈茫茫。長嘆感風木，物在人云亡。僾若聞見，燕吴遥相望。蓼莪懷罔極，三復嘗淋浪。古來藝苑内，奇樹標篇章。孔明廟前柏，德操園中桑。君子志隱節，大匠惜楝梁。豈若本至德，喬蔭含馨香。試展《楝亭圖》，難以繪事量。淵哉霜露思，永與日月長。

賦贈子翁老先生兼祈教正，雲間弟王鴻緒

寄題子翁曹先生楝亭三首并序

子翁之尊大人，於白門使院手植楝樹數株，緑陰紛披可愛，因作亭其間，顏曰楝亭。子翁追念手澤，屬諸名人賦之，詩盈帙矣。未幾，子翁復移節白門，十年之間父子相繼持節，一時士大夫傳為盛事。予與子翁雅相善也，乃賦三截句，以附諸公之後云。

燕山老桂蠹不青，三槐堂前槐亦零。惟有白門楝樹好，六朝山色一茆亭。

婆娑老幹已成圍，記得青青拱把時。繞樹千回清泪墮，楝亭可是峴山碑。

楝亭好景白門稀，楝亭新詩不敢揮。衹嚮誠齋乞一句，南風紫雪楝花飛。（楊誠齋詩：衹怪南風吹紫雪，不知屋角楝花飛。）

商丘弟宋犖具草

孤亭思舊德，歲歲楝花風。澆用千牛乳，來從五柞宫。甘棠終憶召，大樹尚留馮。手澤勞封殖，無忘賦《角弓》。

楝亭詩子翁老先生屬賦，王士禛

人海長安歲月深，當年亦自許張金。紅樓一霎風流夢，蔓草荒煙何處尋？
雪芹後居海淀。予居海淀時，欲尋其故居，蔓草荒煙，不知在何處矣。

叢碧

第四卷

偶讀楝亭詩畫册，知先賢曹大人退食舒嘯處也。余嚮遊白門，曾客斯亭，坐卧其下。今瞻荔翁繼美，復吟《楝亭》，一時宇内文人歸依，歌韵圖繪彌帙，所謂地因人傳。亦漫作數筆紀事，大方勿以六法三品教之也。

廣陵禹之鼎稿（圖十）

楝亭賦并序

司空曹公，開府東冶，手植楝樹，於署之野；爰築草亭，闌干相亞。言命二子，讀書其下，夏日冬夜，齗齗如也。我公即世，典刑徂謝。帝詔長君，嗣服官舍。攀條流涕，追思逝者，繪圖在右，陳詩在左。朅來吴門，卷册盈把，謂子賦之，以續《南雅》。予應曰諾，援筆敬寫。

若乃三山崒嵂，二水淪漣，青溪栅畔，朱雀桁邊，宋苑以梅花作殿，秦淮以桃葉名船。望高堂之冠日，瞻直木之參天，有楝樹焉。盤根輪囷，交枝蓊鬱，葳蕤發葩，磥砢結實。味分苦葉之匏，香奪黄腸之柏；散垂鈴索之金，堅凝茱萸之石。獅鷹資以為糧，鵷雛采以當食；蛟螭潛避其形，倉庚偷染其色。誰其種之？曰有司空。平陽苗裔，譙國英雄，承天子命，作服江東。委蛇退食，愛此芳叢，移播墻陰，玉樹菁葱。其始茁也，小如五粒之松；其繼長也，高如百尺之桐。象依依於楊柳，埒攝攝於丹楓。漢并將軍之號，秦次大夫之封。甘棠則憩召伯，三槐則蔭王公。養以一百五日之雨，殿以二十四番之風。厥名維何？楝者練也，取以尚衣，五采乃見。佐嫘祖之璿璣，襄天孫之雲漢，施藻火之陸離，彰山龍之紕縵。固衮職之所需，宜我公之樂玩。於是載經載營，載築斯亭：南榮映碧，北户含青；烟雲繞砌，花鳥充庭。風來曲檻，月上疏欞；凉宜消夏，暖可藏春。樹得亭而為主，亭得樹而為賓；觀樹俯而亭仰，若主送而賓迎。喜兩美其必合，錫楝亭之嘉名，非勞勞之可比，豈賞心之能稱？又何况於蘭臺桂觀、竹樓草閣之紛紛者哉！爾其居有繩床，食有虀臼，琴瑟在御，鼎彝維耦，書架等身，筆囊隨手。朝延王謝之客，暮集鄒枚之友。携烏衣之子弟，巧趨蹌於左右。昔有才子，子桓、子建；今有才子，子清、子猷。二惠競爽，兩難相求，目營四海，胸羅九丘。時采衣兮起舞，或佩劍兮遨遊；覽文木兮解賦，援茂樹兮淹留。嗚呼！歲在龍蛇，騎箕忽往，武帳已空，文園誰賞？帝念舊人，象賢是獎，俾紹前休，官衙重上。走馬秣陵，江山惝怳；凄愴庭幃，寂寥几杖。人之云亡，樹猶無恙。公子於是痛風木之不待，悼音容之杳無；感白楊之已拱，惜黄楝之未枯。睹殘碑而墮泪，懷遺澤而摩挲；告文人以作記，乞畫師以成圖。雖駐節於吴下，還繫心於南都。孝子啜以泣矣，諸君贈以長歌；桑梓必恭敬止，楷模傚法如何？衣冠宛在板屋，魂魄猶戀茗柯；桓司馬莫傷摇落，殷東陽休嘆婆娑。羅居通之墓廬，應生芝草；王偉元之書卷，終廢蓼莪。

康熙辛未春三月望日長洲尤侗謹撰并書

楝花風裏夏雲生，鶴蓋争看水部清。開府舊栽嘉樹好，結亭新賀緑陰成。九天雨露擎先澤，兩世絲綸荷聖情。衮職傳家真不忝，南薰吹滿闔閭城。

平陽開戟記當年，手植靈根俯碧川。似溯高踪千載上，真成佳話五湖邊。秀依濯錦宜官閣，黄佐垂衣入貢船。先後冶城同使節，槐廳尤羡得神仙。

海寧徐林鴻

君家簪紱已留傳，那更文章復象賢。今日重來瞻手澤，楝花時節憶當年。

拜命吴門纘業新，過庭追思黯傷神。徘徊蔭下懷楓陛，家訓由來勗藎臣。

雲間馮經世

手植依然，早半畝、翠陰都發。依雕檻，低罨春煙，亭亭清樾。金衣聲裏楝花風，盈階雲母翻香屑。記移栽、穀雨試茶天，趨庭日。　　公退暇，琴尊接；高韵續，斑衣歇。問書綉重來，幾多歲月？一代名臣經緯美，一家世掌絲綸業。繼芳蹤、補衮嚮南天，森華閲。

調滿江紅，雪槎田時發

黼黻文章，聽南國、謳歌騰譽。早又見，我公踵武，重來冰署。駿烈清芬垂世德，梧棬手澤留嘉樹。對緑陰、亭榭憶當年，繙書處。　　承化日，迎恩露。今共昔，思還慕。有香班艶宋，彩毫曾賦。上客三千邀勝賞，東風廿四教勤護。盡花時、和月夜深看，渾忘暮。

右調滿江紅奉和楝亭原倡韵，南沙邵陵

人是黄初，知綉虎、早標清譽。羨濟美，絲綸相繼，翩翩粉署。重見天孫機上錦，仍依謝氏庭前樹。記彩衣、吹立楝花風，聞詩處。　　邀蔭芘，凄籍露；思緒業，頻追慕。倩丹青繪影，芳傳詞賦。密葉盡教烏鵲繞，深根應有蛟龍護。看碧條、素練兩亭亭，朝還暮。

調滿江紅奉和楝亭元唱韵，朝霞許孫蕳

吳會歡騰織女機，争歌遺愛達宫闈。重來綉虎思王手，製就山龍虞帝衣。一樹甘棠垂世澤，滿筐文錦覲天威。知他結子能除垢，入告誰云浣濯非。

龍眠潘義炳具草

衮職才長雅好文，亭前嘉樹頌争聞。公餘手植旋成蔭，接武重來已拂雲。八座傳家存苦節，三吴奕世仰清芬。吾師（謂田間）為説棠陰盛，國幹家楨迥出群。

龍眠石經具草

絲藕縈心，硯水滴泪，脂紅寫盡酸辛。可憐兒女此天真。生死誤多情種子，身世似亡國詞人。江南夢、楝花落處，已是殘春。　　千年哀史，曲終不見，弦斷猶聞。有庾郎才筆，獨為傳神。辭絶妙，還猜幼婦文。捭闔更起新軍，看壇坫聲華藉甚，鷹隼出風塵。（瀟湘夜雨）

周敏庵弟著《紅樓夢新證》，采楝亭圖咏，書成倩予為題，因譜右調。

叢碧

附録 2：

圖卷未收諸家題咏

楝亭記

葉　燮

故大司空曹公於康熙□年奉天子命，董治上方會服之事，開府於江南之江寧。惟昔虞廷，職為汝明之官以佐天子垂裳黼黻之治。位近而清，尊而暇。公在事歷二十餘年。其初至也，手植一楝樹於庭，久之樹大可蔭，爰作亭於其下，因名之曰楝亭。公以暇輒偃息於斯，以寓其先憂後樂之意。今司農公荔軒及弟筠石兩先生，公之賢嗣也。天子仍授司農公以公之官，而移府治於蘇州，乃繪楝亭以為圖，於先澤三致意焉。海内賢大夫士名公卿至傳觀為盛事，咸作詩歌以稱述之。燮最後獲觀，樂其流風餘韵之必傳也，乃作而言曰：昔人有言，君子可寓意於物，而不可留意於物。夫意之所寓，其人之品行事業、道德文章，皆於是乎在。故古之君子，有不敢苟焉於此者也。夫亭以木名，而木維楝，不同於梗、楠、杞、梓之為材，然有華有實，可藉以為用，又大異乎樗楝之為散材。其為物蓋處乎才與不才之間，不與物競，殆全其天而保其真者也。人之才不才，相去固不可同日語矣。不才者無論，其以才見者，古今來成事功者固不乏，然或不克成；既成矣，而多鮮克終者。如漢韓、彭，如關、張，如唐李光弼，如李德裕，如宋南渡一二將相，是皆以才見而為後人所嘆息者也。若能處乎才不才之間，然後為善用其才，而才始大。古之人，帝王則漢高，人臣則諸葛孔明、郭子儀之類是也。功成而天下晏如，身同於磐石之安，為不可及。今公為天子左右疏附之臣，職在服采承御之事。其所以迪恭儉、謹節文、昭軌物、正經費，凡啓佑乎格於無形無聲之地者，公豈欲有所見其才哉？而含生托芘，猶廣厦萬間，重蔭無窮，有如此木矣。登斯亭也，廓焉洞達，八方俱矚。公於此時，所以樂其天而息其真也，寧有既乎？司農公曰："善！此吾先司空之心也。"燮遂拜手而書之。

葉燮《已畦文集》卷五

楝亭記

韓　菼

孝子之思親，至無窮焉爾。今是大鳥之屬，喪其群匹，必尋其故鄉，鳴號躑躅不能去，而况於人乎？孝子之於親，僾然愾然，如存如著，凡在空虛想像之中，而莫非吾親也，况其觸於物者乎？能讀父書，可謂孝矣，然必有不忍讀之心焉，乃真能讀者。蓋手澤可寶，尤可悲也，悲者能寶也。荔軒曹使君性至孝，自其先公董三服官來江寧，於署中手植楝樹一株，絶愛之，為亭其間，嘗憩息於斯。後十餘年，使君適自蘇移節，如先生之任，則亭頗壞，為新其材，加堊焉，而亭復完。音容如在，而此樹猶未婆娑，使君嘗愀然思也。即此而知一舉足、一出言，未之或忘，將貽令名無窮，誠可謂孝。嗟乎！踪迹何常，先公植之而使君適來，其非厚幸乎？以使君之才，文學政事，罔不優也，豈其局於斯土，斯亭其可常有乎？賦《角弓》而譽嘉樹，則人願為之封殖。韋端符記衛公故物，云權文公嘗見之而泣。海内而皆兄弟也，則亦皆子孫行也，有不觸於孝子之心者乎？使君之有是亭也，不若人之為使君守也。倘後來者，無忘角弓之好，以封殖此樹，則余其敢辭端符之記。

韓菼《有懷堂文稿》卷八

楝亭詩曹荔軒户部索賦

高士奇

獨樹官齋外，依然手澤餘。數來花信晚，看到月痕虚。温室親移植，甘棠戒剪除。頗聞遺愛在，父老為欷歔。

閉户日無事，年來學灌花。偶披嘉樹傳，轉憶世臣家。直幹占風力，濃陰飽露華。西亭能繼迹，未許問梨楂。

高士奇《歸田集》卷五

楝亭詩為曹君作

屈大均

苦楝先人樹，婆娑衹此中。枝枝桑梓似，葉葉蓼莪同。攀處栖烏滿，啼時落月空。非因霜露冷，凄愴小亭東。

屈大均《翁山詩外》卷七

題曹子清工部楝亭圖

吴之振

畫舫聽歌記夜分，深杯絮語藹春雲（兩晤尊公於胥關，譚飲甚暢）。文章重見波瀾闊，驟裹行空更不群。

楝子酸辛株葉濃，楝花開處餞春風。迫凉大好茅亭坐，强半尋詩到此中。

司馬傳書稱令德（書升），容臺屈指數奇才（伊在）。條桑樹底親提唱，更嚮横塘勘驗來（星期）。

墻東紅杏色芳敷，老桂梢雲不待扶。手澤幾年都翦伐，那堪重對《楝亭圖》。

册中查老詩書畫，三絶今堪比鄭虔。紫風天吴顛倒在，裝潢好手為重編。

吴之振《黄葉村莊詩集》卷七

題楝亭圖

倪　粲

匹馬銜悲客復來，空餘亭畔楝花開。西風聽雨情何極？落日看雲首重回。兩字孝忠存父訓，一原道義是師裁。蒼苔白石猶如昨，寫入丹青意更哀。

休言蘭室與蘭房，吟嚮寒風意味長。亭是傳經揚子宅，樹同親植召公棠。當年執卷論心在，此日流觀滿眼傷。炙硯臨文報金石，扶疏緑蔭忍相忘。

楊鍾羲《雪橋詩話續集》卷三

驟　詩

吴之騄

我聞楝亭下，嘉樹影婆娑。書卷擁百城，尚友自吟哦。一朝德星聚，光焰耀庭柯。寶劍蛟龍合，精氣騰泉阿。開尊聚三益，樂事此時多。彩筆干霄漢，才思若奔河。相逢共傾倒，笑語兼切磨。卜晝還卜夜，同心發浩歌。微雲垂玉露，淡月籠金波。丹青圖勝事，古誼孰能過。努力聖明代，鼎峙功不磨。

葉昌熾《藏書紀事詩》卷四

滿江紅・題楝亭畫册和原韵

田實發

畫綉重臨，擅先後、清時美譽。追芳躅，翠濃如潑，香繁名署。半畝玉塵翻細葉，楝花風裏當年樹。偏詩傳、秋浦在春亭，幽深處。　蒙曉樾，滋宵露；思手植，生遥慕。看大江南北，嬿婉文賦。此日還同桑梓愛，他年直作甘棠護。踵前人、經緯爛天章，非遲暮。

張宏生主編《全清詞・順康卷補編》

《楝亭夜話圖》跋

張伯駒

余昔藏《楝亭圖》四卷。曹完璧璽官江寧織造，曾於署中亭畔手植楝樹一株。歿後子寅官蘇州織造，再官江寧織造，楝樹猶存，因為《楝亭圖咏》，以追懷先德。四卷共十圖，為黄瓚、張淑、禹之鼎、沈宗敬、陸漻、戴本孝、嚴繩孫、惲壽平、程義畫。題咏者有納蘭性德、顧貞觀、潘江、吴暻、王方岐、唐孫華、陳恭尹、吴文源、方仲舒、顧彩、張淵懿、方嵩年、林子卿、袁瑝、姜宸英、毛奇齡、張芳、杜濬、余懷、梁佩蘭、秦松齡、嚴繩孫、金依堯、王丹林、顧圖河、姚廷愷、吴農祥、費文偉、王霦、何炯、徐乾學、韓菼、徐秉義、尤侗、楊雍建、王鴻緒、宋犖、王士禛、徐林鴻、馮經世、田時發、邵陵、許孫荃、潘秉義、石經，於圖上題詩與自題者為張景伸、禹之鼎、戴本孝、程義。此四卷，北京圖書館趙萬里君言有關《紅樓夢》資料，求讓於余，遂讓之。另一卷為《楝亭夜話圖》（番禺葉遐翁舊藏，現歸吉林省博物館），紙本墨筆，楝樹叢竹，房舍文石，夜月蒼凉，庭院岑寂，屋内置燭臺，三人共話，為張純修見陽筆。三人者，曹寅、張見陽、施世綸也。事在康熙三十四年秋，曹在江南織造任，張見陽任廬州知府，施世綸任江寧知府，三人相聚於南京織造衙署書齋，秉燭夜話。卷後曹寅、張純修、施世綸、王槩、王蓍、王方岐、姜兆熊、蔣耘渚、吴之騄、李繼昌題詩。曹寅題詩内有："憶昔宿衛明光宫，楞伽山人貌嬌好。馬曹狗監共嘲難，而今觸緒傷懷抱。"後結句云："家家争唱飲水詞，納蘭心事幾曾知。布袍廓落任安在，説嚮名場此一時。"蓋為追念納蘭容若而作，此時容若逝世已十年矣。按織造一職，不過為皇帝内務府派出管理織造衣物執事差人，然為皇帝親信，并采辦外事，專折密奏。曹寅在任，廣交東南遺民文士，來往唱和，藉以聯絡情感，消除其思明情緒。觀《楝亭圖》四卷，可見其當時交接人物之盛。納蘭容若為一代詞人，貴介公子，風度濯濯，結情輸義，海内知名之士，多傾心接納，與曹寅氣息相通，又幼同侍康熙，同年中舉，其兩人交情之深，可以想見。卷内寅題詩“馬曹狗監共嘲難”，為回憶同官侍衛時以自喻。“而今觸緒傷懷抱”，寅所刊詩集改作“而今觸痛傷枯槁”。結句“家家争唱飲水詞，納蘭心事幾曾知。布袍廓落任安在，説嚮名場此一時”，何以引用太史公與任安之事，或有所指。而刊集改作“納蘭小字幾曾知。斑絲廓落誰同在，岑寂名場爾許時”，用意隱微，亦似有所諱。而容若生長華廡，其詞何以悱惻纏綿，凄咽欲絶，意者彼與故明文人遺士相交結，日久神合心契。又曾目擊丁酉科場慘案，對其遭遇，寄有同情，遂於詩詞中流露其感觸情緒。且曹寅於康熙南巡有保全陳鵬年之事，容若亦有營救吳漢槎之舉，此其文字之交，不以富貴貧賤威武文弱而異者也。而容若與曹家交誼之厚，與《紅樓夢》之關係，此圖卷更為重要資料。

作者單位：華南師範大學文學院

遊記的形成與發展

林樹茂

我國遊記的形成與發展分為三個時期：古代遊記時期、現代遊記時期、當代遊記時期。

一、古代遊記

我國古代遊記是從大量的類似“代聖人立言”和“文以載道”的散文中逐漸蛻變出來的一種文學樣式，它的誕生是與時代的發展、人類物質生活和精神生活的不斷提高以及旅遊業的興起和發展分不開的。這個漫長的、從不自覺到自覺的創作過程，體現出創作經驗的不斷積纍和對於它的表現形式和特點的內在規律的探索。因此，可以説，在創作實踐中，并不是由於哪一個人寫了某篇遊記之後決定了應當如何寫纔算是遊記，而是人們在描寫山川景物、風土人情、抒發感情時逐漸明白遊記寫作有它的自身規律可循。縱觀其發展史，可以看出我國古代遊記的形成與發展經歷了一千多年的時間。

如果按我們今天的寫作標準來探索遊記的起源，那麼我們可以發現古代遊記經歷了這麼五個階段：第一個階段，是在個別的以叙事為主的散文中偶然出現寫景狀物、抒發感情的片段；第二個階段，雖然出現了以寫景狀物、抒發感情為主的散文，但它仍没跳出叙事文體的範疇，它與我們今天所説的遊記仍大相徑庭；第三個階段，出現了少數已具雛形的最早的遊記；第四個階段，遊記蓬勃發展；第五個階段，遊記長盛不衰。下面分階段談。

第一階段。在我國，最初具備了一點遊記特點的文章是西周時（昭公十二年）的《穆天子傳》和東漢馬第伯寫的《封禪儀記》。前者主要寫周穆王西征的事和行軍路綫，後者雖然有描繪泰山之高峻、登山之艱險的段落，但它的目的不是描寫山川景物和作者感受，而是記敘光武帝劉秀巡狩泰山封禪的事，它與後來的遊記從本質到特徵都根本不同。

第二階段到了南朝，由於朝廷腐敗，統治者殘暴，許多名人志士為了逃避現實，便寄情山水，寫了許多描寫風景的山水詩和接近遊記的散文，如謝靈運的《山居賦》，鮑照的《登大雷岸與妹書》，吴均的《與宋元思書》，陶宏景的《答謝中書書》，祖鴻勛的《與陽休之書》等。而這一時期描山繪水最有成就的是酈道元的《水經注》。酈道元（？—527）是我國古代著名地理學家、旅行家、山水旅遊文學家。他的《水經注》不僅是一部記述詳盡的地理專著，而且還是一部别開生面的描繪山水的巨著。他汲取了前人寫景狀物的優點和長處，采用各種文學手法，捕捉山水的特點，生動形象地描繪了我國雄奇秀媚的山川，記載了許多與山川有關的人物、神話傳説、風土民俗。其文體駢散結合，語言遒整明潔，簡練恰切，形成酈文“幽深孤峭”、冷艷峻潔的獨特風格，給我國古代山水遊記以巨大影響。請看下面這則久為人們傳誦的山水名篇中的一段：

自三峽七百里中，兩岸連山，略無闕處，重岩叠嶂，隱天蔽日，自非亭午夜分，不見曦月。至於夏水襄陵，沿泝阻絶。或王命急宣，有時朝發白帝，暮到江陵，其間千二百里，雖乘奔御風，不以疾也。春冬之時，則素湍淥潭，回清倒影，絶巘多生怪柏，懸泉瀑布，飛漱其間，清榮峻茂，良多趣味。每至晴初霜旦，林寒澗肅，常有高猿長嘯，屬引凄異，空谷傳響，哀轉久絶。故漁者歌曰：“巴東三峽巫峽長，猿鳴三聲泪沾裳。”

這段文字寫了險峭的山勢、奔騰的江水、四季的景色變化和遊人的心情。文字清麗峭拔，有聲有色，形象優美，是一首絶妙的散文詩，嚮為人們所傳誦。其他的如《龍門》《大明湖》《陽城淀》等，也都膾炙人口，給人以美的享受。

《水經注》為遊記的産生起了重要的開山作用。劉熙載在《藝概》中説：“酈道元叙山水，峻潔層深，奄有《楚辭·山鬼》《招隱士》勝境。柳柳州遊記，此其先導耶。”如此評價是很恰當的。然而，儘管如此，這一時期的散文無論内容還是形式，仍與我們今天所説的遊記不同，尚存在着没有融情於景、缺乏適當議論等許多缺點，故都不能稱之為遊記，它們仍屬於叙事的文體。

第三階段。歷史發展到了唐朝肅宗、代宗時，著名詩人、作家元結（719—772）開始了遊記寫作的先河。他的許多散文已不再是單純的寫景狀物、情景分離的文章了，而是除了叙事寫景外，已開始在文中藉景生情，并間或夾雜着一些議論，具有了情韵和意境。他的《右溪記》就具備了我們所説的遊記標準。請看全文：

> 道州城西百餘步，有小溪。南流數十步，合營溪。水抵兩岸，悉皆怪石，攲嵌盤屈，不可名狀。清流觸石，洄懸激注；佳木異竹，垂陰相萌。此溪若在山野，則宜逸民、退士之所遊；處在人間，可為都邑之勝境，靜者之林亭。而置州以來，無人賞愛。徘徊溪上，為之悵然。乃疏鑿蕪穢，俾為亭宇，植松與桂，兼之香草，以裨形勝。為溪在州右，遂命之曰“右溪”。刻銘石上，彰示來者。

全文纔一百餘字，作者就描繪了右溪“兩岸”和“清流”及“佳木異竹”之美，寫了其溪“無人賞愛”之因，抒發作者“為之悵然”之情以及加以清理整修，使它容貌“以裨形勝”之經過。文章通過對右溪之贊、之嘆、之修，不但間接地抒發了作者懷才不遇的不滿情緒，而且還表現出作者的愛才用才觀和感慨時世不公的憂慮。此文語言簡樸，風格清峻，有景有情，有議論，情深意遠，寓有啓迪，堪稱遊記發展史上承前啓後的名篇。

遊記作為一種文學形式的誕生，始於唐朝柳宗元（773—819），時間是從他寫《永州八記》前後幾年開始的（809—812）。

柳宗元是我國中唐時期著名的文學家、思想家和政治家。他滿腹才華，二十歲登進士，三十一歲為監察御史裏行。他的前期經歷頗為得意。順宗即位後，他參加了王叔文、劉禹錫等人的革新集團，積極從事政治、經濟、軍事等方面的革新，做了不少符合客觀規律、有利於社會發展的事。但革新觸犯了保守勢力的利益，七個月後，因遭到宦官和舊官僚的聯合進攻而失敗。柳宗元起初被貶於永州為司馬，十年後，又改為柳州刺史。他的遊記都是被貶永州時寫的。十年的貶謫生活，使他有機會進一步接近下層人民，瞭解社會，這對他的思想和文學素養都大有好處。他有許多的政治見解和主張，對黑暗醜惡的現實充滿不平和抗議，但在那個敢怒不敢言，甚至不敢怒不敢言的封建社會裏，却不能公開抒發自己內心的真實感情，於是他便巧藉山水遊記這種文學形式，在景物描寫中一方面以寫遊山玩水之樂來找精神安慰，一方面藉景生情曲折地書寫自己的不幸遭遇，流露他對現實的不滿和反抗。如《始得西山宴遊記》，開篇寫“自余為僇人，居是州，恒惴慄”，説明了自身處境的險惡，然後通過描寫西山“怪特”，氣象浩渺，雄闊深邃，“不與培塿為類”，來暗寓作者的高尚人格。《鈷鉧潭西小丘記》寫“兹丘之勝，價廉而不能售，成為唐氏之棄也”，正是作者的自况；寫“農夫漁父過而陋之”，即小丘的被棄，來感嘆自己的不幸遭遇；寫在遊山玩水時仍懷念着“故土”，含蓄地表露貶謫生活中的抑鬱心情，傾吐自己胸中的憤懣和不平。明人茅坤説柳宗元“藉石之瑰瑋以吐胸中之氣”，恰到好處地道出了柳宗元的遊記特色。他這一特色為後來的遊記景中有情、情景交融，以我之感來感染讀者、啓發讀者，提供了很好的經驗。

柳宗元遊記第二個特點是工於寫景，形神兼備，既有全貌勾勒，又有細膩描寫，善於運用以動寫静和擬人化手法，造成凄清優美的意境，使畫面鮮明，各具特色。如《小石潭記》，僅二百字的短文，從潭岸寫到潭中，從近景寫到遠景，還寫了聲音、色彩、形狀、動態、静態等，都寫得可見可感，讀罷如身臨其境，特別是潭中游魚，寫得尤為精彩、傳神。在《鈷鉧潭西小丘記》裏，先用簡練之筆，寫出西山鈷鉧潭和小丘的發現經過及其所處的方位，接着用化静為動、寓情於景的手法，着力描寫小丘千姿百態的群石奇偉可愛，讀之，一些經過天工神斧鑿成的憨態可掬的“石牛飲水”“熊羆登山”的怪石立即浮現在我們眼前。在《石渠記》裏，抓住渠中之泉“幽幽然”的特點，作者選用“伏出其下”“旁陷岩石下，墮小潭”等語句突出泉的静和細。寫樹木、花草、竹子等，用“風摇其巔，韵動崖谷，視之既静，其聽始遠”的句子來寫所見所聞，造成一種强烈的立體效果，令人如臨其境。

第三個特點是語言精美，音韵和諧，句法錯落有致，善於運用各種修辭手法，使文章優美自然。正如他在《愚溪詩序》中所説，“清瑩、秀澈、鏘鳴金石”，風格清峻自然，不但寫出了山水的特徵，文筆簡練生動，而且讀起來朗朗上口，富有音樂美。

綜上所述，柳宗元的遊記代表作《永州八記》的誕生，證明遊記作為一種文學形式而正式獨立發展起來了。柳宗元的遊記創作繼承了元結以前散文的成就，并且加以創造發展，為遊記的創作奠定了穩固的基礎，歷代遊記寫作大家如宋代蘇軾、明代徐宏祖、清代姚鼐等，都受到他極深的影響，故被人們名之曰“遊記之祖”。

第四階段。宋代是遊記的鞏固、發展階段。在宋代，寫遊記的人數多，佳作薈萃，功績卓絶，對後世産生了深遠的影響。

北宋立國，建立了中央集權制，結束了唐末五代長期分裂的局面，全國局勢趨嚮穩定。雖然國内外矛盾重重，但人民畢竟有了一個安定的環境來從事農業和手工業生産，促進了社會經濟繁榮，也有利於封建文化的發展。再加上封建統治階級“重文輕武”，就使得各種文學形式得到長足發展。遊記在這種情况下應時而發展起來。當時遊覽山水蔚成一種社會習俗風尚，人們對自然山水表現出更大的熱情，漫遊成為人生中一項重要内容。一些仁人志士在政治上受到挫折、被貶謫時，很自然地要以遊消愁。眼前山河之美好，與官場之黑暗，人生道路之坎坷，自然而然要引起許多感慨。此時此刻作者很容易選擇遊記這一文學體裁來“感物吟志”。這是北宋遊記發展的重要原因，其主要成就有以下三點。

一是繼承并發展了唐代元結、柳宗元遊記寫作的傳統，藉遊記來抒發作者政治上的挫折、仕途貶謫的抑鬱和苦悶，使讀者從字裏行間看到當時社會的黑暗，感覺到作者内心的痛苦。如蘇舜欽因“數上疏論朝廷大事，敢道人之所難言”，為保守派忌恨，被藉故誣陷，革職為民。他退居蘇州，買水石，築滄浪亭。他在《滄浪亭》一文中，記叙自己興築滄浪亭的首末經過和其周圍“不類乎城中”的景致，結合自己的生活經歷和具體感受，揭露官場的黑暗，抒發自己無拘無束的歡愉心情。他還在《蘇州洞庭山水禪院記》中，藉遊記來訴説自己政治上的不幸遭遇，表達厭惡世俗，羡慕僧人超脱現實的思想情緒。再如歐陽修因支持范仲淹等人的政治革新而被貶為滁州知州，常與賓客到滁州西南琅琊山中的醉翁亭上遊覽宴飲，寫下了詩意濃郁、境界優美的《醉翁亭記》。文中明寫山水之樂，暗寓被貶後的抑鬱心情。又如蘇軾因"烏臺詩案"被貶為黄州團練副使，在黄岡過了四年多"躬耕"生活。他在沉重的精神壓力下，内心産生了深刻的變化，比任何時候更加感慨世事的紛擾和虚無。他哀嘆人生如夢，愁緒難遣，對現實不滿可又不得不忍受，想超脱現實可又超脱不了，於是不得不從佛老思想中尋找慰藉，寄情山水，以求超脱。此間他寫的前後《赤壁賦》就是他抒發感慨、尋求超脱與寄托的代表作。作者通過記遊，描寫超然逍遥的意境，表達自己無辜遭貶後力圖擺脱精神苦悶和清高自樂的思想情懷。

二是由於宋朝人尚理，出現了藉助山水來發表議論、闡述人生哲理的遊記，對後世影響很大。其代表作是王安石的《遊褒禪山記》和蘇軾的《石鐘山記》。前者是藉深入華山石洞遊覽的體會，闡明一種治學的道理：學問之道無窮盡，學習越深入，難度就越大，需要花費的心血就越多，所獲得的成就就越大。反之，淺嘗輒止，不肯深究，真正有價值的東西是不能得到的，從而得出要想使自己的學問達到高深的境界，就必須做出一般人難以做出的努力，付出一般人不能付出的代價。後者作者通過實地考察，辨明前人關於石鐘山命名原因的兩種説法，并從這一具體問題的探究，推而廣之，得出凡事必須目見耳聞，不可"臆斷其有無"的結論。

三是作家們開始用各種文學形式寫遊記，為遊記的形式多樣化奠定了基礎，主要有：散文詩體的，如歐陽修的《醉翁亭記》、蘇軾的《記承天夜遊》；書信體的，如謝絳的《遊嵩山寄梅殿丞書》；題記體的，如蘇舜欽的《蘇州洞庭山水月禪院記》、蘇轍的《武昌九曲亭記》；文賦體的，如蘇軾的前後《赤壁賦》、晁補之的《新城遊北山記》等。

到了南宋，金兵南下，以趙構和秦檜為首的投降派，打擊迫害以岳飛為代表的抗戰派，不惜割地賠款，嚮女真貴族稱臣，以换取苟安東南的局面。許多人報國無門，對現實采取了消極態度，或隱居山野，或藉遊消愁。歷史發展到此，崇尚山水自然、藉景抒懷的社會意識仍然如故，但在寫作内容和形式上與北宋相比有所不同，主要表現為以下幾點。

一是藉景抒懷或發議論的遊記少了，而旨在描寫山水之勝、風物之美的遊記多了起來，這時的遊記，在内容和形式上更加接近我們今天所説的遊記的含義。這類遊記從不同側面，色彩斑斕、栩栩如生地描繪了祖國的壯麗山河，廣闊而深邃地揭示了大自然的壯美和蓬勃生機。作家們懷着對祖國深厚的熱愛之情，漫遊東南各地，將名山勝水熔鑄於遊記的咫幅寸圖之中，使我們從一山一水、一景一物的描繪中，不但可神遊南國的山容水態，領略壯麗風光，從心底發出"江山如畫"的贊嘆，而且還可以看到作者愛國、憂國的感傷情緒。

其代表作有王質的《遊東林山水記》、朱熹的《百丈山記》、張孝祥的《金沙堆觀月記》、羅大經的《遊桂林岩洞與容州勾漏洞天》、周密的《觀潮》、鄧牧的《雪竇遊志》、謝翱的《月泉遊記》等。

二是獨創了日記體遊記。用日記體寫遊記最有成就的當首推大文學家陸游。他在乾道六年（1170）入蜀任夔州通判，從山陰到任所，旅行了四個月，逐日記叙了赴任途中的所見所聞，寫成《入蜀記》。這部旅行日記，共六卷，文中寫景、記物、抒情、議論、叙風俗、做考證，内容十分豐富，語言平易自然、清新活潑，在樸實的叙述中流露出作者的情懷。這種體裁的運用和寫作方法，對後世影響很大。用日記體寫遊記的還有范成大的《峨眉山行記》、王質的《遊東林山水記》、張栻的《南嶽遊山唱酬序》等。

三是誕生了我國第一部遊記選集。淳祐三年（1243），陳仁玉輯成《遊志前編》，此書雖已失傳，但説明當時人們已把遊記作為一種獨立的文學形式運用了，説明遊記獲得了人們的廣泛重視，標志着遊記在宋代有了重大發展。

四是出現了遊記專集。如陸游寫的《入蜀記》、范成大寫的《吴船録》，為後來寫遊記專集開了先河。

第五個階段。元朝以降，為遊記長盛不衰的階段。

元朝實行殘酷的階級壓迫和民族歧視政策，各種社會矛盾空前尖鋭。漢族文人失去了像宋朝那樣的優越地位。反映市民意識的雜劇興起，但詩文的發展却十分緩慢。遊記衹是沿着唐宋的道路發展，成就却去唐宋遊記很遠，大都走着模擬因襲的道路，佳作也不多。值得一提的代表作家代表作品是元好問的《濟南行》、耶律楚材的《西遊録》、麻革的《遊龍山記》、虞集的《小孤山新修一柱峰亭記》、揭傒斯的《陟亭記》、許有壬的《林慮記遊》、薩都剌的《龍門記》等。他們的主要成就是在寫法上繼承了宋以來的優良傳統，文章内容充實，語言平易流暢，對後世有一定的影響。

其次是出現了行役性遊記，這是指那些以記述在服軍役、勞役或因公務長途跋涉中的所見所聞為主要内容的遊記。其代表作是耶律楚材的《西遊録》。這是作者隨成吉思汗西征中亞，回燕後寫成的遊記專著。《西遊録》分上下兩部分，“上”記行程，“下”答問題，較詳細地嚮人們介紹了他在西域六年間的所見所聞，生動地反映了七百多年前西域的自然景色和人們的生活情形。類似這樣的遊記文章還有《長春真人西遊記》等。

明代遊記的發展，可以中葉弘治、正德年間為界限，劃分為前後兩個時期。前期受擬古思潮的影響，遊記成就大為遜色，没有出現傑出的作家作品。後期公安派、竟陵派提出了進步的文學主張，并把進步的主張用於遊記創作，因此成就較大，對當時和以後的遊記創作都産生了很大影響。

先談前期。前期在一百多年的時間裹，社會比較安定，經濟在經歷了一段恢復、發展的時間以後，開始出現了比較繁榮的局面。但由於封建統治者在文化思想上實行嚴酷的控制，積極提倡理學，實行八股文取士制度，支持復古主義，大興文字獄，因而前期的文學，除在元明之際出現了優秀長篇小説《三國演義》《水滸傳》等以外，其他方面的文學成就都不大。散文、詩詞比起以往的各個時期來説，是處在一種衰退的狀態。遊記或宗唐，或宗宋，徘徊於感慨、説理、記遊各體之間，在思想和藝術上都未突破傳統的束縛。這一時期衹有宋濂、劉基、高啓是例外。他們都是經歷了元末社會的動亂，作品有現實内容。宋濂的遊記從容簡潔，富於變化，代表作是《遊鐘山記》。劉基不僅是協助明太祖朱元璋定天下的勛臣，而且還是元末明初頗負盛名的詩文作家。他在元順帝至正十五年（1356）六月，從越城經平水遊覽會稽山水，歷時一個多月，寫了八篇遊記收入《誠意伯文集》。這八篇遊記寫得清新生動，有一定的成就。高啓性格疏放，不拘禮法，無意名利仕途，退隱青丘，他的遊記數量不多，但明白暢達，自成一家，代表作是《遊靈岩記》。

他們三人之後，文壇“臺閣體”流行，遊記創作陳陳相因，平庸乏味。其間值得一讀的一般是没有受到“臺閣體”影響，或影響不大的作品。如楊士奇的《遊東山記》、薛瑄的《遊龍門記》、喬宇的《恒山記》、張居正的《遊衡嶽記》等，這些遊記的特點是恪守正統，立意弘大，氣度莊重，形式典雅、工麗。除此之外，敘事、寫景、抒情、説理較有特色的遊記，還有程敏政的《夜渡兩關記》、王世貞的《遊張公洞記》、楊慎的《遊點蒼山記》、程啓充的《遊千山記》等。

明中葉之後，源遠流長的傳統文學在擬古與反擬古的鬥争中曲折前進，文學小集團和流派很多，他們或同時并起，或先後相承，各自利用一定的文學傳統，提出一定的文學主張，表現一定的創作傾嚮，一直到明亡為止。這一時期對遊記的理論和創作做出突出貢獻的是後期的公安派、竟陵派和晚明小品文派。這三派都主張“獨抒性靈”，以“爽厲心脾”為旨歸，具有個性，强調創作要自然天成，反對封建思想的束縛，直抒感興。在創作形式上，他們繼承和發展了我國傳統的小品文這一文學體裁，不僅扭轉了元代以來遊記創作不景氣的局面，而且也為遊記的本身增添了異彩。在創作内容上，他們把山水作為自己的審美對象，表達自己為大自然的壯麗所折服和自己精神與之合為一體的歡悦，表現自己不苟流俗的清高格調和不拘封建傳統束縛的自發傾嚮。

對這一發展趨勢貢獻最大的是公安派的袁宏道。他厭棄當時那污濁的社會，不願與之同流合污，為逃避朝内黨派的激烈鬥争，衹好置身於是非之外，以退守田園、忘情山水來麻醉自己。他漫遊祖國的名山大川，探賞山水之勝景，寫下了許多遊記佳作。他筆下的自然景物，特徵鮮明，情趣濃鬱，給人以獨到的審美感受。同代人張岱評價他説：“古人記山水手，太上酈道元，其次柳子厚，近時則袁中郎。”這個評價是恰如其分的。在《虎丘記》中，他以細膩的筆觸，描繪中秋月夜的虎丘景色和遊客雲集、高歌狂飲、競鬥歌喉的情景，表現了作者不願與世俗同流合污、寄情山水、與民同樂的思想。《滿井遊記》則描寫了北方農村早春二月的清新優美的自然風光，其寫水面冰皮始解的波光、波浪及水清，生動逼真；寫山巒為清雪所洗，像美女剛洗過的臉，剛梳過的髮髻，十分動人；寫柳條，寫麥苗，寫飛鳥，寫游魚，無不充滿勃勃生機，物態畢顯，人情朗然。他將主觀感受的抒發融於叙事寫景之中，表達出一種封建士大夫的閑情逸致。《晚遊六橋待月記》，着意寫梅與杏桃競相開放的奇觀，他寫傍晚的山容水態的穠媚和杭人遊湖的盛況，筆墨簡潔輕快，別有一種趣味。

竟陵派的作品雖然“幽深孤峭”，脱離現實生活内容，但其中也不乏佳作。如鍾惺的《浣花溪記》和譚元春的《再遊烏龍潭記》：前者是遊覽成都浣花溪杜工部祠後寫的一篇遊記，描繪了浣花溪沿岸緑水縈迴、柏竹蒼翠的清幽景色，贊賞了詩人杜甫“窮愁奔走”而能擇勝而居的曠達情懷，揭露和嘲諷了達官顯貴假充斯文、折腰媚上的醜態。文章結構嚴謹，脈胳清晰，有描寫，有議論，有抒情，運用了許多表現手法，語言清新、流暢，是一篇思想性和藝術性完美統一的佳作。後者是作者與友人乘筏遊烏龍潭遇雷雨的勝記。作者以幽峭瑰奇之筆，從感覺、視覺、聲覺和幻覺等角度來描繪雷雨來勢凶猛的奇幻陰森景象，以及人們從狂風大作、細雨霏霏到雷雨注下、“風雨一時至”的各種動態、形態、情態。其結構由論而叙，論為叙做反襯，叙中又采取反襯等藝術手法寫景。文章寫得十分精警動人，不愧是竟陵派的代表作之一。

晚明小品文派，主要作家有張岱、王思任、祁彪佳等。他們面對黑暗、動蕩的社會現實，無勇氣鬥争，又不願隨波逐流，便滯迹園林，寄情山水，觀景作文，遂成一文派。他們所作遊記甚多，描寫細膩深入、自然親切，語言明麗潔凈，刻琢精細，其中尤以張岱的作品最好。張岱的遊記，常寄托國破家亡的感慨，抒發故國舊土的情思，文筆清麗，形象富有詩意。他的《西湖七月半》極為有名：

西湖七月半，一無可看，止可看看七月半之人。看七月半之人，以五類看之：其一樓船簫鼓，峨冠盛筵，燈火優傒，聲光相亂，名為看月而實不見月者，看之；其一亦船亦樓，名娃閨秀，攜及童孌，笑啼雜之，還坐露臺，左右盼望，身在月下而實不看月者，看之；其一亦船亦聲歌，名妓閑僧，淺斟低唱，弱管輕絲，竹肉相發，亦在月下，亦看月而欲人看其看月者，看之；其一不舟不車，不衫不幘，酒醉飯飽，呼群三五，躋入人叢，昭慶、斷橋，嘄呼嘈雜，裝假醉，唱無腔曲，月亦看，看月者亦看，不看月者亦看，而實無一看者，看之；其一小船輕幌，净几暖爐，茶鐺旋煮，素瓷靜遞，好友佳人，邀月同坐，或匿影樹下，或逃囂裏湖，看月而人不見其看月之態，亦不作意看月者，看之。杭人遊湖，巳出酉歸，避月如仇。是夕好名，逐隊争出，多犒門軍酒錢，轎夫擎燎，列俟岸上，如沸如撼，如魘如囈，如聾如啞，大船小船一齊湊岸，一無所見，止見篙擊篙，舟觸舟，肩摩肩，面看面而已。……

此文簡潔，形象生動，寓意含蓄，由此可見作者觀察生活是多麼仔細，多麼熟悉生活。

在明末遊記的繁榮和發展過程中，有一部遊記專著特別值得一提，這就是舉世聞名的《徐霞客遊記》。它是偉大的旅行家、地理學家徐宏祖（1586—1641）三十多年考察自然地理、地貌的資料整理。《徐霞客遊記》的內容十分廣泛，有：

山川源流的走嚮，地形地貌的考察，大山名川、名勝的描述，三教九流、風土民情的記敘，動物、植物和礦産，手工業的記録，行政區域劃分的歸屬和歷史沿革的議論分析等等，凡他行展所至、觀察有得，都做了詳盡的記録。《徐霞客遊記》在地理學上的成就傑出而偉大，在某些領域皆為首創，如作者否定了被歷來奉為經典的《禹貢》"岷山導江"之説，確認長江的正源不出自岷山，而出自金沙江，糾正了有關記載的混亂和錯誤，防止了以訛傳訛。再如足迹遍及西南廣大石灰岩地區，勘察了百餘岩洞，對它們的形成、結構、分布和利用價值等做了詳細觀察和記述，開創了洞穴學這一新興學科。這不僅在我國是首創，也比歐洲人對石灰岩地貌的考察早一百多年。徐霞客不愧為開拓石炭岩地貌研究的先驅。

《徐霞客遊記》不但具有科學價值，而且還具有很高的文學價值。書中以日記的形式，質樸、明快、暢達的語言，如實地描繪了祖國的錦綉河山，像一部彩色畫卷一樣，將我國華東、華北、華南沿海和雲貴高原的名山大川展現在讀者面前。他筆下的山，争奇鬥險、姿態萬千；他筆下的水，山谷溪洞、瀑布險灘，各具形態；他筆下的植物，萬木森空，藤蘚交擁，幽峭之甚；他筆下的洞穴，幽深曲折，雄偉至極，十分奇特；他筆下的農民武裝鬥争、各地風俗習慣等等，都是當時歷史的再現。此書的結構是在記遊的過程中將所見之景、所生之情以及由事而發之理串連起來，將景、情、理訴諸筆端，遊記的要素畢備，記載精詳，藝術感染力很强，是繼陸游《入蜀記》之後又一部優美的日記體遊記專集，被人們稱為"世間真文字，大文字，奇文字"和"古今紀遊第一"的佳作。它為後人寫意在贊美山河之秀的遊記，提供了很好的經驗。

綜合上述，明末遊記發展原因有二：一是由於朱氏王朝封建統治摇摇欲墜，文禁不像明初那麼嚴酷，思想比較活躍。公安、竟陵兩派可以公開反對復古主義，反對道學，强調李贄的童心説；提倡創新，反對模擬，提倡思想解放，從而使以"獨抒性靈"為宗旨的山水小品得到迅速發展，并對以後的遊記創作産生了深遠影響。二是自萬曆以來，宦官魏忠賢專權，政治腐敗，社會動亂，黨派之争激烈，民族矛盾尖鋭，人民隨時都有殺身之禍。一些文人、士大夫在這種情况下紛紛遁迹林園，浪迹山水，這就使遊記有了發展的客觀條件。

女真族統一中國建立清王朝，仍按明初老路走下去，實行極端專制的封建統治，以八股文取士，大興文字獄，提倡理學，壓制思想上的反抗，這些比明朝都有過之而無不及。除小説由於自身的發展慣性和一定的社會條件原因得到進一步發展外，其他傳統文學形式都比較衰落。雖然作家作品和流派較多，各種文體皆備，但由於大多數作家基本上没有跳出擬古主義和形式主義的圈子，因此文學成就不大。

明清易代之際，明末遊記創作的影響不絶如縷，清初有些作品仍保留着明末遊記的風格。如明遺民歸莊的《洞庭山看梅花》、錢邦芑的《遊南嶽記》、錢謙益的《遊黄山記》等，都繼承了遊記的傳統寫法，藉景抒發壯志難酬的苦悶和慨嘆，在各個方面都没有什麽創新。

康熙至乾隆年間，清王朝統治日益鞏固，但在思想上繼續實行高壓政策，遊記佳作不多，衹有桐城派的代表人物和性靈派的代表人物寫的遊記頗有特色。

桐城派繼承唐宋派的古文傳統，提出“義法”主張，要求語言“雅潔”，主張文章必須“義理、考據、詞章”三者并重，方苞、劉大櫆、姚鼐的遊記都簡潔可讀，而其中寫得最好的是姚鼐的《登泰山記》。文中記敘作者辭官自京返里途經泰安，與友人同遊泰山的經過。文字結構簡潔，章法嚴明，筆調淡雅，把泰山雪後初晴的瑰麗景色和日出的壯觀，描繪得十分真實動人，景色穠麗，生動逼真，使人如入畫境，表現出作者熱愛祖國大好河山的强烈感情。文中還不時穿插出引證和考據，不僅表現出作者的學識淹通，而且也使遊記顯示出一種雍容典雅的風格。

性靈派代表人物是袁枚，他發展了明末公安派的文學主張，為文主張直抒性情、性靈，反對盲目擬古，力求創新。其遊記意境清新，文字流麗，别具清麗靈巧的風格。姚鼐在《袁隨園君墓志銘序》中評論他的文章説：“足迹造東南山水，佳處皆遍，其瑰奇幽邈，一發於文章。……世謂百餘年來，極山林之樂，獲文章之名，蓋未有及君也。”袁枚的遊記佳作不少，風格各異。《峽江寺飛泉亭記》没有濃墨重彩地實寫亭之好，而是處處寫遊之樂，從側面用以虛寫實、以虛襯實、虛實相間的藝術手法，深刻揭示了飛泉亭的内在意藴，使人在閱讀中得到情的感染、美的享受。《遊黄山記》采用日記體的寫法，寫景之美、遊之樂，筆觸生動逼真，惟妙惟肖。《遊桂林諸山記》藉景發感慨、抒喜愕，情景交融。在這一時期，遊記創作有一定影響的還有鄭日奎的《遊釣臺記》、朱彝尊的《遊晋祠記》、王士禛的《紅橋遊記》、沈德潛的《遊虞山記》、惲敬的《遊廬山記》、王灼的《遊歙西徐氏園記》、管同的《登掃葉樓記》、梅曾亮的《鉢山餘霞閣記》等。這些遊記旨在寫山描水，在藝術上精益求精，對後來的遊記創作有一定影響。

到了近代，中國變為半殖民地半封建國家，文學的發展出現了進步陣綫與反動腐朽的陣綫的尖銳對立。傳統文學創作走出低谷，呈現出繁榮的景象，遊記也不無佳作。進步的思想家、文學家龔自珍的遊記和他的詩文一樣，多抒寫他的社會政治思想，縱橫奇詭，頗具特色，不但有很高的思想性，而且還具有很高的文學藝術價值。他在《己亥六月重過揚州記》中，通過寫揚州的今昔對比和兩次遊揚州的不同心情，表達自己迫切要求改變那種死氣沉沉、令人窒息的政治局面的志嚮。在《説京師翠微山》中，他藉山的特點刻畫清王朝官僚的各種醜態，藉“天地間不可無”的松樹，贊頌敢於蔑視腐敗王朝的頂天立地的新人。著名文學家林紓，以寫詩和繪畫的技法寫遊記，效果頗佳。他遊杭州寫了不少遊記，如《記九溪十八澗》再現了溪澗交錯、峰迴路轉的迷人的和諧美。《遊棲霞紫雲洞記》描繪了山洞的壁勢、壁紋、泉穴、雜樹、怪石都奇形怪狀，爽悦心目。這期間桐城派影響仍不絕如縷，影響較大的還有張裕釗的《遊虞山記》、吴敏樹的《君山月夜泛舟記》、趙坦的《烟霞嶺遊記》等。

縱觀我國古代遊記的形成與發展，至今已有一千多年。在這漫長的時間裏，著名作家衆多，優秀作品林立，為現代和當代的遊記創作留下了十分寶貴的文學遺産和精神財富。現代遊記是在古代遊記的基礎上形成和發展的，没有古代遊記也就没有現代遊記。多看古代遊記，不但可以神遊錦綉河山，憑吊歷史古迹，瞭解當時的風土人情，而且還可以從中得到美的熏陶，學到寫作技巧，增加各種知識。

二、現代遊記

中國現代遊記創作發端於 1919 年的“五四”運動。從“五四”運動直到中華人民共和國成立，這三十年，是新舊思想尖鋭衝突、新思想戰勝舊思想的三十年；是革命與反革命激烈鬥争、革命戰勝反革命的三十年；是打破封建思想桎梏，争取個性解放的三十年；是打開國門，放眼世界，人們思想越來越開放的三十年。在這三十年裏，我國的文化藝術發生了翻天覆地的變化。遊記這一藝術奇葩，在這個大趨勢下取得了相當大的成就，歸納起來，主要有以下幾點。

首先表現在名家輩出，佳作不可勝數。這一時期的作家幾乎都寫遊記，如革命先驅李大釗、中國共産黨的早期領導人瞿秋白、新文化運動的主將魯迅，其他的如文學研究會的冰心、廬隱、周作人、朱自清、葉紹鈞、俞平伯、鄭振鐸、許地山、王統照、茅盾，創造社的郭沫若、郁達夫，以及其他方面的作家鍾敬文、陳學昭、徐蔚南、孫伏園、孫福熙、梁遇春、豐子愷、徐志摩、巴金、吴組緗、沈從文、艾蕪、靳以、夏丏尊、吴伯簫、李廣田、何其芳、麗尼、柯靈等等，都寫了不少遊記佳作。這一時期遊記作品特別多，其中膾炙人口的佳作有：徐志摩的《威尼斯》《我所知道的康橋》，郁達夫的《釣臺的春晝》《桐君山的再到》，朱自清的《荷塘月色》《緑》，俞平伯的《槳聲燈影裏的秦淮河》，沈從文的《箱子岩》《鴨窠圍的夜》，鍾敬文的《西湖的雪景》，吴組緗的《泰山風光》，李大釗的《西峰遊記》，夏丏尊的《白馬湖之冬》，等等。這些美文佳作，都已成為現代遊記創作的範文，其中還有不少被選入高等、中等學校教材。

究其現代遊記創作豐收的原因，大致有三：一是當時社會動蕩不安，許多文人淪為流浪者，他們為生活所迫，衹得四處奔波，身處異域自然而然要運用藉景抒情這一傳統的藝術手法，把自己的經歷與感受寫出來，這就是當時報紙雜誌發表遊記多的主要原因。二是遊記這種文學形式靈巧輕便，無論什麼人，衹要有一定的文學修養，有一定的寫作技巧，遊中有所感，都可以寫出遊記來。三是讀者願意看，因為它能滿足人們急切地想瞭解域外情況的願望和要求。

其次，注重抒發個人感情。“五四”以來的文學創作的一個重要特點，是字裏行間洋溢着反對封建主義的思想感情，十分强烈地表現出要從封建思想束縛中解放出來的個性解放的願望。這種要求個性解放的强烈的思想也表現在某些作家的遊記裏，其中表現尤為突出的是冰心、郭沫若、郁達夫、徐志摩。他們的共同特點是文章的主觀性很强。冰心的《寄小讀者》中的某些遊記，通過歌頌“人生”“母愛”“大海”等，以人性論這一思想武器反對封建主義的桎梏，傾訴自己内心的悵惘、哀愁和感受，表達内心所追求的個性解放。郭沫若與郁達夫這兩位創造社主將的遊記，字裏行間表達出對那個社會的强烈憎恨與抗議，强烈呼唤着個性解放與自由平等以及表現對未來理想社會的憧憬與追求。徐志摩好在遊記裏書寫旅遊的豐富情趣與審美的快感，表現出一個資産階級自由主義者對大自然的無限神往和贊美之情，也充滿了“五四”個性解放的精神。

第三，“五四”新文化運動開闢了一個嶄新的時代，許多遊記還反映了廣大被剥削、被壓迫群衆的不滿情緒與要求。李大釗在“五四”前後寫的遊記都表達了他對社會人生的關切。沈從文以感傷的情調寫舟子生活的清苦和鎮市的日趨衰落。柯靈描繪山水風光時，總不能忘記現實和人生，他將自己這方面的感受，編織在絢麗的景物描繪中，寫景抒情緊密結合，徜徉山水却依舊没忘記人生。鄒韜奮在《萍踪寄語》及其續集中真實地描寫了歐洲各國貧民窟的啼饑號寒，榨取體制的摇動不安，帝國主義者的荒謬殘暴，經濟貴族所豢養鷹犬的狂妄無耻，資本主義制度的虚僞和文明道德的墮落以及華僑在國外所遭受的耻辱等等。

由於這一時期文化思想異常活躍，通過有志之士在尋求救國救民道路中所寫的遊記，我們不但可從中看到異鄉的情趣，懷古的幽思，更多地還可以看到作者尋求救國救民道路的强烈願望，這對渴望多知道這方面内容的進步人士起了一定的鼓舞作用。

第四，每個作者都形成了自己獨特的風格。郁達夫説：“現代散文之最大特徵，是每一個作家的每一篇散文裏所表現出的個性，比以前的任何散文都來得强。”（《中國新文學大系・散文二集導言》），他的這段話也完全適用於遊記。那個時期的遊記，可以説是每一個作家的每一篇遊記都有自己的個性，比以前的任何遊記都來得强。如冰心的委婉秀麗，周作人的冲淡平和，葉紹鈞的純樸流暢，徐志摩的濃烈縝密，李大釗的簡潔疏放，俞平伯的雅致委婉，王統照的幽麗峭拔，鍾敬文的冲淡静默，李廣田的樸實腴厚，巴金的真摯深永等等。總之，那個時期的遊記風格各異，多姿多彩，真可謂百花齊放。而在這風格林立之中，最突出、對當時和以後影響最大的是朱自清和郁達夫。朱自清善於抓住景物的特點，運用對音樂和色彩的細緻入微的感受，描繪出一連串生動、鮮明的藝術形象，在巧妙的比喻和聯想中構成一幅美麗的圖畫，并在畫山描水時深深地抹上自己感情的色彩，把自己内心深處的印象與感受，融化在景物的描寫之中。他的作品具有優美的意境，鮮明的形象，深邃的思想。其寫景抒情樸實、自然、生動、親切、形象，形成細膩、委婉、綺麗、清新、質樸，於平淡中見神奇的藝術風格。郁達夫寫景不像朱自清那樣反復細緻地比喻、描寫、烘托，他是抓住對美好景物最初的印象，用清新俊秀的文字寫出風光的氣勢和神韵，并在寫景中把自己的種種獨特感受和真摯感情融進字裏行間，使山川名勝描繪之“真”，與作者内心情懷抒寫之“真”，緊密地結合在一起，具有很高的審美價值。他的每一篇遊記都氣韵靈動，真趣盎然，格調清新，意味無窮，形成了他自己的瀟灑通脱的風格。

綜上所述，現代文學之所以能取得如此高的成就，與那個時代有着直接關係。如果没有當時的新舊思想的衝突，没有個性解放的時代潮流，没有反剥削反壓迫的抗争，没有到外國取經的熱潮，是不會出現以上成就的。現代遊記的成就對當代遊記産生了巨大的影響。

縱觀我國遊記的形成和發展，它的誕生比外國不但早近千年的時間，而且它的質量和數量也遠遠勝過外國。其原因是我國的文化歷來十分重視寫山描水，藉景抒情。歷代文人都有“性耽山水”“情繫田園”的文化習俗，對山水有着特殊的喜愛。因此有人説：“中國藝術的衝動，發源於山水；西洋藝術的衝動，發源於女人。”“中國人以山水的曲綫為美，外國人以女人的曲綫為美。”此話頗有道理。這是我國遊記興盛的主要原因。然而我國遊記的發展又不是一帆風順的，它是呈波浪型嚮前發展的。造成一起一伏發展的原因，是與一定歷史時期特殊的政治、文化、歷史以及地理環境等有着密切關係的。也正是由於這些原因，纔使各個歷史時期的遊記各有各的特點，呈現出五彩繽紛的局面。研究我國遊記的形成與發展可從中瞭解它的發展脈絡，更重要的是可從中掌握各個歷史時期作品的特點，從名家名作中汲取營養，以開擴視野，豐富知識，使自己在遊記寫作方面成為行家裏手。

作者單位：大連職業技術學院

漸進式革新：四川國學院蜕變的三個梯步*

魏紅翎

民國初年頒布的壬子癸丑學制可謂中國近代教育的分水嶺，自此以後，舊式傳統教育迅速退出歷史舞臺，代之以現代新式教育。關於這段歷史，學界一直主要着眼於“新”的出現，集中於新學科、門類的建立及發展情況的研究，如馮運麗、李昕揆《壬子癸丑學制與文學理論學科範式的現代變革》（《社會科學論壇（學術研究卷）》2007 年第 7 期）、魏義霞《論近代教育的普及》（《甘肅社會科學》2018 年第 1 期）等。然而，當時還有大量傳統學校，據統計，1909 年時，全國各省有學堂 52348 所，學生 1560270 人①，他們如何轉型實為整個中國傳統教育邁入現代的關鍵所在。本文將對一個典型案例——四川國學院進行剖析，以展現這個被忽略的所在。

1912 年 11 月，四川國學院創辦後不久，便與由存古學堂更名而來的國學館合并，由此國學教學工作成為了國學院的主要任務之一。後來因為廢院存校的大變化②，教學工作更是一躍成為國學學校的首要任務。但是，這個時期的國學教育可謂舉步維艱。就在合并之前數天，10 月 24 日，民國臨時政府教育部頒布《大學令》，此為壬子癸丑學制的組成部分。

---

* 該文為 2017 年度教育部人文社會科學研究規劃基金西部和邊疆地區項目《20 世紀初中國國學研究機構的開山——四川國學院的興辦與影響研究》（17XJA770001）的階段性成果，四川省哲學社會科學規劃研究項目《四川國學院史》（SC18B005）的階段性成果，四川省哲學社會科學重點研究基地、四川省高校人文社會科學重點研究基地四川師範大學巴蜀文化研究中心重點資助項目《四川國學院的創建及發展研究》（BSWHZD18—04）、四川省教育廳人文社會科學重點研究基地地方文化資源保護與開發研究中心資助科研項目《四川國學院的創建與嬗變及其影響研究》（18DFWH—054）的階段性成果。

① 楊宏雨：《困頓與求索：20 世紀中國教育變遷的回顧與反思》，學林出版社，2005 年，第 55—56 頁。

② 關於四川國學院的變更情況，可參見拙作《論四川國學院的創新性及其意義》，天府文化研究院主編：《天府文化研究（創新創造卷）》，巴蜀書社，2018 年。1914 年，四川國學院“廢院存校”，更名為“四川省國學學校”，為表述簡潔，本文姑且籠統冠以“四川國學院”之名。

該文件規定大學應分設文、理、法、商、醫、工等各科，經學科被徹底排斥在大學科目之外。

在這樣一個背景下，如何實現新學制下的國學教育，成為擺在國學院面前一個非常棘手的問題。而最後的結果却出人意料：國學學校不僅没有消失，學生人數反而不斷增加，到 1927 年，它與成都另外四所專門學校聯合組建成立了公立四川大學，即今天四川大學的前身。應該説，當初的國學館還帶有傳統教育體系的烙印，而公立四川大學已經是比較規範的現代大學了，這中間的過渡正是由四川國學院完成的。那麼國學院在當時的環境下，在教學方面是如何實現這種過渡的，便成為一個具有典型意義的案例，從中呈現出的是 20 世紀初中國傳統教育的艱難轉型過程，并進而體現了傳統學者希冀在現代教育體制下實現國學教育的探索與努力。

由於國學院（校）的歷史較為曲折，下面將按照時間脈絡展開叙述，依據其發展節點，論述相應分為三個部分：第一部分是平穩過渡，主要是館院合并初期，大致以 1913 年上半年為限；第二部分是悄然變革，是四川國學學校成立前後；第三部分是華麗蜕變，主要是四川公立國學專門學校成立後。

一、平穩過渡

1912 年 11 月 1 日，四川國學院、國學館合并，由存古學堂更名而來的國學館改名為國學專修科繼續辦學。合并初期，國學院采取了平穩過渡的政策，基本沿用了國學館時的教學框架。

這時，課程分主課與附課兩類。主課為國學，即經學、史學、詞章，又以經學為要。校方認為："保存國粹固以研究經史為最先，儲養師資尤以分經專肄為必要。"① 當時，主課教員需"兼通經史、長於文學"，他們負責講授國學，但在本班、預備班所授課程有所不同：本班講"專經"，預備班"先從小學入手"。因為學生都有一定基礎，課堂上祗講授"學術門徑及條例"②、經史詞章的"用功次第"、應該點閱何書、參考編輯何書等。鈔書、點書是很有特色的一種教學方式，國學院學生所鈔之書一般以各自所習專經為主，新班則先鈔寫《説文解字》《白虎通義》《五經異義》。方式可以是全文鈔録，也可以按照老師要求依類摘鈔，每周呈閱。點書以《史記》《前漢書》《後漢書》《文選》為主，每日所點頁

---

① 《國學院附設國學學校舊班學生歷年成績總分表》(1913. 5)，國學檔，第 26 卷—11，第 31 頁。

② 《國學館簡章》(1912)，國學檔，第 3 卷—2，第 5 頁。

數由教師規定，也每星期呈閱一次。學生對於鈔、點及所讀之書，凡有疑問及心得都需撰寫札記，隨同鈔、點作業一并呈閱。校方特别强調抄書、點書不得假手他人，札記也不得鈔襲陳説托為心得。不過，這時上課時間還是比較隨意的，教員可以“隨時升堂講演”①。課後，教師則“監察”學生自習情況，批改學生所寫札記、評閲試卷，如發現問題“隨時升堂”講評，若遇較大的“經史疑義”，還要“諸生公决之”②。

附課則有較大調整，變為理學、算學、輿地、教育、法學，并且選聘教員講授，而不是僅讓學生自學。此外還開設了“隨意科”，類似選修課，有中國歷史、算學、醫學、金石、篆隸、畫繪，有五人以上選修就可開班授課。又為新班學生開設作文課作為必要科，每月講文法兩次，作文兩次③。國學館時便開辦的國學講演會繼續辦理，他們“約集通材，實地研究古禮、古樂”，成果按期講論，又仿照“白虎觀會議”方式，對重要問題展開討論，“辨明各經大綱巨案”，學生均可旁聽，此舉拓展了教學的形式與内容，豐富了學生的見聞④。

他們又規定了教材的選用，新舊各班使用教材有所差别：舊班經學課程包括《儀禮》《禮記》《穀梁》《毛詩》《論語》《孟子》《尚書》《周禮》《公羊》《左氏傳》，教材均用注疏本；史學采用教員自編《歷史課程》，講至唐、五代止；理學使用教員自編《宋儒學案約編》，授至十五卷；教育講授自編《教育講義》上編；算學用樺正董編《代數教科書》。新班經學則習《説文解字》《白虎通義》《五經異義》；史學講授自編《歷史課程》的上古史；理學講授自編《宋儒學案約編》首卷；教育講授自編《教育講義》上編；算學講授陳文《算術教科書》首編⑤。

與存古學堂相比，這時出現了一個明顯的變化，就是理學地位的降低。國學館甚至未將其列入課程，并入國學院後雖然重新開設此課程，但已由清季的“主課”降格為與算學、輿地等同列的“普通兼習科”⑥。這從一個側面體現了當時四川學界的傾嚮。之前創辦四川存古學堂的提學使趙啓霖“服膺理學”，建“四先生祠”，意在蜀中推崇理學。但民初的變化，表明趙學使的努力并未奏效，蜀學依然沿着自己的道路前行。

在師資方面，館院合并後，國學院院副劉師培兼任校長，講授經學、詞章；吴之英、廖平講經學；楊贊襄教史學；曾學傳授理學；李堯勛講教育學；蒲助孜教算學⑦。“其所聘

① 《國學館簡章》（1912），國學檔，第3卷—2，第5—7頁。
② 本段引用除單獨標注外均來自《國學館辦法簡明章程》（1912），國學檔，第3卷—1，第2頁。
③ 本段引用除單獨標注外均來自《國學院國學學校章程》（時間不詳），國學檔，第7卷—11，第33—34頁。
④ 《國學館辦法簡明章程》（1912），國學檔，第3卷—1，第3頁。
⑤ 《四川省國學院附設國學學校一覽表》（1913．4），國學檔，第1卷—14，第39頁。
⑥ 《國學院國學學校章程》（時間不詳），國學檔，第7卷—11，第34頁。
⑦ 《四川省國學院附設國學學校一覽表》（1913．4），國學檔，第1卷—14，第38—40頁。

教席皆當時國學才俊，著名者有多位。”劉師培在《〈國學學校同學録〉序》中也説：“耆德故老吴之英、廖平之倫，稽槳教思，朝夕講習，善誘恂恂。文其材素，日就月將。”① 這裏“實際上已成為四川培養國學人才的最高學府”②。教師中，劉師培主古文經學，廖平主今文經學，各自講説，學術氛圍還是比較自由的，體現了一種兼容并包的學風。

另外，為檢查教學的成果，學校也組織考試。國學館當時分臨時考驗與學期考驗兩種類型。學生每周呈繳的鈔書、點書作業及札記，教員都會根據完成情況評定是否合格，每月再“綜其勤惰，以定分數”；針對所學經史内容，每月還要發題考驗一次，并考驗詞章一次。這為臨時考驗。學期考驗則是每學期開學時，教員告知編書條例若干條，讓學生就其條例選擇一種編寫，限於一學期内完成，考其優劣以定分數。成績優秀者不僅能得到獎品，所寫文章還會被載入雜誌，以示鼓勵。以上為主課考試情形，附課則每月發放題目進行考試③。

因此，學生成績相應也由兩部分組成，一部分是每月積分，一部分是學期積分。每月積分以“鈔書恪遵條例，點書句讀無訛，札記確有心得”為及格，再加上月考成績以定優劣；學期積分以“治經精勤”為及格。學期與每月積分、考試成績相加，最後確定總分，優秀者酌給獎品④。

不過，按照國學館的規定，每學期考試會多達四次，“稍覺繁難”。民國元年（1912）8月，四川教育司專門就此下文將每學期的臨時考試降為一次⑤。這大概可視作當年的減負措施。

10月，教育部又下發《學生學業成績考查規則》，對畢業試驗作出規定，否定“一考定終身”，認為應以該課程各學年成績的平均分，作為該學科的畢業成績。該規則甚至提出專門以上學校可以免除學期試驗⑥。從中可見，注重平時成績與考試成績的結合，應是當時的普遍傾嚮，而且也注意減少學生的課業負擔，這些都具有積極意義。

---

① 劉師培：《〈國學學校同學録〉序》，《劉師培全集》第3册，中共中央黨校出版社，1997年第1版，第598頁。

② 本段引用除單獨標注外均來自楊正苞：《四川國學院述略》，《西華大學學報》（哲學社會科學版）2009年第1期，第28頁。

③ 本段引用均來自《國學館辦法簡明章程》（1912），國學檔，第3卷—1，第3頁。

④ 本段引用均來自《國學館簡章》（1912），國學檔，第3卷—2，第7頁。

⑤《照得學生成績最為重要學校考核尤貴嚴明使第憑年暑假考試以定優劣，貴校長請煩查照辦理此咨》（1912.8），國學檔，第12卷—16，第63頁。

⑥ 本段引用均來自《本司行政會議提出城内各學校學生徽章一案經衆議决由本司先行規定式樣各種發交各校》（1912.10），國學檔，第12卷—22，第103、110頁。按：該《規則》似誤編入此卷宗，因為内容與題目相差甚遠，但為查閲之需，姑且按此編目。另外專門以上學校免除學期試驗一事，後并未實施。12月，四川教育司通知此項部令被否决。（國學檔，第12卷—25，第142頁）次年2月，國學院專門就新舊班學生學期考試是否免除諮詢省教育司，得到的回復是該校“未列入系統”，因此可由該校自行斟酌辦理。（國學檔，第13卷—3，第8—10頁）5月，胡景伊又來函要求國學學校學期試驗仍照舊舉行。（國學檔，第13卷—12，第38頁）

館院合并後，國學館時的考試評定方法基本沿用。現存一份四川國學院附設國學學校畢業試驗各科題目①，包括經學、史學、詞章、理學、地理、法學、教育心理、算學等課程的內容。其中史學題目有：《史記》列孔子於世家説。理學題目有：問“克己復禮”，宋儒詁“己”為私慾。其説當否？又，問朱子晚年學術與早年、中年有無異同？法學題目還涉及盧梭的《社會契約説》。教育心理題目則有：希臘、羅馬以教育為文飾，限於自由民。中世紀耶蘇重平等主義，破除階級，然束縛於宗教，不能思想自由。近世紀科學發明重實利，崇人道，教育愈備。試即歷史教育變遷之勢，證以中國文勝變質宜取法西學者何在？詳述之。

縱觀其考試題目，應該説既有深度也有廣度，涉及傳統學術中的諸多難點問題，比如古文經學、今文經學之辨析。一些題目也可以反映出題者進步的立場，如“《史記》列孔子於世家説”。同時，還可以發現他們對西方學術的接納態度，這也許出乎很多人的意料。由此看來，過去將國學院及其學校籠統認定為封閉落後之流還是過於先入為主了。

這段時期，國學院在教學工作中還推出了不少新舉措，督課表、試卷紙等新事物紛紛出現，從這些細微的事項中不難發現學校運作的規範化進程。

以上為“平穩過渡”階段的情況，時間大致從1912年館院合并到1913年上半年為止。這段時期，在教學工作方面，雖然也發生了一些改變，但總體還是延續着國學館的做法，呈現出温和過渡的特點。

二、悄然變革

1913年下半年，國學院的財政危機開始出現，這也直接導致次年的大變化，即1914年發生的“廢院存校”事件，它成為國學院發展過程中一個非常重要的節點。從此以後，國學學校作為獨立主體出現在歷史舞臺上。由此，學校的發展也進入一個新的時期。本文所謂的第二個階段正是以“廢院存校”事件為核心時間點，上及1913年，下至1918年四川公立國學專門學校成立。那麼這段時期該校教學工作又有怎樣的發展變化呢？

首先，1913年下學期，學校短暫更名為四川國學專修學校期間，出臺了一系列政策，令人耳目一新。這時校方首次明確表示“援照教育部部令高等師範專修科規定”進行辦理。這是一個大變化，説明國學院對辦學方嚮有了清晰界定，已經基本擺脱國學館模式。隨之，院方不僅相應設立了預科、本科，而且調整了課程。其學科以經史國文為主要課程，地理、

① 《關於學生免試的咨文兩件》（1912. 12），國學檔，第25卷—1，第8—18頁。

倫理、政法學、教育、數學為補助課程。預科則治經學、小學、史要、國文、算術等五學科。本科治群經大義、中外歷史、中國文學、周秦諸子、宋理學、地理、倫理、教育共八學科[①]。表面看，似乎也與過去差別不大，但是倘若較之於教育部制定的大學章程，就會瞭解其意義所在。

1913 年元月，民國政府教育部頒布了《大學規程》（民國二年第一號部令），規定大學分為文、理、法、商、醫、農、工七大種類。而文科又分哲學、文學、歷史、地理四門。其中哲學分為中國哲學、西洋哲學兩類，中國哲學課程包括中國哲學（《周易》《毛詩》《儀禮》《禮記》《春秋》《公羊傳》《穀梁傳》《論語》《孟子》、周秦諸子、宋理學）、中國哲學史、宗教學、心理學、倫理學、論理學、認識論、社會學、西洋哲學概論、印度哲學概論、教育學、美學及美術史、生物學、人類及人種學、精神病學、言語學概論。該規程還規定文科的預科學習外國語、國文、歷史、倫理、論理及心理、法學通論等[②]。兩相比較，國學學校以教育部規程為指南，調整自己學科、課程的傾嚮是明顯的。實際上，正是這一起點，拉開了國學學校課程調整的序幕，當然它也不是一蹴而就，相反，這種調整伴隨了國學學校此後的整個辦學歷程，呈現出持續性、漸進性的特點。

課程確定以後，教授內容也被明確下來。預科的經學授《白虎通義》《五經異義》；小學授《說文》《爾雅》；國文課則是講讀、作文；其排定的課表中還有心理一門，講授心理學。本科課表顯示中國文學講授文學研究法、作駢散文；地理講中國地志、外國地志；倫理授人倫道德之要旨；教育講教育學、教育史、教授法。這段時期教材的變化不大，衹是在原有基礎上新增了《資治通鑑》《昭明文選》《古文辭類纂》[③]。和之前有的課程完全靠自學不同，這時每門課程都有老師給予講授，但授課要求略有差異，經史國文這些主要課程先由各科主任教員給學生指定書籍進行學習，講課則以洞達古今、發明學理為主，其餘地理、倫理、教育、數學等學科按照師範程度教授。總課時也被明確設定了，預科、本科每周閱校鐘點均以三十小時為限，其餘作為鈔書、誦讀、札記時間[④]。1913 年 8 月至 1914 年 2 月，每周經學課程 13 小時，史學 4 小時，詞章 6 小時，理學 1 小時，教育 1 小時，算學 2 小時。1914 年 3 月至 7 月，周課時為經學 14 小時，史學 2 小時，算學 4 小時，又增加國文 4 小時，習字 1 小時[⑤]。雖然上下學期有所不同，但經學課程的分量依然是最重的。

應該指出，四川國學專修學校的存在時間極短，如曇花一現，基本可以忽略不計，但

---

① 本段引用均來自《四川國學院附設國學專修學校規程冊》（時間不詳），國學檔，第 6 卷—5，第 14 頁。

② 本段引用均來自《關於發送大學規程的發文》（時間不詳），國學檔，第 10 卷—5，第 89—93、116 頁。

③《四川省國學學校一覽表》（1914. 8），國學檔，第 1 卷—15，第 42 頁。

④ 本段引用除單獨標注外均來自《四川國學院附設國學專修學校規程冊》（時間不詳），國學檔，第 6 卷—5，第 14—15、19—20 頁。

⑤《四川國學學校中華民國二年八月到三年七月周年概況報告書》（1914. 11. 6），國學檔，第 1 卷—17，第 51 頁。

其制定的政策却在很大程度上改變了學校的風貌，奠定了建立高等院校的基本框架，因此在後面較長時間内都被沿用。

廢院存校後，四川國學學校基本承襲了國學專修學校的各項規定，并將其逐一落實。課程設置，大致維持原貌，不過補助課中新開設了醫學課代替之前的政法課①，這很可能是越來越熱衷醫學的校長廖平的主意。醫學課還允許校外的人旁聽、提問②。

另外，這段時期在考試工作方面也有值得一提的地方。首先，考試前都會張貼“校長告”通知學生考試時間，督促學生認真復習。考試結束後，學校會公布成績，并嘉獎優秀者。可以看到，1914 年第一學期新班、舊班公布的期末成績均被劃分為四等，平均分 80 分以上者為甲等，70 分以上為乙等，60 分以上為丙等，60 分以下為丁等，另外還單獨注明缺考者。這年 12 月 14 日，學校又獎勵了季課考試中的優勝者。其中何恩祟、向承周、季陽、廖宗澤四位各獎勵書籍及一元獎金；曾光宇等三位獎勵書籍及五角獎金；張光新等兩位獎兩元；潘曾等四位獎書籍；童潤千等十位各獎《國學雜誌》四本。而對逃避考試者則給予處罰，這次季課考試前有兩位學生請假外出取物品，但竟“率意歸家”，校方認為這是“有心規避”，因而均記大過一次③。

概括而言，自國學館并入國學院，經歷了前期的磨合階段後，特别是隨着教育部制定的《大學規程》頒布，可以看到，國學院的教學工作悄然發生着變化。這首先體現在其辦學方嚮的明確上，國學院清晰地表示學校將按照教育部高等師範專修科規定辦理，這實際上宣布了國學學校的建設藍圖。而之後進行的課程調整其實都是這個理念的具體實踐。應該説，這段時期國學學校顯現出一種新的氣象，其内部也在醖釀着變革。

三、華麗蜕變

1918 年，四川國學學校更名為四川公立國學專門學校，實現了校方長久以來的願望，就是名正言順地躋身專門學校之行列。他們稱：“本校名曰國學，雖屬本省特有，而學科則緣於大學哲學門，采擇而取其專精，名曰專門。其關係於中國學術，融通於歐西哲學，實為宏大。④”這之後，校方頒布了不少新的政策措施，積極促進學校的現代轉型。

更名不久，10 月，以四川靖國各軍總司令部名義發布的《國學學校暫行章程》便要

① 《四川國學學校簡章》（時間不詳），國學檔，第 7 卷—9，第 23 頁。
② 《民國三年三月至四年七月函件牌告通録》（時間不詳），國學檔，第 23 卷—1，第 53 頁。
③ 本段引用均來自《民國三年三月至四年七月函件牌告通録》（時間不詳），國學檔，第 23 卷—1，第 42、49—51 頁。
④ 郭勇，張麗萍：《四川存古學堂及四川國學學校考略》，《蜀學》，2008 年第 3 輯，第 40 頁。

求："參照大學規程，文科國學類約定為哲學科、國文學科、歷史學科。"由此進行了專業的劃分，當時準備先開設哲學科及國文學科，待條件成熟，再增加歷史學科。又增設"研究科"，作為本科畢業後的繼續學習階段，從而形成預科、本科、研究科三個學習梯度①，從這些變化中不難看出西方學科分類方法及教育模式帶來的影響。

隨之，進行了課程調整。本科階段，專業不同，課程也就有所不同。哲學科主要課程是經學、子學、史學、國文、小學。其中經學課第一年講授"漢注唐疏《易》，用《李氏集解》；《書》用孫輯馬鄭注；總授《白虎通》"，第二年"授大義，主西漢學説"，第三年授微言，用周秦諸子學説。子學第一年講宋元明清諸大儒語録，第二年授漢魏晋唐諸子，第三年授周秦諸子。史學第一年授《史通》《文史通義》《史通削繁》，第二年授《史記》《漢書》，各人專習一部，兼習古史、外史，下至漢魏六朝各史，第三年繼續《史記》《漢書》的學習，兼習則下至唐宋元明清諸史。國文、小學課與文學科大致相同，但要求有所差別。輔助課包括中國哲學史、西洋哲學概論、印度哲學概論、倫理學、社會學、生物學、美學兼美術等。中國哲學史采用中華書局本，參考胡氏及各家學派要旨進行講授。西洋哲學概論、印度哲學概論均采用商務印書館本，并結合各自哲學要義教授。倫理學則由教習摘録經學、子學中關於倫理的精義加以講授。社會學使用歐陽氏編寫的教材。生物學由教員參考生物學原理編輯講義。美學講授美學原理以及審美概要，由教員參考美術資料編寫講義②。

文學科的主要課程是國文、小學，也有史學、子學、經學，但要求與哲學科有所不同。其中國文課第一年的散文學習，以金元明清各大家作品為主，兼習古、近體詩、賦及詩餘；駢文學習以清朝胡、邵、汪、洪各大家文章為主，兼習金元明以來的四六文等。第二年散文學習以唐代大家的古文為主，其他體裁兼習；駢文則以初唐四傑體及中晚唐大家為主，兼課宋人四六文。第三年散文學習以漢魏各家作品為主，上溯至周秦諸子之文，兼習古詩、樂歌及辭賦、雜文等；駢文以漢魏六朝各家作品為主。小學課程第一年有字形學習，教學內容根據二徐本《篆文異同》，參考胡氏《字原》，張氏《孳乳表》，段、王兩家《補刪篆文異同》。字音學習，根據二徐本《從聲異同》，參考姚氏《説文聲系》，苗氏《聲讀表》，段氏《六書音韵表》，如此可以掌握古韵學。字義學習則根據二徐本《解説異同》，參考段、王、朱各家以及《方言》《釋名》、各經詁故訓，由此可掌握《爾雅》學。第二年字形學習根據二徐本之篆書，參考王氏《説文釋例》中的篆字，許慎所書通行篆文以及薛、阮等人的鐘鼎款識，基本可以掌握篆書。字音學習應考究許慎的"雙聲叠韵"，并以二徐本反

---

① 《關於國學學校下設機構及頒發章程的通知》（1918. 10. 1），國學檔，第7卷—8，第21頁。

② 本段引用均來自《四川公立國學專門學校章程（附各項規則）》（時間不詳），國學檔，第7卷—12，第60、62—63頁。

切參考《説文篆韵譜》、宋明兩本《廣韵》反切之間的異同，大體可知音韵學。字義學習根據許書、二徐本《解義》，與《爾雅》的解釋以及《小爾雅》《廣韵》中的解釋相互參照，同時采納郭注郝疏，可瞭解《爾雅》學。第三年字形學習根據二徐本篆字，探究篆體改為隸書的分合源流，又依據宋代李氏《漢隸字原》、洪氏《隸釋》《隸續》、顧氏《隸辨》以及漢魏晋唐各碑帖，探究草書、楷書的由來，從而瞭解字體的源流。字音學習根據江氏《古韵標準》、苗氏《古音表》、嚴氏《説文聲類》、孔氏《詩聲類》，以及《唐韵正》、紀氏《唐韵考》、兩《集韵》、《韵會至》、《佩文詩韵》等書籍，及漢魏六朝、唐宋元明名家詩賦中的用韵，瞭解音韵學的分合源流。字義學習選取經史子集中的古注與許慎之説不同者，參考陸氏《釋文》、司馬氏《類篇》，詳細訂正，如此則强化了《爾雅》之學。史學、經學、子學所授内容大體與哲學科相同，衹是側重點有差别。輔助課開設中國文學史、哲學概論、世界史、倫理學、言語學概論、社會學、美學兼美術。中國文學史采用曾毅編輯的教材，結合各家觀點，講授文學源流。世界史概要教授西洋通史、東南洋各史。言語學概論講解中外語言的源流及其應用①。其餘課程要求與哲學科相同。文學科還計劃在歷史學科開設國文、中國史、史學研究法、東方各國史、南洋各島史、歷史地理、人種學、法制史、經濟史、外交史、美術史、美學等課程②。

預科則不分專業，學時一年，主要課程有經學、子學、史學、小學、國文，輔助課有法學通論、論理學、美學。其中經學講《經典釋文序録》《漢學師承記》《國朝漢學師承記》，摘授《四庫提要・經部・序跋》；子學摘授《四庫提要・子部・序跋》；史學摘授《四庫提要・史部・序跋》《三通序》《廿二史劄記》《顧氏總論》；小學授《説文》部首、江氏《六書説》、鄭氏《六書淺説》、王氏《文字蒙求》、趙氏《六書本義》、戴氏《六書故》等；國文授《文心雕龍》、鍾嶸《詩品》、趙氏《聲調譜》《金石三例》及歷代大家論文之文等。法學通論則由教習講授要點，論理學由教習參考中外資料講授，美學課兼習美術③。

無論是預科還是本科，課程的設置都很有特色，既有教育部規定的西學課程，也保留了中國傳統文化課程，呈現出中西思想文化的融合，而且他們對教材的選用也非常精當，體現了當時川省政學界對於“國學”“國粹”的理解，其認識是有一定價值的，對於今天的國學教育也有一定啓示作用。并且也是從這個時期開始，“國學”分專業分科教學的模式真正建立起來，學科的專業化成為一種發展趨勢。

---

① 本段引用均來自《四川公立國學專門學校章程（附各項規則）》（時間不詳），國學檔，第7卷—12，第60—61、63—64頁。

② 《關於學校現行規則繕册給四川省長公署的呈文》（1919. 8. 11），國學檔，第7卷—16，第91頁。

③ 本段引用均來自《四川公立國學專門學校章程（附各項規則）》（時間不詳），國學檔，第7卷—12，第61頁。

但也需要指出另一方面，就是在專業細化的背景下，國學學校在教學中也注意兼顧文史哲三個專業的融合，同時强調各自的側重。他們告知學生種種治學路徑：如經學學習應以《白虎通》為要旨，先掌握訓詁。而且不宜貪多，應專治一經，“以群經為輔”，久而久之，便能“會通群經，左右逢源”，由此方得歸宿。哲學科學生應特別注意經書創作的緣由以及書中的言外之意。文學科則應偏重於經文中的至理名言、文采等，從而“吐辭為經，不啻口出”。而子家是各抒己見，“道源於周秦，波瀾於漢魏，過渡於唐，沿流於宋元明清”，學習時應“泛流溯源”，不斷探求，在作文時無論内容多寡，衹要依理行文，就可“獨自成家”。在學習中，哲學科應重視研究各家精深之理，啓發自己的靈感。文學科則應揣摩其文章，從而奇文共賞。史學科應從四史入手，尤其是《史記》《漢書》，旁及歷史摘要鈎玄等。哲學科就應從歷史中探究治亂興衰的根源，為此需特別注意書、表、志。文學科則應注意史家體例以及典章、人事等内容，需着意研究紀傳、世家①。善於指導學習門徑，既注意專業的區分，又兼顧學科的内在聯繫，注重彙通，這是國學學校教學的一大特點。

另外，在教學中注意發揮學生的主動性，這是一個過去常常被人們忽視的地方。當時，各科教員都在開學時指定學習用書，要求學生認真點閲。上課時老師衹講綱要，剖析疑難，不會照章全講。為此，學校還減少了課時量，每周課時減到廿四點鐘，其餘時間都為自習，給了學生更多的自由支配時間。學校也鼓勵學生積極質疑問難，凡是學習過程中産生的疑問都要求記録下來，周六交給學監，由各科教習批閲後在課堂上發還。同時提倡博聞强記，學習的國文名篇，需全文背誦，每兩周還要當堂默寫一次②。注重學生的自學能力、質疑能力、記憶能力的培養，自然并非國學專門學校所獨有，其實從存古學堂開始，這套方法就一直在教學中使用，可視作一種行之有效的“國學”教育法。

那時，學生還可參加一些課外活動。駱成驤擔任校長期間（1922—1926），喜歡教學生射箭、拳擊，一時成為風尚。學生每年參加省國術館春秋季比賽，往往能獲得金獎、銀獎。畢業後不少學生還出任了國術教練③。

除此之外，這段時期學校還加强了教學秩序的管理。校規要求學生按時上課，不得遲到，也不得先於教習走出教室。座位也依照名次排定，各就各位。上課、下課時，值日生都要呼起立，同學須嚮老師致敬。學生上課時應携帶教材、筆墨、筆記本，認真聽講，不能“傾倚談笑”，或者進入“無意識狀態”，或者睡覺，也不能看其他書籍。回答教員的問

① 本段引用均來自《四川公立國學專門學校章程（附各項規則）》（時間不詳），國學檔，第7卷—12，第58—60頁。

② 《關於學校現行規則繕册給四川省長公署的呈文》（1919．8．11），國學檔，第7卷—16，第91頁。

③ 何域凡：《存古學堂嬗變記》，四川省政協文史資料委員會編：《四川文史資料集粹》第4卷，四川人民出版社，1996年第1版，第425頁。

題或提出問題時，都必須起立。而且上課時間内不能自由出入教室，如有特殊事情，需徵得教員同意。下課後，值日生應填寫督課簿，寫明某課某教員及上課内容。對於學生自習，也有相應要求。自習時可以誦讀，也可鈔寫輯録。每日安排三次自習，分别為：早起後一小時，午後二小時，晚間二小時，均以摇鈴為號。自習時學生應按照當天講授的課程依次復習，不得聚談，也不得做其他事情。為了更有效的管理，學校還配備了種類繁多的表簿，記載相關事宜，比如學生每日寢食時間表、教師每星期授課表、教習擔任科目及時間表、教職員姓名履歷簿、考勤簿、學生學籍簿、出席簿、請假簿、記過簿、因病退學簿、因事退學簿、有故易名簿、試驗問題簿、成績表①。與傳統書院相比，那種較為隨意散漫的情形逐漸消失了，井然有序的教學秩序基本建立起來。

總之，四川公立國學專門學校不僅在校名上實現了夙願，而且通過一系列措施，完成了對學校的變革，學制、學科、課程設置都出現了新的變化，一所現代意義上的大學也真正建立起來，為之後組建公立四川大學做好了充分準備。其從國學館一路走來，歷經數次變革，現在終於實現華麗蜕變。

作者單位：成都大學文學與新聞傳播學院

① 本段引用均來自《四川公立國學專門學校章程（附各項規則）》（時間不詳），國學檔，第7卷—12，第73—74、79—80頁。

舒大剛先生的為學之道

潘 斌

先生姓舒氏，名大剛，1959 年生，原名舒暢，四川秀山（今屬重慶）人。1978 年考入南充師範學院（今西華師範大學）歷史系，1982 年畢業，留校任教；1983 年至 1984 年，參加四川大學古籍整理研修班學習，師從楊明照等先生研習古文獻學，結業回校任助教、講師；1988 年作為訪問學者前往吉林大學，師從金景芳先生治經學；1990 年 9 月考入吉林大學，成為中國古代史專業“先秦文獻方嚮”博士研究生，師從金景芳先生；1993 年畢業，獲歷史學博士學位，同年分配到四川大學古籍整理研究所工作，先後任助理研究員、副研究員、研究員，2003 年被評為歷史文獻學博士生導師。歷任古籍整理研究所常務副所長、所長，兼任四川大學歷史文化學院副院長、中國文化研究院執行院長、國際儒學研究院院長。

我與先生結緣於 2005 年初夏，當時我還是東北師大歷史文化學院的一名碩士研究生。由於我是四川人，所以希望回到四川大學攻讀博士學位。我將此願望嚮詹子慶先生（詹子慶先生曾於 1979 年參加教育部委托四川大學徐中舒先生主持的先秦史培訓班）陳述了，詹先生説川大歷史文化學院舒大剛先生曾受業於國學大師金景芳先生，學殖深厚，可前往求教。於是我就貿然給先生寫了一封信，表達入川求學之願望。没想到先生很快就回覆了，回信足足三頁，對我鼓勵多多。此後一年時間裏，我曾多次嚮先生寫信請益，先生每次都及時回覆，令我感動不已，可謂“諄諄如父語”“殷殷似友親”。2006 年 4 月，我通過了四川大學的博士入學考試，9 月到川大報到，正式成為先生之弟子。從 2006 年至今，已有十二年個年頭。讀書期間，先生耳提面命，答疑解惑，鞭策鼓勵。畢業以後，我雖不能常伴先生左右，然由於皆在蓉城，故還是能親聆先生之教誨。今《國學》第八集出版在即，主編謝桃坊先生兄命我撰寫跋語，內容是談先生為學之道。我天性愚鈍，孤陋寡聞，故於先生之學問難能有全面深入之理解，没有資格也無能力談先生為學之道。然謝老熱情相邀，多次敦促，遂衹好應承下來。題目雖是談先生為學之道，然衹不過是談我追隨先生這些年中對先生學問之點滴認知，今冒昧陳述於下，妄議之罪，還望恩師和諸君寬恕。

一、先生之學博

先生治學，以儒學、經學、蜀學為主，然又旁涉史學和諸子學。

先生治儒學、經學成就斐然，主要體現在以下幾個方面。

一是重視儒學文獻之整理。先生是國家“211 工程”、“985 工程”、中國孔子基金會重大項目《儒藏》的總編纂和首席專家。通過通覽歷代文獻之著録，特别是儒學文獻整理的歷史，先生認為無論是目録書的編撰，或是大型叢書的編定，在方法上既有繼承，也有創新，而其成功的分類則在於因應當時文獻的具體實際，適應學術研究的普遍需求，甚而引領未來學術之發展，來進行正確的抉擇或適時的創新。在此基礎上，先生提出了以“三藏二十四目”（經藏：元典、易、書、詩、禮、春秋、孝經、四書、群經、小學、讖緯；論藏：儒家、性理、政論、禮教、雜論；史藏：孔孟、學案、碑傳、年譜、史傳、學校、禮樂、雜史）來分類編纂《儒藏》的設想。先生所提出的分類是非常高明的，正如廖名春先生所言：“作為一部前無古人的中國儒學文獻叢書的編纂，‘發凡起例’至關重要。舒大剛教授經過長期研究，創造了獨具特色的‘三藏二十四目’的著録體系，這是《儒藏》編纂最為高明之處。”2005 年，川大《儒藏》率先出版“孔孟史志”“歷代學案”“儒林碑傳”三類 50 册，在北京舉行首發式，數十家媒體予以報導，稱之為“千古儒學第一藏”。迄 2018 年，《儒藏》已出版精裝本 428 册，含“史部”274 册、“經部”154 册，基本實現了對儒家歷史文獻的完整出版和儒家經學文獻的陸續推介，贏得學界諸多好評。浙江省社會科學院吴光教授曰：“川大版《儒藏》的成功編纂，正是當代文化大建設的重要成果，也是當代儒學在經歷了近百年的批判醜化之後浴火重生、走嚮復興的一個最重要標志。”日本學習院大學東洋文化研究所王瑞來教授亦曰：“吾儒有藏自兹始，不藏名山留人間。《儒藏》之成，不僅為深入研究儒學典籍、詮釋現代意義提供了便利條件，還讓儒學典籍化身千百，這對傳播中國文化其功至偉。”

二是重視探討師傳授受、梳理儒學流派。儒學在發展的過程中重視師徒傳授，從而形成了很多學術流派和思想體系。宋明以來，學人們就十分重視儒家學術淵源和學術流派之梳理。先生在從事儒學研究時，帶頭對儒學傳承關係進行梳理，基本搞清楚了歷代儒家在師承、家學、交遊、講友、論敵、傳授及學術觀點等方面的情況。在對黃宗羲、唐晏、徐世昌所撰兩漢、三國、宋、元、明、清諸學案進行精細整理之基礎上，還仿其體例對周秦、魏晋、南朝、北朝、隋唐五代等時代的學案進行補撰，并與楊世文教授合作主編被譽為“儒學全史”的《中國儒學通案》。

三是恢復儒學學科。自漢代文翁建石室、以儒經化蜀，重儒尚教便成為蜀學之傳統。四川大學的前身錦江書院是在文翁“石室精舍”的基礎上建立的，培養出了一大批儒道兼通的學術大家。由於衆所周知的原因，川大的儒學研究在20世紀後半期曾有所沉寂。20世紀末川大啓動《儒藏》工程以來，儒學研究和學科重建也提上了日程。在先生之主導下，川大歷史學院開始招收“儒學文獻研究”“中國經學史”方嚮的碩士生和博士生，此外還申請并獲教育部批准在“歷史學”下增列“中國儒學”博士點。十餘年來，這些專業共培養碩士、博士近百名。2011年，四川省哲學社會科學重點研究基地“儒學研究中心”落户古籍所。先生帶領學術團隊系統思考“中國儒學”學科建設和人才培養方案，在國際會議、著名刊物撰文，呼籲倡導“儒學學科”的恢復。

四是在《孝經》學術史領域做出了突出貢獻。先生所撰《中國孝經學史》對周秦至20世紀《孝經》名家名著做了詳盡的爬梳。先生徵引資料豐富，除了徵引元典外，還大量徵引史籍，這就擴大了《孝經》研究的視界。先生此書“由研究《孝經》學史而及於中國歷史文化，由研究歷史文化而認識中國古代社會，由認識中國古代社會而探知建設現代社會必由之路”(《中國孝經學史·叙論》)。比如在探討魏晋南北朝時期的《孝經》學時，先生設“皇家《孝經》研究”一節，對當時以皇帝、皇子為主角的研究、講讀、注解《孝經》活動做了陳述，并對魏晋南北朝時期皇家治《孝經》的意義做了闡發。這就將經典文本詮釋史與社會史的研究結合起來，將《孝經》學史的研究推到了一個新的高度。

先生的蜀學研究也是大放異彩，此可從以下幾個方面來看。

一是對“蜀學”的概念、特徵、源流及信仰體系、重要人物皆做了深入的探討。先生對於《蜀石經》的鎸刻與《十三經》結集之間的關係做了辨析和梳理，糾正了前人的錯誤觀點，對於揭示《十三經》形成的過程具有重要價值。先生在其大著《蜀學論衡》《巴蜀全書論衡》中，對蜀學的核心價值觀、巴蜀古史體系與古老信仰做了揭示，觀點新穎，發前人所未發，洞見深刻，對於認識巴蜀文化的内涵及本質，以及巴蜀文化與其他地域文化之異同皆頗有參考價值。

二是編纂《巴蜀全書》，整理巴蜀文獻。從2010年開始，先生承擔了堪稱“四川建省以來最大規模的古籍文獻整理工程”——《巴蜀全書》，擔任首席專家和總編纂。《巴蜀全書》係國家社科基金重大委托項目、四川省古籍文獻整理重大項目、四川省重大文化工程，也是四川省人文學科迄今為止由政府組織的最大的文化工程。該項目旨在收録整理反映巴蜀文化的古典文獻，對周秦、兩漢至清末民初歷代學人用漢語言撰著的巴蜀文獻進行系統的調查、收集、整理和研究，打造巴蜀文化的“《四庫全書》”。本項目的前期成果已陸續由人民出版社、中華書局、上海古籍出版社、四川人民出版社、四川大學出版社、河北人民出版社、浙江古籍出版社、巴蜀書社、四川辭書出版社、重慶大學出版社等單位分批出版。其中，階段性成果《宋會要輯稿》《廖平全集》《周詩新詮》等獲全國古籍整理優秀成果獎、國學大典獎、省政府獎等 17 項。

除儒學、經學和蜀學外，先生在史學方面也頗有造詣。先生的博士學位論文題為《春秋少數民族分布研究》，後來在臺灣文津出版社出版。在此書中，先生以春秋時期少數民族歷史作為研究對象，着重探討了這一時期東夷、南蠻、西戎、北狄各部分的分布與遷徙。先生此書綜合運用文獻、考古、民俗等材料，資料翔實，論證縝密，在春秋時期少數民族分布和遷徙等問題上創獲頗多。

先生對諸子學亦有研究。先生所撰《墨子的智慧》一書共十六萬字，對墨子的生平、墨書流傳、墨學源流，以及墨子的兼愛、非攻、節用、節葬、尚賢、尚同等思想，皆有精彩的論述，允稱博洽，是瞭解墨子及墨學的理想讀本。此外，先生還作為主編之一，參與編纂工具書《諸子百家大辭典》《諸子百家智慧文庫》等。

二、先生之學正

先生之學正。此所謂“正”，一是治學的途徑正，二是治學的宗旨正。

先生特別重視經學之研究。我們知道，經學是中國古代社會學術的主體，是儒家學說的核心組成部分。從事經學研究，對於認識中國的思想文化、中國古代社會等皆有着十分重要的意義。從事中國傳統學術之研究，若不懂經學，則是不得其門而入。正如張之洞在《書目答問》中所說：“由小學入經學者，其經學可信；由經學入史學者，其史學可信。”先生之老師金景芳先生治學經歷即由經入史。金老早年窮經，喜讀《詩》《書》《易》“三禮”“三傳”，而“尤精於《易》及《春秋》兩經”（羅繼祖語）；中年治史，撰有《中國奴隸社會史》《論宗法制度》《論井田制度》等論著宏文。金老史學研究取得的輝煌成就，得益於他的經學造詣。正是由於對經學有精深之研究，所以金老“很快實現了從舊式儒家嚮新型史家的轉變”（《金景芳全集序》）。先生繼承了先賢的治學傳統，又受金老之影響，所以也特別强調經學研究在中國傳統學術研究方面的優先地位，并在這種思想指導下從事學術研究。先生先治一經——《孝經》，而及《周易》及群經學術史。先生所撰《中國孝經學史》一書近五十萬字，對歷代《孝經》詮釋史做了全面深入之辨析；先生對《周易》

之新詮，以及對《樂經》是否亡於秦火之辨析，皆能采用新材料而有新見解；先生於經典體系的形成、“十三經”的結集以及經學名著之研究，皆儘可能掌握第一手材料而有深入之探討。先生從治經學始，故其學可信矣。先生之弟子，從事經學、史學、文學研究者皆有，皆以先生治學從治經學始之教誨來要求自己。

學術研究的宗旨是求真求善，即使像古代希臘人所强調的純思辨的學問，其終極目的亦是如此。學術研究中，求真的最終指嚮還是求善，求善是最高境界。而求善的直接表現就是經邦濟世，將個人的抱負融入為最廣大人民的造福之中，這也是歷代中國有志之士的個人理念和崇高思想境界。2005 年下半年，我寫了一篇關於《易傳》學派屬性的小文章，在此文中，我將《易傳》的學派屬性定為雜家。先生見此文後，於 2005 年 12 月 28 日寫信告誡我：“歷史研究固然在‘求真’，但也須止於‘至善’。因此，發言立論，必有宗旨，必有出發點。儒家已經被支解多多，現在急需重建。因此我建議該文立論，可以側重於‘儒家’之‘齊學’來講。齊學是儒學之一，是儒學在齊地的發展。齊學有包容性，有雜的特點，但不是後世之雜家，因為其主旨仍然是儒學的。漢代初年諸大儒皆齊學之士，我們不能説他們不是儒學。如公孫弘、董仲舒、田何等等，皆是也。因此，大作將《易傳》定在齊地寫成，似可成立，但没有必要非得拉出儒學不可。……出土文獻值得重視，如馬王堆帛書、郭店楚簡、上博竹書，都有此方面的資料，足以説明《易傳》產生之早，而不是相反。你的思路和論證方法都十分到位，如從立論宗旨上做些矯正，則不難‘止於至善’矣。”在今天看來，先生於《易傳》成書年代和學派屬性之判斷，既有依據，亦符合先秦學術史之實際。先生之立言宗旨本乎求善，而求真亦在其中矣。先生治學，將求善與求真相統一，與一些自詡為“求真”之士的奇談怪論、炫人耳目之説有天淵之别。

求善是先生學問之終極訴求。先生所立之文字，既有學術研究的嚴謹，還有守衛傳統文化的熱情，更有對這個世界的温情。在《儒藏總序》中，先生寫道：“今值科學昌明、文運隆興之時，温故知新，繼承與創新交相輝映；以人為本，人文共科技比翼齊飛。我中華學子，感奮於先賢‘為天地立心’‘為生民立命’的壯志豪情，重申‘為往聖繼絶學’‘為萬世開太平’的神聖使命，繼承先賢先儒之遺願，紬繹金匱石室之藏書，舊學新統，成兹《儒藏》，董理國故，其命維新。兩千載儒學之成就萃兹一‘藏’，四百年學人之憧憬即將成真，前乎此者既因之而明，後乎斯者將藉此以興。辨章學術，儒學文獻的整理著録，體系粗具；考鏡源流，厘然區分。繼往開來，推陳出新，力雖不逮，而心嚮往之。”此可見先生之豪情，亦可窺先生學問之用心所在。先生對於文化現象之本質進行研究時，將落脚點放在社會問題的解决上。先生對於社會現實問題有深刻的洞察，在批判不良現象的同時也呼唤優秀傳統文化的回歸。2005 年 12 月 27 日，先生在給我的信中説：“現在的國人，中學丢掉了，而西學也衹是片面瞭解，得其皮毛。而現今時髦青年，又是‘唯新主義’‘唯西主義’，尋求刺激，不知何為主、何為從，何為民族精神，何為人類優秀文化。今天在飛機上我看《華西都市報》，報導成都聖誕之夜，十萬人擁塞春熙路、天府廣場，造成交通阻塞不説，還足不留情，碧草遭殃，緑地變為白地，護欄推倒一片，擁擠踐踏，傷人者有之，差點造成嚴重事故！人們除了狂吼亂喊，無復文明體統。在這裏，既没有中國的文質彬彬，也没有英國的紳士風度，更没有美國的民主和法治，有的衹是‘從人至猿’的醜態。若有人去勸阻，還美其名曰‘聖誕狂歡’！‘狂’倒是狂得可以，却并未帶來‘歡’樂。……現在需要太多的‘重建’了，道德重建，禮儀重建，價值重建，甚至走路和言談舉止都得重建，因為我們之中太多的人太‘邯鄲學步’了！我們需要一大批對吾國吾民抱有責任心、悲憫感的有識之士，來做這些重建工作。”

張載曾言自己的學問是“為天地立心，為生民立命，為往聖繼絶學，為萬世開太平”。濟世淑民是中國傳統士人的價值追求，他們不僅要做好自己的學問，還希望自己的學問可以匡正風俗、有益教化。先生也有着傳統士人經世濟民的精神，他帶着悲天憫人的情懷去治學。先生除了從事經典儒學之研究外，還藉鑒學術界政治儒學、宗教儒學、鄉村儒學、民間儒學、生活儒學、制度儒學等學説，於 2014 年與郭齊勇先生、曹維瓊先生等人形成“經典儒學與大衆儒學”雙軌并進的思想。先生領銜發起的《大衆儒學書系》和《中華優秀傳統文化讀本》等編撰，就是“大衆儒學”思想的實踐。

三、先生之學實

先生治學實。此所謂“實”，一是重文獻之蒐集整理，二是重實證。

先生重視古籍整理。先生博士畢業分配到四川大學古籍整理研究所以後，先後被任命為古籍所的常務副所長、所長。先生帶領古籍所同仁，承擔了很多古籍整理項目。其中由先生領銜主編的《儒藏》和《巴蜀全書》是四川大學人文社科類的標志性成果。此外，先生與川大古籍所全體同仁完成了《全宋文》《三蘇全書》《朱熹集》《宋人年譜叢刊》《宋集珍本叢刊》《中國儒學通案》《宋會要輯稿》《廖平全集》《張栻集》等文獻的編纂整理。長期以來，不少人認為學術研究就是要多撰寫論著，特别是要發表論文，如今的科研評價機制也多是唯論文是從，至於古籍整理的成果，往往不予重視，甚至不認為是科研成果。這種功利的學術取嚮，使得有些人在從事中國傳統學術研究時，連基本的文獻都不能釋讀，即便有所考察和引用，也多是浮光掠影而無深究，也根本没有能力去深究。然而内行知道古文獻整理的必要性和價值，因為文獻整理是學術研究的基礎和起點，同時也是最見功力之事。先生在古籍整理方面所做出的卓越貢獻，令四川大學古籍所在全國的同類學術機構中享有盛譽。先生經常教導我們，從事古籍整理這項工作需要篤定，十年如一日地堅持，唯有如此，纔能打好學術研究之基礎，將來的騰飛便是順理成章的了。

先生治學重實證。先生在解決某個問題時，往往先是最大限度地占有資料，再對資料加以分析，從而得出結論。比如在考察李白生卒年問題時，先生在對李白紀年史料分析的基礎上，又結合李白紀年詩文以及李白寶應以後諸篇詩作，證明李白生年應在神龍初年，享年六十二歲，其卒最早也應在大曆初年。先生此説足釋前人“卒於寶應元年説”之惑，并使一度被學界疑僞的李白寶應以後詩文也得到肯定，從而解決了一樁學術公案。又如清乾隆年間從日本傳入我國的《古文孝經孔傳》，其間有大量“古文”奇字，曾被近時學人用來論證《古文孝經》係我國隋唐時期傳入日本的證據。先生通過考察北宋字形類工具書《漢簡》《古文四聲韵》保存唐宋時期所傳“古孝經”的字形情況，證明日傳“古文”與唐宋“古文”在文字上缺少同一性，不是同一傳承系統，看不出係“由我國隋唐之際傳入”的痕迹。先生還特别留心新材料的運用，從而將一些十分重要而又易被人們忽視的學術問題賦予新的價值。比如北宋范祖禹書、南宋所刻大足石刻《古文孝經》，前人的考察多限於金石學，先生則結合經史文集之記載，對石刻的上石時代、歷代著録情況、石刻本面貌及在經學史上的價值等皆做了全面深入的研究，不僅對於研究《古文孝經》本身具有重要意義，對於考察日本傳入的《古文孝經孔傳》也頗有參考價值。即便是在對巴蜀古史信仰體系、儒家經典體系的建構這些頗為具體的理論性的問題進行探討時，先生也是有一分證據説一分話，絶不隨意誇大或曲解。

衆所周知，文獻學是中國傳統學術之基礎，没有文獻學的修養，治學就如沙地建樓，墻垣雖高雖大，而根基不固。要想樹大，必須根深。文獻學就是治學之根基，從事中國傳統學術之研究，懂文獻學是最基本的素養。正如史學名宿蒙文通先生所云：“無此精熟之典籍做基礎，讀書有如做工者之以勞力賺錢，其所得者究有限。有此精熟之典籍做基礎，則如為商者之有資本，乃以錢賺錢，其所得者將無限也。”曾幾何時，學界不少人對思想史研究趨之若鶩，然研究之深度却不盡如人意。思想史研究是非常重要和必要的，我絶無否定思想史研究之意，不過，從治學的路徑來看，若青年時代就熱衷於玄想冥思、體系之建構、意蘊之闡發，其學很可能是師心自説、嚮壁虚造，而毫無學術價值可言。雖然亦能發表論著，但是光鮮的外表掩蓋的是遍體的硬傷。在認識先生以前，我也曾有一段時間沉迷於思想史，與人論學，不談玄論道好像就没有思想境界和高度。先生於 2005 年 5 月 27 日的信中告誡我：“掌握比較扎實的中國文獻和經學的知識，這是近代許多大師名流屢試不爽的成功經驗。”先生此語可謂醍醐灌頂，使我開始對治學的路徑進行反思，并逐漸開始對文獻學發生興趣。在先生的教導之下，我的師兄師姐們都是從文獻學（特别是經學文獻）做起，且人手一經，由本經到專經史、群經史，《易》《書》《詩》《三禮》《春秋三傳》《爾雅》

《孟子》，每人一個領域，做深入之研究。十多年過去，目前已有遍地開花之勢。

四、先生之學活

先生之學活。此所謂“活”，一是重視意蘊之發掘，二是重視大體之揭示。

學術之積纍到一定程度，必然走嚮文化意義、哲學思想等深層次内容之探討。先生治學重文獻，然并不止於此，而是在廣泛的文獻披覽之基礎上，重視意蘊之闡發。比如先生對巴蜀古史體系與古老信仰的揭示、對蜀學核心價值觀的揭示，集中體現了先生重視思想意蘊之闡發的治學特徵。先生所撰《“三才皇”與“五色帝”——巴蜀的古史體系與古老信仰》一文，認為西南地區的巴蜀有獨特的“三皇五帝”系統：三皇即“天皇”“地皇”“人皇”，是為“三才皇”；五帝即“蠶叢”“柏灌”“魚凫”“杜宇”“開明”五主，或“赤帝”“白帝”“黑帝”“青帝”“黄帝”五帝，是謂“五色帝”。“三才皇”代表了《周易》天、地、人三才一統的哲學觀念，“五主”代表了西南地區多元一體、和諧共存的文化形態，“五色帝”則與巴蜀大地流行已久的“五行”觀念、“五方”意識、“五德”價值密切相關。先生還指出，中原學人（特别是道教和神話學者）對巴蜀的信仰體系和精神内涵經過了一番吸收、内化和升華，逐漸構成中國古代獨具特色、兼容并包的完整而豐富的信仰體系和哲學觀念。先生此説，是在其對巴蜀文獻深入研究之基礎上，結合中原文化信仰之内涵，從而歸納得出的。先生還對蜀學的核心價值觀做了揭示。先生在《道德仁義禮——蜀學核心價值觀論》一文中指出，在蜀學的核心價值構建中，以“道”“德”為統帥，以“仁”“義”“禮”為實行，從而實現了道家與儒家的和諧統一，以及形上與形下的統一。信仰與核心價值觀是關乎民族和地域文化的核心内容，而對巴蜀地區信仰體系和核心價值觀的揭示，體現了先生之學的深刻内涵和思辨精神。

蒙文通先生云：“學問貴成體系，但學力不足、才力不够是達不到的。體系猶如幾何學上點、綫、面、體的‘體’。清世學者四分之三以上都是餖飣之學，祇能是點。”蒙先生指出，學問之可貴，乃體系之建構，以考據見長的清儒之學，短促而大體不具，缺乏融貫宏大之氣象。而當今之學界，受西方學術分科而治之影響，研究之領域越來越窄，研究之内容越分越細，融會貫通愈趨困難。而中國傳統學術與西方學術研究之方法有很大的差異（比如中國古代之經學，若按今天之分科，文學、歷史、哲學、藝術、自然科學皆可部分納入其中，而西方自古希臘亞里士多德開始就主張分科教學和研究），若無廣闊的學術視野、全局的學術眼光，往往一葉障目不見泰山。先生治學有宏大之氣象，并努力構建學術之體系。比如在儒學研究方面，既有儒學文獻之整理（《儒藏》《儒學文獻通論》《儒學文獻通史》），又有儒學史之梳理（除自撰《中國孝經學史》外，還指導博士生從事各部專經學術史之梳理），還有教育實踐層面的“中國儒學學科建設”“國學體系”之探索，以及“大衆儒學”之推廣；在巴蜀文化研究方面，既有巴蜀文獻之整理（《巴蜀全書》《巴蜀文獻要覽》），又有巴蜀學術史之梳理（蜀石經與《十三經》集結的關係之辨析、巴蜀易學源流之梳理等），還有巴蜀信仰體系、巴蜀核心價值觀之梳理和探討。先生學術之體系，從基本文獻之整理，到思想意蘊之闡發，再到社會實踐之應用，層次分明，格局宏大。

理學之鼻祖周敦頤在其所著《通書》中曰：“人生而蒙，長無師友則愚，是道義由師友有之。”“或問曰：曷為天下善？曰師。……先覺覺後覺，暗者求於明，而師道之矣。師道立則善人多，善人多則朝廷正而天下治矣。”得一良師，三生有幸；天下多良師，天下治矣。余雖不敏，然在青年時代即得先生之點撥提携，何幸如之！先生常告誡我們，學術研究要一心一意，不可心有旁騖，衹要堅持，定能有成。如今舒門弟子近百人，分布於全國各高校和科研機構，弟子們正沿着先生開創的學術領域，秉承先生傳授的為學之道，為經學、儒學及蜀學的研究和傳播貢獻自己的力量。

作者單位：西南財經大學人文學院

稿　約

一、本刊由四川師範大學中華傳統文化學院與四川省人民政府文史研究館聯合主辦。

二、本刊為國學研究之大型學術集刊，刊載有關中國傳統文化學術問題考證、文史公案評議、歷史文獻研究、國學運動史及國學家研究等研究論文，亦刊載國學運動重要史料及國學新著評論，由巴蜀書社出版。

三、本刊倡導以歷史唯物主義為指導的探求真知的學術態度、科學嚴謹的研究方法、遠大廣博的學術視野。鼓勵學術創新，要求來稿務必以審慎的態度對待持論及觀點，做到持之有故，言之有據。

四、來稿請嚴格遵守學術規範，杜絶抄襲與敷衍。文章篇幅長短不限，以不超過兩萬字為宜；行文風格亦不拘泥，文言與白話均可；文章標題要求平實準確地概括正文内容，一般不要另加副標題；引文除較為珍稀的資料外，力避二手轉引。注釋引文請作者在投稿前逐條核對明確。稿件中涉及版權部分（如圖片及較長之引文），請事先徵得原作者或出版者同意，本刊不負版權責任。

五、本刊注釋採用頁下注形式，每頁重新編號。具體參考格式如下：①×××（作者）：《×××》（書名），×××（出版社）××××（年份）×××（版次），第×頁。②×××（作者）：《×××》（文章名），《×××》（期刊名）××年第×期。③×××（作者）：《×××》（文章名），《×××》（報紙名）×年×月×日第×版。④［國籍］×××（作者）：《×××》（書名），×××譯，×××（出版社）×××（年份）×××（版次），第×頁。⑤×××（作者）：《×××》（書名）卷×（漢字），×××版。（徵引綫裝書）⑥×××（作者）：

《×××》(文章名),《×××》(書、刊名),×××出版社××××(年份)×××(版次)。徵引文獻,首次引用時標明版權即可。調查、訪談之類資料,可採取夾注、隨文注、圖表來源注等方式處理。

六、本刊為繁體橫排本。請將稿件的繁體電子文本(尤請注意繁簡轉換之間容易産生的誤字)發往指定電子郵箱,并請注明作者姓名、單位、電話、電子郵箱、通訊地址等資料,以便聯絡;同時提供該稿件的紙質繁體文檔,并將電腦無法打印出來的文字在紙質文檔上標明,寄往我處。如來稿為手寫稿,請提供規範的繁體文本,以稿紙繕寫清楚,寄往我處,同時提供該稿件的繁體電子文本。

七、本刊對來稿有删改權,如不願删改,請於來稿中注明。

八、來稿刊出後,一律贈送樣刊兩本,并參照國家新稿酬標準,酌付稿酬(含相關網絡著作權使用費)。

九、歡迎海内外同仁賜稿。

投稿郵箱:guoxuejikan@126.com

聯 繫 人:張芷萱

電　　話:13438324674

通訊地址:成都市静安路5號四川師範大學文學院